주민투표제도론

-이론과 사례 연구-

양 영 철

도서출판 대영문화사

머리말

1. 연구의 시작과 방법

지방자치에서 직접민주주의의 3대 형태를 주민투표, 주민소환, 주민발안이라 한다. 이 세 가지 형태는 민주주의 국가마다 실시 형태와 정도, 범위는 차이가 있지만 이 세 가지가 대의민주주의를 교정하는 중요 수단이라는 데는 이의를 달지 않는다. 그 중에서도 지역의 문제를 주민들이 직접 결정한다는 지방자치의 원리에서 보면 주민투표가 가장 커다란 의미를 지닌다고 할 수 있다.

이렇게 중요한 의미를 지닌 주민투표는 우리 나라에서는 지방자치가 실시되기 전부터 논의되었지만 결실을 맺기가 어려웠다. 각 정치 체제의 정치적 이해 관계 때문에 논의만 거듭하다가 제도화되지는 못했다. 지방자치가 실시된 지 10여년이 지나가자 입법부작위에 대한 논란까지 가세하였다. 하지만 주민투표제도는 지방자치를 시작하고 활성화시킨 문민정부, 국민의 정부 때도 끝내 도입하지 못했다. 그러다가 참여정부가 들어서면서 많은 우여곡절 끝에 주민투표제도는 드디어 제도화되었다. 2004년 7월부터 효력이 발생해 지금까지 세 차례 주민투표가 이루어졌으며 기대 이상의 성공을 거두고 있다는 평을 받고 있다.

이러한 성공에도 불구하고 주민투표에 대한 아쉬움은 여전하다. 주민투표제도가 도입된 지 3년이 되었지만 전국에 걸쳐 고작 세 차례만 이루어졌다. 세 차례 이루어진 것도 주민투표 주체인 지방자치단체나 주민들이 아닌 중앙정부가 청구한 주민투표였다는 점이 단적으로 주민투표제도에 하자가 있음을 말해 주는 것이라고 할 수 있다. 이 책은 이러한 원인과 이를 치유할 방안이 없을까 하는 데서 출발했다. 주민투표를 실시하는 현장을 보면서 지방자치의 근본적인 제도인 주민투표제도가 정상적으로 운영되지 못하는데서 이 연구가 시작되었다고 말할 수 있다.

이 연구는 이러한 문제 인식에서 출발했기 때문에 이론과 실제를 중심으로 시작할 수밖에 없었다. 그러나 이러한 연구에는 여러 가지 장애 요인들이 많았다. 그 중에서도 축적된 연구물이 부족한 것이 가장 컸다. 있다고 해도 이전의 연구들은 종합적인 측면의 연구가 아니라 사례 소개나 아니면 외국의 이론을 단순히 소개하는 단편적인 연구에 치중했다. 주민투표제도에 대한 단독 저서가 하나도 없을 정도로 이론적인 토대가 약했다. 사례에 대한 연구도 마찬가지다. 주민투표제도 도입 이전에 실시되었던 사례 자체가 그 범위가 협소하고 체계적으로 이루어지지 않았기 때문에 사례연구 또한 미약하기 그지없었다. 따라서 이 연구는 연구 불모지인 지방자치제도에서 가장 중요한 주민투표제도에 대해 이와 같은 종합적인 연구를 시작한 데에서 그 의의를 찾을 수 있다고 생각한다.

이 연구는 이론적 연구와 실증적 연구를 동시에 진행했다. 이론적 연구는 주민투표에 관한 문헌과 논문을 중심으로 했다. 문헌연구에서는 국·내외 문헌과 논문을 통해서 주민투표와 민주주의의 관계, 주민투표의 발전과정, 한국과 외국의 주민투표 사례, 주민투표 관리기관, 전자투표 등에 관한 이론을 살펴보았다.

외국의 문헌은 주민투표가 가장 활발하게 이루어지고 있는 미국과 유럽의 자료를 많이 참고했다. 외국의 문헌을 통해서 주민투표의 이론적 정당성은 물론, 주민투표의 관리, 전자주민투표의 운영 원칙 등에 대한 자료를 수집해 참고했다.

이 연구는 실증적 연구를 위해서 국회의 회의록 자료, 정부의 각종 회의자료 등을 참고해 주민투표제도 도입 과정을 살펴봄으로써 이 과정에서의 쟁점 사항 등을 정리했다. 1994년과 1996년도 주민투표법 제정을 위한 국회 내무위원회와 소위원회의 회의록도 참조했다. 이 자료에서 그 당시 각 정당의 입장, 공청회에 참석했던 학자들의 견해, 국회의원들의 의견 등을 알 수 있었다.

사례는 자료의 절대적 부족에도 불구하고 1990년부터 시작해 최근까지 이루어졌던 사례들을 논문과 신문 자료, 행정 자료 등을 통해 수집해 정리했다. 특히 신문 기사는 이 연구에서 매우 중요한 자료로 활용되었다. 자료의 생생함이 이 연구의 실증적 측면에서 많은 도움을 주었다. 신문 기사는 중앙지는 물론이거니와 주민투표가 실시된 지역의 지방 신문을 주민투표 실시 전후로 하여 거의 검색을 다 했다. 최근에 지역 신문이 우후죽순처럼 너무나 많이 생겨났기 때문에 이를 모두 검색하는 데 어려움이 많았으나 오히려 이러한 점이 연구에서는 자료를 다양하게 접할 수 있는 이점을 주었다. 이들 자료는 이 연구에서 가장 큰 도움을 주었다고 해도 과언이 아니다.

이 연구는 외국의 사례를 조사하기 위해 외국, 특히 미국의 사례를 해당 신문이나 연구소 등의 논문과 기사를 통해 인용했다. 미국의 신문 자료는 본인이 매일 이메일로 받고 있는 지방자치 전문지 *Governing*의 닷컴인 www.governing.com daily에 소개하는 기사들을 중심으로 검색했다.

또한 이 연구는 참여정부의 각종 회의문서를 통해 참여정부의 주민투표 제도 도입 과정을 살필 수 있었다. 저자는 정부의 혁신과 지방분권의 추진 기구인 대통령위원회 자문 정부혁신지방분권위원회 위원직을 수행하면서 주민투표법 제정에 직·간접으로 관여했다. 이 때문에 주민투표법 제정 과정에서 각종 회의 자료를 쉽게 접할 수 있었던 점도 이 연구를 수행하는 데 많은 도움이 되었다.

또한 이 연구는 실증적 연구를 강화하기 위해 주민투표가 실시되었던 지역을 집중적으로 연구했다. 우선 본 연구자는 주민투표가 실시되었던 7개 지역 전부를 현장조사했다. 현장조사는 2005년 12월에서 2006년도 4월까지 이루어졌다. 현장조사를 하면서 주민투표 실시 과정과 실시 과정에서의 문제점 등을 문서 자료와 공무원과 주민과의 면담을 통해서 파악했다. 이 과정은 주민투표제도가 가지고 있는 문제점들을 파악하는 데 큰 도움이 되었다.

그리고 이 연구 과정에서 대통령 자문 정부혁신지방분권위원회가 본 연구자에게 참여정부에서 실시 했던 '참여정부의 주민투표 실시 사례분석' 연구를 의뢰했다. 이 연구는 참여정부에서 제도화된 분권정책 중 주민투표제도가 실제로 어떻게 활용되고 있는지를 살펴보기 위한 것이 목적이었다. 본 연구자는 이 연구를 위해 실시 지역 1,220여명의 주민들을 대상으로 설문조사를 통해 분석했고, 이 지역의 주민투표 담당 공무원들과 워크숍을 개최했다.

설문조사는 2006년 11월 20일에서 11월 30일까지 지역 주민을 대상으로 구조화된 설문지로 조사했다. 설문지는 총 1,300부를 배포했는데 유효 설문지는 1,220부였다. 조사된 설문지는 SPSS 프로그램으로 분석했다.

워크숍은 2006년 11월 4일 서울 소재 정부혁신지방분권위원회 대회의실에서 개최했다. 워크숍은 질의와 응답, 그리고 구조화된 질문지에 의한 토론을 통해 이번 실시된 주민투표 과정에서 나타난 실질적인 문제를 살펴보았다. 이 책에서 실증적 연구는 이 과정에서 얻은 자료를 많이 활용했다. 이 연구는 2006년 12월 말에 끝났으며, 연구 결과는 정부혁신지방분권위원회에서 「참여정부의 주민투표 실시 사례분석」이라는 연구물로 2007년 7월에 출간했다.

2. 책의 구성과 내용

이 책은 총 4편 11장으로 구성되어 있다.

제1편은 서론 부분으로서 주민투표제도의 의의와 발달 과정을 기술했다.

제1장은 주민투표에 대한 일반적인 이론이 중심이다. 민주주의 발달 과정에서 주민투표의 의의, 주민투표의 개념과 유형을 중심으로 기술했다.

제2장은 우리 나라 주민투표제도의 발달 과정을 중심으로 기술했다. 이 장에서는 참여정부 이전에 이루어졌던 주민투표 사례를 조사해 기술했고, 이와 더불어 역대 정부의 주민투표제도 도입을 위한 과정, 참여정부에서의 주민투표제도 도입 과정과 쟁점 사항 등을 중심으로 기술했다.

그리고 제3장에서는 외국의 주민투표제도 발달 과정을 주민투표가 가장 활발하게 이루어지고 있는 미국, 스위스, 독일, 일본을 중심으로 살펴보았다.

제2편은 우리 나라의 주민투표제도에 관한 내용이다.

제4장은 주민투표 대상과 제한 대상에 대해서 살펴보았다. 그리고 이 장에서는 국가정책 중에 주민투표 대상이 되고 있는 사항과 쟁점에 대해서도 자세하게 기술했다.

제5장은 주민투표의 시작 부분으로서 주민투표의 청구와 발의 및 실제로 주민투표 현장에서 나타나는 유권자 범위, 외국인 유권자, 부재자 투표, 정보의 제공, 주민투표 경비 부담에 대해서 기술했다.

그리고 제6장에서는 주민투표의 운동 과정과 결과의 확정에서 시작해 벌칙에 이르기까지 전반적인 내용을 중심으로 기술했다.

이들의 내용은 서언, 내용, 쟁점 사항, 개선 방안의 형식으로 기술했다. 서언에서는 일반적인 의의를 기술했고, 내용 부분에서는 현재 우리 나라 주민투표제도의 내용을 중심으로 기술했다. 그리고 쟁점 사항은 법률적인 쟁점뿐만 아니라 정치적 · 행정적 측면에서의 쟁점 사항을 현장의 목소리를 중심으로 기술했다. 그리고 개선 방안은 필자가 생각하는 방향을 기술했다.

제3편은 사례연구 분야이다.

사례연구는 우리 나라에서 주민투표제도가 정식으로 도입되고 제도화된 2004년 7월 이후의 주민투표 사례 전체를 대상으로 했다. 제7장, 제8장, 제9장의 사례연구 대상은 각각 제주특별자치도, 청주 · 청원행정구역 통합, 방폐장 건설 등 세 곳이다. 이것은 횟수로 보면 세 번이지만 기초자치단체로 보면 열 군데이다. 제주특별자치도 주민투표 지역은 제주시 · 서귀포시 · 북제주군 · 남제주군 등 네 지역, 청주 · 청원 행정구역 통합은 청주시와 청원군 두 곳, 방폐장 건설은 군산 · 포항 · 경주 · 영덕군 등 네 곳이다. 이 지역에서 일어난 사례들을 행정문서와 신문 기사, 그리고 지역 주민들의 설문조사와 면담, 공무원 면담과 워크숍 등을 통해서 조사했다. 조사 내용은 추진 역사, 추진 과정과 주민투표운동, 주민투표에 영향을 미친 쟁점 사항, 특징, 그리고 평가와 제언 순으로 조사했다.

제4편은 주민투표관리에 관한 내용이다.

우리 나라의 주민투표 관리기관은 다른 나라와는 달리 중앙정부기관 중 하나인 중앙선거관리위원회이다. 제10장에서는 어떻게 중앙선거관리위원회가 주민투표 주 관리기관이 되었는지를 살펴보았고, 외국의 투표관리기관과도 비교해서 한국의 중앙선거관리위원회의 특징과 문제점을 살펴보고 개선 방안을 제언했다.

마지막 제11장은 전자투표에 관한 것이다. 앞으로 주민투표의 관리뿐만 아니라 주민투표의 시작에서 종결까지 가장 영향을 미칠 제도인 전자투표에 대해서 살펴보았다. 전자투표의 진행 과정을 외국의 예와 함께 알아보았으며, 전자투표로 인한 순기능과 역기능을 비교했다. 그리고 전자투표제도와 주민투표제도와의 연계 가능성과 그로 인한 상승 효과에 대해서도 살펴보았다.

상기 내용에는 각 장마다 설문조사 내용을 실었는데 이 내용과 제3편의 주민투표 사례는 정부혁신지방분권위원회에서 발간한 「참여정부의 주민투표 사례 실시사례 분석」에서 소개한 내용을 일부 인용했다. 제3편에 게재한 제주도 주민투표 사례는 필자가 『서울행정학회보』에 게재한 논문을 수정·보완했다. 이 책을 저술하는 과정에서 정부혁신지방분권위원회 용역이 있었기에 동시에 진행하다 보니 중복된 감이 있다. 그러나 이 책 내용의 심층면이나 범위 등에서 중심임은 재언을 요하지 않는다.

3. 감사의 글

이번 저서는 나에게는 남다른 의미가 있다. 개인적으로 2006년 여름은 참으로 이겨내기 어려운 날들이었다. 아마 내 생애 가장 어려웠던 날들이었을 것이다. 공모에 응모했던 제주국제자유도시개발센터 이사장에 선발되어 임명 대기 중에 뜻하지 않던 학교 사직 요구에 고민에 고민을 했던 그날의 기억이 아직도 생생하다. 취임 전이지만 미리 와 있던 수많은 화환과 축하 전보를 뒤로하기가 민망스러웠다. 대학을 사직하고 이사장에 취임하느냐, 아니면 학교에 그대로 남아 있느냐 하는 문제는 내가 참 수용하기 어려울 정도로 지역 여론화되었다. 연일 방송과 신문에 이러한 나의 기사가 나면서 급기야 나는 댓글의 폭탄까지도 맞아야 했다. 결국 나는 사표를 쓰지 않고 이렇게 대학에 남았다. 그러나 그 공허함은 이루 말할 수 없었다. 친한 친구의 눈조차 마주하기 어려웠다. 밖은 나에게 늘 어둠 같았다. 대범하려 애쓰지만 목소리가, 얼굴이 일그러져 있었던 독한 초가을이었다.

이 칠흑과 같은 어두운 터널을 뚫게 해 준 것이 이 책이다. 이 책이 아침부터 저녁까지 멍하니 앉아 있던 나에게 나의 본직이 무엇인지를 일깨워 주면서 책상머리에 눌러 있게 해 주었다. 그래서 나는 이 책을 누구에게 단 한 자도 맡기지 않고 컴퓨터 자판을 두드릴 수 있었다. 1987년에 『계량행정학』을 단독으로 만들어 본 후 근 20년 만에 단독 저서를 내는 감회도 남달랐다. 그래서 나는 이 책만큼은 어느 책보다도 사랑할 수밖에 없다.

이러한 어려움과 그리고 감회 속에 이 책을 저술했기에 고마움을 드려야 할 사람이 너무도 많다. 학계에서는 인하대 이기우 교수에게 가장 큰 빚을 졌다. 이제는 형제와 같은 기분으로 만나고 토론하는 이 교수는 내가 이 책을 저술하는 내내 큰 자문을 해 주었다. 그리고 이 책을 모두 읽고 구성에 대한 자문까지 해 주었다. 거듭 감사드린다. 충북대 최영출 교수와 건국대 소순창 교수도 이 책을 저술하는 데 여러 차례 도움을 주었다. 늘 격려해 준 제주대학교 행정학과 학과장인 남진열 교수를 비롯한 학과 여러 교수들에게도 감사의 말을 전하고 싶다. 대통령자문위원회인 정부혁신지방분권위원회 김병준, 윤성식 역대 위원장과 김병섭 위원장을 비롯한 직원 여러분에게도 고맙다는 말을 전한다. 동 위원회의 위원으로 4년 동안 있으면서 이분들의 도움으로 주민투표, 자치경찰 정책 등 수많은 분권정책에 접할 수 있었고, 이 책을 쓰게 된 동인도 제공받았다.

나는 내가 어렵고 흔들릴 때마다 늘 나의 편에 서서 생각하고 충고를 해 준 나의 영원한 친구들인 자연제주 이석창 사장, 정연건설 강호정 사장, 현성욱 치과원장에게 나의 모든 마음을 모아 감사를 드린다. 나로 인해 일시적이나마 혼란을 겪었던 JDC 직원 여러분에게도 미안한 마음을 전하며 그 빚은 앞으로 능력 있는 김경택 이사장과 JDC가 늘 발전만이 있기를 기원하는 마음으로 갚아 갈 것이다. 교정을 너무나 열심히 보아 준 임정현, 이은정 조교, 예비 작가인 김진철 군과 면담, 설문조사, 워크숍 등에서 적극적인 협조를 하여 준 행정자치부 관계자와 제주특별자치도, 청주시, 청원군, 군산시, 포항시, 경주시, 영덕군 관계 공무원들에게도 진심으로 고마운 인사를 전한다.

나는 이 책을 나에게는 언제나 큰 바위이신 부모님과 늘 견제와 격려를 함께 해 주는 사랑하는 아내 고영숙에게 드리고자 한다. 아빠의 사정을 먼저 헤아리는, 언제나 최선을 다하는 딸 혜미와 늘 명랑하고 책임감이 강한 아들 정우에게도 고마운 마음을 전한다.

2007년 7월

제주대학교 행정학과 연구실에서

차 례

PART_Ⅱ 주민투표제도의 내용

PART_Ⅲ 우리 나라 주민투표 사례 연구

01

주민투표제도의 의의와 발달 과정

제 1 장 주민투표의 의의

제 1 절 민주주의와 주민투표제도와의 관계

1 서 언

현대 지방행정에서 주민참여란 현대 행정의 시대적 요청을 충족시켜 주는 하나의 제도적 장치이다. 주민참여는 특히 행정의 활성화를 도모하고, 권력집중에 따른 폐해를 방지하며, 주민의 대표성을 구현하기 위한 필수적 요소가 된다. 과거의 권위적 행정, 공급자 위주의 행정에서 벗어나 민주적 행정, 시민 중심의 행정을 위해 주민참여가 절실히 필요하다.[1] 두룻 현대의 민주주의란 시민들이 자율적으로 정치와 행정 과정에 참여하는 데 그 중요성이 있다 할 것이고, 그것은 곧 주권재민의 헌법적 이념을 강조한 것이다.

그러나 오늘날 대부분의 국가들은 인구가 많아 국민들 모두가 직접 정치에 참여하는 것이 불가능하기 때문에 간접민주정치제도인 대의제 정치제도를 채택하고 있다. 이것은 지방자치에서도 마찬가지다. 지방자치에서는 대체로 주민

1) 양영철, "제주도 주민투표 사례에 관한 연구," 한국사회와 행정연구, 제16권 제3호, 2005, 서울행정학회.

들이 선거를 통해서 대표자를 선출하고, 이들 대표자로 구성된 기관을 통해서 자치행정을 구현한다. 그러나 이러한 대의제 정치제도에는 필연적인 약점이 있다. 즉, 주민이 주권자로서 대우를 받고 주권자로서 역할을 하는 것은 투표를 할 때뿐이다. 선거가 끝나고 일정한 임기가 주어진 대표자가 선출되고 나면 대표자들은 주민의 의사와 관계 없이 정책결정과 집행을 하는 경우가 다반사다. 주인인 주민보다 대리인인 지방 정치인들을 위한 정책결정 사례가 비일비재하다. 때로는 지방 정치인들이 주민 위에 군림하려 들기도 한다. 더군다나 적지 않은 지방자치단체장을 비롯한 지방의원들이 재임 기간 중 각종 이권 개입, 뇌물 수수 등 불법과 위법 행위로 인해 구속 또는 불구속 상태에 있다.

주민투표는 바로 이렇게 간접민주정치제도인 대의제 정치제도가 가지는 결함을 시정하기 위한 제도적 장치로서 등장한 대표적인 제도인 것이다. 즉, 지방의 주권자는 주민이며, 지방자치의 기본은 주민의, 주민에 의한, 주민을 위한 자치를 보장하는 것이므로 지방자치의 주역으로서 또한 지방정치의 주권자로서 주민의 역할이 미약한 대의제 정치제도의 한계를 보완하는 수단으로 직접민주제도인 주민투표제도의 도입이 대두된 것이다. 실제로 그동안 주민투표가 요구된 사례들을 보아도 주민들이 간접민주정치제도인 대의제 정치제도를 근간으로 하는 현행의 지방자치제도에 의해서는 민의가 충분히 반영되지 않고 있다는 불만에서 직접 참여를 요구한 것들이었다.[2]

---

2) 이에 대한 주장은 다음 논문을 참조할 것.
이기우, "참여정부의 지방분권정책: 성과와 과제를 중심으로", 좋은 사회, 좋은 거버넌스, 서울행정학회 동계학술대회, 2007. 2. 2, pp. 213-4; 정일섭, "주민투표제도에 대한 평가," 한국지방자치학회보, 제18권 제4호(통권 56호), 2006. 12. pp. 5-23; 김동건, "주민투표제도의 의의와 문제점," 한국지방자치법학회 2006년 2월 학술회의 발표 논문; 최봉기, "중앙정부에 의한 지역 간 경쟁적 주민투표제도의 개선 과제", 한국지방자치학회보, 제18권 제2호, 2006; 안성호, "주민투표의 직접 민주적 개방성: 스위스의 교훈", 한국지방자치학회보 제17권 제3호, 2005; 양영철, 앞의 논문, 2005; 반성훈, "주민투표제도에 관한 연구", 부산산대학교 대학원 박사논문, 2000. 5; 김중권, "주민투표법안의 법적 문제점", 한국공법학회 제112회 학술발표 논문, 2003; 이용우, "분권시대에 부합하는 주민소환제 도입 방안", 지방자치, 통권 177호, 현대사회연구소, 2003, 6: 국회행정자치위원회, "주민투표법의 입법 방향", 2002; 양석진, "정보사회와 직접민주주의", 법학연구, 제10집, 한국법학회, 2002; 류호상, "지방행정에 있어 주민참여 활성화를 위한 주민투표제도의 도입 방안 연구", 한국행정학회 2001년 하계학술대회 발표논문집; 신봉기, "한국과 일본의 지방자치법상의 주민투표제도에 관한 연구", 공법연구, 제28집 제4호 제2권, 2000. 6; 박

예를 들면, 주민투표제도는 미국에서 영국의 식민지 시대부터 발달한 직접민주제도의 하나로서 레퍼렌덤(referendum)이라 불리며, 지방자치단체의 주요 현안이나 지방의회에서 의결된 법안 및 주요 안건을 다시 주민들의 투표에 부쳐 그 채택 여부에 대한 최종 결정을 하는 제도로 출발했다. 지방정치에 주민의 일상적 참가는 불가능하더라도 주권자인 주민이 직접 지방자치의 행정 과정에 참여하여, 중요한 안건에 대해 자주적 입법을 행할 필요가 있기 때문이다.

결론적으로 말하면, 주민투표는 이와같이 주민에게 직접 지방자치단체의 주요한 사항에 관한 의사결정권을 보장하는 제도이다. 주민투표를 통해서 주민들이 직접 지방자치단체의 주요 사항에 대한 의사 결정의 기회를 가짐으로써 주민들이 지방자치단체의 업무에 대한 관심을 갖게 되고, 주민으로서 소속감을 갖게 되며, 행정의 경직성과 일방성을 극복하는 효과를 가져올 수 있게 되었다는 데 큰 의의가 있다 하겠다. 이러한 의의는 지방자치에서 주민투표가 주민소환, 주민발안과 함께 직접민주주의의 3대 제도로 성장하게 만들었다.[3] 특히, 주민투표와 주민발안이 비슷한 제도로 활용되고 있는 점을 고려한다면 주민투표는 지방자치에서 대표적인 주민 직접참여제도라고 할 수 있다.

2 직접민주주의와 주민투표

주민투표를 논하는 시점에서 직접민주주의에 대한 언급이 필수적인 것은 이미 언급한 바와 같이 주민투표가 직접민주주의의 대표적 형식이기 때문이다. 직접민주주의를 주민투표 민주주의(referendum democracy)와 동의어로 쓸 정도로 직접민주주의와 주민투표는 관계가 깊다.[4]

그러나 지금까지 주민투표와 직접민주주의에 대한 관계 논의는 간접민주주의의 대체로서의 주민투표라는 관점에서 이루어졌다. 다시 말하면, 간접민주주

영도, "주민투표법의 입법 방향", 법과 사회, 1996년도 상반기; 이기우, 지방자치론, 학현사, 1996 참조.

3) David C. Saffell & Harry Basehart, *State and Local Government,* 8th eds.(Higher Education), 2004, pp. 131-135.

4) Matthew Mendelsohn & Andrew Parkin, *Referendum Democracy* (N.Y.: Palgrave, 2000).

의가 가지고 있는 단점인 선출직 공무원들의 전횡과 대응성의 부족을 시정하기 위해서는 민주주의의 주인인 주민들이 주민투표라는 수단을 통해서 정책에 직접 참여하여 결정할 수밖에 없다는 것이다. 이는 역으로 말하면 선출직 공무원들이 합리적이고 대응성 있는 정책 과정을 수행할 수 있도록 하는 더 나은 제도가 있으면 주민투표와 같은 직접민주주의는 필요 없다는 의미와 일맥상통한다. 이러한 주장은 민주주의에 대한 일종의 소극적 관점이며 주민투표를 간접민주주의의 보충적 수단으로 보고 있는 것이다. 그러나 이러한 관점은 대대적인 수정을 요구한다. 설령 처음에 민주주의의 탄생이 이렇게 소극적이고 수동적인 주민(국민)을 전제로 했다 하더라도 현재는 그 때의 상황과는 판이하게 다르기 때문에 민주주의와 직접민주주의, 그리고 주민투표에 대한 관점도 수정되어야 한다. 그 이유는 민주주의의 본질에서도 쉽게 찾을 수 있다.

민주주의의 대전제는 민주주의는 대중들의 참여에 의해서 이루어지는 축제라는 것이다. 민주주의는 사회가 추구해야 할 방향을 정하고 그것을 추진하는 정책들에 대한 토론, 관심과 관여를 통해서만 달성되기 때문에 좀더 활동적인 시민들의 참여가 요구된다. 만약에 시민들이 정책 과정에 참여하지 않는다면 민주주의는 그 정당성과 지도력을 상실하게 된다. 이처럼 민주주의는 주민들의 직접 참여에 의해서만 번성할 수 있는데도 불구하고 최근에 주민참여의 정도가 눈에 띄게 감소하고 있다.[5] 퍼트남(Robert Putnam)은 시민들의 참여가 민주주의를 위협할 수준으로 낮아지고 있다고 경고하고 있다.[6] 너무 많은 주민들이 참여보다는 방관자로 남음으로써 민주주의를 위협하고 있다는 것이다.

그러나 퍼트남의 우려처럼 선진 민주주의 국가에서 주민참여의 쇠퇴는 일반적인 것이라고 할 수 없다. 단지 참여의 방식이 변화하고 있는 것이다. 전통적인 주민참여의 방식은 투표, 정당 활동, 선거운동이었다. 분명히 이와 같은 전통적인 주민참여 방식은 급격하게 감소하고 있는 것은 사실이다. 그러나 주민들의 주도하는 정책과 정치(citizen initiated policies and politics)에 대한 새로운 방식의 주민참여는 급격하게 증가하고 있다.[7] 과거 정치 엘리트에 의해서

5) Russel J. Dalton, *Citizen Politics*(4th ed.)(Washington, DC: CQ Press, A Division of Congressional Quarterly Inc., 2006), p. 35.

6) Robert Putnam, *Democracies in Flux: The Evolution of Social Capital in Contemporary Society* (Oxford: Oxford University, 2002).

7) Russel J. Dalton, 앞의 책, p. 73.

주도되었던 민주주의가 일반 주민들에 의해서 주도되는 방향으로 변화하고 있는 것이다. 이는 직접민주주의의 가능성을 예견하고 있는 것이라 할 수 있다.

바버(Benjamin R. Barber)는 우리가 지향해야 할 강한 민주주의(strong democracy)도 주민참여에 의해서 이루어지는 현대적 형태의 민주주의라고 말한다. 강한 민주주의는 혈연, 학연, 지연과 같은 동질적인 집단의 이익에 의해서 뭉쳐진 시민이나, 애타심이나 선한 성품을 소유한 사람들에 의해 운영되는 사회가 아니다. 강한 민주주의는 시민정신과 시민들이 직접 참여할 수 있는 제도에 의해서, 공공의 목적과 상호간의 협력을 이루어낼 수 있는 시민들에 의해서 자치적으로 운영되는 사회를 의미한다.[8] 이처럼 주민들이 주도적으로 민주주의 과정에 참여함으로써 민주주의가 지속적으로 발달할 것이며 이것이 곧 민주주의의 본질을 실현시키는 것이다. 따라서 주민투표는 강한 민주주의, 더 나가서 민주주의의 본질을 실현시키는 가장 현대적 민주주의제도라고 할 수 있다. 하지만 직접민주주의는 대의제도를 훼손하기도 한다.[9] 그리고 직접민주주의의 대표적 제도라고 하는 주민투표제도도 내용을 자세히 살펴보면 엘리트 정치인들이 자신들의 이익을 확산시키는 또 다른 제도에 불과하다는 지적을 받는다.[10] 그럼에도 불구하고 바버가 지적한 바대로 강한 민주주의를 실천하기 위해서는 직접민주주의로의 흐름은 시대적 사명이며, 그 중심 자리에 주민투표제도가 있는 것이다. 따라서 주민투표는 현대 민주주의의 대표적인 제도로 부상될 것이라 예측된다.

3 주민투표의 발달 과정

주민투표의 근간인 직접민주주의에 대한 논의는 민주주의의 사상 자체만큼 오래되었다. 처음 민주주의 형태는 계급의 예속에서 벗어난 자유민(free

8) Benjamin R. Barber, *Strong Democracy*(Berkeley: University of California Press, 2003), p. 117.

9) Bruce E. Cain & Kenneth P. Miller, "The Populist Legacy: Initiatives and the Undermining of Representative Government", Larry J. Sabato eds., *Dangerous Democracy?*(N.Y.: Rowman and Littlefield Publishers, Inc., 2001), pp. 43-45.

10) Matthew Mendelsohn & Andrew Parkin, 앞의 책, p. 4.

citizen)의 직접적인 참여에 바탕을 두었고, 처음의 민주주의 교과서들은 이와 같은 현상이 일어나고 있는 정부를 다루고 있었다. 직접민주주의제도의 역사적 모델은 아테네 민주주의 그리고 로마 공화정의 국민투표제(plebiscites)인 반면에 대표민주주의 이론은 초기의 영국의 의회주의와 이탈리아의 공화주의(republicanism)에서 온 매우 최근의 제도인 것이다. 현재 세계에서 시행되고 있는 직접민주주의제도는 각각의 나라에서 각자의 다양한 방향으로 시행되고 있다고 볼 수 있다. 중세기에 나타난 기초자치단체인 칸톤(cantons)과 코뮌(communes)은 스웨덴에서는 민주주의의 원조인데, 이 제도가 최근의 직접민주주의의 역사적 배경으로 인식되고 있다. 프랑스에서는 프랑스혁명 시기에 고대 전통적 민주주의와 국민주권주의를 표방한 루소(J. J. Rousseau)의 사상이 영향을 미쳤다. 이러한 프랑스혁명 이념과 나폴레옹식 국민투표(plebiscites)는 스웨덴에서는 지방 단위가 아닌 연방정부 차원의 직접민주주의 발달에 영향을 미쳤다. 반면에 영어권 국가에서 나타나는 최근의 직접민주주의제도는 다른 선례를 가지고 있다. 크로닌(Thomas E. Cronin)[11]은 17세기 중반 영국에서 수평파들(Levellers)[12]이 직접민주주의에 대한 최초의 지지자라고 언급하고 있다. 수평파들은 직접주민선거와 공무원에 대한 소환 제도를 주장했다. 미국에서 처음 나타난 직접민주주의 형태는 뉴잉글랜드 지방에서 시행되었던 주민총회(town meeting)인데 이것은 급진적 기독교 정치사상의 영향을 받았다. 19세기 말과 20세기 초에 나타났던 개혁주의 운동(progressivist movement)은 미국의 초기 직접민주주의 형태에 반영되었다. 개혁주의 운동의 결과로서 주민투표는 주민발안(the initiative)과 주민소환(recall)과 같은 여타의 직접민주주의제도와 함

---

11) Thomas E. Cronin, *Direct Democracy: The Politics of Initiative and Referendum, and Recall*(Cambridge, Mass: Harvard University Press, 1989).

12) http://enc.daum.net/dic100/viewContents.do?&m=all&articleID=b12s3886a에서 인용. 수평파는 영국 내란(청교도혁명)과 공화국(Commonwealth) 시기에 공화주의적·민주적 운동을 추진한 집단이다. 수평파라는 이름은 이 운동이 '사람들의 재산을 균등하게' 하려 한다는 점을 나타내기 위해 적대 진영의 사람들이 붙인 것이다. 수평파 운동은 1645~46년 런던과 그 주변 지역에서 의회를 지지하는 급진 세력 가운데서 시작되었다. 당시 내란은 의회와 국민의 이름을 걸고 진행되고 있었으며, 수평파는 실질적인 주권이 국왕과 귀족들을 배제하고 하원으로 이양되어야 한다고 요구했다. 또한 성인 남자의 보통선거권, 의석의 재분배, 1~2년마다 의회를 열어 입법기관이 진정한 대의기구가 되어야 한다는 점과 정부의 권한을 지방공동체로 분산할 것을 주장했다.

께 여러 주에서 적용되었다.13)

일본은 1950년대와 1960년대의 고속 성장으로 나타난 심각한 공해 문제로 인해 주민운동이 일어나게 되었는데 이것이 주민투표의 시작으로 이어졌고, 1990년대에 결실을 맺게 되었다. 한국은 1980년대 후반부터 불어닥친 민주화의 열풍으로 주민운동이 본격화되기 시작했고, 이는 법률의 제정 없이 주민 스스로 주민투표에 의해서 지역 문제를 결정하는 관행을 쌓아갔다. 결국 이러한 관행은 행정개혁으로 이어졌고, 2004년 주민투표법안이 제정되는 결과를 얻었다.

최근에 선진국들은 국민들의 정치에 대한 무관심으로 인해 민주주의가 최대 위기를 맞고 있다. 거의 모든 국가들이 50% 이하의 투표율로 고전을 면치 못하고 있는 것이 현실이다. 대부분 선진 국가들은 주민투표의 낮은 투표율로 인해 정당성의 어려움에 직면해 있다. 어떤 나라들은 낮은 투표율을 보완하기 위해 투표자에게 복권을 주고 있기도 하다.14)

그러나 최근 이에 대한 희망적인 제도가 나타났다. 바로 전자정부 또는 전자민주주의제도인 것이다. 최근에 인터넷 등 IT 기술이 발달하면서 정치·행정·사회에 커다란 변화를 주도하고 있다. 많은 학자들은 IT 기술로 대표되는 인터넷의 잠재력이 매우 커서 우리 사회에 커다란 변혁을 줄 것으로 희망하고 있다. 인터넷으로 대표되는 전자정부는 다음과 같은 세 가지 점에서 커다란 희망을 약속해 주고 있다.15)

---

13) Maija Setälä, *Referendums and Democratic Government: Normative Theory and the Analysis of Institutions*(Finland: Palgrave Macmillan, 1999), 3.

14) 조선일보, 2006. 7. 19. 18면. 백만장자가 되려면 투표를 하라!
미국 애리조나 주의 한 정치운동가인 마크 오스터로는 총선 투표용지를 복권 식으로 추첨해 당첨자 1명에게 100만 달러를 주는 '애리조나 투표자 보상법'을 추진하고 있다. 이미 입법 청원에 필요한 12만 명보다 훨씬 많은 18만 6천 명의 유권자 서명을 확보했다. 재원은 주정부의 복권 당첨자 중에서 주인이 찾아가지 않은 금액과 개인 기부금, 주정부의 지원금으로 마련한다는 방안이다. 애리조나의 유권자 수는 200만 명. 따라서 '투표용지 복권'에 당첨될 확률 200만분의 1은 미국 로또의 일종인 파워볼 잭팟(1억 4,600만분의 1)보다 훨씬 높다. 애리조나의 투표율은 2004년 대선 때 77%였지만, 2002년 총선 투표율은 56%에 그쳤다. 오스터로는 "이 아이디어가 실행되면 투표율이 크게 높아지고 사람들이 정치에 더 관심을 가지게 될 것"이라고 말했다. 그러나 반대론자들은 "유권자들이 후보를 따져 보지도 않고, 그저 복권에 당첨되려는 목표로 투표소를 찾게 될 것"이라며 "유권자에게 뇌물을 주는 것 같다"고 비판했다.

15) Gregory Streib & Ignacio Navarro, "Citizen Demand for Interactive E-Government," *The American Review of Public Administration*, Vol. 36, No. 3, 2006. 2.,

첫째, 정보에 대한 접근성을 용이하게 해 주며,

둘째, 정보를 비롯한 각종 행정 서비스 전달을 효율적으로 하게 되었고,

셋째, 의사전달 방식이 크게 개선되었다는 것이다.

이러한 장점은 많은 주민들이 직접 행정에 참여할 수 있는 기회를 확대하게 될 것이며, 이를 전자민주주의(cyberdemocracy)라고 일컫고 있다.[16] 앞으로 주민투표는 전자민주주의와 연계되어 매우 활발하게 전개될 가능성이 높다.

제 2 절 주민투표제도의 개념과 유형

1 주민투표의 개념

1) 개념 정의

주민투표(referendum, Burgerentscheid)의 개념에 대해서는 각 나라의 특성과 자신의 관심 분야에 따라서 다양한 정의가 내려지고 있다. 그러나 이를 크게 두 가지 분류로 나누면 다음과 같다.[17]

첫째, 주민투표는 주민투표에 의한 주민의 의사에 지방자치단체를 구속하는 법적 구속력을 가지고 있다는 관점에서 주민투표의 개념을 정의하는 학자들이다. 이 분류의 학자들은 주민투표의 개념을 "지방자치단체의 주민이 지방자치단체의 권한에 속하는 사항을 직접 결정하는 제도"라고 정의한다.[18] 이들은 주민투표에 의해 결정된 주민의 의사에 지방자치단체를 구속하는 법적 구속력을

---

pp. 88-9.

16) 장원석, "전자민주주의 이론과 실제," 한국지역정보화학회지, 제7권 제2호, 2004.

17) 신봉기, "주민투표제의 실효성 확보를 위한 논의: 주민투표법(안)의 제출과 함께", 토지공법연구, 제11호, 2001. 2. p. 205 참조.
현성욱, "주민투표법의 입법 방향에 관한 연구", 제주대학교 대학원 석사학위논문, 2003. 2. pp. 6-7.

18) 김영삼, "주민참정제도에 과한 고찰, 주민투표와 주민소환을 중심으로", 기본권・국가・헌법, 허경교수 회갑기념논문집, 1999, p. 416.

인정한다. 이는 지방자치에서 주민투표는 주민이 자치의 주체이며 자치 운영 중요 사안의 종국적 결정권자라는 것을 보여 주는 관점에서 개념 정의를 하고 있다. 이 분류의 주장은 주민투표의 결과에 대해서 지방자치단체에 대한 법적 구속력을 인정하는 것으로서 주민투표의 위상을 높여 놓았다는 장점이 있는 반면에 지역의 특성이나 투표 대상에 관계 없이 법적 구속력을 인정하는 경직성 때문에 비판의 여지가 있다 하겠다.

둘째, 주민투표를 어떤 특정의 쟁점에 관해서 주민 스스로가 직접 찬부 등의 의사 표명을 행하고 다수결에 의해 쟁점의 귀추를 결정하는 제도라는 관점에서 주민투표를 정의하는 것이다. 이 분류에 속하는 사람들은 주민투표를 주민들이 행정에 직접 참여하는 제도로 정의하면서 주민투표 결과에 대한 법적 구속력 여부는 그 나라 또는 그 지역, 그리고 주민투표 대상에 따라서 달라져야 한다는 차원에서 개념 정의를 하고 있다. 이 분류의 학자들은 "주민투표는 주민에게 직접 지방자치단체의 주요한 사항에 관한 의사결정권을 보장하는 제도"로 개념 정의를 한다.[19] 이와 같은 개념 정의는 유연성이 있다는 장점이 있다. 그러나 이 주장은 주민투표 결과의 법적 구속력에 대해서는 어떠한 입장을 밝힘이 없이 단순히 주민참가 혹은 시민참가의 한 방법이자 가장 직접적인 관여 수단이라고만 정의함에 그치고 있다는 비판을 받고 있다.

2) 이 책의 개념 정의

주민투표는 다음의 네 가지 개념적 요소를 포함한다고 할 수 있다.

첫째, 주체가 주민이라는 점이다.

주민투표는 법률적 구속력이 있든 아니면 단지 지방행정에 공동으로 참여하는 의미가 있든지 관계 없이 우선은 주민이 주체라는 점이다. 여기서 주민이란 일정 연령(19세)에 달하고 주민등록상으로 해당 지역에 거주하는 것으로 되어 있으며, 법률적으로 유권자로서 하자가 없는(예를 들면, 공직선거법 위반으로 투표권이 박탈된 자) 사람을 말한다. 이러한 의미에서 보면 주민투표는 자격에 관계 없이 표본 대상이 될 수 있거나 아니면 일정 표본만을 대상으로 주민의 의견을 조사하는 일반 사회조사와는 다르다.

19) 김희곤, "지방자치법상 주민투표제도의 의의 및 과제", 공법연구, 제27집 제1호, 1998. 12. p. 451.

둘째, 주민투표 대상 지역이 한정되어 있다는 것이다.[20]

우리 나라의 주민투표법은 주민투표 실시 지역을 한정하고 있다. 주민투표 지역은 자치단체의 관할지역을 원칙으로 하되 지방의회의 동의를 얻어 일부 지역으로 한정할 수 있다고 했다.

셋째, 주민투표는 미리 정해진 질문에 응답하는 것이다. 주민은 미리 정해진 해결책 중에서 선택해야 한다. 이 점에서 주민투표는 스스로 의견을 창안해 제시할 수 있는 앙케이트와 다르다. 주민투표에서 응답은 흔히 찬성, 반대, 기권뿐이다.

넷째, 주민투표의 대상은 원칙적으로 인사 문제가 아닌 공적 쟁점이다. 선거가 대표를 뽑는 것이라면, 주민투표는 공적 쟁점에 대한 주민의 의사를 결정하는 것이다. 그러나 실제로는 양자의 구별이 절대적인 것은 아니다. 예컨대, 주민투표에서 거부당한 대표가 책임을 지고 권좌에서 물러나는 경우가 있으며, 주민소환을 확정짓기 위해서 주민투표가 실시되는 경우도 있다.

이러한 요소로 보았을 때 이 책에서는 주민투표제도의 개념을 "지역 주민들이 해당 지방자치단체에 속한 일정한 사무와 구역의 폐치·분합이나 국가의 중요 시설에 대해서 쟁점이 될 때 지방자치단체 집행부와 중앙기관에 이에 대한 의견을 표시하는 제도"라고 정의하고자 한다.

2 유사 개념

1) 국민투표

국민투표는 영어로 하면 'plebiscite'라고 한다. 이 용어는 때로는 주민투표와 혼용해서 쓰기도 한다. 그러나 주민투표는 지방자치단체 수준에서 지역 현안을 지역 주민들의 의견을 물어 결정한다는 점에서 국가 전체적으로 시행되는 국민투표와 구별된다.

---

20) 주민투표법 제16조(주민투표 실시 구역) 주민투표는 그 지방자치단체의 관할구역 전체를 대상으로 실시한다. 다만, 특정한 지역 또는 주민에게만 이해 관계가 있는 사항인 경우 지방자치단체의 장이 지방의회의 동의를 얻은 때에는 관계 시·군·구 또는 읍·면·동을 대상으로 주민투표를 실시할 수 있다.

특히, 국민투표는 대체로 기존의 정치 세력이 자기의 세력을 더욱 공고히 하기 위해 사용되어 왔기 때문에 오히려 비민주적인 것으로 인식되어 왔다. 세계 역사를 돌아보아도 국민투표는 히틀러나 무솔리니와 같은 독재자들이 자신들의 권력을 더욱 공고히 하기 위해 헌법을 개정할 때 활용했다. 우리 나라도 이승만이나 박정희, 전두환 등 역대 독재 대통령들이 그들의 임기를 연장하거나 정치 체제를 공고하게 하기 위해 국민투표라는 이름을 빌어서 악용을 했던 것이다. 그래서 뫼클리(Silvano Möckli)는 기득권 정치 세력이 적절한 때라고 생각하는 시기에 실행되는 임시투표(ad hoc referendum)를 칭할 때 국민투표라고 했으며, 따라서 국민투표는 독재자가 정치권을 설득하려 하지 않고 불만을 가진 집단 대중(the alienated masses)에 직접 선동적으로 호소하는 부정적인 의미가 내포되어 있다고 했다.[21] 이와 비슷한 용어가 'populism'이다. 이것도 국민투표라고 번역을 하지만 이것은 'plebiscite'와는 달리 무지하고 하층에 있는 국민을 선동하는 정치라는 점에서 구별해 사용하고 있다. 그러나 'referendum'은 법률이나 규정에 의해서 이루어지는 제도적 투표이기 때문에 항상 지속적이고 신분에 관계 없이 참여하며 보통은 하나의 이슈를 대상으로 하는 점에서 구별된다고 하겠다. 그러나 이 용어들을 명확하게 구분할 수 있느냐에 대한 이의를 제기하면서 혼용으로 사용해도 무방하다고 주장하는 학자들도 많다.

2) 주민발안

주민발안(initiative)은 일정 수 이상 주민의 서명에 의해 자치단체의 조례 제정 또는 개폐 등에 관해 직접 제안하는 제도로서 지방의회 또는 지방의원의 부작위에 대해서 간접적으로 책임을 추궁하는 제도이다. 즉, 주민발안은 일정 수의 주민이 서명하여 청원 형식으로 입법 조처를 제안하는 것이다. 이러한 주민발안제도는 미국의 대다수 지방정부와 일본에서 채택하고 있다. 미국에서 말하는 주민발안에는 직접발안과 간접발안이 있다. 직접발안은 법정수의 유권자의 서명에 의해서 법안이나 조례 제정 및 개폐를 청구하며, 그 의안은 그대로 주민투표에 회부되어 통상 과반수의 찬성으로 결정된다. 그러나 간접발안의 경우

21) Silvano Möckli, *Direct Democracy*(Bern: Verlag Paul Haupt, 1994) 참조.

는 법정수의 유권자의 서명에 의해서 법안이나 조례 제정 및 개폐를 청구하면 당해 의안은 우선 지방의회에 회부된다. 만일 지방의회가 그 의안을 그대로 위결하면 그 안은 바로 확정된다. 그러나 의회가 그 안을 수정 가결하거나 부결한 때에는 다시 주민투표에 회부되어 과반수 의결로 결정된다. 이처럼 주민발안은 주민이 법안의 초안을 작성하는 동시에 법안의 제정 여부를 결정한다. 우리 나라의 주민투표제도와 비슷한 제도다. 그러나 미국에서의 주민투표(referendum)의 경우는 대체로 그 초안은 의회에서 작성하고 최종적인 승인 여부만 주민이 결정한다는 점에서 미국의 주민발안과도 다르며 또한 우리 나라 주민투표제도와도 다르기 때문에 구분해서 이해해야 할 것이다.

3) 주민소환

주민소환(recall)제도는 선거에 의해 공직에 취임한 지방자치단체의 선거직 공직자에 대해 그 임기가 끝나기 전에 주민들이 해직을 청구하는 제도인데, 지방의회의 해산을 청구하는 경우가 포함되기도 한다. 선거에 의해 공직에 취임한 자에 대한 해직을 일정 수의 주민이 서명해 이를 청구하면 그에 관해서 투표를 실시하게 되고, 유권자의 과반수가 해직에 찬성하면 당해 공직자는 그 직을 상실한다. 이 제도는 미국·일본 등에서 시행되고 있으며, 실제로 행사되는 경우는 많지 않지만 심리적 효과가 큰 것으로 나타나고 있다. 주민소환제도의 이점으로는 공직자의 윤리를 확보할 수 있는 수단이 되고, 공무원들에 대해 공무 수행의 개선을 기대할 수 있다는 점 등을 들 수 있다. 그러나 주민소환제도의 결점으로는 선거에 패배한 측에서 당선자를 임기 내에 추방하기 위한 수단으로 이용할 경우가 있고, 그에 따라 정쟁이 격화되고 당리당략을 위해 악용될 가능성이 있으며, 공무원을 부당하게 위축시켜 원활한 업무 수행을 방해하는 경우 등이 있다. 그러나 주민소환은 선거직 공직자에 대한 해직에 한정된다는 점과 그 발의 자체를 주민들이 한다는 점에서 주민투표와 다르다.[22)]

이는 다음 <표 1-1>과 같이 미국에서 주민발안, 주민투표, 주민소환제를 채택하고 있는 현황을 보면 구분할 수 있을 것이다. 현재 미국 주정부 중에는 이 세 가지를 다 채택하고 있는 주가 있는가 하면 이를 전부 채택하지 않고 있는

---

22) J. F. Zimmerman, 김영기 역, 미국의 주민소환제도(대영문화사, 2002).

〈표 1-1〉 미국 주정부의 주민발안, 주민투표, 주민소환 채택 현황

채택 유형	주민발안 주민투표 주민소환 전부 채택	주민소환 주민투표 채택	주민소환만 채택	주민투표만 채택	주민소환만 채택	아무것도 채택하지 않음
채택한 주	알래스카 애리조나 캘리포니아 콜로라도 아이다호 미시간 몬태나 네바다 오리건 워싱턴	아칸소 플로리다 일리노이 메인 매사추세츠 미주리 네브래스카 오하이오 사우스다코타 유타 와이오밍	미시시피	켄터키 메릴랜드 뉴멕시코	조지아 컨자스 루이지애나 미네소타 뉴저지 위스콘신	앨라배마 코네티컷 델라웨어 하와이 인디애나 아이오와 뉴햄프셔 뉴욕 노스캐롤라이나 펜실베이니아 사우스캐롤라이나 테네시 텍사스 버몬트 버지니아 웨스트버지니아

주도 많다. 50개의 주 중에 이 세 제도를 다 채택하고 있는 주가 11개 주인 반면에 세 제도 중 하나도 채택하지 않은 주는 16개로 오히려 채택하고 있는 주보다 많다는 점도 흥미롭다.

이를 세분하여 보면 미국의 주정부 중 주민투표를 채택하고 있는 주는 26개로 절반을 넘고 있으며, 주민발안 24개 주, 주민소환은 17개 주로 나타났다.[23]

3 주민투표제도의 유형

주민투표제도는 여러 가지 기준에 따라 나눌 수 있고, 이에 대한 분류는 다음과 같이 정리할 수 있다.[24]

23) David C. Saffell & Harry Basehart, 앞의 책, pp. 131-138.

1) 법적 근거에 따른 분류

주민투표는 그 법적 근거에 따라 헌법에 의한 주민투표, 법률에 의한 주민투표, 조례에 의한 주민투표, 사실상의 주민투표로 나눌 수 있다.

(1) 헌법에 의한 주민투표

일본 헌법 제95조는 "하나의 지방공공단체에만 적용되는 특별법은 법률이 정하는 바에 의해 그 지방공공단체의 주민투표에서 그 주민의 과반수의 동의를 얻지 아니하면 국회는 이를 제정하지 못 한다"고 규정하고 있다. 이처럼 하나의 지방공공단체에만 적용되는 지방특별법을 제정하기 위한 주민투표가 '헌법에 의한 주민투표'에 해당한다.

(2) 법률에 의한 주민투표

우리 나라 지방자치법 제14조(주민투표)는 "① 지방자치단체의 장은 주민에게 과도한 부담을 주거나 중대한 영향을 미치는 지방자치단체의 주요 결정사항 등에 대하여 주민투표에 부칠 수 있다. <개정 2007. 5. 17 조 변경> ② 주민투표의 대상·발의자·발의 요건·기타 투표 절차 등에 관하여는 따로 법률로 정한다. [본조 신설 1994. 3. 16]"고 규정하고 있다. 동 조항에 따라 주민투표법이 제정된 후 시행되는 주민투표는 법률에 의한 주민투표가 된다.

(3) 조례에 의한 주민투표

헌법이나 법률에 규정되어 있는 주민투표제도 이외의 경우에, 지방자치단체의 조례에 의하여 특정의 쟁점에 관한 주민투표를 행할 경우 '조례에 의한 주민투표'가 된다.

(4) 사실상의 주민투표

사실상의 주민투표는 헌법이나 법률 및 조례의 근거 없이 실시되는 주민투표를 말한다. 이러한 사실상의 주민투표제도는 지방자치제도가 시행되는 기본적인 이념의 실현을 위해 실시되는 것이라 할 수 있다. 지방의 문제는 지역 주민의 의사에 따라 결정되고 집행되도록 하고자 하는 직접민주주의의 이념을

24) 주민투표의 유형에 대한 자료는 양영철, 앞의 논문, 현성욱, 앞의 논문 등 각주 5)의 논문을 참조할 것.

실현할 뿐만 아니라, 주민참여 의식을 높이고 지역 발전을 이루고자 하는 뜻에서 현실적으로 법률적인 근거가 없어도 실시되고 있다. '사실상의 주민투표'의 예로는 광주 북구청의 동 통합을 위한 주민투표, 서울 광진구의 동 명칭 변경에 대한 주민투표, 서울 길음동의 재개발사업에 관한 주민투표, 강원도 정선군의 수질오염 방지시설 존폐에 관한 주민투표 등을 들 수 있다. 2004년 2월에 실시된 부안군 주민투표가 최근에 실시된 대표적인 사실상의 주민투표라고 할 수 있다.

2) 청구권자에 따른 분류

주민투표는 그 청구권자에 따라 지방자치단체장의 청구에 의한 주민투표, 지방의회의 청구에 의한 주민투표, 주민의 청구에 의한 주민투표, 중앙행정기관의 장의 청구에 의한 주민투표로 나눌 수 있다.

(1) 지방자치단체장 발의에 의한 주민투표

이는 말 그대로 지방자치단체장이 청구에 의해서 이루어진 주민투표를 말한다. 우리 나라 지방자치법 제14조는 "지방자치단체의 장은 주민에게 과도한 부담을 주거나 중대한 영향을 미치는 지방자치단체의 주요 결정 사항 등에 대하여 주민투표에 부칠 수 있다. <개정 2007. 5. 17>"고 규정함으로써 지방자치단체장의 청구에 의한 주민투표를 규정하고 있다.

(2) 지방의회 발의에 의한 주민투표

지방의회가 청구하는 주민투표를 말한다. 지방의회는 지방자치단체의 의결기관이기 때문에 지방자치단체에 속한 사무에 대해서는 원칙적으로 발의권, 부의권, 의결권을 동시에 가지고 있다고 볼 수 있다. 다만 주민투표는 의결권이 지역 주민에게 있기 때문에 주민투표에 대해서는 지방의회의 의결권이 제외된다. 그러나 발의권과 부의권이 지방의회에 그대로 남을 것인가에 대한 논란은 계속되고 있다. 대체로 많은 나라에서는 발의와 부의권을 지방의회의 권한으로 하고 있으나 우리 나라 주민투표법은 청구권만 부여하고 있다.

(3) 주민청구에 의한 주민투표

주민들에 의해 청구되어 이루어지는 주민투표를 말한다. 주민투표는 원칙적으로는 주민의 손에서 시작되고 끝을 맺는 것이다. 따라서 주민들에게 청구권을 부여하는 것은 당연하다 하겠다. 우리 나라 주민투표법도 주민청구권을 보장하여 유권자의 총수 5분의 1에서 20분의 1 사이에서 각 자치단체가 조례로 정하도록 하고 있다.

(4) 중앙행정기관의 장의 청구에 의한 주민투표

중앙행정기관의 장의 청구에 의한 주민투표는 우리 나라에서 볼 수 있는 매우 특징적인 주민투표다. 주민투표법 제8조가 바로 국가정책에 관한 주민투표이다. 이 조항에서는 중앙행정기관의 장은 지방자치단체의 폐치(廢置)·분합(分合) 또는 구역 변경, 주요 시설의 설치 등 국가정책의 수립에 관해 주민의 의견을 듣기 위해 필요하다고 인정하는 때에는 주민투표의 실시 구역을 정하여 관계 지방자치단체의 장에게 주민투표의 실시를 요구할 수 있다고 규정하여 중앙행정기관의 장의 청구에 의한 주민투표를 할 수 있도록 하고 있다. 이 경우 중앙행정기관의 장은 미리 행정자치부 장관과 협의해야 한다.

3) 주민의 청구에 따른 분류

전술한 '주민의 청구에 의한 주민투표'는 주민이 어떠한 경우에 주민투표를 청구하는가에 따라 다시 적극적 주민투표와 항의적 주민투표로 나눌 수 있다.

(1) 적극적 주민투표

적극적 주민투표는 지방의 어떤 쟁점이 되는 중요한 문제에 관해서 스스로 결정하고자 하는 주민들의 적극적 참정 욕구에 의해서 실시되는 주민투표를 말한다. 이는 주민들이 처음부터 의제를 만들고 이를 주도해 결정하는 것을 말한다.

(2) 항의적 주민투표

항의적 주민투표는 의회가 의결한 조례를 폐지하기 위해 시행하는 주민투표를 말한다. 의회가 조례를 의결한 후 일정 기간 동안 그 효력 발생을 정지하고 그 기간 중에 일정 수의 유권자가 서명한 주민투표 청구가 수리되면 그 조례는 주민투표에 회부된다. 그리고 주민투표에서 유권자 과반수가 찬성하면 그 조례는 효력이 발생하지만, 유권자 과반수가 반대하면 그 조례는 무효가 된다.

4) 실시 조건에 따른 분류

주민투표는 그 실시 조건에 따라 의무적 주민투표와 임의적 주민투표로 나눌 수 있다.

(1) 의무적 주민투표

의무적 주민투표는 지방자치단체의 주요 사항을 반드시 주민투표에 부쳐 주민의 의사에 따라 결정하도록 의무화되어 있는 경우를 말한다. 예를 들면 미국에서 주 헌법 개정안이 주 의회를 통과하면 반드시 주민투표에 부쳐야 하는데, 이러한 경우에 실시되는 주민투표가 의무적 주민투표이다.

(2) 임의적 주민투표

임의적 주민투표는 어떤 쟁점이 되는 중요 사항에 관해 주민투표에 회부할 것인가의 여부를 지방자치단체장이나 지방의회가 결정하는 경우에 실시되는 주민투표를 말한다.

그런데 우리 나라 지방자치법 제14조는 "지방자치단체의 장은 주민에게 과도한 부담을 주거나 중대한 영향을 미치는 지방자치단체의 주요 결정 사항 등에 대하여 주민투표에 부칠 수 있다"고 규정함으로써 임의적 주민투표를 규정하고 있다.

5) 주민투표 사안에 따른 분류

주민투표는 그 사안에 따라 대체적 주민투표와 병행적 주민투표로 나눌 수 있다.

(1) 대체적 주민투표

대체적 주민투표란 주민투표가 지방의회의 의결을 대체하는 경우를 말한다. 대체적 주민투표인 경우는 투표에 부칠 사항에 대해서는 지방의회의 의결이 금지되거나 지방의회의 의결 절차가 생략된다.

(2) 병행적 주민투표

병행적 주민투표는 주민투표를 지방의회 의결과 병행시키는 경우를 말한다. 병행적 주민투표의 경우에 주민투표 결과와 지방의회 의결이 다른 경우 그 효력의 우열이 문제된다. 이 경우 대체로 주민투표가 우위를 점하는 경우가 대부분이다.

6) 법적 효력에 의한 분류

주민투표는 그 법적 효력에 따라 구속적 주민투표와 비구속적 주민투표로 나눌 수 있다.

(1) 구속적 주민투표

구속적 주민투표는 지방자치단체가 주민투표의 결과에 구속되는 경우를 말한다. 즉, 지방의회나 지방자치단체장이 주민투표의 결과에 구속되어 반드시 그에 따라야 하는 경우를 구속적 주민투표라 한다.

(2) 비구속적 주민투표

비구속적 주민투표란 주민투표의 결과가 지방의회를 구속하지 아니하고, 지방의회가 그 결과를 참고하여 의사 결정을 하는 자문적 성격의 주민투표를 말한다. 현재 우리 나라 주민투표는 비구속적 주민투표라는 것이 법조계의 의견이다.

7) 주민발안에 의한 주민투표

주민발안에 따른 주민투표는 일정 수의 투표자들에게 그들이 제안한 특정 쟁점에 대해서 투표를 요구할 수 있는 권한이 주어진 경우에 실시되는 주민투표이다. 이 경우에 일정 수의 투표자들은 투표에 부쳐질 제안의 내용과 문안을 결정한다.

주민발안에 의한 주민투표제를 채택하는 나라는 스위스와 이탈리아, 미국의 주들 뿐이다. 주민발안에 의한 주민투표는 예외적인 경우를 제외하고는 당국에 의해 금지되지 않는다. 주민발안에 의한 주민투표는 다시 다음 세 가지로 세분된다.

(1) 비토주민투표(suspensive referendum: veto referendum)

비토주민투표는 의회에서 의결되었지만 아직 시행되지 않은 법률에 대해 일정 수의 유권자들의 요구로 실시되는 주민투표를 말한다. 주민투표에서 거부된 법률은 효력을 상실한다. 대표적인 사례로 스위스의 연방 수준에서 유권자 5만 명의 서명으로 요구되는 법률시민투표를 들 수 있다.

(2) **폐지주민투표**(abrogative referendum)

폐지주민투표는 이미 확정되어 시행중인 법률에 대해 일정 기간이 지난 후에 일정 수의 유권자들의 요구로 실시되는 시민투표를 말한다. 이탈리아 헌법은 폐지주민투표를 요구할 수 있는 최소 서명자 수를 50만 명으로 정하고 있다. 1974년 구교도(가톨릭교인)들이 세속적 자유주의 이혼법을 폐지하기 위해 폐지주민투표법을 이용한 바 있다.

(3) **제안주민투표**(propositive referendum)

제안주민투표는 주민이 직접 작성했거나 적어도 기본 방향이 정해진 법안을 채택하기 위해 실시하는 주민투표를 말한다. 제안주민투표는 주민이 발의자일 뿐만 아니라 발안을 직접 작성한다는 점에서도 위의 두 주민투표들과 다르다. 스위스와 미국의 주들에서 주민발안으로 발의되어 실시되는 주민투표들이 이 범주에 속한다.

비토주민투표와 폐지주민투표가 공권력에 제동을 거는 역할을 수행한다면, 제안주민투표는 의회나 정부가 원치 않거나 제기하기 어려운 개혁법안을 제시하는 일종의 지침과 같은 역할을 수행한다고 볼 수 있다.[25)]

제 3 절 주민투표제도의 기능

1 서 언

재차 기술했지만 주민투표제도는 민주주의, 특히 지방자치에서 필수적인 제도라고 했다. 이렇게 주민투표제도에 대해서 강력하게 주장하는 까닭은 주민투표가 가지고 있는 장점 때문이다. 주민투표야말로 민주주의 원칙인 주권재민을 확인해 주는 제도이며 주민에 의한, 주민을 위한, 주민의 정치를 할 수 있도록

25) 안성호, "시민투표의 이론적 기초와 쟁점", 자치행정, 141호, 2000. 이 책에서는 시민투표라고 번역함.

하는 최종 보루로서 역할을 할 것이라는 믿음 때문에 주민투표제도의 도입을 강력하게 주장하는 것이다.

그럼에도 불구하고 주민투표제도는 상기와 같은 장점 이외에 역기능도 역시 가지고 있다는 것이 현실로 나타나고 있다. 대중의 참여가 오도되었을 때는 위험한 민주주의가 된다는 경고도 주민투표의 역기능 가능성에 대한 경고이기도 하다.[26] 때로는 우민정치(愚民政治)가, 때로는 다수에 의한 횡포, 그리고 소수의 독재 등 민주주의의 약점이 주민투표에 나타나 커다란 역기능을 생산해 내기도 한다. 이 절에서는 이러한 속성을 가진 주민투표가 어떠한 순기능과 역기능이 있는지를 구체적으로 살펴보기로 하겠다.

2 순기능

주민투표의 순기능에 대한 주장은 논자에 따라 매우 다양하게 제기되고 있다. 대체로 주민투표의 순기능으로서는 주민의 정치 참여 확대, 주민의 의사를 정책에 투입, 정치교육의 활성화, 지역공동체 형성, 지방에서의 책임정치 실현[27] 등을 들고 있다. 이들의 주장과 더불어, 현재 우리 나라에서 실시되고 있는 주민투표의 현장에서 조사한 것을 함께 정리하면 다음과 같다.

1) 지역공동체의 형성

주민투표는 지역 주민들 간에 연대감을 강화시켜 주는 중요한 역할을 한다. 현대 사회가 매우 다양하고 복잡하기 때문에 지역 주민들은 자신들의 지역 문제에 관심을 갖기가 어렵다. 특히, 현재 지역 주민들 가운데 50% 이상이 다른 지역이 고향인 주민들로 구성될 정도로 어느 지역이나 익명성이 강하기 때문에 지역 주민 간에 지역의 문제를 논의한다는 것은 불가능에 가깝다 할 것이다. 주민투표는 이러한 익명성 사회를 깨는 데 커다란 역할을 한다. 주민투표는 주민투표의 의제를 설정하기까지 많은 논란을 거치게 된다. 무관심한 지역 주

---

26) Larry J. Sabato, Howard R. Ernst & Bruce A. Larson, *Dangerous Democracy?* (N.Y: Rowman and Littlefield Publishers, Inc., 2001).

27) 김동훈, 지방정부론(충남대학교출판부, 1999), pp. 475-478.

민들은 이러한 논란 과정에서 지역의 문제에 대해 자연스럽게 접하게 되는 학습 기회를 얻게 된다.

한 예로서 2005년 11월 2일에 실시된 방폐장 선정 주민투표에서 지역의 모든 단체가 총동원되었다. 종교단체들도 모두 나섰다. 심지어 지역 문제에 대해서는 언제나 초연했던 지역 소재 대학 총장과 총학생회들까지도 방폐장 유치를 위해 앞장섰다. 이들 단체들은 이번 기회를 통해서 지역 문제를 접하게 되고, 계속 지역 주민과의 접촉을 통해서 자연스럽게 지역 문제에 대해 관심을 갖게 될 것이다. 이러한 분위기는 가속도가 붙어서 지역 주민들은 지역 문제가 있을 때마다 이들 기관·단체와 의논하고 자문을 받게 될 것이다. 그리고 또한 이들 단체들은 지역 주민들의 요구에 적극적으로 동참하게 될 것이다. 이들 찬성 집단과는 반대로 군산 지역의 경우 군산 지역의 최대 공장인 기아자동차 노조가 FTA 반대 등 전국적 이슈처럼 방폐장 유치에 반대했다가 지역 주민들로부터 불매운동 등 호된 곤혹을 치른 것은 지역 문제가 얼마나 복잡한 것인가를 설명해 주는 좋은 예라고 할 수 있다.

방폐장 주민투표를 비롯한 청주·청원, 제주 주민투표가 끝난 후의 모습을 보면 승자는 물론이거니와 심지어 패자 지역까지도 주민투표가 지역의 단합을 이끌어 냈다는 것을 커다란 위안으로 삼으면서 그 후유증을 최소화하고 있다.

2) 고질적인 정책 문제의 해결

주민투표제도가 도입된 후에 세 번의 주민투표가 실시되었다. 이 세 번의 주민투표의 공통된 주제가 오랫동안 정책 문제로 설정되어 있었는데도 불구하고 해결하지 못한 것들이다.

방폐장의 경우를 보더라도 1986년부터 시작되어 2005년 11월 2일 주민투표일까지 무려 20년 동안 건설 지역을 결정하지 못하고 있던 문제였다. 그동안 원자력발전소에서 쓰고 남는 방사능 폐기물이 수용 한계를 넘어서서 국가적으로 대단히 큰 문제였다. 정부는 1986년부터 이 문제를 풀기 위해 여러 지역을 선정해 폐기장을 건설하려 했지만, 지역 주민들이 생사를 걸 정도의 강력한 반대 때문에 매번 실패했던 것이다. 이름만 들어도 알 수 있는 안면도, 굴업도 사건에서부터 영덕 주민 반대, 최근에는 군수까지 폭행당했던 이른바 부안사태 등 이루 말할 수 없는 사건들이 연이어 터졌다.

제주도 주민투표도 마찬가지다. 제주도의 자치단체구조상 비지화(飛地化)[28] 현상 때문에 자치단체의 폐치·분합에 대한 논의는 1970년대부터 나오기 시작한 의제다. 그러나 이 역시 지역 주민들의 반대에 부딪쳐서 결국 중단되는 반복적인 상황만 나타났을 뿐 실제로 이루어지지는 못했던 정책의제다. 청주·청원 두 지역의 통합은 제주도와 마찬가지로 거의 실현될 것 같았다가 실패하는 정책의제 중 하나였다.

그런데 이번에 이 주제들이 청주·청원을 제외하고는 주민투표에 의해서 확정되었던 것이다. 서슬 퍼런 전두환 군사정권 때도 못했던 일이며, 지방자치 실시 후에 자치단체장이나 지방의원들에 의해서도 해결되지 못했던 고질적인 정책이 주민들의 손에 의해서 해결된 것이다. 주민과 주민투표가 승리했다고 하지 않을 수 없다.

3) 민주·자치교육장으로서의 활용

밀(J. S. Mill)은 지방 수준의 참여를 부정한 채 국가 수준에서만 참여를 인정하는 것은 공허하며, 민주정치는 지방 수준에서의 참여를 통해 배우는 것이라고 강조했다. 그러면서 밀은 지방자치를 "민주주의 교육의 도장"이라고 갈파했다. 주민들이 참정권을 가지고 자신들의 문제를 스스로 결정하는 것 그 자체가 민주주의 교육이라는 것이다. 하몬(Michael M. Hamon)도 스위스의 칸톤과 코뮌 수준에서 실시되는 주민투표가 주민을 민주시민으로 양성하는 학교의 역할을 수행하고 있다고 평가했다. 미국의 경우도 지나치게 인기 위주의 주민투표가 이루어져 법원에 의해서 무효화되고 있지만 그 자체가 민주·자치교육장으로서의 역할을 충분히 하고 있기 때문에 여전히 주민투표가 가장 활발하게 이루어지는 나라로 분류되고 있다.[29]

---

28) 비지화란 한 자치단체의 구역이 다른 자치단체의 가운데 들어서 있기 때문에 둘로 나뉜 상태를 말한다. 제주도의 경우 행정구조 개편 이전에 북제주군은 가운데 제주시가 있기 때문에 동서로 나뉘어 있고, 남제주군은 서귀포시가 가운데 있기 때문에 역시 동서로 나뉘어 있다. 이 때문에 제주도에서는 오래 전부터 북제주군과 남제주군 일부를 주고받아서 동제주군과 서제주군으로 바꿈으로써 비지화를 제거해야 한다는 주장이 제기되어 왔었다.

29) Manthew Manweller, "The Angriest Crocodile: Information Cost," *Direct Democracy Activists, and the Politicization of State Judicial Elections*. 1960년에서 1998년 사이에 오리건, 콜로라도, 그리고 캘리포니아 주에서 127개 주민발안 주민투표

주민투표법 제정 이전에 우리 나라에서 이루어졌던 수많은 주민투표를 살펴보면 주민투표가 얼마나 민주주의와 지방자치를 위한 교육장인가를 알 수 있다.[30] 주민들이 스스로 선거관리위원회를 만들고 자원봉사를 통해서 지역의 현안들을 스스로 해결하려는 노력이야말로 지방자치의 본질을 실천하는 것이라 할 수 있다. 주민투표제도에서는 주민들 자신이 정책결정자이므로 지방자치단체의 행정에 민주적인 정당성을 부여해 주고, 이를 통해 지역 주민들은 정치적 만족감을 강하게 갖게 된다. 그리고 이를 통해 정책에 대한 사회 통합, 안정성 및 지속성을 얻게 되는 것이다.[31]

여수시·여천시·여천군 소위 3여 통합은 지역 주민 스스로 지역경쟁력을 살리기 위한 결단이었다. 천안시·천안군의 통합도 이 맥락과 같이 지역 주민들이 지방자치의 본질인 지역의 발전을 위해 지역 주민들이 스스로 결정하는 모습을 보여 주는 좋은 사례라고 할 수 있다. 주민투표에 의하지 않았다면 정부가 현재 제공하려는 인센티브 이상을 제공한다고 해도 '천년 고도의 경주에 폐기장 건설이 가능할까?'라고 의문을 제기한다면 대부분이 아니라고 대답할 것이다. 이렇게 지역 주민들은 주민투표라는 제도를 통해 지역의 문제를 지역 주민들의 눈과 힘으로 결정하는 훈련을 계속하게 될 것이며, 이러한 지식과 경험을 통해 지방자치는 성숙되어 갈 것이다.[32]

4) 중재적 기능

지역의 문제는 매우 복잡한 양상을 지닌다. 청주·청원 두 지역의 통합 문제를 예를 들어보자. 청주는 이번 통합 과정에서 청원군에 백기를 들어 항복을 했다고 할 정도로 모든 것을 양보했다.[33] 청주시의 인구는 약 63만 명으로 청

가 이루어졌는데 이 중에 반수 이상의 주민투표가 법원에 의해서 무효화되었다. 그 중에서 33개가 주법원과 연방법원에서 무효화되었는데 12개는 연방법원, 21개는 주 법원에 의해서 무효가 되었다. 무효가 된 큰 이유는 주민발안이 합법성보다 지나치게 인기위주로 나가기 때문이었다는 것이다.

30) 하승수, "부안 방폐장 유치 찬·반 주민투표 사례를 통해 본 주민투표제도," 자치행정, 2004. 4: 26-28.

31) Thomas E. Cronin, *Direct Democracy*(Cambridge: Harvard University Press, 1989), p. 156.

32) 군산시 공무원과의 인터뷰에서, 2006. 4. 6, 군산시청에서.

33) 청주와 청원군 공무원과의 현지 면담, 2006. 2. 7, 청원군청과 청주시청에서.

원군의 인구 12만 명에 약 5.5배이다. 이렇게 큰 차이가 있음에도 불구하고 청주시는 청원군이 통합시가 될 경우에 시의원의 수를 동일하게 해달라는 요구까지도 수용했다. 다른 지역에서는 있을 수 없는 일이다. 청주시는 시의 팽창으로 인한 토지의 부족 문제가 심각할 뿐만 아니라 신행정수도로 인한 대전시의 팽창으로 대전광역시의 위성도시화에 대한 우려가 매우 높다. 특히, 최근에 오송과학단지를 비롯한 호남선 역 분기점의 유치 등 인접 지역의 팽창은 청주시로 하여금 조바심을 키우는 분위기를 자아내고 있다. 그래서 청주시는 청원군을 흡수하지 않고서는 청주시의 발전이 한계가 있다고 생각해서 더욱 적극적이다. 그러나 청원군의 주민들, 특히 1차 산업에 종사하는 주민들은 반대다. 시로 통합되면 현재와 같은 농업에 대한 투자가 줄어들기 때문에 손해라는 생각이다. 또한 충청북도 공무원들도 반대다. 자치단체가 하나 줄어들면 공무원 자리가 없어진다는 생각 때문이다. 심지어 교육계도 은근히 반대를 했다. 청원군은 군이기 때문에 청원군에 근무하면 순환근무제도에 의해서 벽지근무로 근무점수도 올라갈 뿐만 아니라 청주에서 통근도 가능하다는 것이다. 반면에 청원군민들 중에서도 청주시에 인접해 있는 군민들은 찬성하는 주민들이 많았다. 모든 생활권이 청주이기 때문에 청주와 통합하는 것이 교육적·문화적 측면에서 이익이라는 것이다. 이렇게 난마처럼 엉켜 있는 지역의 문제는 주민투표가 중재적 기능을 가지고 풀 수밖에 다른 대안이 없다.

그리고 지역의 문제는 지역 내의 이익집단에 의해서만 엉켜 있지 않다. 국가와 다른 지역과도 상당히 연계되어 있어 복잡해진다. 방폐장은 국가와 지역 간에 복잡하게 연결되어 있다. 그뿐만 아니라 방폐장 투표시에 경주는 인접해 있는 울산북구 시민들이, 군산은 역시 인접 지역인 충남의 서천군 주민들이 자신들도 영향을 직접 받기 때문에 주민투표를 하여야 한다고 항의 시위를 했다.

이렇게 주민투표는 지역 주민 간, 지역 주민과 지방정부 간, 지방정부와 중앙정부 간, 그리고 다른 지역 간의 갈등 문제를 해결해 주는 중재적 기능을 하고 있는 것이다.

5) 행정의 계속성 유지

주민투표는 행정의 계속성을 유지시키는 순기능을 가지고 있다. 지방자치가 실시되면서 자치단체장이 교체될 때마다 전임 자치단체장이 실시했던 행정은 무시되는 일이 비일비재하다. 이로 인해서 막대한 예산이 투입된 정책들이 중도에 중단되는 예가 허다하다. 이를 지적한 어느 지방 신문의 기사를 살펴보자.[34]

> 스위스 같은 직접민주주의가 제대로 된 국가에서는 상상도 할 수 없는 일이 우리 나라에서는 다반사로 일어난다. 중요한 지역사업이 자치단체장 교체 때 폐기되거나 무관심권으로 내몰려 지지부진해지는 경우가 적지 않다. 지역사업은 지역 주민 전체의 이익에 관련된 공공사업이므로 전·현직 자치단체장의 취향이나 자의(恣意)대로 추진과 폐기가 결정되어서는 안 된다.
>
> 5·31 지방선거에서 단체장이 바뀐 곳은 대구 5곳, 경북 11곳인데, 이런 곳에서 공공사업의 지속성이 저해되는 경우가 많다. 전직 단체장이 중점사업으로 추진하던 사업이 신임 단체장 체제에서는 천덕꾸러기가 되고마는 것이다. 물론 단체장의 철학이 다르니 그럴 수도 있겠지만, 그보다는 다분히 감정적으로 전임의 중점사업을 무시하고 폐기하는 경우가 적지 않다.
>
> 대구시 중구는 11개에 이르는 전임 구청장의 사업을 포기했으며, 동구와 남구는 각각 역점 추진 사업 3개씩을 폐기 또는 유보, 축소했다. 봉화군은 전임 단체장이 공약한 청량산 레포츠 체험단지 조성사업이 지지부진하고, 영양의 종합스포츠단지 건립, 청송의 약수테라피단지 조성 등도 현 단체장의 소극적 태도로 난항이다. 문경의 경우 30억 원 가까운 예산이 들어간 아파트형 공장을 완공했으나 지금까지 입주한 업체가 없을 정도로 무관심권에 버려져 있다.
>
> 이러한 공공사업의 난맥상은 전·현직 단체장 사이의 친소 관계에 영향을 많이 받고, 특히 감정 대립이 최악의 상황으로 치닫는 경우에는 더 심하다. 사업의 우선순위를 결정하고, 사업을 중단할 것인지 지속할 것인지를 결정하는 권한이 자치단체장에 있기 때문에 벌어지는 일이다. 그러나 이것은 엄청난 행정 낭비와 예산 낭비를 수반하며 그것은 곧바로 납세자인 주민의 피해로 귀착된다. 사업을 추진할 때 자치단체들은 몇 년간 전담 부서를 설치하고 전담 직원을 배치한다. 그러나 단체장이 바뀌어 사업이 중단되면 그동안 들였던 예산과 행정력은 '헛일'이 된다.
>
> 대구 중구청이 식당 전문거리 조성을 핵심사업으로 선정하고 4년간 공을 들여왔으나 신임 구청장이 취임하자마자 이를 전면 폐기한 것이 대표적 사례다. 스위스라면 이런 경우 주민투표에 부쳐 지속 여부를 결정한다. 주민의 세금으로 하는 일이므로 주민이 결정권을 가지는 것이다.
>
> 그러나 만약에 이러한 정책들이 주민투표에 의해서 결정되었더라면 이들 정책들은 자치단체장의 교체와 관계 없이 지속적으로 시행되고 있었을 것이다. 왜

34) 경북일보, "지역사업의 지속성과 주민투표", 2006. 9. 29.

냐하면 유권자인 주민들이 결정했기 때문이다.

6) 기 타

기타 중요한 순기능으로서는 다음과 같은 것을 더 들 수 있다.

첫째, 주민투표제도는 정부의 대응성과 책임성을 향상시킬 수 있다는 것이다.

순수한 대의민주주의를 채택한 미국의 주와 직접민주주의를 채택한 주들을 비교 연구한 결과 주민투표제도가 지방의회의 무기력과 입법권의 오용을 치유하고 있음이 발견되었다. 일부에서는 주민투표제도가 주민통제의 역할을 수행하지도 못하면서 오히려 의원들의 책임만 약화시킨다고 주장한다. 그러나 실제는 주민의 합리적 요구와 비판이 선출된 공직자에 의해 무시될 때 주민투표는 지방자치의 전통 속에서 주민을 보호하는 효과적인 수단이 됨을 지적하고 있다.

둘째, 주민투표는 덜 조직화된 이익을 정치적인 의제로 부각시키는 데 기여한다는 것이다. 환경 문제만 보더라도 환경주의론자가 다른 이익집단과 비교해서 덜 조직화되어 있지만, 직접민주주의를 이용해 정책의제로 채택시키는 데 성공하는 예가 허다하다. 스위스의 경우 소수자나 덜 조직화된 주민의 이익에 유리한 정책혁신은 흔히 국가 수준이 아닌 지방 수준에서 먼저 이루어지고 있다. 이러한 주민투표의 기능은 주민이나 소수파로 하여금 주민투표를 불만 해소나 소수자 이익 보호를 지향하는 수단으로서 활용하도록 한다.

3 역기능

지방자치행정에서 주민의 소리는 신의 소리이므로 지방행정은 신의 소리에 따라 운영되어야 한다. 그러나 '신의 소리'로서의 '주민의 소리'는 추상적인 존재이므로 좀처럼 파악하기가 어렵다. 주민투표는 '주민의 소리'를 반영하는 것이므로 주민투표 결과는 항상 공정한 '신의 소리'라고 생각하기 쉽지만 결코 그렇지만은 않다. 주민투표는 극히 원시적인 대중 의사의 집약 방법이기 때문에 부주의하게 주민투표를 실시하면 '신의 소리'는 변덕스럽고 이상한 소리가 되고만다. 이러한 점에서 원자력발전소 입지의 적부(適否)와 같은 다양한 고려와 판단을 필요로 하는 현대 행정의 복잡한 문제에 대해 '신의 소리'를 듣고자 할 경우에는 특히 면밀한 준비가 필요하다.

1979년 여름에 오스트리아, 스위스 양국에서 실시된 원자력발전소 건설의 적부(適否)에 관한 국가 차원의 국민투표에 대해 당시 일본의 언론은 양국의 국민투표가 서구 민주주의의 저력을 보여 주는 예라고 예찬했다. 그러나 현지에서 보면 그렇지 않다. 국민투표에 대한 국민의 관심은 생각만큼 높지 않았으며, 투표율도 보통(오스트리아 64%, 주민투표가 잦은 스위스에서는 49%)이었다. 투표 결과도 매우 근소한 차이로 결정되었다(오스트리아에서는 원자력발전소 설치 반대, 스위스에서는 원자력발전소 설치 추진으로 결정되었다). 대다수 국민들은 국민투표 결과를 국민 합의의 표현으로 받아들이고자 하는 움직임이 적었으며 오히려 신랄한 비판과 반성의 소리가 많았다.

예컨대, ① 주민투표제도는 자신 없는 단체장의 책임 회피 수단으로 이용되었다. ② 주민투표는 기본적인 정치 체제의 선택이라든가 사람들의 윤리 감각을 묻기에는 적합하지만 전문기술적인 종합적 판단이 필요한 특수한 정책 문제를 이에 맡기는 것은 부적절하고 무책임하다. ③ 주민투표의 결과는 일부 선동적인 언론의 보도와 선전 방법 등 우발적 요소에 좌우되어 선동가의 생각대로 실천되며, 주민 사이에 대립을 표면화시킨다. ④ 주민투표 결과는 그것이 부당하더라도 다시 주민투표에 회부하지 않으면 번복시킬 수 없으므로 행정을 경직화시킨다. ⑤ 투표 결과에 대해 누구에게도 책임을 물을 수 없기 때문에 주민 감정에 응어리를 남긴다는 등이었다.

이러한 견해는 주민을 무시하는 편견이라고 보는 관점도 있지만 반대로 주민투표 결과가 '신의 소리'라고 보는 것도 소박하고 성급한 단견이라 할 수 있다.[35]

이러한 역기능에 비추어서 현재 우리 나라에서 실시된 주민투표들을 분석해 보면 다음과 같이 우려할 만한 모습들이 보이고 있다.

1) 관변형 주민투표

주민투표는 정책의제 설정 과정이라고 할 수 있다. 정책의제 설정 과정을 보

---

35) 한국지방행정연구원, 외국 지방자치단체의 주민투표제도(연구자료집 '97), 1997, pp. 12-13.

면 외부 주도형, 동원형, 내부접근형으로 나눌 수 있다.36)

첫째, 외부 주도형은 정책의제 설정을 정책 주도 세력인 자치단체장이나 지방의회가 하는 것이 아니라, 자치단체 구성원이 아닌 지역 주민이나 단체들이 주도가 되어서 하는 모형이다.

둘째, 동원형은 수면 밑에 잠자고 있는 정책의제를 되살리기 위해 자치단체장이나 지방의원들이 나서는 형태를 말한다. 청주·청원 두 지역의 통합에 대한 투표는 1994년에 실패한 의제를 청주시의회가 회의 때마다 계속 문제를 제기함으로써 다시 의제화된 경우라 할 수 있다.

셋째, 내부접근형은 정책 주도집단인 행정 관료들이 외부에 전혀 알리지 않고 아무도 모르게 처리하는 모형을 말한다. 무기 거래 등이 대표적인 내부접근형 모형이다.

주민투표는 외부 주도형이라고 할 수 있다. 주민들이 주도적으로 의제를 설정해 결정하고 이를 지방자치단체가 집행하도록 하는 형태이다. 그러나 현재 우리 나라에서 진행되고 있는 주민투표의 양태는 동원모형에 가깝다. 자치단체가 의제를 설정하고 이를 주민투표라는 형식을 통해 관철하는 모형이 동원형이다. 이렇게 자치단체인 지방정부가 주도해서 주민투표 과정의 주류를 이루는 것을 관변형 주민투표라고 할 수 있다. 주민투표제도 도입 이후에 나타난 세 번의 주민투표는 관변형 주민투표라고 할 수 있다. 왜냐하면, 모두가 지방자치단체장과 지방의회 의원이 찬성과 반대를 주도하고 관변단체들이 적극적으로 참여하는 형식이었기 때문이다. 청주·청원은 두 지역의 자치단체장과 청주시의회 의원이 처음부터 찬성을 주도했고, 반면에 대부분의 청원군 의원들이 반대를 주도했다. 제주도 투표인 경우는 제주도지사가 찬성을 주도한 반면에 기초자치단체장인 시장과 군수는 반대를 주도했다. 방폐장 주민투표는 그 도가 훨씬 넘어서서 도지사를 비롯한 전체의 자치단체장과 지방의원, 심지어 지역구 국회의원들까지도 찬성을 주도했다.

자치단체장이 주도하게 되면 해당 공무원들은 자연스럽게 선거운동원이 될 수밖에 없고, 이는 결국 주민투표법의 공무원 선거운동 금지 조항을 위반하고 있는 것이다. 이는 자치단체에서 지원을 받고 있는 수십 개의 관변단체들을 지

---

36) 정정길, 정책학원론(대명출판사, 1989), pp. 222-224.

방자치단체장 또는 지방의원에 따라서 찬성과 반대로 획일화하게 만드는 결과를 초래했다. 관변 주민투표가 오히려 지방자치를 후퇴하게 만들 가능성을 우리에게 경고하고 있는 것이다.

2) 지방 정치인들의 야심 실현

현재 우리 나라에서 일어나고 있는 주민투표의 사례를 보면서 또 하나 우려되는 점은 지방 정치인들이 정치적 야심을 실현시키기 위해 주민투표를 이용하는 사례들이 많이 나타나고 있다는 점이다.

청주·청원 두 지역의 통합에서는 양쪽 자치단체장들이 자신들의 정치적 야심을 교환하면서 주민투표를 추진하고 있다고 주장하는 여론이 많았다. 그뿐만 아니라 도지사를 비롯한 도의원, 시 및 군의원들도 자신들이 2006년 5월 31일 지방선거에 유·불리를 기준으로 하여 주민투표에 관여한 사례들이 많았다는 것이 당시의 여론이다. 제주도 주민투표 선거시에도 광역자치단체장인 도지사와 시장과 군수, 그리고 지방의원들은 합리적인 기준보다는 자신들의 정치적 이득만을 저울질하면서 찬·반 대열에 서 있었다. 방폐장은 더욱 심하다. 중앙정치인들까지도 가세해 주민투표 운동을 주도했다.

이렇게 지방 정치인들이 주민투표를 자신들의 정치적 야심을 실현시키는 하나의 수단으로 삼을 때 나타나는 병폐는 매우 심각하다 하겠다. 주민들이 직접 참여해 지방정부의 집행부인 자치단체장과 의결기관인 지방의회를 견제하기 위해 실시되는 주민투표에 오히려 주민들이 이용당하는 전도 현상이 나타난 것이다. 이는 주민투표의 근본적인 문제로서 심각하게 생각해 시급하게 교정해야 할 사항이다.

3) 비용의 과다

이번 주민투표를 실시하는 과정에서 또 하나 부작용으로 나타난 것 중 하나가 비용이 과다하게 소요된다는 것이다. 이번 실시된 세 곳 주민투표 소요 비용을 보면 <표 1-2>와 같다. 이 비용은 공식적인 비용일 뿐 홍보비 등의 명목으로 지방자치단체가 주민투표를 위해 지출하는 소요비용도 만만치 않다.

예를 들면, 제주도 주민투표는 다른 지역과는 달리 광역자치단체와 기초자치단체와의 치열한 공방으로 점철되었기 때문에 이로 인해 자치단체들은 서로가

〈표 1-2〉 주민투표 소요 경비

(단위: 백만 원)

투표 안건	일 시	결 과	투표율	소요 예산
제주도 행정구조 개편	2005. 7. 27	혁신안 채택	36.7%	25억 7,900만 원 (국비 1,993, 지방비 586)
청주·청원 통합	2005. 9. 29	통합 반대	36.7%	15억 6,200만 원 (국비 1,119, 지방비 443)
방폐장 부지 선정	2005. 11. 2	경주 선정	60.5%	54억 6,400만 원 (국비 3,976, 지방비 1,488

자료: 중앙선거관리위원회, 위탁선거총람, 2007.

이기기 위해 많은 노력을 해야 했다. 따라서 비용은 공식적인 25억보다 훨씬 많이 소요될 수밖에 없었다는 것이 공무원들의 이야기다. 다른 지역도 이와 비슷한 수준이다.

그러나 이번 실시된 주민투표들은 모두가 국가의 요청에 의해서 실시되었기 때문에 국가가 대부분 비용을 부담했다.[37] 그래서 비용의 문제는 크게 부각되지 않았다. 그럼에도 불구하고 국민들은 자문형 주민투표를 하면서 이렇게 많은 비용이 소요되어도 되는 것이냐는 비판이 일고 있다. 만약에 지역 주민들이 지역의 문제에 대해서 주민투표를 청구했을 때에도 과연 이렇게 많은 돈을 지불하면서 주민투표를 추진할 것인가? 주민투표를 주도했던 공무원들은 거의 불가능하다고 판단하고 있다.[38]

아마 지금과 같이 고비용이 소요된다면 지방자치단체가 비용을 부담하는 주민투표는 지속되기가 어려울 것이다. 그래서 결국 주민투표는 국가정책에 대한 자문형 주민투표만 이루어지는 최악의 사태가 나타날 것이다. 따라서 저비용의 주민투표 방안을 조속히 마련해야 할 것이다.

37) 경비 부담 근거: 주민투표법 제8조와 제27조에 의해 국가가 부담했다.
38) 담당 공무원과의 인터뷰에서, 2006. 4. 6, 군산시에서.

제 4 절 투표의 결정 방법: 다수결의 원칙과 배반 현상

1 서 언

투표도 의사 결정의 방법 중 하나다. 투표는 여러 대안을 놓고 하나의 대안을 선택하거나 하나의 대안에 대해서 가부를 결정하는 제도이기 때문에 의사 결정 과정과 거의 동일한 과정을 겪는다. 즉, 투표 과정도 정도의 차이일 뿐 여타의 정책 결정 과정과 마찬가지로 문제 인지, 어젠다(agenda) 설정, 대안 마련과 평가, 대안 중에 선택하는 과정을 답습한다. 다만 주민투표는 위원회 또는 소집단과는 달리 일정한 자격이 있으며 보통, 비밀, 평등이라는 원칙에 의해서 이루어지기 때문에 구성원 수가 절대로 많다는 점이 가장 큰 차이라고 할 수 있다.

이렇게 다수의 구성원이 참여하여 의사 결정을 하기 때문에 결정 방법과 이로 인한 영향 정도는 다른 의사 결정 방법과 영향 정도와 크게 차이가 날 수밖에 없다. 결정 방법은 일반 소집단은 과반수 출석에 과반수 찬성을 통해서 결정하지만 주민투표는 반드시 이 원칙을 따르지 않는다. 우리 나라와 같이 3분의 1 이상 투표만 하면 투표가 유효하기도 하며, 독일과 같이 투표율보다 찬성률이 전체 유권자의 25~30% 이상 되어야 그 결정이 유효한 경우도 있다.

그러나 '최대 다수의 최대 행복'이라는 전제하에 정해진 다수결 원칙이 언제나 최대 다수에게 행복을 가져다 주는 것만이 아니다. 때로는 최소 인원이 다수의 행복을 결정짓는 경우도 있다. 거꾸로 다수의 횡포로 인해 그 결정이 최소의 행복을 짓밟아 버리는 경우도 있다. 이렇게 투표에 의한 결정은 방법의 다양성 못지않게 그 결과도 매우 다양하게 나오는 경우를 흔하게 볼 수 있다. 이 절을 마련한 것도 바로 투표의 결정 방법과 그로 인한 결과의 다양성을 이해시키기 위함이다.

2 다수결 원칙의 유형

민주주의 사회에서는 운영 형태가 직접민주주의든 간접민주주의든 간에 관계 없이 의사 결정 방법은 다수결 원칙이다. 왜냐하면 다수결은 주민들의 뜻이 어디에 있는가를 알려 주기 때문이다.

다수결의 의미는 상황에 따라서 여러 다른 의미를 가진다. 일반적으로 우리는 다수결이라고 하면 단순 또는 절대 다수결(simple or absolute majority)을 우선 생각한다. 이러한 다수결은 한 쌍을 놓고 투표할 때 단순히 다수결을 얻은 대안이 선택(승리)되는 것을 말한다. 다시 말하면, 단순 다수결은 다른 대안보다 투표 수가 많으면 그 대안이 선택되는 것을 말하며, 절대 다수결은 대안이 선택되려면 투표자의 과반수를 얻어야 된다는 것을 의미한다. 다수결에는 이외에도 특별다수결 원칙(special majority rule)이라는 것도 있다. 특별다수결이란 투표권자의 일정 비율 이상을 얻도록 하는 원칙으로서 예를 들면 2/3 또는 5/6 이상을 얻어야 그 안이 선택되는 것을 말한다. 또 다른 특이한 다수결 방안은 복수선택 원칙(plurality rule)이 있는데 이것은 다른 대안보다 첫 번째 우선순위가 많은 대안을 선택하는 것을 말한다.[39]

배리(Brian Barry)는 정치적 합의가 필요한 모든 분쟁은 다수의 표에 따르거나 당선자 본인이 다수의 의견에 맞추어 결정하는 절대 다수의 원칙을 세웠다. 그래서 배리는 "정치적 해결을 요구하는 모든 쟁점 사항은 다수결 투표 또는 다수결의 감성(sentiments)에 따라 움직이는 선량(選良, elected person)에 의해서만 해결되어야 한다"는 다수결주의 원칙(majoritarian principle)이라고 부르는 규칙을 제창했다.[40] 그리고 뷰캐넌(James Buchanan)과 털럭(Gordon Tullock)은 "단순 다수결에 따른 결정만이 결과에 대해 실망보다 큰 만족을 낳게 한다"는 규칙을 정하여 절대 다수의 원칙을 정당화한다.[41] 그러나 이러한

39) Maija Setälä, 앞의 책, pp. 11-32 참조. 이후의 각주는 독자를 위해서 이 범위 안에서 재인용했음.

40) Brian Barry, *Political Argument*(NY. Routledge and Kegan Paul, 1965).

41) James Buchanan & Gordon Tullock, *The Calculus of Consent: The Logical Foun-*

다수결은 언제나 그 원칙에 따라서만 이루어지지 않는다. 다음과 같이 다수결의 배반 또는 왜곡 현상이 자주 나타나는 것이다.

3 다수결의 배반: 역(逆) 다수결

1) 소수의 횡포

블랙(Duncan Black)[42]이 제시한 다음 사례에서 소수의 요구가 의사 결정을 방해하거나 특정 개인 혹은 집단의 이익만을 대표하는 경우를 볼 수 있다. 100명이 소풍을 갈 때 74명은 오른쪽으로, 26명은 왼쪽으로 가고 싶어한다. 당연히 단순다수결에 따라 오른쪽으로 가야 한다. 그러나 이것을 3/4를 채워야 하는 특별다수결 원칙에 따르도록 했다. 따라서 이 사례는 특별다수결 원칙에 따라 오른쪽, 왼쪽도 아닌 그대로 멈춰야 한다. 이는 소수인 26명의 의사 역시 고려하지 않게 된다.

이렇게 3/4의 의결을 요하는 특별다수결 원칙의 또 다른 사례를 보자. 100명이 강을 건널 때 26명은 잠시 멈춰서 목욕을 하려고 하고, 이보다 다수인 74명은 그대로 건너려고 하는 경우에 74명이 분명 다수임에도 불구하고 특별다수결에 따라 3/4를 채우지 못했기 때문에 강에서 멈추게 되고 목욕을 하게 된다. 이는 곧 소수인 26명이 원하는 바를 얻음으로써 소수인이 승리했음을 의미한다.

이 경우를 우리 나라 주민투표에서도 예상할 수 있다.

2005년 11월 2일에 주민투표로 결정한 중・저준위 방사성 폐기물 영구 처분시설(방폐장)의 예를 보자. 이 사례는 과거 모든 지역이 극렬하게 반대했던 정책이다. 우리 나라에서 지역개발 분쟁 사례로 대표적인 안면도, 굴업도, 부안군 사태가 모두 이 방폐장과 관련된 것이다. 무려 20년 동안 이 문제가 해결되지 못 하는 국정 과제가 되어 있었다.

---

dations of Constitutional Democracy(Ann Arbor: University of Michigan Press, 1962).

42) Maija Setälä, 앞의 책, 13-14.

그러나 정부가 2004년에 방폐장 시설을 공개적으로 모집하면서 분위기는 역전되었다. 모집 조건이 공개되고 그 내용이 대폭 변경되었기 때문이다. 모집 조건은 핵원료로 쓰인 폐기물 중 1%에 해당하는 고준위 방사선 폐기물 제외, 현금 3,000억을 비롯한 향후 20년간 2조 상당의 지역개발기금 지원이었다. 이러한 조건이 나가자 전국에서 16개 지방자치단체가 신청했다. 과거 극렬하게 반대했던 영덕까지도 신청했다. 그래서 결국 주민들의 찬성이 다른 자치단체보다 많았던 경주시가 선택되었다.

그러나 고준위 방폐장인 경우를 생각해 보자. 고준위는 위험도가 중·저준위보다 훨씬 높다. 그래서 정부는 지금보다 훨씬 많은 지역개발기금과 정책을 제시하면서 지역을 모집하게 될 것이다. 이러한 경우 지역에 따라서 많은 논란이 있을 수 있다. 재정이 취약한 자치단체는 안전보장의 조건만 철저하게 지켜진다면 유치해야 한다고 대대적으로 선전하면서 주장할 것이고, 환경단체는 절대 반대할 것이다. 결국 주민투표로 결정하자고 할 것이라는 가정하에 환경단체는 이 문제는 워낙 중요하기 때문에 과반수 투표가 아니라 2/3 이상의 찬성이 있을 때 유치하는 것으로 하자고 할 것이다. 결과는 찬성 74% 대 26%였다. 1%가 모자란 것이다. 누구의 승리로 볼 수 있는가? 당연히 찬성을 주장하던 자치단체장을 비롯한 주민들은 실망할 것이고, 반대한 환경단체와 주민들은 환호성을 지를 것이다. 그러나 이 후유증은 매우 크게 나타날 가능성이 있다. 가장 큰 문제는 왜 다수가 찬성한 안이 선택되지 않았는가 하는 것이다. 민주주의 사회에서 모두가 다수결로 의사 결정을 하는데 왜 이 안만 유독 예외적이어야 하는가 하는 이의 제기에 대해서 제시할 답이 없는 것이 가장 큰 문제인 것이다. 이를 소수의 횡포(the tyranny of minority)라고 한다.

2) 오스트로고르스키 패러독스

몇몇 학자들은 간접민주주의(대의제)의 의사 결정 방법은 다수의 의견이 단순히 대의제의 의사 결정의 논리에 의해 결정된다는 결점이 있다고 주장한다. 러시아의 사회과학자인 오스트로고르스키(Moise Ostrogorski)는 선거에서 일어날 수 있는 이와 같은 간접민주주의의 결점들을 제시하고 있다. 대표민주주의에서 선호-결합/합치 문제는 래(Douglas Rae)와 다우트(Hans Daudt), 그리고 라저스페츠(Erik Lagerspetz)에 의해 정식으로 연구되었다. 다음 예는 대표민주주의가 다수의 의사를 왜곡시키는 경우를 보여 준다. 래와 다우트는 이를 오스트로고르스키 패러독스(Ostrogorski Paradcx)라고 명명했다.43) 그들은 이를 다음과 같이 요약해서 설명하고 있다.

① 2개 이상의 정치적 이슈가 있다. 각 투표자들은 특정 대안을 다른 것에 비해 선호한다.

② 각 이슈마다 2개의 대안이 있고 다수가 그 중 한 대안을 지지한다.

③ 이슈들은 독립적이고 서로 보완적 관계가 아니다.

④ A와 B 두 개의 당이 있고 이 둘은 각 이슈마다 대조되는 입장을 갖는다.

⑤ 각 투표자들은 의원선거에서 자신과 의견이 더 일치하는 당을 선택하고 이는 그들의 선호도로 결정된다.

⑥ 선거 체제는 비례적이다. 곧 의석의 배당은 두 당의 득표 수에 비례한다. 이 때 다음과 같은 가정을 세운다.

⑦ A당이 다수, B당이 소수의 입장을 취하는 데

⑧ 정작 의석 수는 A당보다 B당이 많이 차지하는 경우가 생길 수 있다.

A당의 정치적 프로그램은 각 이슈마다 a의 입장을, B당은 b의 입장을 지니

〈표 1-3〉 오스트로고르스키 패러독스

Groups of Voters	Issues			
	(1)	(2)	(3)	
X(20%)	a	b	b	60% votes for B
Y(20%)	b	a	b	
Z(20%)	b	b	a	
V(20%)	a	a	a	
W(20%)	a	a	a	
투표 결과	a	a	a	
	60% prefer alternative a on each issue			

자료: Lagerspetz(1996).

43) Douglas Rae, & Hans Daudt, "The Ostrogorski Paradox: A Peculiarity of Compound Majority Decision", *European Journal of Political Research*, Vol. 4, No. 4. 1976, pp. 391-398.

고 있다. 각 투표자 그룹(X, Y, Z, V, W)은 투표에서 동일한 비율(20%)을 행사한다. 투표의 결과가 <표 1-3>이다. 일반 투표의 경우라면 A당이 지지하는 a대안이 다수인 60%를 차지해야 한다.

그러나 X, Y, Z 그룹은 세 이슈 중 두 개에서 자신들과 의견이 일치하는 B당을 선택했다. 결국 의석 수에서는 A당이 아니라 B당이 60%의 의석을 차지하게 되어 다수당이 된다.

래와 다우트는 이와 같은 경우를 "다수결(다수 의사 결정)의 전도"라고 명명했다. 이런 현상은 각 대안들 중 다수를 합산(aggregation)하는 방법으로 생기게 된다. 이는 드문 현상이지만 각기 다른 선호도들의 투표 그룹이 셋 혹은 넷 이상 될 때 발생할 수 있다.

오스트로고르스키 패러독스는 사회적 선택(공공선택) 합산법에 의해 다수의 의사가 왜곡되는 대표민주주의의 단면을 보여 준다. 대표민주주의 자체의 논리에서 제대로 의사를 대표할 수 없게 되고, 유권자의 투표가 실제로 영향을 미치지 않을 수도 있게 된다. 문제는 각 이슈마다 다른 결정이 이루어지는 게 아니라 각각의 경우를 통합해 고려한 뒤 투표한다는 것이다.

이 이론은 투표 현상을 분석하는 데 매우 유명하게 활용되고 있으나 이를 비판하는 역패러독스를 주장하는 학자들도 많다. 대표적인 학자로 앤스콤(Elisabeth Anscombe)은 대의민주주의 상황에서는 투표시 대다수 의견이 반영되며, 오히려 직접민주주의 경우에 오스트로고르스키 패러독스처럼 반대로 나타날 수 있다고 주장하기도 한다.

3) 흥정에 의한 투표(trade-off of voting)

지금까지 예를 들었던 투표 행태의 전제는 모든 유권자 또는 유권자 집단이 자기가 선호하는 주제들에 대해서 똑같은 자세로 투표를 한다는 것이다. 그러나 꼭 그렇지만은 않다. 자기가 관심을 갖는 주제들 중에는 선호의 강도가 차이가 있기 때문에 투표를 하는 행태도 달라진다는 것이다. 자신들이 주장하는 대안 중 가장 선호하는 대안을 채택하게 하기 위해 덜 선호하는 대안을 희생시키고 대신 상대방의 대안을 지지하는 흥정을 하는 경우를 쉽게 볼 수 있다.[44]

---

44) Erik Lagerspetz, "Paradoxes and Representation", *Electoral Studies*, Vol. 15, No. 1, 1996, pp. 83-92.

국회와 지방의회에서 여야 의원들끼리 의안을 놓고 협상하는 것이 바로 이 경우다. 예를 들면, 한나라당은 사학법 수정에 동의를 해 준다면 여당이 주장하는 나머지 법안을 처리해 주겠다는 협상을 하는 것을 볼 수 있다. 그러다가 결국 협상이 되지 않자 국회를 파행으로 몰고 간다. 여당도 마찬가지다. 국가보안법을 폐지하는 데 동의를 해 주면 한나라당이 가장 선호하는 법안이나 정책을 수용해 주겠다는 등이다.

이러한 홍정은 직접민주주의에서는 거의 불가능하다. 왜냐하면 직접민주주의에서는 사람들이 많기 때문에 다른 유권자들이 무슨 생각을 가지고 있는지에 대한 정보를 얻기가 어려우며 제도 자체가 협상하는 것이 불가능하기 때문이다. 그러나 대의제는 숫자가 적기 때문에 상대방이 가지고 있는 정보, 즉 상대방의 선호도 강도를 알 수 있고, 협상 자체가 제도적으로 보장되고 있기 때문이다. 따라서 국민 대다수의 의견은 이렇게 대의제에서 홍정에 의해서 왜곡될 가능성이 높고, 실제로 그렇게 나타나고 있는 현상을 쉽게 볼 수 있다.

제 2 장 우리 나라 주민투표제도의 발달 과정

제 1 절 주민투표제도 도입 이전의 주민투표 사례

주민투표제도가 도입된 2004년도 이전에 우리 나라에서도 주민투표는 이루어지고 있었을까. 이루어졌다면 어떠한 형태로 이루어졌을까를 파악하는 것은 우리 나라 주민자치의 성숙도를 측정하는 데 커다란 도움이 된다. 사실 가장 바람직한 자치는 성문법에 의해서 이루어지는 것보다 불문율인 그 지역의 자치문화에 의해서 이루어지는 것이라고 할 수 있다. 지역의 사정과 투표의 대상에 따라서 지역 주민들이 스스로 정하여 이루어지는 것이야말로 자치의 본류라고 할 수 있다. 이러한 관점에서 보았을 때 우리 나라에서 주민투표는 주민투표제도가 도입되기 이전에도 활발하게 이루어지고 있었다. 어떤 학자는 지방자치법 제14조를 둔 자체가 오히려 주민들이 스스로 주민투표 조례를 제정해 주민투표를 활성화할 기회를 막는 장애물로 작용했다고 비판을 하기도 한다.[1] 이처럼 우리 나라에서는 주민들이 지방자치 실시 또는 주민투표제도 도입 여부에 관계 없이 주민투표를 실시해 왔던 것이다. 주민투표제도가 도입되기 이전에 실시되었던 주요한 주민투표의 사례를 살펴보자.

---

1) 김중권, “주민투표법안의 법적 문제점”(한국공법학회 제11회 학술발표회 자료집, 2003. 11), p. 85.

다만 유의할 점은 주민투표제도 도입 이전의 주민투표는 제도 미비로 나타나는 현상인 원칙 없는 투표로 인한 혼란·불복종 등 치유할 수 없는 많은 문제를 양산시켰던 것이다. 이 원인이 바로 주민투표제도를 도입하게 만들었다고 할 수 있다.

1 유형별로 본 주민투표 사례[2)]

1) 동네 수준의 주민투표

(1) 재개발 사업자 선정을 위한 주민투표

주민투표 중에서 재건축이나 재개발사업 등 사업자 선정에 관한 주민투표는 주민들 간의 첨예한 이해 관계가 얽힌 사안이 아니다. 이런 경우 참여율이 낮은 경우가 많으며 결정 후 주민들 간의 감정적 대립이나 분쟁의 소지가 적다. 주민투표를 거쳐 사업자를 선정한 예를 살펴보자. 서울 송파구 송파동의 성원아파트 1천 1백여 가구 규모의 재건축에 대한 시공자 선정에서 재건축추진위원회가 주민투표를 통해서 두산건설로 결정했다. 서울 길음 3구역 2만여 평의 재개발지구에 2천 가구 규모의 동부아파트 건설이도 길음 3구역 재개발조합원들이 주민투표에 의해 동부건설을 시공자로 선정했다. 또 서울 강남구 도곡동 56 일대 도곡주공아파트 3-1단지 9백 56가구를 새 아파트로 재건축하는 데 주민투표를 통해 삼성건설을 선정했고, 영등포구 영등포동 동아맨션아파트 재건축 사업에서도 주민투표를 통해 삼환기업이 선정되었다. 이처럼 주민의 이해

〈표 2-1〉 재개발사업 사업자 선정에 관한 주민투표 결과

투표일	재건축 지역	아파트명	선정된 업체
1995. 1. 12.	송파구 송파동	성원아파트	두산건설
1995. 7. 13.	길음 3구역	동부아파트	동부건설
1995. 10. 19.	영등포구 영등포동	동아맨션	삼환기업
1996. 3. 12.	강남구 도곡 3-1단지	도곡 주공아파트	삼성건설

2) 양영철, 참여정부의 주민투표 사례분석(정부혁신지방분권위원회), 2007, pp. 39-48.

관계가 첨예하게 대립되는 건설업체 선정과 같은 현안 결정에는 자문형 주민투표가 큰 반대 없이 성공적으로 문제 해결 수단으로 이용되고 있다.

(2) **방음장치 · 보도 블록 선정을 위한 투표**

주민들의 편의와 미학적 측면과 관계가 있는 소규모 설치물의 선택에서 주민투표를 사용하는 경우도 있다. 보도 블록의 선정이나 방음장치 등에서 어떤 종류로 할 것인가에 관해 주민투표를 하는 경우이다. 예컨대 서울 강남구 압구정 1동에서는 압구정동 현대아파트 주변 방음시설의 설치 방법을 놓고 주민투표를 통해 결정했다. 올림픽대로변 압구정동 현대아파트 주변 1km 구간에 어떤 형태의 방음 시설을 설치할 것인가를 놓고 주민투표가 실시되었는데 주민들의 관심을 끌 만한 사안이 아니어서 참여율이 매우 낮았다. 그 후 강남구청에서도 도산대로에서 봉은사로에 이르는 2.8km 구간을 도로 정비하면서 보도 블록의 유형을 주민들이 선정하도록 하는 주민투표를 삼성2동 · 논현2동 · 청담2동 · 역삼1동 등 4개동 주민들을 대상으로 실시했으나 역시 이 또한 참여율은 그다지 높지 않았다.

(3) **통장 선출에 관한 주민투표**

통장을 선출하는 데 주민투표로 결정한 사례도 있다. 서울 동작구에서는 1996년 1월 공석인 상도4동 24통장과 33통장을 구청장이 위촉하지 않고 주민투표로 선출했다. 통장 선출에 대한 주민투표는 통 주민 10명 이상의 추천을 받아 등록한 후보들에 대해 1가구당 1표씩 투표권을 행사해 다수 득표자를 뽑는 방식으로 진행되었다. 2개 통 투표 결과는 약수맨션 3개 동에 1백 59가구가 살고 있는 상도4동 24통은 52가구가 투표에 참가해 38표를 얻은 박명환 씨가 당선되었고, 단독주택 지역인 34통은 2백 25가구 가운데 94가구가 참가해 52표를 얻은 강명숙 씨가 각각 당선되었다. 이러한 추세는 계속되어 인천시에서도 통장선거가 주민투표로 이루어졌다.[3)]

---

3) 기호일보, 남촌도림동, 인천 최초 주민투표 통장 선출 2003년 11월 12일.
남동구 남촌도림동이 인천시 최초로 주민투표를 통해 통장을 선출해 주목을 끌고 있다. 남촌도림동(동장 이기욱)은 지난 9일 도림 주공빌 아파트 입주가 완료되면서 주민 수 증가에 따른 통 · 반 조정이 불가피해짐에 따라 주민투표 방식으로 김청도(62) 씨와 정춘자(59) 씨 등 2명을 통장으로 선출했다. 주민투표로 선출된 김청도 씨 등 2명의 통장은 “주민투표로 선출된 만큼 주민을 위한 헌신 봉사와 함께 행정 수행의 가교 역할에

2) 선호 공공시설에 대한 주민투표

지방자치단체의 공공사업 중 선호시설(PIMBY)에 대한 주민투표도 종종 있었다. 이 경우는 유치 희망 지역이 많아서 주민투표로 결정하게 된다.

(1) 공용버스 터미널 부지 선정

경기도 안성군의 경우 지역 현안인 '안성 공용버스터미널 이전부지 확정'에 관한 건을 주민투표에 부쳐 해결했다. 안성군은 1989년부터 안성읍 서인리 현 버스터미널이 낡고 비좁아 여객 수용에 한계가 있다는 판단에 따라 터미널을 이전키로 하고 인근 석정리 131의 1 일대 6천 8백여 평을 새 터미널 부지로 확정했다. 그러나 다른 지역 주민들이 부지로서의 부적합성 등을 지적하며 강력히 반대하고 나서자 안성군은 결정을 백지화한 뒤 각 지역으로부터 터미널 유치 신청을 받았다.

그 결과 안성읍 내 7개 지역과 대덕·보개면 등 10개 지역이 부지 무료 제공 등 다양한 조건을 제시하며 유치 경쟁을 벌이자 안성군은 갈등 해소와 특혜성 시비 등을 사전에 막기 위해 민주적 차원에서 주민투표를 실시하기로 결정했다. 이로써 8년간 결정을 하지 못한 '안성 공용버스터미널 이전부지 확정'에 관한 건을 1997년 4월 25일 군민회관에서 인구 비례에 의한 13개 읍·면 주민대표 1천 2백 18명을 선발, 투표를 실시해 4곳 후보 중 도개면으로 최종 결정했다.

(2) 농업기술센터 후보지

농업기술센터는 농촌 지역에서는 매우 중요한 기관이다. 농업기술센터는 농업에 대한 전반적인 기술 지도와 지원을 해 주는 기관이기 때문에 각 지역에서 유치하려고 애를 쓰는 기관 중 하나다. 전남 강진군에서 농업기술센터를 신축하려 했는데 각 지역이 유치를 위해 치열하게 경쟁하자 주민투표로 후보지를 결정한 경우이다. 이에 대한 기사를 보자.[4]

최선을 다하겠다"고 포부를 밝혔다. 이와 관련, 남촌도림동 관계자는 "주민투표로 이웃 간의 주민 화합을 이끌어 낼 수 있는 좋은 계기가 됐다"고 말했다.

4) 전남일보, "농업기술센터 후보지, 주민투표로 결정했어요", 2005년 5월 8일.

강진군이 후보지 선정을 두고 논란과 갈등을 빚었던 농업기술센터 후보지를 주민투표로 결정했다. 쓰레기 매립장 등 기피시설을 주민투표로 결정한 경우는 있어도 행정기관 후보지를 투표로 결정한 것은 극히 이례적인 일이다. 강진군은 7일 "최근 마을 이장과 농민단체장 등 143명이 참석한 가운데 투표를 실시, 111표를 얻은 군동면 호계리를 후보지로 결정, 의회에 공유재산 취득을 요구했다"고 밝혔다.

강진군은 "호계리 일대는 경쟁 후보지인 강진읍 평동리 일대에 비해 행정절차 추진이 용이하고 낮은 지가 등으로 주민들의 선택을 받은 것 같다"고 덧붙였다.

강진군은 투표에 앞서 4~5곳의 후보지 중 2곳으로 압축한 뒤 주민설명회를 거쳐 각 후보지의 장단점을 비교·설명하고 최종 결정해 주도록 했다. 그동안 농업센터 이전을 두고 후보 지역 주민들이 치열한 유치전을 벌이는 등 갈등과 논란을 빚어왔다.

이에 따라 건물 노후와 좁은 공간 등으로 2003년부터 이전 계획을 세웠던 농업센터 이전이 그동안 계속 미뤄져 왔으며 주민 간의 갈등과 분쟁의 소지가 되어 왔다. 강진군 관계자는 "이번 시도는 행정기관에서 군 후보지를 제시하고 장단점을 비교 분석하는 토론 등을 거쳐 후보지가 결정된 만큼 탈락된 지역도 충분히 이해를 하는 장점이 있다"고 밝혔다.

농업센터는 사업비 52억 원이 투입되어 1만여 평의 부지에 연면적 1천여 평 규모로 신축되며 설계 등을 거쳐 하반기 착공, 2007년 상반기 준공할 계획이다.

3) 비선호 공공시설(NIMBY)에 대한 주민투표 사례

비선호시설에 대한 주민투표 사례도 있다. 비선호시설(NIMBY) 혹은 혐오시설은 서로 회피하려고 주민투표를 통해 부결시킨 경우가 많았다.

(1) 수질오염 시설물 존폐에 관한 주민투표

강원도 정선군 동면에서는 송어양식장 사업 허가 기간을 연장하는 문제를 주민투표로 결정했다. 양식장은 수질오염의 우려가 있으므로 인허가 연장 문제는 정부에서 정한 허용기준치를 넘는 오염물질을 배출하지 않아야 되고, 지역 주민 80% 이상의 동의를 얻어야 가능하다. 정선군의 송어 양식 사업자는 오염물 배출허용 기준을 유지하며 다섯 차례나 양식업을 연장했다. 그러나 1996년에는 지역 주민들이 양식장에서 흘러나오는 송어의 배설물과 사료 찌꺼기, 항생제 등 부유물질이 오랫동안 쌓여 저수지를 오염시킴으로써 희귀 어종이 자취를 감추는 등 하천의 자정(自淨) 능력을 상실시켰다는 점을 들어 주민투표로 결정하기로 했다. 그 결과 지역 주민들이 주민투표에서 100% 반대함으로써 양

식장 재허가 사업이 취소되었다.5)

(2) 소각장 · 쓰레기 처리장 및 원자력발전소 건설

비선호 시설의 기피에 대한 주민투표 사례는 부산 신평소각장 시험 가동을 부결시킨 사건을 들 수 있다. 신평동 산업폐기물 소각장은 1996년 10월 하루 3백 톤 처리 용량 규모로 완공되었으나 주민 반발과 구청의 사용 승인 반려로 가동이 중단되었다. 주민들은 시험 가동시 다이옥신이 0.1ng 이상 검출될 경우 폐쇄해야 한다고 요구해 왔으며 업체는 시설 보완 후 가동을 주장했다. 시공업체인 부산환경개발(주)은 주민 농성과 관할 사하구청의 잇따른 건축물 사용 승인 반려로 1년 이상 시설 가동에 들어가지 못하게 되자 1997년 6월 주민대표와 구청을 상대로 가동 지연에 따른 88여억 원의 손해배상청구소송을 부산지법에 냈다. 11월 22일에는 부산시에 청구한 행정심판에서 "구청의 사용 승인 반려는 부당하다"는 결정을 받아냈지만 주민 반대로 가동할 수 없었다.

그러자 사업자인 부산환경개발(주)이 ① 환경영향조사는 주민 대표가 국내외 공인연구기관을 선정해 실시, ② 환경영향조사와 병행해 시험 가동을 실시, ③ 성능검사 결과 다이옥신이 0.1ng(나노그램: 10억분의 1g) 이상 배출 때 가동 중지와 함께 6개월 이내 시설 보완, ④ 시험 가동 결과 이상 없을 때 본 가동, ⑤ 합의 이후 주민 농성 해제와 부산환경개발(주)의 소송 취하 등과 같은 5개 대안을 제시하고 이 내용을 주민투표로 결정할 것을 요구했고, 주민들은 이를 수용했다. 이에 따라 신평동 '산업폐기물 소각장 반대 주민대책위원회'가 1997년 11월 25일부터 28일까지 소각장 인근 신평 1, 2동과 하단 1, 2동 등 5개 동 1만 1백 82가구를 대상으로 소각장 운영업체인 부산환경개발(주)이 제시한 안의 수용 여부를 묻는 찬반 투표를 실시했다. 투표에 참여한 7천 7백 34가구 중 4천 6백 92가구(60.7%)가 반대해 부결되었다.

---

5) 강원일보, 1998년 10월 26일 기사 참조.
주민투표와 행정처분에 반발하여 해당 양식업자가 대법원까지 가는 소송을 했지만 패소했다. 다음은 이에 대한 기사다. "양어장이 하천의 심각한 오염을 유발해 주민들의 민원이 잇따를 경우 지방자치단체가 행정처분으로 이를 폐쇄해도 적법하다는 판결이 나왔다. 26일 정선군에 따르면 대법원은 지난 2일 정선군 동면 풍촌양어장 대표 박승범(朴勝範) 씨가 정선군을 상대로 낸 하천 유수인용 허가 기간 연기 신청 불허 처분 취소 상고심에서 '이유 없다'며 기각 판결을 내렸다."

우리 나라뿐만 아니라 일본의 기후(岐阜)현 미타케(御嵩)마을 주민들도 1997년 6월 22일 산업폐기물 처리장 건설에 대한 안건을 주민투표에 부쳐 총유권자 1만 4천 8백여 명 중 87.5%가 참여하여, 이 중 80%인 1만 3백여 명이 반대표를 던짐으로써 산업폐기물 처리장 건립을 무산시켰다(<표 2-2> 참조).

〈표 2-2〉 소각장 및 원전 관련 주민투표 결과

장 소	투표 참여율	찬 성	반 대	투표 결과
기후 현	1만 4천 8백 명	2천 5백 75명(20%)	1만 3백 명(60%)	부결
니가타 현	88.9%	39.11%	60.89%	부결
부산 신평소각장	7천 7백 34가구	3천 42가구(39.3%)	4천 6백 92가구 (60.7%)	부결

일본 니가타(新潟)현 마키마을(卷町)에서는 정부가 원자력발전소 설치 계획을 발표하자 주민 찬반 투표를 실시, 과반수 이상이 반대했다. 중앙정부가 원전개발촉진법 등 적법한 절차에 따라 토지 수용에 들어갔음에도 불구하고 반대했다. 투표 결과 비선호시설에 민감한 주민들이 많이 참여하여 투표 참여율이 88%나 되었고, 39.11%가 찬성하고 60.89%가 반대했다.

(3) 상가 시설물 건축 여부에 관한 주민투표

지방자치단체가 공공사업을 추진하는 과정에서 일부 주민들의 반대가 극심하여 사업 자체가 지연될 경우 주민투표로 사업 추진 여부를 결정한 사례도 있다. 광주광역시는 1995년 4월 서방4거리~동신고 정문 간 400m 구간에 민자 2백 80억 원을 들여 3천 4백여 평의 지하보도와 주차장을 건설하는 서방지하도로 건설 사업을 추진하기로 결정하고 민자유치업체 선정까지 마쳤다. 그러나 서방 재래시장 상인 등 일부 주민들이 상권 위축 등을 우려해 반대 집회를 갖는 등 심하게 반발해 사업 추진이 유보되었다. 그러자 광주시는 이를 지역 주민들의 주민투표로 결정하기로 방침을 정하고 그 다음해 7월에 주민투표를 실시해 절대적인 찬성을 이끌어내어 찬반 여부로 2년간 답보하던 서방지하도로 건설 사업을 추진하게 되었다. 주민투표 결과는 전체 조사 대상자인 8천 1백 89가구 가운데 53.6%인 4천 3백 93가구가 참여하여, 찬성이 3천 3백 29표(77.8%), 반대가 9백 52표(22.2%)로 찬성이 압도적인 우세를 나타냈다.[6]

4) 행정동 명칭 변경에 관한 주민투표

(1) 대구시 수성구 내환동, '대홍동'으로 명칭 변경

불합리한 동 경계를 조정하고, 행정동과 법정동명을 일치시키는 문제에 주민투표를 이용한 경우도 있다.[7] 이에 대한 기사를 보자.

> 동명(洞名) 변경을 추진해 온 대구시 수성구 내환동이 행정자치부의 법정 동명칭 변경 승인을 얻어 내년 1월 1일부터 대흥동(大興洞)으로 이름이 바뀐다. 19일 대구시 수성구청에 따르면 지난 9월 주민투표로 결정된 내환동의 새 이름인 대흥동이 최근 행자부로부터 법정동 명칭 변경 승인을 얻었다. 이에 따라 수성구청은 20일부터 12월 9일까지 입법 예고를 거친 뒤 12월 중으로 동명 변경과 관련한 조례 개정 및 공포를 통해 내년 1월 1일부터 '크게(大) 흥한다(興)'는 의미의 대흥동을 새 동명으로 사용하게 된다.
>
> 대구 월드컵경기장이 있는 수성구 내환동은 원래 내관동(內串洞)이었지 만 일제 때인 1917년 행정 구역을 개편하면서 '관(串)'자가 '환(患)'자로 혼동되어 줄곧 내환동으로 불려 주민들이 '내우외환(內憂外患)'을 연상시키는 등 어감이 나쁘다며 개명을 요구해 왔다.

(2) 광주 북구청 동(洞) 통합·분동에 대한 주민투표

광주 북구청은 동 통합을 위한 주민투표를 실시해 성공한 사례이다. 북구청은 1996년 9월 12일부터 14일까지 실시된 주민투표 결과 유·누문·북동의 경우 2,798가구 가운데 2,080가구(74.3%)가 참여해 참여 가구의 83.6%인 1,675가구가 찬성했고, 327가구가 반대했다. 그리고 풍향 1·2동은 4,432가구 가운데 3,129가구(70.6%)가 투표에 참여해 1,911명(63.8%)이 찬성했고 1,380명(36.2%)이 반대했다. 이에 따라 북구 유·누문·북동과 풍향 1·2동이 1997년 1월부터

---

6) 그러나 이 사례는 결국 실패한 사례로 평가받고 있다.
광주 지역에서 '실패한 행정'의 대표 사례로 꼽히는 북구 풍향동 서방지하상가가 붕괴될 위험이 있어 7년여 만에 보수공사에 나선다. 이에 따라 이 일대 교통 체증이 우려된다. 서방지하상가는 1997년 주민투표를 거쳐 공사에 들어갔다가 민간 투자자가 공사를 중도에 포기했던 곳. 시는 이 기간 동문로(서방 사거리~동신고) 양 방향 8차로 가운데 1, 2개 차로의 교통을 보름 정도만 통제할 방침이라고 밝혔으나 광주에서 담양, 순천 등지로 이어지는 북부 지역의 교통 소통에 상당한 부담을 줄 것으로 보인다.
김권 기자 goqud@donga.com(동아닷컴, 2006년 9월 21일 검색)

7) 영남일보, 2004년 2월 9일.

각각 1개 동으로 통합되어 중앙동과 풍향동으로 바뀌었다.

5) 정부에 대한 건의문: 쌀 수입 개방 반대 주민투표

기술한 주민투표와는 색다른 주민투표가 쌀 수입 개방 반대에 관한 주민투표이다. 쌀 수입 개방에 관한 주민투표는 행정적인 측면보다 정치적인 측면이 강한 것이 기존의 주민투표와 차이라고 할 수 있다. 기존의 주민투표가 어느 사항을 개선하거나 새로 설립하는 등 구체적인 사항에 대한 주민투표라고 한다면 쌀 수입 개방 반대에 대한 주민투표는 그 대상이 추상적이라는 점이 크게 차이가 난다. 쌀 수입 개방에 대한 주민투표는 농민의 의지만을 전달하는 데 큰 의의가 있는 것이지 주민투표 결과가 구체화될 수는 없는 것이다. 쌀 수입 개방 반대에 대한 주민투표는 이 당시 여러 곳에서 이루어졌다.

여기서는 경북 칠곡군 가산면 주민들이 실시한 쌀 수입 개방에 관한 주민투표 내용을 신문 기사를 통해서 알아보자.[8)]

> 칠곡군 가산면 주민들이 '쌀 전면 개방' 찬성과 반대를 묻는 주민 총투표를 실시했다. 가산면 10개 단체(이장동우회 · 쌀사랑회 · 새마을부녀회 · 사과사랑회 · 농촌지도자회 · 농업경영인회 · 여성농업인회 · 청년협의회 · 버섯사랑회 · 새마을지도자회)가 주최한 주민투표는 가산면에 거주하는 만 20세 이상의 주민 1천600명을 대상으로 29일 오전 6시부터 오후 1시까지 19개 마을회관에서 동시에 실시되었다.
>
> 지역 주민들의 쌀 개방 반대 의사를 공정한 투표를 통해 확인하고, 쌀 개방에 대한 가산면 주민들의 입장을 전 국민에게 알리기 위해 실시된 주민투표는 쌀 전면 개방에 대해 찬성과 반대 두 가지 중 한 가지를 선택하는 것으로, 지난 13일 10개 단체 대표들로 구성된 주민투표관리위원회가 투표 업무를 맡았다. 주민투표관리위원회는 투표 시간 종료와 함께 투표함을 가산면사무소 회의실로 옮긴 뒤 곧바로 개표 작업에 들어가 오후 4시 30분 가산면사무소에서 개표 결과를 공표한다. 주최 측은 주민투표 결과를 청와대와 WTO 사무국에도 전달할 방침이다.

8) 영남일보, "쌀 개방 찬반 주민투표. 칠곡 가산면 10개 단체 결과 WTO 사무국 전달", 2004년 7월 29일; 전남일보, 2004년 12월 29일, 나주시 주민들이 쌀 수입 개방에 대한 주민투표 실시 내용을 담고 있다.

6) 시 · 군 통합 관한 주민투표

(1) 여수시 · 여천시 · 여천군 통합: 3여(麗) 통합

시 · 군 통합에도 주민투표가 사용된 경우가 있다. 국내에서 처음으로 주민발의(initiative)로 추진된 여수시와 여천시 · 여천군의 행정구역 통합이 주민투표로 확정되어 33만 명의 통합시로 발족했다. 주민투표 결과 여수시의 12만 4천 7백 38명과 여천시의 5만 1백 46명, 여천군의 4만 6천 6백 명 등 총유권자 22만 1천 4백 84명이었으나 전체 투표율은 45.3%로 낮았다. 투표 수 9만 8천 3표 가운데 88.4%(8만 6천 6백 76표)가 찬성하고 11.6%(1만 1천 3백 28표)가 반대했다. 시 · 군별 찬성률을 보면 여수시가 95.6%로 가장 높고, 여천시 83.5%, 여천군 70.2% 등으로 나타났다.

3여(麗) 통합은 과거 행정편의주의에 의해 분리되어 불편을 초래했던 것을, 자치단체의 경쟁력 확보를 위해 통합을 결정한 것이다. 통합이 완료되면 여수시는 전남도 내 제2의 도시로 부상하고, 율촌산업단지와 광양만권 개발 이익을 흡수하는 한편, 지역 현안 해결과 도시 발전이 가속화될 것이라는 기대감이 통합 결정에 상당한 영향을 주었다.[9]

(2) 천안시 · 천안군의 통합

천안시와 천안군은 행정의 능률성을 높이기 위해 시 · 군 통합을 여러 번 시도했으나 무산되었다. 시 · 군 통합이 처음 시도된 것은 1994년 4월 25일이었는데 당시 천안군의 남부 지역인 풍세 · 성남 · 수신면 주민들은 찬성했으나 북부 지역인 성환읍과 입장 · 직산면 주민들의 반대로 통합이 이루어지지 못했다. 그러나 행정의 능률과 지역 발전 차원에서 반드시 이루어져야 한다는 필요성을 천안군에서 지역 주민들에게 적극적으로 설득하고 홍보한 결과 1996년 주민투표를 재실시해 32년 만에 천안시 · 군이 하나의 행정구역으로 통합되었다. 투표 결과 3만 1천 75가구 중 2만 5천 9백 46가구가 투표에 참여해 82.2%의 투표율을 보인 가운데 75.5%인 1만 9천 4백 가구가 찬성함으로써 통합이 확정되었다.

---

9) 홍준현 · 박준형, "시 · 군 통합의 경제적 효과에 대한 연구", 서울행정학회 동계 세미나 자료, 2007, pp. 335-361; 양영철, "제주특별자치도의 좌표 및 사무", 분권정책의 과제와 대안 모색, 서울행정학회 2004년 하계세미나, pp. 197-216; 최영출, "제주도 계층구조 변화의 영향분석", 분권정책의 과제와 대안 모색, 서울행정학회 2004년 하계세미나, p. 11.

시 · 군 통합에 대한 주민투표가 가결됨에 따라 천안시는 기존 시의 인구 21만 2천 9백 11명과 천안군 10만 6천 1백 5명이 합해 인구 31만 9천 16명의 통합시로 발족했다.

2 전자주민투표 사례

우리 나라에서 전자투표 장치가 처음으로 선보인 것은 매우 오래 전이다. 제9대 국회는 1975년 8월에 전자투표 장치를 도입 · 설치했고, 1977년 12월 17일에 국회법을 개정해 시범으로 몇 차례 투표를 했다. 그러나 의원들의 사용 미숙으로 인한 표결 장애 등의 이유로 1990년에 전자투표 장치가 철거되었다. 그러다가 1994년 6월에 국회법 개정으로 전자투표가 새로이 도입되었고, 1997년 5월 본회의장에 전자투표 장치가 설치되어 1999년 3월 약사법 중 개정법률안을 처음 전자투표로 처리하면서 국회에서 전자투표는 보편화되기 시작했다.

최근 들어 인터넷 전자투표는 정당 대표의 선출에서 당연한 사항처럼 이용되고 있다. 또한 이제 우리 나라에서는 전자투표를 공적인 부문 외에도 학교의 반장, 학생회장의 선거에 활용하는 경우가 빈번하게 나타난다. 대표적인 예로 고려대학교 대학원 총학생회의 경우는 대학원 총학생회장 선출에 1999년부터 지역 투표와 함께 인터넷 전자투표를 병행해서 활용하고 있다. 학교에서의 전자투표 확산은 매우 빠른 속도로 전개되고 있는 양상을 발견할 수 있다. 한국교장총연합회와 (주)피아비코리아가 공동으로 2002년 3월에서 7월 사이에 캠페인 형태로 전개된 중 · 고교에서의 전자투표 시스템을 통한 학생회장 선출은 37개교에서 실시한 바 있다.[10)]

2002년 3월 9일부터 시작된 민주당 대통령 후보 선출 당내 경선과 4월 13일부터 시작된 한나라당 대통령 후보 선출 당내 경선에서도 전자투표를 실시했다. 선거인단은 투표장 입구의 '신분확인대'에서 본인 여부를 확인한 후 투표용지에 해당하는 버스카드 모양의 전자투표권을 1장씩 받아 20대의 전자투표기에서 투표했다. 민주당의 경우 선거인들은 전자투표권을 화면에 갖다댄 뒤 화

10) http://www.pibkorea.co.kr

면 오른쪽에서 출마한 후보자 수만큼 차례로 골라 선호하는 순서대로 왼쪽 공란에 옮겨 투표를 했다. 전자 투표·개표의 도입으로 투표 종료 후 결과가 나오기까지 불과 15분밖에 걸리지 않았다. 이후 한나라당이나 열린우리당의 각종 선거 과정에서 전자투표는 상시화되었고, 이로 인해 전자투표는 어느 곳보다 정당선거에서 가장 활발하게 이루어지고 있다.

현재 우리 나라에서는 각종 공직선거의 개표 과정에 전자개표기가 도입되어 상용화되고 있으며, 기타 주주총회까지도 전자투표가 이루어질 정도로 전자투표에 대한 관심과 이용은 다른 어느 나라에 비해서 활발하게 이루어지고 있다. 참여정부는 전자투표 로드맵을 발표하여 2008년에 국회의원선거를 시작으로 2012년에는 모든 선거에서 전자투표를 실시할 예정이다.

3 부안군 주민투표 사례[11)]

1) 개 관

부안군 주민투표는 국가정책에 대해 주민들이 수용 여부를 결정하는 과정에서 일어난 투표이다. 정부는 1986년도부터 시작한 방사선폐기물관리시설(이후 "방폐장") 건립을 추진해 왔다. 그러나 방폐장 건설은 원자력에 대한 거부감으로 인해 지역 주민들의 저항이 심했고, 그래서 무려 18년 동안 표류하고 있는 대표적인 국가정책사업이었다. 부안군 사태라고 칭하는 부안군민들의 방폐장에 대한 격렬한 시위도 바로 이러한 과정의 일부이다. 이것은 지역 주민들의 의견은 무시한 채 지역경제의 발전을 이유로 지방정부가 방폐장 유치를 중앙정부에 요청하고 중앙정부는 강행하고, 지역 주민들은 사생결단의 방식으로 반

---

11) 이 부분에 대한 참고 문헌은 다음과 같다.
최미옥, "방폐장 입지 선정과 지방정부의 역할: 부안 위도 사례를 중심으로", 한국지방자치학회보, 제17권 제3호, 2005. 9, pp. 115-133; 김길수, "정책집행 과정에서 주민저항 사례연구: 부안 방폐장 부지 선정을 중심으로", 한국정책학회보, 제13권 15호, 2005, pp. 159-184; 하승수, "국가정책과 주민참여: 부안 방사성 폐기물 처분장 사태를 중심으로, 시민사회. 13호, 2004.
그 외 전라일보 등 전북 지역의 신문 내용을 검색했음.

대하는 님비시설의 유치 과정에서 공식처럼 나타나는 과정이다. 부안군 사태는 이러한 관행적으로 나타나는 사건 중 하나이지만 그 정도는 다른 어느 지역보다 강했다고 볼 수 있다. 교육을 가장 중요하게 생각하는 한국에서 개학일인 8월 25일부터 시작해 10월 6일까지 부안군 내 약 60% 이상의 학생들이 등교를 거부했고, 설령 학교를 간 학생들도 귀가 후에는 반대 데모에 참여할 정도였다. 심지어 관의 상징인 군수가 지역 주민들에게 심하게 폭행을 당해 병원에 장기간 입원하는 사태가 발생하기도 했다. 수천 명의 군민들이 생업을 마다하고 수개월 동안 반대 집회에 동참했다. 경찰을 비롯한 주민들의 부상 수가 700명을 넘어섰고, 주민 42명 구속, 98명 불구속 등 358명이 형사 처벌을 받을 정도로 그 정도가 다른 지역에 비해 매우 심했다고 할 수 있다.

2) 투표 일정

부안군민들의 거리 시위가 최고조에 달했던 시점인 9월 초순에 또 다른 결정적인 사건이 발생했다. 2003년 9월 8일 부안군수가 부안군 진서면 석포리 내소사를 방문했다가 이를 알고 몰려든 반대 주민들에게 집단 폭행을 당한 사건이 발생했다. 이 사건으로 부안군수는 코뼈가 부서지는 중상을 입었다. 이에 전국의 여론은 갑작스럽게 부안군민에게 나쁘게 돌아갔다. 이렇게 여론이 악화되고 대통령이 강력하게 대처하라는 지시로 인해 시위는 주춤하기 시작했다. 그러나 이것도 잠시뿐 정부의 강경 진압에도 불구하고 부안군민들의 거리 시위는 극에 달하기 시작했고, 학생들은 등교를 거부하기 시작했다. 이에 정부와 부안대책위 대표들은 더 이상 상황이 악화되는 것은 누구에게도 도움이 되지 못할 것이라고 판단해 대화를 하기 시작했다. 동년 9월 29일 국무총리와 대책위 대표 간에 대화가 시작되었으며 대화 기구를 설치하기로 합의했다. 이러한 합의는 부안군 사태를 상당히 진정시켰다. 10월 24일에는 부안대책위와 정부가 각각 5명, 그리고 공동협의회 의장까지 합해 11명으로 구성된 "부안지역 현안해결을 위한 공동협의회"(이하 "공동협의회")가 정식으로 출범했다. 공동협의회 제4차 회의에서 대책위 대표가 주민투표로 결정하자고 제안해 이 때부터 주민투표 실시 여부가 논쟁점으로 등장한다. 그러나 정부는 현재 주민투표법이 제정되지 않았기 때문에 연내에 실시가 불가능하다고 연내 주민투표법을 통과시켜 내년에 실시하자는 주장을 했다. 반면 현재 주민투표를 실시해도 아무런 하자가 없으며 전례도 많다고 반대 측은 주장했다. 냉각기를 두려고 하는 정부와 현재의 분위기 속에서 주민투표를 통해서 결정짓자는 대책위 간에 팽팽한 대립이 계속되었다. 찬성 측은 심지어 공무원들이 전체 동원되어 주민투표를 무산시키려 했으며, 비록 패소했지만 전주법원 정읍지원에 주민투표 중지 가처분 신청까지도 제출했다. 반대 측은 수천 명이 모인 대회를 열면서 그 열기를 확산시키기 위해 전력을 다했다. 그러나 양측 모두가 주민투표가 부안군 사태 해결에 중요한 방안이라는 데에는 동의하게 된다. 이러한 갈등 속에 반대 측인 부안대책위는 12월 19일에 정부에 2월 13일까지 주민투표를 실시할 것을 요구했고, 이를 수용하지 않을 경우 주민투표를 자체적으로 실시할 것을 통보했다. 정부가 계속 무응답으로 일관하자 대책위는 1월 4일에 주민투표를 2월 14일에 실시한다고 선언했다. 이후 주민투표에 대한 공방은 뜨겁게 달아올랐고, 주민투표 실시 준비는 일사천리로 진행되었다.

부안군 대책위는 2004년 1월 15일에 시민단체, 종교계 인사 등 22명이 서울시 안국동 느티나무 카페에서 부안주민투표관리위원회를 발족해 시민운동의 대부인 박원순 변호사를 위원장으로 선임했다. 1월 25일에는 부안군에 선거관리위원회가 개소되고 본격적으로 주민투표 준비에 들어갔다. 이러한 주민투표의 준비 속에 2월 14일 투표가 이루어졌다. 투표는 방폐장이 들어설 위도면만 이루어지지 못했고, 나머지 12개 읍·면에 설치된 36개 투표소에서 무사히 끝을 맺었다. 위도면은 방패장 유치를 찬성하는 사람들이 투표소를 봉쇄했기 때문에 물리적으로 투표를 할 수가 없었다. 결과는 투표율 73.4%로 반대 91.8%, 찬성 5.7%로 압도적인 차이로 반대 측이 승리했다.

전북도지사와 부안군 군수를 비롯한 방폐장 유치 찬성 측은 법률에 의하지 않은 주민투표는 무효라고 선언했다. 반대 측은 이제 방폐장 유치는 끝났고, 이에 책임을 져서 군수는 물러가라고 요구하게 된다.

3) 함 의

부안군 주민투표 사례는 주민투표의 역사뿐만 아니라 우리 나라 지방 및 중앙정치와 행정사에 커다란 의미가 있다고 평가할 수 있다.

첫째, 주민투표사의 입장에서 보면 주민들이 국가정책을 포함한 어떠한 정책에 대한 주민투표도 주민 스스로 관리할 수 있는 능력을 증명해 준 경우라 할 수 있다.

부안군 주민투표는 공식적인 법률에 의해서 이루어진 주민투표는 아니었다. 따라서 부안군 주민투표는 이른바 사적 주민투표로 분류된다 하겠다.[12] 그럼에도 불구하고 부안군 주민투표는 중앙정부와 지역 주민 간의 대결의 장을 종식시키는 데 결정적인 역할을 했다. 2004년 2월 14일 정부와 지방정부인 부안군의 반대에도 불구하고 주민들이 스스로 구성한 주민투표관리위원회가 주도한 주민투표의 결과는 결국 부안군의 사태를 마무리하는 결과로 활용되었다. 공정한 투표를 위해 전국에서 참여연대 등 30개 단체와 지역종교단체 등에서 700여명, 교사 100여명, 민변 등 변호사 40명 등이 대거 자원봉사 활동을 하여 시민들의 자율 능력을 보여 주었다.

둘째, 지방자치에서 주민들의 의견이 얼마나 중요한지를 다시 인식하게 했다고 볼 수 있다.

부안군수는 주민들의 반대에도 불구하고 전북지사와 부안군의회 의장과 연계해 지역 발전이라는 명분을 걸고 방폐장 유치를 강력하게 추진했다. 결론적인 이야기지만 주민들 90% 이상이 반대하는 것을 지역 발전이라는 명분만을 내세운 채 지역정책을 강행했다는 것은 지방자치 시대에 상상도 할 수 없는 일이라 하지 않을 수 없다. 설령 방폐장 유치정책이 옳다고 해도 주민들에게 인내심을 갖고 설득한 후에 주민투표를 실시해야 했다는 교훈을 우리에게 주는 소중한 사건이라 할 수 있다.

셋째, 주민들의 자치에 대한 학습 효과도 매우 컸을 것이라고 평가하고 싶다.

이번 주민투표 과정에서 부안군 주민들은 매우 다양한 혼란을 겪어야 했다. 방폐장의 영향에 대한 상반된 주장에 대한 혼란에서부터 부안군 사태가 전국화됨으로써 지역 문제가 지역 주민의 손에서 떠나 전국의 유명 인사에 의해 주도되는 과정을 보면서 지방자치의 본질과 비교해서 혼란을 겪어야 했다. 그리고 얼마 후에는 바로 이웃인 군산시를 비롯한 다른 자치단체들이 방폐장을 서

---

12) 부안군은 2004년 2월 4일 법적 근거가 없는 단체 등이 주민투표를 실시하는 위법행위가 허용될 경우 민주국가의 법치주의를 훼손하고 주민 간 갈등과 대립을 증폭시킬 뿐이기 때문에 주민투표의 시행을 중단해 달라는 '주민투표 시행금지 가처분신청'을 전주지법 정읍지원에 제출했다. 전주지법 정읍지원은 2월 12일 이 가처분을 신청을 "이번 주민투표는 주민 스스로 실시하는 사적 주민투표로 이를 금지할 법적 규정이 없으며, 특히, 이번 투표 결과는 법적 구속력도 없다"고 하여 기각했다.

로 유치하려고 전력을 다하는 모습을 보면서 또 한번의 혼란을 겪어야 했다. 그리고 결국 방폐장은 전북 지역이 아니라 뒤늦게 뛰어든 영남 지역인 경주에 건설하는 것으로 결정됨으로써 전북도민들이 허탈해 하는 모습을 보는 혼란도 겪어야 했다. 이러한 혼란을 겪으면서 부안군 군민들은 지방자치에서의 지역 주민들의 권리와 책임이 얼마나 중요한 것인가를 몸소 체험하는 학습 효과를 얻었다고 할 수 있다. 이것은 거꾸로 전국 단위의 사회단체나 시민단체들이 지역 문제에 개입의 정도와 내용을 어떻게 얼마나 할 것인가를 학습하는 데 좋은 예가 되었을 것이라 생각한다.

넷째, 비선호시설을 유치할 때 정부에 대한 불신 원인이 어디에 있는가를 여실하게 보여 준다. 정부가 정보의 생산과 관리에 대한 우월적 위치, 즉 정보의 비대칭성을 이용해 기회주의적으로 행동함으로써 국민들에게 피해를 주고 있다는 것이다.[13] 이는 결과적으로 정부가 제공하는 정보와 정부가 홍보하는 내용에 대해서 주민들은 신뢰하지 않았으며, 이것이 주민들의 강력한 저항의 형태로 표출된 것이다.

제 2 절 역대 정부의 주민투표제도 도입 추진 과정

1 한국의 주민투표제도 논의 과정[14]

대의민주주의를 원칙으로 하고 있는 우리 헌법에서 직접 민주적 요소를 어느 정도로 인정할 것인가의 문제는 근래 비중 있게 논의되어 왔다. 국가학적

13) 손호중 · 채원호, "정부 신뢰의 영향 요인에 관한 연구: 부안군 원전수거물처리장 입지사례를 중심으로", 한국행정학회보, 제39권 제3호(2005년 9월), pp. 108-109.

14) 주민투표법 제정 이전의 추진 과정과 내용에 대한 참고 문헌은 다음과 같다.
반성훈, "주민투표제도에 관한 연구", 부산대학교 대학원 박사논문, 2005. 2, pp. 89-93; 이강선, "비교론적 고찰을 통한 주민투표제도 도입 방안", 한국비교정부학보 제5권 제1호, 2001, pp. 43-46; 국회행정자치위원회, 주민투표법의 입법 방향, 2002, 정책연구보고서, 2002. 12, pp. 88-150; 류호상, "지방행정에 있어 주민참여 활성화를 위한 주민투표제도의 도입 방안 연구", 한국행정학회 하계학술 발표논문, 2001; 이상팔, "주민투표제

영역에서뿐만 아니라 지방자치 영역에서도 직접 민주적 요소는 그 비중을 크게 차지해 가고 있다. 이러한 점을 인식해 그동안 역대 정부와 각 정당은 여러 차례 주민투표제도의 도입을 위한 입법 논의와 법률안을 제출한 바 있다. 그동안 논의한 결과를 종합해 보면 주민투표제도를 조속하게 도입하되, 주민투표제도를 별도의 법률이 아닌 지방자치법에서 직접 규정해야 하고, 주민투표의 대상과 절차 등에 대한 구체적인 내용은 개별 지방자치단체가 조례로써 정할 수 있도록 해야 한다는 것 등이었다. 그러나 1994년 개정된 지방자치법에 신설된 제13조의 2[15]는 주민투표에 관한 근거 규정만 둔 채 구체적인 사항은 별도로 법률, 즉 주민투표법을 제정하도록 하는 방향으로 결론지었다.

지방자치법 개정 협상 당시 여당(민자당)은 사실상 주민투표제도의 조기 도입을 반대했다. 그 후 발의권을 지방자치단체의 장에게만 주는 것으로 입법을 추진했다. 야당(민주당)도 별도 입법을 통해 주민투표에 관한 모든 사항을 결정할 수 있도록 지방자치법 제13조 2의 제2항을 추가했다. 1994년 7월 6일 민주당에서, 7월 11일 민자당에서 각각 별도의 주민투표법(안)을 발의했다.

1994년 12월 12일에는 공청회를 개최했다.[16] 국회 내무위원회의 공청회에서는 지방자치 전문가들을 초청해 주민투표의 대상, 관리, 확정, 운동 등에 대해 각 당의 안에 대한 설명과 반론 등을 통해 주민투표제도 도입을 향해 노력했지만 결국 협상이 결렬되었다. 결국 주민투표법안들은 14대 국회 회기 마감으로 자동 폐기되었다. 그 당시 야당(안)을 보면 여당안과는 달리 지방자치단체의 장 이외에 지방의회(재적 의원 과반수)와 주민(1/5 이상 연서)에게도 주민투표 발의권을 주고 있다.

15대 국회에서는 새정치국민회의에서 기존(안)을 일부 수정해 1996년 9월 20일 주민투표법(안)[17]을 다시 발의했고, 여당(신한국당)은 지방자치법의 개정

도의 필요성과 문제점 분석", 한국행정학회, 1998; 현성욱, 앞의 책, pp. 62-68 및 국회 속기록 등의 자료를 인용했음.

15) 제13조의 2(주민투표) ① 지방자치단체의 장은 지방자치단체의 폐치·분합 또는 주민에게 과도한 부담을 주거나 중대한 영향을 미치는 지방자치단체의 주요 결정 사항 등에 대하여 주민투표에 부칠 수 있다.
② 주민투표의 대상·발의자·발의 요건·기타 투표절차 등에 관하여는 따로 법률로 정한다. [본조 신설 1994. 3. 16]

16) 제14대 국회 제170회 내무 제8차 위원회 회의록 참고.

17) 이 법(안)은 2000년 5월 29일에 15대 국회 임기 만료로 자동 폐기되었다.

을 주장하다가 마침내 1996년 11월 7일 정부여당의 주민투표법(안)을 확정 발표하게 되었다.

이의 주요 내용을 살펴보면 다음과 같다.

1) 발의 : 발의는 지방자치단체장에게 한정
2) 청구 : 지방의회 재적 의원 과반수의 의결, 주민은 투표권자의 5분 1 이상이 연서에 의해 자치단체장에게 청구할 수 있음.
3) 실시일 : 대선, 총선, 지방자치단체장 선거 90일 전과 선거 후 30일까지 주민투표를 할 수 없도록 함.
4) 확정 : 유권자의 과반수 참석과 투표자의 과반수의 찬성에 의해서 주민투표안을 확정함.[18]

그러나 이 안은 국회에 제출되지 못했다.

1997년 6월 28일 내무부는 지역의 중요 사항을 주민이 투표로 결정할 수 있다는 주민투표법을 제정하고, 주민이 조례 제정을 청구할 수 있는 주민발안제를 도입해 주민 의사를 직접 행정에 반영시키는 제도적 장치를 마련한다는 '10대 지방자치 발전 방안'을 총리가 위원장인 지방자치제도발전위원회에 상정하게 된다. 그러나 이 시도도 실현되지 못했다.

1999년 4월 5일 행정자치부는 행정구역의 조정, 시·도청 등 공공시설의 설치는 의무적으로 주민투표를 통해 결정하고 또 원전, 폐기물 매립장 설치 등 국가사업도 주민 의견 조사를 거치도록 하는 내용을 담은 주민투표법(안)을 마련했다. 한편 1999년 8월 31일 정부는 지방자치법을 개정해 제13조의 3 및 제14조의 4에서 조례 제정·개폐청구권 및 주민감사청구권을 상세하게 입법화함으로써 주민의 직접 참여제도의 도입 범위를 확대했다.

2000년 10월 12일 행정자치부는 국회에서 열린 '지방자치포럼 21'에서 주최한 '민선2기 회고와 전망' 포럼에 참석해 "지방자치단체장에 대한 주민소환제의 제한적 도입을 추진하고 있다"면서 아울러 "주민투표제도도 연구중"이라는 발언을 통해 지방자치제도 개선 방침을 밝혔다. 한편 2000년 11월 24일 원자력

18) 조선일보, 2001년 11월 7일 기사 참조.

발전소 건설 예정구역으로 고시된 울산광역시 울주군 서행면 주민 244명은 지방자치법에 따라 주민투표법을 제정하지 않은 국회의 입법부작위가 국민의 기본권을 침해한다는 이유로 헌법재판소에 헌법소원을 제기했다. 주민들은 대다수가 원전 건설을 반대하고 있어 지방자치법 제13조의 2 제2항에 따라 주민투표를 했다면 원전 건설은 무산되었을 것이라고 주장했다.[19]

---

19) 이 판례는 국회가 주민투표법을 제정하지 않은 것은 입법부작위라고 위헌이라는 대표적인 소송임.

헌재 2001. 6. 28. 200헌마735, 판례집 13-1, 1431, 1438-1439

이 사건은 지방자치법 제13조의 2에서 주민투표에 관한 사항은 따로 법률로 정한다는 규정에 따라 왜 국회가 주민투표법을 제정하지 않느냐고 소송한 것임. 이에 대한 내용을 간추려 보면 다음과 같음.

【당사자】

청 구 인 김석규 외 243인

청구인들 대리인 변호사 최거훈

【주 문】

이 사건 심판청구를 모두 각하한다.

【이 유】

1. 사건의 개요 및 심판의 대상

가. 사건의 개요

정부는 1998. 12. 29. 울산 울주군 등지에 핵발전소 8기의 건설계획을 가지고 있다고 발표하였고, 울주군 군수인 청구외 박진구는 세수 증대 등을 이유로 이를 적극 지지하였는데, 정작 그곳에 사는 주민들과 울산환경운동연합 등의 시민단체에서는 격렬하게 핵발전소의 유치를 반대하여 왔다.

정부는 2000. 9. 6. 산업자원부 고시 제2000-88호로 울산 울주군 서생면 신암리·신리 일대를 4기의 가압경수로 원자력 발전소를 건설하기 위한 전원개발사업 예정구역으로 지정·고시하는 한편, 위 서생면 비학리에 신고리원전 1호기를 건설하기로 최종 확정하였다고 발표하였는데, 이에 따라 울산광역시 주민 13만 여명은 같은 해 11월, 국회에 그 철회를 요구하는 청원서를 제출하기도 하였다.

울산 울주군 서생면 주민들인 청구인들은 이 사건 원전 유치 문제가 주민에게 중대한 영향을 미치는 사항이라 보고 지방자치법(1994. 3. 16. 법률 제4741호로 공포된 것) 제13조의2 소정의 주민투표에 부치고자 하였으나, 주민투표의 대상·발의자·발의 요건·기타 투표절차 등에 관하여 아무런 입법 조치가 없어 그 실시가 불가능하자 2000. 11. 24. 이와 같은 입법부작위가 청구인들의 주민투표권(참정권), 주민자치권, 환경권, 행복추구권 등을 침해한다고 주장하면서 그 위헌 확인을 구하여 이 사건 헌법소원심판을 청구하였다.

입법부작위 위헌 확인

(전원재판부 2001. 6. 28. 2000헌마735)

【판시 사항】

1. 지방자치법 제13조의2 제1항에서 규정한 주민투표권이 헌법이 보장하는 지방자치제

2001년 2월 21일 행정자치부는 새해 대통령 업무보고를 통해 주민투표를 통해 자치단체장과 지방의원을 해직시킬 수 있는 주민소환제를 도입하되 부작용을 막기 위해 임기 초반 1년 이내에는 주민소환제 발의를 금지하는 등 요건을 강화하며, 주요 현안에 대해 주민 의사를 묻는 주민투표제도를 도입키로 했으나 국회에는 제출되지 못했다. 이후에 여야는 2001년 11월부터 2002년 3월까지 국회정치개혁특별위원회에서 주민투표제 도입 입장만 천명했을 뿐 실천은 되지 않았고 결국 참여정부의 몫으로 남겨놓고 말았다.

2 정치권에서의 추진 내용

1) 민자당의 추진안

당시 여당인 민자당은 1995년 7월 1일부터 민선자치단체 선출을 통한 지방자치 실시를 앞두고 주민투표제도 도입안을 제출하지 않을 수 없었다. 여당은

도에 포함되는지 여부(소극)

2. 위 주민투표권이 헌법이 보장하는 참정권에 포함되는지 여부(소극)

【결정 요지】

1. 헌법 제117조 및 제118조가 보장하고 있는 본질적인 내용은 자치단체의 보장, 자치기능의 보장 및 자치사무의 보장으로 어디까지나 지방자치단체의 자치권으로 헌법은 지역 주민들이 자신들이 선출한 자치단체의 장과 지방의회를 통하여 자치사무를 처리할 수 있는 대의제 또는 대표제 지방자치를 보장하고 있을 뿐이지 주민투표에 대하여는 어떠한 규정도 두고 있지 않다. 따라서 우리의 지방자치법이 비록 주민에게 주민투표권(제13조의 2)과 조례의 제정 및 개폐청구권(제13조의 3) 및 감사청구권(제13조의 4)을 부여함으로써 주민이 지방자치사무에 직접 참여할 수 있는 길을 열어 놓고 있다 하더라도 이러한 제도는 어디까지나 입법자의 결단에 의하여 채택된 것일 뿐, 헌법이 이러한 제도의 도입을 보장하고 있는 것은 아니다. 그러므로 지방자치법 제13조의 2가 주민투표의 법률적 근거를 마련하면서, 주민투표에 관련된 구체적 절차와 사항에 관하여는 따로 법률로 정하도록 하였다고 하더라도 주민투표에 관련된 구체적인 절차와 사항에 대하여 입법하여야 할 헌법상 의무가 국회에게 발생하였다고 할 수는 없다.
2. 우리 헌법은 법률이 정하는 바에 따른 '선거권'과 '공무담임권' 및 국가 안위에 관한 중요 정책과 헌법 개정에 대한 '국민투표권'만을 헌법상의 참정권으로 보장하고 있으므로, 지방자치법 제13조의 2에서 규정한 주민투표권은 그 성질상 선거권, 공무담임권, 국민투표권과 전혀 다른 것이어서 이를 법률이 보장하는 참정권이라고 할 수 있을지언정 헌법이 보장하는 참정권이라고 할 수는 없다.

정부와의 연이은 협의를 거치면서 안을 만들어 나갔다. 민자당은 여당이기 때문에 주민투표제도에 대해서는 방어적이라고 할 수 있다. 지방자치 실시로 인한 혼란을 최대한 막는다는 입장에서 상당히 제한적인 측면에서 제도안을 만들었다. 주민투표에서 가장 중요한 주민투표 관리, 주민투표 대상에 관한 구체적인 사항을 조례가 아닌 대통령령으로 규정해 놓은 것이 대표적이라고 할 수 있다. 그러나 민자당안은 야당안에 비해 포괄적이고 교시적이어서 지방의 자율성·융통성을 갖게 하는 안이라는 평가를 받았다.[20] 특히, 주민투표 관리를 당해 지방자치단체의 주민투표관리위원회가 관리한다고 규정한 것은 역대 주민투표관리법안 가운데 가장 자율성을 보장하는 것이라 할 수 있다.

민자당이 이 법안을 제안한 이유는 다음과 같다.[21]

> 1994년 3월 16일 공포·시행된 지방자치법 제13조의 2(주민투표) 제2항의 규정에 위임된 주민투표의 대상·발의자·발의 요건·기타 투표 절차 등에 관한 사항을 정하려는 것임.

민자당안의 주요 내용을 정리하면 다음과 같다.

(1) 주민투표관리

주민투표사무는 당해 지방자치단체의 주민투표관리위원회가 관리하되, 필요시 지방자치단체장이 당해 시·도, 구·시·군의 선거관리위원회에 위탁·관리할 수 있도록 했다(제10조). 단 주민투표위원회의 설치와 운영에 관한 필요한 사항은 대통령령으로 정할 수 있도록 하여 지방자치단체의 자의적 규정을 예방하고자 했다.

(2) 발 의

지방자치단체의 장만이 발의할 수 있도록 했다.[22] 특히 이 법안은 지금까지 제출되었던 주민투표법안과는 달리 청구할 수 있는 대상과 방법에 대한 언급이 없어, 자치단체장이 독단적으로 주민투표의 청구·발의를 할 수 있도록 했다는 점에서 지방자치의 정신과는 거리가 멀다 하겠다.

---

20) 김안제, 국회 내무위원회 주민투표법 공청회, 1994년 12년 12일 회의록, p. 39.
21) 민자당, 주민투표법안 참조.
22) 상기 법안 제10조.

(3) 주민투표 대상

주민투표에 부칠 수 있는 대상을 당해 지방자치단체의 폐치·분합이나 주민에게 과도한 부담을 주거나 중대한 영향을 미치는 지방자치단체의 주요 결정 사항으로서 대통령령으로 정하도록 규정하고 있다.[23)]

(4) 주민투표 대상이 될 수 없는 사항

법률에 위반되는 사항, 선거에 중대한 영향을 미치는 사항, 재판에 계류중이거나 수사중인 사항, 당해 지방자치단체의 권한을 넘어서는 사항 등에 대해서는 주민투표에 부칠 수 없도록 하고, 대통령·국회의원·지방의회 의원 및 지방자치단체장의 선거가 있을 때 그 선거일 이전 90일부터 선거일 후 30일까지와 당해 지방자치단체 내에 천재·지변이 있을 때에는 주민투표를 실시할 수 없도록 했다.[24)]

(5) 실시 구역

주민투표 실시 구역은 원칙적으로 이해 관계가 있는 지역으로 한정하되, 시·도의 경우 전 시·도를 대상으로 하는 주민투표는 신중히 실시해야 한다고 규정하고 있다. 주민투표는 시·도와 같이 광역자치단체로 행해지는 것이 아니라 기초자치단체 내에서 이루어지는 것을 원칙으로 한 내용이라 할 수 있다.[25)]

민자당안은 다른 법안과는 달리 효력과 이의 제기에 관한 규정이 없는 것도 특징이라 할 수 있다.

2) 국민회의 추진안

국민회의는 제14대 민주당의 후신이다. 국민회의는 제15대 들어서 다수 야당이 되었다. 국민회의안은 제14대 국회 때인 1994년 7월 6일에 민주당 조세형, 이해찬, 김옥두 외 74명이 제출했던 안을 약간 손질만 하고, 1996년 9월 20일에 김옥두, 이해찬, 박상천 외 76명이 대표 발의한 법안이다.

그 당시 제안한 이유를 보면 다음과 같다.[26)]

23) 상기 법안 제11조.
24) 상기 법안 제12조.
25) 상기 법안 제13조.
26) 국민회의 주민투표법안, 1996년 9월 제출 법안 참조.

> 주민투표제도를 규정한 지방자치법이 입법된 지 2년 이상이 경과했으며, 지방자치단체장의 주민 직선 등 지방자치제가 전면적으로 실시된 지 1년 이상이 지났음에도 불구하고, 주민이 지방자치제에 직접 참여하는 주민투표제를 제도화하는 입법이 이루어지지 못하고 있다. 이러한 이유로 주민의 의사를 민주적으로 공정하고 정확하게 지방행정에 반영하지 못하고 행정 편의주의적으로 지방행정이 처리되는 등 주민을 위한 행정이 충분하게 실현되지 못하고 있다. 이는 또한 나아가 지방자치제도 발전, 민주적 참여의 정치 구현에 장애 요인이 되고 있다. 따라서 이러한 문제점을 시정하고 지방자치단체의 폐치·분합 또는 주민에게 과도한 부담을 주거나 중대한 영향을 미치는 지방자치단체의 주요 결정 사항을 주민의 의사에 따라 이를 처리하도록 하는 등 주민을 위한 적극적 행정 구현, 활발한 참여정치의 제도화를 위해서 이 안을 제안한다.

국민회의가 제안한 법률의 주요 내용을 민자당안과 비교해서 보면 다음과 같다.

(1) 주민투표 관리

민자당안과는 달리 국민회의안의 주민투표의 관리는 중앙선거관리위원회로 규정하고 있다. 중앙선거관리위원회는 이 법에 특별한 규정이 있는 경우를 제외하고는 주민투표관리 사무를 통괄·관리하며 하급 선거관리위원회의 위법·부당한 처분에 대해서 이를 취소하거나 변경할 수 있다고 규정하여 중앙선거관리위원회가 명실 공히 주민투표관리 주체가 되도록 했다.[27]

(2) 발 의

국민회의안의 주민투표의 발의는 민자당과 같이 자치단체장으로 한정하고 있다. 그러나 민자당과는 달리 지방의회는 재적 과반수의 의결로, 주민은 유권자의 5분의 1 이상의 연서로 주민투표를 청구할 수 있으며 지방자치단체장은 이들로부터 청구가 있을 시에는 반드시 주민투표를 실시하도록 하고 있다.[28]

(3) 주민투표의 대상

주민투표의 대상은 민자당과 같이 지방자치단체의 폐치·분합 또는 주민에게 과도한 부담을 주거나 중대한 영향을 미치는 지방자치단의 주요 사항 등에

---

27) 상기 법안 제6조.
28) 상기 법안 제9조.

한한다고 규정하고 있다.[29]

(4) **주민투표 대상이 될 수 없는 사항**

주민투표의 대상이 될 수 없는 사항도 민자당안과 비슷하게 법률 위반 사항, 재판에 계류중인 사항, 당해 자치단체의 권한을 넘는 사항을 정하고 있다. 다만 민자당안 중 선거에 중대한 영향을 미치는 사항에 대한 규정은 삭제했다.[30]

(5) **실시 구역**

실시 구역은 원칙적으로 당해 자치단체의 관리구역을 단위로 하여 이를 행하도록 하고 있다. 다만, 주민투표의 대상이 지방자치단체의 관할행정구역 내 일부 지역에만 직접적인 이해 관계가 있는 경우에는 당해 지방의회의 의결로써 당해 지역에 한하여 주민투표를 실시할 수 있도록 하고 있다. 그리고 동일한 주민투표의 대상에 대하여 2개 이상의 지방자치단체의 관할구역에 걸쳐 주민투표를 실시할 때에는 관계 지방자치단체의 장이 협의하여 동시에 주민투표를 실시할 수 있도록 하고 있다.[31] 민자당안이 실시 구역을 대통령령으로 규정한다는 것과 비교하면 국민회의안이 자율성이 더 크다 하겠다.

국민회의안은 법조문 수에서 민자당안의 73조에 비해 2배 이상인 169조로 이루어져 있다. 그래서 국민회의안은 구체적이고 제한적이어서 공정성과 객관성을 강조하고 있다는 평가를 받고 있다. 이에 비해서 너무나 제한적이기 때문에 융통성과 자율성이 부족한 것을 최대 약점으로 삼고 있다.

3) 국회로의 청원

주민투표제도 도입이 계속 미루어지자 주민들의 불만은 매우 높았다. 민주화의 확대와 지방자치 실시로 주민투표의 수요는 계속 증가하고 있는데도 불구하고 주민투표제도 도입이 계속 미루어지자 주민들은 헌법소원, 국회에의 청원, 아니면 자율적인 주민투표 실시 등의 형태로 주민투표법 제정을 위한 분위기 조성에 노력했다. 주민투표제도가 도입되기 전에 국회에 제출되었던 대표적인 청원을 살펴보자.

---

29) 상기 법안 제7조.
30) 상기 법안 제8조.
31) 상기 법안 제13조.

(1) **제1 청원**[32]

청원 제목 : 주민투표법 제정에 관한 청원

청원자 : 경제정의실천시민연합회 조창현 외 1인

일시 : 1996년 12월 10일

청원 의원 : 정균환

요지 : 주민들이 지역의 주요 문제에 대하여 의견을 반영할 수 있는 기회를 부여하여 성공적인 지방자치를 이루게 하기 위해서는 주민투표법을 조속하게 제정해 주기를 바람.

다만, 현재 국회에 계류중인 주민투표법의 내용에 다음과 같은 사항을 변경해 주도록 요청하고 있다.

-주민투표관리는 중앙선거관리위원회에서 하는 것이 바람직함.

-지방자치단체별 인구 규모에 따라 주민투표의 발의 요건을 차등화하고 주민투표 대상, 시기, 실시 구역에 관한 사항을 조례로 규정.

-투표 대상은 지방자치단체의 폐치·분합 또는 주민들에게 과도한 부담을 주거나 중대한 영향을 미치는 주요 결정 사항에서 일정한 사항 외에는 조례로 결정할 수 있도록 함.

이에 대해서 내무위원회의 전문위원의 검토 사항은 다음과 같다

위의 청원이 지방자치의 본질에 대체로 부합된다고 하면서도 다음과 같은 이견을 제출하고 있다.

첫째, 주민투표의 대상을 일정한 사항 이외에는 조례로 규정할 수 있도록 하는 것은 지방자치 실시 역사가 일천하고, 주민투표가 남발될 가능성이 있기 때문에 법률과 시행령에 규정하는 것이 바람직하다.

둘째, 주민투표관리를 선거관리위원회가 하는 것이 축적된 투표관리 경험을 살려 효율적으로 관리할 수 있을 뿐만 아니라 기관의 성격상 공정하게 관리할 수 있다는 장점이 있는 반면에, 투표의 발의·투표일 등 일련의 투표 과정을 지역 주민들이 스스로 관리하는 것이 지방자치의 본질에 가깝기 때문에 주민

32) 第15대 국회 第184회 第5차(1997. 7. 18) 내무위원회 회의록 참조.

들이 중립적인 주민투표관리위원회를 구성하여 운영하는 것을 또 다른 의견으로 제시했다.

(2) **제2 청원**[33]

청원자 : 광주광역시 광산구시민연대 소속 공동대표 조병한 외 17인

일시 : 2001년 4월 11일

청원번호 : 217

소개 의원 : 전갑길 민주당 의원

요지 : 아직도 주민투표법이 제정되지 않아 지역 문제를 해결하는 데 많은 문제점이 있다. 주민투표 실시에 관한 법률이 부재한 현 시점에서 지역의 중요한 현안 문제 해결을 위해 자치단체장이 각계를 망라한 위원회 등을 구성해 문제 해결을 도모해 보지만 위원회 구성 및 결정을 놓고 불이익을 받게 되는 분쟁 당사자가 승복하지 않아 효과적인 결과를 기대하기가 어려운 실정임. 때로는 주민 의사를 묻는 주민 여론조사 등도 실시하고 있지만 이 또한 법적 보장책이 없기 때문에 그 효력과 집행에 저항이 있기 마련임. 이러한 상황에서 원활한 지방자치행정 수행을 위해 주민투표 실시에 관한 법률 제정의 필요성은 더욱 요구되고 있어 지방자치법이 규정하고 있는 주민투표에 관한 시행 법률을 조속히 제정해 줄 것을 청원함.

3 제정의 실패 원인

주민투표법의 제정 실패 요인에 대해서는 다각적인 분석이 가능하지만 주요 원인을 요약하면 다음과 같다.

첫째, 주민투표제도가 가진 양면성에서 찾을 수 있다. 주민투표제도는 한편으로는 정책 결정 과정에 주민들의 직접 참여를 보장함으로써 풀뿌리 민주주의를 실현한다는 의미를 지니고 있으나, 다른 한편으로 이해 관계가 첨예한 사안에 대해서 지역이기주의 또는 집단이기주의를 조장하는 합법적 수단이라는

33) 국회 222회(2001. 6. 14) 행정자치위원회 회의록 참조.

비판도 제기된다. 주민투표제도가 초래할 수 있는 역기능을 방지하기 위한 보완장치를 어떻게 할 것인가에 대한 의견이 첨예하게 대립되었기 때문에 각 정당이 제시했던 주민투표제도안이 합의되지 못했다.

둘째, 제정 동기가 명확하지 못했다는 점이다.

국회에서 추진했던 주민투표법의 제정은 다분히 지방자치단체를 견제하기 위한 목적에서 출발했다고 볼 수 있다. 그 당시 상황으로 보면 중앙정부를 비롯한 국회는 지방자치 실시를 민주주의의 실천이라는 관점에서가 아니라 자신들의 권한을 나눠 갖는 것으로 생각하고 있었다. 그래서 지방자치 실시가 여러 가지 이유로 계속 연기되었다. 심지어 1991년 4월에는 동시에 지방자치를 실시하면 일대 혼란이 온다는 명분을 내세워 지방의회선거만을 실시했다. 드디어 1995년 7월 1일부터 민선지방자치단체장 시대가 개막되기 때문에 지방자치단체를 주민투표를 통해서 견제하려는 동기가 바로 주민투표제도를 도입하려는 가장 큰 동기라고 할 수 있다. 즉, 주민투표제도를 주민들이 지방자치에 직접 참여하는 제도로 인식하기보다는 주민을 자신들의 대리인으로 내세워 자신들에게 도전 가능한 지방자치단체장이나 지방의원들을 견제하기 위해 주민투표제도를 도입하려 했던 것이다. 이렇게 명분이 약하기 때문에 추진력이 있을 수가 없었다.

셋째, 정당구조의 문제 때문이다.

그 당시의 정당구조는 의도하든 하지 않았든 간에 결과적으로 심한 지역 중심으로 이루어졌다. 어느 정권이 들어서든지 일정한 지역은 제치면서, 반면에 일정한 지역에서는 독점적 지배력을 발휘하던 지역 할거적·지역 독점적 시대이기에 직접민주주의의 발현인 주민투표제의 도입이 여당이든, 야당이든 시늉에 그쳤음은 당연하다.[34] 국회의원들은 대부분의 일정한 지역에서는 민심이 아니라 당 총재의 공천만 받으면 당선이 되는 시절이어서 주민투표제도와 같이 귀찮은 정책에 대해서는 큰 관심을 가질 필요성이 없었기 때문에 주민투표제도가 도입될 수 없었다고 할 수 있다.

---

34) 김중권, 앞의 책, p. 83.

제 3 절 참여정부의 주민투표제도 도입 추진 과정

1 참여정부의 로드맵과 주민투표제도

기술한 바와 같이 참여정부의 주민투표제도 도입은 그동안 주민투표법의 제정이 1994년 3월 개정된 지방자치법 제13조의 2에 주민투표법의 도입 근거 규정이 마련되었음에도 불구하고 입법부작위로 거의 10년을 끌어왔던 입법 공백을 해소하고 주민의 직접 참정 욕구에 부응하기 위해서 추진되었다. 1994년 지방자치법의 개정 이후 꾸준히 주민투표법을 제정하기 위해서 노력했으나 도입이 무산되었다. 1994년 7월 민자당·민주당에서, 그리고 1996년 9월 새정치국민회의에서 법안이 각각 제출되었으나 투표 금지 대상, 투표운동 제한 등과 관련한 여·야 간 이견으로 의결되지 못하고 국회 임기 만료에 의해 자동 폐기되었으며, 2001년 11월부터 2002년 3월까지 국회정치개혁특별위원회에서 여·야 간 주민투표제도 도입 입장만 천명했을 뿐이다.

이렇게 주민투표제도가 도입되지 못하고 갈팡질팡하는 사이에 이에 관계 없이 많은 지역에서는 사실상의 주민투표가 시행되고 있었다. 쓰레기매립장 설치(울산시 북구), 케이블카 설치(경남 통영시), 행정등 경계 조정(서울시 광진구) 등에 관해 주민투표가 실시되었으며, 인천시 강화군의 경기도 환원이나 인천시 부평구 미군부대 이전 등 국가 권한에 관한 사안에 대한 주민투표 조례가 제정되는 등 원칙도 없이 우후죽순 식으로 주민투표가 이루어짐으로써 이에 따른 많은 문제점들이 드러나기 시작했다. 이렇기 때문에 주민투표제도 도입이 시급하게 요청되는 분위기는 성숙되어 갔다. 이러한 시대적 요구에 부응하기 위해 참여정부는 지방분권 개혁의 일환으로서 주민의 자발적 참여와 연대를 통한 지역사회 혁신을 위해서 주민투표제도의 도입을 추진했다.

참여정부의 지방자치단체의 주민 책임성 확보 방안은 여러 가지가 있지만 47대 과제 중 주민투표제와 주민소환제를 분권 과지로 선정했다.[35] 참여정부가 주도한 주민투표제도 도입은 다양한 의견들을 수렴하고 공감대를 형성하면서 진행했다. 과거에는 주민투표를 정당이 주도했기 때문에 쉽게 정치적 갈등으로 몰아가게 되어 실패했던 교훈을 거울삼아 참여정부는 정부가 직접 주도했다. 참여정부는 이러한 주민투표 제정 과정의 탈정치화와 정권 출범 초기의 분위기를 살려 주민투표제도 도입을 추진함으로써 성공할 수 있었다.

2 주민투표제도의 도입 과정과 주요 내용

참여정부는 시작하자마자 지방분권 로드맵을 확정지었다. 주민투표는 지방분권 로드맵에서 주민소환과 함께 주요 과제로 선정되어 일찍부터 입법을 준비했다. 분권을 주도하는 위원회인 대통령자문 정부혁신지방분권위원회는 주민투표제도 도입을 행정자치부의 추진 과제로 선정했다. 이에 행정자치부는 2003년 7월 1일부터 전문가로 자문단을 구성해 주민투표제 도입 방안을 자문받으면서 추진하기 시작했다. 주민투표제도안은 이미 여러 정당안이 있기 때문에 제정 준비는 매우 순조롭게 진행되었다. 동년 7월 24일에는 여당인 민주당과 협의했고 이튿날인 7월 25일에는 정부혁신지방분권위원회에 상정해 의결을 받았다. 행정자치부는 7월 28일에 주민투표제도 도입 시안을 발표했다. 행정자치부에서 발표한 주요 내용을 보면 다음과 같다.

1) 추진 방향과 입법 형식

정부는 1994년 3월에 개정된 지방자치법에서 주민투표법 제정 근거에 대한 장기간의 입법 공백을 해소하고, 시대적 요구로서 주민투표에 대한 주민들의 욕구가 분출되어 현재 주민투표가 사실상 이루어지고 있기 때문에 주민투표제도 도입이 필요하다고 강조하고 있다. 그리고 정부안의 기본 원칙은 주민투표의 문제점을 최소화하면서 제도의 실효성을 보장하는 방향으로 나가는 다음과 같은 원칙을 마련했다.[36]

---

35) 정부혁신지방분권위원회, "참여정부의 지방분권, 정부혁신지방분건위원회 백서 4", pp. 19-30.

36) 한국지방행정연구원, "주민투표법(안)", 제2차 지방분권 공청회자료, 2003. 8. 11, pp.

첫째는 보충성의 원칙이다.

주민투표는 간접민주주의의 보충적 성격을 지닌 것으로 정의했다. 즉, 지방의회나 자치단체장의 결정을 대신 또는 대체하는 것이 아니라 보완하는 차원에서 활용하는 것으로 했다.

둘째, 균형성이다.

주민투표 실시로 인한 부작용을 방지하면서 제도의 실효성을 기하기 위해 단체장, 지방의회, 지역 주민 등 주민투표 주체 간에 견제와 균형을 도모할 수 있도록 했다. 이를 위해 자치단체장에게는 주민투표 청구와 발의권을 부여했지만 청구시에는 지방의회의 동의를 받도록 했다. 반면에 주민과 지방의회에는 청구권을 부여했지만 이의 남용을 방지하기 위해 일정 수 이상의 서명 또는 의결을 받도록 했다.

셋째, 자율성이다.

주민투표가 지방자치의 실시 제도 중에 하나이기 때문에 주민투표를 실시할 때는 지방자치 원리인 자율성을 보장하도록 했다. 주민투표의 청구, 대상 등을 자치단체의 조례로 정할 수 있도록 했다.

정부는 이상의 원칙을 수용한 주민투표법을 제정하되 이 법률에는 주민투표에 대한 기본권 제한 및 최소한의 통일성 확보를 위한 사항만 규정하고 나머지는 자치단체의 조례로 정할 수 있도록 했다.

2) 추진상 주요 쟁점 사항

정부입법안의 도출 과정에서 쟁점이 되었던 사항들은 과거 주민투표제도 도입을 논의할 때와 마찬가지로 투표인 자격, 주민투표 대상, 주민투표 청구 및 발의 요건, 주민투표 실시 단위, 주민투표 운동, 투표 결과 확정 요건 및 효력, 주민투표 관리 기구 등이었다. 수 차례에 걸친 토론회 등을 통해서 주민투표제의 도입 필요성 및 행정자치부 도입 시안의 큰 줄기에 대한 기본적 공감대를 형성했다. 그리고 투표 결과 확정 요건, 재투표 금지 기간, 투표관리 기구 등의 쟁점에 대해 상당 부분 의견 합치를 이루었으나 투표 대상, 청구 요건, 투표운동 등은 합일점을 찾지 못했다.

8-9 참조.

참여정부의 주민투표제도안은 야당을 비롯한 시민단체, 지방4단체, 관계 전문가 등의 의견을 최대한 수렴해 만들어졌으나 주민투표의 청구 요건과 주민투표의 대상과 관련해 조건을 완화해야 한다고 시민단체들은 주장했다. 시민단체들은 지나치게 높은 투표 청구 요건, 주민투표 대상 사안에 대한 엄격한 규정, 그리고 투표의 실시와 그 결과에 대한 이행 규정이 미흡한 상태라고 지적했다. 이러한 주민투표법의 미비점이 법의 실효성을 훼손하고, 중앙정부나 지방자치단체장이 주민투표를 행정에 대한 승인 요식 절차로 이용할 가능성이 높다고 문제를 제기했다. 또한 방폐장 유치와 관련한 주민투표에서 볼 수 있었던 것과 같이 주민투표의 대상이 되는 '행정구역의 범위'와 방폐장 설치로 인한 '영향권의 범위'가 일치하지 않는 문제가 제기되어 향후 국가 정책과 관련한 주민투표의 범위 설정 방안에 대한 것도 의견 일치가 어려운 부분이었다. 전문가들은 주민투표제도는 주민의 참정 욕구를 만족시키고 주민자치 실현의 제도적 기반을 마련한 것으로 평가하면서 대의제의 효율성과 직접민주제의 민주성이 결합되는 긍정적인 효과를 위한 제도 보완과 인식의 전환을 강조했다. 이러한 논쟁과 요청을 수렴해 정부안을 다음과 같이 정리했다.

이를 설명하면 다음과 같다.[37)]

(1) 투표 연령

투표인 자격과 관련하여 외국인에게는 투표권을 부여하지 않고 20세 이상의 주민에게 투표권을 부여한다는 도입 시안에 대해 시민단체연합, 시군구의회협의회, 시도의회협의회, 부산지역분권협의회에서는 투표권 연령을 20세에서 18세 또는 19세로 하향 조정하고 일정 외국인에게도 투표권을 부여해야 한다고 주장했다. 이를 받아들여 19세로 정한 정부안은 국회 심의 과정에서 공선법과 일치시켜야 한다는 주장이 받아들여져 일단은 현재와 같이 20세로 한정했다. 그러나 현재 국회에 제출된 주민투표법 일부 개정안에는 다시 19세로 변경하고 있다.

(2) 주민투표 대상

주민투표의 대상을 어떻게 규정할 것인가는 주민투표제도가 실제 어떻게 시행될 것인가를 결정하는 핵심적인 문제였기 때문에 논란이 많았다. 여기에는

---

37) 행정자치부, 주민투표법(안), 2003. 10. 21, 국회에 제출된 법률안 참조.

크게 주민투표 사항을 열거하자는 주장과 예시하자는 주장, 그리고 주민투표의 금지 대상만을 열거하고 개괄적으로 규정하자는 주장 등이 대립되었다. 특히 한정적으로 열거된 제외 대상 중 예·결산 등 재무 관련 사항과 행정조직 등 내부 운영 사항은 삭제해야 한다는 주장과 동일 사항에 대한 재투표 금지 기간을 단축해야 한다는 주장이 있었다. 이에 대해서 법률안은 대상을 다음과 같이 두 가지로 나누어서 정했다.

가. 주민투표 대상 : 자치단체의 고유 권한에 속하는 사무에 한정

• 허용 대상(4개) : 예시적 열거
  -공공시설 설치, 사무소 소재지 변경, 읍면동 폐치·분합
  -기타 자치단체 주요 결정 사항으로서 조례가 정하는 사항
• 제외 대상(7개) : 한정적 열거
  -법령 위반, 재판중인 사항, 타 기관의 권한 사항
  -예·결산 등 재무 관련 사항, 지방세 등 공과금 부과 사항
  -조직, 인사, 정원, 공무원 보수 등 신분에 관한 사항

나. 주민투표 대상 : 국가정책에 대한 자문형 주민투표제 도입

• 시·군통합, 원자력 처리시설 설치 등 주요 국가정책에 대해 중앙행정기관의 장이 단체장에게 주민투표 요구

(3) 주민투표 청구와 발의

주민투표 청구 및 발의 요건에 대해서는 과거 지방자치법에서 지방자치단체의 장만을 규정하고 있었기 때문에 논란의 대상이 되었다. 발의자로서 지방의회와 주민을 포함할 것인가가 쟁점이 되었으나 이 문제에 대해서는 대체로 이들 모두를 포함시키자는 데 큰 이견이 없었다. 투표 청구 요건과 관련해 주민청구 비율을 상향 또는 하향 조정하자는 의견과 지방의회와 단체장의 청구 요건을 완화하자는 의견이 개진되었다. 이는 다음과 같이 정리했다.

• 단체장과 지방의회도 허용하되, 양자간 견제·균형 도모
  -지방의회는 재적 의원 2/3 이상의 찬성, 단체장은 지방의회 재적 의원 과반수의 동의를 얻어야 투표 청구 가능
• 주민 청구 요건은 투표권자 총수의 1/5 범위 안에서 인구 등을 고려해 자치단체 조례로 자율 결정

(4) 실시 구역

주민투표 실시 구역은 주민투표의 대상에 따라 그 범위가 달라질 수 있는 문제를 내포한다. 실시 구역을 전체 지방자치단체 구역으로 할 것인가 혹은 일부 지역으로 국한할 수 있도록 할 것인가에 대한 논란이 있었다. 이와 함께 실시 범위를 일부 지역으로 국한시킬 수 있도록 할 경우, 영향 범위 등을 고려해 이를 어떻게 결정할 것인가에 대한 원칙이 정해져야 한다는 점도 쟁점 사항이었는데, 이는 다음과 같이 정리했다.

- 투표 형식 : 찬반 또는 양자 택일적 투표만 허용
- 실시 구역 : 자치단체 관할구역 전체를 단위로 실시

(5) 주민투표운동

주민투표운동과 관련해서는 야간 방문 시간(오후 8시~오전 8시)을 연장해야 한다는 주장과 언론인, 관변조직 성격의 통리반장, 예비군 간부의 투표운동 허용을 재고해야 한다는 의견과 공기업 임직원도 금지 대상에 추가해야 한다는 주장이 있었다. 그리고 주민투표운동 금지 기간을 공직선거 60일 전에서 6개월 또는 1년으로 연장해야 한다는 의견이 있었는데 주민투표제도안에는 다음과 같이 정리했다.

- 일반선거와의 차이를 감안, 투표운동 제한 최소화
  - –야간집회, 야간 호별방문, 확성기 제한 위반 등 4개 항만 금지
  - –사전선거 운동화 방지를 위해 공직선거 60일 전부터 주민투표 금지

(6) 주민투표 확정

투표 결과 확정 요건과 관련해 투표권자 1/3 이상 투표, 과반수 찬성의 도입 시안을 과반수 투표, 과반수 찬성으로 강화하자는 의견과 투표권자 1/4 이상 투표, 과반수 찬성으로 완화하자는 의견이 제시되었다. 주민투표의 효력은 주민투표의 결과에 대해 단순히 최종 결정의 참고 사항으로 활용할지 아니면 자치단체의 최종 결정으로 구속력을 지니게 할 것인지 여부가 쟁점이 되었다. 또한 법적 구속력을 인정할 경우, 주민투표소송 등 주민투표의 효력에 이의 제기를 하는 방법과 절차에 대해서도 논의가 많았는데, 다음과 같이 규정했다.

- 투표권자 1/3 이상 투표, 투표자 과반수 찬성으로 확정
- 투표비용 등 고려, 동일 사안에 대하여는 3년간 재투표 금지

(7) 주민투표 관리

마지막으로 주민투표 관리 기구는 자치단체에 주민투표관리위원회를 신설하거나 필요시 조례로 선거관리위원회에 위탁한다는 도입 시안에 대해 별도 기구 신설 없이 기존의 선거관리위원회가 담당하도록 하자는 의견이 많았다. 반면에 공정성과 전문성을 살리기 위해 중앙선거관리위원회가 맡도록 하자는 주장도 상당하게 있었다. 그러나 결국 주민투표 관리는 다음과 같이 주민투표 관리 기구를 설치해서 운영하는 것으로 정리했다.

- 자치단체에 주민투표관리위원회(9인) 설치
  -단체장 · 의회 · 시민단체 추천
- 투표 실시 여부 심사, 투표공보 발행, 설명회 개최, 투개표 관리 등 담당

※필요시 자치단체 조례로 각급 선관위 위탁 가능

3) 주민투표 절차

행정자치부에서 발표한 주요 내용을 정리해 보면 주민투표 절차는 <표 2-3>과 같다.[38]

〈표 2-3〉 주민투표 절차

① 주민투표 청구 • 단체장 • 지방의회 • 주민	→	② 심사 요청 (단체장→주민투표관리위원회)	→	③ 주민투표 실시 여부 결정 (주민투표관리위원회)
④ 주민투표 발의 (단체장)	→	⑤ 주민투표 공고 (단체장)	→	⑥ 투표인명부 작성 (읍 · 면 · 동장)
	→	⑤' ⑥' 주민투표 공보 발행, 설명회 개최 (주민투표관리위원회)		
⑦ 투표 실시	→	⑧ 결과 공표 · 통지 (주민투표관리위원회)		
			→	⑧ 주민투표 소송(高法) ⑧ 재투표
⑨ 행 · 재정 조치				

자료 : 행자부 내부자료(2004).

38) 행정자치부 대변인실, 주민투표에 관한 보도자료, 2006. 7. 29.

참여정부가 처음에 제시한 주민투표제도안과 1996년 국민회의안과 비교해 보면 다음 <표 2-4>와 같다.[39)]

〈표 2-4〉 참여정부안와 국민회의안의 비교

구 분	참여정부안	국민회의안
법안 성격 및 기초	• 기본법적 성격 -필수 사항만 규정 -그 외 조례 위임 ★총 33개 조문	• 집행부적 성격 -세부 · 절차적 사항 망라 -조례 위임 사항 없음 ★총 169개 조문
투표 대상	• 투표 대상 열거 • 금지 대상 동시 규정	• 사실상 무제한
투표권자	• 20세 이상	• 18세 이상
투표 발의	• 주민투표관리위원회 • 필요시 선관위 위탁	• 선거관리위원회
실시 지역 및 투표운동	• 관할 구역 • 야간운동 등 4가지만 제한	• 의회 의결로 일부지역 실시 가능 • 공직선거운동과 동일하게 광범위하게 규제
결과 확정	• 1/3 이상 투표, 과반수 찬성	• 과반수 투표, 과반수 찬성
투표 효력	• 단체장 행 · 재정조치 시행	• 좌동
벌칙	• 처벌 규정 대폭 완화	• 공직선거법에 준해 엄격하게 처벌

<표 2-4>에서 보는 바와 같이 참여정부안과 국민회의안은 모든 면에서 차이가 있다고 할 정도로 많은 면에서 구분된다.

우선 법안의 성격에서 보면 참여정부의 안은 기본법적 성격으로 한정해 자치단체의 자율성을 높이자고 한 반면에 국민회의의 안은 조례 위임 사항을 일체 허용하지 않는 집행부적 성격을 띠게 하여 자치단체의 재량권을 엄격하게 제한하고 있다. 반면에 투표 대상은 참여정부안이 투표 허용 대상과 금지 대상을 열거한 반면에 국민회의안은 자치단체의 모든 사항을 주민투표 대상으로 삼도록 하고 있다. 투표권은 참여정부안이 20세인 반면에 국민회의안은 18세 이상으로 유권자 폭을 대폭 늘리고 있다. 특히 중요한 차이는 주민투표 관리에

39) 한국지방행정연구원, 앞의 책, pp. 17-18.

서 더욱 두드러지게 나타난다. 참여정부안은 주민투표관리를 지방자치단체와 주민들로 구성된 주민투표관리위원회가 담당하는 반면에 국민회의안은 중앙선거관리위원회에서 독점하도록 하고 있다.

실시 지역과 투표운동, 결과 확정, 벌칙에서도 <표 2-4>에서 보는 바와 같이 두 안은 차이를 보이고 있다. 참여정부안은 관할구역, 국민회의안은 지방의회 의결로 일부 지역 실시가 가능하게 한 점도 차이가 있다. 그리고 주민투표운동은 참여정부가 국민회의안보다 훨씬 완화하고 있다. 결과 확정은 참여정부안이 투표율이 저하하는 현실을 반영하여 1/3 이상 투표, 과반수 찬성인 반면에 국민회의안은 과반수 투표, 과반수 찬성으로 하고 있다. 이외에 처벌 규정은 참여정부안이 처벌 규정을 대폭 완화한 반면에 국민회의안은 매우 엄격하게 하고 있다. 이 안을 보면 기술한 바와 같이 참여정부안은 지방자치단체의 자율성을 최대한 허용하는 데 반해, 국민회의안은 지방자치단체 집행부의 자의성을 철저하게 차단하는 방향으로 입법 방향을 잡고 있다. 이러한 차이가 나는 가장 큰 이유는 그 당시 국민회의가 야당이기 때문이었다고 할 수 있다.

제 4 절 주민투표제도의 도입 완료

1 주민투표제도의 주요 내용

1) 제정과 공포

정부혁신지방분권위원회는 주민투표제도 도입을 행정자치부 부처 과제로 분류해 행정자치부로 하여금 주민투표제도 도입을 추진하도록 했다. 이에 행정자치부는 2003년 7월 1일에 이 분야에 전문가로 자문단을 구성해 정부안을 작성했다. 이렇게 신속하게 정부안을 작성할 수 있었던 것은 그간에 주민투표제도에 관한 민자당, 국민회의 등의 안이 있었기 때문이었다. 이 안을 동년 7월 24일에 당시의 여당인 민주당과 협의했고 동년 동월 25일에는 정부혁신지방분권위원회에 보고해 동년 동월 28일에는 행정자치부는 주민투표제도 도입 시안을 발표했다.

행자부는 관계 기관과 지방4단체협의회, 시민단체 등과의 의견 교환을 거쳐 2003년 8월 1일에는 대통령 주재 국정회의에서 정부안을 확정했다. 계속해서 행정자치부는 한나라당과의 정책설명회(2003. 8. 4), 입법 예고(2003. 8. 11~8. 30), 주민투표법 제정 공청회 개최(2003. 8. 11), 주민투표법 제정 전문가토론회(2003. 8. 21), 법제처 심사(2003. 9. 2), 국무회의 의결(2003. 10. 15), 국회 제출(2003. 10. 21)을 거쳐 드디어 국회를 통과(2003. 12. 29)했다. 2004년 1월 29일에는 법률 제7124호로 공포되어 우리 나라 지방자치 역사에 큰 획을 긋게 되었다.[40] 그리고 정부는 2006년 9월 27일에 주민투표법을 일부 개정하는 안을 국회에 제출해 놓고 있다.[41]

2) 주요 내용

정부안은 국회에서 여러 차례의 수정을 거치면서 확정되었다. 국회에서 의결된 주민투표법 주요 내용을 보면 다음과 같다.

가. 주민투표공보의 발행, 투·개표관리 등 주민투표사무의 효율적 처리와 객관성·공정성을 제고하기 위해 주민투표에 관한 사무는 관할 선거관리위원회가 담당하도록 함(법 제3조).

나. 공직선거 및 선거부정방지법상의 선거권 연령과 일치시키기 위해 주민투표권자는 20세 이상의 주민으로 하고, 외국인도 일정한 자격을 갖춘 때에는 지방자치단체의 조례가 정하는 바에 따라 주민투표권을 부여하도록 함(법 제5조).

---

40) 정부혁신지방분권위원회, 정부혁신지방분권 백서 4, 2006, pp. 337-345 참조.

41) 정부는 주민투표 실시 후에 여러 차례의 평가를 가진 후에 2006년 9월 27일에 국회에 주민투표법 일부 개정 법률안을 제출하여 현재 국회에 심의 계류중이다. 이에 대한 주요 내용을 보면 다음과 같다.

가. 주민투표에 관한 정보 제공의 객관성과 중립성 강화
나. 주민투표권자 및 주민투표청구권자의 연령을 19세로 하향 조정
다. 국회의원 및 대학총장 등을 주민투표운동 및 주민투표운동 허용 대상 공무원에 추가
라. 투표 시간의 명확화
마. 투표 방법 등에 관한 단순한 홍보 행위 등은 투표운동에서 제외
바. 국가 및 지방자치단체와 정부투자기관 등의 이익 제공 금지
사. 지방자치단체의 장과 중앙행정기관의 장의 주민투표 안건에 대한 의견 발표를 제한적으로 허용

다. 주민투표의 대상은 주민에게 과도한 부담을 주거나 중대한 영향을 미치는 지방자치단체의 주요 결정 사항 중에서 조례로 정하도록 하되, 예산 및 재산관리에 관한 사항, 조세에 관한 사항, 행정기구의 설치・변경에 관한 사항 등 주민투표에 부치기에 부적합한 사항은 이를 대상에서 제외함(법 제7조).

라. 중앙행정기관의 장은 지방자치단체의 폐치・분합, 주요 시설의 설치 등 국가정책의 수립에 대한 주민의 의견을 듣기 위해 필요한 때에는 지방자치단체의 장에게 주민투표의 실시를 요구할 수 있도록 함(법 제8조).

마. 주민은 주민투표 청구권자 총수의 20분의 1 이상 5분의 1 이하의 범위 안에서 조례로 정하는 수 이상의 서명으로 주민투표의 실시를 청구할 수 있도록 하고, 지방의회는 재적 의원 과반수 출석과 출석 의원 3분의 2 이상의 찬성으로 주민투표의 실시를 청구할 수 있도록 하며, 지방자치단체의 장이 주민투표를 실시하고자 하는 때에는 미리 지방의회의 동의를 얻도록 함(법 제9조).

바. 지역 현안에 대한 정책의 선택이라는 주민투표의 특성을 감안하여 주민투표운동에 관한 제한을 최소화하는 한편, 주민투표운동의 명목으로 사실상 선거운동을 하는 등의 부작용을 방지하기 위해 공직선거일 전 60일부터 선거일까지는 주민투표를 발의할 수 없도록 함(법 제13조).

사. 주민투표는 지방자치단체의 관할구역 전체를 대상으로 실시하도록 하되, 특정 지역 또는 특정 주민에게만 이해 관계가 있는 사항인 때에는 지방자치단체의 장이 지방의회의 동의를 얻어 관계 시・군・구 또는 읍・면・동을 대상으로 주민투표를 실시할 수 있도록 함(법 제16조).

아. 주민투표에 부쳐진 사항은 주민투표권자 3분의 1 이상의 투표와 유효투표 수 과반수의 득표로 확정하며, 지방자치단체는 확정된 내용에 따라 행・재정상의 조치를 하도록 함(법 제24조).

2 주민투표제도에 대한 기존 정당안과 참여정부안의 비교

지금까지 논의되었던 대표적인 주민투표법안인 민자당안, 국민회의안, 그리고 참여정부가 제정한 주민투표법에 대해서 중요한 사항만을 골라 비교해 보면 다음 <표 2-5>와 같다.

〈표 2-5〉 민자당안, 국민회의안, 주민투표법 내용의 비교

	민자당안	국민회의안	주민투표법(참여정부)
추 진	정 당(여당)	정 당(야당)	정 부
대 상	지방자치단체 폐치·분합, 주민에게 과도한 부담과 영향을 주는 지자체의 주요 결정 사항(대통령령으로 결정)	좌 동	주민에게 과도한 부담과 영향을 주는 지자체의 주요 결정 사항(당해 지자체 조례로 결정) 지방자치단체의 폐치·분합 또는 구역 변경, 주요 시설의 설치 등 국가정책의 수립을 위해 필요할 때
발의권자	지자체장	지자체장의 발의, 지방의회(재적 의원 과반수 찬성), 지역 주민(유권자의 5분의 1)으로 청구할 수 있음.	자체장의 발의, 지방의회(재적 의원 과반수 출석과 3분의 2 찬성, 지역 주민(유권자의 5분의 1과 20분의 1로서 조례로 결정)으로 청구할 수 있음.
투표 제한	법률 위반 사항, 선거에 중대한 영향을 미치는 사항, 재판에 계류중이거나 수사중인 사항, 당해 지자체의 권한을 넘는 사항	법률 위반 사항, 재판에 계류중인 사항, 당해 지자체의 권한을 넘는 사항	법률 위반 사항, 재판에 계류중인 사항, 국가 또는 다른 지자체의 권한 사항, 각종 공과금의 부과 및 감면에 관한 사항, 행정기구의 설치·변경, 공무원의 신분과 보수에 관한 사항, 주민투표 실시 후 2년이 경과되지 않은 사항
투표일의 제한	대선·총선·지방자치단체선거일 이전 90일부터 선거일 후 30일까지, 당해 지방자치단체 내에 천재·지변이 있는 때	공직자선거법에 의한 선거의 선거일 전 60일부터 선거일 후 20일까지	공선법에 의한 선거일 전 60일부터 선거일까지
투표 권자	20세 이상 당해 지자체 관할 구역 내 주민등록이 되어 있는 자	18세 이상 당해 지자체 관할 구역 내 주민등록이 되어 있는 자	19세의 이상의 주민으로 투표인명부 작성 기준일 해당 지역에 주민등록한 자, 20세 이상의 외국인으로서 대한민국에 계속 체류할 수 있는 자 중 지자체 조례로 결정

	민자당안	국민회의안	주민투표법(참여정부)
추 진	정 당(여당)	정 당(야당)	정 부
실시구역	이해 관계가 있는 지역으로 하되, 대통령령이 정함.	당해 지자체 관할구역으로 하되 이해 관계가 특정 지역인 경우 의회의 의결로 그 지역을 한정, 2개 이상의 자치단체 관할구역 선거시에는 관계 지자체장과 협의하여 가능	관할구역의 전체를 원칙으로 하되 특정 지역 주민에게 영향을 끼치는 경우 지자체장의 당해 지방의회 동의를 얻어 특정 지역에만 실시 가능
관리	지방자치단체의 주민투표관리위원회가 관리 원칙, 필요시 지자체장이 당해 선거관리위원회 위탁 가능	선거관리위원회가 독점	선거관리위원회가 독점
운동	국민투표법, 공선법에 준하여 대통령령으로 정함.	운동할 수 있는 자의 범위를 최대한 넓히되 공무원, 향토예비군 간부, 반장 등을 제한	이 법 또는 다른 법률의 규정에 금지 또는 제한한 자 이외에는 가능, 다만 공무원(지방의원 제외), 각급 선관위 직원, 언론인과 언론경영인 등은 제외
부재자투표	투표명부 작성 기간 완료일 이전부터 관할지역 밖으로 떠난 자, 밖에 장기 거주자, 장애인 등은 우편투표 가능	투민투표일에 자신이 투표소에 가서 투표할 수 없는 투표인은 우편투표 가능	공선법 제37조 내지 46조의 규정 준용
효력	별다른 규정이 없음.	투표권자의 과반수 투표와 과반수 찬성	투표권자 총수의 3분의 1 이상의 투표와 유효투표의 과반수 찬성
이의제기	별다른 규정이 없음.	투표권자의 10분의 1로 선거관리위원회에 소청	투표권자의 100분의 1 이상의 서명으로 관할 선거위원장을 상대로 소청
경비부담	당해 지방자치단체	당해 지방자치단체	자치단체장이 발의한 주민투표비용은 해당 자치단체가, 국가정책에 관한 주민투표는 국가가 부담

자료: 저자가 각 정당의 안과 제정된 주민투표법 내용을 비교·정리했음.

위의 내용을 보면 정부안도 국회 심의 과정에서 많은 부분이 수정되었다. 우선 조문 수가 33개에서 30개로 줄었다. 이는 당초 정부안대로 기본법적 성격을 유지하여 지방자치단체의 조례로 규정할 범위를 확대해 주었다. 그러나 투표 발의에 있어서 당초안은 단체장이 직권으로 주민투표를 하려고 했을 때 해당 지방의회 의원 재적 2/3 이상 찬성을 요구했던 것을 재적 의원 과반수 출석에 과반수 찬성으로 수정되었다. 또한 수정한 내용 중에 가장 특징적인 것은 주민투표관리이다. 정부의 안은 주민투표관리위원회가 주도하고 필요시에는 지역선거관리위원회가 관리하는 방안이었지만 국회는 과거 국민회의안을 받아들여 중앙선거관리위원회가 독점하도록 하고 있다. 실시 지역도 정부안은 관할구역 전체 단위였으나 수정되었다. 수정된 안은 전체 단위를 원칙으로 하되 필요시 지방의회의 의결을 거쳐 일부 지역만도 실시하도록 하고 있다. 마지막에 수정된 것은 처벌 규정에서 처음보다 확실하게 강화되었다.

3 주민투표제도 도입 이후의 주민투표

주민투표제도가 도입되어 효력이 발효된 2004년 7월 30일 이후에 공식적인 주민투표는 세 차례 이루어졌다. 2005년 7월 27일에 제주도에서 실시한 행정구조 개편에 대한 주민투표, 2005년 9월 29일에 실시한 청주·청원 행정구역 통합에 대한 주민투표, 동년 11월 2일에 실시된 방사성 폐기물 처분시설장(이하 “방폐장”) 후보지 결정을 위한 주민투표가 실시되었다.

이 세 차례 주민투표 결과는 다양하게 나타났다. 제일 처음 실시된 제주도 주민투표는 원안이 통과되어 우리 나라 지방자치사의 큰 변화인 제주특별자치도로 행정구조가 개편되어 실시되고 있다. 청주시와 청원군의 행정구역 통합은 청원군민의 반대로 결국 부결되어 두 지역의 오랜 숙원인 행정구역 통합은 또 다시 물거품이 되고 말았다. 그리고 방폐장 주민투표는 유치를 희망하고 타당성이 검증된 지역인 포항, 경주, 군산, 영덕 네 지역이 경합하여 실시되었던 주민투표로 이 중 최다 찬성표를 얻은 경주시가 방폐장 유치 지역으로 선정되었다.

현재 이에 대한 평가가 실시되고 있지만 대체로 성공적이라고 할 수 있다. 왜냐하면 이 세 차례 주민투표 대상이 지역이나 중앙정부가 너무나 오랫동안 해결하지 못한 문제였는데 드디어 주민들 스스로가 해결했기 때문이다. 제주도의 행정구조 개혁은 참여정부의 지방분권의 시범 실시와 함께 행정구역의 조정이라는 지역의 최대 문제를 함께 풀어 주었고, 청주와 청원의 구역 통합은 해방 이후 계속 제기되고 있는 문제를 비록 실패했지만 주민 스스로 이 문제를 공식적으로 결정했다는 중요한 의미를 던져 주고 있다. 방폐장 건설 문제도 정부가 1986년부터 시작해 지금까지 해결은 고사하고 숱한 지역 분쟁만 양산하던 문제를 결국 주민들이 주민투표에 의해서 해결한 것이다. 이러한 점을 고려해 볼 때 이미 실시된 주민투표는 성공적이었다고 평가해도 큰 무리는 없다고 사료된다. 다만, 실시된 세 차례의 주민투표가 전부 중앙정부의 청구에 의해서 이루어졌다는 점, 제주, 청주·청원은 투표율이 35%를 겨우 넘었다는 점 등은 주민투표 제정 목적과 거리가 있었다는 점에서 아쉬움이 남는다. 이에 대한 자세한 내용은 후술하는 제7장(제주도), 제8장(청주·청원), 제9장(방폐장)에서 기술하고자 한다.

이러한 주민투표법에 의한 공식적인 주민투표가 활발하게 이루어지게 됨으로써 각 지역에서는 과잉일 정도로 주민투표에 대한 관심과 논란이 집중되고 있다.

최근에는 경기도 하남시 시장이 수도권의 최대 난제인 광역화장장 건설을 하남시로 유치하겠으며, 이 대신 지하철과 동서울터미널 유치, 로데오거리(쇼핑상가) 조성 등을 화장장 유치와 연계해서 건설하겠다는 정책을 발표했다. 그는 또한 "화장장 부지는 그린벨트에 확보해 세계 수준의 지하시설 화장장을 건립하고 지상은 친환경적 공원 형태로 조성할 것"이라고 설명했다. 이를 위해서 경기도로부터 2천억 원을 지원받기로 했다고 발표하면서 침체되어 가는 하남시가 발전할 대안임을 강조했다.[42] 그러나 이 정책이 발표되자마자 지역 주민들의 반발은 매우 거셌다. 공청회가 무기한 연기되는가 하며 찬성하는 주민과 반대하는 주민 간의 갈등도 점점 높아만 가고 있다. 이에 하남 시장은 공청회가 끝난 후 내년 상반기에 주민투표로 이 문제를 매듭짓겠다고 선언했다.[43] 이 결과가 주목된다.

그러나 주민투표가 이렇게 지역의 중요 문제를 지역 주민들의 손에 의해서 직접 결정짓는 순기능적으로 활용만 되는 것은 아니다. 주민투표가 오히려 지역 주민과 자치단체 간에 불필요한 갈등을 유발할 가능성을 경계해야 할 필요

42) 경인일보, "하남시, 광역화장장 유치 추진", 2006년 10월 17일.
43) 경기일보, "金 시장 "주민 대토론회 갖자", 2006년 11월 7일.

가 있다. 이에 대한 기사를 보자.44)

> 전남 구례군과 시민사회단체가 공설운동장 건립을 놓고 벌이는 이른바 '도박성 주민투표'에 세간의 관심이 집중되고 있다. 구례군과 구례참여연대는 29일 "양측이 공설운동장 건립에 대한 주민투표 실시를 원칙적으로 합의했다"고 밝혔다.
>
> 양측이 벌이는 주민투표는 공설운동장 공사비가 당초 137억 원에서 299억 원으로 늘어난 것에 대해 주민들에게 찬반의 뜻을 묻겠다는 것. 참여연대는 최근 유인물을 통해 "운동장 건립 과정에서 거액이 늘어나고 부지 매입 등 집행 과정에서 예산이 낭비됐다"며 "주민들의 의견을 물어 공사를 해야 한다"고 주장했다.
>
> 이들은 또 "국비 지원은 10%에도 미치지 못한데다 사업비가 늘어난 구체적 설명이 없다"고 강조했다. 이 주장에 대해 구례군은 즉각 이장단 등 주민설명회를 열었고 이 자리에서 전경태 군수는 주민투표를 통해 반대가 나오면 군수직을 사퇴하고 공사비 일부도 물겠다는 초강수를 내놓았다. 군은 또 토지 매입과 지장물 보상비, 대체농지 조성비 추가 부담 등으로 불가피하게 예산이 늘었다는 해명도 덧붙였다. 이와 함께 주민투표에 소요되는 경비 조달 차원에서 참여연대는 3억 원을 공탁할 것을 요구했다. 군의 초강수에 참여연대는 회원 총회까지 연 뒤 3억 원 공탁을 전격 수용키로 하고 전 군수도 패했을 경우 부담키로 약속한 43억 원 공탁을 함께 주장했다. 이 과정에서 구례읍을 비롯 각 읍면에는 벌써부터 수백여 개의 플래카드가 난무하는 등 지역 주민 간에 심각한 갈등 양상으로 번지고 있다. 하지만 현행 주민투표 절차가 지방의회 심의 뒤 중앙정부로부터 승인을 받아 실시하도록 되어 있는 만큼 도박성 투표가 실현될지 여부는 아직 미지수다. 또 즉흥적이고 감정적 대응으로 지역 주민 간 갈등을 부추긴 데다 주요 군정을 하나의 웃음거리로 만들 수 있다는 지적도 일고 있다.
>
> 구례참여연대 관계자는 "회원들이 집을 팔아서라도 3억 원을 만들겠다는 뜻을 피력했다"며 "잘못된 군정에 대해 주민들이 심판을 할 것으로 본다"고 말했다. 전경태 구례군수는 "주민투표를 가급적 빨리 했으면 좋겠다"며 "주민들의 반대가 많을 경우 일부 사업비용을 물겠다는 말은 한 적이 없다"고 말했다.

위에서 보는 바와 같이 주민투표는 앞으로 어떻게 활용하느냐에 따라서 지방분권의 상징적 존재로서 남느냐, 아니면 갈등과 책임 회피 수단으로 전락하느냐가 결정된다고 할 수 있다.

---

44) 연합통신, "구례군-시민단체 도박성 주민투표, 군수직 사퇴 대 3억 원 공탁", 2005년 12월 29일.

제 5 절 우리 나라 주민투표제도의 성격

1 서 언

주민투표는 지방자치의 관행인 간접민주주의 또는 대의민주주의를 넘어 주민이 직접 지방자치에 관여한다는 것을 의미한다. 그러나 주민투표는 관여하는 정도가 어느 정도냐에 따라서 위상이 달라진다. 주민투표가 대의민주주의를 대체하는 제도로서의 지위냐, 아니면 보충적 지위를 가지고 있느냐에 따라서 지방자치에 미치는 영향은 큰 차이가 있다는 것을 이미 기술했다.

주민투표가 대의민주주의의 대체적 지위를 가진다면 주민투표는 지방자치단체의 최종적인 권리를 갖고 있는 것을 의미한다. 지방자치단체를 구성하는 주체가 주민이기 때문에 주민이 최종적인 결정권을 갖는 것은 당연하다는 측면이다. 주민들은 대표자를 선출해서 이들에게 행정 처리를 맡기거나 특정한 문제에 대해서는 주민발안이나 주민투표처럼 직접 스스로의 의사를 실현시키기도 한다는 주장이다. 대체로 지방자치를 주민자치로 인식하고 있는 미국과 영국 등지에서는 주민투표를 지방의회를 대체하는 제도로 인식하고 있는 경향이 높다.

반면에 보충적 지위라고 한다면 지방자치단체의 의사결정권에 보완적 의미로서의 지위를 가질 뿐이다. 지방자치의 집행부인 단체장이나 의결기관인 지방의회의 정책 과정에 자문적 또는 청문회 의미를 지닌 지방정치 행위로 보는 관점이다. 이러한 인식은 지방행정의 의사결정은 주민이 아닌 법인격을 부여받은 독립된 단체에서 수행해야 한다는 단체자치를 강조하고 있는 나라에서 흔하게 볼 수 있다.

이러한 지위 규정은 주민투표의 대상, 청구, 발의, 확정 등 주민투표 전반에 거쳐 커다란 영향을 미치게 된다. 주민투표를 지방의회의 대체적 성격을 갖는 제도로 인식한다면 주민투표의 대상 범위는 매우 넓어질 것이며, 주민투표의 청구, 발의, 확정도 주민들이 중심이 되어 이루어질 것이다.

반면에 주민투표가 집행기관과 의결기관에 보충적 의미를 지닌다면 주민투표의 전반적인 과정과 내용은 매우 좁고 엄격하게 제한적일 것이다.

2 내 용

위에서 보는 바와 같이 주민투표의 지위는 단순하게 지방자치단체가 운영하는 하나의 제도에 불과한 것이 아닌 매우 복잡한 권력 관계를 동반하고 있음을 알 수 있다. 다시 말하면, 이러한 논쟁점의 결과에 따라서 주민투표의 지위는 우리 나라 지방자치 발달사에 커다란 디딤돌이 될 수 있으며, 반대로 단순한 청문적 절차에 불과할 수도 있다. 현재 주민투표의 위상에 대해 우리 나라의 헌법재판소를 비롯한 법률적 판단은 어떻게 내리고 있으며, 실질적으로 정치적·행정적 측면에서는 어떻게 받아들이고 있는지를 살펴보자.

대체로 법률을 전공하는 학자들은 우리 나라 주민투표에 대한 성격을 논의할 때는 다음과 같은 법률 조항을 제시하고 있다.

1) 지방자치법

주민투표법은 헌법이 아닌 지방자치법 제14조에 근거를 두고 있다.

제14조(주민투표)는 "지방자치단체의 장은 주민에게 과도한 부담을 주거나 중대한 영향을 미치는 지방자치단체의 주요 결정 사항 등에 대하여 주민투표에 부칠 수 있다. 주민투표의 대상·발의자·발의 요건·기타 투표 절차 등에 관하여는 따로 법률로 정한다."

이 조항의 "지방자치단체의 장은 …… 주민투표에 부칠 수 있다"라는 조문에 따르면 주민투표는 지방자치단체장에게 부여한 재량행위에 속한다는 것이다.

2) 주민투표법

주민투표법에는 주민투표제도의 위상과 관련된 다음과 같은 조항이 있다.

(1) 대 상

주민투표법 제7조[45]에서는 주민투표의 대상은 주민에게 과도한 부담을 주거

45) 제7조(주민투표의 대상) ① 주민에게 과도한 부담을 주거나 중대한 영향을 미치는 지방

나 중대한 영향을 미치는 지방자치단체의 주요 결정 사항에 대해서 해당 자치단체의 조례로 정하도록 하고 있으며 이 범위 내에서 주민투표를 실시할 수도 있다고 하여 여전히 재량적 사항으로 지위를 부여하고 있다.

(2) 청 구

청구권자는 중앙행정기관, 지방자치단체장, 지방의회, 주민 등의 네 주체가 될 수 있도록 하고 있다.

여기서도 역시 모든 주체가 재량행위로서 주민투표 지위를 부여받고 있음을 알 수 있다. 즉, 주민투표법 제8조는 "지방자치단체의 폐치(廢置)·분합(分合) 또는 구역 변경, 주요 시설의 설치 등 국가정책의 수립에 관하여 주민의 의견을 듣기 위하여 필요하다고 인정하는 때에는 주민투표의 실시구역을 정하여 관계 지방자치단체의 장에게 주민투표의 실시를 요구할 수 있다"[46]고 하여 중앙행정기관의 장에게 주민투표 실시에 대한 재량권을 부여하고 있다. 역시 주민투표법 제9조도 마찬가지로 지방자치단체장과 지방의회, 주민들에게 주민투표 실시 여부에 대한 재량권을 부여하고 있다.[47]

(3) 발 의

발의에 대한 규정은 주민투표법 제13조이다. 이 조항에 따르면 지방자치단체장은 합법적인 주민투표 청구에 대해서는 재량행위 없이 의무적으로 주민투표를 발의해야 한다고 하고 있다.[48]

(4) 결과의 확정

주민투표의 결과 확정은 주민투표법 제24조에 규정하고 있다.[49]

자치단체의 주요 결정 사항으로서 그 지방자치단체의 조례로 정하는 사항은 주민투표에 부칠 수 있다.

46) 이 경우 중앙행정기관의 장은 미리 행정자치부 장관과 협의하여야 한다.

47) 제9조(주민투표의 실시 요건) ① 지방자치단체의 장은 주민 또는 지방의회의 청구에 의하거나 직권에 의하여 주민투표를 실시할 수 있다.

48) 제13조(주민투표의 발의) ① 지방자치단체의 장은 다음 각호의 1에 해당하는 경우에는 지체없이 그 요지를 공표하고 관할 선거관리위원회에 통지하여야 한다.

1. 제8조 제3항의 규정에 의하여 관계 중앙행정기관의 장에게 주민투표를 발의하겠다고 통지한 경우
2. 제9조 제2항 또는 제5항의 규정에 의한 주민투표 청구가 적법하다고 인정되는 경우
3. 제9조 제6항의 규정에 의한 동의를 얻은 경우

제24조 제4항에서는 “지방자치단체의 장은 제3항의 규정에 의하여 주민투표 결과를 통지받은 때에는 지체없이 이를 지방의회에 보고하여야 하며, 제8조의 규정에 의한 국가정책에 관한 주민투표인 때에는 관계 중앙행정기관의 장에게 주민투표 결과를 통지하여야 한다”고 규정하여 재량행위가 아닌 기속행위로 규정하고 있다. 그리고 동조 제5항도 “지방자치단체의 장 및 지방의회는 주민투표 결과 확정된 내용대로 행정 · 재정상의 필요한 조치를 하여야 한다”와 제6항 “지방자치단체의 장 및 지방의회는 주민투표 결과 확정된 사항에 대하여 2년 이내에는 이를 변경하거나 새로운 결정을 할 수 없다”고 하여 역시 자치단체장의 기속행위로 규정하고 있다.

이를 종합해 보면 우리 나라 주민투표의 지위는 재량과 기속의 성격을 가진 모호한 지위를 지니고 있다고 볼 수 있다. 이러한 모호성 때문에 논란이 분분한 것이 현실이다.

---

49) 제24조(주민투표 결과의 확정) ① 주민투표에 부쳐진 사항은 주민투표권자 총수의 3분의 1 이상의 투표와 유효투표수 과반수의 득표로 확정된다. 다만, 다음 각호의 1에 해당하는 경우에는 찬성과 반대 양자를 모두 수용하지 아니하거나, 양자택일의 대상이 되는 사항 모두를 선택하지 아니하기로 확정된 것으로 본다.
1. 전체 투표 수가 주민 투표권자 총수의 3분의 1에 미달되는 경우
2. 주민투표에 부쳐진 사항에 관한 유효득표 수가 동수인 경우
② 전체 투표 수가 주민 투표권자 총수의 3분의 1에 미달되는 때에는 개표를 하지 아니한다.
③ 관할 선거관리위원회는 개표가 끝난 때에는 지체없이 그 결과를 공표한 후 지방자치단체의 장에게 통지하여야 한다. 제2항의 규정에 의하여 개표를 하지 아니한 때에도 또한 같다.
④ 지방자치단체의 장은 제3항의 규정에 의하여 주민투표 결과를 통지받은 때에는 지체없이 이를 지방의회에 보고하여야 하며, 제8조의 규정에 의한 국가정책에 관한 주민투표인 때에는 관계 중앙행정기관의 장에게 주민투표 결과를 통지하여야 한다.
⑤ 지방자치단체의 장 및 지방의회는 주민투표 결과 확정된 내용대로 행정 · 재정상의 필요한 조치를 하여야 한다.
⑥ 지방자치단체의 장 및 지방의회는 주민투표 결과 확정된 사항에 대하여 2년 이내에는 이를 변경하거나 새로운 결정을 할 수 없다. 다만, 제1항 단서의 규정에 의하여 찬성과 반대 양자를 모두 수용하지 아니하거나 양자택일의 대상이 되는 사항 모두를 선택하지 아니하기로 확정된 때에는 그러하지 아니하다.

3 쟁점 사항

주민투표의 지위에 대한 쟁점 사항은 다음과 같이 세 가지라고 할 수 있다.

1) 주민투표권이 기본적 참정권인가의 여부

주민투표권의 지위에 관한 논쟁 중에 하나가 주민투표권이 국민투표권과 같은 기본적 참정권인가에 대한 여부이다. 이에 대한 논쟁은 두 가지로 나뉜다.

첫째, 헌법이 보장하는 기본적 참정권이 아니라는 것이다.

이에 대한 주장은 우리 나라 헌법재판소를 비롯한 대법원 판례가 이 경향을 따르고 있다는 것이다. 우선 헌법재판소의 판결을 보자.

"일반적으로 참정권은 국민이 국가의 의사 형성에 직접 참여하는 직접적인 참정권과 국민이 국가기관의 형성에 간접적으로 참여하거나 국가기관의 구성원으로 선임될 수 있는 권리인 간접적인 참정권으로 나눌 수 있다. 이에 따라 우리 헌법은 참정권에 관하여 간접적인 참정권으로 공무원선거권(헌법 제24조), 공무담임권(헌법 제25조)을, 직접적인 참정권으로 국민투표권(헌법 제72조, 제130조)을 규정하고 있다. 즉 우리 헌법은 법률이 정하는 바에 따른 '선거권'과 '공무담임권' 및 국가 안위에 관한 중요 정책과 헌법 개정에 대한 '국민투표권'만을 헌법상의 참정권으로 보장하고 있다. 따라서 지방자치법 제13조의 2에서 규정한 주민투표권은 그 성질상 위에서 본 선거권, 공무담임권, 국민투표권과는 다른 것이어서 이를 법률이 보장하는 참정권이라고 할 수 있을지언정 헌법이 보장하는 참정권이라고 할 수는 없다"[50]고 판결하고 있다.

둘째, 주민투표는 헌법에 보장된 기본적 참정권이라는 주장이다.

이들의 주장을 들어보자. 먼저, 헌법이 인정하고 있는 참정권으로는 정당의 설립 및 활동의 자유, 선거권, 피선거권(공무담임권) 및 국민투표권이 있는데, 이들 참정권은 그 성질에 반하지 않는 한 지방자치단체의 주민에게도 인정된다 할 수 있다. 따라서 일정한 지방자치단체의 주민이 갖는 주민투표권은 헌법

50) 헌재 2001. 6. 28. 2000헌마735, 공보 58.

상의 참정권적 기본권인 국민투표권과 같은 성질의 것으로서 헌법 제37조 제1항의 '헌법에 열거되지 아니한 권리'에 해당한다고 볼 수도 있다. 따라서 주민투표권은 헌법상 보장된 기본권의 하나인 참정권의 일종에 해당한다고 할 수 있다. 즉, 주민투표권은 참정권의 내용에 포함되는 권리로서 그 자체로서는 이미 기본권에 해당되는 것이다. 다시 말하면 주민투표는 주민의 의견을 묻는 것이므로 주민이 지방자치단체의 자치에 참가할 수 있는 권리를 말한다. 따라서 주민투표를 국민의 기본권인 주민참정권의 하나로 보아야 한다는 것이다.[51)]

2) 대의제의 대체인가, 보충 제도인가

주민투표법상 주민투표제의 위상은 주민이 주민투표를 통해 지방자치에 참여하는 것이다. 이런 참여 방식이 일반적으로 언급되는 직접민주제의 직접적인 구현 형태인지 아니면 직접민주제적 요소의 반영에 불과한지 검토되어야 한다. 전자를 보기 위해서는 주민의 참여가 공공기관인 지방정부를 갈음하여 또는 병행해서 최종 결정적 내지 공동 결정적 징표를 띠어야 하고, 반면에 후자로 보기 위해서는 주민의 참여가 최종 결정에 대한 협력에 그쳐야 한다.[52)] 이들의 주장을 살펴보자.

첫째, 대의제의 대체 제도라는 주장이다.

민주주의의 원리에서 보면 지방자치의 주인은 주민이다. 따라서 지방자치의 최종 의사결정권은 주민에게 있다. 지방자치단체장이나 지방의원은 주인인 주민의 대리인에 불과하다. 이러한 견해에 의하면 주민투표는 주민들이 지방의원이나 지방자치단체장의 잘잘못을 떠나서 중요한 사안에 대해 주민들이 결정하는 것이 바람직하다고 판단하여 일정한 규정에 따라서 결정하는 것을 말한다. 즉, 주민투표는 간접민주주의를 보완하는 형태가 아니라 주민에게 주어진 최종 결정권 중에 하나라는 견해이다.

둘째, 대의제의 보충 제도라는 주장이다.

이를 주장하는 학자들은 주민투표를 정치적 해석보다도 법률적 해석에 더욱 중점을 둔다. 이들은 자신들의 주장에 대한 근거를 헌법재판소와 대법원 판례를 통해서 제시하고 있다.

---

51) 국회행정자치위원회, 2002, p. 38.
52) 김중권, 앞의 책, pp. 87-99.

우리 나라 헌법재판소는 주민투표를 청문 절차로 보고 있다. 헌재는 1995년도 도·농복합 도시정책에 대한 경기도 남양주 등 33개의 시에서 제시한 주민투표에 대한 위헌소송의 판결에서 이 입장을 취하고 있다. 헌재는 이 판결에서 지방자치단체의 폐치·분합에 관한 지방자치법 제4조 2항 및 제14조의 주민투표 실시에 관한 조항은 이른바 청문 절차로서 지방자치단체와 그 주민은 그 자신의 이해 관계와 관련하여 의견을 표명할 기회를 주어야 한다는 내용이며, 그 결과는 구속적 효력이 없다고 판시했다.[53]

대법원 판례도 이와 비슷한 입장을 취하고 있다.

대법원은 완주군의회 회의규칙 중 개정규칙 재의에서 다음과 같은 판결을 했다.

"지방자치법상의 의회대표제하에서 의회 의원과 주민은 엄연히 다른 지위를 지니는 것으로서 의원과는 달리 정치적·법적으로 아무런 책임을 지지 아니하는 주민이 본회의 또는 위원회의 안건 심의 중 안건에 관하여 발언한다는 것은 선거제도를 통한 대표제 원리에 정면으로 위반되는 것으로서 허용될 수 없고, 다만 간접민주제를 보완하기 위해 의회대표제의 본질을 해하지 않고 의회의 기능 수행을 저해하지 아니하는 범위 내에서 주민이 의회의 기능 수행에 참여하는 것, 예컨대 공청회에서 발언하거나 본회의, 위원회에서 참고인, 증인, 청원인의 자격으로 발언하는 것은 허용된다"고 함으로써 주민의 결정은 지방의회의 결정을 대체할 수 없음을 판시하고 있다.[54]

이들의 주장을 종합해 볼 때 헌법 제117조와 제118조의 지방자치에 관한 조항은 지방자치단체의 자치권이 주민들이 선출한 지방의회와 지방자치단체장을 통해서 이루어지는 것이므로 헌법에 보장받지 못하는 주민투표제도가 헌법이 보장하는 지방자치단체장과 지방의회의 권한을 대체한다는 것은 위헌이라는 주장이다.

---

53) 헌재 1995. 3. 23, 94헌마175: 경기도 남양주시 등 33개 도농복합 형태의 시 설치 등에 관한 법률 제8조 위헌 확인
헌재 1995. 3. 23, 94헌마201: 경기도 남양주시 등 33개 도농복합 형태의 시 설치 등에 관한 법률 제8조 위헌 확인

54) 대판 1993. 2. 26., 92추109: 완주군의회회의규칙 중 개정규칙 재의결취소송
대법원 2002. 4. 26. 선고 2002추23 판결 인천광역시 부평구 미군부대 이전에 관한 구민투표조례안 조례안재의결 무효확인

3) 구속력이 있는가 여부

주민투표의 결과가 구속력이 있는가 여부는 앞에서 기술하는 관점과 밀접하게 관련이 있다. 즉, 주민투표권을 주민의 기본적 참정권으로 보고, 대의제의 대체 수단으로 본다면 주민투표의 결과는 당연하게 구속력이 있다 하겠다. 반대로 주민투표제를 헌법이 보장하는 기본적 참정권이 아니며, 단지 법률에 의해서 보장하고 있는 참정권 중에 하나라고 보고, 대의제의 대체가 아니라 보완적일 수밖에 없다는 입장에 선다면 주민투표의 결과는 구속력이 있을 수 없고 단지 청문적 역할만 할 뿐이라고 할 수 있다.

그러나 항상 상기와 같은 조합, 즉 기본적 참정권이면서 대의제의 대체와 단순한 참정권이면서 대의제의 보완이라는 경우의 수만 생기는 것이 아니다. 때로는 주민투표제가 기본적 참정권이면서 보완적일 수도 있을 것이며, 때로는 단순한 참정권이면서 대의제의 대체적 기능을 하는 것으로 나타날 수 있다. 그 나라의 정치문화와 법률의 체제에 따라서 매우 다양하게 나올 수도 있다. 따라서 구속력이 있는가 여부는 단순하게 결정할 수 있는 것이 아니라 그 상황에 따라서 달라질 수 있다고 하겠다.

4 개선 방안

1) 기본적 참정권의 여부

지방자치 권한에 대한 논의 중에 현재 우리 나라에서는 제도적 보장설을 다수설로 하고 있다. 따라서 주민투표는 헌법에 의해서 보장된 기본적 참정권이라고는 할 수 없다. 헌법재판소의 판례대로 주민투표는 법률에 의한 참정권이라고 하는 견해가 옳다고 본다.

2) 대의제의 대체 여부

기술한 바와 같이 우리 나라의 지방자치권은 제도적 보장설의 입장에 서 있다. 이러한 입장에서 본다면 주민투표제도는 대의제의 대체라고 할 수 있다. 주민투표법의 제정은 “지방자치단체의 주요 결정 사항에 관한 주민의 직접 참여를 보장하기 위해 지방자치법 제14조의 규정에 의한 주민투표의 대상·발의자·발의 요건·투표 절차 등에 관한 사항을 규정함으로써 지방자치행정의 민주성과 책임성을 제고하고 주민 복리를 증진함을 목적으로 한다"고 규정하고 있다.[55] 이 규정에 의하면 주민투표는 주민도 지방자치단체장과 지방의원과 함께 지방자치단체의 주요 사항에 대해서 동등한 참여를 인정하고 있다 하겠다. 주민들은 주민투표를 통하여 주민이 주인임을 확인하고 그 결정에 대해서 책임을 지도록 하고 있기 때문에 대의제의 보충이 아니라 주어진 주민투표 대상 안에서는 대의제의 대체라고 하는 해석이 바람직하다고 할 수 있다.

3) 구속력 여부

주민투표 결과의 구속력에 대한 여부는 두 가지로 나누어서 생각해 볼 필요가 있다.

첫째, 법률적인 면에서다.

헌법재판소나 대법원의 판례는 주민투표의 결과를 구속력이 없는 것으로 판시하고 있다. 따라서 법률적으로 보면 주민투표의 결과는 구속적 요소보다는 자문적 요소가 많다는 것을 의미한다. 그러나 이에 대한 이의를 제기할 수 있다. 헌재의 판례에서 판시하는 것처럼 기본적 참정권의 대상에 관한 것이라면 주민투표는 구속력이 없다는 것에 동의할 수 있다. 그러나 법률적인 측면은 다르다 하겠다. 기존의 대법원 판례가 주민투표법 제정 이전의 판례이다. 따라서 주민투표법 제정 이후의 대법원의 견해는 다를 수 있다고 사료된다. 왜냐하면 주민투표법은 절차나 효력 등에 관한 사항들이 거의 강제적 조항이기 때문에 그 결과는 구속력을 전제로 한다고 할 수 있다. 또한 주민투표법 제24조 제5항은 주민투표의 결과에 따라서 자치단체장은 행·재정적 조치를 다해야 한다고 규정하고 있다.[56] 이미 기술한 바와 같이 주민들은 주민투표를 통해서 대의제의 대체자로서의 역할을 부여받고 있기 때문에 그 결정에 대해서는 당연히 구속력이 있다 하겠다.

둘째, 현실적인 측면이다.

---

55) 주민투표법 제1조.

56) 주민투표법 제24조 ⑤ 지방자치단체의 장 및 지방의회는 주민투표 결과 확정된 내용대로 행정·재정상의 필요한 조치를 하여야 한다.

현실적으로 주민투표는 당연히 구속력이 있다 하겠다. 이번 세 차례 실시된 주민투표는 그 결과가 구속력을 발휘해서 제주와 방폐장은 통과된 안건대로 실시되었고, 반대로 청주·청원 주민투표은 안건이 통과되지 않았기 때문에 역시 구속력을 발휘해서 두 지역의 통합은 무산되었다. 주민투표로 가는 과정은 어느 누구에 의해 일방적으로 실시되는 것이 아니라 매우 복잡한 정치적 과정을 거쳐 이루어진다. 제주도, 청주·청원, 방폐장 주민투표, 어느 하나 복잡한 과정 없이 이루어진 주민투표가 없었다. 그렇기 때문에 그 결과는 주민들에게 당연하게 받아들여지고 있는 것이다. 따라서 현실적으로 주민투표 결과는 당연히 구속력을 행사하고 있는 것이다.

제3장 외국의 주민투표 운영과 사례

제1절 미 국

1 역 사

미국의 지방자치에서 직접참정제도는 주민총회(town meeting)의 전통에서 시작되었다. 주민총회제도는 완전한 직접민주제로서 주민총회에 참가한 주민들의 직접적인 제안과 토의를 통해서 정치·행정에 관한 의사결정이 이루어지는 제도이다. 이러한 주민총회의 전통이 주민발안·주민투표·주민소환으로 이어졌다. 미국에서 주민투표라고 알려진 거의 대부분은 주민발안(initiative)[1)]

1) 미국과 한국에서 사용하고 있는 주민투표와 주민발안은 매우 혼동되기 쉽다. 그리고 실제로 구분을 명확하게 할 수 없기 때문에 혼동할 가능성이 있다. 우리 나라에서 말하는 주민투표는 미국에서는 주민발안이라고 할 수 있다. 왜냐하면, 둘 다 새로운 법안(조례)이나 정책을 만드는 것이 대부분이고 주민들이 직접 투표로 확정한다는 의미에서다. 우리 나라에서 주민발안은 지방자치법 제14조(조례의 제정 및 개폐 청구)을 말하는데 이는 미국에서 말하는 주민발안과는 큰 차이가 난다. 우리 나라에서 주민발안은 주민들이나 일정한 유권자들이 조례를 새로 제정 또는 현재 제정되어 있는 조례의 개폐 요구를 자치단체장에게 하면 자치단체장은 하자가 없는 경우에 지방의회에 부의를 하여 결정하는 것을 말한다. 그러나 기술하는 바와 같이 미국에서 말하는 주민발안은 처음부터 끝까지 주민들의 손에 의해서 법률(우리의 경우는 조례)을 만들어 가는 과정을 말하기 때

이며, 통상 주민투표와 함께 '직접입법'이라 불린다. 미국에서의 주민투표와 주민발안은 주민들의 투표에 의해서 결정된다는 점에서는 같다.

그러나 미국에서 주민투표와 주민발안은 과정과 대상에서 구별된다. 주민발안(initiative)은 의회를 거치지 않고 주민이 주헌법을 수정하거나 주 법률을 제정할 수 있는 절차이고, 주민투표(referendum)는 의회가 제정한 법률에 주민이 거부권을 행사할 수 있는 절차를 말한다. 즉, 주민발안에 의해서 주민은 의회가 심의 또는 의결을 거부한 법안을 제정할 수 있고, 주민투표에 의해서 의회가 제정한 법률을 거부할 수 있다. 이와같이 주민발안은 능동적인 성격을 가지는 것으로, 청원에 의해서 제안되어 투표에 회부된다. 청원의 요건은 주마다 다르며, 청원할 수 있는 사항도 서로 다르다. 그러나 대부분의 경우 주의 수입과 예산·치안·안전·건강의 유지에 필요한 입법 사항에 관해서 청원을 할 수 있도록 규정하고 있다. 주민발안에 의해서 제정된 법안에 대해서 주지사 등 자치단체장들은 거부권을 행사할 수 없고, 주 의회도 그 법안을 수정하거나 폐지할 수 없다.

미국에서 주민발안과 같은 직접입법제도가 각 주에 도입되어 일반화된 시기는 1890년대부터 1914년까지 일어났던 혁신주의운동(Progressive movement)의 시대였다. 주민투표제도는 1904년 오리건(Oregon) 주에서 처음으로 도입했다. 다음 <표 3-1>에서 보는 바와 같이 그로부터 2005년까지 미국의 주 단위의 주민투표(주민발안 포함)는 2,155차례 이루어졌으며, 이 중 41%가 채택되었다. 현대적 의미의 주민투표는 1970년대 들어오면서 시작되었는데 그 출발은 유명한 주민투표인 캘리포니아 주의 감세안건인 제안 13호(Proposition 13)였

문에 자치단체장을 거치고 지방의회에서 확정하는 우리 나라 주민발안과는 훨씬 거리가 멀다. 미국에서 말하는 주민발안은 우리 나라 주민투표법에 의하면 주민들의 청구에 의해서 이루어지는 주민투표와 일맥상통한다고 할 수 있다. 그러나 우리가 통상 말하는 주민투표인 'referendum'은 미국에서는 전제 조건이 기존의 법령이 대상이기 때문에 우리와는 다르지만, 반면에 이에 대한 거부권을 행사한다든지 주에 따라서는 법령 개폐를 확정한다든지 하는 결정권은 주민들의 투표에 의해서 결정되기 때문에 이를 주민투표라고 부르지 않을 수도 없다. 따라서 이 책에서 미국의 주민투표는 주민발안(initiative)을 의미하는 것으로 사용하겠지만 때에 따라서는 주민투표(referendum)도 포함해 쓴다는 것을 밝혀 두고자 한다. 구분을 명확하게 하기 위해서는 주민투표(initiative), 주민투표(referendum)로 구분하여 쓸 것이며, 그렇지 않은 경우에는 주민발안의 의미로 주민투표를 사용하는 것으로 이해해 주기 바란다.

〈표 3-1〉 연도별 미국의 주민투표(initiatives) 현황

연 도	총 수	통과 수	연 도	총 수	통과 수	연 도	총 수	통과 수
1904	2	2	1940	47	17	1979	6	2
1906	10	7	1942	15	6	1980	37	12
1908	10	6	1944	26	8	1981	5	2
1910	1	1	1946	24	13	1983	4	0
1912	70	25	1947	3	1	1984	41	21
1913	1	0	1948	39	19	1985	1	1
1914	88	28	1949	5	4	1986	42	18
1915	3	0	1950	35	7	1987	3	1
1916	39	13	1952	26	10	1988	56	25
1917	1	0	1954	18	4	1989	4	2
1918	32	24	1955	1	0	1990	64	21
1919	3	0	1956	24	13	1991	6	2
1920	51	18	1957	1	0	1992	63	32
1921	6	0	1958	22	9	1993	5	3
1922	41	11	1960	22	9	1994	71	32
1923	3	1	1962	20	9	1995	4	0
1924	28	6	1964	29	15	1996	93	39
1925	1	0	1965	3	0	1997	7	1
1926	31	9	1966	10	7	1998	61	35
1927	2	0	1968	13	4	1999	5	2
1928	26	9	1969	1	0	2000	76	31
1930	34	8	1970	12	2	2001	4	2
1931	4	0	1971	2	0	2002	51	20
1932	69	31	1972	35	17	2003	7	3
1933	7	5	1973	4	1	2004	67	33
1934	36	14	1974	18	14	2005	18	2
1935	3	3	1975	6	1			
1936	40	13	1976	45	9			
1938	54	22	1977	7	5			
1939	8	1	1978	42	22			

다. 1970년 후부터 10년 주기로 보면 대체로 이전의 10년보다 주민투표 제안 건수가 많고, 그리고 통과된 비율도 높다. 1990년대를 보면 379건이 제안되었고 이 중 167건이 통과되었다. 2000년부터 2005년까지 주민투표 현황을 보면 223개의 주민투표가 제안되었고 이 중 92개가 통과되었다. 1904년부터 2005년도까지 23개 주에서 적어도 한 차례 이상 주민투표가 이루어졌다.[2)]

2 주민투표 유형

미국의 주민발안 성격의 주민투표(initiative)는 그 대상이 매우 광범위하다.[3)] 왜냐하면 미국의 지방자치는 단체자치가 아닌 주민자치이기 때문이다. 따라서 주민들이 결정하지 못할 것이 거의 없다고 해도 과언이 아니기 때문에 주민발안의 대상은 연방헌법에 규정된 것 이외는 거의 제한이 없다고 할 수 있다.

미국의 주민투표(referendum)에는 헌법 개정의 채택과 같이 반드시 주민투표에 부쳐야 하는 의무적 주민투표와 의회의 선택에 따라 주민투표에 부칠 수 있는 선택적 주민투표 및 유권자가 의회에서 제정한 법률의 시행을 지연시키거나 저지하는 것을 가능하게 하는 항의적 주민투표 등 세 가지가 있다. 그런데 의무적 주민투표는 주 헌법의 개정 외에도 행정구역의 개편, 공채의 발행 및 지방자치단체 헌장의 개정 등에도 실시되고 있다.

또 주민투표(referendum)는 주 헌법에 대한 주민투표와 주법에 대한 주민투표 및 기타 중요 사안에 대한 주민투표로 나눌 수 있다.[4)]

---

2) Initiative and Referendum Institute, "Initiative Use", 2006. 5, Law School of USC 자료 참고. 이 통계는 미국은 우리 나라와 같은 중앙선거관리위원회가 없이 각 주정부가 독자적으로 선거를 관리하기 때문에 통계에 대한 정확성이 문헌마다 차이가 나고 있음을 참조할 것.

3) 미국의 주민투표와 주민발안은 차이가 있음을 앞에서 서술했다. 우리가 말하는 의미에서의 주민투표는 미국에서는 주민발안이라고 할 수 있다. 그러나 주민투표도 주민들이 결정한다는 제도이기 때문에 같이 쓰는 사람들도 있다. 이 책에서는 혼란을 줄이기 위해 이 용어를 같이 쓰고자 한다.

4) 미국의 주민투표에 대해서는 주로 다음과 같은 저서와 논문, 보고서를 참조했음.
국회행정자치위원회, "주민투표법의 입법 방향", 2002년 정책연구보고서, 2002. 12, pp. 47-52; 박영도, "주민투표법안의 입법 방향", 현안분석 96-2, 한국법제연구원, 1996. 11,

1) 주헌법에 대한 주민투표(referendum)

현재 미국의 50개 주 중에서 델라웨어 주를 제외한 49개 주가 주헌법의 개정에 주민투표제도를 채택하고 있는데, 이들 49개 주에서는 주헌법을 개정하려면 반드시 주민투표에 부쳐야 한다. 미국의 주 헌법은 우리와는 달리 지방정부에서는 최고의 법률이다. 다시 말하면, 미국 연방헌법은 연방정부가 할 수 있는 일만을 열거할 뿐이며 이 열거된 조항에 대해서만 연방정부의 권한이 있고 나머지 분야에 대해서는 지방정부인 주정부의 권한에 속한다. 미국의 주정부는 기초자치단체를 비롯한 특별지방자치단체 등의 지방정부에 대해서 대등한 관계가 아니라 계층적 관계가 더 강하므로 주 헌법의 개정에 모든 주민들이 참여하는 것은 당연하다 하겠다.

2) 주법에 대한 주민투표(referendum)

미국의 50개 주 중 25개 주에서는 주 의회가 제정한 법률에 대해서 주민들이 주민투표를 요구할 수 있다. 그러한 주에서는 주 의회가 법률을 제정하고 주지사가 서명하면, 그 법률에 반대하는 주민들이 대체로 통상 90일의 유예기간 내에 유권자 총수의 5~10%에 해당하는 수의 서명을 받아 주민투표를 요구할 수 있다. 주민투표의 요구가 접수되면 그 법안은 주민투표에 부쳐진다. 유권자가 이와같이 의회에서 제정한 법률의 시행을 지연시키거나 저지하기 위해서 청원을 하여 실시하는 주민투표를 항의적 주민투표라 한다. 항의적 주민투표는 이와같이 의회를 통과하고 주지사가 서명한 법안의 시행을 정지할 수 있는 주민투표제도인데, 입법부의 고유 권한인 법률제정권에 대해서도 제한할 수 있다는 특색이 있다.

항의적 주민투표를 채택하고 있는 주에서는 지방자치단체의 입법부인 지방의회가 제정한 모든 법이 주민투표의 대상이 될 수 있다. 다만, 주헌법에서 주

pp. 15-20; 반성운, "주민투표제도에 관한 연구", 부산대학교 대학원 박사학위논문, 2005. 2, pp. 81-86; 현성욱, "주민투표법의 입법 방향에 관한 연구", 제주대학교 대학원 석사논문, 2003, pp. 19-23; 이강선, "비교론적 고찰을 통한 주민투표제도 도입 방안", 한국비교정부학보, 2001, pp. 36-37; 강명규, "지방자치와 주민투표제: 비교정치적 함의를 중심으로", 한국행정학보, 제28권 제3호, 1994, 가을; 류호상, "지방행정에 있어 주민참여 활성화를 위한 주민투표제도의 도입 방안 연구", 한국행정학회 2001년 하계논문발표집.

민투표의 행사를 제한하는 경우가 있는데, 긴급입법, 주의 조세 관련 입법 중 현행 세출을 위한 세금 부과에 관한 입법 및 예산입법 등에 대해서는 주민투표를 허용하지 않는 경우가 있다. 여기서 긴급입법이란 "공공의 안녕과 공중의 보건 및 안전을 보장하기 위해서 긴급한 필요성이 있는 입법"을 말한다. 이러한 법의 입법은 지방의회의 상원과 하원에서 각각 3분의 2로 통과되면 입법 절차가 종결되고, 주민투표에 회부할 수 없다.

이와같이 주법에 대한 주민투표(referendum)제도 외에도 주민발안(initiative)에 의해서 주법을 제정하거나 개정할 수도 있다. 기술한 바와 같이 주민발안은 주법의 제정안이나 개정안을 주민들이 직접 발의해서 의회를 거치지 아니하고 주민투표로 결정하거나, 의회에 회부해 의회에서 부결될 경우 주민투표에 부치는 제도다.

3) 기타 중요 사안에 대한 주민투표

미국의 대부분의 지방자치단체들은 지방의 중요 사안에 대한 주민투표제(initiative and referendum)를 채택하고 있다. 주민투표에 회부될 사안은 조례에 규정하는 경우, 의회가 선택해 주민투표에 부치는 경우, 주민의 청구에 의해서 주민투표에 부치는 경우 등이 있다.

미국에서 주민투표의 운용은 그 법정 요건이 유권자 수의 1~5%의 서명이 있으면 가능하도록 비교적 쉽게 운용되고 있다. 내용면에서 보면 노인에 대한 과세 철폐, 임신중절 금지의 완화, 포르노의 규제, 환경 보호, 공직자의 임기 제한, 증세 제한, 정치자금의 제한, 범죄자의 처벌 강화 등 매우 다양한 주민투표들이 실시되고 있다.

워싱턴 시의 경우, 주민들은 시에 등록된 선거권자의 10% 이상의 서명을 받아 시의 선거 및 윤리위원회에 주민투표를 청구할 수 있는데, 선거 및 윤리위원회는 그 청구를 받은 날로부터 114일 이내에 주민투표를 실시해야 한다. 이때 이미 계획된 총선·예비선거 또는 특별선거가 그 청구를 받은 날로부터 54~114일 사이에 실시될 경우, 그 선거와 함께 주민투표를 실시한다. 주민투표 결과 주민투표안이 등록된 선거권자의 과반수의 찬성을 얻은 때에는 그 투표안은 확정된다. 그리고 과반수의 찬성을 얻지 못한 때에는 그 투표안은 폐지되며, 그 투표에 부쳐진 사안에 관해서 의회는 향후 1년 동안 어떠한 결정도 취할 수 없게 된다.

3 주민투표의 운용 실태

미국에서는 1978년 6월 6일 제안된 캘리포니아 주의 감세법안인 제안 13호(Proposition 13)를 시작으로 하여 다양한 주민투표가 실시되고 있다. 이 제안 13호는 납세자연맹과 주민지지단체들이 주도하여 주민 126만 명의 서명을 받아 제출된 주민발안(initiative)인데, 재산세를 약 2분의 1로 인하하는 내용으로서, 당시 '납세자의 반란'이라 불리기도 했다. 이 제안은 주민투표에 회부되어 419만 명의 압도적인 지지를 받아 성립되었다. 어떻든 이 제안은 주민 참여를 활성화시키는 데 큰 자극제가 되었다. 이로 인해, 감세법안과 세출제한법안에 대한 주민발안과 주민투표제도가 전국적으로 확산되어 16개 주에서 주민투표가 실시되었고, 그 중 12개 주에서 감세법안과 세출제한 법안이 승인되었다.

미국의 각 자치단체는 각각의 실정에 따라 다양한 형태로 주민투표를 채택·실시하고 있고, 매우 활발하게 활용하고 있다. 그리고 그 내용도 매우 다양한데 최근에는 공직자의 임기 제한이나 정치자금의 제한 등에까지 실시되고 있다.

미국 주요 주의 주민투표 대상은 다음 <표 3-2>와 같다.[5]

최근의 추세를 보면 토지수용권, 동성 결혼, 담배와 흡연, 세금, 교육에 관한 안건이 주를 이루고 있다. 2006년도 10월 통계에 의하면, 11월 총선 때는 37개 주에서 207개의 안건이 제안되었다. 이 중 78개는 주민발안, 5개는 주민투표(referendum), 1개는 위원회 발의, 나머지는 지방의회의 법안에 대한 발의이다. 주별로 보았을 때 주민발안을 많이 한 곳은 애리조나 주가 10건, 오리건 주가 10건, 캘리포니아 주가 8건, 사우스 다코타 주 8건, 콜로라도 주 7건 순이다.

이슈별로 보면 개발업자들의 토지수용권 남발에 대한 규제 제안이 13개 주에서 발의중이며, 동성 결혼의 허용과 금지에 대한 발안이 9건, 담배와 흡연 규제에 대한 발안이 9개 주에서 주민투표가 이루어졌다.[6]

---

5) 국회행정자치위원회, "주민투표법의 입법 방향," 2002 정책연구보고서 8, p. 51.

6) Initiative and Referendum Institute, "Ballotwatch", 2006. 10. 5, www. iandrinst

〈표 3-2〉 미국 주 정부의 주민투표 대상

주 명	주민투표 대상 사항
네바다 주	주의 입법기관 및 행정기관의 임기 제한, 판사의 임기 제한, 선거자금의 제한, 의원 임기의 제한
네브래스카 주	의원의 임기 제한, 주민투표 서명의 조건 부과, 교육의 질적 향상, 재산세 과세의 제한
뉴욕 주	법률안, 정부조직안, 시장의 거부권 행사, 공무원의 봉급
미시간 주	도박장법의 개정, 일정 시에 대한 카지노 인가
미주리 주	토지 및 수자원의 보전, 주립공원 내의 판매세 인상, 의원의 임기 제한
애리조나 주	소년에 대한 처벌 규정, 마약의 개인 사용과 규제 대상의 재검토, 보석 수입에 대한 보건계획에로의 충당
아이다호 주	재산세의 제한, 야생동물의 수렵 제한, 방사선 폐기물의 처리에 대한 의회 및 주민 동의 제도, 의원의 임기 제한
알래스카 주	수렵 수단의 규제, 의원의 임기 제한
오리건 주	포틀랜드지구의 채권 발행, 주민입법에 대한 의회 수정의 제한, 야생동물 관리위원회, 최저 임금의 인상, 음료수 수송의 규제, 가축의 위생관리, 의료보장, 범죄 피해자의 권리, 공무원의 급여 규제, 공립학교의 시험평가 제도, 담배세 증세, 공무원의 정년 인상, 재산세 감세, 의원의 임기 제한
오하이오 주	선상도박장의 개설
와이오밍 주	의원임기연장법의 무효, 의원의 임기 제한
워싱턴 DC	중학교 선택, 주 기금에 의한 학교 신설, 야생동물 수렵의 규제, 의원의 임기 제한, 도박장 경영
캘리포니아 주	변호사 비용 제한, 선거자금의 기부와 사용액 제한 및 공개, 주·공공기관의 소수자 우대조치의 금지, 최저 임금의 인상, 주주 소송 조건의 완화, 음주 운전에 대한 보험금 청구 제한, 대마의 의료 목적 사용, 건강 관련 사업의 규제, 소득세 수입의 학교 출자, 주정부의 과세에 대한 주민의 승인
콜로라도 주	재산세 공제의 일부 삭제, 의원의 임기 제한, 주민투표법 개정, 덫을 사용한 수렵 제한, 선거자금제도 개혁, 도박장 인가, 주교육기금의 투자 문제
플로리다 주	주세의 신설 문제, 설탕제조업체에 대한 환경부과금 설정, 수질오염 문제, 환경기금

itute.org에서 검색

4 특 징

기술된 내용을 분석해 보면 미국 주민투표제도의 특색은 다음과 같다.

① 공채 발행과 과세 등 재정 및 세금 관련 문제가 중심을 이루고 있다.

② 대부분의 주정부가 주민투표제도를 높이 평가하고, 충분히 활용하고 있다.

③ 주민들도 주민투표에서 현명한 선택을 하고 있다.

④ 주민투표에 부쳐진 제안과 관련된 찬반의 의견 제시가 투표공보 등을 통해서 가능하도록 되어 있다.

⑤ 주민투표가 대통령선거나 중간선거 또는 주의 공직자선거 등과 동시에 행해지는 경우가 많다.

또한 미국의 주민투표제도에 대한 평가를 보면, 긍정적인 점은 다음과 같다.

① 주민들에게 정책이나 행정에 관한 견해를 표명할 수 있는 기회를 보장한다.

② 주민투표제도가 로비스트들이나 압력단체 등의 힘에 대해서 균형잡힌 세력을 제공한다.

③ 의회의 정책 결정과정에서 주민의 이해에 대한 진지한 검토가 이루어지고 있다.

④ 지역 문제에 대한 주민의 관심을 자극하고 유권자의 정치적 능력을 계발한다.

그러나 다음과 같은 단점도 지적됨으로써 주민투표제도에 대한 회의론도 제기되고 있다.

① 주민투표의 투표용지가 매우 긴 문장으로 기술되고 있다.

② 주민 투표의 잦은 실시로 거액의 비용이 지출된다.

③ 압력단체들이 자신들에게 유리한 제안을 실시하기 위해 주민투표제도를 남용하고 있다.

④ 그리하여 소수파의 주장이 주민발안과 주민투표로 승인되고 있다.

⑤ 선거 때마다 주민투표와 주민발안에 의해서 제공되는 쟁점 사항이 너무

> 많아 사실상 어느 정도 식견이 있다는 지식층들도 충분히 그 내용을 이해하지 못한다.

그리고 많은 지방자치단체에서 조세의 대폭 인하나 예산 증액 제한에 관한 주민발안에 따른 주민투표가 실시되어 자치단체들의 재정적 위기를 초래하는 경우가 많다. 일반적으로 주민들은 누구나 조세 부담의 경감과 예산 증액의 제한에는 무조건 찬성하는 경향이 있기 때문에 이러한 조세 부담에 관한 사안을 주민투표의 대상으로 하는 것이 적합한가에 대해서 논의가 진행되고 있다.

또 캘리포니아 주는 의료용에 한해서 의사의 처방 없이도 대마초를 재배하거나 소지할 수 있도록 허용하는 마약합법화 안건을 주민투표로 결정했고, 애리조나 주도 의사의 처방이 있어야 한다는 단서를 달아 대마초는 물론 헤로인·LSD 등 마약의 사용을 합법화하는 내용을 주민투표로 결정했다. 그 결과 청소년들의 대마초 사용의 증가와 기타 마약 사용 인구의 증가 현상이 나타나 심각한 사회 문제가 되고 있다. 이미 마약 사용 인구가 증가하고 있는 상황에서 이를 합법화시킨 조치에 대해 애리조나 주의 존 킬 공화당 상원의원이 "어떻게 이런 일이 일어났는지 이해할 수 없다", "이는 필시 마약 합법화를 노리는 불순 세력들에게 애리조나 주민들이 속아 넘어갔기 때문이다"고 한 말은 미국에서 주민투표의 문제점을 잘 지적하고 있다. 그리고 미국의 주민투표 중에는 일부지만 지나치게 정치적인 것도 큰 문제점으로 지적된다. 최근에 캘리포니아 주 버클리 시의회가 자신들의 권한에 속하지 않는 부시 대통령과 체니 부통령을 탄핵한 주민투표가 좋은 예라고 할 수 있다.[7)]

---

7) 경남일보, "미, 버클리시의회, 부시·체니 탄핵 추진", 2006. 6. 29.
자유주의적 성향이 강한 미국 캘리포니아 주 버클리 시 의회가 조지 부시 대통령과 딕 체니 부통령에 대한 탄핵안을 주민투표 안건으로 상정하기로 만장일치로 결의했다. 톰 베이츠 버클리 시 시장은 지금까지 미국내 자치단체들이 대통령에 대한 탄핵 결의안을 채택한 적이 여러 번 있었지만 이런 내용으로 주민투표를 실시하겠다는 계획을 발표한 자치단체는 버클리 시가 처음이라고 28일 밝혔다.
베이츠 시장은 이번 결의가 "기본적으로 주민들에게 토론의 장을 만들기 위한 것이며 이 문제는 단순한 탄핵이 아니라 헌법을 지키려는 것"이라고 설명했다. 탄핵안 상정을 제안한 버클리 시 인권 분야 자문기구 '버클리 평화·정의위원회'는 백악관 측이 불필요했던 이라크 전쟁을 정당화하기 위해 고의로 의회를 오도했으며 헌법에 어긋나는 감시 활동을 추진했고 테러 용의자에 대한 고문을 허용했다는 것을 탄핵안 추진 이유로 거론했다.

제2절 일 본[8)]

1 역 사

일본에서의 주민투표는 1996년부터 시행되었지만 논의의 역사는 매우 오래되었다. 1949년 전국지사회 등 소위 '6단체(六團體)'[9)]는 정부에 제출한 지방분권추진요구서에서 주민투표를 할 수 있도록 해 주고, 주민투표 대상을 조례로 정해 줄 것을 요구했다. 그리고 수상 자문기관인 '제24차 지방제도조사회'에서도 정책형성에 주민 의사를 반영시키는 방법으로서 주민발의나 주민투표의 제도화를 검토할 필요가 있다고 답신했다.[10)] 그러나 이러한 주장들은 논의에만 그쳤다. 그러다가 주민투표에 대한 논의가 다시 불붙기 시작한 것은 1970년대에 들어와서다.

2004년 대통령선거에서 민주당 존 케리 후보에게 5만 4천 409표를 몰아준 반면, 부시 대통령에게는 4천 10표만 허용했던 버클리 시의 탄핵안 주민투표는 오는 11월에 실시된다. 그러나 비판의 목소리도 나오고 있다. 버클리 주민인 앨버트 수코프는 "나는 그들이 자신의 일이 아닌 것에 지나치게 개입한다고 생각한다"고 지적했다. /연합

8) 일본의 주민투표에 대한 글은 다음과 같은 참고 문헌을 참조했음.
박영도, "주민투표법의 입법 방향, 현안분석자료 96-2", 1996, 한국법제연구원; 한국지방행정연구원, "외국의 주민투표제도", 1997; 최종만, "일본의 지자체 개혁", 1998, 나남출판; 이경옥, "일본의 각종 민원에 대한 주민투표제드의 법적 문제", 지방행정, 제48권 제544호, 대한지방행정공제회, 1999; 이강선, "비교론적 고찰을 통한 주민투표제도 도입방안", 한국비교정부보, 제5권 제1호, 한국비교정부학회, 2001; 최승범, "지방행정의 책임성 제고 방안", 경기논단, 2001; 류호상, "지방행정에 있어서 주민참여 활성화를 위한 주민투표제도의 도입 방안 연구", 한국행정학회 하계세미나 자료, 2001, 한국행정학회; 이상팔, "주민투표제도의 필요성과 문제점 분석", 한국행정학회 춘계학술대회, 1998, 한국행정학회; 국회행정자치위원회, "주민투표의 입법 방향", 2002 정책연구보고서, 2002. 12.; 반성훈, "주민투표제도에 관한 연구", 부산대학교 대학원 법학석사논문, 2005.

9) 6단체는 일본지방자치법 제263조 제3항에 규정된 전국적 연합조직으로서 다음과 같다.
집행3단체(執行三団体): 全國知事會, 全國市長會, 全國町村會
의회3단체(議會三団体): 全國都道府縣議會議長會, 全國市議會議長會, 全國町村議會議長會

10) 김명길, "지방자치에서의 직접민주제", 한국공법학회 제114회 학술발표대회 발표 논문, 2004. 7, p. 64.

일본의 주민운동은 1970년대에 공해·도시 문제를 둘러싸고 융성기를 보였으나, 그 후 일시 퇴조기를 거쳐, 1990년대 이후 큰 진전을 보이고 있다. 1990년대 이후 새로운 움직임은 크게 세 가지로 구분된다.[11)]

첫째, 주민들이 주민투표 등 직접민주제의 실행을 통해 정책 수립에 직접 개입해 그 존속 여부를 주민의 힘으로 결정지으려 하는 움직임이다.

둘째, 시민 옴부즈맨 등이 앞장서서 정보공개제도를 활용해 지방행정 내부의 고질적인 부조리, 나아가 중앙집권 시스템의 불합리성을 낱낱이 밝혀내는 움직임이다.

셋째, 각종 자원봉사자가 자치단체 행정 및 사회활동의 중요한 담당자로서 확고한 역할을 발휘하고 있는 점이다.

특히 일본은 주민소환과 주민투표 등 직접민주제 방법을 사용하는 경우가 현저히 많아졌고, 이를 통해 성공하는 예가 늘어남으로써 사회에 큰 영향을 주는 단계에 이르렀다. 이제 일본은 주민투표가 지방자치단체에서 중요한 의사결정 과정으로 인식되고 있고, 그렇게 활용되고 있다.

2 주민투표 유형

입법 형식에 따라 구분해 보면, 주민투표는 헌법에 의한 주민투표, 법률에 의한 주민투표, 조례에 의한 주민투표 등 여러 유형이 있다.[12)]

1) 헌법에 의한 주민투표

우선 헌법에 의한 것으로 헌법 제95조는 "하나의 지방공공단체에만 적용되는 특별법은 법률이 정하는 바에 의하여 그 지방공공단체의 주민의 투표에 있어서 그 과반수의 동의를 얻지 않으면 국회는 제정할 수 없다"고 규정하고 있다. 이에 관한 구체적인 절차는 일본국회법 제67조, 지방자치법 제261조 및 제262조에서 규정하고 있다.

지방자치특별법은 국회가 의결한 후에 당해 지방자치단체의 주민투표에서

11) 최종만, 앞의 책, pp. 263-273.
12) 한국지방행정연구원, 앞의 책, pp. 16-18.

과반수의 동의를 얻어야 성립된다. 즉 이 지방자치특별법은 기존의 법률에 대해 특별한 예외적인 제도를 설정하는 법률을 말하며, 지방자치단체의 폐치·분합, 경계 변경, 명칭 변경 등은 국회에서 법률로 제정하거나, 발효를 위해서는 주민투표를 거쳐야 한다.

헌법에 의한 지방자치특례법으로 실시된 주민투표는 전후 1949년에 히로시마(廣島)평화기념도시건설법(법률 제219호) 등 모두 18건이 있었으나, 1951년의 가루이자와(輕井澤) 국제친선문화관광도시건설법(법률 제253호)에 의한 주민투표를 마지막으로 그 이후 실시된 적이 없다.

2) 법률에 의한 주민투표

법률(지방자치법)에 의한 것은 조례 제정, 개폐의 청구, 의회 해산 청구, 의원의 해직 청구, 장의 해직 청구 등이다. 그러나 지방자치법에서는 실제로 주민투표 대상은 의회의 해산 청구(제76호), 의원 및 장의 해직 청구(제80조~제81조)에 대해서만 최종적인 판단을 주민투표에 부치는 것으로 하고 있다. 이는 해산 및 해직을 위한 절차적 의미에서의 주민투표에 해당한다.

먼저, 지방자치법 제80조에서는 선거권을 갖고 있는 자는 그 총수의 3분의 1 이상의 연서로써 지방의회 의원의 해직을 청구할 수 있다고 규정하고 있다. 동법 제81조에서는 선거권자의 3분의 2의 연서로써 지방자치단체의 장의 해직을 청구할 수 있다고 규정하고 있다. 이는 해산·해직 청구에는 우선 유권자의 3분의 1 이상의 서명에 의한 발안으로 주민투표가 자동적으로 실시되고, 그 투표에 있어서는 과반수의 동의가 있는 경우에 해산 또는 해직이 성립하게 된다. 이 제도에서 본래는 장이나 의원의 자질과 적격성이 쟁점이 되어야 하나 때로는 특정 정책에 대한 주민 의사를 반영시키기 위한 목적으로 활용되는 경우도 있다.

또한 지방자치법 제76조에서는 선거권자 총수의 3분의 1 이상의 연서로써 의회의 해산을 청구할 수 있도록 규정하고 있다. 이 경우에는 유권자의 3분의 1 이상의 서명에 의한 발안으로 주민투표가 자동적으로 실시된다. 또한 앞에서 본 일본국 헌법 제95조에 의한 주민투표와 지방자치법상 해산 및 해직 청구의 경우 등의 이른바 법정 주민투표에는 법적 구속력이 부여된다.

이 제도에 의한 해산·해직의 예는 적지 않지만, 장의 해직 청구와 의회의

해산 청구가 동시에 행해진 사례로서 가나가와(神奈川) 현 즈시(逗子) 시의 미군주택 건설 문제를 둘러싸고 찬성파가 시장의 해직 청구를, 반대파가 시의회의 해산 청구를 행한 때가 있다.

3) 조례에 의한 주민투표

현행 법률에 규정되어 있는 주민투표는 기술한 헌법과 법률상의 주민투표뿐이다. 주민투표법이 제정되어 있지 않은 일본으로서는 헌법과 법률상 이외에 주민투표의 사항이 나타나면 이에 대한 주민투표의 조례를 주민투표 실시 근거로 제정해야 한다. 그러나 조례에 의한 주민투표는 여론조사 성격의 주민투표이며 지방자치단체의 장이나 의회를 구속하지는 않는다. 그럼에도 불구하고 주민투표는 정치적 의미가 포함되어 있기 때문에 지방정치에서 매우 큰 영향력을 발휘하고 있다.

일본의 경우에 주민투표라고 하면 일반적으로 조례에 그 실시 근거를 갖추고 주민에게 개별 정책에 대한 찬반의 의사를 직접 묻는 정책투표로 이해되고 있다.

4) 사실상의 주민투표

헌법과 법률은 물론이거니와 조례로서도 주민투표 근거가 없을 때에도 주민투표가 이루어지는 것을 사실상의 주민투표라고 할 수 있다. 이를 법정외(法定外) 주민투표라고 한다. 일본은 헌법으로 간접민주주의를 선택하고 있기 때문에 조례나 법정외 주민투표는 기대할 수가 없다. 더군다나 일본의 지방자치가 단체를 중심으로 하는 단체자치이기 때문에 규정 외의 정책 과정은 이루어지기가 매우 어려운 곳이다. 그래서 조례에 의한 주민투표도 사실상 그렇게 활발하지 않다.

그러나 의외로 법정외 주민투표인 사실상의 주민투표는 매우 활발하게 이루어지고 있다. 사실상 주민투표는 누가 주도했느냐에 따라서 행정주체형과 주민자주관리형으로 나누고 있다.

행정주체형의 주민투표로서는 도쿄(東京) 유키(結城) 촌의 하치오지(八王子) 시와 히노(日野) 시와의 합병에 관한 주민투표(1964. 3. 29), 가나가와 현 하시마을(橋町)의 오다와라(小田原) 시와의 합병에 관한 주민투표(1970. 3. 3), 미야기(宮城) 현 이즈미(泉) 시의 센다이(仙臺) 시와의 합병에 관한 주민투표(1987. 11. 29), 2001년 가리와(刈羽) 마을의 재처리 핵연료 사용 반대에 대한 주민투표 등이 있다.

주민자주관리형으로는 시가(滋賀) 현 아카스미(赤住)지구의 원자력발전소 건설에 관한 주민투표(1972. 5. 20, 1973. 3. 24), 니가타(新潟) 현 마키마을(卷町)의 원자력발전소의 설치에 관한 주민투표(1995. 1. 22일부터 25일까지 15일간) 등을 들 수 있다.[13] 최근에는 2001년 1월 23일, 시코쿠(四國) 현의 도쿠시마(德島) 시 인공 둑 설치 반대, 2006년 3월 12일, 이와쿠니(岩國) 시의 미군부대 이전 반대 등에 대한 주민투표가 있었다. 이에 대한 것은 후술하겠다.

3 주민투표 운용 실태

1) 초기의 주민투표 대상

일본은 주민투표 대상 범위가 매우 넓어지고 있다. 처음에는 헌법과 법률에 의한 공식적인 주민투표가 주였다. 이 때 주민투표는 대체로 지방자치단체의 구역 조정이나 지방자치단체의 운영 과정에서 나타나는 의회 해산, 자치단체장 소환, 조례의 제정과 폐지 등이 주요 대상이었다. 그러나 일본은 급속한 산업 발전으로 인해 그 병폐가 서서히 나타나기 시작한 1970년대 이후부터는 행정을 신뢰하던 주민들의 태도가 바뀌기 시작했다. 공장 폐수에 의한 중금속 카드뮴 중독증인 이타이이타이병 등 환경 문제가 심각하게 주민 생활에 악영향을 미치게 되자 주민들이 직접 사회운동에 참여하기 시작했다. 법률의 근거에 관계 없이 사실상의 주민투표가 이루어지기 시작했다.

2) 원자력발전소 및 환경 문제에 대한 주민투표

1970년대 이후 주민투표 안건으로 주종을 이루는 원자력발전소 설치에 대한 주민투표도 바로 주민들이 이러한 환경 문제에 관심을 두기 시작하면서부터이다.

일본에서는 1996년을 '주민투표의 원년'이라고 칼한다. 그것은 이 해에 전국

13) 반성훈, 앞의 책, pp. 67-68.

에서 최초로 조례에 의한 주민투표가 니카타 현 마키정과 오키나와(沖縄) 현에서 실시되었기 때문이다. 마키(卷町)마을의 원자력발전소 건설과 관련된 사례는 주민들이 주민운동 방식에 의해 조례제정청구, 해산·해직청구, 주민투표 등 각종 직접민주제를 총동원했다. 기후(岐阜) 현 미타케(御嵩)마을 주민들은 1997년 6월 22일 산업폐기물 처리장 건설에 대한 안건을 주민투표를 통해 무산시켰다.

시코쿠의 도쿠시마 시 주민들은 2001년 1월 23일 관내 하천인 요시노가와(吉野川) 시에 홍수 방지용 인공 둑을 만들기로 한 건설성 계획에 대한 찬반투표에서 90%의 압도적인 표차로 반대했다. 이러한 결정은 물론 법적인 구속력은 없지만 사실상의 구속력을 갖는 위력을 발휘했다. 둑 신설 문제에 대해 중립적인 입장을 취해온 도쿠시마 시 시장도 둑 건설에 반대하겠다는 입장을 표명했다.[14]

> "일본 재처리 핵연료 주민투표 사용 부결"[15]
>
> 일본 북부의 한 조그만 마을이 주민투표를 통해 재처리 핵연료의 사용을 거부함으로써 일본 정부의 재처리 핵연료 사용 확대 정책이 차질을 빚게 될 전망이다. 일본 수도 도쿄에서 북서쪽으로 300여 킬로미터 떨어진 가리와 마을은 주민투표를 통해 세계 최대 전력회사인 도쿄전력사가 가시와자키-가리와 원전에 재처리 핵원료를 사용하려는 계획을 부결시켰다. 5,000여명의 주민이 살고 있는 가리와 마을의 한 관계자는 이 날 유권자 4,090명 가운데 88%가 투표에 참가했으며, 찬성 1,925표, 반대 1,533표로 도쿄전력사의 재처리 핵연료 사용계획이 부결되었다고 밝혔다.

일본 중앙정부가 후원하는 정책에 대해 지방정부가 주민투표를 실시한 것은 이번이 처음이다. 도쿄전력사가 현지 원전에 투입할 계획을 세운 재처리 핵연료는 플루토늄-우라늄 혼합산화(MOX) 연료로 그 안전성에 대한 의혹이 제기되어 사용 여부를 두고 논란이 벌어졌고 결국 이 계획은 무산되었다.[16]

3) 미군부대 이전에 관한 주민투표

일본의 대표적인 주민투표 사례인 오키나와 주민투표를 보자. 일본 오키나와

---

14) 중앙일보, 2001년 1월 21일.
15) 경향신문, 2001년 5월 28일 자료 검색.
16) 대한매일신보, 경향신문, 2001월 5월 29일.

미군기지 정리·축소 및 미·일 주둔군 지위협정(SOFA) 재검토 문제에 대해 찬반 의견을 묻는 주민투표다. 미군기지 이전 문제는 1995년 9월 발생한 미군 흑인 병사의 초등학교 여학생 성폭행 및 유기사건을 계기로 시작되었다. 오키나와 주민들은 국가안보라는 명목 아래 혐오시설인 미군 기지를 유지해야 하는 정당성 문제에 이의를 제기했다. 오키나와 현 지사는 지역의 이런 민의를 배경으로 오키나와 기지 수용 대리계약에 대한 서명을 거부함으로써 오키나와 문제는 중앙정부와 지방정부 간의 갈등 문제로 확대되었다. 이 과정에서 중앙정부는 대리 서명을 거부한 오타 지사를 법정에 제소해 1심에서 승리를 얻어내기도 했으나 국가안보라는 국익을 앞세운 중앙정부에 대응하여 오키나와 주민들은 주민투표를 통해 자신들의 민의를 표출했다. 일본 오키나와의 미군기지 정리·축소 및 미·일 주둔군 지위협정 재검토 문제에 대해 찬반 의견을 묻는 형식으로 실시된 주민투표 결과는 전문가들의 예상과는 달리 투표율은 59.53%로 저조했지만 찬성 91.26%(48만 2천 5백 38표), 반대 8.74%(4만 6천 2백 32표)로 오키나와 현 주민들은 압도적 찬성을 표시했다. 물론 주민투표 결과에 대해 미국과 일본 정부가 법적인 구속력이 없다고 주장했음에도 불구하고 일단 주민들의 총의가 집약된 것이어서 미·일 양국 정부에 강력한 압력 수단으로 작용해 미군기지 15% 축소 방안이 검토되었다.

미군기지 이전을 막아내는 주민투표의 또 다른 예가 있다. 미군의 이와쿠니로의 추가 이전은 일본 주민투표 역사에 또 다른 페이지를 쓰게 만들었다.

이와쿠니에는 1951년 미 해병대 기지가 건설되어 현재까지 55년간 사용하고 있다. 미군 범죄, 항공기 소음, 전투기 추락 등 이와쿠니 시민들은 일상적으로 위험에 노출되어 있다. 그러나 시민들은 운명이라고 생각하여 체념하고 살아왔다. 그러다가 2005년 도쿄 인근의 아쓰기(厚木) 비행장으로부터 새롭게 항공모함 탑재기 57대가 이와쿠니 미군기지로 이전되어 온다는 보도가 나오면서 이와쿠니 시민들은 분노하기 시작했다. 이는 병력의 분산정책에 따라서 기노완(宜野灣) 시의 비행기 등 일부는 아쓰기로, 또 아쓰기에 있는 비행기 일부는 이와쿠니로 이전하는 소위 헤쳐 모여식 무기와 병기 재배치계획에 따른 것이다. 중앙정부에서는 외상까지 와서 주민들을 설득했지만 시장은 주민투표로 결정하겠다고 하여 2006년 3월 12일 드디어 주민투표를 실시했다. 주민투표 결과는 투표율 58.68%(유권자 8만 4,659명 중 4만 9,682명 참가)에 미군기지 확장 이

전 반대가 89%로 나왔다. 이 결과를 토대로 이와쿠니(岩國) 시의 이하라 가츠스케 시장은 중앙정부에 "더 이상 이와쿠니 시민의 희생을 강요하는 미군기지의 확장 이전을 반대한다"는 뜻을 명확하게 전달했다.

그러나 중앙정부는 4월 15일에 "아쓰기 비행장의 항공모함 탑재기 57대에 수송기 2대를 추가한 총 59대의 비행기와 후테마 기지에 있는 미해병대 공중급유기 12대를 이와쿠니로 이전하고, 이와쿠니에 있던 해상자위대 소속 비행기 17대를 아쓰기 비행장으로, 미 해병대 헬리콥터 8대를 괌으로 이전한다"고 발표했고, 4월 28일에는 기타하라 방위시설청 장관이 이와쿠니로 내려와 따로 상세한 설명회를 가졌다. 그러나 주민들이 반대는 여전히 강하다. 이하라 시장은 "이번 최종 보고서에 대해 우리는 질문서를 보냈고, 다시 정부가 5월 중순에 설명할 계획이라고 하는데, 이는 일방적이다. 주민들의 요구는 확장이전 반대이기 때문에 이전계획을 철폐하는 수밖에 없으며 시장은 이를 계속 밀고 나갈 것이다"라고 공언했다.17)

4 특 징

일본의 주민투표의 특징은 다음과 같이 요약할 수 있다.

첫째, 주민투표법이 존재하지 않는다는 것이다

우리 나라는 지방자치법에 주민투표법 제정에 대한 규정이 있는 관계로 주민투표법을 제정할 수 있었다. 그러나 일본은 그러한 조항이 없기 때문에 아직도 주민투표에 대한 법률을 제정하지 않고 있다. 주민투표의 대상은 헌법이나 법률에 개별 조항으로 규정하고 있어 통합성이 결여되어 있다. 반면에 헌법에 주민투표의 대상을 규정한 것은 주민투표에 대한 위상을 한껏 높여 주는 의미가 있다 하겠다.

둘째, 법정외인 사실상의 주민투표가 주민투표를 주도하고 있다.

현재 일본의 주민투표는 사실상의 주민투표가 주민투표의 주류를 이루고 있다고 해도 과언이 아니다. 헌법에 의한 주민투표는 1951년 이후에 한 번도 시행해 본 적이 없고, 법률에 의한 주민투표나 조례에 의한 주민투표도 매우 무

---

17) 오마이 뉴스, 2006년 5월 16일 검색 기사, 레디앙, 2006년 4월 7일 검색 기사.

기력하게 운영하고 있다. 이렇게 무기력한 이유는 주민투표의 청구와 발의를 위한 조건이 매우 까다롭고, 주민투표의 대상이 협소하기 때문이라고 할 수 있다. 주민들이 바라는 주민투표 대상이 규정에 의해서 계속 무산되거나 제외되기 때문에 주민들은 다른 길인 사실상의 주민투표를 선택할 수밖에 없었다. 즉, 주민들의 필요에 의해 발의하고 대상을 광범위하게 설정할 수 있는 사실상의 주민투표가 주민들로부터 사랑을 받을 수밖에 없게 된 것이다.

셋째, 주민투표 대상이 비교적 단조로운 편이다.

일본의 주민투표 대상은 환경 문제, 그 중에서도 특히 원자력발전소 건설이 가장 많다. 최근에는 미 군사기지 이전에 대한 문제가 자주 주민투표 대상에 오르고 있다. 이 밖에는 지방자치단체의 운영에 관한 구역의 폐치·분합, 자치단체장과 지방의원의 해직 등에 관한 것이 주종을 이루고 있다.

이에 비해 우리 나라에서 주민투표 도입 이전에 이루어진 주민투표 대상을 보면 매우 다양하다. 물론 우리 나라도 원자력발전소 건설, 소각장과 화장장 건설 등 환경 문제와 강화군의 인천시로 편입, 여수·여천시와 여천군의 통합, 청주·청원의 통합, 제주도 시·군의 폐지 등 일본처럼 지방자치단체에 대한 것도 주민투표의 주요 대상이다. 그러나 우리 나라는 안성시 공용 버스터비널 부지 확정, 광주광역시의 서방지하도로 건설사업과 상가 시설물 건축 여부, 강원도 정선군 동면의 송어양식장 사업 허가 기간 연장, 서울 송파구 송파동 성원아파트의 재건축 사업자 선정, 서울 강남구 압구정등 현대아파트 방음장치·보도 블록 선정, 통·이장 선출 등 매우 다양하게 이루어지고 있다.

일본에서는 상기와 같이 실시되었던 주민투표가 지역 주민들의 지역 문제에 대한 참여 기회를 확대함과 동시에 일방적으로 추진해 왔던 행정 독주 현상에 대해서 제동을 걸었다는 긍정적인 평가도 받고 있지만 주민투표에 대해 부정적인 견해도 만만치 않다.

이들의 주장은 이러하다. 대부분의 민주국가들은 간접민주제도 외에 직접민주제도를 인정하고 있다. 하지만 이것은 어디까지나 간접민주주의가 기능 부진에 빠졌을 때 이를 보완하는 제도에 지나지 않는다는 것이다. 개별 정책을 주민투표에 의해 결정하는 것은 행정의 종합성과 일관성, 그리고 지방자치단체장과 의회의 책임 체제에 문제를 일으키게 된다. 아무리 주민투표를 통해 지역의 절대 의사가 확인되었다 하더라도 법률상의 장애가 생길 수 있고, 국민 전체의 이익을 위한 제약에 복종하지 않을 수 없다는 것이다. 일부 언론이나 정치가의 선동 문제, 주민 간의 대립 심화 문제도 주민투표 과정에서 생길 수 있다. 주민투표를 하면 민주적이고 하늘의 소리라고 보는 것은 소박하고 안이한 생각이라는 것이 주민투표 반대론자의 논리이다.

이에 대해 주민투표 찬성론자들은 대표민주제의 한계에 따른 보완적 기능을 실현하기 위해서 주민투표가 채용되었다는 점 이상으로, 주민투표제는 주민자치 원리의 실현을 위해 필요하다는 것이다. 주민투표제는 주민자치 원리 실현에 기여하고, 그것이 국민주권주의 원리의 지지를 받아 헌법상의 정당성을 획득하고 있다는 것이다.

제 3 절 독 일[18)]

1 역 사

1) 바이마르 공화국 시대의 직접적인 주민참여

바이마르 헌법 제127조에서 지방자치제도를 헌법적으로 보장함으로써 지방자치제도는 국가의 조직 원리로서 헌법적인 인정을 받게 되었다. 바이마르 헌법에 국민의 직접적인 참여제도가 도입된 것과 상응하여 지방자치단체에서 직접적인 주민참여제도도 확대되었다. 튀링겐에서는 1922년에 특정한 의안을 지방의회에 요구할 수 있는 주민발안제도가 도입되었고 지방의회에게 특정한 지

18) 독일의 주민투표제도에 대해서는 다음과 같은 논문과 서적을 참조하여 정리했음. 반성훈, "주민투표제도에 관한 연구", 앞의 책; 현성욱, "주민투표에 관한 연구", 앞의 책; 이강선, "비교론적 고찰을 통한 주민투표제도 도입 방안", 한국비교정부학보, 제5권, 제1호, pp. 41-2; 박영도, "주민투표법의 입법 방향", 앞의 책, pp. 39-51; 이기우, "지방자치이론", 앞의 책, pp. 87-94; 진석원, "주민의 법적 지위에 관한 연구", 연세대학교 석사학위 논문, 2003, p. 32; 신봉기, "한국과 독일의 지방자치법상 주민투표제도에 관한 연구", 공법연구, 제28권 제4호 제2권, 한국공법학회, 1997; 오준근, "독일자치법제 연구 1", 법제연구, 한국법제연구원, 1991, p. 78; 이기우 교수의 내부자료.

방 현안을 주민투표에 부치도록 하는 제도가 도입되었다. 지방의회 의원에 대한 보통선거 외에도 바덴, 작센, 튀링겐, 바이에른 등에서는 주민의 발안에 의해서 지방의회를 해산시킬 수 있는 제도가 도입되었다. 1919년의 바이에른 지방자치법은 지방자치단체장에 대한 직선을 규정했으나 주민발안에 의해서 1924년 이를 변경해 주민 3,000명 미만의 지방자치단체에만 한정시켰다. 나치 정권 지배하의 독일에서는 지방행정에 대한 주민의 직접참여제도는 모두 폐지되었다. 이 때 독일에서는 주마다 다양했던 지방자치법을 독일 지방자치법으로 통일했으나 지방자치의 자치적인 요소는 제거되었다.

2) 제2차 세계대전 이후의 직접적인 주민참여

제2차 세계대전 이후 연합국의 독일 민주화정책의 일환으로 독일에서 지방자치가 부활해 독일을 아래에서 위로 건설하는 데 큰 기여를 하게 된다. 이 때 각 주는 당시 점령국의 지방자치제도와 전통적인 각 주의 지방자치제도를 절충해 주마다 상이한 다양한 지방자치제도를 정립하여 오늘에 이른다. 1946년에 제정된 바이에른 주헌법 제11조 제2항은 "지방자치단체는 고유한 공법상의 법인이다. 그는 고유한 사무에 대하여 법률의 범위 안에서 규율하고 관리하며, 특히 그 단체장과 지방의회를 선출할 권한을 갖는다"고 규정하고 제4항은 "지방자치단체의 자치행정은 바이에른 주에서 민주주의를 아래에서 위로 건설하는 데 기여한다"라고 하여 이를 명백히 하고 있다. 1945년의 지방자치기본법에는 주민 수 3,000명 미만의 지방자치단체에서 단체장의 직선을 규정하고 1952년에는 이를 모든 지방자치단체에 확대했다.

그 밖에도 바덴 뷔르템베르크 주에서는 단체장의 직선을 규정했을 뿐만 아니라 지방자치단체의 주요한 안건에 대한 주민발의(Bürgerbegehren)와 주민투표(Bürgerentscheid)를 규정했다(§21 BWGO 1955).[19] 이를 도입한 목적은 정당정책에 의해 구속을 받는 지방의원이 지방 문제를 일반 정치적인 관점에서 다루는 것을 방지함으로써 주민과 자치단체 간의 지속적인 연계성을 이루기 위한 것이었다.[20] 또한 이 때 도입된 전문가인 주민을 지방의회의 상임위원

---

19) 이러한 직접 민주적인 주민참여제도를 규정하는 데는 이웃한 스위스의 영향이 컸다(Horst Gützkow, *Die Neue Gemeindeordnung für Baden-Würtenberg*, DÖV 1956, p. 8 이하.

20) E. Walz(1956), *Die Neue Baden-Würtembergische Gemeindeordnung*, DVBl, p.

회에 영입할 수 있도록 하는 제도도 주민의 직접적인 참여를 강화하는 데 기여했다.

1975년의 바덴 뷔르템베르크의 민주화 조치는 주민참여에 대한 모범이 되었다. 이에 따라 주민의 정보권과 참여권은 확대되었다. 주민에게 주요한 계획이나 구상에 대해 지방자치단체의 공표 의무가 확대되고, 주민 회합이 강화되었으며, 지방의회에서 관계된 질문 시간 및 관계인의 청문제도 등이 도입되었다. 특히 의미 있는 것은 주민발안이 도입되고 주민발의와 주민투표의 적용 범위가 확대되고 요건이 완화된 점이다.

3) 1990년대의 참여혁명

대부분의 주헌법(함부르크, 니더작센, 슐레스비히-홀슈타인은 제외)은 주민발안, 주민투표와 같은 직접 민주적인 제도를 1945년 이후에 도입해 주정부 차원에서 실시하고 있었지만 지방자치단체 차원의 주민발의와 주민투표에 대해서는 바덴 뷔르템베르크를 제외하고는 제도화하지 않았다.

그러다가 1989년에 "우리가 국민이다(Wir sind das Volk)"라는 구호로 표현된 의식은 급속도로 각 주의 지방자치법에 다양하게 구체화되었다. 제2차 세계대전 이후 36년 동안 독일에서는 스위스에 이웃한 바덴 뷔르템베르크가 유일하게 주민발의와 주민투표를 인정했다. 그것도 인정 범위는 좁고 엄격한 요건하에서 이루어졌다. 이후 주민투표제도는 1990년 슐레스비히 홀슈타인이 바덴 뷔르템베르크보다도 훨씬 앞선 제도를 도입한 이래 1998년까지 거의 모든 주에서 이들 제도를 도입했다. 이를 가리켜 '참여혁명(Partizipative Revolution)'이라고 부르기도 한다.[21)]

또한 동독의 최후의 인민의회가 1990년 5월에 의결한 지방자치법에도 넓은 예외 조항이 있긴 했지만 주민발의와 주민투표에 대한 규정을 포함하고 있었다. 이를 튀링겐(1993)과 메클렌부르크 포르포메른에서 예외 조항을 완화하여 입법화했다. 같은 해에 브레멘에서 유사한 입법을 했다. 1993년에 작센 안할트와 라인란트 팔츠도 약간 시대에 처진 바덴 뷔르템베르크의 전례를 따라 주민

224.

21) T. Schiller(1999), *Direkte Demokratie in Theorie und kommunaler Praxis*(Frankfurt/Main), p. 7.

투표를 제도화했다. 브란덴부르크(1993)와 노르트라인 베스트팔렌(1994)에서는 적용 범위를 확대했고, 헤센과 작센(1993)에서는 한 걸음 더 나아갔다. 니더작센과 자를란트에서는 1996년과 1997년에 브란덴부르크과 노르트라인 베스트팔렌과 같은 적용 범위로 주민투표와 주민발안제를 제도화했다. 1995년에 바이에른 주에서, 1998년에 함부르크에서 주민발의와 주민투표를 입법화함으로써 베를린의 주를 제외하고는 모두 주에 주민투표와 주민발안제도가 도입되었다.

주민발의와 주민투표제도가 도입된 경위를 바이에른 주를 중심으로 살펴보면 다음과 같다.

바이에른 주에서 주민발의와 주민투표는 바이에른 주의 주민투표에 의해 결정되었다. 1992년 가을에 뉘른베르크에서 다양한 단체의 사람들이 참여한 가운데 주민투표제를 주민발의를 하기로 결정했다. 모임이 진전됨에 따라 1993년 4월 3일 뮌헨에서는 주관 단체로 "바이에른에 더 많은 민주주의를 위한 모임(Mehr Demokratie in Bayern e.V.)"이 결성되었다. 주민투표가 있기까지 주민발의는 50여개의 단체에 의해 지원을 받았다. 주민투표를 발의하기 위해 1993년 4월 말부터 7개월 동안 서명을 모았다.[22]

1993년 10월 31일에 지방자치단체에 주민투표 도입을 위한 주민투표안이 제출되었고 1,197,370명의 주민이 서명함으로써 유권자의 13.7%에 달해 요건(유권자 10%의 서명)을 충족했다. 1995년 10월 1일 실시된 주민투표에서 발의된 법안은 36.9%의 투표 참가로 57.8%의 찬성을 얻어 주민투표로 확정되었다.

직접참여제도의 활용이나 영향은 발의 요건이나 결정 방법을 어떻게 정하는지에 따라 상당한 차이를 보인다. 1990년부터 2002년 사이에 독일에서는 2,473건의 주민발안이 제기되었는데 1,152건이 바이에른 주에서 행해졌다. 제기 요건을 쉽게 해놓았기 때문이다. 바이에른 주의 경우 제기된 주민발안 중에서 58%가 주민투표로 가게 되어 그 중에서 50%가 가결되었다. 이에 비해 노르트라인 베스트팔렌에서는 1990년에서 2002년 사이에 24건의 주민투표만 가결되었다.[23]

---

22) M. Seipel / T. Mayer(1997), *Triumph der Bürger, Mehr Demokratie* e.V.(hg.), München, p. 21.

23) F. Deppe(2002), *Direkte Demokratie* II, Konrad-Adenauer-Stiftung Arbeitspapier, Nr. 90.

주민발안과 주민투표는 지방의회가 결정한 것에 대해서 시민이 직접 번복할 수 있는 가능성을 줌으로써 지방의회의 결정에서 시민을 의식하도록 하는 효과를 가지고 있다. 노르트라인 베스트팔렌 주의 경우 지방의회가 주민발안을 수용하는 결정을 많이 하여 타협적인 자세를 보이는 것은 시민을 의식하기 때문이다.

결론적으로 말해서, 현재 각 주들은 지방자치에 관해 독자적으로 주헌법과 지방자치 관련 법률을 제정해 시행하고 있다. 따라서 주민투표제도 역시 각 주마다 다양하게 규정되어 있다. 제2차 세계대전 후 주(州) 차원에서는 1970년대부터 주민발안제도와 주민투표제도가 구서독의 대다수 주에서 채용되었으며, 1990년의 독일 통일 전후부터 직접민주정치가 강화되는 방향으로 지방자치단체 차원에서 주민투표가 제도화되고 있다. 현재 독일 대부분의 주 및 지방자치단체는 주민투표제도를 채택하고 있다.

2 주민투표 유형

1) 주헌법에 의한 주민투표

독일 각 주에서의 주민투표는 그 대상에 따라 헌법 개정에 관한 주민투표, 법률의 제정·개폐에 관한 주민투표 및 의회 해산에 관한 주민투표의 세 가지 유형이 있다. 또 이들 주민투표는 주민발안에 의한 주민투표와 주 의회 내지 주정부의 제안에 의한 주민투표로 나눌 수 있다. 그런데 모든 주에 일반화되어 있는 제도는 법률의 제정·개폐에 관한 주민발안제도다. 주민들이 발의한 법률안은 지방의회에서 먼저 심의되며, 법률안이 지방의회에서 수정 없이 채택된 경우에는 주민투표를 실시하지 아니하는 간접발안의 형식이다. 주민이 발의한 법률안에 관해 14개 주 중 11개 주가 의회의 대안제출권을 인정하고 있다. 그런데 주민발안을 위한 서명은 대개의 경우 주 내무장관이나 지방의회 의장의 사전 허가가 필요하다.

2) 자치법에 의한 주민투표

지방자치단체에서의 주민투표는 자치법에 규정을 두고 있다. 주민투표는 지방의회가 중요한 자치사무에 대해 재적 의원 3분의 2 이상의 찬성으로 회부하거나 일정 수의 주민의 청구에 의해 실시한다. 주민투표에 회부되는 안건은 중요한 자치사무로서 지방자치법에 이를 구체적으로 나열하는 경우가 많다. 작센주처럼 지방의회의 권한에 속하는 모든 사안에 대해 주민투표를 인정하는 곳도 있다.

노르트라인 베스트팔렌 주와 바덴 뷔르템베르크 주의 지방자치법상에 규정된 주민투표 관련 조항을 고찰해 보면 다음과 같다.[24]

(1) 노르트라인 베스트팔렌 주 지방자치법 제26조

가. 주민은 지방의회를 대신해 지방자치단체의 사무에 관해 주민투표를 청구할 수 있다.

나. 주민투표의 청구는 서면으로 제출하되, 그 결정을 요하는 문제, 청구 이유 및 청구된 조치를 위해 현행 법률에 따라 가능한 비용 조달 방안 등을 포함해야 한다.

다. 지방의회의 의결에 대해 주민투표를 청구하는 경우, 그 청구는 그 의결이 공고된 후 6주 이내에 제출되어야 한다. 단, 공고를 요하지 아니하는 의결에 대해서는 그 기간은 개회일로부터 3월이 된다.

라. 주민투표의 청구에는 최소한 주민 10%의 서명이 있어야 한다. 그러나 지방자치단체의 주민 규모별로 다음에 규정된 인원의 서명으로 충분하다.

-50,000명 미만의 지방자치단체: 4,000명
-50,000명 이상 100,000명 미만의 지방자치단체: 6,000명
-100,000명 이상 250,000명 미만의 지방자치단체: 12,000명
-250,000명 이상 500,000명 미만의 지방자치단체: 24,000명
-500,000명 이상의 지방자치단체: 48,000명

마. 제출된 주민투표의 청구에 대해서는 지방자치단체가 심사한다.

바. 주민투표의 청구가 허용되지 않는 사항이 있는데, ① 지방자치단체의 내부행정조직, ② 지방의회의 의원, 구의 대표기구의 구성원, 위원회의 위원 및 공무원의 법률 관계, ③ 직영사업의 영업계획을 포함한 예산 조례 및 지방자치단체의 공과금과 사법상의 보수, ④ 지방자치단체의 회계와

24) 이기우, 앞의 책, pp. 97-112; 심봉기, 앞의 책 참조.

직영기업의 결산, ⑤ 일반의 참여가 인정된 계획 확정 절차나 공식적 행정 절차, 또는 폐기물법·공해방지법 등의 허가 절차 또는 그에 유사한 허가 절차의 영역에서 결정되어야 할 사무, ⑥ 도시계획의 수립·변경·보완·폐지, ⑦ 권리 구제 및 법적 분쟁에 관한 결정, ⑧ 지방의회가 법률상의 관할권을 갖지 아니하는 사무, ⑨ 위법적인 목적을 추구하거나 선량한 풍속에 반하는 신청, ⑩ 최근 2년 이내에 이미 주민투표가 실시된 사무에 관해서는 주민투표의 청구가 허용되지 아니한다.

사. 지방의회는 주민투표의 청구가 허용되는지 여부를 지체없이 확정하고, 주민투표가 허용되는 경우 3개월 이내에 주민투표를 실시해야 한다.

아. 주민투표에서는 제안된 문제에 대해서 찬성 또는 반대로써만 투표를 할 수 있다.

자. 주민투표는 유효표의 과반수의 찬성으로 결정하되, 찬성표가 최소한 총투표권자 수의 25% 이상에 달해야 한다. 그리고 가부 동수인 경우에는 부결된 것으로 본다.

차. 주민투표는 지방의회의 의결과 같은 효력을 가진다.

카. 지방의회는 주민투표 후 2년이 경과하기 전에는 주민투표에서 결정된 내용을 변경할 수 없다. 다만, 지방의회가 발의해 실시한 새로운 주민투표로써 기존의 주민투표의 내용을 변경할 수는 있다.

(2) 바덴 뷔르템베르크 주 지방자치법 제21조

가. 지방의회는 재적 의원 3분의 2 이상의 투표와 투표자 과반수의 찬성으로 지방자치단체의 중요한 사무에 대해 주민투표에 부칠 수 있다.

나. 주민투표에 부칠 수 있는 중요한 사무는 ① 주민 전체가 이용하는 공공시설의 설치와 현저한 확장 및 철거, ② 지방자치단체의 구역 변경, ③ 구 또는 지역 제도의 도입 및 폐지 등이다.

다. 지방자치법상 주민투표를 실시하지 못하는 사안들이 있는데, ① 지시에 따른 업무와 그 밖에 법률에 의해 시장에게 맡겨진 업무, ② 지방자치단체의 내부 행정조직에 관한 문제, ③ 지방의회·시장·지방공무원의 법률 관계, ④ 예산 조례, 지방자치단체의 공과금, 지방자치단체의 급부, 기업 및 교통기업의 요금, ⑤ 지방자치단체와 직영기업의 결산 확정, ⑥ 소송 절차에서의 결정, ⑦ 위법적인 목적을 추구하는 청구에 대해서는 주민투표를 실시하지 못한다.

라. 중요한 지방자치단체의 사무에 관해 주민은 주민투표를 청구할 수 있다.

마. 주민투표의 청구 대상이 될 수 있는 사안은 지난 3년간에 이미 주민투표가 실시되지 아니한 사안에 한정된다.

바. 주민투표의 청구는 반드시 서면으로 제출되어야 한다.

사. 주민투표의 청구가 지방의회의 의결에 대한 것일 경우에는 의결이 공포된 날로부터 4주 이내에 제출되어야 한다.

아. 주민투표의 청구에는 주민투표에 의해 결정되어야 할 사안과 그 이유 및 청구된 조치를 위해 현행 법률에 따라 가능한 비용 조달 방안이 포함되어야 한다.

자. 주민투표의 청구에는 최소한 주민 15%의 서명이 있어야 한다. 그러나 지방자치단체의 주민 규모별로 다음에 규정된 인원의 서명으로 충분하다.

-주민 50,000명 미만의 지방자치단체: 3,000명 이하

-주민 50,000명 이상 100,000명 미만의 자방자치단체: 6,000명 이하

-주민 100,000명 이상 200,000명 미만의 지방자치단체: 12,000명 이하

-주민 200,000명 이상의 지방자치단체: 24.000명 이하

차. 주민투표 청구의 허용 여부는 지방의회가 결정한다. 지방의회가 주민투표의 청구로 요구된 조치의 실행을 의결하는 경우에는 주민투표를 실시하지 아니한다.

카. 주민투표를 실시하는 경우에는 지방자치단체의 기관 내부의 견해를 주민에게 알려야 한다.

타. 주민투표는 유효표 과반수의 찬성으로 결정하되, 찬성표가 최소한 총 투표권자 수의 30% 이상에 달해야 한다. 그리고 가부 동수인 경우에는 부결된 것으로 본다.

파. 주민투표는 지방의회의 최종 의결과 같은 효력을 가진다.

하. 주민투표는 3년 이내에는 새로운 주민투표로써만 이를 변경할 수 있다.

3 주민투표의 운용 실태

주헌법에 의한 주민투표의 운용 실태는 활발하지 않은 실정이다. 제2차 세계

대전 이후 주헌법을 제정하기 위해 실시된 주민투표를 제외하면 1994년 10월까지 42건의 주민투표가 시도되었으나, 그 중 결과적으로 투표가 실시된 것은 10건에 불과했다.

그러나 자치법에 의한 주민투표는 비교적 활발하게 실시되었는데, 바덴 뷔르템베르크 주 내무성이 발표한 「주민발안 및 주민투표 통계」를 보면 1965년부터 1996년까지의 41년간에 주민발안이 243건 제기되었으며, 주민투표는 247건이 실시되었다. 그런데 247건의 주민투표 중 주민발안에 의한 주민투표는 115건, 의회의 발의에 의한 주민투표는 132건이었다.

주민투표는 주로 지방자치단체의 조직 형태와 구역 개혁, 공공시설, 환경, 시설 입지, 시설 계획, 구획 이용 및 건설계획, 원자력의 이용, 생화학 병기의 입지, 학교 제도, 환경보호 조항의 도입, 의회의 해산, 건설 프로젝트, 교통망의 정비, 공공시설의 정비, 쓰레기 및 배수 처리, 공공요금에 관해 실시되었다.

그런데 독일에서 실시된 주민투표 중 대표적인 사례가 베를린과 브란덴부르크 주의 통합에 관한 주민투표였다. 독일의 베를린과 브란덴부르크 주의 행정통합에 관한 주민투표는 독일 내 제5위 광역자치구역을 형성해 행정 관리의 효율화와 투자 유치를 통해 지역경제를 크게 활성화시킨다는 목적에서 추진되었다. 그러나 두 지역의 통합에 관한 주민투표에서 베를린이 56.2%, 브란덴부르크 주가 65%의 투표율을 보였고, 베를린 주민들은 53.4%가 찬성했으나 브란덴부르크 주민들은 37.3%의 주민만이 찬성하고 62.7%가 반대해 결국 통합계획안이 부결되었다.

4 특 징

위의 내용에서 유추해 보면 독일의 주민투표가 가지고 있는 특징은 다음과 같이 요약할 수 있다.

첫째, 주민투표의 대상이 매우 광범위하다.

우선 독일의 주민투표는 매우 활발하게 진행되고 있다. 위에서 보는 바와 같이 주민투표 대상도 지방자치단체의 조직 형태와 구역 개혁, 공공시설, 환경뿐만 아니라 원자력의 이용, 생화학 병기의 입지, 학교 제도, 환경보호 조항의 도입 등 매우 다양하다. 일부 주(작센)에서는 지방의회의 권한에 속하는 사항은 모두 주민투표 대상으로 할 정도이다. 이렇게 주민투표 대상이 다양하고 광범위하기 때문에 독일의 주민투표는 활발할 수밖에 없다.

둘째, 규정이 매우 명확하다.

주민투표를 규정하고 있는 기본법은 없지만 각 주 또는 지방이 가지고 있는 지방자치법에 주민투표에 대한 규정이 매우 명확하다. 주민투표 발의 수를 우리 나라, 미국, 일본처럼 일률적으로 몇 %를 기술하는 것이 아니라 인구 규모별로 다양하게 규정하고 있다. 또한 주민투표를 발의하는 주민들은 발의한 정책의 제안 이유는 물론이거니와 이 정책이 채택되었을 때 집행을 위해 필요한 예산과 이에 대한 조달 방법까지 제시하도록 요구하고 있다. 그리고 해당 자치단체장도 주민투표 대상 정책에 대해 찬·반 의견을 제시하도록 하는 점 등은 매우 특징적인 것이라 할 수 있다.

셋째, 지방의 다양성을 존중하고 있다.

지방별로 발의 주체뿐만 아니라 발의 서명 수와 과정이 매우 다르게 운영되고 있다. 주민투표의 효력의 경우 노르트라인 베스트팔렌 주는 유효 투표의 과반수의 찬성으로 결정하되, 찬성표가 최소한 총 투표권자 수의 25% 이상에 달해야 한다고 규정하고 있다. 반면에 바덴 뷔르템베르크 주 지방은 유효 투표의 과반수 찬성으로 결정하되 찬성표가 최소한 총 투표권자의 30% 이상을 요구하고 있다. 이 밖에도 투표 대상이 될 수 없는 사항, 투표 허용 기간 등 여러 부문에서 다양성을 인정하고 있는 점 등이 특징이라고 할 수 있다.

제 4 절 스위스

1 역 사

스위스 직접민주주의 제도는 여러 학자들에 의하여서 오랫동안 연구되어 왔고, 최근에는 스위스 직접민주주의가 스위스 정치 체제에 어떠한 영향을 주고 있는지에 대한 종합적 관점에서 연구들이 많이 이루어지고 있다.[25] 현재 스위스 직접민주주의 역사는 독일의 부족(German tribes) 회의에서 찾을 수 있다. 스위스 직접민주주의의 최초 형태는 독일의 란트게마인데(Landgemeinde) 형태인데 이 회의는 남자들만 모여서 1년에 한 번 하는 자치회의(annual sovereign assembly)였다. 이 때 열렸던 이들 회의의 기록은 스위스가 연방국가가 되는 13세기 후반부터 찾아볼 수 있다. 이 란트게마인데는 스위스의 다른 여러 칸톤(canton)으로 퍼져 나갔고 나중에는 연방회의의 하나의 구성원이 된다.

중세기 스위스의 농민들은 다른 유럽 봉건국가보다 더 많은 권한과 자유를 누리고 있었다. 예를 들면 무기를 소지할 수 있는 권한까지 가졌던 것이다. 이것으로 보아 대부분 농민들이 거주하고 있던 스위스 칸톤들은 서로가 평등하게 대했고, 이것이 결국 다른 지역보다 더 민주주의적인 정치 체제로 발전하게 된 이유라고 할 수 있다. 예를 들면 바버(B. R. Barber)는 이와 같은 스위스의 칸톤식 민주주의(swiss-cantonal democracy)는 루소(J. J. Rousseau)의 도덕적 자유(moral freedom)를 실천한 대표적인 것으로 평가한다. 그러나 몇몇 학자들은 스위스의 초창기 직접민주주의 형태는 비민주적 성격이 다분히 내포되어 있기 때문에 그렇게 희망적인 것만은 아니었다고 비판하기도 한다. 그들이 비민주적 요소라는 것은 스위스도 유럽 봉건주의 시대에 여타 국가에서 볼 수 있는 모습과 똑같이 지방의 농민들을 독선적으로 다루는 지방 독재자들에 의해서 통치되었기 때문이다.[26]

그러나 이러한 찬·반 양론 속에서도 칸톤에서 이루어지는 스위스 직접민주주의는 사회의 여건과 활발하게 교호 작용하면서 현대에 맞게 지속적으로 발전해 왔고, 이는 스위스 연방정부의 직접민주주의제도에 커다란 영향을 미치게 된다. 19세기에 스위스 칸톤식 직접민주주의는 프랑스혁명 이념, 천부인권설 등의 외부 사상을 흡수하면서 성장하기 시작해 19세기부터는 이러한 국제적인 사상과 스위스 전통적인 사상을 잘 혼합하면서 발전해 왔다. 이러한 영향을 받아서 오늘날 스위스 직접민주주의의 주요 쟁점 중에 하나는 외국의 흐름과 스

---

25) Kris W. Kobach, *The Referendum: Direct Democracy in Switzerland*(Aldershot: Dartmouth), 1993; Linder Wolf, *Swiss Democracy: Possible Solutions to Conflict in Multicultural Societies*(London: Macmillan, 1994) 참조.

26) Kris W. Kobach, 앞의 책, p. 16.

위스 전통을 각각 어느 정도 반영하면서 활용할 것인가이다. 현재 지방정부인 코뮌과 칸톤에서 활발하게 이용되고 있는 주민투표와 같은 직접민주주의 형태는 스위스만이 갖고 있는 가장 흥미스럽고 독특한 것이라고 평가받고 있다.[27]

2 주민투표 유형

스위스는 26개의 칸톤이라는 지방정부로 이루어진 연방국가이다. 스위스의 주민투표는 연방정부, 광역지방정부인 칸톤, 기초지방정부인 코뮌 수준에서 이

〈표 3-3〉 스위스의 주민투표 수(1848~1999년)

기 간	주민투표 수	안건 수	연평균 안건 수	투표당 안건 수
1848~9	1	1	1	1
1850~9	0	0	0	0
1860~9	1	9	0.9	9
1870~9	8	11	1.1	1.4
1880~9	8	12	1.2	1.5
1890~9	17	22	2.2	1.3
1900~9	10	14	1.4	1.4
1910~9	10	11	1.1	1.1
1920~9	21	30	3.0	1.4
1930~9	17	22	2.2	1.3
1940~9	15	17	1.7	1.1
1950~9	31	43	4.3	1.4
1960~9	21	26	2.6	1.2
1970~9	32	80	8.6	2.5
1980~9	26	60	6.0	2.3
1990~9	23	80	10	3.5
합계	241	438		

27) Maija Setälä, *Referendum and Democratic Government*(Finland: Palgrave Mamillan, 1999), pp. 135-136.

루어지고 있다. 스위스는 주민투표, 주민발안 등 직접민주주의가 정치 체제에서는 일상화되어 있다고 할 수 있다. 예를 들면, 제2차 세계대전 이후에 전 세계 민주국가 중에 연방 수준에서 이루어진 주민투표의 3분의 2는 스위스에서 이루어졌다고 할 정도이다. 그러나 연방정부 수준에서 이루어진 주민투표는 지방정부 수준에서 이루어지는 주민투표보다 영향력이 낮다. 이는 스위스 정부의 구성이 매우 독특하기 때문이다. 스위스는 일종의 연합민주주의(consociational democracy)를 하는 나라다. 즉, 스위스 연방은 우리와 같이 단일 민족, 단일 언어가 아닌 다민족, 다언어로 구성된 연방정부인 것이다. 따라서 정치 체제가 안정화되려면 인구 비례가 아닌 다민족, 다언어 사용 지역의 의견을 정책에 잘 반영해야 한다. 연합민주주의는 이러한 특성을 반영하는 민주주의 형태다. 그러나 연합민주주의는 주민의 의견이 중요한 것이 아니라 다민족, 다언어의 지도자들이 이끌어가는 형태다. 따라서 국정은 민족과 언어를 대표하는 엘리트들의 협의에 의해서 이루어지기 때문에 주민들의 의견을 직접 반영하는 영역이 작아질 수밖에 없다. 따라서 실제로 주민투표가 중요하게 이루어지는 곳은 지방정부인 칸톤과 코뮌이라고 할 수 있다.[28]

3 주민투표 운용 실태

세계에서 주민투표를 가장 빈번하게 사용하는 나라는 스위스다. 연방 수준에서는 매년 4회 정도의 국민투표가, 칸톤과 코뮌 수준에서는 평균 20회 정도의 주민투표가 실시된다. 스위스는 주마다 각각 독자의 헌법을 가지고 있으며, 주 차원에서의 주민투표제도는 주마다 매우 다르다. 독일어계의 주에서는 직접민주제도가 비교적 널리 이용되며, 프랑스계와 이탈리아계의 주에서는 제한적으로 이용되고 있다.

주민투표에 회부되는 모든 법안은 의회에 의해 형식 심사와 내용 심사를 받아야 한다. 의회가 스스로 대안을 작성하여 주민발안법안과 함께 주민투표에 회부하는 것도 허용된다.[29] 칸톤에서의 의무적 주민투표는 주의 헌법에 관한

28) 앞의 책, p. 137.
29) 김영삼, 앞의 책, pp. 433-444.

사항을 결정할 때이고, 선택적 국민투표는 주의 법률이 모두 대상이 될 수 있다. 일정한 액수 이상을 지출할 때에는 반드시 유권자들에게 의견을 묻도록 하는 재정 주민투표제도를 제도화하고 있는 주가 대부분이다.

코뮌에서 의무적으로 주민투표에 부쳐야 하는 내용은 코뮌의 예산, 중요한 지출 사항, 부동산 양도, 조례 변경 등이다. 선택적 주민투표는 지방의회가 의사 결정을 하여 집행하기 이전에 일정한 기간을 두어 일정 수 이상의 주민의 요구가 있으면 주민투표를 실시하는 것이다. 구체적인 주민투표의 내용과 범위는 각 코뮌에서 정한다.[30] 최근에 국내 언론에 나왔던 스위스의 주민투표 기사를 보면 스위스 주민투표가 얼마나 생활화되었는지를 알 수 있다.

제네바 주민투표. '초등생 서열화' 논란[31]

"앞으로 교사들은 학생들을 가르치는 대신에 등급을 매기느라 너무 많은 시간을 허비하게 될 것이다."

스위스 제네바 칸톤(州) 초등학교 교직원 노조의 올리비에 보 위원장은 25일 전날 주민투표를 통해 '초등학생 등급제'가 재도입되는 쪽으로 최종 결론이 난 데 대해 이렇게 개탄했다. 24일 주민투표에서 제네바 유권자들은 칸톤 정부와 초등학교 교직원 노조의 간곡한 호소에도 불구, 76%에 가까운 압도적 지지로 재도입 세력의 손을 들어 주었다고 스위스 언론이 25일 전했다. 이로써 '비(非)등급제'는 지난해 제네바 칸톤 교육부가 다시 도입한 이후 1년여 만에 뒤집히게 되는 등 제네바 칸톤의 교육정책이 오락가락하고 있다. 이에 따라 새 학기가 시작되는 내년 8월부터는 8~9세의 초등학교 3학년생 이상의 경우 1~6점 척도에 의해 학력평가가 이뤄지게 되며, 평균 학력 기준에 미달하는 학생은 유급된다.

기존 시스템에서는 같은 나이의 초등학생은 학력 수준이 어떻든 간에 상관없이 다음 학년으로 진학하고 있다. 초등학생 등급제의 재도입과 관련, 교직원 노조 측은 공부 잘하는 학생은 더욱 잘 나가고, 못하는 학생은 뒤처지는 '이중 시스템'이 초래될 것이라고 경고하고 나섰다. 보 위원장은 "우리는 등급을 매김으로써 학생의 진학 여부를 판단하지 못한다고 본다"며 "학생은 학교에서 다른 학생과 비교하면서 계속 자신의 위치를 확인하고자 노력할 것이 아니라, 지식과 기술을 배워야만 한다"고 주장했다. 주민투표 직전까지 교직원 노조 측은 만일 등급제의 재도입이 결정될 경우 '시민불복종' 운동을 펴겠다고 경고하기도 했으나, 실제로 투표 결과가 그렇게 나오자 행동으로 옮기지는 못했다. 등급제 찬성론자 측은 이는 '선별 제도'의 재도입이 아니라, '교육에서 훈육으로' 그 중심을

30) 안성호, 분권과 참여-스위스의 교훈(도서출판 다운샘, 2005), pp. 193-241. 참조.
31) 제네바=연합뉴스를 조선일보에서 인용 보도: 2006년 9월 26일.

옮기는 한편, 학부모에게 자녀들이 어떻게 학교 생활을 하는지에 대해 더욱 분명한 그림을 제공하기 위한 것이라고 반박하고 나섰다.

또 다른 예를 보자. 스위스 주민투표는 역사와 전통이 오래되었기 때문에 상호간에 신뢰가 축적되어 굳이 부정선거를 운운할 필요가 없게 되었다. 감시와 견제가 필요없는 통신시설인 휴대폰과 인터넷 등을 이용해 주민투표가 이루어지고 있다. 다음 기사는 바로 이에 대한 것이다.[32)]

스위스에서 오는 30일 세계 최초로 휴대폰을 이용한 투표가 이루어진다. 스위스 취리히 칸톤의 뷜락 시(市)는 사전에 신청한 1만 6천 700명의 지역 주민들에게 인터넷에 연결된 가정 내 PC나 휴대폰의 단문 메시지 서비스(SMS)로 주민투표에 참여할 수 있도록 했다. 스위스는 직접민주주의를 실시하는 유일한 나라답게 지역 단위나 전국 단위의 투표가 자주 시행되고 있고 인터넷 투표 실험도 최초를 기록하고 있다. 지난 2002년 1월 제네바 칸톤의 한 소규모 선거구에서 주민 1천 162명이 참여하는 전자투표가 최초의 사례. 물론 미국과 영국 등에서도 이전에 소규모의 전자투표가 실시된 적은 있지만 법적 구속력을 가진 것은 아니었다. 이어 지난해 11월에는 제네바 칸톤에서 전국 단위의 주민투표에 인터넷이 처음으로 이용되기도 했고, 뇌샤텔 칸톤에서도 올해 9월 인터넷 주민투표가 성공을 거두어 11월 전국 단위의 주민투표에서 다시 시도할 예정이다. 뷜락 시의 휴대폰 투표는 희망자에게 안내 팸플릿과 투표용지, 투표카드를 우송하고 투표카드에 기재된 고유의 번호들을 이용하는 점에서는 기존의 인터넷 투표와 같은 방식이다.

이를 신청한 유권자는 접속 코드를 누른 뒤 찬성·반대·기권을 표시하는 숫자들을 고른 다음, 접속 번호에 SMS를 보내면 된다. 본인 확인을 요청하는 회답 메시지가 오면 생년월일을 누르면 다시 투표 완료의 메시지가 도착한다는 것이다. 선거관리위원회 측은 안전성과 익명성은 충분히 보장되지만 찬반 여부를 숫자화해서 보내기 때문에 착오가 일어날 수 있는 것이 단점일 뿐이라고 말하고 있다. 노소를 불문하고 높은 휴대폰 보급률, 해외 거주자도 투표할 수 있다는 점에서 더욱 민주적인 수단이라는 것이 지지자들의 한결같은 주장. 그러나 인터넷이나 휴대폰을 이용한 투표에 대해 반대하는 목소리도 만만치 않다. 지금까지는 투표하는 사람이나 개표하는 사람이 같은 시민이었지만 앞으로는 개표하는 사람이 일부의 컴퓨터 기술자에 국한되는 것은 문제라는 것. 재개표가 불가능하다는 것도 또 다른 약점으로 지적되곤 한다.

지금까지 스위스에서 실험한 선구적 전자투표 프로젝트에 소요된 비용은 약

32) 조선일보, 2005년 10월 30일 기사에서 검색.

600만 프랑. 향후 10년간 계획하고 있는 전국적 전자투표의 소요 비용은 4~6억 프랑 정도로 추산되고 있다. 뷜락 시에서 실시하는 휴대폰 주민투표의 메시지 송신요금은 정부 부담이지만 해외 거주자는 자기 부담이다. 취리히 칸톤은 다음 달 11월 27일 실시되는 전국 단위 국민투표에서는 SMS 투표를 포함하는 전자투표를 추가로 3개 시에 확대할 예정이어서 뇌샤텔 칸톤과 함께 전국 2개 지역에서 동시에 전자투표가 실시되는 이정표를 세우게 된다. 스위스 정부는 실험 프로젝트가 성공하면 법률적 준비 작업을 거쳐 2007년 의회의 본격적 논의에 부친다는 방침. 따라서 본격적인 전자투표 시대의 도래는 2008~2010년 사이에 실현될 것으로 예상된다.

4 특 징

스위스 주민투표는 다음과 같이 그 특징을 요약할 수 있다.

첫째, 주민투표의 일상화다.

스위스는 주민투표가 일상화되어 있다고 할 정도로 주민투표가 매우 성행하고 있는 나라다. 마을에서 피아노 학원을 인수할 것인가 여부를 결정하기 위해서도 주민투표가 실시되는 나라이기도 하다. 이렇게 일정 재정이 소요되는 사업은 주민투표에 의해서 결정하게 하는 재정주민투표가 법제화된 지역이 많기 때문에 주민투표는 자연스럽게 많아질 수밖에 없다.

둘째, 주민투표 대상이 매우 다양하다는 것이다.

우선 지역마다 주민투표의 빈도 수가 다르다는 점이다. 독일계가 많이 살고 있는 지역은 주민투표가 자주 있는 반면에 이탈리아와 프랑스계가 많이 살고 있는 지역은 주민투표 빈도 수가 적은 것도 스위스 주민투표의 특징이라 할 수 있다. 대상도 각 지역마다 조례 등에 의해서 결정하도록 하고 있기 때문에 다양한 주민투표가 이루어질 수밖에 없는 것도 스위스 주민투표의 특징이라고 할 수 있다.

셋째, 주민투표는 지방의회가 주도한다.

스위스 연방정부는 내각책임제도를 채택하고 있기 때문에 연방의회가 국정운영의 중심이 되고 있다. 마찬가지로 지방정부도 통합형을 채택하고 있기 때문에 집행부보다도 의회가 중심이 되어 지방정부를 운영하고 있는 것이다. 따라서 주민투표도 지방의회가 발의권을 비롯한 전반적인 권한을 가지고 있다.

넷째, 쟁점의 중요도에 따라 다양한 직접민주제를 활용하고 있다.[33)]

스위스 국민들도 완벽한 직접민주주의의 구현이 실현 가능한 것이 아님을 인정한다. 그래서 아주 중요한 쟁점은 반드시 주민이 직접 결정하고, 주요한 쟁점은 일차적으로 의회가 결정하되 주민의 요구에 의해 선택적으로 주민이 결정권을 행사할 수 있도록 한다. 그리고 비교적 덜 중요한 사안은 의회나 행정부가 결정하도록 하고 있다. 이에 대한 내용이 <표 3-4>이다.

〈표 3-4〉 쟁점의 중요도에 따른 직접민주제 활용

	입법 형태	심의기관	시민참여 방식
매우 중요한 쟁점	헌법 개정	의회	의무적 국(주)민투표 / 국(주)민 발안
중요한 결정	일반 입법	의회	선택적 국(주)민 투표 / 국(주)민발안(단, 연방법에 대한 국민발안은 불가)
덜 중요한 결정	의결 / 규정 / 규칙	의회 / 행정부	

자료: 안성호, 앞의 책.

제 5 절 기타 국가

1 프랑스

프랑스에서의 주민투표는 원래 주민의 의견을 청취하는 한정된 수단일 뿐 법률 외에 1992년까지 시장이 시민의 의견을 직접 묻는 것을 공식적으로 규정하거나 금지한 것은 존재하지 않았다.

1992년에 기초자치단체법에 삽입된 주민투표에 관한 규정을 보면, 주민투표는 당해 기초자치단체의 권한 사항을 규정하기 위해 기초자치단체 당국이 결

33) 안성호, 앞의 책, p. 207.

정을 내릴 필요가 있는 항목에 대해 실시할 수 있다. 투표 실시는 인구 3,500명 이상의 기초자치단체에서는 시장 또는 기초자치단체의회 의원 1/3 이상의 서명 요구, 그 밖의 기초자치단체에서는 의회 의원 과반수의 서면 요구가 있어야 한다. 1년간에 2건의 투표를 실시할 수 없으며, 동일한 내용을 묻는 투표는 2년 이내에는 할 수 없다. 또한 기초자치단체 의회 선거가 실시되는 해의 전년에는 투표를 실시할 수 없다.[34]

주민투표를 통해서 주민의 의견을 직접 묻는 쟁점은 기초자치단체에 따라 다양하다. 가장 많은 것이 기초자치단체에 어떠한 시설이나 설비의 설치 또는 도입에 관한 것이다.[35]

2 캐나다

캐나다의 지방자치단체 조직은 헌법에 의해 각 주정부가 정하도록 되어 있어, 각자 역사적·사회적·지리적으로 상이한 것을 배경으로 각기 다른 제도를 가지고 있다.[36]

뉴펀들랜드(Newfoundland) 주의 경우 지방자치단체 의회는 2/3 이상의 발의로 주민의 의견을 묻는 주민투표를 실시할 수 있다. 투표 결과는 법적 구속력이 없으며, 주민의 의사 확인 정도로서의 성격을 가지고 있다. 뉴브런즈윅(New Brunswick) 주의 경우 투표자의 60% 이상 찬성을 얻으면 투표 결과의 법적 구속력을 갖게 된다. 주민발의권은 인정하지 않고 있다.

퀘벡(Quebec) 주의 경우 두 종류의 주민투표가 있는데, 첫째는 지방자치단체의 조례 의결에 관한 주민투표이고, 둘째는 지방자치단체 의회가 유권자의 의견을 묻는 주민투표로서 그 내용이 당해 자치단체의 권한 범위 내에 관한 사항으로 찬부를 묻는 형식이다. 모든 주민투표는 의회의 발의에 의하고, 주민발의는 인정되지 않는다.[37] 선거권자는 18세 이상으로 캐나다 시민권을 가진 당

---

34) 지방자치단체국제화재단 편집실, 앞의 책, p. 55.

35) 박영도, 앞의 책, pp. 21-25.

36) 권순복, "캐나다 각 중의 주민투표제도(상),(하)", 자치행정, 제111호, 제112호, 1997, pp. 6-7; 국회행정자치위원회, 주민투표법의 입법 방향, 앞의 책, pp. 60-62.

37) 이성연, "주민투표제도에 관한 연구', 인천대학교 석사학위 논문, 2000, pp. 36-42.

해 지방자치단체 거주자인데, 구역 내에 일정한 부동산 또는 사업소를 갖는 자도 투표권을 갖는다. 1995년 10월 30일에 실시된 퀘벡 주 독립에 관한 주민투표는 유권자 500만 명 중 470만 명이 참여했는데, 반대 50.6%, 찬성 49.4%의 근소한 차이로 부결되었다.

02

주민투표제도의 내용

제 4 장 주민투표의 허용과 제한 대상

제 1 절 주민투표의 허용 대상

1 서 언

주민투표의 대상이란 주민의 직접민주주의 결정 범위를 말하는 것이라 하겠다. 따라서 주민투표의 대상이 넓을수록 직접민주주의 활동 범위가 넓다고 하겠으며, 범위가 작으면 직접민주주의 영역이 협소하다는 의미가 된다. 독일이나 스위스는 주민투표 대상의 범위가 다른 나라보다 다양하고 그 폭도 매우 넓은 편이다. 그러나 넓었다고 반드시 좋다고 볼 수 있느냐에 대한 논쟁은 계속된다. 즉, 주민투표 대상이 지나치게 넓었을 때는 대의정치의 대표인 지방의회가 위축될 수 있다는 것이다. 지방의회가 위축되면 될수록 이로 인한 부작용도 만만치 않다는 것은 재언할 필요가 없을 정도로 우리는 지방의회의 긍정적인 면을 잘 알고 있다.

우리 나라의 주민투표의 사례를 보면 주민투표제도 도입 이전에는 구역 통합이나 변경과 같은 행정적인 주민투표에서 시작해 국가정책에 대한 주민투표로서 부안군 주민투표가 있었다. 그러나 우리 나라의 주민투표 양상은 이렇게 정책적인 것만 이루어진 것이 아니라 보도 블록 선정을 위한 주민투표, 방음벽 설치를 위한 주민투표, 공용 버스터미널과 지하상가 건설에 관한 주민투표 등 주민 일상 생활과 관련된 주민투표들도 많이 이루어졌다. 주민투표 도입 이후에는 국가정책에 관한 주민투표만이 행해졌을 뿐이다. 주민투표법 제정 이후 오히려 주민투표가 줄어들고 있다고 할 수 있다. 이는 주민들이 신중해졌다는 요인도 있지만 주민투표제도 자체가 매우 복잡하고 비용이 많이 소요되는 점 때문이라고도 할 수 있다. 따라서 주민투표제도 도입이 주민들이 지역 문제에 직접 참여하도록 하기 위해서 제정한 만큼, 이 취지를 살리기 위해서라도 주민이 쉽게 주민투표를 할 수 있도록 하는 방안을 시급하게 만들어 가야 할 것이다.

2 내 용

주민투표 대상이 되는 사항에 대해서 기술하는 방법은 다음과 같이 세 가지다.[1)]

① 포지티브 리스트(positive list) 방식 : 주민투표의 대상을 법령이나 조례에 나열하는 방식이다. 이 방식은 현재 우리 나라에서 채택하는 방법으로서 주민투표 대상은 주민투표법과 각 자치단체의 주민투표조례에 나열되어 있다.

② 네거티브 리스트(negative list) 방식 : 주민투표 대상이 될 수 없는 사항만 법령이나 조례에 나열하고 나머지는 자동적으로 주민투표 대상이 될 수 있게 하는 방식을 말한다. 현재 우리 나라 주민투표법 제7조 제2항은 주민투표 대상에서 제외되는 항목을 나열하고 있다.

③ 무제한으로 맡기는 방식 : 아무런 제한을 두지 않은 방식으로서 주민, 지방자치단체장, 지방의회가 일정한 절차만 거치면 할 수 있는 방식을 말한다. 이 방식은 독일, 스위스, 미국과 같은 지역에서 활용되고 있는 방법 가운데 하나이다. 그러나 모든 것을 무한적으로 주민투표 대상으로 삼는 자치단체는 어느 나라에도 없다 하겠다. 특히, 주민투표가 구속력을 가진 경우에는 더욱 그렇다.

---

1) 반성훈, "주민투표제도에 관한 연구," 2005, p. 121.

그리고 주민투표 대상을 어느 곳, 즉 헌법, 법률, 조례 중 어디에서 규정하느냐도 중요하다. 왜냐하면 법률의 체계상 주민투표 대상을 어느 곳에 규정하느냐에 따라 권위의 정도를 말해 주기 때문이다.

이러한 방식 중 우리 나라는 어떠한 방식으로 어떤 내용이 주민투표 대상이 되는지를 살펴보자. 우리 나라 주민투표법 제7조는 주민투표의 대상을 주민에게 과도한 부담을 주거나 중대한 영향을 미치는 지방자치단체의 주요 결정 사항으로서 그 지방자치단체의 조례로 정하는 사항은 주민투표에 부칠 수 있다고 하고 있다. 따라서 주민투표 대상은 법률과 조례에 의해 규정하고 있으며, 기술 방식은 원칙적으로는 포지티브 리스트 방식을 취하면서 부차적으로 네거티브 리스트 방식을 취하고 있다. 이 방식에 따라서 각 지방자치단체도 조례에 주민투표 대상을 나열하고 있다.

주민투표제도 도입 이후 주민투표가 실시되었던 제주·청주·청원·군산·경주·영덕·포항시의 주민투표조례를 비교해 보자.

〈표 4-1〉 각 지방자치단체의 주민투표 대상

지 역	주민투표 대상
제주도	1. 기초자치단체 간 대립되는 주요 정책 결정 사항 2. 다수 주민의 이용에 제공하기 위한 주요 공공시설의 설치 및 관리에 관한 사항 3. 다른 법률에 주민의 의견을 듣도록 한 사항 4. 기타 주민에게 과도한 부담을 주거나, 주민의 복리·안전 등에 중대한 영향을 미치는 사항
청주시	1. 구와 동의 명칭 및 구역 변경, 폐치·분합, 사무소 변경에 관한 사항 2. 지방자치법 제4조 제5항의 규정에 의한 행정동의 구역 변경과 폐치·분합 3. 다수 주민의 이용에 제공하기 위한 주요 공공시설의 설치 및 관리에 관한 사항 4. 각종 기금의 설치, 지방채 발행, 민간투자사업의 실시에 관한 사항 5. 법 제7조 제2항 제5호에서 규정된 사항을 제외하고 기타 다른 법률에 주민의 의견을 듣도록 한 사항 6. 집행기관과 의회 간의 대립되는 주요 정책 결정 사항 7. 기타 주민의 복리·안전 등에 중대한 영향을 미치는 주요 결정 사항

지 역	주민투표 대상
군산시	1. 읍・면・동의 명칭 및 구역 변경, 폐치・분합에 관한 사항 2. 읍・면・동사무소의 소재지 변경 또는 설정에 관한 사항 3. 다수 주민의 이용에 제공하기 위한 주요 공공시설의 설치 및 관리에 관한 사항 4. 각종 기금의 설치, 지방채 발행, 민간투자사업의 실시에 관한 사항 5. 법 제7조 제2항 제5호에서 규정된 사항을 제외하고 기타 다른 법률에 주민의 의견을 듣도록 한 사항 6. 기타 주민의 복리・안전 등에 중대한 영향을 미치는 주요 결정 사항
경주시	1. 읍・면・동의 명칭 및 구역 변경, 폐치・분합에 관한 사항 2. 읍・면・동사무소의 소재지 변경 또는 설정에 관한 사항 3. 다수 주민의 이용에 제공하기 위한 주요 공공시설의 설치 및 관리에 관한 사항 4. 각종 기금의 설치, 지방채 발행, 시와 민간이 공동출자하는 대규모 투자사업 등의 실시에 관한 사항 5. 다른 법률에 주민의 의견을 듣도록 한 사항 6. 기타 주민에게 과도한 부담을 주거나 주민의 복리・안전・환경 등에 중대한 영향을 미치는 주요 결정 사항
영덕군	1. 읍・면의 명칭 및 구역 변경, 폐치・분합・사무소 변경에 관한 사항 2. 지방자치법 제4조 제5항의 규정에 의한 행정리의 구역 변경과 폐치・분합 3. 다수 주민의 이용에 제공하기 위한 주요 공공시설의 설치 및 관리에 관한 사항 4. 각종 기금의 설치, 지방채 발행, 민간투자사업의 실시에 관한 사항 5. 법 제7조 제2항 제5호에서 규정된 사항을 제외하고 기타 다른 법률에 주민의 의견을 듣도록 한 사항 6. 기타 주민의 복리・안전 등에 중대한 영향을 미치는 주요 결정 사항
포항시	1. 구・읍・면・동의 명칭 및 구역 변경, 폐치・분합에 관한 사항 2. 시 및 구・읍・면・동의 사무소 소재지 변경 또는 설정에 관한 사항 3. 다수 주민의 이용에 제공하기 위한 주요 공공시설의 설치 및 관리에 관한 사항 4. 다른 법률에서 주민의 의견을 듣도록 한 사항 5. 기타 주민에게 과도한 부담을 주거나 주민의 복리・안전 등에 중대한 영향을 미치는 주요 결정 사항
청원군	1. 읍・면의 명칭 및 구역 변경, 폐치・분합, 사무소 변경에 관한 사항 2. 지방자치법 제4조 제5항의 규정에 의한 행정리의 구역 변경과 폐치・분합 3. 다수 주민의 이용에 제공하기 위한 주요 공공시설의 설치 및 관리에 관한 사항 4. 각종 기금의 설치, 지방채 발행, 민간투자사업의 실시에 관한 사항 5. 법 제7조 제2항 제5호에서 규정된 사항을 제외하고 기타 다른 법률에 주민의 의견을 듣도록 한 사항 6. 기타 주민의 복리・안전 등에 중대한 영향을 미치는 주요 결정 사항

자료: 각 시・군 조례에서 편집했음.

상기 <표 4-1>에서 보면 대체로 각 자치단체는 행정구역의 변경이나 명칭 변경, 사무소 소재지 변경이나 설치, 또는 주민이 이용하는 공공시설의 설치, 기타로서 주민에게 과도한 부담을 주거나 주민의 복리에 관한 사항을 조례에 명시하고 있다. 그러나 포항시와는 달리 다른 지역은 각종 기금의 설치, 지방채 발행, 민간투자사업의 실시 등에 대해서도 주민투표의 대상으로 규정함으로써 재정주민투표의 가능성을 열어 놓고 있다. 그리고 더욱 특이한 것은 청주시는 주민투표 대상에 집행기관과 의회 간의 대립되는 주요 정책 결정 사항을 규정함으로써 그 범위에 대한 논란이 예상된다.

제주도는 제주특별자치도가 2006년 7월 1일에 실시되면서 주민투표 대상이 다른 지역에 비해 매우 많아졌다. 제주특별자치도의 설치 및 국제자유도시 조성을 위한 특별법(이하 "제주특별자치도특별법")에 의해 법률로써 주민투표 대상을 규정하고 있는 것이다. 예를 들면, 제주도를 제외한 다른 지방자치단체들이 지방자치법에 의거 지방의회와 집행기관에 관한 규정에 따르고 있지만 제주도는 이를 달리할 수 있다. 즉, 현재 우리 나라 지방자치단체의 지방의회와 집행부의 관계는 대립형인데 반해 제주도는 통합형까지도 할 수 있다는 것이다. 이 때 제주도지사는 지방의회의 동의를 받아 행정자치부 장관에게 주민투표 실시를 요청할 수 있도록 하고 있다.[2] 또한 제주특별자치도특별법은 주민투표법의 특례로 도조례가 정한 일정 예산 이상이 소요되는 대규모 사업에 주민투표가 가능하도록 하여 재정주민투표를 인정하고 있다.[3] 이 밖에도 제주특별자치도특별법은 주민소환투표제도를 도입하고 있기 때문에 사실상 주민투표 대상의 범위는 매우 넓다 하겠다.

3 쟁점 사항

1) 문구의 모호성

이미 기술한 바와 같이 주민투표법은 주민에게 과도한 부담을 주거나 중대

2) 제주특별도특별법, 제13조.
3) 제주특별도특별법, 제23조.

한 영향을 미치는 지방자치단체의 주요 결정 사항으로서 그 지방자치단체의 조례로 정하는 사항은 주민투표에 부칠 수 있다고 규정하고 있다. 여기에서 쟁점은 용어에 대한 정의이다. 즉, "과도한 부담", "중대한 영향"이라는 용어의 모호성이 쟁점 사항인 것이다. 이 용어를 누가, 어떻게 판단할 것인가에 따라서 주민투표 실시 여부가 결정되기 때문에 매우 중요한 사항 중에 하나다. 물론 이에 대한 사항은 조례로 정하도록 하고 있지만 그럼에도 불구하고 이 용어의 모호성에 대한 해석은 언제나 쟁점이 될 것이다.

2) 지방자치단체의 폐치·분합에 관한 사항의 제외

과거 주민투표법안을 제출했던 국민회의안과 민자당안의 주민투표 대상을 살펴보자.

(1) 국민회의안

제7조 "주민투표의 대상은 지방자치단체의 폐치·분합 또는 주민에게 과도한 부담을 주거나 중대한 영향을 미치는 지방자치단체의 주요 결정 사항 등에 한한다"라고 규정하고 있다.

(2) 민자당안

제11조 지방자치단체의 장은 다음 각 호의 사항에 대해 주민투표에 부칠 수 있다.

1. 당해 지방자치단체의 폐치·분합
2. 주민에게 과도한 부담을 주거나 중대한 영향을 미치는 지방자치단체의 주요 결정 사항으로서 대통령으로 정하는 사항

이 두 안은 모두 지방자치단체의 폐치·분합이 주민투표 대상에서 핵심으로 자리잡고 있었다. 그러나 이번 주민투표법은 지방자치단체의 폐치·분합은 주민투표 대상에서 제외시켰다. 대신에 주민투표법 제8조는 지방자치단체의 폐치·분합을 국가정책의 주민투표 대상으로 규정하고 있다. 따라서 지방자치단체의 폐치·분합은 주민들의 결정할 수 있는 범위인 제7조의 주민투표 대상에서 제외시킨 것이다. 물론 이것은 참여정부가 지방자치단체의 대대적인 개편을 염두에 두고 이 조항을 신설한 점과 실제로 지방자치단체들이 스스로 폐치·분합을 하기 어렵다는 현실론적 측면에서 이해가 가는 대목이다. 그럼에도 불

구하고 지방자치에서 가장 중요한 결정이라고 하는 지방자치단체의 폐치·분합을 지역 주민의 청구하는 주민투표 대상에서 제외하는 것은 무리라고 할 수 있다. 이에 대한 논쟁은 계속될 것이다.

3) 주민투표 대상 범위

또 다른 큰 논쟁점 중에 하나가 주민투표 대상 범위를 어느 정도까지 해야 할 것인가이다. 반복하여 기술하고 있지만 독일의 작센 및 브레멘 주처럼 의회에 속한 모든 사항을 주민투표의 대상으로 한 곳이서부터 일본처럼 지방자치단체장의 해직, 지방의회의 해산을 주민투표 대상으로 하는 곳도 있다. 그리고 한국과 같이 그 범위가 매우 좁은 나라도 있다.

대상 범위에 대한 논란은 대의제도와 주민투표와의 관계를 어떻게 설정하느냐와 관련이 깊다. 다시 말하면, 주민투표가 대의제도의 보충인 측면이 강조되면 주민투표 대상 범위는 좁을 수밖에 없다. 왜냐하면, 대의제도의 상징인 지방의회를 훼손하는 영역은 주민투표의 대상에서 제외될 수밖에 없기 때문이다. 반면에 주민투표가 대의제도를 불신하는 측면을 강조하면 주민투표의 대상 범위는 매우 넓어진다. 왜냐하면 이 주장은 주민투표를 지방의회의 대체 제도로 생각하기 때문에 지방의회의 권한에 속하는 사항은 주민투표의 대상으로 해야 한다는 것이기 때문이다. 특히, 지방의회와 집행부가 통합형인 지방자치단체에서는 주민투표 대상의 범위가 넓을 수밖에 없다 하겠다. 따라서 이 논쟁은 민주주의의 대전제인 대의제도의 위상과 관련이 깊을 수밖에 없기 때문에 계속될 것이다.

4 개선 방안

주민투표의 대상을 어떻게 하느냐 하는 것은 나라마다 다르다. 그 나라가 갖고 있는 민주주의의 형태, 지방자치의 역사, 그리고 지역 주민들의 자치 의식 등에 따라서 차이가 난다. 민주주의 실시와 더불어 지방자치 실시 역사가 오랜 곳, 그리고 지역 주민들의 자치 의식이 높은 곳은 주민투표의 대상이 넓을 수밖에 없을 것이며, 이 반대는 주민투표 대상이 협소할 것이다.

그러나 우리 나라와 연계해서는 이러한 점도 고려되지만 주민투표의 관리와도 연관이 깊다 하겠다. 우리 나라 주민투표제도는 주민투표의 관리를 지방자치단체 또는 지역 주민이 아니라 중앙선거관리위원회가 하고 있다. 따라서 주민투표의 관리는 항상 공식적이며 경직되게 운영될 수밖에 없으며 따라서 비용이 많이 소요된다. 비용이 많이 소요되게 되면 현재 재정적으로 크게 압박받고 있는 자치단체로서는 주민투표를 자주 하기가 매우 곤란해질 수밖에 없다. 주민투표의 주제에 따라서 유연성 있게 주민투표의 관리를 할 수 있다고 한다면 주민투표 대상은 현재보다 상당히 넓어질 수밖에 없다.

또 다른 하나는 주민투표의 성격에 따라 주민투표 대상이 달라진다는 것이다. 주민투표가 구속적이면 자연히 주민투표 대상은 좁아질 수밖에 없고, 비구속적·자문적이라고 한다면 그 대상은 확대될 수 있을 것이다. 우리 나라 주민투표가 대체로 구속적인 성격보다 비구속적인 성격이 강하기 때문에 주민투표 대상을 확대해도 큰 문제는 없을 것이라 사료된다.

주민투표 실시 지역의 주민들을 대상으로 주민투표 대상에 대해서 의견을 조사해 본 결과가 <표 4-2>이다.[4]

---

4) 이 연구는 실증적 연구를 강화하기 위해 주민투표가 실시되었던 지역을 집중적으로 연구했다. 우선 본 연구자가 주민투표가 실시되었던 7개 지역을 전부 현장조사를 했다. 현장조사는 2005년 12월에서 2006년도 1월까지 했다. 현장조사를 하면서 주민투표 실시 과정과 실시 과정에서의 문제점 등을 문서자료와 면담을 통해서 파악했다. 그리고 이 연구 과정에서 대통령자문 정부혁신지방분권위원회가 본 연구자에게 참여정부에서 실시했던 '주민투표 사례연구' 용역을 의뢰했다. 본 연구자는 실시 지역 1,220여명의 주민들을 대상으로 설문조사를 실시하여 분석했고, 이 지역의 주민투표 담당 공무원들과 워크숍을 개최했다.
설문조사는 2006년 11월 20일에서 11월 30일까지 지역 주민을 대상으로 구조화된 설문지를 가지고 면접식으로 조사했다. 설문지는 총 1,300부를 배포했는데 유효 설문지는 아래 표와 같이 1,220매였다. 조사된 설문지는 SPSS 프로그램으로 분석했다.

〈표〉 설문 표본 지역

지 역	제주시	서귀포시	포항	군산	경주	영덕	청원	청주	합계
도수(%)	184 (15.1)	182 (14.9)	106 (8.7)	156 (12.7)	133 (10.9)	130 (10.7)	124 (10.2)	205 (16.8)	1220 (100.0)

이 연구에서 실증적 연구는 이 과정에서 얻은 자료를 많이 활용했다. 이후 내용에서 기술되는 주민투표 실시 지역 설문조사는 이 내용에서 발췌해 활용한 것임을 밝혀 둔다. 자세한 내용은 양영철, 참여정부의 주민투표 사례분석, 앞의 책, pp. 127-182에 상세하게 나왔음.

〈표 4-2〉 주민투표 대상에 대한 의견

문항	주민투표의 대상에 대해서 어떻게 생각하십니까?					
답항	현행 유지	공과금 관련 사항 포함	행정기구 관련 사항 포함	공무원 관련 사항 포함	모두 포함	합계
도수 (%)	671 (55.1)	228 (18.7)	115 (9.4)	64 (5.3)	139 (11.4)	1217 (100.0)

상기 표에서 보는 바와 같이 현행처럼 허용 대상으로 정해서 실시해야 한다는 반응이 55.1%로 가장 높게 나타나고 있다. 그러나 공과금을 포함해야 한다가 18.7%, 모두 포함해야 한다는 반응이 11.4% 등 현재보다 확대해야 한다는 의견도 주목할 만하다는 비율임을 유념해야 한다. 다시 말하면 현재보다 주민투표 대상이 더욱 확대되어야 한다는 주민들의 의견도 45%로 매우 높기 때문에 주민투표 대상의 확대에 대한 요구는 계속 늘어날 가능성이 있다. 이 조사는 지역에 따라 유의미한 차이가 있었다. 그 결과가 다음 <표 4-3>이다.

〈표 4-3〉 지역별 주민투표 대상에 대한 의견

문항	주민투표의 대상에 대해서 어떻게 생각하십니까? 〈도수(%)〉					
지역 \ 답항	현행 유지	공과금 관련 사항 포함	행정기구 관련 사항 포함	공무원 관련 사항 포함	모두 포함	전체
제주 지역	167 (45.9)	72 (19.8)	41 (11.3)	25 (6.9)	59 (16.2)	364 (100.0)
청주 · 청원 지역	168 (51.2)	74 (22.6)	35 (10.7)	14 (4.3)	37 (11.3)	328 (100.0)
방폐장 주민투표지역	336 (64.0)	82 (15.6)	39 (7.4)	25 (4.8)	43 (8.2)	525 (100.0)
합계	671 (55.1)	228 (18.7)	115 (9.4)	64 (5.3)	139 (11.4)	1217 (100.0)

상기 표를 보면 알 수 있듯이 제주 지역은 현행 유지보다 확대가 더욱 많고, 청주와 청원 지역 주민들은 현행 유지와 확대에 대해서 거의 동일한 의견을 가지고 있었다. 방폐장 건설에 대한 주민투표 지역은 현행 유지가 64%로 가장 높게 나타났다.

제 2 절 국가정책에 대한 주민투표 허용 대상

1 서 언

국가정책에 대한 주민투표는 과거 민자당과 민주당, 국민회의 그 어느 데에서도 이에 대한 언급이 없었던 조항이다. 다만, 민자당안(제12조)과 국민회의안(제8조)은 해당 지방자치단체의 권한 외의 사항에 대해서는 주민투표 제한 대상으로 규정하고 있다. 국가가 국가의 권한을 행사하는 데 대해 그 영향을 직접 받는 지역 주민들이 해당 정책결정 과정에 관여하게 하는 것은 지방자치의 확대된 개념이라고 할 수 있다. 이렇게 국가정책에 대해서 지역 주민들이 관여하게 하는 것은 지금 우리 나라 사정을 잘 반영하는 것이다. 지방자치가 실시되기 전까지만 해도 국가는 지방에 국가정책사업을 해당 지역의 주민의 생각과는 관계 없이 진행시켜 왔다. 대형 댐과 도로 건설, 대형 공장 부지 건설, 간척지 사업 등 지역 주민의 생활과 직결되는 정책들을 중앙정부는 법과 힘으로 추진했다. 그러나 민주화와 지방자치의 진전으로 인해 이제 지역 주민들은 지방정책은 물론 국가정책에 대해서도 주민의 의견을 들을 것을 강력하게 요구하고 있다. 현재 우리 나라의 상황을 보면 아무리 좋은 국가정책이라도 지역 주민들의 동의가 없이는 사실상 불가능하게 될 정도로 주민들의 목소리가 높아져 있다. 특히, 국가가 전체 국민의 이익과 국가 운영에 절대 필요한 정책도 빈번하게 주민들에 의해 좌절되는 사례가 양산되고 있기 때문에 이 조항은 국가가 차라리 적극적으로 대처한다는 취지로 신설되었다고 볼 수 있다. 이 중에서도 이번 규정에 지방자치단체를 폐치·분합하거나 그 명칭 또는 구역을 변경할 사항을 국가정책 투표 대상으로 삼은 것은 여러 가지 의미가 있다. 이에 대한 조항은 다음과 같은 단계를 거치면서 국가정책에 대한 주민투표 대상이 되었다.

① 지방자치법 제4조 제2항[5]은 지방자치단체를 폐치·분합하거나 그 명칭

5) 지방자치법 제4조(지방자치단체의 명칭과 구역) ① 지방자치단체의 명칭과 구역은 종전

또는 구역을 변경할 때에는 관계 지방자치단체의 의회의 의견을 들어야 하되, 다만 제14조의 규정에 의해 주민투표를 실시한 경우에는 그러하지 아니하다고 규정하고 있다.

② 지방자치법 제14조[6]는 지방자치단체의 장은 주민에게 과도한 부담을 주거나 중대한 영향을 미치는 지방자치단체의 주요 결정 사항 등에 대해 주민투표에 부칠 수 있다고 하여 지방자치단체의 폐치·분합 또는 구역 명칭 및 구역 변경에 대한 규정은 삭제했다.

③ 주민투표법 제8조는 국가정책에 관한 주민투표 대상을 지방자치단체의 폐치·분합 또는 구역 변경, 주요 시설의 설치 등으로 하여 또다시 구역 변경까지 주민투표 대상으로 포함시키고 있다.

이러한 단계를 거쳐 지역 주민들은 비록 국가사무이지만 자신들의 지방자치단체를 폐치·분합하거나 그 명칭 또는 구역을 변경할 때 자신(주민)들의 손에 의해서 결정할 수 있는 기회를 갖게 되었다.

2 내 용

1) 투표 대상

어떠한 국가정책들이 주민투표의 대상이 되는가?

에 의하고 이를 변경하거나 지방자치단체를 폐치·분합할 때에는 법률로써 정하되, 시·군 및 자치구의 관할구역 경계 변경은 대통령령으로 정한다.
② 제1항의 규정에 의하여 지방자치단체를 폐치·분합하거나 그 명칭 또는 구역을 변경할 때에는 관계 지방자치단체의 의회(이하 "지방의회"라 한다)의 의견을 들어야 한다. 다만, 주민투표법 제8조의 규정에 의하여 주민투표를 실시한 경우에는 그러하지 아니하다. <개정 1999. 8. 31, 2004. 1. 29>

6) 지방자치법 제14조(주민투표) ① 지방자치단체의 장은 주민에게 과도한 부담을 주거나 중대한 영향을 미치는 지방자치단체의 주요 결정 사항 등에 대해 주민투표에 부칠 수 있다. <개정 2004. 1. 29>
참고: 주민투표법 제정 이전인 2003년까지는 주민투표 대상을 주민투표법이 제정되기 전에는 지방자치단체의 폐치·분합만을 주민투표 실시 사유로 들고 있었는데 여기에서는 구역 변경 건은 제외시키고 있다
② 주민투표의 대상·발의자·발의 요건·기타 투표 절차 등에 관하여는 따로 법률로 정한다. [본조 신설 1994. 3. 16]

주민투표법[7]은 중앙행정기관의 장은 지방자치단체의 폐치·분합 또는 구역 변경, 주요 시설의 설치 등 국가정책의 수립에 관하여 주민의 의견을 듣기 위하여 필요하다고 인정하는 때에는 주민투표의 실시 구역을 정하여 관계 지방자치단체의 장에게 주민투표의 실시를 요구할 수 있다고 규정하고 있다. 따라서 국가정책 중 주민투표의 대상은 해당 자치단체의 폐치·분합이나 구역 변경, 주요 시설의 설치에 관한 것으로 한정시키고 있다. 이에 따라서 제주도와 청주 및 청원군의 주민투표는 지방자치단체의 폐치·분합의 해당 사항으로, 군산·포항·경주시와 영덕군의 주민투표인 원자력발전소 방사성 폐기물 시설은 주요 시설의 설치에 해당되어 주민투표가 이루어진 것이다.

2) 국가정책에 대한 주민투표의 성격

국가정책에 대한 주민투표는 다음과 같은 성격을 갖고 있다.

첫째, 자문적 성격의 주민투표다.

주민투표법에서 규정하고 있는 국가정책에 대한 주민투표는 구속적 성격이 아니라 명백한 자문적 성격이다. 이는 제8조에 규정한 바와 같이 "중앙행정기관의 장은 국가정책의 수립에 관하여 주민의 의견을 듣기 위하여 필요하다고 인정하는 때에는 주민투표를 할 수 있다"는 규정이 이를 말해 준다.

둘째, 청구는 국가독점이다.

국가만이 주민투표를 자치단체장에게 청구할 수 있도록 하고 있다. 이는 주민투표법이 청구권자를 자치단체장뿐만 아니라 지방의회, 지역 주민으로 규정하는 것과 비교하면 국가정책에 대한 주민투표 청구는 국가가 독점하고 있음을 알 수 있다.

셋째, 발의는 지방자치단체장이면서 의무적이다.

발의는 지역정책과 마찬가지로 지방자치단체장이 독점하고 있다. 그러나 이 발의는 의무적으로 하도록 하고 있다. 지방자치단체의 장은 제8조 제1항의 규정에 의해 주민투표의 실시를 요구받은 때에는 지체없이 이를 공표하도록 하고 있다.

---

7) 주민투표법 제8조.

3) 절 차

절차는 ① 해당 중앙(국가)행정기관의 행정자치부 장관과 협의, ② 해당 중앙행정기관의 주민투표 청구, ③ 해당 자치단체장이 중앙행정기관 청구 사항 공표, ④ 공표일 30일 이내에 지방의회에 의견 청취, ⑤ 지방자치단체장은 지방의회의 의결 청취 결과를 중앙행정기관에 보고, ⑥ 지방자치단체장이 중앙행정기관에 주민투표 발의 통보, ⑦ 주민투표 실시, ⑧ 자치단체장이 중앙행정기관에 주민투표 결과 보고, ⑨ 중앙행정기관의 조치 순으로 되어 있다.

4) 예외 조항

국가정책에 관한 주민투표시에는 다음과 같은 예외 조항을 두고 있다.[8)]

첫째, 제7조인 주민투표 대상이다.[9)]

둘째, 주민투표법 제16조[10)]인 주민투표 실시 구역에 관한 조항이다.

셋째, 주민투표법 제24조 제1항 · 제5항 · 제6항[11)]인 주민투표 결과의 확정이

---

8) 주민투표법 제8조 제4항.

9) 제7조(주민투표의 대상) ① 주민에게 과도한 부담을 주거나 중대한 영향을 미치는 지방자치단체의 주요 결정 사항으로서 그 지방자치단체의 조례로 정하는 사항은 주민투표에 부칠 수 있다.

10) 제16조(주민투표 실시 구역) 주민투표는 그 지방자치단체의 관할구역 전체를 대상으로 실시한다. 다만, 특정한 지역 또는 주민에게만 이해 관계가 있는 사항인 경우 지방자치단체의 장이 지방의회의 동의를 얻은 때에는 관계 시·군·구 또는 읍·면·동을 대상으로 주민투표를 실시할 수 있다.

11) 제24조(주민투표 결과의 확정) ① 주민투표에 부쳐진 사항은 주민 투표권자 총수의 3분의 1 이상의 투표와 유효 투표수 과반수의 득표로 확정된다. 다만, 다음 각 호의 1에 해당하는 경우에는 찬성과 반대 양자를 모두 수용하지 아니하거나, 양자택일의 대상이 되는 사항 모두를 선택하지 아니하기로 확정된 것으로 본다.
 1. 전체 투표 수가 주민 투표권자 총수의 3분의 1에 미달되는 경우
 2. 주민투표에 부쳐진 사항에 관한 유효 득표수가 동수인 경우
 ② 전체 투표 수가 주민 투표권자 총수의 3분의 1에 미달되는 때에는 개표를 하지 아니한다.
 ③ 관할 선거관리위원회는 개표가 끝난 때에는 지체없이 그 결과를 공표한 후 지방자치단체의 장에게 통지하여야 한다. 제2항의 규정에 의하여 개표를 하지 아니한 때에도 또한 같다.
 ④ 지방자치단체의 장은 제3항의 규정에 의하여 주민투표 결과를 통지받은 때에는 지체없이 이를 지방의회에 보고하여야 하며, 제8조의 규정에 의한 국가정책에 관한 주민투표인 때에는 관계 중앙행정기관의 장에게 주민투표 결과를 통지하여야 한다.

다.

넷째, 제25조[12] 및 제26조[13]의 규정인 주민투표 소송과 재투표 실시 및 투표 연기는 국가정책에 대한 주민투표에서는 적용되지 않는 것으로 하고 있다.

3 쟁점 사항

1) 주민투표의 실시 이유에 대한 쟁점

주민투표 실시 이유에 대한 논란은 주민투표가 자문적 성격이라는 점 때문이다. 이를 비판하는 사람들은 국가가 단지 지역 주민들의 의견을 묻기 위해서

---

⑤ 지방자치단체의 장 및 지방의회는 주민투표 결과 확정된 내용대로 행정·재정상의 필요한 조치를 하여야 한다.

⑥ 지방자치단체의 장 및 지방의회는 주민투표 결과 확정된 사항에 대해 2년 이내에는 이를 변경하거나 새로운 결정을 할 수 없다. 다만, 제1항 단서의 규정에 의하여 찬성과 반대 양자를 모두 수용하지 아니하거나 양자택일의 대상이 되는 사항 모두를 선택하지 아니하기로 확정된 때에는 그러하지 아니하다.

12) 제25조(주민투표소송 등) ① 주민투표의 효력에 관하여 이의가 있는 주민투표권자는 주민투표권자 총수의 100분의 1 이상의 서명으로 제24조 제3항의 규정에 의하여 주민투표 결과가 공표된 날부터 14일 이내에 관할 선거관리위원회 위원장을 피소청인으로 하여 시·군 및 자치구에 있어서는 특별시·광역시·도 선거관리위원회에, 특별시·광역시 및 도에 있어서는 중앙선거관리위원회에 소청할 수 있다.

② 제1항의 소청에 대한 결정에 관하여 불복이 있는 소청인은 관할 선거관리위원회 위원장을 피고로 하여 그 결정서를 받은 날(결정서를 받지 못한 때에는 결정 기간이 종료된 날을 말한다)부터 10일 이내에 특별시·광역시 및 도에 있어서는 대법원에, 시·군 및 자치구에 있어서는 관할 고등법원에 소를 제기할 수 있다.

③ 주민투표에 관한 소청 및 소송의 절차에 관하여는 이 법에 규정된 사항을 제외하고는 공직선거 및 선거부정방지법 제219조 내지 제229조의 규정 중 지방자치단체의 장 및 의원에 관한 규정을 준용한다.

13) 제26조(재투표 및 투표 연기) ① 지방자치단체의 장은 주민투표의 전부 또는 일부 무효의 판결이 확정된 때에는 그 날부터 20일 이내에 무효로 된 투표구의 재투표를 실시하여야 한다. 이 경우 투표일은 늦어도 투표일 전 7일까지 공고하여야 한다.

② 제1항의 규정에 의하여 재투표를 실시하는 때에는 그 판결에 특별한 명시가 없는 한 제6조의 규정에 불구하고 당초 투표에 사용된 투표인명부를 사용한다.

③ 천재·지변으로 인하여 투표를 실시할 수 없거나 실시하지 못한 때에는 지방자치단체의 장은 관할 선거관리위원회와 협의하여 투표를 연기하거나 다시 투표일을 지정하여야 한다.

그 많은 비용과 복잡한 과정을 거칠 필요가 있느냐 하는 것이다. 차라리 이러한 주민투표 대신에 비용이 덜 들고 덜 복잡하며 신속하게 이루어질 수 있는 여론조사를 하는 것이 바람직하지 않느냐 하는 것이다.

이 주장에 대해서 반론을 제기하는 사람들은 국가사무에 대해 지역 주민들이 결정권을 갖는다는 것은 사무배분의 원칙에도 벗어나는 것이기 때문에 구속적 주민투표로 할 수 없다는 것이다. 또한 이들의 주장은 국가정책에 대한 주민투표가 법률적으로는 자문적·비구속적 성격의 주민투표이지만 정치적으로는 구속적 주민투표와 다름이 없다는 것이다. 주민들의 반대를 무릅쓰고 국가정책을 강행하려 했다면 처음부터 주민투표를 하지 않았을 것이라는 주장이다. 실제로 청주·청원군 통합은 청원군 지역 주민들이 반대 투표가 많았기 때문에 통합을 실시하지 않은 것 자체가 구속적 주민투표로 인정하고 있는 것이 아니냐고 주장하면서 이를 지지하고 있다.

2) 청구권 독점에 대한 쟁점

주민투표법은 주민투표의 청구를 국가가 독점하고 있다. 이를 지지하는 사람들은 국가정책이기 때문에 당연히 국가가 청구를 독점하는 것이 적절하다는 것이다. 만약에 이와는 반대를 허용하여 지역 주민과 지방자치단체장에게 청구권을 부여하면 국가정책에 대해서 지역 주민들이 무분별한 주민투표를 요구할 수 있다는 것이다. 그것은 대혼란을 야기시킬 것이라는 주장이다.

그러나 이를 반대하는 측의 주장도 만만치 않다. 이들의 주장은 우선 지방자치를 실시한다고 하면서 그 정책으로 인해 큰 영향을 받을 당사자인 지역 주민과 지방자치단체장에게 청구에 대한 어떠한 권한도 부여하지 않는 것은 문제이다. 또한 이렇게 국가가 청구권에 대한 독점권을 가진다면 국가는 진정으로 필요한 것보다는 자신의 입맛에 맞는 것만 주민투표를 부의하게 된다. 이렇게 되면 주로 중앙행정기관이 자신의 책임을 면할 수 있는 것만 주민투표 대상으로 삼을 가능성이 높다는 것이다.

3) 주민투표 대상인 지방자치단체의 폐치·분합과 구역 명칭 변경 및 구역 변경에 대한 논쟁

여기에 대한 쟁점의 첫 번째는 지방자치단체의 폐치·분합 사항은 지방자치법에 의하면 법률로 하도록 되어 있고 사전에 지방의회의 의견을 듣도록 하고 있다.[14] 반면에 주민투표법에는 중앙정부가 청구할 수 있는 주민투표 대상으로 하고 있어서 혼란을 줄 우려가 있다는 것이다. 이의 시행 방법을 법률에서만 하든지 아니면 아예 이 사항은 주민투표 대상으로 하든지 하나를 선택해야 한다는 것이다.

두 번째의 논쟁은 첫 번째 논쟁점에서 국가는 두 가지 선택권이나 가지고 있는데 지역 주민이나 지방자치단체는 이에 대한 권한이 전혀 없다는 것 때문이다. 현재 국가는 지방자치단체의 폐치·분합과 구역 명칭 변경 및 구역 변경에 대한 사무를 지방자치법 제4조와 주민투표법 제8조에 중에 선택해서 처리할 수 있다. 다만 지방자치법에 의해서 이 사무를 처리할 경우에는 지방의회의 의견을, 주민투표법에 의해서 이 사무를 처리할 경우에는 주민들의 의견을 듣게 되어 있는 것이다. 이와같이 이 사무에 대해서 국가는 양자택일을 할 수 있게 하고, 반면에 지방자치단체와 지역 주민은 이 사항이 지역 주민과 지방자치단체에게는 매우 주요한 사안데도 불구하고 배제되고 있다는 것은 불공평하다는 것이다.[15]

4) 의무적 실시 여부

이 부분에 대한 쟁점은 의무적 실시 부분이다. 주민투표법 제8조 제2항과 제3항은 중앙정부가 요구하면 자치단체장은 반드시 실시해야 한다는 규정이다.[16] 물론 여기에 필수적인 과정으로서 지방의회의 의견을 들어야 한다고 규정하고 있다. 그러면 지방의회가 동의를 하지 않았을 경우 이 주민투표가 불가능하냐는 점이다. 다음과 같은 두 가지 점에서 결코 그렇지 않다고 볼 수 있다.

첫째, 주민투표법에 이에 대한 조항이 없다는 점이다. 중앙행정기관이 행정

---

14) 지방자치법 제4조.

15) 김중권, “주민투표법안의 법적 문제점”, 한국공법학회 제112회 학술발표 논문 2003. 11, pp. 108-9.

16) 주민투표법 제8조 지방자치단체의 장은 제1항의 규정에 의하여 주민투표의 실시를 요구받은 때에는 지체없이 이를 공표하여야 하며, 공표일부터 30일 이내에 그 지방의회의 의견을 들어야 한다.
③ 제2항의 규정에 의하여 지방의회의 의견을 들은 지방자치단체의 장은 그 결과를 관계 중앙행정기관의 장에게 통지하여야 한다.

자치부 장관과 합의가 되면 이에 대한 제동 장치는 어느 곳에서도 찾아볼 수 없다는 점이다.

둘째, 지방자치단체의 폐치·분합과 구역 명칭 변경 및 구역 변경은 국가사무이며, 또한 이 조항은 자문적 주민투표 성격을 갖고 있기 때문에 설령 지방의회가 거부하더라도 국가는 주민투표 없이 이 사무를 집행해도 정치적 부담 이외에는 법률적 하자가 없기 때문이다. 따라서 지역 주민이나 지방자치단체가 중앙정부가 요구한 지방자치단체의 폐치·분합과 구역 명칭 변경 및 구역 변경에 대한 주민투표를 거부해 보아야 정치적 측면 이외는 실익이 없다는 점이다.

4 개선 방안

1) 쌍방형 청구·발의권의 인정

현재처럼 국가정책이라는 이유 때문에 국가만이 청구권을 독점하는 것은 명분과 실익면에서 큰 의미가 없다.

우선 명분면에서는 국가가 지역의 문제를 지역 주민과 같이 풀어 가겠다는 취지에서 이 조항을 넣었는데 정작 이 조항을 실시하는 단계에서는 국가가 지방자치단체를 제외시키고 독점적 권한을 행사하겠다는 것은 이 조항의 제정 명분과도 맞지 않는다고 볼 수 있다.

둘째로는 실익면에서도 아무런 의미가 없다. 국가는 이 조항을 자문적 성격을 띠고 있다고 가볍게 생각할지도 모르지만 실제로는 지역 주민을 포함한 지방자치단체가 동의하지 않으면 집행면에서 무용지물이 될 가능성이 농후하다는 것이다. 따라서 지방자치단체의 폐치·분합과 구역 명칭 변경 및 구역 변경뿐만 아니라 기타 그 지역에 실시하려는 국가정책에 대해서도 지역 주민들이 주민투표를 요청할 수 있도록 해야 한다. 만약에 국가정책에 대해 지역 주민들에게 청구와 발의권을 인정하게 되면 주민들이 주민투표를 남용해 국가정책을 무조건 막을 수 있다는 부정적인 생각도 할 수 있다. 이 조항도 바로 이러한 부정적인 생각과 염려 때문에 신설되었다고 볼 수 있다. 그러나 이 조항으로 기대할 수 있는 것은 반드시 부정적인 것만 아니다.

예를 들어 현재 참여정부는 자치구역의 통합을 위해서 지방자치단체의 폐치·분합에 대해서는 매우 적극적이기 때문에 여건이 마련된다면 이 분야에 대한 주민투표청구권 행사를 마다하지 않을 것이다. 그러나 이 분야에 이렇게 적극적인 정부만 있으라는 보장이 없다. 방관하거나 소극적인 정부도 있을 수 있다. 따라서 지방에도 이 분야에 대한 청구권을 인정한다면 혁신적 차원에서 지방이 스스로 자치단체조직의 혁신을 주민투표에 의해서 해나갈 수 있는 것이다.

다만 지방자치법 제11조 사항인 국가사무의 처리 제한 대상은 주민투표 대상에서 제외하거나 아니면 국가만 청구권을 독점하도록 하면 될 것이다.

2) 효력의 구속화

후술하는 주민투표 사례에서 보는 바와 같이 국가정책에 대한 주민투표는 자문적 주민투표임에도 불구하고 실제로는 구속적 주민투표와 같이 주민투표 결과는 집행되고 있다. 청주·청원 주민투표는 청원군이 반대가 많았기 때문에 국가는 이 지역의 통합을 포기했다. 반면에 제주도 주민투표는 도민들의 찬성이 많았기 때문에 계층을 단일 계층으로 통합했고, 방폐장은 주민 찬성률이 가장 높은 경주를 선택했다. 앞으로도 국가정책에 대한 주민투표는 그 결과가 구속적일 수밖에 없을 것이다. 이렇게 사실적으로는 국가정책에 대한 주민투표가 구속적 성격을 띠고 있는데 법규는 자문적 주민투표로 규정하고 있어 규정과 현실이 불일치를 이루고 있다. 따라서 이 조항의 자문적 성격은 구속적 성격으로 변화되어야 한다는 주장은 매우 타당성 있게 받아들여진다. 그 이유는 기술한 바와 같이 주민투표 결과가 실제적으로 구속력이 있다는 점과 이외에 다음과 같은 성격이 있기 때문이다.

첫째, 국가가 하는 행동이라는 것 때문이다.

국가가 하는 일인 행정은 합법적 절차를 여러 차례 거치면서 진행되는 권위적 과정이라고 할 수 있다. 주민투표도 마찬가지로 여러 가지 법률적 근거를 가지고 많은 공식·비공식 참여자가 참여하는 행정 과정이다. 따라서 이 결과는 단순하게 자문적인 일로 처리할 것이 아니라 구속력을 가지고 처리해야 하는 것은 당연하다 하겠다.

둘째, 소요되는 비용과 시간의 과다 때문이다.

앞에서 우리는 주민투표의 소요 비용을 살펴보았다. 지역에 따라서 다르지만 한번 주민투표를 치르는 데 소요되는 비용은 30억 내외이다. 이것은 공식적 비용일 뿐 참여자들이 직·간접으로 소요되는 비용과 시간도 만만치 않다. 이렇게 많은 비용과 시간이 소요되어서 얻은 결과는 반드시 국정에 반영하는 구속적 결과로 처리해야 한다.

셋째, 예측가능성 때문이다.

행정은 예측가능성이 있어야 한다. 예측가능성이 있어야 행정 과정은 안정성을 확보할 수 있다. 예측가능성은 구속적 주민투표만이 확보할 수 있다. 주민과 행정기관이 주민투표의 결과가 어떻게 집행될 것인지를 사전에 인지해 투표하고 사무를 처리하는 것과 그렇지 않은 것과의 차이는 매우 클 수밖에 없다. 예측이 가능한 투표 과정은 예측이 가능하지 않은 투표 과정보다 투표하는 사람이나 투표를 주관하는 기관이나 더 신중할 것이다. 이러한 신중성은 주민투표를 오·남용하는 사례를 줄이는 효과를 가져올 것이다.

3) 공동처리사무

이 논쟁점은 지방자치단체의 폐치·분합과 구역 명칭 변경 및 구역 변경이 국가사무로 한정되어 있기 때문에 발생한다. 해당 자치단체의 폐치·분합과 구역 명칭 변경 및 구역 변경 업무는 이제 국가사무로만 규정하기에는 한계가 있다. 지방자치의 실시로 이제 지역 주민들의 능력이 향상되었기 때문에 자신들의 구역과 계층의 문제를 스스로 결정할 수 있는 충분한 능력을 지니게 된 것이다. 이렇게 향상된 능력은 지역 주민들이 더 큰 목소리를 갖게 되어 더 이상 이 문제에 관한 한 국가가 자신의 업무이기 때문에 강제적으로 처리한다는 생각은 저버리게 만들고 있는 것이 현실이다. 따라서 이 문제의 해결은 국가와 지방자치단체 간의 협력에 의해서만이 가능한 것이라고 할 수 있다. 이를 위해서는 이 사무를 국가와 지방의 공동사무화하는 것이 바람직하다고 생각된다.

이 밖에 국가가 지방자치단체에 국가정책에 대한 주민투표를 요구할 때에는 지체없이 실시해야 한다는 주장은 합리적인 주장이라고 할 수 있다.

제 3 절 주민투표의 제한 대상

1 서 언

아무리 직접민주주의가 잘 활용되고 있는 나라라도 주민투표 대상을 무제한적으로 허용하는 나라는 없다. 이렇게 주민투표를 제한하는 이유는 나라에 따라서 매우 다양하지만 원론적으로 보면 다음과 같은 점 때문이라고 할 수 있다.

첫째, 현재 민주주의가 대의제 민주주의이기 때문에 직접민주주의 형태인 주민투표가 대의제 민주주의의 근간인 의회제도를 훼손해서는 안 되기 때문이다.

둘째, 주민투표가 집행부의 책임 회피 수단으로 오용되거나 남용되는 것을 막자는 점 때문이다. 특히 우리 나라와 같이 자치단체장 중심으로 지방정부가 운영되는 경우는 힘과 조직이 있는 지방자치단체장이 자신의 실정을 은폐하거나 호도하기 위해 주민투표를 악용할 소지가 있기 때문에 이에 대한 대비책으로서 주민투표 대상을 제한하는 것이다.

셋째, 영역에 대한 구분을 위해서이다. 주민투표는 지방자치단체와 관련된 사항만을 대상으로 해야 한다는 취지 때문에 국가사무 또는 다른 자치단체의 사무에 대해서는 주민투표를 제외해야 한다는 것이다. 그리고 입법부와 사법부의 영역에 대한 침해를 방지하기 위한 것도 주민투표를 제한하는 하나의 이유가 된다.

넷째, 집행부의 안정화를 위해서다. 집행부가 집행 업무에 매진하기 위해서는 조직의 안정화가 우선적이다. 따라서 조직, 인사, 재정에 대한 집행적 업무는 주민투표 제한 대상으로 삼아야 한다는 주장을 할 수 있다.

다섯째, 정치적 요인을 배제하기 위함이다. 일정한 기간 동안 주민투표를 제한해 주민투표가 정치적으로 쟁점화되는 것을 사전에 예방하자는 것이다.

2 주민투표의 제한 내용

우리 나라 주민투표법에 규정된 주민투표의 제한 내용을 알아보기 전에 우선 주민투표제도를 도입하기 위한 논의가 시작한 제15대 때 국회에 제출했던 민자당안과 국민연합(민주당)안을 살펴보자.[17]

우선 민자당안은 다음과 같이 규정하고 있다.

제12조는 주민투표의 남용을 막기 위하여 다음 각 호의 사항에 대해서는 주민투표에 부칠 수 없도록 하였다.

1. 법률에 위반되는 사항
2. 선거에 중대한 영향을 미치는 사항
3. 재판에 계류중이거나 수사중인 사항
4. 당해 지방자치단체의 권한을 넘어서는 사항
5. 기타 빈번한 변경이 요구되는 사항 등 주민투표의 남용 방지를 위하여 필요하다고 인정하여 대통령령으로 정하는 사항

그리고 동조 제2항에서는 다음 각 호의 경우에는 주민투표를 실시할 수 없다고 규정하고 있다.

1. 대통령, 국회의원, 지방의회 의원 및 지방자치단체장 선거가 있을 때 그 선거일 이전 90일부터 선거일 후 30일까지
2. 당해 지방자치단체 내에 천재·지변이 있는 때

그리고 국민회의안은 제8조에 의하여 다음과 같이 주민투표 제한을 하고 있다.

1. 법률 위반 사항
2. 지방자치단체의 권한을 넘어서는 사항
3. 재판중인 사항

17) 행정자치부 자치제도와 주민투표자료집(1), pp. 363-510; 손혁재, "주민투표법의 바람직한 제정 방향", 법률시평, 1996, pp. 255-267.

여기에다가 제2항에서는 주민투표일은 공직선거 및 선거부정방지법의 규정에 의하여 실시되는 선거 제35조(보궐선거 등의 선거일) 및 제36조(연기된 선거 등의 선거일)의 선거일 전 60일부터 선거일 후 20일까지는 정할 수 없도록 하고 있다.

이 두 안을 비교해 보면, 민자당안이 주민투표 제한 대상을 규정하는 것은 주민투표의 남발을 막기 위한 것이라는 점을 천명한 것이 큰 차이가 있고, 나머지는 대동소이하다. 다만 차이가 있다고 한다면 민자당안에는 선거에 중대한 영향을 미치는 사항과 재판에 계류중이거나 수사중인 사항이 첨가되어 있고, 기타 사항에 대통령령으로 주민투표 제한 대상을 두도록 하고 있다.

이와 비교할 때 참여정부에서 도입한 주민투표제도에는 어떠한 내용이 있는지 살펴보자. 참여정부에서 제정한 주민투표법은 주민투표의 대상을 다음과 같이 제한하고 있다.[18)]

1. 법령에 위반되거나 재판중인 사항
2. 국가 또는 다른 지방자치단체의 권한 또는 사무에 속하는 사항
3. 지방자치단체의 예산·회계·계약 및 재산관리에 관한 사항과 지방세·사용료·수수료·분담금 등 각종 공과금의 부과 또는 감면에 관한 사항
4. 행정기구의 설치·변경에 관한 사항과 공무원의 인사·정원 등 신분과 보수에 관한 사항
5. 다른 법률에 의하여 주민대표가 직접 의사 결정 주체로서 참여할 수 있는 공공시설의 설치에 관한 사항. 다만, 제9조 제5항의 규정에 의하여 지방의회가 주민투표의 실시를 청구하는 경우에는 그러하지 아니하다.
6. 동일한 사항(그 사항과 취지가 동일한 경우를 포함한다)에 대하여 주민투표가 실시된 후 2년이 경과되지 아니한 사항

과거 민자당과 국민회의안과 비교해 보면 참여정부의 주민투표법은 제한 대상이 좀더 구체적이며 조직 운영에 관한 사항에 대한 것을 금지하고 있다는 점이다. 주민투표법에서 보는 바와 같이 지방자치단체의 예산·회계·계약 및 재산관리에 관한 사항과 지방세·사용료·수수료·분담금 등 각종 공과금의 부

---

18) 주민투표법 제7조 제2항.

과 또는 감면에 관한 사항과 행정기구의 설치 · 변경에 관한 사항과 공무원의 인사 · 정원 등 신분과 보수에 관한 사항에 대해서는 주민투표를 하지 못하도록 하고 있다. 이는 조직의 안정을 우선적으로 기하는 것을 그 목적으로 하고 있다. 관료조직이 지방정치와 정쟁에 휘말릴 경우 나타나는 역기능이 매우 크기 때문에 사전에 방지하자는 취지에서다.

3 쟁점 사항

주민투표제도 도입 과정에서 쟁점이 되었던 내용들을 정리해 보면 다음과 같다.

1) 재판중인 사건에 대한 사항

현재 주민투표법에는 규정된 법령에 위반되거나 재판중인 사건에 대한 사항이 주민투표 제한 대상으로 되어 있다. 그러나 이 중 법령에 위반된 사항은 사법권의 독립이라는 차원에서 수용이 가능하다는 데는 이의가 없는 듯하다. 그러나 재판중인 사건까지 주민투표의 대상에서 제외하는 것은 문제가 있다고 제시하는 사람이 많다. 재판중인 사건은 무죄 추정의 원칙에 의해서 원래 상태 그대로이기 때문에 당연하게 다른 사항과 같이 주민투표 대상이 되어야 한다는 것이다. 우리 나라의 여건을 보면 재판 기간이 매우 길기 때문에 주민투표의 대상에서 제외시키기 위해 일부러 재판을 청구할 경우가 있을 수 있기 때문에 재판중인 사건에 대한 사항도 주민투표 대상에 포함시켜야 한다는 것이다. 이에 반대하는 사람도 많다. 재판중인 사건이 주민투표 대상이 되어 주민투표가 실시된 이후에 재판에서 법률에 위반한 것으로 되었을 때는 주민투표가 무효 처리되는 것 이외에 처리할 방법이 없다는 것이다.

2) 조직 운영에 관한 사항

주민투표법 제7조 제2항 제3호에서 규정한 바와 같이 우리 나라 주민투표제도는 지방자치단체의 예산 · 회계 · 계약 및 재산관리에 관한 사항, 지방세 · 사용료 · 수수료 · 분담금 등 각종 공과금의 부과 또는 감면에 관한 사항, 동조 제

4호인 행정기구의 설치·변경에 관한 사항, 공무원의 인사·정원 등 신분과 보수에 관한 사항에 대해서는 주민투표 대상에서 제외시키고 있다. 이것은 조직 운영에 관한 사항이라고 할 수 있다. 이른바 재정과 인사에 관한 부분은 조직의 안정을 위해서 제외시킨다는 취지인 것이다. 그러나 이러한 제한은 여러 가지 문제가 있다는 주장이 많다.

첫째, 지방자치단체의 재정 활동인 예산·회계·계약 및 재산관리에 관한 사항과 지방세·사용료·수수료·분담금 등 각종 공과금의 부과 또는 감면에 관한 사항에 대한 것이다.

조직 운영의 안정을 위해서는 이 안에 찬성하는 이도 많지만 이는 지나치게 지방자치단체의 집행부를 옹호하는 규정이라고 주장하면서 반대하는 사람도 많다. 이에 반대하는 유명한 예가 캘리포니아 주에서 행해진 주민투표에서 재산세를 약 2분의 1로 인하하는 제안 13호(Proposition 13)[19),20)]이다. 미국의 주민투표의 특징 중 가장 큰 특징은 공채 발행, 과세 등의 세제 문제가 중심을 이루고 있다는 것이다. 세제 문제는 세입에 대한 문제이고 이는 결국 모든 정책과 관련이 있기 때문에 주민투표의 대상은 자연히 주요 정책 전반이 될 수밖에 없다. 미국 주민투표시에 주민투표에 부쳐진 제안과 관련된 주민 부담액의 명시 및 찬반 양론의 의견 제시가 투표 홍보 등에서 가능하게끔 되어 있는 것도 세제의 중요성을 강조하는 것이라고 할 수 있다.[21)] 이와 같은 예는 스위스의 재정주민투표 등 여러 나라에서 흔히 볼 수 있는 예라는 것이다.

둘째, 행정기구의 설치·변경에 관한 사항과 공무원의 인사·정원 등 신분과 보수에 관한 사항에 대한 것이다.

---

19) 이 사건은 납세자의 반란(tax revolt, taxpayer revelations)이라고 부르며 그 주민투표는 반세금주의자인 납세자연맹 자비스(Howard Jarvis)와 납세옹호단체 의장인 갠(Paul Gann)에 의해 주도된 주민발안으로서 1977년 12월 23일 126만 명을 넘는 서명을 얻어 주민투표에 회부될 자격을 획득하여 1976년 6월 6일의 예비선거에 즈음해 행해진 주민투표로서 419만 명의 압도적인 지지를 얻어 성립한 것이다. 한편 동일의 주민투표에서 제안 13호안의 성립을 저지하기 위한 주 의회의 제안 8호는 53대 47의 비율로 부결되었다. 이러한 캘리포니아 주의 주민투표는 전 미국으로 확산되어 1978년 11월 7일에 행해진 미국 중간선거에서 주 차원만 해도 50개 주 중 16개 주에서 감세안과 세출제한안이 주민투표에 회부되어 그 중 12개 주에서 유권자는 찬성의 판단을 내렸다.

20) 박영도, 앞의 책, 1996, p. 19.

21) 이강선, 앞의 책, 2001, p. 39.

이 또한 재정 부문과 마찬가지로 조직 안정 대 주민통제라는 대립으로 찬반 양론이 있다. 이 조항을 지지하는 사람은 조직 안정과 더불어 공무원의 인사·정원은 현재 중앙정부의 권한으로서 전국에 일률적으로 적용하는 것이기 때문에 주민들의 판단에서 제외시키는 것이 당연하다는 것이다. 반면에 이에 이의를 제기하는 사람들은 행정기구의 설치와 변경에 관한 권한이 참여정부가 들어서면서 많은 부분이 지방자치단체에 이관되고 있다는 것이다. 또한, 공무원의 인사와 정원, 보수에 관한 사항도 역시 참여정부가 총액인건비제도를 도입 중에 있기 때문에, 이 또한 앞으로 지방자치단체의 권한에 속하는 사항이므로 주민투표 대상이 되어야 한다는 주장이다. 특히, 작은 정부가 세계 정부혁신의 패러다임이기 때문에 이에 대한 실천은 주민들이 주민투표에 의해서 할 수밖에 없기 때문에 주민투표 대상을 확대시켜야 한다고 주장하고 있다.[22]

4 개선 방안

상기의 논쟁은 다음과 같이 정리할 수 있다.

1) 재판중인 사건

재판중인 사건을 주민투표의 대상에서 제외하는 여부를 획일적으로 결정하는 것은 바람직하지 않다고 생각한다. 문제는 그 사건의 발생 의도다. 그 사건이 불가피하게 발생했을 때와 그 사건이 자치단체장이 자신의 책임을 피하기 위해 주민투표 대상에서 제외시키려고 의도적으로 발생시켰을 때에 대한 구분이 있어야 한다. 주민투표를 피하기 위한 경우에는 재판에 관계 없이 주민투표의 대상으로 삼아야 한다. 다만 이에 대한 판단을 누가 할 것인가에 대한 것은 각 자치단체별로 구성되어 있는 주민투표청구심의위원회에서 결정하도록 한다. 그러나 현재 주민투표청구심의위원회가 부자치단체장이 위원장이 되는 등 자치단체가 주도하기 때문에 이 위원회를 민간 중심으로 구성한 뒤에 이에 대한 심의를 해야 한다.

22) 정일섭, "주민투표제도에 대한 평가", 한국지방자치학회보, 제18권 제4호(통권 56호), 2006. 12, pp. 14-16.

2) 조직 운영에 관한 사항

조직·인사 운영에 관한 사항 모두를 주민투표 대상에서 제외하는 것은 문제가 있다. 왜냐하면, 그 범위가 너무나 넓은 것도 문제이지만 자치단체의 조직·인사 운영은 지방자치단체에게는 가장 중요한 것 중 하나이기 때문이다. 따라서 자치단체의 조직·인사 운영은 당연하게 주민투표의 대상에 포함되어야 한다. 그러나 조직·인사 운영에 대한 모든 사항이 주민투표 대상이 되어서는 그 또한 문제가 있다. 이미 기술한 바와 같이 조직 운영의 불안정으로 인한 공무원의 사기 등 여러 부작용이 예상되기 때문이다. 따라서 적정한 대상과 방법이 요망된다. 이에 대한 제언을 한다면 일정 규모의 조직·인사 운영에 대한 사항, 예를 들면, 국 단위 조직 신설 및 폐지, 일정 규모 공공재산의 매각, 신청사, 체육관 등 일정 금액 이상의 건물 신축, 개발제한 행위의 신설 및 폐지, 공무원의 정원 중 일정 규모 이상의 증원 또는 감원 등에 관한 사항은 일단 주민투표의 대상으로 삼는 것이 바람직하다. 다만 현재 주민투표법으로 이러한 문제를 풀어가기에는 적절하지 않기 때문에 전자주민투표의 활성화, 정기 선거인 총선, 대선, 지방선거시에 동시에 실시하는 방안, 한 번에 여러 주제를 가지고 주민투표를 할 수 있는 방안 등이 강구되어 주민들이 주민투표에 드는 비용과 시간에 부담을 느끼지 않고 일상생활화가 이루어진 후에 조직·인사 운영에 대한 주민투표를 광범위하게 실시하는 것이 바람직하다고 사료된다.

제 5 장 주민투표의 시작: 청구 · 발의 및 투표

제 1 절 주민투표의 청구

1 서 언

주민투표의 청구는 주민투표의 요청 또는 제안의 일종이라고 할 수 있다. 정책 이론의 입장에서 말하면 주민투표 청구는 주민투표가 실시되기 전에 의제(agenda) 선정 과정이라고 할 수 있다. 정책 의제 선정 과정은 주제에 따라 다양한 관계인의 엉켜감으로써 복잡한 과정을 거치게 된다. 주민투표의 청구 과정에서 청구할 수 있는 사람을 다양하게 하는 원인도 이렇게 의제 선정 과정이 매우 복잡한 것을 반영하기 위함이라 할 수 있다. 현재 주민투표법에 주민투표 청구권자로 지방자치단체장과 지방의회뿐만 아니라 지역 주민을 포함시킨 것도 바로 이러한 복잡한 관계 때문이다. 지역 주민이 청구권자로 설정된 것은 당연하다. 주민투표가 지역 주민들이 지역의 문제틀 직접 참여하여 결정하는 제도이기 때문에 주민들은 가장 중요한 청구권자로서의 의의를 지니고 있다. 따라서 지역 주민들이 주민투표의 청구를 쉽게 접근할 수 있도록 제도적 장치를 우선 만들어야 할 것이다. 그러나 주민투표의 청구도 일종의 정치적 과정이기 때문에 남발에 따른 위험성이 매우 높을 수밖에 없다. 그래서 청구의 자격,

청구서명인 수의 규정, 청구 활동의 제한 등을 주민투표법에 규정하고 있는 것이다.

2 내 용

1) 청구권자

우리 나라에서 주민투표를 청구할 수 있는 사람은 다음과 같다.[1)]

(1) 지방자치단체장

지방자치단체장은 직권으로 청구를 할 수 있도록 되어 있다. 따라서 지방자치단체장은 청구와 발의를 동시에 할 수 있는 권한을 갖는다. 그러나 지방자치단체의 장은 직권에 의해 주민투표를 실시하고자 하는 때에는 해당 지방의회 재적 의원 과반수의 출석과 출석 의원 과반수의 동의를 얻어야 한다고 규정해 지방자치단체장이 주민투표 청구를 남발하지 못하도록 하고 있다.

(2) 지방의회

의결기관인 지방의회도 청구권을 갖고 있다. 지방의회는 재적 의원 과반수의

---

1) 제9조(주민투표의 실시 요건) ① 지방자치단체의 장은 주민 또는 지방의회의 청구에 의하거나 직권에 의하여 주민투표를 실시할 수 있다.
② 다음 각 호의 1에 해당하는 자(이하 "주민투표청구권자"라 한다)는 주민투표청구권자 총수의 20분의 1 이상 5분의 1 이하의 범위 안에서 지방자치단체의 조례로 정하는 수 이상의 서명으로 그 지방자치단체의 장에게 주민투표의 실시를 청구할 수 있다.
1. 그 지방자치단체의 관할구역 안에 주민등록이 되어 있는 20세 이상의 주민(공직선거법 제18조의 규정에 의하여 선거권이 없는 자를 제외한다.)
2. 제5조 제2항의 규정에 의하여 그 지방자치단체의 조례가 정하는 외국인
③ 주민투표 청구권자 총수는 전년도 12월 31일 현재의 주민등록표 및 외국인등록표에 의하여 산정한다.
④ 지방자치단체의 장은 매년 1월 10일까지 제3항의 규정에 의하여 산정한 주민투표청구권자 총수를 공표하여야 한다.
⑤ 지방의회는 재적 의원 과반수의 출석과 출석 의원 3분의 2 이상의 찬성으로 그 지방자치단체의 장에게 주민투표의 실시를 청구할 수 있다.
⑥ 지방자치단체의 장은 직권에 의하여 주민투표를 실시하고자 하는 때에는 그 지방의회 재적 의원 과반수의 출석과 출석 의원 과반수의 동의를 얻어야 한다.

출석과 출석 의원 3분의 2 이상의 찬성으로 지방자치단체의 장에게 주민투표의 실시를 청구할 수 있다. 지방의회는 청구권 이외에 자치단체장이 청구한 주민투표에 대한 동의권이 있으며, 국가정책에 대한 주민투표에 대해서 의견을 제시할 수 있도록 규정하고 있다.

(3) 지역 주민

지역 주민은 주민투표청구권자 총수의 20분의 1 이상 5분의 1 이하의 범위 안에서 지방자치단체의 조례로 정하는 수 이상의 서명으로 지방자치단체의 장에게 주민투표의 실시를 청구할 수 있도록 하고 있다. 이 때 주민투표 청구권자란 다음에 해당하는 사람을 말한다.

1. 그 지방자치단체의 관할구역 안에 주민등록이 되어 있는 20세 이상의 주민(공직선거법 제18조의 규정에 의하여 선거권이 없는 자를 제외한다.)
2. 제5조 제2항의 규정에 의하여 그 지방자치단체의 조례가 정하는 외국인

행정자치부에서는 주민투표의 활성화를 위해 표준조례를 20분의 1로 정하여 각 자치단체가 이 비율을 되도록이면 따라 줄 것을 요구했다. 그러나 아래 <표 5-1>에서 보는 바와 같이 20분의 1을 지키는 자치단체는 극소수이다. 이보다 비율을 대체로 높게 규정하고 있다.

다음 <표 5-1>은 주민투표법 실시 후 주민투표가 실시되었던 지방자치단체의 조례가 정한 서명인 수를 비교한 것이다.

〈표 5-1〉 청구인 서명인 수

지 역	서명인 수(주민투표 청구권자의 총수 분의 일)
경 주 시	14분의 1
군 산 시	11분의 1
영 덕 군	7분의 1
제 주 도	12분의 1
청 원 군	9분의 1
청 주 시	20분의 1
포 항 시	15분의 1

자료: 각 시·군 조례에서 편집 정리.

위 표에서 보면 청구인 서명인 수가 가장 적은 곳은 20분의 1을 요구하는 청주시다. 그 다음의 포항시, 경주시 순이다. 반면에 가장 많은 수의 서명을 요구하는 자치단체는 영덕군으로서 7분의 1이다. 가장 적은 청주시에 비해 약 3배가 많다. 다음이 청원군 순이다. 이 표를 보면 인구가 많은 도시일수록 비율이 낮고, 인구가 적은 군일수록 비율이 높음을 알 수 있다. 이는 도시일수록 인구는 많은데 서명받기는 어렵기 때문이라고 할 수 있다. 광역자치단체가 기초자치단체보다 대체로 비율이 낮은 편이다. 그 이유는 인구 규모가 많기 때문이다. 예를 들면 서울과 부산이 현재 20분의 1로 시작해 대체로 15분의 1 내외이다. 그러나 기초자치단체는 대체로 10분의 1 내외로 나타났다.

(4) 중앙행정기관

중앙행정기관의 장도 주민투표의 청구권자가 될 수 있다. 우리 나라에서만 볼 수 있는 독특한 제도 중 하나라고 할 수 있다. 주민투표법 제8조 제1항에 의하면 중앙행정기관의 장은 지방자치단체의 폐치·분합 또는 구역 변경, 주요 시설의 설치 등 국가정책의 수립에 관하여 주민의 의견을 듣기 위하여 필요하다고 인정하는 때에는 주민투표의 실시 구역을 정하여 관계 지방자치단체의 장에게 주민투표의 실시를 요구할 수 있도록 하여 주민투표 청구권자로 인정받고 있다. 이 경우 중앙행정기관의 장은 미리 행정자치부 장관과 협의해야 한다.

2) 서명 및 심사 과정

주민투표에서 서명 과정은 매우 중요한 과정 중 하나다. 이 서명 과정은 주민투표의 청구권을 행사하는 본 과정이며 동시에 주민들은 이 과정을 통해서 지방자치를 학습하는 효과를 볼 수 있다. 주민투표법 제10조와 제11조에 서명 과정에 대한 절차와 충족 요인을 나열하고 있다.[2] 이를 순서대로 약술하면 다

---

2) 第10조(청구인대표자의 선정과 서명의 요청 등) ① 주민이 제9조 제2항의 규정에 의하여 주민투표 청구를 하고자 하는 때에는 주민투표 청구인대표자(이하 "청구인대표자"라 한다)를 선정하여야 하며, 선정된 청구인대표자는 인적 사항과 주민투표 청구의 취지 및 이유 등을 기재하여 그 지방자치단체의 장에게 청구인대표자증명서의 교부를 신청하여야 한다.
② 제1항의 규정에 의한 청구인대표자증명서의 교부 신청을 받은 지방자치단체의 장은 청구인대표자가 주민투표 청구권자인지 여부를 확인한 후 청구인대표자증명서를 교부하고 그 사실을 공표하여야 한다.

음과 같다.

(1) **청구인 대표의 선정과 신청**

우선 주민투표 청구를 하고자 하는 때에는 주민투표 청구인대표자(이하 "청구인대표자"라 한다)를 선정하여야 한다. 이렇게 해서 선정된 청구인대표자는 인적 사항과 주민투표 청구의 취지 및 이유 등을 기재하여 그 지방자치단체의 장에게 청구인대표자 증명서의 교부를 신청해야 한다. 이렇게 청구인대표자 증명서의 교부 신청을 받은 지방자치단체의 장은 청구인대표자가 주민투표 청구권자인지 여부를 확인한 후 청구인대표자 증명서를 교부하고 그 사실을 공표해야 한다.

(2) **서명 활동**

주민투표를 청구하기 위해서는 해당 자치단체의 조례에 의한 서명인 수를 충족시켜야 한다. 서명을 받을 수 있는 자는 청구인대표자와 서면에 의해 청구인대표자로부터 서명요청권을 위임받은 자만이 가능하다. 서명 기간은 해당 지방자치단체의 조례로 정하도록 되어 있다. 이 경우 제11조 제1항의 규정에 의해 서명이 제한되는 기간은 서명 요청 기간에 산입하지 아니한다. 그리고 청구인서명부에 서명을 한 자가 그 서명을 철회하고자 하는 때에는 그 청구인서명부가 지방자치단체의 장에게 제출되기 전에 이를 철회해야 한다. 이 경우 청구인대표자는 즉시 청구인 서명부에서 그 서명을 삭제해야 한다.

그러나 주민투표법은 이러한 서명 요청 활동에 엄격한 제한을 두고 있다.

---

③ 청구인대표자와 서면에 의하여 청구인대표자로부터 서명요청권을 위임받은 자는 그 지방자치단체의 조례가 정하는 서명 요청 기간 동안 주민에게 청구인서명부에 서명할 것을 요청할 수 있다. 이 경우 제11조 제1항의 규정에 의하여 서명이 제한되는 기간은 서명 요청 기간에 산입하지 아니한다.

④ 청구인서명부에 서명을 한 자가 그 서명을 철회하고자 하는 때에는 그 청구인서명부가 지방자치단체의 장에게 제출되기 전에 이를 철회하여야 한다. 이 경우 청구인대표자는 즉시 청구인서명부에서 그 서명을 삭제하여야 한다.

제10조('공직선거관리규칙'의 준용 <개정 2005. 8. 4>) 투표인명부·투표 및 개표·전산화에 의한 투표 및 개표·주민투표에 관한 소청·주민투표 경비에 관하여는 법 및 이 규칙에 규정된 것을 제외하고는 '공직선거관리규칙' 제4장(선거인명부)·제9장(투표)·제10장(개표)·제13장의2(전자투표 및 개표에 관한 특례)·제14장(선거에 관한 쟁송) 및 '지방자치단체 선거관리경비규칙'을 준용한다. <개정 2005. 8. 4>

주민투표법 제11조는 지방자치단체의 관할구역의 전부 또는 일부에 대해 공직선거법의 규정에 의해 선거가 실시되는 때에는 그 선거의 선거일 전 60일부터 선거일까지 그 선거구에서는 서명을 요청할 수 없도록 하여 주민투표 서명이 선거에 영향을 끼치지 못하도록 했다. 또한 공정성을 확보하기 위해 공무원(그 지방의회의 의원을 제외한다)은 청구인대표자가 될 수 없으며, 서명 요청 활동을 하거나 서명 요청 활동을 기획·주도하는 등 서명 요청 활동에 관여할 수 없도록 하고 있다. 그리고 청구인대표자 및 그로부터 서명요청권을 위임받은 자가 아닌 자는 서명을 요청할 수 없다.

(3) 청구인 서명서 명부 제출

청구인대표자는 서명이 완료된 후에는 청구인 서명서 명부를 발의를 할 지방자치단체장에게 제출해야 한다. 제출 시기는 서명 요청 기간이 만료되는 날부터 특별시·광역시 또는 도의 경우에는 10일 이내에, 자치구·시 또는 군의 경우에는 5일 이내에 주민투표청구서와 청구인서명부를 제출하도록 하고 있다.[3] 이 과정에서 심사를 통해 다음과 같은 서명은 무효로 한다.[4]

1. 주민투표 청구권자가 아닌 자의 서명
2. 누구의 서명인지 확인하기 어려운 서명
3. 서명요청권이 없는 자의 요청에 의하여 행하여진 서명
4. 동일인이 동일한 사안에 대해 2개 이상의 유효한 서명을 한 경우에는 그 중 하나의 서명을 제외한 나머지 서명
5. 제10조 제3항의 규정에 의한 서명 요청 기간 외의 기간에 행하여졌거나 제11조 제1항의 규정에 의하여 서명 요청이 제한되는 기간에 행하여진 서명
6. 강요·속임수 그 밖의 부정한 방법에 의하여 행하여진 서명
7. 이 법의 위임에 의하여 그 지방자치단체의 조례가 정하는 방식과 절차에 위배되는 서명

(4) 공표와 열람 및 이의 신청과 시정

지방자치단체의 장은 주민투표청구서와 청구인서명부가 제출된 때에는 지체없이 주민투표 청구 사실을 공표하도록 하고 있다. 그리고 청구인서명부 또는

---

3) 주민투표법 제10조 제3항.
4) 주민투표법 제11조 제2항.

그 사본은 7일간 공개된 장소에 비치해 주민이 열람할 수 있도록 하고 있다.

이러한 열람 과정에서 청구인서명부의 서명에 대해 이의가 있는 자는 공람 기간 내에 그 지방자치단체의 장에게 서면으로 이의를 신청할 수 있다. 그리고 지방자치단체의 장은 이의 신청이 있을 때에는 공람 기간이 종료된 날부터 14일 이내에 이를 심사하고 그 결과를 지체없이 이의신청인과 청구인대표자에게 통지해야 한다. 지방자치단체의 장은 이의 신청과 관련하여 필요하다고 인정하는 때에는 관계인의 의견 진술 또는 증언을 요구할 수 있다.

지방자치단체의 장은 제출된 청구인서명부의 서명이 무효인 서명으로 판정되어 제9조 제2항의 규정에 의한 요건에 미달하게 된 때에는 청구인대표자로 하여금 해당 지방자치단체의 조례가 정하는 기간 이내에 이를 보정하게 할 수 있다. 그러나 지방자치단체의 장은 주민투표 청구가 다음에 해당하는 경우에는 이를 각하해야 한다. 이 경우 지방자치단체의 장은 청구인대표자에게 그 사유를 통지하고 이를 공표해야 한다.

1. 유효한 서명의 총수(제7항의 규정에 의하여 보정을 요구한 때에는 그 보정된 서명을 포함한다)가 제9조 제2항의 규정에 의한 요건에 미달되는 경우
2. 주민투표 청구서와 청구인서명부가 제1항의 규정에 의한 기간을 경과하여 제출된 경우
3. 제7항의 규정에 의한 보정 기간 이내에 보정하지 아니한 경우

(5) 서명 과정의 확정

이러한 과정이 모두 끝나면 서명 과정은 완료된다.

3) 주민투표청구심의위원회 운영

주민투표법 제12조 제9항은 서명 과정에서 지금까지 설명한 내용 외에 청구인대표자증명서의 교부, 서명 요청, 청구인서명부의 작성·제출 방법, 서명에 대한 심사·확인 등 주민에 의한 주민투표 청구에 관해서 필요한 사항은 해당 지방자치단체의 조례로 정할 수 있도록 하고 있다. 이 조항에 의해서 각 자치단체는 주민투표조례에 주민투표 청구 심의를 할 수 있는 위원회를 두거나 다른 위원회로 하여금 이를 수행하도록 하고 있다.

지금까지 주민투표가 실시되었던 제주도, 청주시, 청원군, 군산시, 포항시, 경

주시, 영천군을 살펴보면 경주시만 제외하고는 심의·의결 위원회로 주민투표 청구심의위원회를 구성하고 있다.

이 위원회에는 대체로 다음과 같은 사항을 심의·의결하고 있다.

1. 청구인서명부에 기재된 유효 서명의 확인
2. 이의 신청의 심사·결정
3. 주민투표 청구 요건의 심사·결정
4. 기타 의장이 부의하는 사항

위원의 임기는 2년으로 하고 있으며 위원 수는 7인 이상으로 하는 곳이 대부분이다. 이 중 공무원 수는 대체로 반수를 넘지 못하도록 하고 있지만 군산시는 3분의 1을 넘지 못하도록 하고 있다. 경주는 따로 주민투표심의위원회를 구성하지 않고 경주시정조정위원회에서 이를 다루도록 하고 있다. 경주시는 시정의 기본적인 계획 및 시책과 법령 또는 규정에 의한 지방위원회의 기능에 관한 사항에 대해서 자문, 심의, 연구, 의결하기 위해 시에 시정조정위원회를 두고 있다.[5] 이 위원회는 정기적으로 매주 목요일에 개최하고 있으며, 위원장은 부

5) 경주시정조정위원회 운영조례는 다음 사항을 결정한다. <개정 1996. 12. 31>

1. 시정의 기본적인 계획 및 정책
2. 정부 및 도에서 하달하는 중요 시책의 검토 시행
3. 운영계획과 예산의 변동을 초래하는 사항
4. 삭제(1996. 12. 31)
5. 행정사무 간소화 등 행정 능률에 관한 사항
6. 삭제(1996. 12. 31)
7. 삭제(1996. 12. 31)
8. 국민기초생활보장법시행령 제29조 제2항의 규정에 의한 생활보장위원회에서 심의, 의결할 사항
9. 외국산 기자재의 도입, 임차 등에 관한 사항
10. 지방재정법 제78조의 규정에 의한 공유재산심의회에서 처리하여야 할 사항
11. 법령에 규정된 시위원회 중 조례, 규칙으로 규정되어 있지 아니한 위원회에서 처리할 사항
12. 농촌 공장 유치 심의에 관한 사항
13. 이웃돕기 심의에 관한 사항
14. 에너지 절약 추진 협의에 관한 사항
15. 지역방화대책 협의에 관한 사항
16. 경주시주민투표조례 제12조 제2항 규정에 의한 주민투표청구 심의·의결에 관한 사항 <신설 2004. 7. 30>

시장으로 하고 위원은 해당 실국장과 전문가로 구성하되 주민투표에 관한 사항을 심의·의결할 때는 선거관리위원회 직원을 위원으로 할 수 있도록 하고 있다.

3 쟁점 사항

1) 서명인 수

서명인 수에 대한 논란은 적정한 서명인 수가 과연 어느 정도냐 하는 것이다. 서명인 수를 적게 하는 것은 주민투표를 활성화하는 장점은 있되 주민투표를 남발하는 결과를 가져온다는 단점이 있다고 지적한다. 반면에 서명인 수가 많으면 주민투표가 남발되는 것은 막을 수 있지만 반면에 주민투표가 이루어지기 어렵다는 것이다.

서명 수에 대한 논쟁은 대다수가 서명인 수가 너무나 많다는 것이다. 현재 우리 나라의 자치단체의 조례에 따르면 서명인 수는 대체로 광역자치단체는 15분의 1 내외, 기초자치단체는 10분의 1 내외로 되어 있다. 이를 적용해 보면, 20분의 1인 서울시는 서명인 수가 약 39만 명(2004년 현재 유권자가 약 775만 명) 이상이 되어야 하며, 부산시는 서명인 수가 약 14만 명(유권자 약 280만 명) 이상 되어야 한다. 과연 서울에서 39만 명을 서명받을 수가 있을 것인가, 그리고 서명하는 사람이 주민투표 내용에 대해서 얼마나 알고 서명을 할 것인가에 대한 강한 의문을 제기하는 사람들이 많다.[6] 이번 주민투표가 이루어진 지역의 서명인 수를 보면 다음 표와 같다.

---

17. 기타 시장의 결심을 요하는 중요 정책에 관한 사항 <개정 2004. 7. 30>

6) 반성훈, 앞의 책, pp. 135-6.
주민투표조례의 서명 정족수가 너무 많다는 비판적 견해는 최근 2004년 서울특별시에서 이루어진 급식조례 제정청구 운동의 예를 들고 있다. 이 사례에서는 청구에 필요한 14만 명의 서명을 받기 위해 반년 여 기간 동안 서명운동이 진행되었으며, 그나마 일부 서명장의 신상정보에 오류가 있다는 사유로 반려되는 등 우여곡절 끝에 간신히 청구가 이루어졌다. 따라서 서울시에서 주민투표를 청구하기 위해 주민 40여만 명을 서명받는 것은 사실상 불가능하다는 것이다(2004. 6. 2, 함께하는 시민행동 발표 자료 참조).

〈표 5-2〉 주민투표 실시 지역의 주민투표 서명인 수

지 역	서명인 비율(총유권자의 비율)	최저 서명인 수(총유권자)
경 주 시	14분의 1(7%)	14,602명(208,607명)
군 산 시	11분의 1(9%)	17,728명(196,980명)
영 덕 군	7분의 1(14%)	5,255명(37,536명)
제 주 도	12분의 1(8%)	32,160명(402,003명)
청 원 군	9분의 1(11%)	10,174명(92,492명)
청 주 시	20분의 1(5%)	22,259명(445,182명)
포 항 시	15분의 1(7%)	26,228명(374,697명)

자료: 각 시·군 조례에서 정리 *. 비율 계산은 4자리에서 사사오입했음.

이렇게 도시 지역만 서명받는 일이 어려운 것이 아니다. 농촌 지역도 농촌 지역의 특성상 서명을 받기가 매우 어렵다는 것이다. 농촌 지역은 지역 주민 간의 혈연, 지연, 학연 등의 이유로 익명성이 보장되지 않는다. 그뿐만 아니라 지역 주민들은 행정에 반대하는 주민투표에 서명하면 손해다라는 생각이 아직도 크게 작용하고 있어 서명을 받기가 쉽지 않다. 실제로 농촌 지역은 도시 지역과는 달리 행정이 지역 주민에게 각종 보조금 등 행·재정상에 지원을 유일하게 해 주는 기관이라고 해도 과언이 아닐 정도로 행정과 지역 주민 간의 관계가 밀접하게 연관되어 있다. 따라서 행정에 반하는 서명운동을 전체 주민 중 10여 %를 받는 일은 거의 불가능에 가깝다는 것이다.7)

그럼에도 불구하고 아직도 서명인 수를 조례 및 감사청구처럼 줄여서는 안 된다는 주장도 만만치 않다. 주민투표는 지방자치법에 보장된 조례 제정 및 개·폐지 청구나 감사청구와는 다르다는 것이다. 조례 및 감사청구권은 지방자치단체장에게 청구한다는 점에서는 같지만 이후의 과정은 판이하게 다르다는 것이다. 조례 및 감사청구권은 청구를 받은 자치단체장이 이에 대한 조치를 처음부터 끝까지 완결할 수 있는 권한과 제도를 가지고 있으나 주민투표는 이후 과정이 자치단체장의 손을 떠나서 지방 정치적 과정인 주민투표라는 복잡한 과정을 거친다는 점에서는 전혀 같지 않다는 것이다. 주민투표는 모든 과정에서 시간과 비용이 많이 소요될 뿐만 아니라 선거 전후의 후유증 또한 크므로

7) 영덕군 현지 주민과 공무원과의 면담에서, 2006. 4. 8.

신중하게 대처해야 하기 때문에 서명인 수를 줄이는 것은 문제점을 양산할 수도 있다는 우려를 하지 않을 수 없다는 것이다.[8] 그래서 주민투표의 서명인 수는 정해진 상한선(1/5)과 하한선(1/20) 사이에서 지방자치단체의 조례로 정하는 것을 국회가 제정하는 형식적 의미의 법률인 주민투표법에 의해야 한다고 주장하는 견해도 있다.[9]

2) 청구 내용의 구성에 대한 논란

주민과 의회, 그리고 지방자치단체장이 주민투표를 청구할 때 청구 내용으로 무엇을 어떻게 작성할 것인가에 대한 논란이다. 현재 주민투표법에 의하면 주민투표 청구시에는 청구인 대표의 인적 사항과 주민투표 청구의 취지와 이유 등을 기재하도록 하고 있다.[10] 실제로 청주·청원 통합 주민투표시에도 청구 내용을 보면 취지, 근거, 건의 내용이 기재되어 있다.[11]

---

8) 이러한 주장은 주민투표가 이루어진 7개 지역의 공무원과 인터뷰에서 엿볼 수 있었다.
9) 김중권, 앞의 책, p. 119.
10) 주민투표법 제10조(청구인대표자의 선정과 서명의 요청 등) ① 주민이 제9조 제2항의 규정에 의하여 주민투표 청구를 하고자 하는 때에는 주민투표 청구인대표자(이하 "청구인대표자"라 한다)를 선정하여야 하며, 선정된 청구인대표자는 인적 사항과 주민투표 청구의 취지 및 이유 등을 기재하여 그 지방자치단체의 장에게 청구인대표자증명서의 교부를 신청하여야 한다.
11) 청주시, 청주·청원 행정구역 통합을 위한 주민투표 실시 건의서, 2005. 7. 참조.
청주·청원의 통합을 위한 주민투표 실시 건의
취지 : 역사적으로 동일한 문화 생활권에서 행정구역의 분리로 인한 행정의 비효율과 중복 투자로 인한 낭비를 방지하고 광역행정의 원활한 수행으로 주민들을 위한 서비스 증대 및 청주·청원의 공동 발전과 번영을 도모하여 더 나은 주민의 삶의 질을 향상시키기 위한 것임.
근거 : 주민투표법 제8조(국가정책에 관한 주민투표)
건의 내용 : 청주·청원 통합 찬성·반대에 대한 주민투표의 실시
-주민투표 대상(안)
① 청주·청원 통합 찬성
② 청주·청원 통합 반대
-주민투표 실시시 : 행정자치부 장관의 주민투표 실시 요구 후, 관련 법 규정에 의거 청주시의회, 청원군의회의 의견 수렴 절차를 걸쳐 청주청원선거관리위원회와 협의 결정
-주민투표권자 : 주민투표법 제5조의 규정에 의거 주긴투표권이 있는 청주시민 및 청원군민
-지역적 범위 : 청주시 지역, 청원군 지역

문제는 과연 이것만으로 청구 내용이 되느냐 하는 것이다. 예를 들면, 자신들의 마을에 체육관 시설을 해 줄 것을 주민투표에 의해 결정하자고 하여 주민들이 청구를 한다고 생각해 보자. 체육관을 건립하는 취지와 이유 등 주민투표법에 나오는 규정대로 적어서 청구한다고 해 보자. 여기에서 가장 커다란 문제점은 재원 조달에 관한 사항이다. 지방정부 재정이 한정되어 있음에도 불구하고 체육관 건립은 거의 모든 주민들이 찬성할 것이기 때문에 주민투표는 성공적으로 이루어질 것이다. 주민투표가 과반수 찬성을 얻게 되면 자치단체장은 필요한 행·재정 조치를 취하도록 의무화했기 때문에 체육관을 건립하기 위한 노력을 다해야 한다. 그러나 이에 대한 재정은 부족하여 재정적으로는 체육관 건립은 불가능하다. 그러나 자치단체장은 재정적으로 불가능하다고 포기할 수는 없다. 왜냐하면, 다음 선거를 위해서 자치단체장은 주민투표로 결정된 사항을 거부하거나 기피할 수 없다. 따라서 자치단체장은 부채를 통해 체육관 건립을 위한 재정을 충당할 수밖에 없다. 만약에 주민투표 청구 초기에 체육관 건립을 하는 데 부채를 통해 재원을 조달하겠다고 했다면 청구에 필요한 주민들로부터 서명을 받을 수 있을 것인가.

반면에 이렇게 세부적인 것을 주민들에게 요구하는 것은 지나친 요구이기 때문에 현재처럼 단순한 내용으로 주민투표 청구서를 작성하고 재정수요 등 구체적인 것은 주민투표 실시 과정에서 주어진 찬반 토론에서 해도 충분하다고 주장하는 견해도 있다.

3) 주민투표청구심의위원회

주민투표청구심의회에 대한 논란은 위원회 구성과 심의 대상에 관한 것이다.

첫째, 심의회의 구성에 대한 것이다.

현재 심의회는 대체로 해당 자치단체의 간부 공무원과 민간 전문가로 구성되어 있다. 그 비율은 공무원 수가 과반수 이하로 되어 있다. 그러나 운영은 지방정부 위주로 되어 있다. 위촉 주체가 지방자치단체장이기 때문에 민간 전문가라고 하지만 자치단체장을 지지하는 사람으로 위촉할 가능성이 농후하다. 그

-방법 및 절차 : 주민투표법 규정에 의함.
-소요비용 : 1,583백만 원(청주시 702백만 원, 상당선관위 397백만 원, 홍덕선관위 484만 원)

리고 심의회 의장도 부자치단체장이 맡도록 되어 있다. 이렇게 된다면 주민투표 청구 심의는 자치단체장의 의도대로 갈 수밖에 없다는 것은 명백하다. 따라서 이에 대한 시정, 즉 자치단체장이 주도하는 심의회 구성은 문제점이 있기 때문에 구성 방법을 달리해야 한다는 것이다. 그럼에도 불구하고 현재의 안을 지지하는 견해는 주민투표의 남용과 관련해서다. 주민투표 청구가 민간인이 주도하는 심의회에서 심의·의결된다면 행·재정적 부담에 관계 없이 주민투표 청구가 심의·의결되어 대책 없는 주민투표가 성행될 수 있다는 우려이다.

둘째, 심의회의 대상에 대한 것이다.

현재 주민투표법은 주민투표청구심의회의 심의·의결 대상을 주민 청구에 한해서 규정하고 있다. 다시 말하면, 지방의회나 지방자치단체장에 의한 주민투표에 대한 심의는 제외하고 있는 것이다. 심의회의 대상에 대한 논란이 바로 이것이다. 왜 지방의회와 지방자치단체장의 청구에 의한 주민투표는 심의 대상에서 제외되는 것인가이다.

4 개선 방안

위의 논쟁점에 대해서 다음과 같이 개선 방안을 제시하고자 한다.

첫째, 서명인 수에 관한 것이다.

현재 주민투표법의 규정에 의한 서명인 수는 지나치게 높게 책정되어 있고, 획일적이다. 따라서 서명인 수를 줄이되 도시와 농촌 등 지역에 따라서 다양하게 제시하도록 하는 것이 바람직하다 하겠다. 독일 같은 경우는 인구의 규모에 따라서 유연하게 서명인 수를 정하고 있다.[12] 행정자치부도 조례제정지침에서

12) 신봉기, "주민투표제도의 실효성 확보를 위한 논의", 제1회 지방자치단체 개혁박람회, NGO토론자료집, 2000. 10. 24, pp. 7-10.
독일의 바이에른(Bayern) 주 게마인데법 제18조에 의하면, 처음부터 철저히 백분율에 따라 정수를 정해 추진하고 있다. 주민 1만 미만인 게마인데는 적어도 주민투표권자(시민)의 10%의 서명이, 주민 2만 미만인 게마인데는 적어도 게마인데 시민의 9%의 서명이, 주민 3만 미만인 게마인데는 8%의 서명이, 주민 5만 미안인 게마인데는 적어도 7%의 서명이, 주민 10만 미만인 게마인데는 6%의 서명이, 주민 50만 미만인 게마인데는 적어도 5%의 서명이, 주민 50만보다 많은 게마인데는 게마인데 시민의 3%의 서명이

서명인 수를 인구 규모에 따라서 16단계로 분류해 법정 상한선인 5분의 1부터 20분의 1까지 각각 적정 비율을 설정해 권고하기도 했다.[13)]

우리 나라도 서명인 수를 지역에 따라서 다양하게 할 수 있도록 그 비율을 자치단체조례로 완전하게 위임을 하고, 서명인 수는 줄여서 주민투표 청구는 단순하고 쉽게 하되, 청구의 내용과 심사 부문은 대폭 강화해 주민투표가 남발되지 않도록 하는 것이 바람직하다.

둘째, 청구 내용은 매우 구체적인 내용이 들어 있어야 한다. 독일의 주민투표는 주민투표 대상에 대해서 취지와 이유뿐만 아니라 이 안이 성사되었을 때 필요한 재정 규모와 재원 등을 구체적으로 나열해야 한다고 규정하고 있다.[14)] 이러한 규정은 우리 나라에서도 필요하다고 본다. 이와같이 재원 조달 방법 등 구체적인 내용을 기술하고난 후에 주민들에게 설명하고 청구서명을 받아야 만이 바람직한 주민투표가 진행될 수 있다고 본다. 이 단계에서 신중하게 접근하게 되면 주민투표가 남발되는 예는 쉽게 나타나지 않을 것이다.

셋째, 주민투표심의회의 구성과 심의 대상에 대한 것은 개선되어야 한다.

우선 구성은 민간인 중심으로 구성되어야 한다. 주민투표 자체가 집행부와 의결기관을 견제하기 위한 방안 중에 하나이기 때문에 심의회의 구성에서는 집행부와 의결기관의 개입을 최대한 줄이는 것이 바람직하다. 설령 집행부와 의결기관인 의회가 심의회의 구성에 관여한다고 하더라도 간접적인 관여, 즉 지금처럼 공무원과 의원이 직접 참여하는 것이 아니라 추천하는 정도로 관여하는 것이 바람직하다. 그렇지 않기 때문에 주민투표가 지방자치단체장의 입맛에 맞는 것 이외는 주민투표 대상이 되기 어려우며, 이로 인해 주민투표에 대한 주민들의 불신이 매우 커질 것이 우려된다. 그 사례를 보자.

있어야 하는 것으로 규정하고 있다. 반면에 절대수를 가지고 규정하는 경우도 있다. 독일의 바덴 뷔르템베르크(Baden-Württemberg) 주의 게마인데법 제21조에 의하면, 주민투표가 발의되려면 적어도 주민투표권자의 10%의 서명을 받아야 하는데, 주민 수가 5만 미만의 게마인데는 시민 2,500명의, 주민 5만 이상 10만 미만인 게마인데는 시민 5,000명의, 주민 10만 이상 20만 미만인 게마인데는 10,000명의 주민의, 20만 이상인 게마인데는 시민 20,000명의 서명이 필요하다고 규정하고 있다.

13) 행정자치부, “주민투표 조례제정 요령”, 주민투표 업무편람, 2004. 4 참고.

14) 류호상, 앞의 책, p. 72 각주 참조, 독일의 주민투표 청구시에는 주민투표로 결정되어야 할 사항, 그 이유, 청구된 조치를 위해 현행 법률에 따라 가능한 비용 조달 방안이 포함되어야 한다.

서귀포시는 31일 주민투표청구심의위원회를 열어 이마트 유치 반대 투쟁위원회 공동대표 양화경 씨(50·서귀포시 동홍동)가 시외버스터미널 이전 및 이마트 유치와 관련해 지난 17일 제출한 '주민투표 대표자 증명서 교부 신청'에 대해 8명의 심의위원의 찬반 논란 끝에 서귀포 이마트 유치와 관련한 '주민투표' 청구 민원이 31일 기각됐다. 이날 오후 2시부터 심의에 들어간 주민투표청구심의위는 오후 4시 50분까지 2시간 50분에 걸친 마라톤 심의 끝에 표결 처리로 주민투표 대표자 증병서 교부 신청을 불허키로 했다.

심의위는 양화경 씨가 제출한 교부 신청 건에 대해 집중 토론을 벌인 끝에 반대대책위가 주민투표 사유로 제기한 '주요 공공시설 설치' 및 '민간투자사업의 실시'에 대해서는 주민투표 대상이 아니라고 만장일치로 결정했으며, '주민의 복리 안정 등에 주요한 영향을 미치는 사항'에 대해서도 이마트 유치 건이 서귀포시 일부 중·소상인과 재래시장에 부정적 영향을 미치는 것은 사실이나 서귀포 시민 전체 복리 안정에 주요한 영향을 미칠 정도는 아니라며 찬반 투표 끝에 반대 7, 찬성 1표로 기각 처리했다.

주민투표청구심의위가 이마트 유치에 따른 주민투표 청구민원을 기각함에 따라 서귀포시 청사 앞에서 전경과 대치하고 있는 '밀실행정 규탄 및 주민투표 쟁취 서귀포시 시민대책위'는 강상주 시장을 규탄하며 강력 반발하고 있다.

이마트 유치 반대를 주장해 온 주민 30여 명은 오후 1시 30분께부터 시청 정문 앞에서 '민주주의의 진정한 실현! 주민투표 실시하라!', '대형마트 입점 규제 도시계획조례 개정하라' 등의 문구가 적힌 피켓을 들고 "강상주 시장 사과하라" 등의 구호를 외치며 시위를 벌였다(자료 사진: 제주의 소리).

> 이마트 유치 반대를 주장해 온 주민들이 청사 진입을 시도할 것에 대비해 전투경찰 2개 중대가 이 날 오전부터 청사 주변에 배치되는 등 긴장감이 감돌았으며, 한때 주민들과 전투경찰이 몸싸움을 벌이기도 했다.[15]

이러한 기각에도 불구하고 현재 서귀포시의 중・소 상권은 이마트의 진입으로 인해 최악의 상태에 있으며, 이로 인해 지역경제가 큰 타격을 입고 있다는 것이 중론이다. 결국 이마트가 서귀포시 주민 복리에 악영향을 미칠 것이라는 주민들의 판단이 맞은 것이다. 그럼에도 불구하고 주민투표 청구는 자치단체와 반대된다고 하여 기각되어 버렸다. 현재 심의위원회 구성으로는 명약관화한 결과이다. 따라서 주민들이 주민투표에 대한 관심과 애정을 갖기 위해서는 청구 단계에서부터 공정하다는 인식이 확산될 수 있도록 구성되어야 한다. 이를 위해서는 다음과 같은 방법을 고려해 볼 수 있다.

예를 들면, 총 위원이 7명인 경우에는 지역 선거관리위원회가 3명, 자치단체장과 지방의회가 각각 2명을 추천해 구성하는 것을 고려해 볼 수 있다. 이렇게 객관적으로 심의회가 구성된다면 지방의회와 지방자치단체장이 청구한 것도 역시 주민투표청구심의회의 심의 대상으로 해도 아무런 문제가 없을 것이다. 그리고 지방자치단체장과 지방의회의 청구가 심의회의 대상이 되지 않은 것은 아직도 관존민비 사상이 짙게 깔려 있다는 증거이다. 그 때문에 주민투표 청구는 모두가 주민투표청구심의회에서 심의를 받는 것이 바람직하다고 본다.

제 2 절 주민투표의 발의

1 서 언

주민투표의 발의는 주민투표의 본격적 실시 단계 중 첫 단계이다. 왜냐하면 주민투표 발의는 주민투표의 안건을 부의하는 것이기 때문이다. 주민투표 발의

15) www.jejusori.net 2005년 1월 31일 검색.

이전 단계를 주민투표를 하기로 결정하기 위한 준비 단계라고 한다면, 주민투표 발의 단계는 지방자치단체장이 주민투표를 실시하고자 결정을 내리고 그 사실을 대외적으로 알리는 단계까지 포함하기 때문에 주민투표의 본격적 실시의 첫 단계라고 할 수 있다. 이렇게 주민투표 발의가 실질적인 주민투표 첫 단계이기 때문에 이 과정을 누가 주도적으로 행사하느냐 하는 것은 매우 중요하다. 대체로 주민투표를 대의제 민주주의를 보완한다는 측면에서 생각하는 유럽 국가에서는 발의권을 지방의회가 주도하고 있다. 반면에 주민투표를 대의제의 대체라고 적극적 의미로 해석하는 나라들은 주민들이 발의권을 주도적으로 행사하고 있다. 이처럼 주민투표의 발의는 주민투표의 본질을 결정짓는 매우 중요한 의미를 지닌다.

2 내 용

현재 우리 나라에서의 주민투표 발의권자는 자치단체장에게만 주어졌다. 이 근거는 두 가지 법률에 의해서다.

첫째, 지방자치법에서다.

지방자치법 제14조[16]에서는 주민에게 과도한 부담을 주거나 중대한 영향을 미치는 지방자치단체의 주요 결정에 대해서 지방자치단체장은 주민투표를 발의할 수 있도록 하고 있다.

둘째, 주민투표법에서다.

주민투표법 제13조에서는 지방자치단체의 장은 다음 각 호의 1에 해당하는 경우에는 지체없이 그 요지를 공표하고 관할 선거관리위원회에 통지해야 한다고 규정하여 주민투표발의권을 지방자치단체장에게 한정시키고 있다.

1. 제8조 제3항[17]의 규정에 의하여 관계 중앙행정기관의 장에게 주민투표를

16) 제14조(주민투표) ① 지방자치단체의 장은 주민에게 과도한 부담을 주거나 중대한 영향을 미치는 지방자치단체의 주요 결정 사항 등에 대해 주민투표에 부칠 수 있다. <개정 2004. 1. 29>

17) 주민투표법 제8조 ③ 제2항의 규정에 의하여 지방의회의 의견을 들은 지방자치단체의 장은 그 결과를 관계 중앙행정기관의 장에게 통지하여야 한다.

발의하겠다고 통지한 경우

2. 제9조 제2항[18] 또는 제5항[19]의 규정에 의한 주민투표 청구가 적법하다고 인정되는 경우

3. 제9조 제6항[20]의 규정에 의한 동의를 얻은 경우

지방자치단체장은 주민의 청구 또는 지방의회의 청구에 의해서도 발의를 하지만 직권에 의해서도 발의할 수 있도록 하여 주민투표 발의의 독점적 지위를 부여하고 있다.

지방자치단체의 장이 주민투표를 발의하고자 하는 때에는 제1항의 규정에 의한 공표일부터 7일 이내(제3항의 규정에 의하여 주민투표의 발의가 금지되는 기간은 이를 산입하지 아니한다)에 투표일과 주민투표안을 공고해야 한다. 그러나 주민투표가 지방정부의 집행기관인 지방자치단체의 장 또는 의결기관인 지방의회가 주민투표 청구의 목적을 수용하는 결정을 한 때에는 주민투표를 발의하지 아니한다고 규정하여 주민투표 발의의 목적이 사전에 충족되었을 때의 처리 조항[21]을 두고 있다. 이것은 매우 현명한 조항이라고 할 수 있다. 주민투표의 목적이 투표 그 자체에 있는 것이 아니라 발의 목적을 결정하는 것이기 때문에 주민투표 없이 주민들의 요구를 집행부 또는 의결기관이 전적으로 수용하게 되었을 때는 주민투표 발의를 취소할 수 있다는 것은 당연한 조항이며 각 국가에서도 이를 활용하고 있다.[22]

---

18) 주민투표법 제9조 ② 다음 각 호의 1에 해당하는 자(이하 "주민투표청구권자"라 한다)는 주민투표청구권자 총수의 20분의 1 이상 5분의 1 이하의 범위 안에서 지방자치단체의 조례로 정하는 수 이상의 서명으로 그 지방자치단체의 장에게 주민투표의 실시를 청구할 수 있다.
 1. 그 지방자치단체의 관할구역 안에 주민등록이 되어 있는 20세 이상의 주민(공직선거법 제18조의 규정에 의하여 선거권이 없는 자를 제외한다.)
 2. 제5조 제2항의 규정에 의하여 그 지방자치단체의 조례가 정하는 외국인

19) 주민투표법 제9조 ⑤ 지방의회는 재적 의원 과반수의 출석과 출석 의원 3분의 2 이상의 찬성으로 그 지방자치단체의 장에게 주민투표의 실시를 청구할 수 있다.

20) 주민투표법 제9조 ⑥ 지방자치단체의 장은 직권에 의하여 주민투표를 실시하고자 하는 때에는 그 지방의회 재적 의원 과반수의 출석과 출석 의원 과반수의 동의를 얻어야 한다.

21) 주민투표법 제13조 제2항.

22) 반성훈, 앞의 책, pp. 72-86 참조.

그러나 주민투표법은 주민투표 발의를 일부 기간에 한해서 제한시키고 있다. 주민투표법 제13조 제3항은 지방자치단체의 관할구역의 전부 또는 일부에 대해 공직선거법의 규정에 의한 선거가 실시되는 때에는 그 선거의 선거일 전 60일부터 선거일까지의 기간 동안에는 주민투표를 발의할 수 없도록 하여 주민투표가 치열한 지방선거의 바람에 말려들지 않도록 하고 있다.

3 쟁점 사항

여기서의 쟁점 사항은 여러 가지가 있지만 중요한 것 두 가지만 다루겠다.

1) 주민투표 발의권의 독점

주민투표 발의권의 독점에 대한 논란에서도 두 가지로 나누어 생각해 볼 수 있다.

첫째, 이미 기술한 바와 같이 주민투표 발의권은 자치단체장에게만 귀속되어 있다는 점에 대한 반론이다. 이에 대한 논란은 다음 네 가지다. 이들의 주장과 그 근거를 간략하게 설명하면 다음과 같다.

① 현재와 같이 자치단체장에게만 부여해야 한다.

이 주장은 자치단체장이 집행기관이기 때문이며, 또한 주민투표의 남용을 방지하기 위해 지방자치단체장으로 한정하는 것이 바람직하다는 근거다.

② 주민투표청구권 같이 주민, 지방의회, 자치단체장 모두에게 발의권을 부여해야 한다.

주민투표제는 대의제를 보완하는 것이기 때문에 주민과 지방의회에 발의권을 주는 것이 바람직하며, 주민투표의 남용은 주민과 지방의회와 마찬가지로 지방자치단체장에게도 그 가능성이 있기 때문에 균형을 맞추기 위해서도 이들 3자에게 확대해야 한다는 것이다.[23]

③ 지방의회와 지방자치단체장에게 부여해야 한다.

주민에게 청구를 하는 경우에 지방자치단체장에게만 독점을 주는 것보다 지

23) 김안제, "제14대 국회 제170회 내무위원회 제8차 회의 속기록", p. 40; 손혁재, 앞의 책, p. 45 참조.

방의회에도 발의권을 부여하여 경쟁케 함으로써 주민에 대한 대응성을 높이는 이점이 있다는 것이다. 그리고 지방의회에서도 의원 간, 그리고 의회와 집행부 간에 갈등이 있을 때 이를 결정하기 위해 지방의회가 발의하여 주민투표를 하는 것도 바람직하다는 주장이다.

④ 지방자치단체장은 배제해야 한다.

대의민주제를 보완한다는 의미에서는 집행부인 지방자치단체장은 배제하는 것이 바람직하다는 주장이다.[24]

둘째, 주민투표 발의권의 오·남용에 대한 제재 규정이 없다는 것이다.

발의권자인 지방자치단체장이 주민이나 지방의회가 청구를 하더라도 이를 지연 또는 발의 자체를 거부하는 위법행위를 했을 때 이에 대한 벌칙 규정이 없다. 이에 대한 주장은 발의는 자유 재량행위가 아니라 법률적 구속행위이기 때문에 이에 대한 특별한 규정이 없더라도 자치단체의 위법행위에 관한 법률로 다루면 된다는 것이다. 반대로 이에 대한 규정을 두어야 한다는 견해도 있다. 이 견해는 주민투표는 조례 사항이 아니기 때문에 전적으로 지방자치사무라고 볼 수 없다는 것이다. 따라서 자치단체장이 위법을 했을 때 국가가 개입해 처벌할 수 있는 근거를 마련해 두어야 한다는 것이다.

2) 주민투표 발의 금지 기간

주민투표 발의 금지 기간은 결국 주민투표 금지 기간을 의미한다. 주민투표 발의 금지 기간 설정을 지지하는 견해는 주민투표가 공직자 선거와 연계되었을 때 후보자들이 자신의 선거운동과 연계할 가능성이 높기 때문에 이 기간은 금지해야 한다는 것이다. 그뿐만 아니라 우리 나라 공직자선거는 늘 과열되기 때문에 주민투표가 동시에 실시된다면 주민투표 안건이 무관심 대상으로 될 가능성이 높다는 것도 금지 기간의 설정에 찬성하는 원인이 된다는 것이다.

이에 반해 반대하는 의견도 만만치 않다. 2005년에 실시했던 주민투표 중 막대한 경제적 지원을 동반한 방폐장에 대한 주민투표 말고는 투표율이 36% 내외였다. 역대 투표율 중에서 최하위 수준이다. 따라서 이렇게 주민투표율이 계

---

24) 지병문, "제14대 국회 제170회 내무위원회 제8차 회의 속기록", p. 45 참조.

속 떨어지고 있기 때문에 투표율이 높은 공직자선거와 동시에 실시하게 되면 주민들이 오히려 지역 일에 더욱 관심을 갖게 된다는 주장이다. 또한 동시에 실시함으로써 주민투표로 인한 행·재정적 부담을 덜게 되는 이중적 효과를 얻을 수 있다는 주장이다.

4 개선 방안

상기 쟁점에 대한 개선 방안을 다음과 같이 제시하고자 한다.

1) 발의권의 독점은 개정되어야 한다

발의권은 청구권과 함께 주민, 지방의회, 지방자치단체장에게 부여하는 것이 주민투표의 취지와 일치된다고 사료된다. 다만 주민투표발의권의 남발을 막기 위해 다음과 같은 두 가지 장치가 필요하다.

첫째, 단계적인 접근이다. 우선은 발의권을 지방자치단체의 의결기구인 지방의회에 부여해 집행기관인 자치단체장의 발의권 독점 체제를 수정해야 한다. 이렇게 복수 발의권 체제는 의결기관과 집행기관이 주민들의 목소리에 더 접근하려는 민주성을 제고하는 효과가 있게 될 것이다. 이렇게 지방의회가 발의권을 행사해 일정 시간이 지난 후에 주민들이 주민투표에 대한 학습 과정을 거치면서 주민들에게 발의권을 부여하는 중·장기적 단계로 접근하는 것이 바람직하다고 본다.

둘째, 주민투표의 발의 과정에서 이미 기술한 바와 같이 주민투표 발의 요구서에 구체적인 발의 내용과 취지, 이에 대한 대척까지 기술하도록 해야 한다. 이렇게 될 때 주민투표 발의권의 오·남용을 예방할 수 있을 것이다.

이 밖에 주민투표 발의도 주민투표 청구와 같이 심의하는 위원회를 구성해 운영하되, 특히 주민들에게 주민투표 발의권을 부여하는 시기에는 주민투표발의심의위원회를 구성해 운영하는 것이 바람직하다고 생각된다.

2) 주민투표 금지 기간의 설정은 폐지되어야 한다

주민투표 금지 기간은 큰 의미가 없다. 현재 2005년 8월에 개정된 우리 나라 공직자선거법은 후보자 예비등록 조항을 개정해 대통령선거는 240일 전, 국회의원 및 도지사는 120일 전, 지방의회 및 기초자치단체장은 60일 전에 예비후보로 등록해 선거운동을 할 수 있도록 하고 있다.[25] 예비후보자로 등록된 시간부터 후보자는 선거운동을 하는 것이기 때문에 1년 내내 지방에는 선거운동이 이루어지고 있다고 볼 수 있다. 그리고 지역 주민들이 공직자선거와 주민투표를 연계해 투표할 정도로 자치 의식 수준이 낮으냐에 대한 것은 또 다른 논쟁점이지 주민투표 시기에 공직선거를 하기 때문이라고 볼 수 없다. 특히, 주민투표가 소요되는 행·재정면에서 지방자치단체에 큰 부담을 주고 있기 때문에 이의 해결을 위해서도 오히려 공직자선거와 동시에 주민투표를 실시할 수 있도록 하는 것이 바람직하다.

2006년 11월 7일 미국의 총선에서는 주민투표 안건으로 100여건이 상정되었다. 비용을 부담하는 주민들이 비용을 줄이면서 자신들의 의견을 직접 제시할 수 있는 방안을 강구하는 것이 주민투표의 취지라고 생각한다면 주민투표 금지 기간을 설정할 것이 아니라 차라리 대선 또는 총선과 지방선거시에 동시에 주민투표도 실시하는 방안을 강구해야 할 것이다.[26]

제 3 절 정보의 제공

1 서 언

주민투표는 주민의 의사를 지방의회 등 간접적인 제도를 거치지 않고 직접 지방정치와 행정에 반영하는 것이다. 그러나 이렇게 주민들이 지방정치와 행정과정에 참여하는 것은 결코 쉬운 일이 아니다. 왜냐하면 이제 지방행정은 분야에 따라서 행정학자들도 알기 어려울 정도로 매우 복잡하고 전문화되어 있기

25) 공직선거법 제60조의 2.

26) Initiative and Referendum Institute, “Early Look At 2006 Ballot Measures”, No. 1. 2006, July.

때문이다. 따라서 일반 주민들이 이 복잡하고 전문화된 지방의제를 이해하고 올바르게 투표를 하기 위해서는 주민투표의 대상에 대한 정확하고 객관적인 정보를 제공해 주어야 한다. 만약에 정확하고 객관적인 정보가 주어지지 않은 상태에서 주민투표가 이루어진다면 직접민주주의의 최악의 상태인 우중정치(愚衆政治)가 나타날 가능성이 농후하다 하겠다. 우중정치는 결국 지방 공무원이나 지방 정치인들이 주민들의 우매함을 이용해 자신들의 정책을 합리화시키는 비정상적인 방법이다. 따라서 진정한 의미에서 주민투표가 이루어지기 위해서는 주민들이 주민투표 과정을 주도할 수 있어야 하는데 이에 대한 핵심은 주민투표의 대상에 대한 정확한 이해가 선행되어야 할 것이다. 따라서 주민들의 정확한 이해를 위해서는 정확하고 객관적인 정보와 이를 쉽게 접근할 수 있는 방안들이 끊임없이 요구된다.

특히, 전자민주주의 활성화를 목전에 두고 있는 지금 정보의 제공 범위와 내용은 무한대일 정도로 확대될 것이다. 낙관적 전자민주주의론자들은 20세기 정보기술의 발전은 직접민주주의의 기술적 문제를 해결했고, 참여의 과정을 더욱 용이하게 함으로써 새로운 정보로 무장된 시민집단의 대중 참여가 가능하게 되었다고 주장한다. 이들의 판단에 의하면, 전자민주주의는 대의제의 한계와 현대인의 정치적 무관심을 동시에 극복해 그리스적 직접민주주의의 이상을 부활시킬 것이라는 것이다. 그러나 이에 대한 비관론적 입장은 전자민주주의가 오히려 민주주의를 후퇴시킬 것이라는 것이다.[27] 데이비스(Richard Davis)에 의하면, 인터넷 민주주의의 대중참여 효과는 환상에 불과하다고 했다. 오히려 그것은 대중의 정치 참여를 방해할 가능성이 많다. 새로운 기술의 효과는 이 놀라운 도구를 활용하는 정치적 담론과 시민 생활에 활용하려는 대중의 의지에 달려 있다. 그러나 그것은 일부의 집단에게만 적용되는 시나리오다라고 혹평을 하고 있다.[28]

상기 내용은 우리들에게 전자민주주의의 선용과 남용의 가능성과 그로 인한

---

27) 장원석, "전자민주주의의 이론과 실제", 한국지역정보화학회지, 제7권 제2호, 2004. 1. 2, pp. 85-90 참조.

28) Richard Davis, *The Web of Politics: the Internet's Impact on the American Political System*(NY: Oxford University Press, 1999), p. 23. 이에 대한 내용은 위의 장원석 논문에서 재인용했음.

결과가 민주주의에 얼마나 큰 영향을 미칠 것인가를 말해 주고 있다. 이는 또한 전자민주주의 시대에 정보 제공의 방법과 내용이 전자민주주의가 지향하는 주민투표와 같은 직접민주주의의 성패를 가름할 것이라는 것을 예견해 주고 있다고 해도 과언이 아니다. 결국 주민투표에서 정보 제공의 중요성은 아무리 강조해도 지나치지 않다.

2 주민투표법상의 정보 제공 내용

주민투표법 제4조[29]는 국가와 지방자치단체의 장에게 주민투표와 관련해 주민들이 정확하고 객관적인 판단과 합리적인 결정을 할 수 있는 정보에 접할 수 있도록 각 단체의 역할을 부여하고 있다.

1) 지방자치단체장의 역할

지방자치단체장은 지방자치단체의 공보,[30] 일간신문, 인터넷 등 다양한 수단

29) 제4조(정보의 제공 등) ① 지방자치단체의 장은 주민투표와 관련하여 주민이 정확하고 객관적인 판단과 합리적인 결정을 할 수 있도록 지방자치단체의 공보, 일간신문, 인터넷 등 다양한 수단을 통하여 주민투표에 관한 각종 정보와 자료를 제공하여야 한다.
② 제3조 제1항의 규정에 의한 선거관리위원회(이하 "관할 선거관리위원회"라 한다)는 주민투표에 관한 정보를 제공하기 위하여 설명회·토론회 등을 개최하여야 한다.
③ 관할 선거관리위원회는 제2항의 규정에 의한 설명회·토론회 등을 개최하는 때에는 주민투표에 부쳐진 사항에 관하여 의견을 달리하는 자가 균등하게 참여할 수 있도록 하여야 한다.

30) 주민투표공보에 대한 규정은 다음과 같다.
제7조(주민투표공보) ① 법 제17조(주민투표공보의 발행)의 규정에 의한 주민투표공보에는 주민투표안의 내용, 찬성·반대운동 대표단체가 제출하는 주민투표안에 관한 의견 및 그 이유, 투표일, 투표 절차, 그 밖에 관할위원회가 필요하다고 인정하는 사항을 게재한다.
② 주민투표공보의 규격은 길이 27센티미터 너비 19센티미터 이내로 하고, 면수는 주민투표안의 내용 등을 감안하여 관할위원회가 정하되, 찬성·반대운동 대표단체 간에는 면수를 동일하게 하여야 한다. <개정 2005. 8. 4>
③ 관할위원회는 각 찬성·반대운동 대표단체의 의견 및 그 이유를 게재할 수 있는 주민투표공보의 면수를 정하여 주민투표 발의일 후 3일까지 찬성·반대운동 대표단체에 통보하고, 이를 통보받은 단체는 공보 게재 원고를 주민투표 발의일 후 6일까지 별지 제4호 서식에 의하여 관할위원회에 제출하여야 한다. 이 경우 규격과 면수를 초과하는

을 통해서 주민투표에 관한 각종 정보와 자료를 제공할 것을 요구하고 있다. 따라서 지방자치단체장은 주민투표시에 주요 정보 제공자로서의 역할을 성실하게 수행하는 책임을 맡게 된 것이다.31)

2) 선거관리위원회의 역할

선거관리위원회는 주민투표에 관한 정보를 제공하기 위해서 설명회·토론회 등을 실시해야 한다. 토론회는 신문과 방송을 통하여서 개최하도록 되어 있다. 최근 주민투표가 실시되었던 제주도 주민투표에서도 네 차례에 걸쳐 방송토론회

때에는 게재하지 아니할 수 있다.

④ 관할위원회는 공보 게재 원고를 제출한 대표단체가 하나인 때에는 그 원고를 제출하지 아니한 대표단체와 의견을 같이 하는 다른 단체(투표운동을 하고 있거나 할 것을 표방한 단체를 말한다)에 주민투표공보에 의견 게재 여부를 조회하여 주민투표 발의일 후 7일까지 공보 게재 원고를 제출하는 경우에는 그 단체[2 이상의 단체가 제출한 경우에는 제4조(찬성·반대운동 대표단체) 제3항 본문의 규정에 준하여 당해 위원회가 정하는 단체를 말한다]의 의견을 게재할 수 있으며, 제출하지 아니하는 경우에는 이미 제출된 하나의 대표단체의 의견과 이유만을 게재할 수 있다.

⑤ 제3항 또는 제4항의 규정에 의하여 제출한 공보 게재 원고는 정정 또는 철회하지 못한다. 이 경우 법 제28조(벌칙) 제1항 제4호의 규정에 위반되는 허위 사실에 대한 이의 제기 및 공고에 관하여는 '공직선거관리규칙' 제29조(선전벽보) 제7항 및 제8항의 규정을 준용한다. <개정 2005. 8. 4>

⑥ 주민투표 공보에 찬성·반대 대표단체의 의견 및 이유를 게재하는 때에는 그 대표단체의 명의[찬성·반대운동 대표단체가 제4조(찬성·반대운동 대표단체) 제2항 각호의 자가 신청한 단체인 때에는 그 신청자의 명의를 포함한다]를 게재한다.

⑦ 관할위원회는 주민투표 공보를 매 세대에는 법 제19조(투표·개표 절차 등)의 규정에 의하여 준용되는 '공직선거법' 제153조(투표안내문의 발송)의 규정에 의한 투표안내문을 발송하는 때에, 부재자 신고인에게는 투표용지를 발송하는 때에 함께 각각 1회 발송한다. 이 경우 주민투표 실시구역을 관할하는 하급 구·시·군위원회로 하여금 관할 위원회가 정한 원고에 의하여 주민투표 공보를 제작하여 발송하게 할 수 있다. <개정 2005. 8. 4>

⑧ 관할위원회는 시각장애 투표인[투표인으로서 '장애인복지법' 제29조(장애인 등록)의 규정에 의하여 등록된 자를 말한다. 이하 이 조에서 같다] 수와 점자인쇄 시설 상황 등을 감안하여 점자형 주민투표공보를 작성하여 시각장애 투표인이 있는 세대에 발송할 수 있다. 이 경우 관할위원회는 찬성·반대운동 대표단체에 점자형 공보 게재 원고를 제출할 수 있도록 통지하여야 한다. <개정 2005. 8. 4>

⑨ 주민투표 실시 구역을 관할하는 구·시·군의 장은 점자형 주민투표 공보를 발송할 시각장애 투표인과 그 세대주의 성명·주소를 조사하여 투표인명부 작성 만료일의 다음날까지 해당 구·시·군위원회에 통보하여야 한다.

31) 주민투표법 제4조.

가 개최되었다.[32] 이러한 설명회와 토론회 개최시에 관할 선거관리위원회는 주민투표에 부쳐진 사항에 관해 의견을 달리하는 자가 균등하게 참여할 수 있도록 하여 공정성을 유지하게 했다.[33]

3 정보 제공에 대한 쟁점 사항

정보 제공시의 쟁점 사항은 공정성과 객관성을 확보할 수 있는 방법에 대한 것이라고 할 수 있다. 이에 대한 주요 쟁점 사항을 살펴보면 다음과 같다.

첫째, 자치단체장에 의해서 정보 제공이 독점되고 있다는 점이다.

주민투표법 제정 이후 세 건의 주민투표가 진행되었다. 모두가 지방자치단체가 찬성과 반대하는 입장에 서 있었다. 제주도 주민투표시에는 제주도는 찬성, 네 개의 시·군자치단체는 반대의 입장에 서 있었다. 청주·청원지역 통합주민투표는 청주시와 청주시의회는 찬성, 청원군수와 청원군의회는 일부 찬성인 반면에 청원군의회 의원 대다수는 반대 입장에 서 있었다. 방폐장은 모든 자치단체장들이 찬성하는 입장이었다. 이러다 보니 정보 제공 내용이 객관성을 띨 수 없었다는 점이다. 지방자치단체가 특정안을 찬성·반대하는 입장에서 투표운동 기간 전·후를 불문하고 자치단체장이 선호하는 안에 관한 정보를 중심으로 설명회를 개최하거나 인쇄물을 제작·배포하는 것은 주민이 주민투표에 대해 객관적이고 합리적인 결정을 하는 데 매우 혼란스러울 수밖에 없다.

더군다나 주민투표를 발의한 자치단체장만이 하도록 하는 정보독점 규정은 여러 가지 면에서 문제가 많다. 우선 제주도와 청주·청원 주민투표인 경우 발의자는 제주도와 청주시, 청원군이었다. 반면에 관련 자치단체는 제주도뿐만 아니라 주민투표의 통과시 자치단체가 사라지는 대상인 제주시, 서귀포시, 북제주군, 남제주군도 있었다. 그러나 정보 제공은 제주도만 할 수 있도록 했다. 이렇게 되자 기초자치단체 4곳은 제주도는 주민투표의 유리한 사항만 제공한다는 불평을 할 뿐 거꾸로 자신들은 정보를 제공할 수 있는 아무런 수단이 없

32) 양영철, "제주도 주민투표 사례에 관한 연구", 한국사회와 행정연구, 제16권 제3호(서울행정학회, 2005. 11) 참조.

33) 주민투표법 제3조 제1항, 제2항.

다고 호소했다.

〈표 5-3〉 선거관리위원회의 자치단체의 정보 제공 관련 사례 모음

• 제주도청 모 과장 등 공무원이 직무와 관련 관리·감독하에 있는 복지시설 등 기관·단체를 방문해 부재자 신고 안내 및 투표 참여 독려 • 제주도청 간부 공무원이 휴일을 이용 출신 지역 등 방문 투표 참여 홍보 • 제주도가 특별자치도 관련 간담회를 개최해 혁신안이 유리하다는 입장 피력 • 도민연대에서 제주도청 발행 도정신문과 제주도청에서 배부한 신문기사를 발췌한 인쇄물이 특정안에 편향된 정보를 제공하고 있어 법을 위반했다고 강력하게 이의 제기 • 제주시청 공무원 노조에서 제주도청 공무원이 주민투표에 관한 신문 기고의 내용이 특정안에 대한 명예훼손 및 투표운동에 해당한다면 선거관리위원회에 고발

따라서 발의를 한 자치단체 이외에 발의를 하지 않은 자치단체나 주민들도 정보 제공을 할 자격을 부여하는 정보 제공의 다양성이 쟁점 사항인 것이다.

둘째, 정보 제공자의 벌칙에 관한 사항이다.

정보의 제공자가 주민투표법의 임무 규정을 위반했을 때에 대한 처벌 규정이 제시되지 않았기 때문에 문제라는 지적이다. 정보 제공자들은 주민들이 합리적인 결정을 내릴 수 있도록 객관적인 정보를 제공하지 않거나, 불리한 정보를 감추거나 왜곡시킬 가능성도 충분하게 있다. 이 경우에 제재할 규정이 마련되어야 한다는 주장이다.

4 개선 방안

상기와 같은 논란을 최소화하기 위해서는 다음과 같은 노력이 필요하다.[34]

34) 현재 정부가 제출한 주민투표법 개정안에는 정보 제공의 객관성과 투명성을 확보하기 위해 정보 제공에 대한 조항을 개정하고 있다. 제4조(정보의 제공) ① 지방자치단체의 장과 선거관리위원회는 주민투표와 관련하여 주민투표의 투표 일시, 방법 및 투표 안건을 지방자치단체의 공보, 일간신문, 인터넷 등 다양한 수단을 통하여 주민들에게 널리 알려야 한다. 이 경우 주민들에게 알리는 투표 안건의 내용은 객관성과 중립성을 유지하여야 하며, 주민투표에 부쳐진 사항에 대해 찬성·지지 또는 반대 의견이 포함되거나

1) 정보 제공의 다양화

현재와 같이 정보 제공을 국가나 자치단체가 독점하는 것은 일방적으로 정부와 투표 발의자만 유리하게 되어 불합리하다 하겠다. 따라서 현재와 같은 주민투표에 대한 정보 제공의 독점 체제를 다양화로 바꾸어야 한다. 지역 내 대학이나 객관적인 사회단체들이 주민투표에 대한 정보의 생산과 전달을 할 수 있도록 행·재정적 지원을 해 주는 방안을 검토해야 한다.

2) 반대자에 대한 기회의 균등화

지금 주민투표법에 의하면 반대자에 대한 참가 허용은 이루어지고 있지만 이들에 대한 지원 체제는 언급이 없다. 따라서 국가정책에 대한 주민투표나 지방자치단체장이 발의한 정책에 대해 반대를 할 주민들은 스스로의 비용과 노력으로 거대한 국가나 지방정부와 대결해야 한다. 이들이 활동할 수 있도록 비용과 장소 제공이 이루어져야 한다. 방폐장의 경우에도 찬성에 대한 정보는 과잉일 정도로 넘쳐났지만 반대에 대한 정보는 아예 차단되거나 아니면 접근하기가 매우 어려웠다는 것이 지역 주민들의 반응이었다.[35]

3) 정보 작성과 보급의 공정성 확보

현재 주민투표법은 단지 공정한 정보를 작성할 것을 자치단체장에게 주문할 뿐 정보 제공의 과정에 대한 언급이 없다. 따라서 발의자인 자치단체장이 정보 제공 과정을 독점하기 때문에 공정한 정보를 언제나 보장할 수 없을 것이다. 그러므로 제3자인 선거관리위원회 또는 찬성과 반대자가 추천한 인사로 구성된 객관적인 조직에 의해서 정보를 작성하고 배포하는 것이 바람직하다 하겠다.[36]

4) 처벌 규정 제시

현재 주민투표법은 정보 제공을 게을리하거나 하지 않았을 때, 그리고 공정

이를 권유·유도·홍보하는 내용이 들어가서는 아니 된다.

35) 2006년 4월 13일 포항 시민과의 면담에서.

36) 2006년 9월 27일에 국회에 제출한 주민투표법 일부 개정안에 따르면 주민투표법 제4조 제1항에 "정보 제공시에 객관성과 중립성을 유지해야 한다"는 내용을 추가했다.

한 정보를 제공하지 않았을 때 처벌 규정이 없다. 이에 대한 처벌 규정이 보완되어 객관적인 정보가 주민에게 쉽게 접근할 수 있도록 제공이 되어 주민들이 정확한 정보하에 주민투표가 이루어질 수 있도록 해야 하겠다.

제 4 절 주민투표의 현장

1 서 언

이 절에서 논의되는 유권자 범위, 부재자 투표, 주민투표 형식, 실시 구역, 투표 방법, 외국인에 대한 투표권 부여 등은 주민투표 현장에서 일어나는 요인들이다. 이 요인들은 주민투표의 투표 절차에서 나타나는 현상들이라고 할 수 있다.

우선 유권자 범위는 거주하는 주민들 중 누구에게까지 투표권을 부여할 것인지에 대한 것이다. 이는 곧 지역의 정책결정자의 범위를 결정짓는 것이기 때문에 매우 중요한 의미를 갖는다. 부재자 투표는 선거 편의를 통한 선거권의 최대 확대라는 의미를 갖는다. 또한 누구를, 어느 시점에서 부재자로 규정할 것인가는 주민투표의 양상을 좌우할 수 있는 커다란 의미를 가지고 있다.

주민투표 형식도 마찬가지로 중요하다. 주민투표의 형식은 유권자로 하여금 얼마나 명쾌하게 선택할 수 있도록 하느냐에 대한 것이다. 따라서 주민투표의 형식 여하에 따라서 진정한 주민의 의견 반영 여부가 결정된다.

실시 구역에 대한 논의도 매우 의의가 깊다. 주민투표 실시구역과 주민투표로 인한 결과가 미치는 지역 간의 일치 여부는 그렇게 간단치 않은 문제다. 주민투표법에 따르면 주민투표 실시는 자치단체 단위로 실시되지만 방폐장과 같은 주민투표의 대상과 그 결과에 대한 영향은 실시 단위를 넘는 것이다. 이에 대한 논쟁도 지속되고 있다.

주민투표 방법이다. 주민투표를 위한 공보 작성에서부터 시작해 기표 방법, 전자투표 가능성, 투 · 개표의 절차 등 주민투표 방법이 어떻게 개선되느냐에 따라서 주민들의 접근성, 주민투표 관리의 효율성 등이 결정된다.

마지막으로 외국인에 대한 투표 권한 부여이다. 이것은 헌법상 주권자의 범위에 대한 예외를 인정하는 것이기 때문에 논란의 여지가 충분히 있다.

이러한 점을 고려하면 여기에서 논의하고자 하는 주민투표의 절차는 주민투표의 실질적인 문제이기 때문에 그 의미가 크다고 하겠다.

2 내 용

1) 유권자 범위

과거는 성별, 납세자 여부, 신분별 등 특정 요인에 의해 투표권 부여 여부를 정하던 시대도 있었다. 그러나 20세기 들어서서 민주주의가 확대되어 가면서 유권자 범위는 확대되어 갔고, 지금은 상기와 같은 기준에 의해서 유권자의 범위를 결정하는 경우는 거의 없다고 해도 과언이 아니다. 지금은 보통선거에 의해서 일정한 연령에 도달하면 자동적으로 투표권을 부여받도록 되어 있다.

다만 어느 나라든지 유권자의 범위를 결정하는 가장 중요한 것은 연령이다. 연령의 기준은 투표권을 행사할 수 있을 연령이냐 하는 것이 큰 기준이라고 할 수 있다. 우리 나라와 같이 성년인 20세를 그 기준으로 삼은 경우도 많지만 현재는 유권자의 범위를 결정하는 연령을 점점 낮추어 가는 편이다.

2) 부재자 투표

부재자 투표란 선거인명부에 오를 자격이 있는 국내 거주자가 여러 가지 사정으로 선거일에 자신의 투표소에 가서 투표할 수 없을 때에 자신이 거주하고 있는 지역에서 투표할 수 있도록 하는 제도를 말한다. 부재자 투표제도를 운영하는 이유는 투표의 접근성을 용이하게 하여 참정권을 확대하기 위한 것이다.

주민투표에서의 부재자 투표는 2005년 8월에 개정된 중앙선거관리위원회의 주민투표 규칙에 의해 공직선거법을 준용하도록 하고 있다.[37] 공직선거법에서

37) 주민투표법 규칙 제9조(부재자 투표) 부재자 투표에 관하여는 '공직선거법' 제10장(투표) 및 제13장(재선거와 보궐선거)의 규정에 의한 재선거 및 보궐선거의 거소 투표자의

는 부재자 투표 대상을 다음과 같이 나열하고 있다.[38]

1. 법령에 따라 영내 또는 함정에 장기 기거하는 군인이나 경찰공무원 중 부재자 투표소에 가서 투표할 수 없을 정도로 멀리 떨어진 영내 또는 함정에 근무하는 자
2. 병원 또는 요양소에 장기 기거하는 자로서 거동할 수 없는 자
3. 신체에 중대한 장애가 있어 거동할 수 없는 자
4. 선거일에 투표소에 가기 어려운 멀리 떨어진 외딴 섬 중 중앙선거관리위원회규칙으로 정하는 섬에 거주하는 자
5. 부재자 투표소를 설치할 수 없는 지역에 장기 기거하는 자로서 중앙선거관리위원회규칙으로 정하는 자

이들 중 부재자 투표를 원하는 자는 선거인명부 작성 기간 중에 구·시·읍·면의 장에게 서면으로 부재자 신고를 할 수 있다. 이 경우 우편에 의한 부재자 신고는 등기우편으로 처리하되, 그 우편요금은 국가 또는 당해 지방자치단체가 부담한다. 이 규정에 의해 부재자 신고를 하고자 하는 자는 부재자 신고서에 부재자 투표 사유(거소에서 투표를 하고자 하는 자는 거소 투표 사유를 말한다), 성명, 성별, 생년월일, 주소, 거소(居所: 실제로 살고 있는 장소) 사항을 기재해야 하며, 이를 해당 소속기관이나 시설의 장 또는 통·리 또는 반의 장의 확인을 받아 신고해야 한다.

이러한 신고가 있는 때에는 구·시·읍·면의 장은 부재자 신고서의 신고사항을 확인한 후 정당한 부재자 신고인 때에는 선거인명부에 이를 표시하고 부재자신고인명부를 따로 작성하되, 부재자 신고인이 규정에 의해 거소에서 투표할 수 있는 자인 경우에는 부재자신고인명부에 이를 표시해야 한다. 그리고 구·시·읍·면의 장은 부재자신고인명부를 작성한 때에는 즉시 그 등본(부재자신고인명부 작성 전산자료 복사본을 포함한다) 1통을 관할 구·시·군선거관리위원회에 송부해야 한다. 부재자신고서·부재자신고인명부의 서식 및 거소투표 사유의 확인 절차, 기타 필요한 사항은 중앙선거관리위원회규칙으로 정하도록 하고 있다.[39]

예에 의한다. <개정 2005. 8. 4>

38) 공직선거법 제39조 제3항.

3) 주민투표의 형식

주민투표법 제15조는 주민투표는 특정한 사항에 대해 찬성 또는 반대의 의사 표시를 하거나 두 가지 사항 중 하나를 선택하는 형식으로 실시하도록 하고 있다. 방폐장에 대한 주민투표는 유치에 찬성 아니면 반대, 청주와 청원인 경우에는 통합에 대해 찬성 아니면 반대하는 형식으로 주민투표를 실시했다. 그러나 이와는 달리 제주도 주민투표인 경우에는 혁신안과 점진안 중 하나를 선택하도록 하여 주민투표 형식이 여타 지방과는 다른 형식으로 주민투표를 실시했다.

4) 주민투표 실시 구역

주민투표 실시 구역이란 주민투표 결과가 미치는 범위를 말한다. 현재 주민투표법 제16조(주민투표 실시 구역)에 의하면 주민투표는 그 지방자치단체의 관할구역 전체를 대상으로 실시하도록 하고 있다. 다만, 특정한 지역 또는 주민에게만 이해 관계가 있는 사항인 경우 지방자치단체의 장이 지방의회의 동의를 얻은 때에는 관계 시·군·구 또는 읍·면·동을 대상으로 주민투표를 실시할 수 있다고 규정하고 있다. 이를 요약하면, 주민투표 실시 구역은 원칙적으로는 지방자치단체 전체로 하되 지방의회의 동의를 얻은 때는 자치단체구역 또는 읍·면·동과 같은 행정구역 단위로도 실시할 수 있도록 하고 있다. 이는 주민투표 결과가 미치는 범위가 클 때와 작을 때에 맞추어서 유연하게 적용하려는 규정이라고 할 수 있다.

5) 주민투표 공보와 방법 등

(1) 주민투표공보 발행

주민들이 주민투표의 내용에 대해서 정확하게 알게 하기 위해서 주민투표 전에 주민투표공보를 발행하고 있다. 공보 내용의 공정성을 위해서 공보 발행의 권한은 선거관리위원회에 속하도록 하고 있다. 주민투표법 제17조에 의하면 관할 선거관리위원회는 주민투표안의 내용, 주민투표에 부쳐진 사항에 관한 의견 및 그 이유, 투표 절차, 그 밖의 필요한 사항을 게재한 주민투표공보를 1회

---

39) 공직선거법 제39조.

이상 발행해야 한다고 규정하고 있다. 주민투표공보 발행을 발의기관인 자치단체장이 하지 않고 선거관리위원회가 하는 이유는 공정성을 확보하기 위한 것이라고 할 수 있다. 자치단체장과 관련이 있는 주민투표인 경우에 자치단체장은 자신에게 유리하게 공보를 작성할 것이기 때문에 이를 방지하기 위함이다. 주민투표공보의 규격·작성 방법·배부 시기, 그 밖의 필요한 사항은 중앙선거관리위원회규칙[40]으로 정하도록 하고 있다.

---

40) 중앙선거관리위원회규칙 제7조(주민투표공보) ① 법 제17조(주민투표공보의 발행)의 규정에 의한 주민투표공보에는 주민투표안의 내용, 찬성·반대운동 대표단체가 제출하는 주민투표안에 관한 의견 및 그 이유, 투표일, 투표 절차, 그 밖에 관할위원회가 필요하다고 인정하는 사항을 게재한다.

② 주민투표공보의 규격은 길이 27센티미터 너비 19센티미터 이내로 하고, 면수는 주민투표안의 내용 등을 감안하여 관할위원회가 정하되, 찬성·반대운동 대표단체 간에는 면수를 동일하게 하여야 한다. <개정 2005. 8. 4>

③ 관할위원회는 각 찬성·반대운동 대표단체의 의견 및 그 이유를 게재할 수 있는 주민투표공보의 면수를 정하여 주민투표 발의일 후 3일까지 찬성·반대운동 대표단체에 통보하고, 이를 통보받은 단체는 공보 게재 원고를 주민투표 발의일 후 6일까지 별지 제4호 서식에 의하여 관할위원회에 제출하여야 한다. 이 경우 규격과 면수를 초과하는 때에는 게재하지 아니할 수 있다.

④ 관할위원회는 공보 게재 원고를 제출한 대표단체가 하나인 때에는 그 원고를 제출하지 아니한 대표단체와 의견을 같이 하는 다른 단체(투표운동을 하고 있거나 할 것을 표방한 단체를 말한다)에 주민투표공보에 의견 게재 여부를 조회하여 주민투표 발의일 후 7일까지 공보 게재 원고를 제출하는 경우에는 그 단체[2 이상의 단체가 제출한 경우에는 제4조(찬성·반대운동 대표단체) 제3항 본문의 규정에 준하여 당해 위원회가 정하는 단체를 말한다]의 의견을 게재할 수 있으며, 제출하지 아니하는 경우에는 이미 제출된 하나의 대표단체의 의견과 이유만을 게재할 수 있다.

⑤ 제3항 또는 제4항의 규정에 의하여 제출한 공보 게재 원고는 정정 또는 철회하지 못한다. 이 경우 법 제28조(벌칙) 제1항 제4호의 규정에 위반되는 허위 사실에 대한 이의 제기 및 공고에 관하여는 '공직선거관리규칙' 제29조(선전벽보) 제7항 및 제8항의 규정을 준용한다.<개정 2005. 8. 4>

⑥ 주민투표공보에 찬성·반대 대표단체의 의견 및 이유를 게재하는 때에는 그 대표단체의 명의[찬성·반대운동 대표단체가 제4조(찬성·반대운동 대표단체) 제2항 각 호의 자가 신청한 단체인 때에는 그 신청자의 명의를 포함한다]를 게재한다.

⑦ 관할위원회는 주민투표공보를 매 세대에는 법 제19조(투표·개표 절차 등)의 규정에 의하여 준용되는 '공직선거법' 제153조(투표안내문의 발송)의 규정에 의한 투표안내문을 발송하는 때에, 부재자 신고인에게는 투표용지를 발송하는 때에 함께 각각 1회 발송한다. 이 경우 주민투표 실시 구역을 관할하는 하급 구·시·군위원회로 하여금 관할위원회가 정한 원고에 의하여 주민투표공보를 제작하여 발송하게 할 수 있다. <개정 2005. 8. 4>

(2) 주민투표 방법

투표 방법은 공직선거법을 준용하도록 하고 있다.[41] 공직선거법 제159조의 규정에 의하면, 투표는 기표 방법에 의한 투표를 하도록 하고 있다. 대체로 많은 나라에서는 이렇게 기표 방법을 사용하고 있지만 일본은 특이하게도 이름을 기입하는 방식을 채택하고 있다. 투표는 직접 또는 부재자인 경우에는 우편으로 하되, 1인 1표로 한다. 거의 모든 나라가 1인 1표이지만 네덜란드의 경우는 위임투표(proxy voting)[42]를 허용하기도 한다.

주민투표법은 투표 및 개표 사무의 관리를 전산화하여 실시할 수 있도록 하고 있다. 이 경우 전산화에 의한 투표・개표의 절차・방법 등에 관해서 필요한 사항은 중앙선거관리위원회 규칙에 따르도록 하고 있다. 그리고 투표・개표 절차에 관한 규정을 보면 투표 시간, 투표용지, 투표구・개표구의 설치, 투표・개표의 절차 및 참관 등 투표・개표의 관리에 관해서도 역시 공직선거법 제10장(투표) 및 제11장(개표)의 규정을 준용하고 있다.

6) 외국인에 대한 주민투표권 부여

외국인에게 주민투표를 부여하자는 주장은 줄곧 제기되어 왔다. 세계화를 지향하는 국가에서 지역에 어느 정도 거주하고 있는 외국인에게 주민투표권을 부여함으로써 그들에게 주거지에 대한 관심과 애정을 가질 수 있도록 하자는 취지이다. 이번에 도입된 주민투표제도의 특징의 하나가 외국인에게 주민투표권을 부여했다는 것이다. 오랫동안 외국인 선거권 부여에 대한 침묵을 깼던 것

---

⑧ 관할위원회는 시각장애 투표인[투표인으로서 '장애인복지법' 제29조(장애인 등록)의 규정에 의하여 등록된 자를 말한다. 이하 이 조에서 같다] 수와 점자 인쇄 시설 상황 등을 감안하여 점자형 주민투표공보를 작성하여 시각장애 투표인이 있는 세대에 발송할 수 있다. 이 경우 관할위원회는 찬성・반대운동 대표단체에 점자형 공보 게재 원고를 제출할 수 있도록 통지하여야 한다. <개정 2005. 8. 4>

⑨ 주민투표 실시 구역을 관할하는 구・시・군의 장은 점자형 주민투표공보를 발송할 시각장애 투표인과 그 세대주의 성명・주소를 조사하여 투표인명부 작성 만료일의 다음날까지 해당 구・시・군위원회에 통보하여야 한다.

41) 주민투표법 제18조
선거인이 투표용지에 기표를 하는 때에는 "( )" 표가 각인된 기표 용구를 사용하여야 한다. 다만, 거소 투표자가 거소 투표를 하는 경우에는 "○" 표를 할 수 있다

42) 윤영민, "전자투표……", 앞의 책, p. 5.

이다.

이번 주민투표제도는 20세 이상의 외국인으로서 출입국관리 관계 법령의 규정에 의해 대한민국에 계속 거주할 수 있는 자격(체류자격 변경 허가 또는 체류 기간 연장 허가를 통해 계속 거주할 수 있는 경우를 포함한다)을 갖춘 자로서 지방자치단체의 조례가 정하는 자는 주민투표권이 있다고 규정하고 있다.[43] 주민투표제도가 외국인에게 투표권을 부여하기 시작하면서 공직선거법에도 외국인에게 선거권을 부여하고 있다.[44] 이러한 추세로 진행된다면 조만간 외국인의 피선거권에 대한 논쟁도 가열될 가능성이 있다.

3 쟁점 사항

주민투표의 현장에서 나타나는 요인에 대한 주요 쟁점 사항을 요약하면 다음과 같다.

1) 유권자 범위

유권자의 연령을 어느 정도로 하느냐에 대한 논의는 선거와 관련된 제도를

---

43) 제5조 제2항

제15조(선거권) ① 19세 이상의 국민은 대통령 및 국회의원의 선거권이 있다. <개정 2005. 8. 4>

② 다음 각 호의 어느 하나에 해당하는 자는 그 구역에서 선거하는 지방자치단체의 의회의원 및 장의 선거권이 있다. <개정 2005. 8. 4>

1. 19세 이상의 국민으로서 제37조(명부 작성) 제1항의 선거인명부 작성 기준일 현재 당해 지방자치단체의 관할 구역 안에 주민등록이 되어 있는 자
2. '출입국관리법' 제10조(체류 자격)의 규정에 따른 영주의 체류자격 취득일 후 3년이 경과한 19세 이상의 외국인으로서 제37조 제1항의 선거인명부 작성 기준일 현재 '출입국관리법' 제34조(외국인 등록표 등의 작성 및 관리)의 규정에 따라 당해 지방자치단체의 외국인 등록대장에 등재된 자

44) 이에 대한 참고 문헌은 다음을 참조할 것.

공진성, "민주주의와 외국인의 지방선거권", 법학연구, 제9집, 2002, p. 640; 서보건, "일본에서의 외국인의 참정권에 대한 논의", 공법연구, 제30집 제5호, 2002. 6, p. 171 이하; 김중권, "주민투표법안의 법적 문제점", 한국공법학회 제112회 학술발표 자료, 2003. 11. 29, pp. 102-123.

제정하거나 개정할 때마다 논란이 일어난다. 이들 논란을 종합해 보면 다음과 같은 기준에 의해서 주장하고 있다.

첫째, 성인 연령 기준이다.

지금까지 우리 나라 선거 관련법에서는 투표 연령을 20세로 하고 있다.[45] 이것은 우리 나라 민법 규정이 성인을 20세로 하고 있기 때문이다.[46] 현재 우리 나라 주민투표법 제5조는 투표일 기준 20세 이상의 주민으로서 제6조 제1항의 규정에 의한 투표인명부 작성 기준일 현재 그 지방자치단체의 관할구역에 주민등록이 되어 있는 자(공직선거 및 선거부정방지법 제18조의 규정에 의해 선거권이 없는 자를 제외한다)는 주민투표권이 있다고 규정하고 있다. 그러나 주민투표법 대상 연령은 여타의 선거와 관련된 법률들과 비교해 보면 가장 높게 잡고 있다. 공직선거법은 2005년 8월 4일에 대통령, 국회의원, 지방선거의 선거 연령을 20세에서 19세로 낮추어서 개정했다.[47]

다른 나라의 예를 보면 각국의 문화 등에 따라서 매우 다르게 나타나고 있다. 미국, 영국, 케나나, 스웨덴은 18세, 오스트리아는 19세, 일본과 튀니지는 20세인 반면에 싱가포르, 파키스탄, 모로코와 같은 나라는 21세를 선거 연령으로 하고 있다.[48]

둘째, 보수와 진보가 기준이 되기도 한다.

정치적 측면에서 보수와 진보는 연령이 매우 중요한 요인이 된다고 하는 주장이 많다. 즉, 연령이 젊을수록 진보적인 성향이 강한 반면에 연령이 많을수록 보수적 성향을 지닌다는 것이다. 그래서 대체로 진보적 성향을 지닌 정당은 선거 연령의 인하를, 반대는 현행 유지를 주장한다. 과거 주민투표제도를 보더라도 야당인 민주당과 국민연합은 다른 당에 비해 진보적이라는 평가를 받았다. 그래서 줄곧 선거 연령 인하를 주장했다. 이 두 당은 주민투표제도에도 선거 연령을 파격적으로 18세를 주장했다. 이번에 선거 연령을 19세로 인하를 주장한 당도 대체로 진보 성향이 있다는 열린우리당이다. 정부는 이번 국회에 제출

45) 제정 당시에 정부안은 19세였으나 국회 행정자치위원회의 심의 과정에서 공직선거법과 일치시키는 것이 바람직하다고 하여 20세로 조정되었다. 그러나 2005년에 공직선거법에서 선거 연령을 19세로 인하함으로써 주민투표법도 이에 따르려 하고 있다.

46) 민법 제4조.

47) 제15조, 개정 이유를 보면 국민의 정치적 참여를 넓히기 위해서라고 하고 있다.

48) 제16대 국회 제232회 제4차 행정자치위원회(2002. 07. 31) 회의록, p. 56 참조.

한 주민투표 개정안에는 공선법에 맞추어서 투표 연령을 19세로 인하하려 하고 있다.

셋째, 미래의 납세자라는 측면이 고려되기도 한다.

연령을 결정하는 또 다른 측면은 납세자라는 변수다. 지방정부가 계획하고 집행하는 정책은 예산이 대규모적인 사업들이 점차로 크게 증가하고 있다. 이러한 정책들은 장기적인 영향을 지니고 있기 때문에 실제적으로 이 영향을 주로받을 세대에 대한 투표권을 확대해야 한다는 주장이다. 따라서 투표 연령을 낮추어야 한다고 주장하는 목소리가 많아지고 있다.

2) 부재자 투표

부재자 투표에 대한 쟁점은 부재자의 자격을 당일까지 정할 수 있도록 하는 등 그 범위를 너무나 넓혔다는 것이다. 이번 주민투표법은 공직선거법에 준용해 부재자 투표의 범위를 최대한 넓혔다. 다시 말하면 이전에는 일정 기간 이상 불가피한 사유로 인해 해외 또는 거주지가 아닌 국내에 체류하는 경우에 한해서만 부재자 투표를 허용했다. 그러나 이번 공직선거법에 의해서는 당일 투표를 하지 못하는 사람도 현재 관내 살고 있는 곳에서 투표를 할 수 있도록 하는 거소 투표를 허용함으로써 많은 문제점을 자아내고 있다는 비판이 높다. 당일에 투표할 수 없는 사람에 대한 규정은 매우 즉흥적일 가능성이 있을 뿐만 아니라 부정 투표의 소지가 많다는 것이다. 이번 방폐장 투표에서 투표 실시 지역 주민마다 주민투표의 실시 과정에서 가장 큰 문제점의 하나는 바로 부재자 투표 관리였다고 지적했다. 부재자 투표가 당일에 투표할 수 없는 사람으로 그 범위를 넓히자 대리투표가 많았다는 것이다. 지역 간 경쟁이기 때문에 상대방에 대한 감시·감독이 거의 없어 지역 책임자가 주간 근무자 등 투표를 하지 않을 가능성이 있는 주민들의 투표지를 거두어서 대리투표를 할 가능성이 많았고, 실제로 그러한 사실이 있다고 주장하는 주민도 있었으며, 심지어 공무원들도 그렇게 증언했다.[49] 그래서 선거일 당일 투표할 수 없는 사람에 대한 조항은 삭제하는 것이 바람직하다는 주장이 많아 이번 개정법률안에도 포함시키고 있

49) 방폐장 주민투표 선거가 이루어진 곳 어디든지 공무원들과 면담하면 이 문제점을 제시했다.

다.

이러한 단점에도 불구하고 주민투표율을 향상시키기 위해서는 부재자 투표의 범위를 최대한 확대해야 한다는 주장이다. 그렇지 않으면 현재와 같이 주민들이 주민투표에 대해서 관심을 갖지 않을 경우 투표율이 법정 투표율을 채우지 못해 투표함을 개봉할 수 없는 경우들이 많이 나타날 것이라는 견해도 만만치 않은 편이다.

주민투표 실시 지역의 주민을 대상으로 한 설문조사에서 보면 부재자 투표 관리에 대한 평가는 <표 5-4>와 같이 매우 부정적이다. 문제가 없다는 평가는 18.1%로 매우 낮게 나타났다. 반면에 부재자 투표 관리에 문제가 있다는 평가는 37.1%로 높게 나타나고 있어 이번 주민투표 과정에서 부재자 투표 관리에 문제가 많았다고 평가하고 있다.

〈표 5-4〉 부재자 투표 관리에 대한 평가

문항	이번 주민투표에서 부재자 투표 관리는 어떻다고 생각하십니까?					
답항	매우 문제 많음	문제 많음	그저 그렇다	별로 문제 없음	전혀 문제 없음	합계
도수 (%)	103 (8.5)	346 (28.6)	543 (44.8)	182 (15.0)	37 (3.1)	1211 (100.0)

부재자 투표 관리에 대한 평가는 지역별로 유의미한 결과가 나타났다. 그 결과가 <표 5-5>이다. 표에서 보는 바와 같이 제주 지역과 청주·청원 지역의 주민들은 부재자 투표 관리에 대해 문제가 있다는 평가가 각각 30.2%와 28.6%로 나타났다. 반면에 방폐장 투표 지역은 47.2%로 방폐장 투표시에 부재자 주민투표 관리 문제가 심각했음을 알 수 있다. 이는 제주와 청주는 부재자 투표율이 3~4%에 머물고 있었지만 방폐장은 30%에 육박했다. 방폐장 지역 주민들의 부재자 투표 관리가 문제점이 많았다는 평가는 이렇게 높은 부재자 투표율과 관련이 깊기 때문이라 생각한다. 이에 대한 내용은 후술할 것이다.

3) 주민투표의 형식

현재 주민투표법은 기술한 바와 같이 찬성과 반대 둘 중 하나를 선택하는 형

〈표 5-5〉 지역별 부재자 투표 관리에 대한 평가

문항	이번 주민투표에서 부재자투표 관리는 어떻다고 생각하십니까? 〈도수(%)〉					
답항 / 지역	매우 문제 많음	문제 많음	그저 그렇다	별로 문제 없음	전혀 문제 없음	합계
제주 지역	17 (4.7)	93 (25.5)	203 (55.8)	44 (12.1)	7 (1.9)	364 (100.0)
청주·청원 지역	10 (3.0)	84 (25.6)	170 (51.8)	53 (16.2)	11 (3.4)	328 (100.0)
방폐장 투표 지역	76 (14.6)	169 (32.6)	170 (32.8)	85 (16.4)	19 (3.7)	519 (100.0)
합 계	103 (8.5)	346 (28.6)	543 (44.8)	182 (15.0)	37 (3.1)	1211 (100.0)

식이다. 여기에서 쟁점은 모든 투표 안건이 찬반으로 명확하게 나눌 수 있느냐 하는 것이다. 예를 들면, 제주도 주민투표의 경우에는 찬반이 아니라 혁신안과 점진안으로 구분해 선택하도록 했다. 이 경우가 바로 주민투표의 형식이 찬반 양론으로 구분할 수 없는 것이 있다는 것을 보여 주는 것으로서 주민투표 형식을 찬반 양론으로만 구분하는 것에 반대하는 견해이다. 반면에 찬반 형식으로 구분하지 않는다면 주민투표 안건이 모호해질 수 있고, 이렇게 된다면 주민들이 주민투표 안건에 대해서 이해하기가 어렵기 때문에 간단하고 명확한 방법인 찬반 투표 방식이 바람직하다는 것이다.

4) 주민투표 실시구역

이 부분에 대한 주요 쟁점 사항은 두 가지다.

첫째, 주민투표 실시 구역을 현재와 같이 자치단체를 중심으로 할 것인가, 아니면 주민투표 안건이 영향을 미치는 범위로 할 것인가에 대한 것이다.

현재 우리 나라 주민투표제도에서는 주민투표는 자치단체 단위로 실시하고 있다. 자치단체 관할지역 전체를 하는 것을 원칙으로 하되 특정한 지역에만 영향이 있는 경우에는 자치단체 내 일정 지역만을 대상으로 할 수 있도록 하고 있다. 그러나 이러한 것은 여러 가지 문제가 있다고 이의를 제기하고 있다. 방폐장은 경주 시내에서도 울산시에 인접한 동경주에 건설하게 된다. 따라서 그 영향은 경주 시내보다 울산 시내가 더 받는 데도 불구하고 경주 시민만을 대상으로만 주민투표를 하는 것은 문제가 있다는 주장이다. 이번 방폐장 투표 지역의 근거리 지역 주민들은 자신들도 주민투표 대상 지역으로 포함해야 한다고 주장했고, 선거가 끝난 후에도 이에 대한 내용은 다음과 같이 계속되고 있다.[50)]

> 경주방폐장 철회를 위한 울산대책위원회(위원장 김진영・윤임지, 이하 대책위)가 28일 경주 방폐장 부지 선정 주민투표가 울산 시민의 평등권과 행복추구권, 재산권에 위배된다며 헌법소원을 제출해 결과에 관심을 모으고 있다. 대책위는 이 날 오전 10시 울산 북구청 민원상담실에서 기자 회견을 가진 뒤 곧바로 상경, 경주방폐장 부지 선정 주민투표의 위헌 여부를 묻는 헌법소원을 헌법재판소에 접수할 계획이라고 밝혔다.
>
> 대책위는 회견문을 통해 "방폐장으로 인한 피해는 경주보다 울산이 오히려 더 클 것으로 예상되는데도 울산 시민이 주민투표를 하지 못했다"며 "동일 영향권 내 울산 시민을 배제한 채 주민투표가 실시되어 평등권을 침해했다"고 주장했다. 또 "헌법소원 접수와 관련 현재 1천 134명의 청구인단을 모집했다"며 "헌법소원 접수와 함께 방폐장 시설 설치 등이 들어설 것에 대비, 이의 효력을 사전에 정지시키기 위한 확정 효력 정지 가처분 신청도 같이 접수한다"고 덧붙였다.

한편 대책위는 이번 헌법소원이 충분히 승소할 수 있다고 판단, 좋은 결과를 기대하고 있다.

경주방폐장 유치 철회를 위한 울산주민대책위는 28일 북구의회에서 헌법소원과 관련, 헌법재판소의 현명한 판단을 촉구하는 기자회견을 열었다.[51)]

둘째, 해당 지역의 수용 여부에 관계 없이 주민투표를 할 수 있느냐 하는 것이다.

현재 주민투표제도는 기술한 바와 같이 자치단체 단위로 주민투표를 실시하는 것을 원칙으로 하고 있다. 어느 도・농 통합시가 님비시설인 쓰레기 매립장을 건립하는 경우를 생각해 보자. 해당 자치단체장인 시장은 자치단체 내 인구도 매우 적은 한 농촌 지역을 선정해 이곳에 쓰레기 매립장을 건립하겠다고 주민투표를 발의했다. 이 발의는 해당 지역이 인구가 적은 농촌 지역이기 때문에 이 지역 출신 시의원도 없었고 또 다른 지역 시의원은 자신들의 쓰레기를 다른

50) 경상일보, "경주방폐장 주민투표 위헌 헌법소원 접수", 2005. 11. 28.
51) 경상일보, 2005년 11월 28일.

울산 대책위원들이 기자 회견하는 모습(사진 자료: 경북일보).

지역에서 처리해 주는 것이기 때문에 적극 찬성하게 된다. 주민투표 결과는 명백하다. 이 농촌 지역은 인구가 절대로 적기 때문에 이곳 지역 주민들이 적극적인 반대에도 불구하고 주민투표는 압도적인 찬성으로 통과하게 된다. 현행 주민투표제도에서는 이 가상 시나리오가 어렵지 않게 실현되도록 되어 있다. 이렇게 해당 지역의 혐오시설에 당장 영향을 받는 해당 지역 주민들의 동의 여부에 관계 없이 주민투표 대상으로 할 수 있느냐 하는 것이다.

5) 투표 방법: 전자투표 여부

투표 방법에서 쟁점은 전자투표제 도입 여부에 대한 것이다. 우리 나라에서도 전자투표 도입을 서두르고 있다. 전자투표의 도입은 주민투표의 편리성 제고를 통한 더 많은 주민들이 투표에 참여할 수 있을 것이라는 기대 때문에 적극적으로 지지하는 견해가 많다. 그러나 반대하는 견해도 만만치 않다. 전자투표가 갖는 보안성과 정보 격차 때문에 주민투표가 왜곡될 것이라는 주장도 설득력이 있다. 이에 대한 자세한 내용은 제11장에서 후술하겠다.

6) 외국인에 대한 투표권 부여

외국인에 대한 주민투표권 부여는 많은 국민들이 절대적으로 찬성하고 있다. 그러나 이러한 분위기에도 불구하고 일부 학자들은 헌법상의 주권자는 국민이기 때문에 외국인에게 주민투표권을 부여하는 것에 대해 반대하기도 하지만 찬성이 대세를 이룰 전망이다.[52]

이번 도입된 주민투표제도부터 우리 나라도 외국인에게 투표권을 부여했다. 이에 대한 주민들이 평가는 <표 5-6>에서처럼 매우 긍정적이다. 찬성이 52.6%로 과반수를 넘고 있다. 그러나 반대가 24.7%로 예상 외로 많은 주민들이 외국인에게 주민투표권을 부여하는 것에 대해 거부 반응을 가지고 있음을 알 수 있다.

이러한 원인은 여러 가지로 분석할 수 있다. 지역의 폐쇄성에서 오는 부정적인 측면에서 볼 수 있는 점도 있지만 지역 사정을 잘 모르고 있는 외국인에게 투표권을 부여하는 것은 문제가 있다고 판단하는 것으로도 볼 수 있다. 앞으로 이에 대한 논의는 계속할 필요가 있다 하겠다.

〈표 5-6〉 외국인에게 주민투표권 부여 여부

	이번 주민투표에서 외국인에게 투표권을 부여한 것에 대한 의견은?					
답항	적극 반대	반대	그저 그렇다	찬성	절대 찬성	합계
도수 (%)	70 (5.8)	230 (18.9)	277 (22.8)	589 (48.4)	51 (4.2)	1217 (100.0)

4 개선 방안

상기 쟁점에 대한 소견은 다음과 같이 정리할 수 있다.

52) 김중권, "주민투표법안의 법적 문제점", 한국공법학회 제112회 학술발표회자료집, 2003. 11. 19, p. 102; 공진성, "민주주의와 외국인의 지방선거권", 법학연구, 제9집, 2002. 6, p. 40; 서보건, "일본에서의 외국인의 참정권에 대한 논의", 공법연구, 제30집, 제5호, 2002. 6, p. 171 이하.

1) 유권자 범위

주민투표는 지역 주민들이 지역의 문제를 직접 결정하는 것이기 때문에 모든 주민들이 참여해 결정하는 것이 가장 이상적이다. 그러나 결정할 수 있는 인지 능력을 요구하기 때문에 투표 연령을 제한하는 것은 바람직하다. 최근에 투표율을 보면 계속 하강하고 있음을 쉽게 알 수 있다. 제주도, 청주·청원의 주민투표는 투표 하한선인 3분의 1을 겨우 넘어섰다. 이는 주민들이 투표에 대한 중요성을 생활화하지 않았기 때문이라고 생각된다. 이러한 생활화는 나이가 어렸을 때부터 하는 것이 바람직하다. 연령이 어림에도 불구하고 지역 문제를 원로들과 함께 참여할 수 있는 기회를 보장함으로써 지역의 일원으로서의 자부심을 느끼게 된다면 자신의 고향에 대한 애향심은 더욱 크게 향상될 것이라고 사료된다. 이러한 측면을 고려해서라도 투표 연령을 고등학교 2~3학년 정도의 나이인 17세 정도로 낮출 수 있도록 하여 해당 자치단체에 조례로 정하도록 하는 것이 바람직하다.[53]

2) 부재자 투표

결론부터 말하자면 주민투표시에 부재자 투표 범위를 좁혀야 한다는 것이다. 현재와 같이 부재자 투표 범위를 늘리게 되면 방폐장 투표에서 보는 바와 같이 원래 의도와는 달리 부재자 투표의 선호로 인해 부재자 투표의 양산, 대리투표의 가능성 등 직접민주주의를 위협할 요소들이 나타날 가능성이 농후하다. 따라서 주민투표시 부재자 투표 대상자가 관내에서 당일 투표할 수 있는 조항은 삭제하고 기존의 관행대로 불가피한 경우와 예측 가능한 기간 동안 부재일 경우에 한하는 것이 바람직하다.[54]

3) 투표 방식

투표 방식은 현재와 같이 찬반 방식으로 실시하는 것을 원칙으로 하되 필요

53) 이번 제출된 개정 법률안에는 유권자의 연령을 19세로 하향 조정했다(제5조 제1항).

54) 상기 개정법안 제19조(투표·개표 절차 등)에 단서 조항을 신설하여 부재자 투표소에서 투표하여야 하며 부재자 신고인 중 주민등록지인 구·시·군 밖에 거소를 둔 자의 부재자투표에 관하여는 거소투표의 예에 따른다라고 규정하여 과거처럼 거소 투표의 남발을 막으려 하고 있다.

하면 다른 방법도 수용하는 방식을 취하는 것이 바람직하다고 사료된다. 만약에 현행대로 찬반 형식만을 취하도록 한다면 모든 지역 문제를 찬반 형식으로 억지로 만들어야 한다는 경직성을 내포하게 된다. 지역 문제는 이렇게 찬반 형식으로만 이루어질 수 없는 것이다. 따라서 찬반의 형식을 원칙으로 하여 주민투표의 명확성과 관리 편리성 제고를 기하고 경우에 따라서는 주민투표심의회 등의 심의를 거쳐 다른 방식도 취할 수 있도록 해야 하는 것이 바람직하다.

4) 투표 실시 지역

이는 두 가지로 나누어서 생각해야 한다.

우선은 자치단체 간의 관계이다. 선호시설이든지 비선호시설이든지 그 시설 또는 정책이 실시되었을 때 자치단체 내의 지역보다는 다른 자치단체 지역이 더욱 영향을 받을 경우에 이를 어떻게 대체해야 하느냐 하는 것이다. 결론적으로 말하면 주민투표를 동시에 실시하는 것은 문제가 있다. 영향의 범위를 결정하기도 어려울 뿐만 아니라 법적인 측면에서 우리 나라 구역은 자치단체가 기준이기 때문에 이 기준을 지키지 않았을 때의 혼란은 매우 크다고 예상된다. 따라서 인근 영향 범위 지역이 어떠한 규정이나 위원회에서 결정났을 경우에는 해당 지역의 인센티브에 준하는 것을 부여하거나 해당 시설의 이용(예를 들면, 화장장이나 쓰레기 매립장 공동 이용)을 허용하는 방안을 검토해 볼 수 있다.

다음은 자치단체 내의 문제다. 어느 지역에만 일방적으로 손해를 미치는 것은 다수의 횡포라는 문제점이 있기 때문에 신중해야 한다. 이 경우는 해당 자치단체에서 비선호시설의 예상 지역을 사전에 예고함으로써 현재 대상 지역만 손해가 된다는 인식을 갖지 않도록 하는 것이 바람직하다. 그뿐만 아니라 해당 시설에 대한 이용권을 비롯한 수익권, 고용 우선 등의 인센티브를 부여해 공동부담의 원칙을 실현시키는 노력을 병행할 필요가 있다고 생각한다.

5) 외국인에 대한 투표권 부여

외국인에 대한 주민투표권 부여는 세계화에 적극 동참한다는 지역 내 교육적 효과와 대외적으로는 외국인에게 대우를 하는 지역이라는 홍보적 의미를 가지고 있기 때문에 허용하는 것이 바람직하다. 따라서 외국인에 대한 주민투표권 부여는 형식적 의미만을 가진다고 할 수 있다. 때문에 외국인이 이러한 형식적 의미를 떠나 주민투표의 결과에 중대한 영향을 미치는 실질적인 의미를 가질 만큼 외국인 유권자 수가 늘어나는 경우는 그 범위에 대해서는 재고해야 한다.

제 5 절 주민투표 경비의 부담

1 서 언

지방자치는 자신의 힘으로 자신의 문제를 처리하는 것을 말한다. 여기에서 말하는 자신의 힘 속에는 재정의 힘, 즉 재정자치도 포함된다. 따라서 지역의 문제를 지역 주민들이 직접 결정하는 주민투표 경비를 자치단체가 부담하는 것은 당연한 것이다. 또한 국가정책에 대한 경비 부담을 중앙정부가 하는 것도 또한 당연한 것이라 하겠다. 다만 현재 재정구조가 중앙정부에 편중되어 있기 때문에 주민투표시에 그 비용을 지역 주민들이 전적으로 부담케 하는 것이 주민투표 활성화라는 측면에서 보면 당연하냐 하는 것이다. 재정자립도가 30% 이하인 지방자치단체들로 하여금 20~30여 억 원이 소요되는 주민투표 비용을 전적으로 부담하게 하는 것은 현실적으로 무리라고 할 수 있다. 그럼에도 불구하고 주민투표 경비를 중앙정부가 일부 부담해야 한다는 논리 개발은 매우 어려운 문제라 하지 않을 수 없다.

2 내 용

현재 주민투표 경비 부담은 해당 자치단체가 하는 것을 원칙으로 한다. 주민투표법 제27조는 주민투표 사무에 필요한 다음 사항의 경비는 주민투표를 발의한 지방자치단체의 장이 속하는 지방자치단체가 부담하도록 하고 있다.

1. 주민투표의 준비·관리 및 실시에 필요한 경비
2. 주민투표 공보의 발행, 설명회 등의 개최 및 불법 투표운동의 단속에 필요한 경비
3. 주민투표에 관한 소청 및 소송과 관련한 경비
4. 주민투표 결과에 대한 자료의 정리 그 밖에 주민투표 사무의 관리를 위한 관할 선거관리위원회의 운영 및 사무 처리에 필요한 경비

그러나 주민투표법 제8조에 의한 국가정책에 대한 주민투표의 소요 비용은 주민투표를 요청한 중앙정부가 부담하도록 해 원인자 부담 원칙을 적용한다.

해당 지방자치단체는 위의 경비를 주민투표 발의일부터 3일 이내에 관할 선거관리위원회에 납부해야 하며, 주민투표 경비의 산출 기준·납부 절차·납부 방법·집행·회계검사 및 반환 그 밖에 필요한 사항은 중앙선거관리위원회규칙으로 정하고 있다.

그러나 현실은 상당히 다른 방향에서 움직이고 있다. 우리 나라 선거문화는 참여정부가 들어서면서 많은 부분이 개선되었다는 평가에도 불구하고 아직도 자원봉사에 의해서 움직이기보다는 돈이 들어가는 조직에 의해서 이루어지고 있는 것이 현실이다. 지금까지 실시된 세 차례의 주민투표도 공식적 비용 이외에 비공식적으로 자치단체 예산이 많이 소요되었다는 것을 현지 조사에서 알 수 있었다. 특히, 방폐장 선거시에는 지역 간의 경쟁으로 인해 많은 비공식적 예산이 의회의 승인도 받지 않고 사용되었으며 이 중에는 상당 부분이 불투명하게 사용되었음이 최근에 밝혀지고 있다. 이에 대한 내용을 살펴보자.

1) 영덕의 경우

영덕은 주지하다시피 이번 방폐장 유치 지역 네 곳 가운데 유일하게 군 지역이며 가장 재정적으로 취약한 지역이다. 따라서 방폐장 유치를 위한 비공식적 예산을 조달하기가 제일 어려운 지역이라고 볼 수 있다. 이러한 어려움을 타개하기 위해 군수는 사기업의 대표에게 유치가 되면 공사를 일부 보장해 주겠다고 하면서 13억 원을 차용했다. 그리고 방폐장 건설을 책임지고 있는 한수원 사장도 비용은 나중에 한수원에서 정산해 줄 것이라고 보증까지 하는 어이없는 사태가 일어났다. 결과는 어떻게 되었는가. 이에 대한 기사를 보자.[55)]

중저준위 방사성 폐기물 처분장(이하 방폐장) 부지 선정과 관련, 한 기업인에게서 13억 원을 빌려 유치 경쟁에 나섰던 기초자치단체가 돈을 갚지 못해 깊은 고민에 빠졌다. 경북 영덕군과 김병목 군수가 그 주인공.

김 군수는 "한국수력원자력주식회사(한수원 : 사장 이중재) 등 관계 기관이 돈을 빌려 유치 활동을 하면 소요 경비는 보전해 주겠다"는 말을 듣고 돈을 빌려 방폐장 유치전에 나섰다. 그러나 방폐장 부지가 선정된 직후 경비 보전을 약속했던 한수원 측이 "홍보 활동 기간(2005년 6월 16일~9월 15일)에 쓴 돈과 자치단체 예산임이 밝혀진 것만 보전해 준다는 원칙을 위반했다"며 영덕군의 유치 활동비 보전을 거부해 졸지에 채무자로 전락한 것.

곤혹스러운 처지에 빠진 것은 영덕군에 돈을 빌려준 S건설 K 사장도 마찬가지. 그는 "한수원 이중재 사장이 자금을 지원하면 나중에 보전하고 건설 물량도 배정하겠다고 한 약속을 믿고 투자했는데 결국 원금도 돌려받지 못하고 있다"며 법정 투쟁을 선포했다. 이에 대해 한수원 강신헌 홍보실장은 "이 사장은 '도와주면 지원금은 국가가 보전해 준다'는 말은 했지만 다른 약속을 한 적은 없다"고 해명했다.

K 사장은 조만간 영덕군 예산에 대한 가압류 신청을 할 예정. 이와 별도로 김병목 영덕군수와 한수원 이 사장을 사기 혐의로 고소할 예정이다. 이 사장이 자치단체와 사기업을 속여 방폐장 유치전에 동원했다는 것이 고소 내용의 골자. 19년 한을 푼 방폐장은 날개를 달고 비상을 시작했지만 그 이면에 자리잡은 갈등의 골은 갈수록 깊어지고 있다.

이에 대해 재야 단체들도 이를 공개할 것을 요구하고 있다.56)

영덕군 핵폐기장 설치 반대 대책위원회(이하: 반대대책위)는 20일 "지난해 핵폐기장 유치 활동과 관련, 영덕군과 군내 각종 사회단체(유치 측)가 유치 활동비로 사용한 금액이 당초 보전 신청한 23억 원보다 2억 원이 증가한 25억 원에 달하고 있는 것으로 확인됐다"면서 사용 내역비 공개를 촉구하고 나섰다.

2) 경주의 경우

경주시의 경우는 사용 내역이 불투명하다는 것을 빼면 영덕군과는 다른 경우다. 경주시의 경우는 유치단 홍보비용으로 12억을 의회 승인을 받고 쓰다가 부족한 부분 8억을 다시 의회 승인을 받았다. 그러나 8억은 주민투표 실시 전

55) 주간동아, 2006년 2월 14일, 522호, pp. 12-14 참조.
56) 경북일보, 2006년 2월 20일.

에 쓴 것이 아니라 외상으로 쓴 돈을 주민투표 실시 후에 정산했다. 주민투표법 위반인 것이다. 결국 검찰이 수사를 하게 되는 지경까지 다다른 것이다. 이 결과에 대한 기사를 보자.57)

> 경북 경주시의 중저준위 방사성 폐기물 처분시설(방폐장) 유치 활동비의 부적절한 집행에 대해 검찰이 수사에 나서기로 했다. 대구지검 경주지청 관계자는 26일 "의혹이 계속 제기되어 사실 관계를 이미 파악하는 등 내사 단계를 거쳐 다음 주 중에는 수사에 착수할 계획"이라고 밝혔다. 검찰은 방폐장 유치비 집행에 있어 보조금 관리 조례를 위반한 사실이 드러나고 주민투표법 위반 여부도 논란이 되고 있어 수사를 벌이기로 했다.
>
> 또 교부된 보조금이 투명하게 집행되었는지와 보조금이 사용되는 과정에서 공직선거법 위반 여부도 조사할 방침이다. 검찰 관계자는 "방폐장 유치비에 대해 전반적으로 내사를 벌이고 있다"면서 "주민투표법과 공직선거법 위반 소지에 대해서도 검토하고 있다"고 말했다. 경주시는 지난해 방폐장을 유치하기 위해 국책사업경주유치추진단에 1차로 12억 원, 2차로 8억 원을 교부했으나 8억 원은 방폐장 유치가 확정된 이후에 집행되어 방폐장 유치와 관련 없는 행사 등에 사용된 것으로 드러나 물의를 빚고 있다. 특히 사용처가 명확하게 확인되지 않아 이를 두고 의혹이 증폭되고 있다.

상기와 같은 경우는 경주와 영덕뿐만 아니라 거의 모든 지역에서 나타나고 있는 경우이다.58)

3 쟁점 사항

주민투표 경비 부담에 대한 쟁점은 다음 몇 가지로 요약할 수 있다.

1) 비용 부담과 집행의 주체 이원화

비용 부담 주체에 대한 쟁점은 비용 부담 주체와 집행기관의 이원화로 오는

57) 경북일보, 2006년 9월 26일, 연합뉴스에서 인용.

58) 주간동아, 앞의 책, 한수원의 담당 부장은 "영덕군뿐만 아니라 타 자치단체도 이런 식의 문제가 있는 것으로 알고 있다"고 말했다. 향후 홍보비 보전을 둘러싸고 자치단체와 한수원의 갈등을 예고하는 대목이다.

것이다. 우리 나라 주민투표제도는 주민투표를 국가선거 전문관리기관인 중앙선거관리위원회가 독점으로 관리하도록 하고 있기 때문에 주민투표 비용 집행기관은 중앙선거관리위원회가 하도록 강제화되었다. 따라서 주민투표를 하는 자치단체는 비용 부담을, 집행은 중앙선거관리위원회가 하는 이원적 구조를 지니게 된다. 이렇게 법률에 의해서 강제로 이원적 구조를 지니게 되는 것이 바람직하느냐 하는 것이다. 바람직하다는 견해는 의뢰기관이 비용을 부담하는 것은 당연하다는 것이다. 반면에 반대하는 견해는 중앙선거관리위원회는 투표관리를 전문으로 신설된 국가기관이기 때문에 투표관리는 자신들의 고유 사무라는 것이다. 따라서 주민투표 사무관리도 중앙선거관리위원회의 고유 사무이기 때문에 비용 부담도 당연하게 중앙선거관리위원회가 예산을 편성해 부담해야 한다는 주장이다.

2) 비용 부담의 범위

현재 주민투표법에 의하면 해당 자치단체는 주민투표 준비에서부터 시작해 투표가 끝난 후의 결과보고서 작성, 소송비용을 비롯한 해당 선거관리위원회의 사무실 운영비까지 부담하도록 하고 있다. 이른바 선거에 관한 일체의 비용 부담을 해당 자치단체에서 하고 있는 것이다. 이에 대해서 찬성하는 견해는 선거비용을 응익자 부담 원칙에 의해서 주민투표 발의기관인 해당 자치단체가 주민투표 전반의 비용을 부담하는 것은 당연하다는 것이다. 반면에 기술한 바와 같이 중앙선거관리위원회의 존재 이유로 볼 때 일반적인 투표관리 비용, 예를 들면 사무실 운영비, 준비 비용 등은 선거관리위원회의 본연 업무에 속하기 때문에 이 비용을 자치단체에 부담시키는 것은 지나치다는 것이다.

3) 비용 계산의 경직성

현재 비용 계산은 중앙선거관리위원회의 규칙에 의해서 정하도록 하고 있다. 따라서 주민투표관리 비용은 안건이나 지역에 관계 없이 획일적으로 계상될 수밖에 없다고 예측된다. 그러나 실제로 안건의 종류나 도시와 농촌 등 지역에 따라서 투표관리 비용은 큰 차이가 날 수밖에 없다. 또한 자치단체에 따라서는 자원봉사 등으로 인해 비용 절감 요소들이 나타날 수 있는데도 불구하고 중앙선거관리위원회의 투표관리 편리성 때문에 획일적으로 주민투표관리 비용을 계산해 자치단체에 청구하고 있다는 비판적 견해가 있다. 정리하면, 주민투표 관리 비용 계산을 획일적으로 하여 주민투표 관리의 편리성, 명확성을 제고할 것인가, 아니면 자율성을 보장해 지방자치의 의의를 제고할 것인가가 이 부분에서 쟁점이라 할 수 있다.

4) 예산의 불투명

앞에서 보는 바와 같이 수입과 지출이 명확하지 않다는 점을 알 수 있다. 국가로부터 교부해 줄 금액이 확정되어야 자치단체가 예산을 편성해서 사용할 것임에도 불구하고 투표가 끝난 후에 정산해 줌으로써 예산 운영이 불투명할 소지가 많다는 것이다. 방폐장 주민투표에서 예산 오·남용의 사례는 한수원이 방폐장의 건설만을 목적으로 했기 때문에 예산 문제에 대해서는 자치단체에게 매우 넉넉하게 대해 주어서 이러한 결과가 발생한 것이라 사료된다. 지출 또한 마찬가지다. 국책사업을 유치한다는 명분으로 예산 지출을 견제하는 기관 모두가 방임했다고 할 수 있다. 영덕군과 같이 사기업의 돈을 차용하는 기이한 현상도 국책사업=지역 발전이라는 홍보 때문에 아무도 이의를 제기하지 않았고, 일단 이겨 놓으면 모든 것이 해결된다는 안이한 생각이 지금과 같은 예산 운용의 난맥상을 가져온 것이다.

이러한 주장에 대해서 반박하는 측은 선거 자체의 문화와 또는 상대 지역이 막대한 돈을 쓰면서 홍보를 하는데 우리는 가만히 있으란 말이냐라고 항변한다. 그리고 왜 우리 지역만 이렇게 하느냐고 강변하기도 하는 것을 보면 현실과 제도와의 차이가 크게 갈라져 있음을 알 수 있다.

4 개선 방안

이 연구의 설문조사에서 주민투표 소요 비용에 대한 주민들의 의견을 살펴보았다. 그 결과가 <표 5-7>이다. 표에서 보는 바와 같이 과다 비용이 드는 주민투표는 반대한다는 주민들이 42.5%로 가장 높게 나타나고 있다. 이 표에서 보는 바와 같이 주민투표시에 소요되는 비용은 지방자치단체에 큰 부담을 줄 정도로 큰 규모다. 현재까지 실시된 세 차례 주민투표 모두는 국가가 비용을 부담하는 중앙정부의 청구에 의한 주민투표였다. 이렇게 국가 비용 부담 주민투표만 활성화되는 가장 큰 이유 중 하나가 과다한 비용 부담도 한 몫을 하고 있다. <표 5-7>에서 보는 바와 같이 비용에 부담 없이 필요하면 실시해야 한다는 의견은 5%에 불과하다. 따라서 비용 부담 문제를 풀지 않고서는 진정한 의미에서 주민투표의 활성화는 매우 어렵다고 할 수 있다. 이러한 비용 부담을 절감하는 방안에 대한 주민들의 의견은 선거시 동시에 주민투표를 실시하는 방안이 38.8%로 가장 높게 나타나고 있다. 주민들은 주민투표시 다양한 비용 절감 대책이 강구되어야 한다는 요구를 하고 있는 것이다.

〈표 5-7〉 주민투표 소요 비용에 대한 평가

문항	주민투표시 소요되는 주민투표 비용에 대한 의견은?				
답항	과다 비용이 드는 주민투표 반대	선거 동시 실시로 비용 절감	자원봉사를 통한 비용 절감	비용에 상관 없이 실시	합계
도수 (%)	516 (42.5)	465 (38.3)	173 (14.2)	61 (5.0)	1215 (100.0)

이 부분의 쟁점은 다음과 같이 개선 방안을 정리해 볼 수 있다.

우선 비용의 부담과 집행의 이원화는 현재의 법률구조로 보면 그렇게 갈 수밖에 없을 것이다. 따라서 주민투표 부담과 집행의 이원화를 원칙으로 하되 재정이 빈약한 지방자치단체의 재정 부담을 덜어주어, 비용 때문에 주민투표가 활성화되지 못하는 사례를 방지하기 위해서는 다음과 같이 개선할 사항이 있다고 사료된다.

첫째, 중앙선거관리위원회의 경상비적 경비는 자체 부담하는 것을 원칙으로 해야 한다. 예를 들면, 주민투표법 제27조 제1항 4호인 주민투표 결과에 대한 자료의 정리, 그 밖에 주민투표 사무의 관리를 위한 관할 선거관리위원회의 운영 및 사무 처리에 필요한 경비 등은 경상비적 요소이므로 중앙선거관리위원회가 부담하는 것이 주민투표 활성화를 조장해 주는 것이 된다.

둘째, 자치단체가 직접 관리하고 선택적으로 중앙선거관리위원회가 관리할 수 있도록 한 것을 투표관리의 일원화라는 명목으로 정부안을 무산시켰기 때문에, 중앙선거관리위원회의 독점적 지위에서 오는 비용 과다 계산 및 관료적 요소를 경계해야 한다. 인원과 업무 시간의 과다 산정으로 인한 인건비 상승, 기타 홍보 및 단속 등의 소요 비용의 과다 계산 가능성이 독점기관이기 때문에 상존한다고 볼 수 있다. 중앙선거관리위원회는 비용 산정의 합리화 및 예산 집행의 투명화를 통한 신뢰를 얻기 위해 비용 부담 자치단체로부터의 감사 수용 등 외부로부터의 통제장치를 마련해야 할 것이다.

셋째, 비용 부담의 유연성을 키워 나가야 한다.

현재와 같이 중앙선거관리위원회가 일방적으로 주민투표 비용을 산정하고 관리하는 방식에서 지방자치단체가 할 수 있는 부분은 지방자치단체가 맡게 하고, 나머지를 중앙선거관리위원회가 관리하는 보충성의 원칙을 적용하는 것이 바람직하다. 지방자치단체에 따라서는 비용 중에 주민투표 준비와 홍보물 제작과 배포, 불법선거운동 단속, 선거 결과의 정리 등은 지방자치단체가 자원봉사 등의 도움을 받아 충분하게 처리할 수 있는 분야이다. 따라서 중앙선거관리위원회는 주민투표의 공정성을 해치지 않은 범위 내에서 지방자치단체가 스스로 할 수 있는 부분에 대해서는 자율적으로 처리하도록 하여 비용 부담을 최소화할 수 있도록 노력해야 할 것이다.

넷째, 예산 운영의 투명성을 조속하게 확보해야 한다.

이를 위해서는 우선 비용을 부담하는 주체가 수입과 지출에 대한 규모를 주민투표 사전에 확정하고 공개해야 한다. 국가나 지방자치단체가 자신들이 추진하는 정책을 주민투표에 통과시키기 위해 "돈은 걱정하지 말라, 통과만 시켜주면 다 처리해 주겠다"는 지금까지의 방식으로 주민투표를 이용하는 한 영덕이나 경주와 같은 불행한 사태는 계속 이어질 수밖에 없다. 따라서 투명한 예산 운영을 위해서는 사전예고제와 함께 선관위원회에서 공직선거법에서처럼 주민투표 비용 정산을 엄격하게 하고, 이를 어겼을 경우에는 공직선거법에 준하는 벌칙을 부과할 필요가 있다.

제6장 주민투표의 운동과 종결

제1절 주민투표 운동

1 서 언

주민투표의 운동이란 주민투표의 안건에 대한 찬성과 반대 중 하나의 의견을 공식적으로 표명하는 것을 말한다. 주민투표는 주민들이 자신들의 일을 스스로 결정하는 일이기 때문에 이를 방해하는 어떠한 행동도 허용해서는 안 될 것이다. 따라서 주민투표제도는 이렇게 주민투표의 본질을 왜곡할 수 있는 세력이 주민투표 운동에 참여할 수 없도록 제한을 두는 것은 당연하다 하겠다. 공정한 보도를 해야 할 언론인, 엄정한 주민투표 관리를 해야 할 선거관리위원회 직원 등을 주민투표 운동을 할 수 없는 자로 규정한 것도 바로 이러한 이유에서라고 할 수 있다. 또한 주민투표의 사안에 대한 의사 결정은 주민들이 하는 것이기 때문에 이를 집행할 공무원들도 주민투표 운동에 개입을 하게 해서는 안 된다는 주장도 타당성 있는 견해라고 할 수 있다. 설령 주민투표 운동을 할 수 있는 자도 정식으로 등록하여 주민들로 하여금 누가 찬성자인지 반대자인지를 알 수 있도록 공개하게 하는 것도 주민투표의 투명성과 신뢰성을 확보하는 데 큰 도움이 된다고 할 수 있다. 그러나 아무리 공정성 있고 투명하게 주민투표 운동을 하더라도 주민들이 주민투표 운동원에 대한 접근을 용이하게 하지 않으면 안 된다. 주민들이 주민투표 운동에 쉽게 직·간접으로 참여할 수 있는 방안들을 모색해야 한다. 이를 위해서 현행의 주민투표제도는 주민투표에 대한 주민설명회와 토론회 등을 개최하도록 규정하고 있다. 여기서 특히 중요한 것은 관변단체들을 중심으로 한 주민설명회와 토론회 등의 개최는 빈번한 반면에 이를 반대하는 측에 대한 주민설명회와 토론회 등은 여러 가지 사정으로 개최하지 못하는 경우가 비일비재하다. 이 또한 공정한 주민투표 운동이라고 볼 수 없다.

이를 요약하면, 주민투표 운동은 공정하고 투명성 있게 해야 하며, 이를 위해서는 주민투표 운동을 할 수 있는 사람의 제한, 찬·반 주민투표 운동원들에 대한 균형 있는 주민투표 운동 보장 등에 대한 방안이 마련되어야 할 것이다.

2 내 용

1) 운동 원칙과 제한

주민투표법 제20조는 '투표운동'을 주민투표에 부쳐진 사항에 관해 찬성 또는 반대하게 하거나 주민투표에 부쳐진 두 가지 사항 중 하나를 지지하게 하는 행위라고 규정하고 있다. 그리고 주민투표에 부쳐진 사항에 대한 단순한 의견 개진 및 의사 표시는 투표운동으로 보지 않는다고 하여 구분하고 있다. 또한 주민투표법은 다른 법률의 규정에 의해 금지 또는 제한되는 경우를 제외하고는 누구든지 자유롭게 투표운동을 할 수 있도록 하는 것을 기본 원칙으로 규정하고 있다.

이와 동시에 주민투표법은 투표운동에 대한 제한을 규정해 주민투표 운동의 혼탁함을 방지하고 있다. 주민투표법 제22조는 다음과 같은 사항에 대해서는 주민투표 운동을 해서는 안 된다고 규정하고 있다.

① 야간 호별 방문 및 야간 옥외집회

② 투표운동을 목적으로 서명 또는 날인을 받는 행위

③ 공직선거법 제80조[1]의 규정에 의한 연설 금지 장소에서의 연설행위

---

1) 공직선거법 제80조(연설 금지 장소) 다음 각 호의 1에 해당하는 시설이나 장소에서는 제

④ 공직선거법 제91조[2]에서 정하는 확성 장치 및 자동차의 사용 제한에 관한 규정을 위반하는 행위

⑤ 제1항 제1호의 규정에 의하여 야간 호별 방문 및 야간 옥외집회가 금지되는 시간은 그 지방자치단체의 조례로 정한다.

이러한 금지 조항 및 중앙선거관리위원회규칙에 위반했을 경우에는 해당 선거관리위원회는 중지·경고 또는 시정명령을 해야 하며, 그 위반행위가 투표의 공정을 현저히 해치는 것이거나 중지·경고 또는 시정명령을 불이행하는 때에는 관할 수사기관에 수사를 의뢰하거나 고발해야 한다고 규정해 불법선거운동에 대한 엄단 의지를 밝히고 있다.[3]

79조(공개 장소에서의 연설·대담)의 연설·대담을 할 수 없다. <개정 2004. 3. 12>

1. 국가 또는 지방자치단체가 소유하거나 관리하는 건물·시설. 다만, 공원·문화원·시장·운동장·주민회관·체육관·도로변·광장 또는 학교 기타 다수인이 왕래하는 공개된 장소는 그러하지 아니하다.
2. 선박·여객, 자동차·열차·전동차·항공기의 안과 그 터미널 구내 및 지하철역 구내
3. 병원·진료소·도서관·연구소 또는 시험소 기타 의료·연구시설

2) 제91조(확성 장치와 자동차 등의 사용 제한) ① 누구든지 이 법의 규정에 의한 공개 장소에서의 연설·대담 장소 또는 대담·토론회장에서 연설·대담·토론용으로 사용하는 경우를 제외하고는 선거운동을 위하여 확성 장치를 사용할 수 없다. <개정 2004. 3. 12>
② 삭제 <2004. 3. 12>
③ 누구든지 자동차를 사용하여 선거운동을 할 수 없다. 다만, 제79조의 규정에 의한 연설·대담 장소에서 자동차에 승차하여 선거운동을 하는 경우와 같은 조 제6항의 규정에 의한 선전벽보 등을 자동차에 부착하여 사용하는 경우에는 그러하지 아니하다. <개정 2004. 3. 12, 2005. 8. 4>
④ 정당·후보자·선거사무장 또는 선거연락소장은 제3항 단서의 규정에 의한 경우 외에 다음 각호에 의한 수 이내에서 관할 선거관리위원회가 교부한 표지를 부착한 자동차와 선박에 제64조(선전벽보)의 선전벽보 및 제65조(선거공보)의 선거공보를 부착하여 운행하거나 하게 할 수 있다. <개정 1995. 4. 1, 1997. 11. 14, 2000. 2.1 6, 2005. 8. 4>
1. 대통령선거와 시·도지사선거
   선거사무소와 선거연락소마다 각 5대·5척 이내
2. 지역구국회의원선거와 자치구·시·군의 장 선거
   후보자마다 각 5대·5척 이내
3. 지역구시·도의원선거
   후보자마다 각 2대·2척 이내
4. 지역구자치구·시·군의원선거
   후보자마다 각 1대·1척

3) 주민투표법 제23조.

2) 찬성과 반대운동

주민투표법 제4조[4]는 자치단체와 선거관리위원회에 주민들이 주민투표 대상에 대해서 정확하게 알 수 있도록 정보를 제공할 의무를 지우고 있다. 따라서 자치단체와 선거관리위원회는 공보, 신문뿐만 아니라 설명회와 토론회를 개최해 주민들에게 정확하고 공정한 정보를 제공하도록 노력해야 한다. 특히, 이 과정에서 선거관리위원회는 주민투표 대상에 대해서 찬성이나 반대하는 개인이나 단체가 균등하게 참여할 수 있도록 해야 한다고 규정하고 있다. 이에 대한 상세한 규정은 중앙선거관리위원회의 주민투표규칙[5]에서 나열하고 있다. 이를 요약하면 다음과 같다.

① 주민투표 찬성·반대의 신청

주민투표의 찬성과 반대는 주민투표 대상 두 가지 사항 중 하나를 선택하는 형식으로 실시하는 주민투표에서는 각 사항에 대한 찬성을 말한다. 찬반 운동 대표단체가 되고자 하는 단체(연합단체를 포함한다)는 찬성 또는 반대별로 투표운동을 하고 있거나 할 것을 공표한 단체와 협의해 주민투표 발의일의 다음 날까지 관할위원회에 신청해야 한다.

② 찬성(반대)운동 대표의 신청

다음에 해당하는 자는 주민투표 발의일의 다음날까지 하나의 단체 또는 투표운동을 할 수 있는 자 중에서 1인의 대표자를 찬성운동 대표단체로 신청할 수 있다.

가. 법 제8조(국가정책에 관한 주민투표) 제1항의 규정에 의한 중앙행정기관의 장

---

4) 제4조(정보의 제공 등) ① 지방자치단체의 장은 주민투표와 관련하여 주민이 정확하고 객관적인 판단과 합리적인 결정을 할 수 있도록 지방자치단체의 공보, 일간신문, 인터넷 등 다양한 수단을 통하여 주민투표에 관한 각종 정보와 자료를 제공하여야 한다.
② 제3조 제1항의 규정에 의한 선거관리위원회(이하 "관할 선거관리위원회"라 한다)는 주민투표에 관한 정보를 제공하기 위하여 설명회·토론회 등을 개최하여야 한다.
③ 관할 선거관리위원회는 제2항의 규정에 의한 설명회·토론회 등을 개최하는 때에는 주민투표에 부쳐진 사항에 관하여 의견을 달리하는 자가 균등하게 참여할 수 있도록 하여야 한다.

5) 규칙 제4조.

나. 법 제9조(주민투표의 실시 요건) 제5항의 규정에 의한 지방의회의 의장
다. 법 제9조 제6항의 규정에 의한 지방자치단체의 장
라. 법 제10조(청구인대표자의 선정과 서명의 요청 등) 제1항의 규정에 의한 주민투표 청구인대표자

③ 찬성(반대)운동 대표자의 선정

관할 선거관리위원회는 규정에 의해 신청한 단체(제2항의 대표자를 포함한다. 이하 같다)가 찬성·반대별로 각각 하나인 때에는 그 단체를, 2개 이상인 때에는 추첨에 의하거나 단체의 구성원 수·주민의 대표성·주민투표안과의 관련성 등을 감안해 찬성·반대운동 대표단체로 지정한다. 이 경우 주민투표 발의일 후 2일까지 지정해야 한다. 만약에 신청이 없을 때에는 관할 선거관리위원회가 단체의 구성원 수·주민의 대표성·주민투표안과의 관련성 등을 감안해 해당 단체의 동의를 받아 찬성·반대운동 대표단체로 지정할 수 있다.

④ 공고와 통지

관할 위원회는 규정에 의해 찬성·반대운동 대표단체를 정한 때에는 지체없이 이를 공고하고, 하급 위원회와 해당 단체에 통지해야 한다. 그리고 통지를 받은 단체는 신고·제출에 사용할 대표자의 인장의 인영을 그 통지를 받은 날의 다음날까지 서식에 의해 작성해 관할 위원회에 제출해야 한다.

⑤ 찬성·반대운동 대표단체의 역할

규정에 의해 지정된 찬성·반대운동 대표단체는 다음 각 호의 행위를 할 수 있다. <개정 2005. 8. 4>

1. 법 제4조(정보의 제공 등) 제2항의 규정에 의한 설명회·토론회(이하 "설명회 등"이라 한다)의 설명·토론자로 참여할 자의 신고
2. 법 제17조(주민투표공보의 발행) 제1항의 규정에 의한 주민투표 공보에 게재할 주민투표안에 관한 의견 및 그 이유(이하 "공보 게재 원고"라 한다)의 작성·제출
3. 법 제19조(투표·개표 절차 등)의 규정에 의하여 준용되는 '공직선거법' 제161조(투표 참관)의 규정에 의한 투표 참관인의 신고
4. 법 제19조의 규정에 의하여 준용되는 '공직선거법' 제181조(개표 참관)의 규정에 의한 개표 참관인의 신고

3) 주민투표 기간과 주민투표 운동 불가능자

주민투표 제21조는 투표운동 기간 및 투표운동을 할 수 없는 자에 대해 규정을 하고 있다. 이 조항에 의하면 투표운동은 주민투표 발의일부터 주민투표일의 전일까지에 한해 이를 할 수 있다고 하여 주민투표 운동 기간을 주민투표 발의일에서 주민투표 전일까지로 규정하고 있다. 그리고 주민투표법 제21조 제2항은 주민투표 운동을 할 수 없는 자에 대한 규정도 하고 있다. 주민투표 운동 기간 중에 주민투표 운동을 할 수 없는 자는 다음과 같다고 규정하고 있다.

가. 주민투표권이 없는 자
나. 공무원(해당 지방의회의 의원은 제외한다.)
다. 각급 선거관리위원회의 위원
라. '방송법'에 의한 방송사업(방송채널 사용사업은 보도에 관한 전문 편성을 행하는 방송채널 사용사업에 한한다)을 경영하거나 이에 상시 고용되어 편집·제작·취재·집필 또는 보도의 업무에 종사하는 자
마. '정기간행물의 등록 등에 관한 법률' 제7조의 규정에 의하여 등록하여야 하는 정기간행물(분기별 1회 이하 발행되거나 학보, 그 밖에 전문 분야에 관한 순수한 학술 및 정보지 등 정치에 관한 보도·논평, 그 밖에 여론 형성의 목적 없이 발행되는 정기간행물을 제외한다)을 발행 또는 경영하거나 이에 상시 고용되어 편집·취재·집필 또는 보도의 업무에 종사하는 자

주민투표 운동을 할 수 없는 자는 대체로 공무원과 투표 업무를 집행하고 있는 선거관리위원회 직원, 그리고 주민투표에 커다란 영향을 미칠 수 있는 언론인들로 한정하고 있다. 그러나 지방자치단체의 주요 구성원인 지방의원들은 주민투표 운동을 할 수 있도록 하고 있어 주민투표 운동 기간 동안에 가장 선두에 서서 주민투표 운동을 하는 것을 볼 수 있었다.

4) 주민설명회 등의 개최

주민투표법 제4조에서는 이미 기술한 바와 같이 주민설명회 등(여기서는 토론회 등을 말함)을 통해서 주민투표에 대한 정확하고 공정한 정보를 주민들에게 제공해야 한다고 규정하고 있었다. 이에 따라 관할 선거관리위원회는 주민

설명회를 개최해야 한다. 이에 대한 상세한 규정은 규칙 제5조에 규정하고 있다. 이 규정에 의해 주민 설명회를 정리하면 다음과 같다.

① 주민설명회의 주체와 횟수

주민투표에 대한 주민설명회 등은 옥내에서 관할 위원회 및 주민투표 실시구역을 관할하는 구·시·군위원회가 각 1회 이상 개최하여야 한다. 다만, 구·시·군위원회가 개최하는 설명회 등은 '방송법'에 의한 종합유선방송사업자가 이를 중계 방송하는 때에는 당해 방송 권역별로 해당 종합 유선방송사의 소재지를 관할하는 구·시·군위원회마다 1회 이상 개최할 수 있다. <개정 2005. 8. 4>

② 형식

설명회 등은 찬성·반대운동 대표단체가 각각 같은 수로 신고한 자가 설명·토론자로 참여해 주민투표안에 관한 의견과 이유 등을 설명하거나 상호토론하는 형식으로 진행한다.

③ 준비

설명회 등을 개최하는 선거관리위원회는 설명회 등의 개최일 전 5일까지 개최 일시와 장소를 공고하고, 개최 일시와 장소, 설명·토론자의 수, 주제 발표시간 및 맺음말을 하는 시간, 질문과 답변 또는 보충 질문과 보충 답변의 시간, 주제 발표와 질문 및 답변의 순서, 사회자의 선정 방법, 그 밖에 공정한 진행을 위한 절차와 방법을 찬성·반대운동 대표단체에 알려야 한다. 또 찬성·반대운동 대표단체는 설명회 등의 개최일 전 3일까지 설명·토론자로 참여할 자를 규정 서식에 의해 해당 위원회에 신고해야 한다. 관할 선거관리위원회는 규정에 의해 신고한 대표단체가 하나일 때에는 신고하지 아니한 대표단체와 의견을 같이하는 다른 단체(투표운동을 하고 있거나 할 것을 표방한 단체를 말한다)에 설명회 등의 참여 여부를 조회하여 참여를 원하는 경우에는 그 단체가 추천하는 자를 설명·토론자로 참여하게 할 수 있으며, 참여를 원하지 아니하는 경우에는 이미 신고한 하나의 대표단체의 의견과 이유 등을 설명하는 형식으로 개최할 수 있다.

④ 진행 방법

관할 선거관리위원회는 찬성·반대별로 설명회 등의 진행을 공정하게 해야 하며, 방송사가 이를 중계 방송하는 경우에는 찬성·반대별로 공정하게 방송해야 한다. 관할 선거관리위원회 위원장 또는 사회자는 토론·설명자가 법에 위반되는 내용이나 배정된 시간을 초과해 발언하거나 선량한 풍속, 기타 사회 질서를 해하는 발언을 하는 때에는 이를 제지하거나 안내하는 등 필요한 조치를 할 수 있다. 그뿐만 아니라 관할 선거관리위원회 위원장 또는 사회자는 그 진행을 방해하거나 질서를 문란하게 하는 자가 있는 때에는 그 중지를 명하고, 그 명령에 불응하는 때에는 퇴장시킬 수 있다. 그리고 관할 선거관리위원회는 청각장애 투표인을 위해 수화 통역을 할 수 있다. 이 경우 방송사가 텔레비전 방송을 이용해 중계방송을 하는 때에는 수화 통역 또는 자막 방송을 할 수 있다.

3 쟁점 사항

주민투표 운동에 대한 쟁점 사항을 정리하면 다음과 같다.

1) 주민투표 운동의 정의에 대한 것

주민투표법 제20조에 주민투표 운동은 주민투표에 부쳐진 사항에 관해서 찬성 또는 반대하게 하거나 주민투표에 부쳐진 두 가지 사항 중 하나를 지지하게 하는 행위라고 규정하고 있다. 그리고 주민투표에 부쳐진 사항에 대한 단순한 의견 개진 및 의사 표시는 투표운동으로 보지 않는다고 하여 규정하고 있다. 그러나 문제는 단서 조항이다. 이번 치러진 주민투표 과정에서 공무원들이 가장 불만인 사항이 바로 여기에 있다. 방폐장인 경우에 각 자치단체가 총력을 기울여 유치하는 사업이었다. 따라서 자치단체장과 공무원들은 왜 이 사업을 우리가 유치하려고 하느냐에 대한 설명을 주민들에게 해 주는 것이 당연하다는 것이다. 그런데도 불구하고 자치단체에 의한 방폐장 유치에 대한 설명은 선거관리위원회에 의해서 원천적으로 차단을 당했다고 주장한다. 심지어 군산시의 경우에는 공무원들이 '방폐장 유치는 주민들의 손에 달려 있습니다'라고 쓰인 조끼를 입는 것도 적극적인 주민투표 운동이라고 하여 선거관리위원회에서 차단을 했다면서 분개했다.[6] 이들의 주장은 선거관리위원회가 이러한 지방자치단체의 노력은 단서 조항인 단순한 의견 개진으로 해석해 주어야 했음에도 불구하고 선관위는 매우 적극적으로 해석해서 주민투표 운동이 활발하게 이루어지지 못했다는 것이다. 이들은 반대로 방폐장 유치를 반대하는 집단에게는 관대했다는 것이다. 방폐장을 반대하는 단체들이 방폐장으로 인한 기형아 출산을 비롯해 농·수산물의 가격 하락 등 전혀 근거 없는 사실들을 가지고 주민투표 운동을 했는데 선관위는 이들을 단지 지적만 했을 뿐 법적인 조치를 하지 않았을 뿐만 아니라 이에 대한 해명의 기회를 찬성 측에 주지 않았기 때문에 일방적으로 불리할 수밖에 없다는 것이다. 그러나 반대 측의 주장은 그렇지 않다는 것이다. 실제로 지방자치단체장과 공무원이야말로 최고 적극적인 주민투표 운동원으로서 이들은 교묘하게 법망을 피해 주민투표 운동을 했으며 관변단체를 총동원해 지방자치단체의 의견을 대신 설명하게 했다는 것이다. 그리고 이들은 설명회과 토론회 등도 찬성 단체에게는 유·무형의 행·재정적 지원을 해 준 반면에 반대하는 측에 대해서는 은근한 압력을 계속 주어 왔다고 주장하고 있다.[7]

2) 주민투표 운동의 제한에 대한 것

현행 주민투표제도하에서 주민투표 운동의 제한에 대한 쟁점 사항은 제한이 지나치다는 것이다. 지나치다고 주장하는 견해는 지역 사정을 모르고 규정한 조항이 너무 많다는 것이다. 야간 옥외집회 금지, 연설 금지 장소 지정 등이 대표적인 사항이라고 할 수 있다.[8] 군산시를 비롯한 영덕군, 경주시 등 농촌 지역뿐만 아니라 대도시라고 할 수 있는 포항시까지도 국가 또는 지방자치단체가 소유하거나 관리하는 건물·시설을 빼면 공개적으로 대화, 토론을 할 장소가 마땅치 않다는 것이다. 특히, 주민투표는 지방자치단체의 사무에 대한 것을 주민들이 결정하는 것인데 주민의 자산인 지방자치단체 소유 건물에서 연설과 대담을 할 수 없도록 하는 것은 잘못이라는 것이다. 이는 선거와 주민투표를

6) 군산시 담당 공무원과의 면담에서, 2006. 4. 6일 군산시청에서.
7) 포항시민과의 면담에서.
8) 주민투표법 제22조 제1항 3호에서 연설 금지 조항이 있다.

혼동해서 나온 발상이라는 것이다. 선거는 개인의 공직 임명 여부를 결정하는 것이기 때문에 개인의 홍보를 위해 공공건물을 사용하도록 하는 것과 주민투표는 엄격하게 다르다는 것이다. 그리고 또 다른 사항은 야간 옥외집회이다. 주민투표는 주민들이 직접 결정하는 것이기 때문에 주민들이 많이 모일 수 있는 시간이 필요하다. 지금까지는 주민투표일을 공휴일로 해서 주민들이 시간 선택의 여지가 있었지만 앞으로는 주민투표일 때마다 공휴일로 하기가 힘들다. 그래서 주민들이 많이 모일 수 있는 시간이 언제인지가 지역 사정에 따라서 다르기 때문에 주민투표 시간에 대한 규정은 주민투표법에 규정하지 말고 조례로 결정하는 것이 바람직하다는 것이다. 이에 반해서 이의 주장을 반대하는 견해는 야간 옥외집회에 대한 금지를 하지 않았을 경우에 계속되는 야간집회 때문에 주민들이 동원되고, 이로 인해 수면 방해 등 부작용이 많이 나타나기 때문에 이를 금지하는 것은 바람직하다는 주장이다. 그리고 공공장소에 대한 대담과 연설 금지 규정 및 마이크 사용과 자동차 사용의 금지도 바람직하다는 주장은 공공장소가 연설과 담화의 장소로 사용이 된다고 한다면 지방자치단체장이 선호하는 단체에만 유리할 수 있다는 주장이다. 그리고 주민투표 운동시 마이크와 자동차 사용을 제한하는 것도 길거리 소음으로 인한 문제점을 예방한다는 차원에서 바람직하다는 견해이다.

3) 주민투표 운동원에 대한 시비

현행 주민투표제도는 주민투표 운동원으로서 공무원은 금지하고 대신에 지방의원들은 허용하고 있다. 이에 대한 논쟁은 왜 지방의원은 주민투표 운동원으로 허용하고 있느냐 하는 것이다. 이에 대한 찬반 양론이 많다. 찬성하는 견해는 지방의원은 현재까지는 공무원이 아니고 지방 정치인이기 때문에 이들의 활동을 제약할 이유가 없다는 것이다. 그러나 이를 반대하는 주장은 주민투표가 주민들이 지역의 일을 지방자치단체의 의결기관인 지방의회 대신에 결정하는 것이기 때문에 지방의회의 구성원인 지방의원이 주민투표 운동원이 되는 것은 논리적으로 맞지 않다는 주장이다.

그뿐만 아니라 지역의 전문가 중에 최고 집단인 지역 대학교수, 특히 국립대학교 교수들을 국가공무원이라는 획일적 규정에 의해 주민투표 운동원이 될 수 없도록 원천으로 막고 있는 것은 커다란 문제라는 논란이 많았다. 공무원이기 때문에 주민투표 운동원을 제한하는 것은 당연하다는 주장과 주민투표의 성격상 지역 주민들이 지역 문제에 한해서 결정하는 것이기 때문에 지역의 중요 기관인 대학교수들의 참여는 보장되어야 한다는 주장이 대립되고 있다.

주민투표의 운동원에 대한 주민의 평가는 <표 6-1>과 같이 공무원과 선거직은 전체가 운동원이 될 수 없도록 하자는 의견이 33.7%로 가장 높게 나타났다. 이는 주민투표가 주민들이 선출직을 불신해서 지역의 문제를 직접 결정하는 것인데도 선출직이 관여하는 것에 대한 거부의 표시다. 다음으로는 현행 유지와 자치단체장과 공무원을 제외하고는 모두 허용하자는 의견 순이다.

〈표 6-1〉 선거운동원의 확대에 대한 주민평가

문항	주민투표 선거운동원에 대해서 어떻게 생각하십니까?				
답항	전체 금지	자치단체장, 공무원 제외 모두 허용	모두 허용	현행 유지	합계
도수 (%)	410 (33.7)	241 (19.8)	191 (15.7)	374 (30.8)	1,216 (100.0)

4 개선 방안

상기 쟁점에 대한 개선 방안을 제시하면 다음과 같다.

1) 주민투표 운동에 대한 개념 정의는 유연하게 할 필요가 있다

현재와 같이 주민투표 운동 개념을 획일적으로 정의하게 되면 주민투표 운동에 공무원의 참여 여부가 문제가 아니라 주민들이 주민투표에 대한 정보 접근이 차단된다는 점을 우려하지 않을 수 없다. 주민들이 정보의 부족에도 불구하고 주민투표를 한다면 그 결과는 심각한 문제가 발생할 것이라는 점은 명약관화하다. 따라서 주민투표 운동에 대한 개념을 좀더 유연하게 가져갈 필요가 있다 하겠다. 예를 들면, 국가정책에 대한 주민투표시에는 공무원들이 국가정책에 대한 설명을 주민들에게 할 수 있도록 하는 것이다. 공무원들이 왜 방폐장을 유치해야 하는지, 구역과 계층 통합은 왜 하는지에 대한 설명을 주민들에게 할 수 있는 기회를 주어야 한다. 그러나 이렇게 설명을 할 기회를 주게 되면 공무원들이 일방적으로 찬성 의견만 개진할 가능성이 있기 때문에 이렇게 공무원이 설명할 때는 반드시 반대 측에게도 동시에 그 장소에서 반대의 의견을 개진할 수 있도록 하여 균형 있는 설명회가 될 수 있도록 해야 한다. 그러나 공무원들이 설명을 할 수 있는 기간은 주민투표일 일정 기간 전까지로 제한할 필요가 있다. 그리고 주민설명회는 현재와 같이 선거관리위원회만 하는 것이 아니라 선관위가 찬성과 반대 측에게 자체적으로 주민설명회를 개최할 수 있도록 행·재정적 지원을 해 주는 것도 주민 자치의 본질을 향상시키는 일이라고 사료된다.

2) 주민투표 운동 장소와 방법에 대한 제한 규정을 완화해야 한다

국가기관이나 지방자치단체 소속 건물은 주민투표 운동 장소로 개방해야 한다. 특히 지방자치단체의 소유 건물은 주민투표 운동 장소로 활용하도록 유도하는 것이 바람직하다. 주민투표 운동 장소가 언제나 대규모 인원을 동원해서만 이루어지는 것이 아니고 때로는 토론과 세미나 등 소규모 단위로 이루어질 가능성이 있다. 대규모일 때는 체육관 등을 이용하고, 소규모일 때는 읍·면·동 사무소의 회의실, 마을회관 등을 이용할 수 있도록 편의 제공을 하는 것이 바람직하다. 주민투표는 일반선거와 같이 적과 동지가 구분되어 있는 것이 아니라 우리 모두 같은 생각, 즉 지역을 어떻게 잘 살게 하느냐에 대한 생각을 같이 가지고 있기 때문에 주민들 간에 주민투표 안건에 대해서 허심탄회하게 토의할 수 있도록 자치단체가 앞장서 나가야 할 것이다. 그리고 마이크와 자동차를 이용하는 것도 획일적으로 제한할 것이 아니라 장소와 시간에 따라서 제한하는 것이 바람직하다.

3) 지방의원은 주민투표 운동원이 되어서는 안 된다

지방의회는 의결기관이다. 주민투표는 주민들이 주도가 되는 하나의 의결행위이기 때문에 지방의회 의원들이 이와 같은 의결 과정에 주도적으로 참여하는 것은 문제가 있다고 할 수 있다. 집행기관인 자치단체장이 주민투표 운동원이 되지 못하는 것과 같이 지방의회 의원들도 주민투표 운동원이 되는 것은 바람직하지 않다고 할 수 있다. 지방의원들은 당선된 순간부터 자기 선거구의 대표가 아니라 자치단체 전 구역의 대표이기 때문에 특정 지역과 관련된 문제에 대한 찬반 활동을 주도하는 것은 불합리하다 하겠다. 실제로 지방의원이 주민투표에 개입하게 되면 결국은 다음 선거운동을 위한 수단으로 삼게 되어 주민투표가 더욱 혼탁해질 가능성이 높다. 그리고 지방의원이 개입하게 되면 그들의 직·간접의 압력 때문에 공무원들이 중립을 지키기가 어려운 등 여러 가지 문제점을 낳을 가능성이 높다. 지방의원들은 주민투표 실시 전에 지방 의정 활동 과정인 지방의회에서 이 문제에 대해 충분하게 논의하고, 심지어 결의문까지 작성하는 경우가 많기 때문에 또다시 주민투표 운동원이 되지 못하도록 주민투표법을 개정해야 할 것이다.

4) 운동원의 범위를 넓혀 주어야 한다

제주특별자치도인 경우를 살펴보자. 제주특별자치도는 우리 나라에서 처음 하는 정책이기 때문에 일반 시민들은 물론이거니와 여론 지도자들도 이에 대해서 알기가 쉽지 않다. 심지어 행정학이나 사회과학을 하는 교수 중에서도 특별자치도에 대해서 관심을 가지고 접근했던 경험이 없으면 특별자치도에 대해서 이해하기가 쉽지 않다. 특별자치도의 성안 과정에서는 제주도의 여건상 제주대학교가 규모면이나 역사면에서나 단연 앞서 나가기 때문에 국립 제주대학교 교수들이 주도할 수밖에 없었다. 따라서 찬반의 최고 전문가는 제주대학교 교수들일 수밖에 없었다.

그러나 제주도 주민투표시에 지방자치단체 구역의 통합에 대한 찬반 토론 방송에는 제주대 교수들은 국가공무원이라는 이유 때문에 주민투표법에 의해 참석하지 못하게 되었다. 네 번의 방송 토론은 결국 도의원을 비롯한 NGO 대표들만 참여해 좀더 차분한 토론보다는 기존의 각자의 주장만 되풀이하는 모습만을 보였다는 평을 받고 있다. 교수들이 함께 참여해 좀더 객관적이고 전문적인 토론이 될 수 있었다면 도민들이 제주특별자치도에 대한 이해의 폭이 더욱 넓어졌을 것이라는 아쉬움이 남았다. 따라서 주민투표의 성격상 지역 문제를 다루는 것이기 때문에 당사자인 지방자치단체의 장과 공무원, 지방의원들을 빼고는 전부 운동원이 될 수 있도록 하는 것이 바람직하다고 볼 수 있다. 다행히 이번(2006. 9) 국회에 제출된 주민투표법 개정안에는 공무원 중에 국회의원, 지방의회 의원, 국회의원 보좌관·비서관·비서, 국회 교섭단체의 정책연구위

원과 총장·학장·교수·부교수·조교수·전임강사인 교원은 선거운동원이 될 수 있도록 하고 있다.[9)]

제2절 주민투표 결과의 확정

1 서 언

주민투표 결과의 확정이란 주민투표 과정의 종결을 의미한다. 주민투표의 종결을 어떠한 조건으로 할 것인가에 대한 논의는 주민투표의 정당성 문제와 연계되어 중요한 의미를 지닌다. 주민투표의 확정은 지금까지 주민투표도 다른 정책결정처럼 과반수 투표에 과반수 찬성이라는 다수결 원칙에 따라서 주민투표를 확정한다면 문제될 것이 없다. 그러나 현재의 상황은 다수결로 주민투표를 확정하는 것은 지속적인 투표율의 저하로 불가능하게 되었다. 그러면 어느 정도의 투표율을 주민투표의 확정 조건으로 할 것인가에 대한 문제가 제기된다. 투표율이 최소한 어느 정도가 되어야 주민의 의견으로 판단할 수 있느냐와 연계된다. 투표율을 너무 하향으로 정하면 다수에 대한 소수의 지배 현상이라는 독재 체제에서 볼 수 있는 최악의 모습이 나온다. 그러나 현재의 저투표율을 반영하면 너무 높게 잡아서도 난항이 예상되기 때문에 딜레마에 빠질 수밖에 없다.

9) 국회에 계류중인 주민투표법 일부 개정안에는 주민투표법 제21조(투표운동 기간 및 투표운동을 할 수 없는 자 등)의 제2항 제2호에 공무원 중 국회의원, 지방의회 의원, 국회의원 보좌관·비서관·비서 및 구괴 교섭단체의 정책연구원 위원과 고등교육법 제14조 제1항 및 제2항에 따른 총장·학장·교수·부교수·조교수·전임강사인 교원은 제외한다로 규정하여 주민투표 운동할 수 있는 자의 범위를 확대했음. 반면에 제3호의 2를 신설하여 정부투자기관, 지방공기업의 임·직원은 선거운동을 할 수없는 자로 규정했고 제5호에는 정기간행물 및 인터넷신문을 발행 또는 경영하거나 이에 상시 고용되어 편집·취재·집필 또는 보도의 업무에 종사하는 자 등도 주민투표 운동을 할 수 없도록 명문화했다. 반면에 이 안에는 제21조의 제1항을 신설하여 지방자치단체장은 투표 안건에 대해 투표일 전 5일까지 1회에 한하여 의견을 발표할 수 있도록 하고 있다.

또 다른 논의의 대상은 확정 투표율, 즉 득표율이다. 과반수 투표에 과반수 찬성이라는 다수결의 원리에서는 이 역시 문제가 되지 않는다. 일본과 대부분의 미국의 경우다. 그러나 법정 유효 투표율의 조정에 따라서 확정 투표율도 역시 논란의 대상이 될 수밖에 없다. 일반 선거와 같이 유효 투표에 과반수 찬성을 주민투표 확정으로 볼 것인가,[10] 아니면 총 유권자의 일정한 찬반 비율을 넘어야 확정 투표로 확정할 것인가에 대한 것이다.

전자의 경우 지나치게 유효 투표율을 낮게 잡았을 때는 설령 과반수가 된다 해도 너무 낮은 비율이 되어 이를 주민들의 의견이라고 할 수 있느냐 하는 문제가 제기된다. 예를 들면, 현재 주민투표법은 주민투표에 부쳐진 사항이 주민투표권자 총수의 3분의 1 이상의 투표와 유효 투표수 과반수의 득표로 확정된다고 규정하고 있다. 이 규정에 의한 유효 투표율 1/3 이상에 과반수 찬성은 전체 유권자의 16.666%에 불과한 것이다. 약 16.66%를 주민들의 의견으로 결정하기에는 너무나 적은 숫자인 것이다. 반면에 후자의 경우는 유효 투표율도 중요한 기준이지만 더 중요한 기준은 주민투표 안건의 통과 기준 투표율인 확정 득표율이다. 이 경우에 주민투표 확정 기준은 유효 투표율에서 찾는 것이 아니고 총 유권자 중 어느 정도 유권자가 찬성(또는 반대)했느냐 하는 것이다. 독일의 경우 이 제도를 활용하고 있다. 설령 유효 투표율이 법정 투표율을 넘어서고 찬성(반대)률이 유효 투표 수에 과반수가 넘었다 하더라도 찬성 투표 수가 전체 유권자의 25%[11]또는 30%[12]가 넘지 않으면 부결된 것으로 하는 제도이다.

이렇게 주민투표의 확정은 투표율뿐만 아니라 득표율도 같이 고려함으로써 주민투표제도가 주민투표의 타당성을 확보하기 위한 장치들을 확실하게 갖고 있음을 보여 주어야 한다.

---

10) 물론 일반선거인 총선이나 대선과 같이 한 표라도 이기는 사람이 당선되는 단순 과반수로 하는 방안도 있으나 이와 같은 방법을 주민투표에 적용하는 나라는 없기 때문에 이 방법은 고려 대상이 될 수 없다.

11) 박영도, 주민투표법안의 입법 방향, 1996, 한국법제연구원, pp. 39-51.

12) 류호상, 한국행정학회 2001 하계 세미나 논문집, 독일의 바덴 뷔르템베르크(Baden-Württemberg) 주 지방자치법 제6조 : 주민투표는 유효표 과반수의 찬성으로 결정되며, 최소한 투표권자 수의 30% 이상에 달해야 한다. 가부 동수인 경우에는 부결된 것으로 본다. 다수에 이르지 못한 경우에 지방의회가 의결한다.

2 내 용

주민투표법 제24조는 주민투표 결과의 확정에 관해 규정하고 있다. 이 조항에 의하면, 주민투표에 부쳐진 사항은 주민투표권자 총수의 3분의 1 이상의 투표와 유효 투표수 과반수의 득표로 확정된다. 다만, 다음에 해당하는 경우에는 찬성과 반대 양자를 모두 수용하지 아니하거나, 양자택일의 대상이 되는 사항 모두를 선택하지 아니하기로 확정된 것으로 본다.

가. 전체 투표 수가 주민 투표권자 총수의 3분의 1에 미달되는 경우

나. 주민투표에 부쳐진 사항에 관한 유효 득표 수가 동수인 경우

그리고 주민투표법 제24조 제2항에서는 전체 투표 수가 주민 투표권자 총수의 3분의 1에 미달되는 때에는 개표를 하지 아니한다고 규정하고 있다. 관할 선거관리위원회는 개표가 끝난 때에는 지체없이 그 결과를 공표한 후 지방자치단체의 장에게 통지해야 한다. 설령 개표를 할 수 없는 경우인 유효 투표 수 3분의 1 미만인 경우에도 마찬가지로 자치단체장에게 통보를 해 주도록 하고 있다. 투표 결과를 해당 선거관리위원회로부터 통지받는 지방자치단체의 장은 주민투표 결과를 통지받은 때에는 지체없이 이를 지방의회에 보고해야 하며, 국가정책에 관한 주민투표인 때에는 관계 중앙행정기관의 장에게 주민투표 결과를 통지해야 한다.

지방의회 또는 중앙행정기관에 주민투표 결과를 통지한 후에 지방자치단체의 장 및 지방의회는 주민투표 결과 확정된 내용대로 행정·재정상의 필요한 조치를 해야 한다고 규정해 주민투표가 형식적으로는 자문적 주민투표이지만 실제적으로는 구속적 주민투표 성격을 띠고 있음을 증명하고 있다. 이렇게 지방자치단체의 장 및 지방의회는 주민투표 결과 확정된 사항에 대해 2년 이내에는 이를 변경하거나 새로운 결정을 할 수 없도록 하고 있다. 다만, 제1항 단서의 규정에 의해 찬성과 반대 양자를 모두 수용하지 아니하거나 양자택일의 대상이 되는 사항 모두를 선택하지 아니하기로 확정된 때에는 그러하지 아니하도록 하고 있다.

3 쟁점 사항

주민투표의 확정에 대한 쟁점은 다음과 같이 정리할 수 있다.

1) 유효 투표율

우리 나라에서는 공직 선거시에는 유효 투표율에 대한 언급을 하지 않고 있다. 즉 유효 투표율에 대한 제한 규정이 없는 것이다. 그렇기 때문에 때로는 재보궐선거시 유효 투표율이 10%에 머무는 곳이 있어도 개표가 이루어지고 당선인이 확정된다. 그러나 주민투표인 경우에는 이와는 다르다고 주장하는 학자들이 대부분이다. 주민투표는 주민들에게 큰 부담이나 영향을 주는 안건에 대한 정책 결정이기 때문에 일정 이상의 주민들이 참여해 주어야 한다는 것은 타당한 주장이라고 할 수 있다. 이러한 주장은 일반적인 견해로 받아들여져서 각국에서도 주민투표시 유효 투표율에 대한 규정을 제정해 운영하고 있다. 다만 투표율에 대해서는 국가마다 차이가 있을 뿐이다. 일본은 유권자 50% 이상이 투표를 하지 않으면 개표 작업을 하지 않고 있다. 2004년 1월 9일 가가와(香川) 현 고토나미(琴南) 마을 의회는 임시회에서 “고토나미 마을의 합병 의사를 묻는 주민투표조례의 제정”안을 다수의 찬성으로 가결했는데 여기서는 투표율이 50%에 미달한 경우는 개표하지 않는 것으로 정했다. 일본의 히로시마(廣島)를 비롯해 사가(佐賀) 현 등 대부분의 자치단체가 50%를 주민투표 성립 요건으로 하고 있다.[13] 우리 나라에서는 법정 유효 투표율을 보통 의사 결정과 마찬가지로 과반수로 하자는 주장과 현재와 같이 1/3 이상으로 하자는 안 두 개가 쟁점이 되어 왔다.

2) 법정 득표제의 운영

법정 득표제도는 최저 득표율을 말한다. 주민투표 가결 정족수를 제도화해 운영할 것인가에 대한 논쟁은 유효 투표율의 설정과 연관되어 줄곧 쟁점 사항

13) 정일섭, 앞의 책, p. 19.

이었다. 유효 득표제를 도입해야 한다는 주장의 논리는 현재와 같이 유효 투표율을 1/3 이상으로 정하면 이는 결국 1/3의 과반수인 16.666%, 즉 약 16.7%의 찬성만 얻으면 주민투표는 확정된다는 것이다. 여기서 과연 이 정도의 찬성으로 나타난 투표 결과를 전체 주민의 의사가 표현되었다고 간주할 수 있는가? 헌법 개정안에 대한 국민투표의 경우에도 국회의원 선거권자 과반수의 투표와 투표자 과반수의 찬성을 요하므로 최소한 전체 유권자의 25%의 찬성을 요구되는 것에 비하면 주민투표에서의 16.7%는 민주적 정당성을 담보하기엔 미흡하다. 여기선 다수결의 원칙이 단지 형식적으로만 가능할 뿐이어서, 다수의 지

〈표 6-2〉 최근 선거 투표율의 추이

(단위: %)

시도명	제2회 전국 동시지방선거 1998. 6. 4	第16대 국회 의원총선거 2000. 4. 13	제3회 전국 동시지방선거 2002. 6. 13	第16대 대통령 선거 2002. 12. 19	第17대 국회의원 선거 2004. 4. 15
합계	52.7	57.2	48.8	70.8	60.6
서울	46.9	54.3	45.7	71.4	62.2
부산	46.7	55.4	41.8	71.2	61.9
대구	46.8	53.5	41.5	71.1	59.3
인천	43.2	53.4	39.4	67.8	57.4
광주	45.1	54.0	42.4	78.1	60.2
대전	44.5	53.3	42.3	67.6	58.9
울산	57.6	59.1	52.3	70.0	62.0
경기	50.0	54.9	44.6	69.6	59.7
강원	64.3	62.9	59.0	68.4	59.7
충북	61.0	60.8	55.8	68.0	58.2
충남	59.5	60.1	56.1	66.0	56.0
전북	57.8	60.6	54.7	74.6	61.2
전남	68.2	66.8	65.6	76.4	63.4
경북	64.9	64.6	60.4	71.6	61.5
경남	61.1	60.6	56.2	72.4	62.3
제주	73.7	67.2	68.9	68.6	61.1

자료 : 중앙선거관리위원회, 2006.

배는 이론이 되어 버리고 소수의 지배가 현실이 되어 버린다. 그런 소수자 결정은 민주적 정당성을 결코 획득 · 요구할 수 없을 뿐더러, 자칫 '소수자의 제국주의'를 가능케 하여 행동하는 소수가 주민의 대의기관을 무력화시킬 수 있다는 것이다.[14)]

여기에 반해서 유효 득표제도를 운영해서는 안 된다는 주장도 만만치 않다. 이의 주장은 현실적인 자료에 근거하고 있다. <표 6-2>는 역대 선거에서의 투표율이다. 이 표에서 보는 바와 같이 갈수록 투표율이 낮아지고 있다. 벌써 지방선거는 50% 이내로 들어와 있다. 선출직 선거는 상대방이 있는 것이기 때문에 치열할 수밖에 없으며, 따라서 주민투표보다 관심을 갖는 주민들이 더욱 많아질 수밖에 없다. 그러나 주민투표는 그 결과가 당장 주민들에게 오는 것임에도 불구하고 영향의 범위가 불특정 다수이기 때문에 관심이 적어지는 것이다. 제주도 계층구조에 대한 주민투표는 제주도 역사를 바꾸어 놓는 것인데도 불구하고 투표율은 36%에 머물렀고, 청주와 청원도 겨우 3분의 1을 넘었다. 이렇게 주민투표율이 계속 하강하고 있는데 유효 득표율을 규정하게 되면 주민투표가 무산되는 일이 비일비재할 것이라는 주장이다.

이 조사에서 주민투표의 확정률에 대한 평가는 <표 6-3>과 같았다. 이 표에서 보는 바와 같이 주민투표 확정에 대한 평가는 현행과 같이 3분의 1 이상 투표에 과반수 찬성으로 하자는 의견이 55.8%로 가장 많고, 다음은 과반수 투표에 과반수 찬성 순이다. 따라서 현행의 제도에 대한 평가가 우수하지만 정족수에 대한 변화도 요구하고 있음을 알 수 있다.

투표 정족수에 대한 의견은 지역에 따라 유의미한 차이를 보이고 있다. 그 결과가 <표 6-4>이다. 현행 유지에 대해서는 제주 지역이 50.1%로 가장 낮고,

〈표 6-3〉 투표 확정률에 대한 평가

문항	투표 확정률에 대한 평가는 어떻습니까?			
답항	현행 유지	과반수 이상 투표, 과반수 이상 찬성	유효 투표수에 과반수 찬성	합 계
도수 (%)	679 (55.8)	405 (33.3)	132 (10.9)	1216 (100.0)

14) 김중권, 앞의 책, pp. 122-123.

다음은 방폐장, 청주·청원 순이다. 반면에 제주도는 주민투표의 정족수를 과반수 이상 투표에 과반수 이상 찬성으로 하자는 의견이 다른 지역보다 훨씬 높은 41.6%를 보이고 있다. 이것은 계층구조의 결과 실망감에서 나온 반응이라 할 수 있다.

〈표 6-4〉 지역별 투표 정족수에 대한 평가

문 항	투표 정족수에 대한 평가 도수(%)			
답항 / 지역	현행 유지	과반수 이상 투표, 과반수 이상 찬성	유효 투표수에 과반수 찬성	합계
제주 지역	183 (50.1)	152 (41.6)	30 (8.2)	365 (100.0)
청주·청원 지역	194 (59.5)	96 (29.4)	36 (11.0)	326 (100.0)
방폐장 지역	302 (57.5)	157 (29.9)	66 (12.6)	525 (100.0)
합 계	679 (55.8)	405 (33.3)	132 (10.9)	1216 (100.0)

4 개선 방안

투표율과 득표율은 구분해 고려할 수도 있지만 연계해 생각할 수 있다. 유효 투표율에 초점을 두면 유효 투표율만 넘으면 다수결, 또는 다득점에 의해서 결정하면 되기 때문에 유효 득표율은 의미가 크지 않다. 그러나 유효 득표제도는 투표율과 밀접하게 관련이 있다. 왜냐하면 투표율이 적으면 득표율이 적기 때문이다. 그래서 이 책에서는 유효 득표율과 유효 득표제를 동시에 고려하는 안을 제시하고자 한다.

우선은 유효 득표제를 도입하는 방안을 제시하고자 한다. 왜냐하면, 현재와 같이 1/3의 투표율을 법정 투표율로 정해서 과반수를 채택하게 된다면 위에서 지적한 바와 같이 소수자에 의한, 소수자를 위한 주민투표가 될 수밖에 없다. 가결 정족수율을 낮추게 되면 주민들에게 이로운 것이 아니라 소수자에게 이

롭다. 이렇게 소수자에 의해서 주민투표가 지배될 경우 우리 나라에서 가장 커다란 문제는 관변단체들이 주민투표를 주도하게 된다는 것이다. 현재 자치단체에서 재정적 지원을 받고 운영하는 단체들은 한 단체에서 보통 40개 전후가 된다. 이들이 자치단체장과 연계해서 주민투표를 주도하게 된다면 16.7% 찬성은 어렵지 않게 이루어질 것이다. 이에 반해서 자치단체가 지원해 주지 않는 단체들은 동원 능력이 약해서 주민투표를 주도하기가 매우 어렵게 될 수밖에 없기 때문에 관변단체들의 독주를 막을 방법이 요원하다. 이러한 의미에서 소수자의 지배를 방지하는 선 이상에서 유효 득표제를 도입하는 것이 바람직하다. 이에 대한 주장을 살펴보자.

크네메이어(Knemeyer) 주는 가결 정족수와 관련해 주민참여를 바탕으로 하여 실시되는 주민투표제도가 대도시에서 처음부터 공전되지 않도록 하기 위해서 주민 5만 명 미만인 게마인데는 최소한 유권자의 20%가, 주민 10만 미만인 게마인데선 최소한 유권자의 15%가, 주민 10만을 넘는 게마인데는 최소한 유권자의 10%가 동의(찬성)해야 하도록 되어 있다.[15] 반성훈은 현재 주민투표법에서 제시한 것처럼 최소 투표율은 1/3로 하되 주민투표 가결 정족수는 이의 2/3로 하여 적어도 22.3%에 달해야 주민투표안이 가결되는 것으로 하자는 안을 제시하고 있다.[16] 신봉기는 25%를 제안하고 있다. 우리 나라의 경우에는 15%에서 30% 사이에서 유연하게 적용할 필요가 있다고 생각한다.[17]

저자의 경우 광역시인 경우에는 3분의 1 투표율에 과반수인 16.67%, 500만에서 인구 300만 이상인 도시는 20%, 300만에서 100만 이상은 22%, 100만에서 50만 이상은 25%, 25만에서 10만 이상은 30%, 10만에서 5만은 33% 등의 식으로 인구와 지역 규모에 따라서 차등으로 제시하는 것이 바람직하다고 사료된다. 만약에 이러한 득표율을 얻지 못했을 경우에는 독일처럼 지방의회에서 결정하도록 하는 것이 바람직하다.

---

15) 김중권, 앞의 책, p. 123. 김중권은 여기서 크네메이어의 주장을 인용하는데, 그는 가결 정족수의 정도와 구속효 기간을 비례시켜 가령 가결 정족수가 30% 이상이면 3년의 구속효 기간을, 가결 정족수가 25% 이상이면 2년의 구속효 기간을, 가결 정족수가 25% 이하면 1년의 구속효 기간을 설정하는 것이 바람직하다고 했다. 독일 각주 법상의 법상황과 결부된 이 물음에 관해선 val. Knemeyer,a.a.O.S.113(115). 참조.

16) 반성훈, 앞의 논문, pp. 152-153.

17) 신봉기, "주민투표제의 실효성 확보를 위한 논의", 앞의 책 참조.

제 3 절 주민투표 결과에 대한 소송

1 서 언

주민투표의 소송은 권리구제에 대한 다툼이라고 할 수 있다. 권리구제의 대상자는 주민투표의 결과에 영향을 받거나 아니면 주민투표 과정에 직접적 참여자를 말한다. 바로 주민이 이에 속한다. 주민투표제도에서 주민을 소송 당사자로 선정하는 까닭도 주민투표제도의 중심은 주민이라는 것을 전제하고 있기 때문이다. 따라서 주민투표의 소송 과정도 주민들이 쉽게 구제받을 수 있도록 해야 한다. 이를 위해서 주민소송 과정이 절차상의 단순함, 비용의 최소화 등 행·재정 지원을 통해 행정이 아니라 주민들 편에서 설계되어야 한다. 그리고 주민투표 소송의 대상은 주민투표의 모든 과정이 포함되어야 한다. 주민투표의 청구에서부터 시작해 주민투표 확정과 그 결과의 집행까지 이루어져서 주민투표로 인한 권리구제의 범위를 확대해야 할 것이다. 이렇게 될 때 주민들은 주민투표 과정과 결과에서 행정조직으로부터 법률적 보호 속에 그 권리를 보장받을 수 있으며, 이것이야말로 직접민주주의를 활성화시키는 첩경 중에 하나인 것이다.

2 내 용

현행 주민투표제도는 여타의 투표와 같이 주민투표의 효력에 관해서 이의가 있는 경우에는 소송을 제기할 수 있도록 하고 있다.[18] 우선 주민들은 주민투표 소송을 하기 전에 주민투표권자 총수의 100분의 1 이상의 서명으로 주민투표 결과가 공표된 날부터 14일 이내에 관할 선거관리위원회 위원장을 피소청인으로 하여 시·군 및 자치구에 있어서는 특별시·광역시·도선거관리위원회에,

18) 주민투표법 제25조.

특별시·광역시 및 도에 있어서는 중앙선거관리위원회에 소청할 수 있다. 이 소청에 대한 결정에 관해 불복이 있는 소청인은 관할 선거관리위원회 위원장을 피고로 하여 그 결정서를 받은 날(결정서를 받지 못한 때에는 결정 기간이 종료된 날을 말한다)부터 10일 이내에 특별시·광역시 및 도에 있어서는 대법원에, 시·군 및 자치구에 있어서는 관할 고등법원에 소를 제기할 수 있다. 주민투표에 관한 소청 및 소송의 절차에 관해서는 이 법에 규정된 사항을 제외하고는 공직선거법 제219조[19] 내지 제229조[20]의 규정 중 지방자치단체의 장 및

19) 제219조(선거 소청) ① 지방의회 의원 및 지방자치단체의 장의 선거에 있어서 선거의 효력에 관하여 이의가 있는 선거인·정당(후보자를 추천한 정당에 한한다. 이하 이 조에서 같다) 또는 후보자는 선거일부터 14일 이내에 당해 선거구 선거관리위원회 위원장을 피소청인으로 하여 지역구시·도의원선거, 자치구·시·군의원선거 및 자치구·시·군의 장 선거에 있어서는 시·도선거관리위원회에, 시·도의원선거 및 시·도지사선거에 있어서는 중앙선거관리위원회에 소청할 수 있다. <개정 2002. 3. 7>
② 지방의회 의원 및 지방자치단체의 장의 선거에 있어서 당선의 효력에 관하여 이의가 있는 정당 또는 후보자는 당선인 결정일부터 14일 이내에 제52조(등록무효) 제1항·제2항 또는 제192조(피선거권 상실로 인한 당선무효 등) 제1항 내지 제3항의 사유에 해당함을 이유로 하는 때에는 당선인을, 제190조(지역구 지방의회의원 당선인의 결정·공고·통지) 내지 제191조(지방자치단체의 장의 당선인의 결정·공고·통지)의 규정에 의한 결정의 위법을 이유로 하는 때에는 당해 선거구 선거관리위원회 위원장을 각각 피소청인으로 하여 지역구시·도의원선거, 자치구·시·군의원선거 및 자치구·시·군의 장 선거에 있어서는 시·도선거관리위원회에, 시·도의원선거와 시·도지사선거에 있어서는 중앙선거관리위원회에 소청할 수 있다. <개정 2002. 3. 7, 2005. 8. 4>
③ 제1항 및 제2항의 규정에 의하여 피소청인으로 될 당해 선거구 선거관리위원회 위원장이 궐위된 때에는 당해 선거구 선거관리위원회 위원 전원을 피소청인으로 한다.
④ 제2항의 규정에 의하여 피소청인으로 될 당선인이 사퇴 또는 사망하거나 제192조 제2항의 규정에 의하여 당선의 효력이 상실되거나 같은 조 제3항의 규정에 의하여 당선이 무효로 된 때에는 당해 선거구 선거관리위원회 위원장을, 당해 선거구 선거관리위원회 위원장이 궐위된 때에는 당해 선거구 선거관리위원회 위원 전원을 피소청인으로 한다.
⑤ 제1항 및 제2항의 규정에 의한 소청은 서면으로 하여야 하되, 다음 각호의 사항을 기재한 후 기명·날인하여야 한다. 이 경우 소청장에는 당사자 수에 해당하는 부본을 첨부하여야 한다.
1. 소청인의 성명과 주소
2. 피소청인의 성명과 주소
3. 소청의 취지 및 이유
4. 소청의 대상이 되는 처분의 내용
5. 대리인 또는 선정 대표자가 있는 경우에는 그 성명과 주소
⑥ 제5항의 규정에 의한 소청장을 접수한 중앙선거관리위원회 또는 시·도선거관리위원회는 지체없이 소청장 부본을 당사자에게 송달하여야 한다.

의원에 관한 규정을 준용하도록 하고 있다.

지방자치단체의 장은 주민소송의 결과 주민투표의 전부 또는 일부 무효의 판결이 확정된 때에는 그 날부터 20일 이내에 무효로 된 투표구의 재투표를 실시해야 한다. 이 경우 투표일은 늦어도 투표일 전 7일까지 공고해야 한다. 재투표를 실시하는 때에는 그 판결에 특별한 명시가 없는 한 당초 투표에 사용된 투표인명부를 사용하도록 규정하고 있다.

혹시 천재·지변으로 인해 투표를 실시할 수 없거나 실시하지 못한 때에는 지방자치단체의 장은 관할 선거관리위원회와 협의해 투표를 연기하거나 다시 투표일을 지정해야 한다.[21]

3 쟁점 사항

주민투표의 소송에 대한 쟁점은 다음 세 가지로 나눌 수 있다.

1) 소송의 편리성 여부

전술한 바와 같이 주민이 중심이 되어 이루어지는 주민투표는 모든 과정이 주민에게 편리함이 우선되어야 한다. 주민소송도 마찬가지다. 그러나 현실은 그렇지 않은 것 같다. 주지하다시피 법률적 쟁송은 일반 국민에게는 매우 힘든 과정이다. 주민들이 스스로 비용을 부담해 거대한 행정조직과 다툰다는 것은 거의 불가능한 일이라고 할 수 있다. 물론 현행 주민투표제도는 이를 감안해 1단계로 소청을, 그리고난 후에 소송 단계를 거치도록 함으로써 주민들에게 좀 더 쉽게 소송 과정에 접근할 수 있도록 하고 있다. 그러나 소청 단계도 총 유권자의 1% 서명을 요구하는 등 그 과정이 주민들에게 불리하게 되어 있다. 따라

---

⑦ 제6항의 규정에 의하여 소청장 부본을 송달받은 피소청인은 중앙선거관리위원회 또는 시·도선거관리위원회가 지정한 기일까지 답변서를 제출하여야 한다. 이 경우 당사자·수에 상응하는 부본을 첨부하여야 하며, 답변서를 접수한 중앙선거관리위원회 또는 시·도선거관리위원회는 그 부본을 당사자에게 송달하여야 한다.

20) 제229조(인지 첩부에 관한 특례) 선거에 관한 소송에 있어서는 '민사소송 등 인지법'의 규정에 불구하고 소송서류에 첩부하여야 할 인지는 '민사소송 등 인지법'에 규정된 금액의 10배로 한다. <개정 2005. 8. 4>

21) 주민투표법 제26조 제3항.

서 이 과정이 주민들에게 편리함을 제공해 주는 방향으로 대폭 개선되어야 한다는 주장이다.

그러나 이에 대한 반론도 많다. 주민투표에 대한 소송이 편리하고 쉽게 이루어진다면 주민들이 이 제도를 남용하게 될 것이라는 점이다. 여러 단계를 거쳐 주민들이 결정한 주민투표 결과를 쉽게 거부하게 만드는 것은 주민투표 이후의 갈등을 증폭시키게 된다. 따라서 주민투표에 대한 소송이 신중하게 이루어질 수 있도록 하기 위해 그 과정을 어렵게 하는 것이 바람직하다는 것이다.

2) 주민투표 소송 대상에 대한 논쟁

주민투표 소송 대상에 대한 논쟁이란 주민투표의 과정과 결과 중에 어느 것에 초점을 둘 것인가에 대한 것이다. 현행 주민투표제도는 주민투표의 효력에 관한 것으로 되어 있다. 다시 말하면 주민투표의 과정에 대한 것은 주민투표 소송 대상에서 제외되고 있다고 해석할 수 있다. 그러나 주민투표 소송의 피청구인, 피고인이 주민투표의 관리 책임을 맡고 있는 관할 선거관리위원회인 점을 고려하면 주민투표 과정이 주민투표 소송에서 왜 제외되었느냐에 대해서는 논쟁의 여지가 많은 부분이다. 그리고 또 다른 논쟁점은 주민투표법에는 주민투표 소송 대상을 주민투표의 효력에 대해서라고 하고 있는데, 주지하다시피 우리 나라 주민투표는 자문적 주민투표이기 때문에 주민투표 효력만을 주민투표 소송 대상으로 한정하는 것은 역시 논란의 여지가 많다는 주장이다.

3) 피고소인의 범위

주민투표 소송에서의 피고인의 범위에 대한 것은 현재와 같이 관할 선거관리위원회만으로 한정할 것인가에 대한 것이다. 현저 주민투표 소송에서의 피고소인은 관할 선거관리위원회가 되고 있다. 관리의 주체인 관할 선거관리위원회가 피고소인이 되는 것은 당연하다. 그러나 이에 대한 반론은 이 범위를 넓혀야 한다는 것이다. 이들의 주장은 주민투표의 과정은 주민투표의 관리에 한정된 것이 아니기 때문에 그 범위를 넓혀야 한다는 것이다. 주민투표의 청구에서 발의 등도 주민투표에서 매우 중요한 과정이다. 주민투표의 청구와 발의에 관여하는 기관인 지방자치단체장과 지방의회도 주민투표 소송에서의 피고소인이 되어야 한다는 것이다.

4 개선 방안

상기 쟁점에 대해서 정리하면 다음과 같다.

첫째, 주민투표 소송에 대한 지원책이 마련되어야 한다는 것이다.

주민투표의 소송은 개인의 권리를 구제하는 것이 아니라 지방자치단체의 주민 또는 기관의 권리 구제에 관한 것이다. 따라서 지방자치단체가 주민투표 소송에 관련된 행·재정 지원을 해야 할 의무가 있다고 할 수 있다. 주민투표 소송 자체가 많은 시간과 비용이 소요되는 등 복잡한 절차이기 때문에 주민 스스로 주민소송을 추진한다는 것은 어려운 일 중 하나이다. 주민들이 주민투표 소송 비용 때문에 주민투표 소송을 포기하는 일은 없어야 한다. 따라서 우선 지방자치단체는 주민투표 소송에 소요되는 비용을 지원해 주어야 한다. 지방자치단체가 일체의 비용을 지원하지 못할망정 적어도 지방자치법 제13조의 5 제16항[22]처럼 승소했을 때 이에 대한 비용 지원이라도 해 주어야 한다.

둘째, 주민소송 대상은 확대되어야 한다.

현재와 같이 주민투표 소송 대상을 효력에 한정하지 않고 과정도 소송 대상에 포함되어야 한다. 주민투표가 항상 주민들의 요구에 의해서만 이루어지는 것은 아니다. 주민투표의 역기능에서 보는 바와 같이 때로는 자치단체장이 자신의 정책을 합리화하거나 정치적 목적을 위해서 주민투표를 하는 경우도 있을 수 있다는 것이다. 그리고 현재 주민투표심의위원회가 자치단체장의 주도로 운영되기 때문에 이 위원회의 권한 오·남용 여지도 충분하게 있을 수 있다. 따라서 주민투표의 소송 대상은 결과뿐만 아니라 과정까지 포함해야 한다.

셋째, 주민투표 소송의 피고소 범위와 기간을 확대해야 한다.

기술한 바와 같이 주민투표 소송 대상을 과정까지 넓힌다면 당연하게 피고

22) 지방자치법 제13조의 5 제16항: 소송을 제기한 주민은 승소(일부 승소를 포함한다)한 경우 당해 지방자치단체에 대해 변호사 보수 등의 소송비용, 감사청구 절차의 진행 등을 위하여 소요된 여비, 그 밖에 실비의 보상을 청구할 수 있다. 이 경우 당해 지방자치단체는 청구된 금액의 범위 안에서 당해 소송을 진행하는 데 객관적으로 소요된 것으로 인정되는 금액을 지급하여야 한다.

소인 대상 범위도 확대해야 한다. 주민투표의 청구와 발의에 관여한 기관도 피고소인에 해당되어야 바람직하다고 생각된다.

그리고 소청과 소송의 유효 기간도 확대해야 한다. 현재의 소청은 주민투표권자 총수의 100분의 1 이상의 서명으로 주민투표 결과가 공표된 날부터 14일 이내에 하도록 하고 있다. 그러나 100분의 1 이상 서명을 받는 일이 쉬운 일이 아닐 뿐만 아니라 이를 준비하는 시간도 많은 시일이 소요된다. 또한 소청 유효 기간 역시 짧다 하겠다. 소청에 대한 결정에 관해 불복이 있는 소청인은 관할 선거관리위원회 위원장을 피고로 하여 그 결정서를 받은 날(결정서를 받지 못한 때에는 결정 기간이 종료된 날을 말한다)부터 10일 이내에 소송을 제기하라는 것은 너무나 짧은 시간이다. 따라서 소청과 소송 기간을 30일 이내로 한정하는 것이 바람직하다고 사료된다.

제 4 절 벌 칙

1 서 언

선거는 나라와 지역에 따라서 다소 차이가 있지만 엄격한 원칙이 있다. 그 중에 가장 큰 원칙이 공정성이라고 할 수 있다. 공정성 확보는 투표 전 과정에서 적용된다. 선거는 대중들의 선택 과정이다. 때문에 선거에서 공정성이 훼손되면 대중의 의견은 공정하게 반영되는 것이 아니라 어느 한 곳의 의견만 반영되는 반(反)민주주의 제도가 되어 버린다. 선거의 한 유형인 주민투표도 마찬가지다. 주민투표도 공정성이 확보되지 않으면 소수 또는 다수의 횡포의 장이 되어 버릴 것이다.

벌칙은 바로 공정성을 확보하기 위한 제도적 장치를 말한다. 벌칙의 정도는 나라마다 큰 차이가 난다. 선거문화의 차이에 따라서 아주 엄격하기도 하고 유연하기도 하다. 우리 나라와 같이 부정선거 악몽이 심한 나라는 모든 선거에 관계된 벌칙은 매우 엄격하고 광범위하다. 우리 나라 주민투표법의 벌칙 조항이 매우 엄격한 이유도 바로 여기에 기인한다. 그러나 지나친 벌칙은 선거 자체의 본질을 훼손시킬 우려가 있다. 지나친 벌칙은 선거운동을 비롯한 모든 부분에서 위축을 가져와 주민투표의 의의를 살리지 못하는 우를 범할 수 있다. 현재 우리 나라 주민투표제도의 벌칙도 너무나 엄격해서 그러한 비난이 일고 있기도 하다. 주민투표의 활성화를 도모하면서 공정성을 최대한 살릴 수 있는 벌칙의 정도와 방법이 필요하다.

2 내 용

주민투표법은 벌칙에 대해서는 양형(量刑)을 중심으로 구분하고 있다.

1) 5년 이하의 징역 또는 3천만 원 이하의 벌금

다음에 해당하는 자는 5년 이하의 징역 또는 3천만 원 이하의 벌금을 처하도록 하고 있다.[23)]

가. 주민투표의 결과에 영향을 미치게 할 목적으로 투표인(투표인명부 작성 전에는 그 투표인명부에 오를 자격이 있는 자를 포함한다. 이하 이 조에서 같다)에게 금전·물품·향응, 그 밖의 재산상의 이익이나 공사의 직을 제공하거나 그 제공의 의사를 표시 또는 그 제공을 약속하거나 이러한 행위에 관하여 지시·권유·요구 또는 알선한 자

나. 투표인에 대해 폭행·협박 또는 불법으로 체포·감금하거나 부정한 방법으로 투표의 자유를 방해한 자

다. 법령에 의하지 아니하고 투표함을 열거나 투표함(빈 투표함을 포함한다) 또는 투표함 안의 투표지를 제거·파괴·훼손·은닉 또는 탈취한 자

라. 주민투표의 결과에 영향을 미칠 목적으로 허위 사실을 유포한 자

마. 직업·종교·교육 그 밖의 특수 관계 또는 지위를 이용하여 주민투표에 부당한 영향을 미친 자

---

23) 주민투표법 제28조.

2) 3년 이하의 징역 또는 1천만 원 이하의 벌금

다음에 해당하는 자는 3년 이하의 징역 또는 1천만 원 이하의 벌금에 처하도록 하고 있다.[24)]

가. 第28조 제1항 제1호에 규정된 이익이나 공사의 직을 제공받거나 그 제공의 의사 표시를 승낙한 자

나. 성명의 사칭, 신분증명서의 위·변조 그 밖의 부정한 방법으로 투표하거나 투표를 하려고 한 자

다. 주민투표에 관한 서명 요청 및 투표운동의 기회를 이용하여 특정 정당이나 공직선거 및 선거부정방지법의 규정에 의한 공직선거에 후보자가 되고자 하는 자를 지지·추천 또는 반대하거나 그 밖에 선거운동에 이르는 행위를 한 자

3) 1년 이하의 징역 또는 500만 원 이하의 벌금

다음에 해당하는 자는 1년 이하의 징역 또는 500간 원 이하의 벌금에 처하도록 하고 있다.[25)]

가. 제11조[26)]의 규정을 위반하여 서명 요청을 한 자

나. 제21조[27)]의 규정을 위반하여 투표운동을 한 자

---

24) 주민투표법 제29조.

25) 주민투표법 제30조.

26) 주민투표법 제11조(서명요청 활동의 제한) ① 지방자치단체의 관할구역의 전부 또는 일부에 대해 공직선거 및 선거부정방지법의 규정에 의한 선거가 실시되는 때에는 그 선거의 선거일 전 60일부터 선거일까지 그 선거구에서는 서명을 요청할 수 없다.
② 공무원(그 지방의회의 의원을 제외한다)은 청구인대표자가 될 수 없으며, 서명요청 활동을 하거나 서명요청 활동을 기획·주도하는 등 서명요청 활동에 관여할 수 없다.
③ 청구인대표자 및 그로부터 서명요청권을 위임받은 자가 아닌 자는 서명을 요청할 수 없다.

27) 주민투표법 제21조(투표운동 기간 및 투표운동을 할 수 없는 자) ① 투표운동은 주민투표 발의일부터 주민투표일의 전일까지에 한하여 이를 할 수 있다.
② 다음 각 호의 1에 해당하는 자는 투표운동을 할 수 없다.
1. 주민투표권이 없는 자
2. 공무원(그 지방의회의 의원을 제외한다.)
3. 각급 선거관리위원회의 위원
4. 방송법에 의한 방송사업(방송채널 사용사업은 보도에 관한 전문 편성을 행하는 방

다. 제22조[28]의 규정에 의한 투표운동의 제한을 위반하여 투표운동을 한 자

3 쟁점 사항

주민투표제도에 나타난 벌칙에 대한 쟁점은 대체로 다음 두 가지로 요약된다.

1) 벌칙의 과다

현재 주민투표제도에 규정된 벌칙은 매우 강한 편이라는 평가를 받고 있다. 주민투표법의 벌칙도 공직선거법에 못지않게 엄격한 처벌을 기본으로 한다. 공직선거법은 매수유도죄는 최고 1년 이상 10년 이하의 징역에 처하도록 하고 있는 등 고질적인 공직 선거문화를 혁신하기 위해 매우 엄격한 규정을 두고 있다. 특히, 공직선거법은 100만 원 이상 벌금만 받아도 5년 동안 공무담임권과 선거·피선거권까지도 박탈하는 등 초강수의 벌칙 규정을 두고 있다.

쟁점은 주민투표제도도 일반선거제도처럼 엄격한 처벌 규정을 두어야 하느냐는 점이다. 엄격한 규정을 두어야 한다는 주장은 언급한 바와 같이 선거문화를 쇄신해야 한다는 차원에서이다. 지금까지 우리 나라 선거문화는 금권(金權)

송채널 사용사업에 한한다)을 경영하거나 이에 상시 고용되어 편집·제작·취재·집필 또는 보도의 업무에 종사하는 자

5. 정기간행물의 등록 등에 관한 법률 제7조의 규정에 의하여 등록하여야 하는 정기간행물(분기별 1회 이하 발행되거나 학보 그 밖에 전문 분야에 관한 순수한 학술 및 정보지 등 정치에 관한 보도·논평 그 밖에 여론 형성의 목적 없이 발행되는 정기간행물을 제외한다)을 발행 또는 경영하거나 이에 상시 고용되어 편집·취재·집필 또는 보도의 업무에 종사하는 자

28) 주민투표법 제22조(투표운동의 제한) ① 누구든지 다음 각 호의 1에 해당하는 방법으로 투표운동을 하여서는 아니 된다.

1. 야간 호별 방문 및 야간 옥외집회
2. 투표운동을 목적으로 서명 또는 날인을 받는 행위
3. 공직선거 및 선거부정방지법 제80조의 규정에 의한 연설 금지 장소에서의 연설행위
4. 공직선거 및 선거부정방지법 제91조에서 정하는 확성 장치 및 자동차의 사용 제한에 관한 규정을 위반하는 행위

② 제1항 제1호의 규정에 의하여 야간 호별 방문 및 야간 옥외집회가 금지되는 시간은 그 지방자치단체의 조례로 정한다.

및 관권(官權) 선거 등 타락선거의 대명사라고 해도 과언이 아닐 정도로 매우 혼탁한 선거문화가 지속되어 왔다. 이를 일소시키기 위해서는 주민투표의 벌칙 조항을 일반선거를 규율하는 공직선거법과 마찬가지 수준으로 높여야 한다는 주장이다.

반면에 주민투표가 주민들이 자신들의 문제를 스스로 결정하는 것이기 때문에 지나친 벌칙 조항은 오히려 주민투표 선거를 기피하는 결과를 낳는다고 할 수 있다. 본 연구자가 주민투표 실시 지역을 현장조사하면서도 느낄 수 있는 것은 너무나 엄격한 조항 때문에 공무원을 비롯한 어느 주민들도 쉽게 주민투표 활동에 참여하는 것을 꺼려하고 있음을 알 수 있었다. 따라서 벌칙 조항을 완화함으로써 주민들이 주민투표 과정에 참여하는 것을 조장할 필요가 있다는 주장도 있다.

2) 벌칙의 형평성

벌칙의 형평성은 투표의 모든 과정에서 벌칙 규정을 두어야 하느냐의 여부이다. 현재는 특히 자치단체장이 선거에 대한 정보를 균등하게 제공할 의무가 있는데도 불구하고 이를 준수하지 않았을 때 벌칙을 주어야 한다는 주장이 있다. 이번 국회에 계류중인 주민투표법 개정안에 투표 안건의 내용은 객관성과 중립성을 유지해야 한다는 조항을 규정한 것도 지방자치단체장이 객관성과 중립성을 훼손할 우려가 많기 때문이다.[29] 그러나 이번 개정안 규정에도 정보 제공 과정에서 지방자치단체장의 객관성과 중립성을 훼손했을 때에 대한 규정은 제시하지 않고 있어 논란이 예상된다.

29) 주민투표법 개정안, 제4조(정보의 제공) ① 지방자치단체의 장과 선거관리위원회는 주민투표와 관련하여 주민투표의 투표 일시, 방법 및 투표 안건을 지방자치단체의 공보, 일간신문, 인터넷 등 다양한 수단을 통하여 주민들에게 널리 알려야 한다. 이 경우 주민들에게 알리는 투표 안건의 내용은 객관성과 중립성을 유지하여야 하며, 주민투표에 부쳐진 사항에 대해 찬성·지지 또는 반대 의견이 포함되거나 이를 권유·유도·홍보하는 내용이 들어가서는 아니 된다.

4 개선 방안

1) 벌칙의 유연성 필요

우리 나라와 같이 지방자치 역사가 일천한 곳은 주민들이 계속적인 학습 과정이 필요하다. 주민투표는 주민 학습 과정 중에 하나로서 주민들이 직접 지역의 문제를 결정하는 것이기 때문에 학습 과정 중에 가장 효과가 큰 학습 과정이라고 할 수 있다. 자신들이 안건을 선택하고 자신들이 결정하며, 이에 대한 책임도 자신들이 지는 주민투표제도야말로 가장 중요한 지방자치의 제도 중에 하나다. 따라서 벌칙도 주민들이 스스로 결정짓는 부분이 많도록 해야 한다. 법률에 의해서 벌칙의 강도와 유형을 전국적으로 획일하게 정할 것이 아니라 기본적인 것만 정하고 나머지는 조례로 선택할 수 있도록 유연성을 발휘할 필요가 있다.

2) 정보 제공의 불공정에 대한 벌칙 필요

정보 제공은 주민투표제도에서 중요한 요소 중에 하나다. 왜냐하면, 정보는 주민투표 안건에 대한 공정성을 확보하는 데 근간이 되기 때문이다. 지방자치단체장이 막강한 행·재정 능력으로 일방적인 정보를 제공한다면 주민투표제도는 지방자치단체장의 통치 수단으로 악용될 소지가 있다. 이미 실시된 주민투표 과정에서 보면 찬·반 단체들이 과장된 정보를 가지고 주민투표 안건을 왜곡시키는 예도 보았다. 이 또한 주민들로 하여금 안건에 대한 혼란을 가져와 주민투표의 목적을 살릴 수 없게 만들 수도 있었다. 따라서 정보 제공의 불공정에 대한 벌칙을 신설해야 한다.[30]

---

30) 이번 국회에 제출되어 있는 개정법률안에 따르면 제29조의 벌칙 조항에 벌칙 대상을 추가했다.
제29조의 4. 부정한 방법으로 주민투표 부재자 신고를 한 자, 5. 제21조의 2 제1항(지방자치단체의 장 등의 투표 안건에 대한 의견 발표)에 위반하여 주민투표 안건에 대한 의견을 발표한 자, 6. 제21조의 2 제3항(공무원 등 선거운동 제한자)에 위반하여 주민투표 안건에 대한 의견을 홍보 및 배포하거나 하게 한 자.

03

우리 나라 주민투표 사례 연구

제 7 장 제주도 주민투표 사례 -제주특별자치도 탄생의 주역*

제 1 절 개 요

1 현 황

2005년 7월 27일은 제주도에서 우리 나라 최초로 법률에 의한 주민투표가 실시된 날이다. 우리 나라 지방분권사에 큰 획을 긋는 사건이라는 것이 대체적인 의견이다. 주민들이 지방정책 과정에 주도적인 역할을 할 수 있다는 것을 보여 줌으로써 이제야 비로소 우리 나라도 제대로 된 지방자치를 실시하고 있다는 것을 주장해도 과언이 아니게 되었다.

주지하다시피 우리 나라는 중앙집권주의 역사가 개국의 역사만큼 긴 나라다. 이렇게 오랫동안 지속된 중앙집권 때문에 지방자치 실시 역사가 어느 정도 진행되고 있지만 중앙집권 중심의 국정 운영 방식은 쉽게 바꾸지 못하고 있는 것이다. 참여와 분권을 국정기조로 출발한 참여정부가 지방분권에 대한 많은 노력을 하고 있음에도 불구하고 아직도 조직과 인원, 재원과 기능의 70~80%가

---

* 제7장은 본인이 발표한 다음의 논문에서 일부 내용을 첨가한 것임.
양영철, "제주도 주민투표 사례에 관한 연구", 한국사회와 행정연구, 제16권 제3호, 2005.

중앙에 집중되어 있는 것이 현실이다. 중앙정부가 항상 지방을 선도하고 통치하는 것이 현재 우리 나라 통치구조의 고착된 모습인 것이다.[1)]

이러한 정치와 행정문화가 국민들이 지방분권을 강력하게 요구함에도 불구하고 여전히 중앙정부는 아직은 지방정부가 능력이 없다면서 분권에 인색하다. 이와 더불어 중앙정부와 지방정부는 아직은 주민 의식이 저급하기 때문에 주민들이 정책 과정에 참여하는 것은 시기상조라고 주장하면서 주민참여를 제도화하는 데 인색했던 것이다. 그 중에서도 주민들이 직접 정책 결정을 하는 주민투표제도에 대한 중앙정부와 지방정부의 암묵적 저항은 매우 거셌다. 그래서 1994년에 지방자치법을 개정해 주민투표제도에 대한 근거 조항을 삽입했지만 논의만 무성하다가 10년이 지난 2004년도에 들어와서야 주민투표법이 제정되면서 비로소 주민투표제도가 도입되었다. 이번 실시된 제주도 주민투표는 이러한 역사적 의미를 지닌 주민투표제도의 첫 집행이기 때문에 그 의의는 매우 크다. 더군다나 이번 제주도 주민투표는 계층구조의 개편, 즉 우리 나라 지방자치단체 기본 구조인 2단계 자치계층을 단일 계층으로 개편하는 문제이기 때문에 우리 나라 지방자치사에 큰 의미가 있는 주민투표라고 할 수 있다.

2 제주도 계층구조 개편에 대한 논의 과정

제주도는 1946년 전라남도에서 분리되면서 비로소 우리 나라 9도로 편입되어 광역자치단체로서의 지위를 갖게 된다. 이 당시에 제주도는 1도 2군(북제주군, 남제주군)으로 구성되었다. 이러다가 1955년에 북제주군에서 제주시가, 1981년에는 남제주군에서 서귀포시가 분리 승격되면서 제주특별자치도 이전의 체제는 1도·2시·2군으로 구축되어 있었다.

그러나 이 체제는 북제주군과 남제주군 지역 가운데 제주시와 서귀포시가 있음으로 인해서 구역이 양분되어 해당 지역 주민들이 많은 불편을 오랫동안 감수해야 했고, 이 이유로 인해 구역 개편에 대한 논의는 줄곧 제기되어 왔다. 1985년에 작성된 「특정지역제주도종합개발계획」에서는 이와 같은 비지화(飛地

1) 정부혁신지방분권위원회·한국지방행정연구원, "이제는 지방분권이다"(1)권·(2)권, 2003·2004 참조.

化)의 해결 방안으로서 북제주군과 남제주군을 폐지하고 동군과 서군으로 개편하는 방안을 제시하기도 했다.[2] 그 후로도 이 방안에 대해서 논의는 계속되었지만 실현은 되지 않은 미완의 숙제로 남았다. 이처럼 제주도의 행정 체제 개편에 대한 논의는 구역의 재편에 대한 것일 뿐 계층구조에 대한 논의는 한번도 이루어지지 못했다. 그러다가 1990년대 들어오면서 계층에 대한 논의가 제기되기 시작했고, 2000년대 들어서면서 본격화되었다고 할 수 있다.

1994년 「제주도종합개발계획」에서는 전국적·획일적 기준에서 벗어나 독자적인 제주개발 모델을 정립하고, 공공투자 및 개발사업 관리의 효율화, 지역이기주의의 폐단을 최소화하기 위해 광역행정 체제를 강화할 필요성을 제기했다.[3] 그러나 이 주장도 역시 1995년에 민선자치가 본격적으로 실시되면서 수면 아래로 가라앉아 버렸다.

계층구조 개편에 대한 본격적인 논의와 정책대안은 2000년부터이다. 제주도는 계속되는 경제 침체를 탈피하기 위해 제주 지역을 국제 수준으로 규제가 완화된 지역, 사람과 자본, 정보가 자유자재로 출입이 가능한 지역을 목표로 하는 국제자유도시로 지정해 줄 것을 정부에 요구했다. 제주도는 국제자유도시에 대한 용역을 호주의 '존스 랑 라살(Jones Lang LaSalle)'이라는 컨설팅 회사에 의뢰했다. 이 회사의 보고서는 국제자유도시를 위해서는 제주도는 국내 다른 지역과 차별화된 특별행정구역으로서의 지위를 부여받아야 하며, 또한 시·군을 폐지하여 행정시로 하는 단일 계층안을 제시하고 있다.[4] 이후 제주도는 단일 계층에 대한 논의의 불씨가 꺼지지 않도록 하기 위한 노력을 계속 경주해 왔고, 2003년에 국제자유도시특별법에 의한 국제자유도시 종합계획에서 장기적인 정책과제로 시·군을 폐지하는 단일 계층의 방향을 제시하고 있다. 당시의 지사였던 우근민 지사는 이를 추진하고자 각계각층의 인사로 구성된 제주도행정개혁추진위원회(이하 행개추)를 구성했다. 그리고 그는 단일 계층의 필요성을 이론적으로 강화하기 위해 산하 연구기관인 제주발전연구원과 한국지방행정연구원, 제주대학교 사회과학연구소에 용역을 의뢰했다. 이들 연구용역

2) 제주도, 특정지역 제주도종합개발계획, 1985 참조.
3) 제주도, 제주도종합개발계획, 1994 참조.
4) Jones Lang LaSalle, "제주도 국제자유도시 개발타당성 조사 및 기본계획", 2000, pp. 234-5.

팀은 점진안과 혁신안을 다음과 같이 제시했다.[5]

〈표 7-1〉 용역 결과

◇ 점진적 대안 : 현행 계층 체제 유지, 운영 시스템 개편(도↔시·군) ◇ 혁신적 대안 : 단일 광역 체제로 개편(제3안이 최적안으로 제시됨.) 1안) 특별자치도－4개 행정시군(제주, 서귀포, 동제주, 서제주)－읍면동 2안) 특별자치도－4개 행정시군(제주, 서귀포, 북제주, 남제주)－읍면동 3안) 특별자치도－2개 행정통합시(제주, 서귀포) 4안) 특별자치도－읍면동(시군 폐지) 5안) 특별자치도－4개 행정시군(읍면동 폐지)

제 2 절 주민투표의 추진 과정

1 주민투표의 추진 과정: 청구와 발의

상기 안을 추진하던 우근민 지사가 2004년 4월 대법원의 선거사범에 대한 재판에 의해서 낙마하고, 이 해 6월에 실시된 보궐선거에서 김태환 지사가 당선되었다. 김태환 지사는 전임 지사가 추진해 왔던 특별자치도를 선거공약으로 제시했기 때문에 계층구조의 개편에 대해서 자유로울 수가 없었다. 오랜 여론 수렴 후에 행개추에서 결정해 줄 것을 요구했다. 행개추에서는 점진안과 혁신안을 주민투표로 결정하되 상위 다섯 가지 혁신안 중에서 여론조사를 거쳐 단일혁신안으로 확정짓기로 했다(2004. 9. 20). 이에 대한 장점과 단점을 분석한 후에 단일혁신안 선정을 위한 도민 선호도 조사를 하여 가장 많이 선호하는 제3안인 제주시와 북제주군 통합, 서귀포시와 남제주군을 통합하는 1도 ·2행정시 체제를 혁신안으로 채택했다. 즉, 이번에 주민투표 대상이 된 혁신안은 현재

5) 제주발전연구원, "제주특별자치도 기본 방향 및 실천전략연구보고서", 2004.

의 4개 시·군을 2개의 통합 행정시(제주시+북제주군, 서귀포시+남제주군)로 개편하고 제주도 전체를 하나의 자치계층으로 단일화함으로써 시·군의회를 폐지하고, 행정시의 시장을 임명제로 하는 안이다(2005. 1). 점진안은 현행 체제를 그대로 유지하고 내부적으로만 기능을 재조정하는 방안을 말한다.

이어 행개추에서는 이를 주민투표에 부칠 것을 결의(2005. 3. 3)했고, 도민 홍보 기간을 2개월(2005. 3. 21~5. 21)까지로 정했다. 제주도는 홍보 기간에 혁신안과 점진안에 대한 도민 인지도가 50% 이상일 때까지 홍보를 계속한다는 방침을 세웠다. 이 기간 동안 세 차례에 걸쳐 도민 인지도 조사를 했다. 인지도 조사 결과 1차 때는 40.0%(2005. 3. 17), 2차 때는 47.7%(2005. 4. 9)였다. 3차 때가 되어서야 도민 인지도는 74.4%(2005. 5. 26)로 비로소 50%를 넘었다. 이에 행개추는 도지사에게 주민투표 실시를 건의했고(2005. 6. 4), 도지사는 제주도의회에 주민투표 실시에 대한 의견을 구해 동의를 얻었다(2005. 6. 7). 제주도는 이에 힘입어 행정자치부에 주민투표 실시를 건의했으며(2005. 6. 8), 행정자치부는 제주도지사에게 주민투표 실시를 요구했다(2005. 6. 21). 제주도지사는 주민투표 요구 사실을 공표하고 2005년 7월 27일을 주민투표일로 선포했다.

2 선거운동

선거운동은 찬성과 반대가 뚜렷하게 나뉘었다. 광역자치단체인 제주도는 찬성, 기초자치단체는 반대로 양극화되었다. 다만 북제주군 지역은 신철주 군수의 갑작스런 사망으로 군수 대행 체제이기 때문에 찬반에 대한 의견을 표명하지 않았다.

1) 찬성 측 운동

찬성 측은 제주특별자치도를 주장하고 있는 제주도와 혁신안 찬성 대표단체인 JCI KOREA 제주지구를 비롯한 일부 사회단체와 일부 종교단체였다. 찬성 측이 지금까지 혁신안을 채택해야 하는 당위성으로 행정비용 절감을 통한 지역경쟁력 강화, 행정 효율성 강화 및 지역 불균형 해소, 중앙정부 지원 강화, 공무원 능력 강화 등을 제시해 왔다. 혁신안 찬성 측은 우선 혁신안이 채택되면

사업예산의 규모가 커지고 대규모 투자사업이 가능해지며, 자치행정의 의사결정이 빨라지기 때문에 지역경쟁력이 강화된다고 주장한다. 또 혁신안이 지방정치 비용과 행정비용을 크게 절감시킬 수 있다고 강조한다. 전문가들의 연구 결과 혁신안이 채택되면 첫 해는 863억 원, 10년 후에는 매년 1,268억 원 등 매년 월드컵 경기장을 하나씩 지을 수 있는 비용이 절감되는 것으로 나타났다고 밝히고 있다.

또한 혁신안은 각종 공공 서비스를 경제적으로 공급할 수 있고 교통망, 택지 조성 등 도시기반 시설과 공공 서비스 시설을 균형 있게 적지에 배치, 행정효율성을 강화할 수 있다는 논리도 펴고 있다. 아울러 혁신안 찬성 측은 시·군 간 극심한 재정력 차이를 극복하고 균형 발전을 도모함으로써 지역 간 부익부 빈익빈 현상을 극복, 지역 불균형을 해소할 수 있다고 역설한다. 또한 행정구조 개편이 특별자치도의 전제 조건이 아니지만 혁신안이 채택되면 특별자치도를 추진할 때 중앙부처 및 정치권 설득의 명분을 확보함으로써 중앙정부의 적극적인 지원으로 제주국제자유도시와 특별자치도의 효율적 추진에 탄력을 받을 수 있다고 밝히고 있다. 이 밖에도 혁신안 찬성 측은 혁신안이 채택되면 도와 시·군 간 공무원의 인사 폭이 확대되어 개인별로 능력을 발휘할 수 있는 기회가 넓어진다고 주장하고 공무원 신분 보장으로 혁신안에 따른 공무원 감축은 없다고 말하고 있다.[6)]

찬성 측은 제주도가 중심이 되어 혁신안에 대한 홍보를 해 나갔다. 제주도는 주민투표법과 선거 관련법이 허용하는 한 최대한의 홍보를 해 나갔다. 제주도 공무원 교육원을 중심으로 한 특별자치도의 홍보를 비롯해 방송 토론과 각종 세미나, 그리고 홍보 책자를 등을 통해 혁신안의 장점을 홍보해 나갔다. 방송광고만 해도 1일 25회, 라디오 1일 112회를 통해 대대적인 홍보를 했으며, 이외에 각종 신문광고 등을 이용해 특별자치도의 홍보와 함께 주민투표에 대한 홍보를 겸해 나갔다. 홍보 현수막만 해도 읍·면·동·리 157개소에 부착했고 입간판만 해도 163개를 설치했다. 그리고 각종 홍보책자를 만들어서 도민에게 배포했다.[7)]

---

6) www.jejunews.com 제주일보, 2005년 7월 25일.

7) www.jejunews.com 2005년 4월 22일 기사 참조 "행정계층구조' 인지도 확산 주력 …2단계 설명회 돌입".

이러한 노력은 <표 7-2>에서 보는 바와 같이 지역 주민들이 도지사를 투표 결과에 가장 영향력 있는 사람으로 인식하게 했다.

〈표 7-2〉 주민투표에서 가장 영향력이 있는 사람

문항	주민투표에서 가장 영향력이 있었던 사람은 누구입니까?						
답항	도지사	시장, 군수	중앙정부	혁신안 지지단체	점진안 지지단체	지방의원	합계
도수 (%)	255 (70.4)	44 (12.2)	20 (5.5)	35 (9.7)	2 (0.6)	6 (1.7)	362 (100.0)

지역 주민들의 70.4%가 압도적으로 도지사를 영향력 있는 인물로 선택하고 있다. 따라서 제주도 주민투표에서 혁신안 채택은 김태환 도지사의 영향력을 확인하는 자리였다고 해도 과언이 아니다.

이러한 대대적인 제주도의 홍보에 대해서 기초자치단체와 일부 사회단체들은 이는 일방적으로 혁신안을 지지하는 것이라며 강력하게 반발했다.[8]

제주도는 행정계층구조 개편안에 대한 읍·면·동 설명회에 이어 21일부터 도민 인지도 확산을 위한 계층별·직능별 설명회에 들어갔다. 제주도는 이 날 오전 도농업기술원 대강당에서 열린 제주 화훼 경쟁력 강화 연찬회에서 행정계층 구조개편안 영상물을 상영하는 등 다음달 10일까지 2단계 설명회에 나선다고 밝혔다. 제주도는 우선 도내 6개 대학은 물론 보험설계사, 여성농업경영인, 여성지도자 등을 대상으로 한 워크숍 등을 활용해 대학생과 여성층의 인지도를 끌어올린다는 방침이다.

또 농·수·축협과 관광·위생업주, YMCA·JC·연청·라이온스, 초·중·고교장 등 90개 직능단체별로 행정계층 구조개편안에 대한 홍보에 나설 계획이다. 아울러 한국은행과 제주은행·KT 제주본부·제주지방 중소기업청·농협제주본부 등 도내 50여개 기관을 찾아 설명회를 추진키로 했다. 제주도는 2단계 설명회가 끝난 후 도민 1,500명을 대상으로 면접 여론조사를 실시, 결과를 토대로 주민투표 건의 여부를 결정할 예정이다.

8) www.jejunews.com. 2005년 3월 21일 기사 참조.

제주 지역 21개 시민사회단체 및 정당들이 21일부터 실시되는 제주도 행정계층 구조개편안에 대한 읍·면·동별 순회 설명회를 중단할 것을 요구하고 나섰다. 제주경제정의실천시민연합, 공무원노조 제주본부, 민주노동당 제주도당 등 도내 21개 시민사회단체 및 정당은 20일 제주도의 행정계층 구조개편 추진에 따른 공동 성명을 채택, 발표했다. 이들 단체는 성명서에서 "행정계층 구조개편은 제주의 미래가 걸린 중요 사안인 데도 2년 여간 논의 과정은 여론몰이 형식으로 진행되어 왔다"며 "현행 기초단체의 자치권을 인정하는 가운데 다양한 대안들이 도출될 수 있는데도 도당국은 '혁신안'만을 내세우며 이를 관철시키기 위해 모든 비용과 행정력을 동원해 왔다"고 주장했다. 이들 단체들은 "도 당국이 심지어 시청 앞에서는 사진에서 보는 바와 같이 어른은 물론이거니와 어린 아이들까지 물풍선으로 혁신안을 반대하는 놀이마당을 하고 있을 정도로 그 정도가 격렬해졌다.9)

짝퉁' 혁신안은 물풍선 폭탄으로

찬성 측으로서 가장 적극적인 기관은 제주도청 이외에는 정부라고 할 수 있다. 참여정부는 대통령자문위원회인 정부혁신지방분권위원회에 제주특별자치도특별위원회를 설치하고, 국무총리실 산하에 추진단, 행자부 산하에 실무단을 설치해 제주특별자치도 실현을 위해 총력을 기울였다. 이를 위해 대통령을 비롯한 국무총리, 정책실장, 정부혁신지방분권위원회 위원장, 행정자치부 장관 등은 기회가 있을 때마다 제주특별자치도에 대한 관심과 지지를 표명했으며, 제주를 직접 방문해 특강이나 기자회견 등을 통해 제주특별자치도에 대한 지지를 표명했다.10) 도민들은 이러한 지지 표명을 곧 참여정부는 혁신안을 지지하

설명회에 제출한 2개의 안은 주민자치와 행정의 효율성을 둘 다 만족시키지 못하는 최악의 안"이라며 "이 같은 상태에서 주민설명회와 주민투표가 강행된다면 심각한 도민 갈등과 분열을 불러올 것"이라고 말했다.

9) www.jejusori.net 2005년 7월 24일 기사.

10) www.jejusori.net 2005년 7월 20일 자료 참고.
참여정부 "우린, 혁신이 좋더라~~" 당정, 주민투표 앞뒤 제주도 '지원 사격'
정부인사 방문도 잇따라……투표 개입 논란

는 것으로 인식했다. 또한 이들이 주민투표의 결과에 관계 없이 제주특별자치도를 지지하겠다고 했지만 내부적으로는 혁신안이 통과되지 않으면 제주특별자치도는 추진이 어렵다는 것으로 합의된 상태였다.

이렇게 중앙정부의 직·간접 관여는 지역 주민들에게는 매우 불공정하게 비춰졌다. <표 7-3>에서 보는 바와 같이 지역 주민들이 주민투표 과정에서 가장 불공정한 기관으로 중앙정부를 꼽고 있는 것이 그 증표이다. 주민투표를 주도했던 도지사보다 불공정하게 보인 것은 주민투표 자체가 지역 주민들이 결정을 내리는 것인데 지역 주민이 아닌 외부기관이 관여한 것에 대해서 더욱 크게 불공정하다고 생각한 것 같다.

〈표 7-3〉 주민투표 과정에서 가장 불공정한 기관

문항	주민투표 과정에서 가장 불공정한 기관은 어느 곳입니까?							
답항	중앙정부	중앙선거 관리위원회	지방자치 단체장	도지사	찬성 단체	반대 단체	기타	합계
도수 (%)	122 (35.0)	35 (10.0)	59 (16.9)	91 (26.1)	16 (4.6)	9 (2.6)	17 (4.9)	349 (100.0)

정당 중에 열린우리당은 적극적으로 혁신안을 지지한 반면에[11] 한나라당은 소극적 지지였다고 할 수 있다.

사회단체로서는 JCI가 찬성 측 대표단체로 등록될 정도로 가장 열심히 혁신안을 지지했다. JCI는 각종 세미나와 현수막 부착 등을 통해서 혁신안의 정당

주민투표일이 목전에 다가오면서 주민투표를 발의한 제주도는 물론 중앙정부도 분주히 움직이고 있다. 주민투표가 발의된 이후 제주도 동향에 대해 일일보고를 받고 있는 참여정부의 윤성식 정부혁신지방분권위원장과 김병준 청와대 정책실장이 제주를 방문, 제주도에 대해 측면 지원을 하고 간 데 이어 22일에는 오영교 행자부 장관도 내려올 예정이다. 또 열린우리당도 중앙당 대변인 브리핑을 통해 사실상 혁신안을 지지하고 나서는 등 혁신안을 통과시키기 위한 참여정부의 '지원 사격'이 본격화되고 있다.

11) 열린우리당 전병헌 대변인은 20일 오전 확대간부회의 결과를 브리핑하면서 "27일 제주에서 실시되는 주민투표는 참여정부의 혁신 분권 과제로 의욕적으로 추진중인 제주특별자치도를 위해 사실상 첫발을 내딛는 것이다"며 "제주도민은 주민투표를 통해 도민의 결집된 역량을 중앙정부는 물론 다른 지역 주민에게 보여 줄 수 있는 좋은 기회"라고 말해 주민투표가 참여정부가 추진하는 특별자치도의 일환임을 공식적으로 밝혔다.

성을 주장해 나갔다.12) 이 밖에 제주도위생단체연합회, 한국불교태고종 제주교구 종무원(원장 도산 스님)도 지지 성명을 발표한 단체이다. 그러나 혁신안 지지층은 다만 공개적으로 지지 성명을 발표하지 않았을 뿐, 저변에 널리 깔려 있었다. 이들 단체는 노골적인 지지 성명 대신에 "세계화 흐름에 적극 동참하고 투표 결과에 승복하자"라는 식으로 간접적인 지지를 표명했다. 이들이 공개적으로 지지 성명을 보내지 못하는 가장 큰 이유는 혁신안에 대한 확고한 지식이나 소신이 없다고 하기보다는 기초자치단체장과 공무원들과의 관계 때문이라고 하는 것이 옳다. 이들 대부분은 도지사보다는 기초자치단체장과 접촉이 잦고 기초자치단체로부터 재정적 지원도 자주 받고 있기 때문에 노골적으로 기초자치단체가 지지하는 점진안을 반대하고 혁신안을 지지할 수 없다는 것이 중론이었다.13)

2) 반대 측 운동

반대운동의 대표적인 기관은 기초자치단체인 시·군일 수밖에 없다. 제주도내 시·군은 현재와 같이 혁신안이 채택된다면 역사적으로나 정치적·행정적으로 사라질 것이기 때문에 이들의 격렬한 반대는 예상했던 바이다. 그러나 기초자치단체의 반발이 예상보다 컸다는 것이 특별자치도를 추진했던 공무원들도 시인하는 사항일 정도로 매우 격렬했다. 시장과 군수, 그리고 시의회와 군의회 의장을 비롯한 의원들은 기회만 있으면 기자회견 등으로 혁신안을 반대했다.14) 이들의 주장은 특별자치도 자체를 반대하는 것이 아니라 기초자치단체를

12) 제주일보, 2005년 7월 21일.
혁신적 대안 찬성 대표단체인 JCI KOREA 제주지구는 22일부터 도내 모든 지역에서 동시다발적으로 혁신안 지지 가두방송을 실시하며 혁신안에 대한 도민들의 지지를 확산시켜 나갈 예정이다. 이 단체는 또 혁신안 지지 자원봉사자 20~25명을 동원, 집집마다 혁신안 지지 홍보물을 배포하고 전화 홍보활동도 대폭 강화해 나갈 방침이다.

13) 2005년 7월 20일 사회단체대표들과 면담에서.

14) www.jejusori.net 2005년 5월 12일.
행정계층 구조개편과 관련해 김태환 지사가 노골적으로 '혁신안'을 지지해 도내 시민사회단체가 반발하는 가운데 김영훈 시장을 비롯한 도내 4개 시장·군수들도 강력 반발하고 나섰다.
김영훈 제주시장은 12일 기자간담회를 갖고 "김태환 지사가 국제자유도시 추진을 빌미로 행정계층 구조개편 '혁신안'을 지지하고 나섰다"며 "특별자치도 추진과 계층 구조개편 문제는 별개인데도 불구하고 '혁신안'만 부각시키는 등 문제가 많다"고 불편한 심기

없애는 안 자체를 반대한다는 것을 명분삼아 "혁신안 반대, 점진안 찬성"에 총력을 기울였다. 도내 시·군은 자체 홍보안을 만들어서 혁신안의 문제점을 부각시킴과 동시에 점진안의 당위성, 특히 점진안이 특별자치도 추진에 전혀 장애 요인이 되지 않는다는 점을 강조했다.

이들이 치열한 노력은 <표 7-4>에서 보는 바와 같이 지역 주민들이 기초자치단체장을 이번 주민투표에서 두 번째로 영향력 있는 사람으로 인식하게 했다. 지역 주민 40% 이상이 기초자치단체장인 시장과 군수가 주민투표에서 두 번째 영향력이 있는 사람으로 꼽았고, 다음이 혁신안 지지단체, 중앙정부 순으로 인식하고 있다.

시·군은 도청이 각종 설명회의 이름을 붙여 혁신안을 설명하는 것에 대항해 자체 설명회를 가지기도 했다. 그러나 이러한 설명회는 도청만큼 조직적이지 못해서 큰 성과를 보지 못했다는 것이 중평이다. 공무원노조도 혁신안을 반대한 성명을 발표하기도 했다.

정당은 민주노동당이 유일하게 반대했다. 민주노동당은 각종 집회를 선도하면서 혁신안은 도지사에게 권한을 집중시켜 풀뿌리 민주주의의 산실인 지방자

〈표 7-4〉 주민투표 과정에서 두 번째 영향력 있는 사람

문항	주민투표에서 가장 영향력 있었던 두 번째 사람은 누구입니까?						
답항	도지사	시장, 군수	중앙정부	혁신안 지지단체	점진안 지지단체	지방의원	합계
도수 (%)	24 (7.0)	137 (40.1)	68 (19.9)	84 (24.6)	13 (3.8)	16 (4.7)	342 (100.0)

를 밝혔다.

김영훈 시장은 "제주도가 추진·밀어붙이려고 하는 '혁신안'은 혁신적인 대안이 아니"라며 "행정계층은 3단계 그대로 둔 채 시장·군수 임명제, 기초의회 폐지는 도지사의 권한만 강화하는 것으로 차라리 도청을 폐지하는 안을 내놓으라"고 불만을 토로했다.

김 시장은 "제주도가 주민투표를 하려고 한다면 '혁신안'이든 '점진안'이든 하나만 갖고 투표해야 한다"며 "자신들의 입장도 헷갈리는 마당에 도민들도 헷갈리게 만들고 있다"고 주장했다.

제주도시장·군수협의회 회장을 맡고 있는 김영훈 시장은 다음 주 초에 강상주 서귀포시장, 신철주 북제주군수, 강기권 남제주군수와 시장·군수 모임을 개최해 입장을 표명할 것이라고 밝혔다.

치에 커다란 저해 요인이 될 것이라고 강조하며 혁신안을 끝까지 반대했다. 제주도 내에선 국회의원이 4인이다. 도내 3개의 선거구에서는 모두 열린우리당이 당선되었다. 한 사람은 민주노동당 전국구로 당선된 현애자 의원이다. 이 4인의 국회의원 중 열린우리당 강창일, 김우남 의원은 혁신안 지지를 표명했고, 현애자 의원은 점진안 지지를 표명했다. 서귀포·남군이 지역구인 열린우리당 김재윤 의원은 어떠한 의견도 표명하지 않았다.

사회단체의 경우 대부분의 사회단체가 점진안 지지를 표명했다. 특히, 주민자치위원회를 비롯한 새마을지도자협의회 등 거의 모든 관변단체들은 점진안 지지를 선언했다.[15] 특히 산남 지역은 40여개의 단체들이 연합으로 대규모 집회를 열어 혁신안에 대한 강력한 저지운동을 벌여 나갔다.

관변사회단체가 아닌 일반 사회단체, 이른바 NGO들은 대부분이 혁신안 반대, 점진안 찬성 쪽이었다. 제주도 내 유명한 NGO는 연합으로 '올바른 제주도 행정계층 구조개편을 위한 도민준비위원회'를 구성해 대대적으로 혁신안을 반대했다.[16]

점진안 반대 대표단체는 제주참여환경연대(이하, "참여연대")라는 지방자치에 관한 NGO였다. 참여연대는 각종의 세미나를 주도했을 뿐만 아니라 방송토론 등 각종 토론에 점진안에 대한 찬성과 혁신안에 대한 문제점을 중심으로 설명회를 갖는 등 활발한 움직임을 보였다.

---

15) www.jejusori.net 2005년 7월 19일 기사.
제주시 주민자치위원회협의회(회장 박경영 연동주민자치위원장)는 19일 오전 11시 시청 목관아실에서 위원 200여명이 참석한 가운데 '7. 27 행정계층 구조개편 주민투표 점진안 지지 결의대회'를 개최했다.
박경영 주민자치협회장은 "풀뿌리 민주주의와 지방자치를 지키기 위해 제주시 주민자치위원회가 적극 나서기로 했다"며 "혁신안이 되지 않도록 모든 주민자치위가 발벗고 나서자"고 촉구했다.

16) www.jejusori.net 2005년 6월 13일 도내 9개 시민단체와 정당으로 구성된 '올바른 제주도 행정계층 구조개편을 위한 도민연대(준)는 13일 오전 10시 제주도의회 도민의 방에서 '혁신안 반대' 주민운동 선포 기자회견을 가졌다. 도민연대는 이날 기자회견에서 "특별자치도의 한 축인 '자치와 분권'을 꽃피우기 위해서라면 자치권을 폐지할 것이 아니라 그 권한을 주민들에게 더 많이 누릴 수 있도록 해야 한다"며 "하지만 김태환 도정은 행정의 효율성을 위해 참정권과 기초자치단체를 폐지하려는 '반자치, 반분권' 도발행위를 저지르고 있다"고 비판했다. 도민연대는 "김태환 도정이 사실상 추진하고 있는 이른바 '혁신안'은 법인격을 갖춘 기초자치단체를 제도 행정계층 구조개편 주민투표와 관련해 도내 시민사회단체들이 '풀뿌리 민주주의 수호'를 위해 '혁신안' 반대를 선포했다.

25일 오후 6시 지방자치 수호를 위한 범시민 결의대회 추진위원회(위원장 김상헌)가 주최한 '지방자치 수호를 위한 범시민 결의대회'가 서귀포시 관내 새마을지도자협의회 및 새마을부녀회를 비롯한 자생단체 및 사회단체 등 3,000여명이 참가한 가운데 제주월드컵경기장 광장에서 열렸다.[17]

3 주민투표의 일정

상기와 같이 제주도의 2005년도 한 해는 주민투표로 시작해서 주민투표로 끝났다고 할 정도로 제주도 주민투표는 우여곡절을 겪으면서 진행되었다. 지금까지 주민투표 일정을 정리해 보면 다음 <표 7-5>와 같다.

〈표 7-5〉 제주도 주민투표 주요 일지

일 정	주요 법정 사무	기 준 일
6. 8(수)	• 행정자치부 장관에게 주민투표 건의	
6. 21(화)	• 행정자치부 장관이 주민투표 실시 요구	요구 사실은 지체없이 공표
6. 30(목)	• 지방의회 의견 청취	공표일부터 30일 이내에
7. 1(금)	• 의견 청취 결과를 중앙기관장에게 통지	결정일로부터 7일 이내

17) 서귀포남제주신문, 2005년 7월 25일 기사.

일 정	주요 법정 사무	기 준 일
7. 2(토)	• 주민투표 요지 공표⇒선관위 통지 (지체없이)	지체없이
7. 5(화)	• 주민투표 발의 ⇒공표일로 7일 이내 투표일과 주민투표안 공고	발의일부터 20일~30일 범위 안에서 선관위와 협의해 투표일 결정
7. 5~7. 26	• 투표운동 기간	발의일부터 투표일 전일
7. 6(수)	• 주민투표 안에 대한 찬성·반대 대표단체 지정	발의일부터 2일까지
7. 8(금)	• 투표경비 선관위 납부	발의일부터 3일 이내
7. 9(토)	• 투표인명부 및 부재자신고인명부 등본 송부(전산자료[외국인은 엑셀자료] 복사본 포함)	투표인명부 작성 마감일까지
7. 9(토)	• 투표인명부 작성(투표구별 4통)	발의일로부터 5일
7. 9(토)	• 부재자신고 기간 및 부재자신고인명부 작성(2통)	발의일로부터 5일
7. 10(일)	• 부재자신고인명부 확정	부재자신고 기간 만료일 다음날
7. 11(월)	• 주민투표 공보 원고 제출 ⇒찬성, 반대운동 대표단체가 도선관위로	발의일 후 6일까지
7.10~7.12	• 투표인명부 열람·공람 및 이의 신청	투표인명부 작성 기간 만료일 다음날부터 3일간
7.10~7.22	• 주민투표 설명회·토론회 사회자 지정 • 주민투표 토론회 개최(4회) 일시, 장소 결정 공고	개최일 전 5일까지
7. 12일부터	• 주민투표 설명회·토론회 개최(4회)	발의일 후 7일부터 투표일 전 2일까지
7. 17(일)	• 투표소의 명칭과 소재지 공고	투표일 전 10일까지
7. 18(월)	• 부재자 투표용지 및 주민투표공보 발송	투표일 전 9일
7. 20(화)	• 선거인명부 확정	투표일 전 7일
7. 22(금)	• 투표안내문 및 주민투표공보 발송	투표인명부 확정일 후 2일까지
7. 24(일)	• 투개표 사무원 위촉, 공고 기한	투표일 전 3일까지
7. 27(수)	• 주민투표 실시	06:00~18:00
8월 이후	• 주민투표 결과(선관위) 단체장에게 통지 ⇒단체장은 지방의회, 중앙행정기관장에 통지	

제3절 주민투표에 영향을 미친 쟁점 사항

이번 주민투표에 영향을 미친 요소들은 무엇일까. 이에 대한 분석은 논자마다 다를 것이다. 정치와 행정적 요인에 의해서, 그리고 지역사회의 권력에 의해서 등 모두 분석이 가능한 부분이라 할 수 있다.

서술한 바와 같이 이번 주민투표 대상은 계층의 통합에 관한 사항이다. 계층통합은 구역의 통합과는 달리 우리 나라에서는 처음 실시하는 것이기 때문에 이에 대한 연구는 전무할 정도다. 다만 계층의 통합도 구역의 통합과 같이 행정의 효율성을 제공하기 위한 수단의 하나이기 때문에 통합하는 과정에서의 논의도 구역의 통합 과정에서 나타난 쟁점과 비슷하다 하겠다.

지금까지 구역의 통합 과정에서 쟁점이 되었던 변수들을 기존 연구에서 요약하면 다음과 같다(박성용, 2005).[18]

장인태(2003)[19]는 효율성, 통합성, 민주성, 형평성을, 박종관(2001)[20]은 효율성, 민주성, 통합성을, 조석주(2000)[21]는 통합성, 민주성, 효율성을, 부형근(1998)[22]은 주민 화합, 행정 부문, 재정 부문, 지역개발 부문을, 최락인(1998)[23]은 주민통합, 행정서비스, 재정, 지역개발을, 홍준현(1997)[24]은 통합 대상 지역의 적절성, 내부적 비용 절감 효과, 공공 서비스 공급의 효율성, 형평성을, 박성용(2005)[25]은 행정관리의 효율성, 참여행정의 실현, 서비스 공급의 공평성, 도시 경쟁력 강화를 들고 있다.

---

18) 박성용, "계층분석법(AHPO)에 의한 시·군 통합정책 성과평가지표의 우선순위 분석", 정책분석평가학회보, 제15권 제2호, 2005, pp. 4-25.
19) 장인태, "행정구역 통합의 성과 추이와 영향분석", 성균관대학교 대학원 박사학위 논문, 정부혁신지방분권위원회·한국지방행정연구원, 「이제는 지방분권시대(1), (2)」, 2003·2004.
20) 박종관, "시·군통합정책의 성과평가", 서울행정학회 발표논문집, 2001, pp. 53-101.
21) 조석주, "도·농보합 형태의 시 제도분석과 발전 방향", 한국지방행정연구원, 2000.
22) 부형근, "도농통합의 효과에 관한 연구", 건국대학교 대학원 박사학위 논문, 1998.
23) 최락인, "도·농 복합형 지방정부의 효과성에 관한 실증적 연구: 통합 여수시를 중심으로", 국민대학교 대학원 박사논문, 1998.
24) 홍준현, "시·군 통합에 의한 행정구역 개편의 효과분석", 한국사회와 행정연구 8(2), 관악행정학회, 1997, pp. 72-76.
25) 박성용, 앞의 책, pp. 4-25.

외국 학자들의 선행 연구를 보면 대부분 구역의 통합(consolidation)을 규모의 경제를 통해서 효율성을 증진시키기 위한 것이라는 관점에서 연구하고 있다.[26] 그러나 드물게는 부자인 지역과 가난한 지역이 통합함으로써 형평성(equity value)이 실현된다는 점을 구역 통합의 효과로 강조하는 학자[27]와 거버넌스 구축 차원에서 구역 통합의 효과를 주장하는 학자도 있다.[28]

이를 종합해 보면 대체적으로 효율성, 민주성, 형평성, 통합성이 구역 통・폐합시의 고려 변수로 되어 있음을 알 수 있다. 이번 제주도 주민투표에서도 이와 비슷한 논쟁이 재현되었다.

제주도 주민투표에서는 주민투표법에 따라 공개방송 토론을 4회에 걸쳐 했다. 제주도 선거관리위원회는 2005년 7월 9일 회의를 열어 토론의 주제를 ① 도지사 권한 강화, ② 지방자치제도의 후퇴, ③ 효율성과 민주성, ④ 분권과 균형 발전, ⑤ 재정 확보 등으로 결정했다. 이에 따라 각 방송사는 질문지 표를 만들고 점진안과 혁신안 각각 지지자 2명씩을 선정해 토론했다. 이 연구에서는 이러한 네 번의 토론방송을 요약한 내용을 분석했는데 주요 내용은 다음과 같다.[29] <표 7-6>에서 보는 바를 정리하면 투표 과정에서의 쟁점 사항은 ① 민주성 대 효율성, ② 위헌과 합헌의 대립, ③ 재정의 강화 대 약화, ④ 공무원 수의 증가 대 감소, ⑤ 지역간 불균형과 대립의 확산이다. 이 중에서도 제주도 주민투표는 구역이 아니라 기초자치단체를 폐지하는 것이기 때문에 민주성과 합헌성 시비가 구역 통합 때보다 훨씬 강하게 제기되었다는 점이 특징이라고 할

26) H. V. Savitch & Ronald K. Vogel, "Paths to New Regionalism", *State and Local Government Review*, 32(3)(Summer), 2000, p. 162; Roger B. Parks, & Ronald J. Oakerson, "Regionalism, Localism, and Metropolitan, Governance: Suggestions from the Research Program on Local Public Economies", *State and Local Government Review*, 32(3)(Summer), 2000, pp. 169-179.

27) David Rusk, *Cities without Suburbs*, 2d ed(Woodrow Wilson Center Press, 1994), p. 195; Mark S. Rosentraub, "City-County Consolidation and the Rebuilding of Image", *State and Local Government Review*, 32(3)(Summer), 2000.

28) Timothy D. Mead, "Governing Charltte-Mecklenburg", *State and Local Government Review*, 32(3), 2000, pp. 140-222; H. V. Savitch, & Ronald K. Vogel, "Metropolitan Consolidation versus Metropolitan Governance in Louisville", *State and Local Government Review*, 32(3)(Summer), 2000, pp. 183-190.

29) 이 내용 분석은 본 연구자가 도내 주요 일간지 3개와 인터넷을 통해 신문에서 지상 중계된 요약 내용을 중심으로 분석했다.

〈표 7-6〉 제주도 주민투표 공개방송 토론 내용 요약

TV토론 차수	점진안 주장 내용	혁신안 주장 내용	쟁점 사항
제1차 토론 7월 12일 KBS TV	-도지사 권한의 비대화 -지역 간 갈등 증폭 -공무원 감축 -계층보다 기능 재배분의 중요 -풀뿌리 민주주의 훼손	-도지사의 권한에 효율성 증진 -도의원 수의 증가로 도지사 권한 억제 가능 -효율성이 중요할 때 -잉여인력 재배치로 공무원 수 감축되지 않을 것	-효율성 -민주성 -지역 간 갈등 -공무원 감축
제2차 토론 7월 14일 SBS TV	-민주성 훼손 -현재와 같이 3계층(도, 행정시, 동)이 있기 때문에 효율성의 제고는 허상 -지역 간 인구 격차로 양극화 현상 가속 -도지사 권한 비대화로 주민통제 불가능 -지역의 고유성 상실	-국제자유도시 성공을 위해서는 효율성에 치중할 수 밖에 없음. -일선기관을 강화하면 민주성을 보충할 수 있음. -도지사의 강력한 조정만이 지역 간 불균형 발전을 시정할 수 있음. -혁신안을 선택해야 중앙정부가 특별자치도 추진에 명분	-민주성 -효율성 -지역 간 불균형과 갈등 -국제자유도시의 성공적 추진
제3차 토론 7월 20일 MBC TV	-사회 갈등만 증폭시키고 있음. -다른 자치기관에 대한 통합을 다른 자치단체가 논의하는 것은 위헌임. -참정권의 축소도 위헌 요소임. -도지사의 권한 비대로 통제 불가능 -기초자치단체 폐지로 국가로부터 재정이 감축될 것임.	-갈등은 선거 후에는 치유될 것임. -지금은 효율성이 더 중요한 시기 -도의회 권한 강화로 도지사에 대한 통제 가능함. -적어도 현 상태 재정 유지는 정부의 공약 사항임.	-위헌 -사회 갈등 -민주성 -효율성 -재정 감축 여부
제4차 토론 7월 22일 KC TV	-혁신안은 자치권을 빼앗는 것으로 자치정신에 커다란 위배 -기초자치단체 때문에 국제자유도시 추진 실패는 허구임. -현재 2자치계층이 그대로 존재하기 때문에 비효율성은 그대로임. -산남과 산북 간의 지역간 불균형은 더욱 심화될 것임. -현재 단일 계층은 정부가 추진하고자 하는 전국 60개 자치계층으로 개편하려는 계획의 일환일 뿐임. -자치계층의 폐지로 재정 감축이 불가피함. -공무원 수의 감축 불가피	-민주성은 도의원의 증가, 민주통제의 장치 제도화로 보장됨. -광역적 처리로 효율성 제고 -도지사의 막강한 권한만이 지역 간 불균형을 시정할 수 있음. -재정 규모의 유지 또는 증가는 정부의 약속 사항임. -국제자유도시의 추진을 위해서는 자율성이 필요함. -현재의 점진안 주장은 기초자치단체의 정치인들의 이기주의 소산 -공무원 수는 증가할 것임.	-민주성 -효율성 -지역 간 대립 -재정 감축 여부 -공무원 감축 여부

수 있다.

이 연구에서는 이를 중심으로 쟁점 사항의 내용을 살펴보고자 한다.

1 민주성 대 효율성

계층의 통합에서 가장 뜨거운 논쟁은 민주성과 효율성이다. 계층의 통합을 주장하는 정치인과 학자들은 통합으로 인해 의사 결정의 단축뿐만 아니라 기구와 인원의 감축으로 효율성을 제고시킬 수 있다고 주장한다.

이번 제주도의 계층 구조에 대한 논의에서도 이 주장은 가장 중요한 장점으로 제시되었다. 충북대 최영출 교수에게 의뢰해 용역한 연구 결과에 의하면 제주도는 다음과 같은 편익이 발생하기 때문에 단일 계층으로 해야 한다는 것이다. 이러한 주장은 제주도에서 제시한 혁신안의 장점에서도 잘 나타나고 있다.[30]

<표 7-7>에서 보는 바와 같이 2007년도에는 1,024억 원의 순편익이 발생되어 이로 인해 생산 유발 1,375억 원, 고용 유발 2,078명, 그리고 소득 유발이 1,671억 원이 발생할 것으로 추정되고 있다. 이러한 현상은 계속되어 2007년부터 2016년까지 계층구조 변경으로 인한 생산 유발 효과는 총 1조 3,352억 원, 고용 유발이 20,174명, 그리고 소득 유발이 1조 6,223억 원으로 추정된다는 것이다.

이와같이 통합을 통해 과다한 계층과 구역으로 인한 문제를 풀 수 있는 효과는 충분하다고 주장하는 통합론의 학자들도 많다.[31]

이에 대한 반격은 두 가지이다. 하나는 통합으로 인해 비용효과가 나타나지 않거나 매우 미미하기 때문에 통합보다는 정부를 나누어서 경쟁시키는 것이

---

30) 최영출, "제주도 계층구조 변화의 영향분석", 분권정책의 과제와 대안 모색, 2004년 하계 세미나 자료집, 서울행정학회.

31) Joseph F. Zimmerman, "Metropolitan Reform in the U.S.", *Public Administration*, 1970; Committee for Economic Development, "Reshaping Government in Metropolitan Areas", New York: Auther Press, 1970; Paul H. Friesem, "The Metropolis and the Maze of Local Government", *Urban Affairs Quarterly* 2 (December), 1966, pp. 69-9.

〈표 7-7〉 추정된 비용과 편익의 발생 기간

(단위: 억 원)

구 분		2007	2008	2009	2010	2011	2012	2013	2014	2015	2016
편익	인건비 절감	36	72	108	144	180	216	252	288	324	360
편익	경상비 절감	333	333	333	333	333	333	333	333	333	333
편익	선거비 절감	7.6				7.6				7.6	
편익	중복시설비 절감	526.2	526.2	526.2	526.2	526.2					
편익	중복사업비 절감	154.7	154.7	154.7	154.7	154.7	154.7	154.7	154.7	154.7	154.7
편익	특별교부금	20									
편익	행정처리 단축	56.5	56.5	56.5	56.5	56.5	56.5	56.5	56.5	56.5	56.5
편익	편익 합계	1,134	1,142.4	1,178.4	1,214.4	1,258	760.2	796.2	832.2	875.8	904.2
비용	조례 정비	1.65									
비용	문서 정비	82.5									
비용	구역홍보	5									
비용	도로표지 교체	10.8									
비용	조직진단	10									
비용	비용 합계	109.95									
편익-비용		1,024.05	1,142.4	1,178.4	1,214.4	1,258	760.2	796.2	832.2	875.5	904.2
	생산 유발	1375.921	1527.479	1575.614	1623.749	1682.045	1016.447	1064.582	1112.717	1170.613	1208.987
	고용(명)	2078	2307	2380	2452	2540	1535	1608	1680	1768	1826
	소득 유발	1671.482	1855.596	1914.070	1972.545	2043.364	1234.790	1293.265	1351.739	1422.071	1468.689

주 : 순편익이 사회간접자본 등 주로 건설 부문에 투자된다고 가정함.

훨씬 효과가 있다는 것이다. 이에 대한 주장은 1995년부터 시작한 도·농 통합에 대한 연구 결과에서도 잘 나타나고 있다.

우리 나라에서 가장 최대로 구역을 개편한 도·농통합시의 경우에 대한 조사 결과에 의하면 통합이 결코 비용 절감을 가져오지 않는다는 것이다.32) 미국의

32) 홍준현, “시·군 통합에 의한 행정구역 개편의 효과분석”, 한국사회와 행정연구 8(2), 관

조사에도 이러한 결과가 나왔다. 비용은 통합에 의해서 결정되는 것이 아니라는 것이다. 통합의 결과 오히려 비용이 증가된 경우도 많으며, 조직이 축소되지도 않았고, 통합된 이후에 공무원들의 사기가 떨어져서 오히려 생산성이 줄어들었다는 결과가 심심치 않게 나오고 있다.[33] 또한 공공선택론자들은 단일정부만 있어서 안 되는 이유로 독점(mono-government)에 의한 비효율성을 들고 있다.[34]

둘째는 지방자치를 하는 가장 큰 이유는 풀뿌리 민주주의이기 때문에 이를 훼손하는 것은 어떠한 편익으로도 보상할 수 없다는 것이다.

현재 제주도가 추진하고 있는 특별도로의 단일 계층제가 채택된다면 그 자체가 기초와 광역을 동시에 겸하게 된다. 그러나 주민통제와 주민접근성 면적은 1,845㎢, 인구는 54만 명으로 늘어난다. 제주도가 추정한 바대로 앞으로 국제자유도시가 추진된다면 인구의 증가가 급증할 것이기 때문에 인구 규모가 커질 것은 명약관화하다. 그렇게 되면 통솔의 규모는 더욱 확대되어 주민통제와 주민접근성은 더욱 어려워질 것이다. 다시 말하면 자치의 의미가 사라질 것이다. 주민들과 직접 접하는 행정시는 행정기관으로 전락하기 때문에 과거 관치(官治)처럼 주민에 대한 대응성보다 임명권자인 도지사에 대한 충성으로 일관될 것이라는 주장이다.[35]

악행정학회, 1997, pp. 72-76; 이시원 · 민병익, "시 · 군통합에 따른 행정구역 개편의 효율성 분석", 한국행정학회, 부산경남울산제주행정학회 합동세미나 자료집, 2001, pp. 179-199: 배인명 외, "시 · 군통합정책의 성과평과: 행정구역 개편 쟁점과 평가", 서울행정학회 세미나자료집, 2001, pp. 53-101; 한국행정연구원, "시 · 군 통합에 의한 지방행정구역 개편의 영향 평가", 1997.

33) Dan Durning, "Patricia Dautel Nobble, Post-Transition Employee Perspectives of City-County Unification: The case of Athens-Clarke county", *State and Local Government Review*, 32(3)(Summer), 2000, pp. 140-222.

34) Roger B, Parks, & Ronald L. Oakerson, Rgionalsm, Localism, and Metropolitan, Governance: Suggestions from the Research Program on Local Public Economies, *State and Local Government Review*, Vol.32(3), Summer, 2000, pp. 169-179 참조. Tiebout Charles, "A pure theory of local government expenditures", *Journal of Political Economy*, 44(October), 1956, pp. 416-424; R. L. Bish & Vincent Ostrom, *Understanding Urban Government*(Washington, D. C., American Enterprise Institute for Public Policy Research, 1973).

35) 양영철, "제주특별자치도의 좌표 및 사무, 분권정책의 과제와 대안 모색", 서울행정학회 2004년 하계세미나, 2004, pp. 197-216; 오재일, "참여정부의 지방분권화 정책과 지역사회의 대응", 한국지방자치학회보 17(2), 2005, pp. 13-14.

2 위헌론 대 합헌론

이번 제주도 주민 투표 과정에서 가장 첨예하게 대립되었던 것은 지방자치단체의 계층을 단일화하는 것이 위헌이냐 아니냐와 자치단체의 폐치·분합의 발의 권한은 누구에게 있느냐 하는 것이다. 이를 위헌과 위법으로 간주해 기초자치단체장들은 2005년 7월 8일 행정계층 구조개편 주민투표 실시와 관련해 헌법재판소에 권한쟁의심판을 청구했다. 권한쟁의심판 청구 취지는 행자부 장관이 제주도지사에 대해 주민투표 실시를 요구(6월 21일)한 행위와 제주도지사의 주민투표 공표 및 발의(7월 5일)가 헌법 제117조 제1항, 지방자치법 제2조 제1항 및 동법 제10조 제1항에 의해 부여된 4개 시·군의 기초지방자치단체 폐치는 위헌과 위법이며 또한 이에 대한 발의 권한도 도지사나 행정자치부 장관의 권한과는 아무런 관계가 없다는 주장이다. 반면에 제주도나 행정자치부는 결코 위헌이나 위법이 아니며 사전에 충분하게 이 부분을 검토했기 때문에 아무런 문제가 없다고 주장했다. 제주도와 행정자치부는 이번 주민투표는 법적인 구속력을 갖는 것이 아니라 정책 결정을 하기 위한 것이기 때문에 권한 쟁의심판이 받아들여지더라도 주민투표 행위 자체를 무효로 하는 것은 아니며 다만 주민투표 결과를 토대로 정책 결정만 하지 못할 뿐이라는 것이다.[36]

이에 대한 논쟁은 법률 전문가 사이에서도 뜨겁게 이루어졌다. 윤양수 교수(제주대학교 법학과, 행정법 및 지방자치법 전공)는 이번 주민투표는 다음과 같은 점에서 위헌이라는 것이다.[37]

첫째, 이번 주민투표의 대상은 기초자치단체를 폐지하는 것이기 때문에 이것은 지방자치법 제4조에 의거 해당 지방자치단체의 권한이다. 따라서 이번 주민투표의 절차는 도지사가 아니라 해당 기초자치단체의 장이 행자부 장관에게

---

36) 제주일보, 2005년 7월 9일과 12일 참조.

37) 제주의 소리, 6월 2일에서 윤양수 교수가 주장하는 내용을 전문으로 게재했다. 한편 윤 교수는 이 내용을 올바른 행정계층 구조개편을 위한 도민연대(준)가 마련한 '행정계층 구조개편 주민투표 무엇이 문제인가' 공개 토론에 기조 발제자로 나서서 이 같은 문제점을 제기했다.

주민투표를 요구해야 하는 것이기 때문에 위법이라는 주장이다. 특히 주민투표 제7조에 의하면 다른 자치기관의 권한과 사무에 대한 사항은 주민투표 대상이 아니라는 규정이 있기 때문에 제주도지사는 다른 자치기관인 기초자치단체의 권한과 사무를 폐지하는 사항을 주민투표 대상으로 삼을 수 없다는 주장이다.

둘째, 만약에 이번 제주도에서 기초자치단체가 폐지되면 제주도민들은 다른 자치단체의 주민과는 달리 기초자치단체 의원과 장에 대한 선거권과 피선거권이 사라지게 된다. 이는 참정권의 불평등을 가져오기 때문에 참정권을 국민의 기본권으로 보장하고 있는 우리 나라 헌법 제24조, 제25조에 반하며, 특히 이러한 국민기본권인 참정권은 주민투표로 폐지될 수 있는 사항이 아니라는 것이다.[38]

이에 반해 김승석 변호사는 이번 실시하는 주민투표는 결코 위헌이 될 수 없다는 주장을 펴고 있다. 그는 다음과 같은 이유로 위헌이나 위법이 아니라고 주장하고 있다.[39]

첫째, 이번 주민투표 과정에서 제주도지사의 역할은 심부름꾼에 불과하다는 것이다.

제주도지사는 주민투표법(제8조)에 의거하여 행정자치부 장관에게 주민투표를 건의해 그 지시를 받아서 주민투표를 실시하고, 그 결과를 보고하는 종(從)의 관계에 불과하기 때문에 제주도지사를 상대로 권한쟁의 심판을 요청한 것은 잘못이라는 것이다

둘째, 당사자가 아니라는 것이다.

헌법재판소법 제61조 제1항에는 국가기관과 지방자치단체 간 및 지방자치단체 상호간에 권한의 존부 또는 범위에 관해 다툼이 있을 때에는 당해 국가기관 또는 지방자치단체는 헌법재판소에 권한쟁의심판을 청구할 수 있다고 규정하고 있다. 주민투표법에 의해 제주시·서귀포시·남제주군 등 자치단체는 주민투표 실시 권한을 갖지 않으므로 권한쟁의헌법심판을 제기할 자격이 없다. 즉, 주민투표 실시 권한이 시장, 군수에게 귀속된다는 것이 옳다면, 시장, 군수가 권한쟁의헌법심판의 적극 당사자가 되어야 하는데 앞에서 언급한 바와 같이

38) 윤교수는 김승석 변호사의 6월 6일자 「제주의 소리」에 실은 반론에 대한 재반론을 「제주의 소리」 6월 9일에 게재했다. 헌재 판결: 1992. 4. 28, 90헌바 24 참조.

39) 제주의 소리, 6월 6일에서 윤양수 교수의 의견에 대한 반론을 실었다.

권한쟁의헌법심판의 대상은 국가기관과 지방자치단체, 지방자치단체 상호간의 권한 존부 또는 범위에 관한 것에 한정되어 있으므로 시장, 군수는 자기의 권한이 침해되었다는 이유로 권한쟁의헌법심판을 제기할 수 없다고 본다.[40)]

이 밖에도 김 변호사는 현재 제주도 계층의 변경에 대해 아무런 정책이나 법률이 만들어진 것이 없기 때문에 헌재의 심판 대상이 없어서 현실성이 결여되었다고 주장하고 있다.[41)] 이 논쟁은 2006년 4월 27일 헌법재판소 전원재판부(주심 이공현 재판관)가 김영훈 제주시장 등 자치단체장 3명과 시민단체 대표 등 28명이 행자부 장관을 상대로 낸 '제주도특별자치도특별법'과 '행정개편특별법'에 대한 헌법소원을 재판관 전원일치 의견으로 기각함으로써 일단락되었다.[42)]

3 재정 등 지원의 강화론 대 약화론

재정에 대한 논쟁도 이번 주민투표 과정에서 주요 어젠다였다. 통합함으로써 제주도의 재정은 줄어들 것이라는 주장과 결코 그렇지 않을 것이라는 주장이다. 부정적인 주장을 하는 이들은 다음과 같은 이유에서 재정 지원 등의 감소를 주장한다.

첫째, 교부금이 줄어들 것이라는 주장이다.

현재 지방교부금은 각 자치단체의 인구, 면적, 규모에 따라 지급되고 있다. 이 방식에 의하면 총 교부금은 각 기초자치단체의 인구와 이를 합한 광역자치단체 인구를 두 번 계산해서 산정한다는 것이다. 이 규정에 의해서 제주도의 교부금은 제주도 내 4개 기초 자치단체 인구와 제주도 총 인구가 계산되었다. 그런데 단일 계층이 되면 이중 계산은 사라지게 되어 교부금 금액이 절대적으로 줄어들 것이라는 것이다.[43)]

40) 제주의 소리, 2005년 7월 18일.
41) 제주의 소리, 동년 7월 18일에서 윤양수 교수의 재반론에 대한 재반론을 게재했다.
42) 제주의 소리, 2006. 4. 27. "시 · 군폐지 행정개편 헌법소원 '기각' 헌재, 특별법 소원 재판관 전원일치 기각 결정 지자체 설치 · 폐지 국회의 권한 · 청문권도 침해되지 않아", 이 기사에는 헌재에서의 기각 내용에 대해서도 자세하게 적혀 있다.
43) 강상주(http://lofin.mogaha.go.kr/).

둘째, 중앙예산 절충 능력의 감소 때문에 예산이 축소될 수밖에 없다는 것이다.

현재는 4개의 자치단체장이 중앙 절충을 위해서 열심히 노력하고 있지만 앞으로는 도지사 혼자서 중앙 절충을 해야 하기 때문에 예산 절충에서 한계를 보일 수밖에 없다는 것이다. 이에 대한 증거로 과거 도·농 통합을 한 후에 예산은 증가되지 않고 오히려 축소되었다는 연구 결과를 내놓으면서 혁신안의 단점을 부각시키고 있다.

이에 대해서 혁신안을 주장하는 측의 반박도 만만치 않다.

첫째, 교부금은 결코 줄어들지 않도록 제도적 장치를 하면 된다는 것이다.

행자부 장관도 보조금이나 교부금은 현재 수준 이상을 보장하면 했지 결코 줄어들지는 않을 것이라는 기자회견을 할 정도로 예산 축소의 가능성을 강력하게 배제하고 있다. 도·농 통합인 경우에도 일정 기간(5년)은 과거 두 자치단체가 있는 것을 가정해 교부금을 준 사례를 제시하고 있다. 따라서 제주도인 경우에도 기초자치단체가 폐지되더라도 기초자치단체 4개가 존재하는 것과 같이 생각해 보조금과 교부금을 교부할 예정이기 때문에 제주도민들은 걱정할 필요가 없다는 것이다.

둘째, 참여정부가 계층의 단일화를 적극적으로 추진하기 때문에 결코 줄어들지 않을 것이라는 정치적 보장은 분명하게 할 것이라는 점을 주장하고 있다. 현재 제주도에서는 제주특별자치도특별법에 이 부분에 대해서 법정화해 주도록 요구하고 있다. 이에 대해 정부는 균특회계에서 제주 계정을 신설했다.

4 공무원 수의 감소 대 증대

행정계층이 축소되면 기구가 축소되고, 이어서 공무원 감축으로 이어질 것이냐에 대한 논쟁도 이번 주민투표 기간에 큰 쟁점거리였다. 제주도가 제주발전연구원에 의뢰한 연구 용역의 결과에 의하면 공무원의 수는 <표 7-8>과 같이 815명이 감축된다고 한다. 이를 두고 점진안을 지지하는 단체와 사람들은 혁신안이 공무원 사회를 불안하게 할 가능성이 매우 농후하다고 주장한다. 특히, 제주도와 같이 공무원 사회만큼 큰 고용시장이 없기 때문에 이에 대한 불안은 곧 제주지역 사회의 노동시장을 불안하게 하는 요인으로 작용할 것이라고 주장하

고 있다.[44]

반면에 제주도와 행정자치부는 인원은 오히려 증가될 것이라고 주장한다. 그 이유는 제주특별자치도는 국방과 외교를 제외하고는 국가 업무를 제주도에 이양하는 것이기 때문에 이를 위해서도 공무원 수는 더욱 증가할 필요성이 있다는 것이다.

그러나 공무원 수는 계층의 개편에 의해서도 영향을 받지만 개혁의 정도에 의해서도 영향을 받을 수 있기 때문에 공무원 수가 쟁점으로 떠오르면 오히려 공무원 수를 줄이지 못하는, 즉 개혁적인 행정을 하지 못할 소지도 있을 가능성이 많다고 사료된다.

〈표 7-8〉 경상경비 및 인건비 절감액

(단위: 백만 원)

<table>
<tr><th colspan="2">구 분</th><th>경상경비</th><th>인건비</th><th>경상+인건비</th><th>비 고</th></tr>
<tr><td rowspan="5">실제치</td><td>제주시</td><td>50,801</td><td>38,579</td><td>89,380</td><td rowspan="12">경상경비 절감액: 33,309
인건비 절감액: 48,664
합계=81,973
절감 비율: 현재의 24.98%

공무원 수 4,147명
(2002년 기준)
조정된 공무원 수 3,332명
차이: 815명</td></tr>
<tr><td>서귀포시</td><td>27,522</td><td>19,723</td><td>47,245</td></tr>
<tr><td>북제주군</td><td>27,016</td><td>20,007</td><td>47,023</td></tr>
<tr><td>남제주군</td><td>21,321</td><td>15,808</td><td>37,129</td></tr>
<tr><td>합 계(a)</td><td>126,660</td><td>94,117</td><td>220,777</td></tr>
<tr><td colspan="2">모형 예측치(b)</td><td>109,877</td><td>59,994</td><td>169,871</td></tr>
<tr><td colspan="2">차이값(a-b)</td><td>16,783</td><td>34,123</td><td>50,906</td></tr>
<tr><td colspan="2">증감률(a-b)/a</td><td>13.3%</td><td>36.3%</td><td>23.1%</td></tr>
<tr><td>실제치</td><td>제주도</td><td>63,535</td><td>43,810</td><td>107,345</td></tr>
<tr><td colspan="2">모형 예측치(b)</td><td>47,009</td><td>29,269</td><td>76,278</td></tr>
<tr><td colspan="2">차이값(a-b)</td><td>16,526</td><td>14,541</td><td>31,067</td></tr>
<tr><td colspan="2">증감률(a-b)</td><td>26.0%</td><td>33.2%</td><td>28.9%</td></tr>
</table>

자료: 제주발전연구원(2004).

44) 양영철, “제주도 주민투표 사례에 관한 연구”, 한국사회와 행정연구, 제16권 제3호, 2005, p. 315.

5 지역 간(산남지역 대 산북지역) 불균형과 대립의 확산

이번 투표 결과에서 가장 극명하게 나타난 결과는 이른바 산북과 산남의 투표 결과의 차이이다. <표 7-9>에서 보는 바와 같이 산북은 혁신안을, 산남은 점진안을 선택했다. 산북은 혁신안을 62.3%, 산남은 점진안을 55.6% 선택함으로써 큰 차이로 다르게 지지하고 있는 것이다.

〈표 7-9〉 산남과 산북의 투표 결과의 비교

(단위: 표, %)

지 역	산북 (제주시, 북제주군)	산남 (서귀포시, 남제주군)
계	102,814 (100.0%)	42,573 (100.0%)
혁신안	64,011 (62.3%)	18,908 (44.4%)
점진안	38,803 (37.7%)	23,665 (55.6%)
인 구	399,332 (71.7%)	157903 (28.3%)

자료: 제주도선거관리위원회 자료에서 정리, 2005.

산북은 1946년도에 제주도가 지방자치단체로 설치되면서 북제주군으로 출발했다. 그러다가 1955년에 제주읍이 제주시로 승격되면서 1시, 1군이 된다. 그리고 산남은 제주도 출발 당시에 남제주군으로 출발했다가 1981년에 서귀읍이 서귀포시로 승격되면서 1시, 1군이 된다. 제주도의 지형학적 영향으로 산남과 산북은 심리적인지는 모르지만 정치적으로나 문화적으로 차이가 있다고 인식하고 있다. 이러한 차이는 항상 도민들 간에 산북과 산남의 용어가 일상생활에 자연스럽게 나올 정도로 정착되어 있다. 이러한 인식의 차이에다가 이번 결과가 산북과 산남의 대결 양상으로 나타났는데, 그 요인은 인구에서부터 출발한다고 볼 수 있다.

현재 인구를 보면 산북은 제주시 296,990명, 북제주군 102,342명으로 총

399,332명으로 제주도 총 인구 557,235명의 71.7%를 차지한다. 반면에 산남은 서귀포시가 84,070명, 남제주군이 73,833명으로 총 157,903명으로 제주도 인구의 28.3%를 차지하고 있다.

이러한 인구의 큰 격차는 최근에 와서 더욱 가속화되고 있다. 산북은 계속 인구가 증가하는 반면, 산남은 급속하게 감소하고 있는 중이다. 이러한 인구의 산북 집중 현상에 따라 산남 지역의 주민과 지방 정치인은 제주도가 단일 계층으로 통합된다면 인구가 많은 산북 중심으로 정책이 이루어질 것이며, 이 결과 산북과 산남의 격차는 더욱 크게 차이가 날 것이라는 주장이다. 이와 같은 주장은 도의회 의원 수에서도 현재 도의원 19명(비례대표 2명 포함) 중 6명만이 산남이기 때문에 절대 부족하며, 민선자치가 이루어진 이후에 산북 인사만 제주도지사가 될 수밖에 없는 현실을 볼 때 정책 과정에서 자연히 홀대받을 수밖에 없다는 것이다. 현재 이러한 주장은 산남 지역에서 큰 호소력을 지니고 있어 제주특별자치도가 시작된 현재까지도 사라지지 않는 지역 현안 문제로 남아 있다.

제 4 절 투표 결과의 분석

1 투표율

이번에 치러진 주민투표에서 과연 투표율이 얼마나 될 것인가에 대해서도 전국적인 관심 사항이었다. 특히 이번 선거는 주민투표법상 유권자의 3분의 1 이상이 투표하지 않으면 개표조차 할 수 없다는 규정(제24조)이 있기 때문에 더욱 관심이 컸다. 역대 선거들은 모두 인물을 뽑는 선거가 대부분이었다. 그 때문에 각 후보자 진영들은 자신의 후보를 당선시키기 위해 개별적인 선거운동과 인원 동원을 해 왔으므로 역대 선거는 <표 7-10>에서 보는 바와 같이 투표율이 60% 이상 되었다. 그러나 이번 선거는 인물선거가 아니기 때문에 투표율은 자연히 떨어질 수밖에 없었다. 여기에다가 기초자치단체들이 모두 이번 선거 자체를 반대하기 때문에 3분의 1 이하가 되기를 바라는 마음이 있어서 투표율은 더욱 하향화할 수밖에 없는 분위기였다.[45] 선거 과정에서 행정자치부 장관은 제주도를 방문해 투표율이 적어도 50% 이상이 되어야 한다는 의견을 피력했다.[46]

이러한 노력에도 불구하고 이번 제주도 주민투표율은 <표 7-10>에서 보는 바와 같이 36.8%로서 제주 투표 사상 최하위였다. 1995년도 민선1기 선거에서는 무려 80%의 투표율을 보였고, 그 밖에도 제주도의 투표율은 전국의 평균을

〈표 7-10〉 제주도 역대 투표율 비교

(단위: 명)

일 시	선거명	선거인 수	투표자 수	투표율(%)
1992. 3. 24	국회의원선거	323,138	253,937	78.6%
1992. 12. 18	대통령선거	391,151	319,824	80.3%
1995. 6. 27	민선1기 지방선거	348,191	280,197	80.5%
1996. 4. 11	국회의원선거	352799	251007	71.1%
1997. 12. 18	대통령선거	361,680	278,999	77.1%
1998. 6. 4	민선2기 지방선거	365,121	268,984	73.7%
2000. 4. 13	국회의원선거	375,025	251,917	67.2%
2002. 6. 13	민선3기 지방선거	387,982	267,479	68.9%
2002. 12. 19	대통령선거	319,824	268,227	68.6%
2004. 4. 15	국회의원선거	395,134	241,420	61.1%
2005. 7. 27	주민투표	402,003	147,656	36.8%

자료 : 제주도 선거관리위원회 통계자료(2005).

45) 그 당시 도내 신문의 기사를 살펴보자. 제주도를 비롯한 시·군청은 도청과 시군 본청에 투개표 상황실을 차려 놓고 각 투표소별로 집계되는 투표율에 일희일비하면서 초조한 심정으로 투표율 변동 상황을 지켜보고 있다. 주민투표 발의자인 제주도는 당초 예상했던 것보다 투표율이 저조하자 "그래도 40%선은 넘지 않겠느냐"며 자위하는 반면, 제주시를 비롯한 시·군에서는 "1/3을 넘지 못할 수도 있다"며 낮은 투표율을 은근히 기대하는 표정이다.(제주의 소리, 2005년 7월 27일 기사에서)

46) 제주의 소리(2005년 7월 21일)는 오영교 장관은 7월 21일에 주민투표 독려차 제주를 방문해 기자회견을 하면서 적어도 50% 이상이 되고, 어느 안이 되더라도 큰 차이가 있어야 되며 또한 어느 지역에 관계 없이 하나의 안이 선택되는 것이 정책을 추진하는 데 바람직하지 않느냐고 하여 은근하게 혁신안을 지지하는 인상을 풍기고 있다는 기사를 실었다.

상회하는 수준을 보였다. 그런데 이번 투표율은 매우 저조했다. 그 이유는 기초와 광역자치단체 간에 대립도 있었지만 혁신안과 점진안의 장·단점이 뚜렷하지 못해서 이들 중 하나를 선택하기가 어렵다는 점, 그리고 중앙선거관리위원회의 홍보 부족과 공무원들의 설명회 기회 봉쇄 등을 꼽고 있다.47)

지역별로 보면, 북제주군이 42.2%로 가장 높고, 남제주군 40.1%로서 다음이다. 제주시는 34.6%, 서귀포시는 34.2%로 평균에도 미치지 못했다. 이렇게 낮은 투표율은 혁신안에 대한 지지도가 전체 유권자 비율로 본다면 20%에 지나지 않기 때문에 정책 추진 과정에서 계속 논란거리로 남아 있다.

2 투표 결과

투표 결과는 <표 7-11>과 같다. 이번 투표 결과를 보면 유효투표율을 기준으로 볼 때 단일광역자치안인 혁신적 대안은 57%, 현행 체제를 유지하면서 기

〈표 7-11〉 제주도 행정계층 구조개편 주민투표 결과

(단위: 명)

시군별	투표인 수 (부재자) [가+나+다]	투표 수 [가+나]	유효투표수[가]			무효투표수 [나]	기권 수 [다]	투표율 (%)
			단일광역자치안(혁신적 대안)	현행유지안(점진적 대안)	계			
합계	402,003 (9,658)	147,656 (7,332)	82,919 (57.0%)	62,496 (43.0%)	145,338	2,268	254,347	36.7%
제주시	210,272	72,842	46,323 (64.5%)	25,550 (35.5%)	71,873	969	137,430	34.6%
북제주군	74,624	31,487	17,688 (57.2%)	13,254 (42.8%)	30,942	545	43,137	42.2%
서귀포시	61,187	20,916	8,956 (43.6%)	11,572 (56.4%)	20,528	388	40,271	34.2%
남제주군	55,920	22,411	9,952 (45.1%)	12,093 (54.9%)	22,045	366	33,509	40.1%

자료: 제주도선거관리위원회.

47) 제주일보, 2005년 7월 28일.

능만 조정해 나가는 점진안은 43%로서 두 안 간의 차이는 14%이다.

이를 지역별로 보면, 제주시는 혁신안에 대한 지지가 64.5%로서 혁신안을 가장 크게 지지하고, 북제주군은 57.2%가 혁신안을 지지하고 있다.

반면에 서귀포시는 점진안을 56.4%가 지지하고, 남제주군은 점진안을 54.9%가 지지하고 있다.

이번 선거에서 또 다른 특징은 각 자치단체가 선택한 안과는 다른 안이 자치단체 내 읍·면·동에서 선택된 경우가 있다는 것이다. 제주시는 전체 19개 동에서 2개 동(도두동, 화북동)이 근소한 차이지만 점진안이 많았다. 서귀포시는 12개 동에서 비교적 큰 동인 효돈동에서 혁신안이 근소한 차이로 이겼다. 북제주군은 혁신안 지지표가 많은 지역이지만 한림읍과 추자면이 비교적 큰 차이로 점진안을 선택하고 있다. 남제주군은 5개의 읍·면·동 중에서 서부 지역의 2개 지역인 대정읍과 안덕면이 혁신안을 더 많이 지지하고 있다. 이와같이 지역 내에서도 차이가 있는 것은 이번 선거가 혁신안과 점진안의 내용에 모호한 점도 있지만 정치적 요인, 즉 자치단체 간의 갈등으로 인해 자치단체장이나 고위 공무원 간의 지연에 의해서 투표율이 좌우되었다고 할 수 있다.

제 5 절 평가와 과제

1 주민평가

1) 주민투표의 유용성

제주지역 주민들은 제주도 주민투표의 유용성 면에서는 평가를 유보하는 경향이 있는 것으로 나타났다. <표 7-12>에서 보는 바와 같이 유용성 면에서는 그저 그렇다는 평가가 41.4%로 가장 많았다. 유용성이 있다는 평가는 32% 정도이며, 갈등 조장 등 유용성이 없다는 평가도 26.5%로 비교적 높게 나타나고 있다. 이러한 유보적인 입장은 주민투표 과정에서 자치단체 간에 치열한 공방으로 인해서 나타난 앙금이 지금도 남아 있다는 것을 말해 주는 것이라 할 수 있다.

〈표 7-12〉 주민투표 실시 유용성 여부

문항	주민투표 실시가 유용하다고 생각하십니까?					
답항	매우 유용	약간 유용	그저 그렇다	갈등 조장	전혀 유용 안함	합계
도수 (%)	28 (7.7)	88 (24.3)	150 (41.4)	53 (14.6)	43 (11.9)	362 (100.0)

2) 만족과 불만족

제주도민들은 주민투표의 실시 유용성에 대한 평가를 유보하는 것과 마찬가지로 만족과 불만족에 대한 평가도 <표 7-13>에서 보는 바와 같이 유보적 입장이 강한 것으로 나타났다. 다만 유용성과 다른 점은 불만족이 34.7%로서 만족 18.8%보다 훨씬 높게 나타나고 있다는 점이다.

〈표 7-13〉 주민투표 결과의 만족 여부

문항	주민투표 결과에 만족하십니까?					
답항	아주 불만족	불만족	그저 그렇다	만족	아주 만족	합계
도수 (%)	27 (7.4)	99 (27.3)	169 (46.6)	67 (18.5)	1 (0.3)	363 (100.0)

이러한 불만은 <표 7-14>에서 보는 바와 같이 채택된 혁신안에 대한 불만으로 이어지고 있다.

〈표 7-14〉 혁신안 채택에 대한 의견

문항	채택된 혁신안에 대한 현재의 의견은 어떻습니까?			
답항	행정시를 자치단체로 전환	읍·면·동을 강화하는 방향으로 가야 함	현행 유지	합계
도수 (%)	131 (36.0)	123 (33.8)	110 (30.2)	364 (100.0)

<표 7-14>에서 보는 바와 같이 제주도민들은 혁신안을 계속 유지하는 것보

다 행정시를 자치단체로 전환하라는 요구가 36%로 더욱 많다. 점진안처럼 4개 시군에 자치권을 주라는 것이 아니라 현재 2행정시를 기초자치단체로 해야 한다는 주장이 많은 것이다. 다음으로는 읍·면·동을 강화해야 한다는 주장이 많았다. 결론적으로 혁신안을 수정해야 한다는 것이다. 이러한 반응은 제주도민들이 기초자치단체의 자치권 필요성에 대한 인식도 있지만 혁신안이 정착되지 못함으로써 오는 불편함에서 기인하기 때문에, 이에 대한 올바른 평가는 시일을 요한다고 할 수 있다.

3) 문제점

<표 7-15>에서 보는 바와 같이 제주도민들은 주민투표 과정에서 나타난 문제점 중 주민 무관심을 47.7%로 단연 높게 지적하고 있다. 다음이 운동의 제약 순이다.

〈표 7-15〉 주민투표 실시 과정에서의 첫 번째 문제점

문항	주민투표 실시 과정에서의 가장 큰 문제점은 무엇입니까?								
답항	운동의 제약	단체장만 유리	주민 무관심	부재자 투표관리 문제	홍보 부족	중앙의 불공정	까다로운 투표법	기타	합계
도수 (%)	71 (19.5)	64 (17.5)	174 (47.7)	11 (3.0)	36 (9.9)	1 (0.3)	5 (1.4)	3 (0.8)	365 (100.0)

왜 이렇게 지역 주민들이 주민투표에 무관심한 것일까. 이에 대한 원인은 좀 더 심도 있는 분석이 요구되지만 다음 <표 7-16>에서 보면 그 원인을 짐작할

〈표 7-16〉 주민투표 실시 과정에서의 두 번째 문제점

문항	주민투표 실시 과정에서의 두 번째 문제점은 무엇입니까?								
답항	운동의 제약	단체 장만 유리	주민 무관심	부재자 투표관리 문제	홍보 부족	중앙의 불공정	까다로운 투표법	기타	합계
도수 (%)	10 (3.0)	26 (7.7)	77 (22.8)	14 (4.2)	157 (46.6)	20 (5.9)	29 (8.6)	4 (1.2)	337 (100.0)

수 있다. 바로 홍보 부족이 주민 무관심으로 이어진 것이 아닌가 하는 것이다. 홍보 부족은 상기 <표 7-15>에서처럼 여러 가지 엄격한 규정이 투표운동을 제약하고 있는 것과 관계가 깊기 때문에 이에 대한 시정이 시급하게 요구된다.

2 특 징

제주도 주민투표는 제주도의 입장에서 보면 매우 중요한 의미가 있다. 전국에서 처음으로 주민투표를 했다는 의미와 함께 계층구조를 개편하는 지방자치사에 일대 혁명적인 선택을 한 것이다. 주요 특징을 정리하면 다음과 같다.

1) 지방자치사적 특징: 법률에 의한 최초의 주민투표

이번 제주도에서 있었던 주민투표의 가장 큰 특징과 의미는 우리 나라에서 처음으로 법률에 의해서 주민투표가 이루어졌다는 점이다. 후술하는 바와 같이 우리 나라에서도 많은 주민투표가 이루어져 왔다. 지역 개발에서부터 심지어 자치단체의 행정구역 통합·경계 변경까지 다양한 주제를 가지고 때로는 자치단체가 때로는 주민들 간에 스스로 주민투표를 실시해 왔던 것이다. 그러나 이러한 주민투표는 하나의 정치적 활동일 뿐 법률적 효력은 없었다. 주지하는 바와 같이 주민투표는 주민이 직접 정치에 참여하는 대표적인 정치 활동인 주민발안, 주민소환과 더불어서 가장 중요한 제도 중 하나다. 특히 이 중에 주민투표는 주민들이 가장 활발하게 직접 참여하는 방식이기 때문에 대의제로 선출된 국회의원이나 지방의원, 그리고 자치단체장들은 주민투표에 대해서 부정적일 수밖에 없다. 이러한 분위기 때문에 주민투표제도 도입이 늦어진 것이라고 할 수 있다. 이번 주민투표는 이러한 우여곡절을 겪으면서 제정된 주민투표제도의 첫 적용이라는 점에서 역대 주민투표와 다른 점이다.

이러한 의미에서 본다면 이번 실시된 제주 주민투표는 지역 주민이 지역의 중요 문제에 직접 참여하는 길을 열어 놓았다는 점에서 우리 나라 지방자치 역사에 커다란 의미를 던져 줄 것이라 사료된다. 이번 주민투표는 명실공히 주민들이 지방자치의 주인임을 확인시켜 주는 의미가 있으며 앞으로 주민발안, 주민소환 등 지방자치에서 주민 직접참여가 활발하게 일어나는 계기를 제공해 주었다는 점에서도 높은 평가를 받을 만하다.

2) 이론적 측면에서의 특징: 법률에 의한 자문적 성격

주민투표는 여러 가지 유형으로 나뉜다. 첫째, 근거 규정에 따라 헌법상의 주민투표, 법률에 의거한 주민투표, 조례상의 주민투표, 사실상의 주민투표, 둘째, 법적 효력에 따라 구속적 주민투표와 비구속적 주민투표(권고적 · 자문적 주민투표), 셋째, 실시 조건에 따라 강제적 · 의무적 주민투표와 임의적 · 자문적 주민투표, 넷째, 발의권자에 따라 주민의 발의에 의한 주민투표, 단체장의 발의에 의한 주민투표, 지방의회의 발의에 의한 주민투표, 다섯째, 결정에의 영향에 따라 결정 투표로서의 주민투표, 결정 참가 투표로서의 주민투표, 여섯째, 내용에 따라 적극적 주민투표, 항의적 주민투표, 일곱째, 주민투표의 사안에 따라 지방의회의 의결을 대체하는 주민투표(대체적 주민투표), 지방의회의 의결과 병행하는 주민투표(병행적 주민투표) 등으로 나눌 수 있다.[48]

이러한 의미에서 제주도 주민투표의 주요 성격을 다음과 같이 정리할 수 있다.

첫째, 제주도 주민투표는 2004년에 도입된 주민투표제도에 의해서 실시되었기 때문에 법률에 의거한 주민투표라고 볼 수 있으며, 특히 계층구조가 그 대상이기 때문에 지방자치법(제13조의2의 제2항)[49]에 의한 주민투표의 성격도 동시에 지니고 있다.

둘째, 법적 효력면에서 이번 실시된 주민투표는 비구속적 주민투표이며 실시조건으로 보면 자문적 주민투표라고 할 수 있다. 이미 기술한 바와 같이 계층구조의 변경에 속하는 사항인 지방자치단체의 폐치 · 분합은 지방자치법[50]과

48) 류호상, "지방행정에 있어 주민참여 활성화를 위한 주민투표제도의 도입 방안 연구", 한국행정학회 하계 세미나 자료집, 2001.

49) 지방자치법 제13조의 2, ② 제1항의 규정에 의하여 지방자치단체를 폐치 · 분합할 때에는 법률로써 정하되, 시 · 군 및 자치구의 관할 구역 경계 변경은 대통령령으로 정한다. <개정 1998. 8. 31, 2004. 1. 29>

50) 지방자치법 제4조 ① 지방자치단체의 명칭과 구역을 변경하거나 지방자치단체를 폐치 · 분합할 때는 법률로써 정하되 ② 제1항의 규정에 의하여 지방자치단체를 폐치 · 분합하거나 그 명칭 또는 구역을 변경할 때는 관계 지방자치단체의회(지방의회)의 의견을 들어야 한다. 다만 주민투표법 제8조의 규정에 의하여 주민투표를 실시할 때는 그러하지 아니하다.

주민투표법[51]에 규정되어 있다. 이번에 실시된 주민투표는 중앙정부가 제주도 자치단체의 폐치·분합에 대해 주민의 의견을 듣고자 실시한 것이기 때문에 자문적 성격의 주민투표라고 할 수 있다.

3) 주제에서의 특징: 계층구조의 개편

지금까지 우리 나라에서 이루어진 주민투표의 내용을 다시 한 번 요약하면 다음과 같다.[52]

첫째, 첨예한 대립이 없는 주민투표다. 예를 들면, 재개발사업자 선정, 방음장치와 보도 블록 설치, 통장 선출에 관한 주민투표 등을 말한다.

둘째, 선호하는 공공시설(PIMBY)에 대한 주민투표다. 대표적인 예로 경기도 안성군의 경우 지역 현안인 '안성 공용버스터미널 이전부지 확정'을 주민투표로 해결했다.

셋째, 비선호 공공시설(NIMBY)에 대한 주민투표다. 수질오염시설, 소각장, 화장장, 원자력 폐기물 처리장 등이 주민투표가 가장 많이 이루어지는 분야들이다.

넷째, 행정에 관한 사항이다. 동 통합, 동 경계 조정과 자치단체의 구역 변경 등이 주민투표가 주로 이루어지는 분야다. 대표적인 것으로 3여(麗)(여수시, 여천시, 여천군), 2천(天)(천안군, 천안시) 통합 등이다.

상기에서 보는 바와 같이 지금까지 이루어진 우리 나라의 주민투표 대상과 이번 제주도 주민투표 대상과는 그 성격이 판이하게 다르다는 것을 알 수 있다. 이번 이루어진 제주도 주민투표 대상은 이제까지 우리 나라에서 이루어져 본 적이 없는 계층구조에 대한 것이다. 해방 이후에 우리 나라 지방자치 계층은 2층제를 지속적으로 유지해 왔다는 점에서 이번 단일 계층으로 가는 제주도 지방자치단체의 폐치·분합을 주민투표 대상으로 삼았다는 것은 주민투표 주제로서의 특징이라고 할 수 있다.

---

51) 주민투표법 제8조: ① 중앙행정기관의 장은 지방자치단체의 폐치·분합 또는 구역 변경, 주요 시설의 설치 등 국가정책의 수립에 관하여 주민의 의견을 듣기 위하여 필요하다고 인정하는 때에는 주민투표의 실시구역을 정하여 관계 지방자치단체장에게 주민투표를 요구할 수 있다.

52) 현성욱, "주민투표법의 입법 방향에 관한 연구", 제주대학교 행정대학원 석사논문, 2003, pp. 45-58.

4) 주체에서의 특징: 국가에 의한 주민투표

이번 실시된 제주도 주민투표의 또 다른 특징은 청구권자가 중앙정부라는 것이다. 지금까지 실시된 우리 나라 주민투표를 다른 나라와 비교해 보면 주민투표의 발의를 자치단체장이 독점하고 있다는 것이다. 다시 말하면, 주민이나 지방의회에게는 주민투표의 발의권을 부여하고 있지 않았다는 것이다. 이렇게 주민투표를 지방자치단체장이 독점하게 되면 주민투표제도는 지방자치단체장의 책임 회피용으로 종종 활용되는 부작용이 있다는 비판을 받아 왔다. 그래서 그간 정치권에서는 주민투표법을 제정하는 논의를 할 때마다 주민투표 청구권자를 주민, 지방의회로 확대하려고 노력했다. 그러다가 참여정부에 와서 청구권자를 추가해 중앙정부도 할 수 있도록 했다.

'주민투표법' 제8조 1항은 "중앙행정기관의 장은 지방자치단체의 폐치·분합 또는 구역 변경, 주요 시설의 설치 등 국가정책의 수립에 관하여 주민의 의견을 듣기 위하여 필요하다고 인정하는 때에는 주민투표의 실시 구역을 정하여 관계 지방자치단체장에게 주민투표를 요구할 수 있다"고 규정함으로써 중앙정부도 주민투표 청구권을 행사할 수 있도록 하고 있다. 역시 발의권은 중앙정부뿐만 아니라 지방의회, 지역 주민에게는 부여하지 않고 있는 것이다.

5) 유권자 구성에서의 특징: 외국인의 투표 참가

이번 주민투표의 특징 중에 두드러진 것은 외국인이 유권자에 포함되었다는 점이다. 외국인에게 투표권을 부여하자는 논의는 최근에 세계화와 더불어 많이 논의되고 있다.

그러나 우리 나라에서는 아직 이에 대한 제도적 장치가 없었다가 이번 주민투표제도가 도입되면서 외국인에게 주민투표 권리를 부여할 수 있는 통로를 만들었다.

'주민투표법' 제5조(주민투표권) 제2항에 의하면, 20세 이상의 외국인으로서 출입국관리 관계 법령의 규정에 의하여 대한민국에 계속 거주할 수 있는 자격(체류 자격 변경 허가 또는 체류 기간 연장 허가를 통하여 계속 거주할 수 있는 경우를 포함한다)을 갖춘 자로서 지방자치단체의 조례가 정하는 자는 투표권이 있다고 규정하고 있다. 이에 따라서 제주도는 제주도주민투표조례 제3조(외국인의 주민투표권)의 규정을 두어 20세 이상의 외국인으로서 투표인명부 작성 기준일 현재 제주도에 주소를 두고 있고, 출입국관리 관계 법령의 규정에 의하여 영주의 체류 자격을 갖춘 자는 주민투표권이 있다고 규정하고 있다.

〈표 7-17〉 도내 외국인 거주 인구 수

(단위 : 명)

	외국인 수	외국인(남)	외국인(여)
1995년	558	310	248
2000년	955	488	467
2004년	1,873	971	902

자료 : 제주도.

2005년 7월 현재 도내 주민등록에 기재된 외국인 수는 <표 7-17>에서와 같이 1,873명이다. 이 숫자는 2000년도에 비해 배가 증가한 인원이다. 그러나 이 중 '주민투표법'과 조례에 의해 자격이 있는 사람은 153명인데 이 중 20세 미만을 제하면 이번 선거에 참여할 자격이 주어진 유권자는 114명인 것으로 나타났다. 이번 선거에 참여한 사람 중 3명의 일본인을 제외한 111명은 화교(華僑)로 알려졌다. 화교들이 수십 년 동안 한국에 살면서 푸대접받았던 생각들이 이번 기회에 어느 정도 해소되었다는 것을 참여한 화교의 진술을 통해 알 수 있다.[53)]

그러나 실제로 주민투표를 한 외국인은 약 30명 정도로 추정된다고 도 관계자는 말하고 있다.

53) 한라일보, 2005년 7월 28일.
"한국에 살면서 처음으로 투표를 하게 돼 너무나 기쁘고 명절 같다는 생각이 듭니다." 27일 오전 10시 제주시 연동사무소 2층에 마련된 연동 제1투표구 투표소를 찾아 소중한 주권을 행사한 화교 2세 우신폐(Ya Shin Bee · 54) · 우왕배리(Yu Wang Pei Li · 48)씨 부부는 한국에서의 첫 투표 소감을 이렇게 밝혔다. 우씨는 제주에서, 부인 왕씨는 서울에서 태어났지만 그동안 투표권이 없어 한 번도 투표에 참여하지 못했다. 우씨는 "모슬포에서 태어나 지금까지 제주도민으로 살아왔지만 지금까지 투표권이 주어지지 않아 마음 한 곳에 아쉬운 마음이 있었다"며 "오늘 투표를 통해 진정 한국인과 제주도민이 된 것 같다"고 말했다. 이제 후손들에게 한국 땅에서 투표를 했다는 것을 자랑스럽게 이야기할 수 있다"며 "앞으로 도의원도 내 손으로 뽑을 수 있는 날이 왔으면 좋겠다"고 말했다.

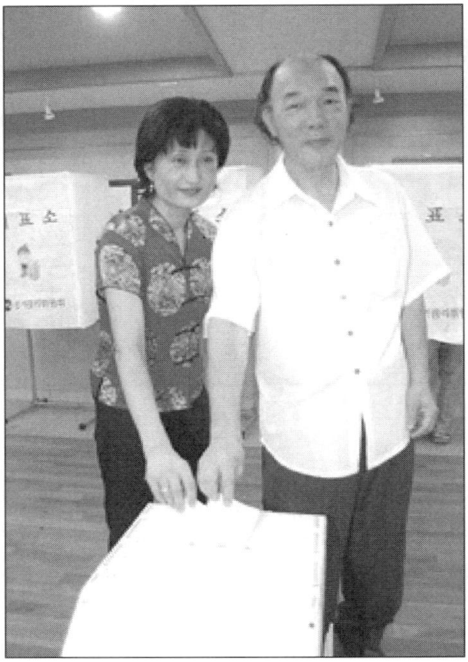

한국에서 첫 주권을 행사한 화교 2세 우신폐(52·제주시 연동)·우왕베리(48·여) 씨 부부

3 함의: 과제

그러나 이러한 의의에도 불구하고 이번 주민투표는 다음과 같은 과제를 우리에게 던져 주고 있다.

1) 주민투표가 아닌 관변투표

이번 선거 과정에서 보여 준 가장 큰 문제점은 주민투표가 주민이 중심이 된 것이 아니라 관(官)이 중심이 되어 치러졌다는 점이다. 물론 쟁점 자체가 광역과 기초자치단체 간의 다툼에서 출발했지만 주민투표는 지역의 중요한 문제를 자치단체장이나 지방의회에 맡기지 않고 지역 주민들에게 그 판단을 맡기자는 것이 기본 취지였는데도 불구하고 이번 선거는 자치단체장들이 주도하는 주민투표였다고 해도 과언이 아니다. 자치단체장들의 잦은 성명서 발표, 그리고 관변단체들이 총출동된 홍보전과 세력전 등은 주민투표의 의의를 완전하게 상실하게 만들었다는 비판을 면하기 어렵다고 본다. 앞으로 이에 대한 제도적 장치가 없는 한 지역정치 세력의 중심이 지방자치단체장과 지방의회에 있기 때문에 주민투표가 관변투표가 될 가능성은 상존한다고 할 수 있다.

2) 자치 의식과 절차의 미흡

자치 의식은 주민 스스로 키워 나가는 문화라고 할 수 있다. 때문에 주민대표들이 결정한 규정이나 주민들이 직접 참여해 결정한 사항에 대해서는 결정과정의 갈등에 관계 없이 승복해야 하는 것임은 재언을 필요로 하지 않는다. 그럼에도 불구하고 이번 주민투표는 그 결과에 대해서 쉽게 승복하지 않고 있다. 산남 지역과 산북 지역 주민 간, 기초자치단체와 광역자치단체 간에 주민투표 결과에 대한 갈등은 매우 심각한 수준에 있고 아직도 풀리지 않고 있다. 이러한 현상은 주민들의 자치의식 미흡과 주민투표를 조기에 실시해야 한다는 광역자치단체와 정부의 성급함도 크게 작용했다고 사료된다. 앞으로 주민투표가 성공하기 위해서는 결과에 대한 승복, 그리고 주민들의 동의를 얻을 때까지 충분한 논의, 그리고 중앙정부의 관여 배제 등의 과제를 해결해야 할 것이다.

3) 투표관리의 중앙정부화

이번 주민투표는 주민투표제도가 도입되어 처음으로 실시되었기 때문에 나타나는 부작용 외에도 투표 관리상에 많은 문제점을 나타내고 있다. 대표적으로 주민투표는 말 그대로 지역 주민투표인데도 불구하고 국가기관인 중앙선거관리위원회가 주도함으로써 지역에 맞는 선거관리를 하지 못하고 있다. 주민투표제도 도입시부터 투표 관리를 누가 할 것인가에 대한 논란이 계속되었다. 원안은 지금까지 정치권에서 논의된 바와 같이 지방자치단체 또는 선거관리위원회로 되어 있고,[54] 참여정부의 처음 안은 지방자치단체로 되어 있었는데[55] 입법 과정에서는 선거관리위원회로 단일화되었다. 이로 인해 투표의 시간, 홍보, 관리 등에서 많은 문제점을 낳았다. 또한 이번 선거관리 비용은 국가가 실시하

54) 손혁재, "주민투표법의 바람직한 제정 방향", 법률시평, 1996, pp. 262-3.

55) 한국지방행정연구원, 제2차 지방분권 공청회-주민투표법(안), 2003. 8. 11, 한국지방재정공제회관, p. 32; 법안 27조-30조가 주민투표관리위원회에 관한 규정임.

〈표 7-18〉 제주도 주민투표 비용 내역서

(단위: 천 원)

구 분		합 계	국비			지방비		
			소계	선관위 납부분	지자체 관리비용	소계	선관위 납부분	지자체 관리비용
합 계		2,578,633	1,992,833	1,427,623	565,210	585,800	310,920	274,880
101	05 초과근무 수당	14,781	14,781	14,781	-		-	-
102	02 일시사역인부임금	66,872	66,872	54,182	12,690		-	-
201	01 일반운영비	2,402,874	1,817,074	1,279,344	537,730	585,800	310,920	274,880
202	01 국내여비	56,058	56,058	41,268	14,790		-	-
204	업무추진비	38,048	38,048	38,048	-		-	-

자료: 제주도 자치행정과

는 것이기 때문에 <표 7-18>에서 보는 바와 같이 국가가 19억 9천만 원을 지방자치단체에 교부했다.

주민투표는 주민이 지방자치단체의 권한에 속하는 사항을 직접 결정하는 정치적 방식이다. 최근에 대의제가 가지고 있는 한계가 계속 노출되고 첨단기술이 발전함에 따라서 주민이 직접 정책 결정에 참여하는 사례들이 계속 증가하고 있다. 스위스는 주민투표가 일상화될 정도로 주민투표가 자주 실시되어 간접민주주의를 보완하는 이상의 역할을 하고 있음을 앞에서 보았다.[56]

이러한 세계적인 추세에도 불구하고 우리 나라에서는 지금까지 주민투표다운 주민투표가 이루어지지 못해 왔다. 다시 말하면 주민투표의 실시 근거가 마련되지 못해서 자의적인 주민투표만 이루어져 왔을 뿐이다. 참여정부 들어서 주민투표제도가 어렵게 도입되었다. 이번 제주에서 치러진 주민투표는 이렇게 어렵게 만들어진 주민투표제도에 의해서 처음으로 이루어진 투표이기 때문에 실질적으로 우리 나라에서 치러진 주민투표로는 처음이라고 할 수 있다. 또 모든 언론이나 중앙정부를 비롯한 지방정부에서도 우리 나라의 최초 주민투표는 2005년 7월 27일에 이루어졌던 제주도 주민투표라고 하고 있다. 특히 이번 주민투표의 대상이 지방자치 역사에서 가장 어렵다고 생각하는 계층의 축소, 즉 현재의 자치 2계층에서 단일 계층으로 줄이는 안이다. 따라서 이번 주민투표는

56) 안성호, "분권과 참여"(서울: 도서출판 다운샘, 2004).

우리 나라에서 최초의 주민투표인 동시에 최초로 계층의 단축 문제를 다루었다는 점에서 우리 나라 지방자치 역사에 커다란 함의가 있는 주민투표라고 할 수 있다.

그러나 이러한 의의에도 불구하고 이번 주민투표는 최초이기 때문에 우리에게 주는 숙제도 많았다. 주민투표의 관리에서 시작하 주민투표 결과의 승복 문제까지 다양한 곳에서 문제가 발생했다. 앞으로 이러한 문제들은 계속 주민투표를 실시하면서 개선해 나가야 하겠다.

또한 중앙정부의 주도하에 이루어진 이번 주민투표를 보면서 본 연구자는 여전히 중앙정부의 영향력이 곳곳에 개입되어 과거 중앙집권적 행정 현상이 나타난 점도 주민투표의 의의라는 관점에서 시급하게 시정되어야 할 사항이라고 생각한다.

제8장 청주 · 청원 주민투표 사례 -도전에 도전, 또 실패

제1절 개요

1 현 황

청주시와 청원군의 통합은 이 두 지역이 오랫동안 한 지역이라는 점에서 출발한다. 후술하는 바와 같이 삼한 시대부터 해방되던 해까지 오랫동안 두 지역은 동일 명칭에 속한 지역이었기 때문에 사회적 · 문화적 정체성(正體性)이 하나라는 데서 출발했고, 이 때문에 두 지역에 대한 논의는 자주 나타날 수밖에 없었다.

삼국 시대에 이 지역은 백제에 속했다. 이 당시 이 두 지역은 상당현에 속했다. 이후 두 지역은 통일신라 때는 서원소경, 서원경 등으로 명칭만 바꾸었을 뿐 여전히 같은 지역에 속했다. 그러다가 서기 940년 고려 태조 23년에 명칭을 청주로 바꾸면서 오늘날까지 명칭이 존속되어 왔다. 이후 청주는 조선 시대에는 청주군으로, 일제 강점기에는 청주면, 청주읍으로 지속되었다. 그러다가 해방이 되면서 다시 행정구역 재편에 대한 논의가 시작되자 청주읍도 재편 대상에 속하게 된다. 그 결과 1946년 6월 1일에 청주읍은 청주부와 청원군으로 분리되었고, 공식적인 정부가 들어선 지 1년 후인 1949년 8월 15일에 다시 현 명칭인 청주시와 청원군으로 변경되어 현재에 이르게 되었다. 다음 <표 8-1>이 2005년 현재 두 지역의 모습이다.

〈표 8-1〉 청주시·청원군 현황

항 목	청 주 시	청 원 군
단체장	한대수(한나라당)	오효진(자민련)
면적	153.4㎢ -임야 31%, 농경지 32%, 기타 37%	814.3㎢ -임야 57%, 농경지 26%, 기타 17%
인구 (2005년 3월말)	629,025명	119,516명
세대 수	221,157세대	44,199세대
행정구역	29동 880통	14읍/면 250리
행정기구	본청 4국 1담당관 20과 3직속, 12사업소 2구청(14과) 29개동 1국(의회)	14과 2직속 4사업소 14읍/면 1과(의회)
공무원	1,663명	771명
예산 규모 (2005년 당초)	5,371억 (일반 4,042, 특별 1,329) ※ 재정자립도 : 62.9%	2,293억 (일반 2,151, 특별 142) ※ 재정자립도 : 31.9%

자료 : 청주시, 2005.

상기 표에서 보는 바와 같이 청주시의 면적은 청원군의 5분의 1에 못 미치지만 인구는 5배 이상이나 많다. 그리고 재정자립도를 비롯해 재정을 물론 공무원 수나 행정기구 등을 비교해 보아도 청주시가 2배 이상 크다. 그럼에도 불구하고 청주시는 면적이 협소한 관계로 도시의 성장이 한계를 맞은 지가 오래다. 지형상 청주시는 청원군에 에워싸여 있다. 이른바 계란으로 보면 청원군이라는 흰자위로 포위되어 있는 노른자와 같기 때문에 외연을 확장하는 데 한계가 있어서 도시 성장이 계속 침체일로에 있다고 생각해 왔다. 따라서 청주시는 청원군과의 통합이 새롭게 도약할 수 있는 마지막 대안이라 생각해서 청원군과의 통합을 지속적으로 추진하게 되었다.

반면에 청원군은 처음에는 청원군 군수가 최고의 반대론자일 정도로 청주시로 군이 통합할 필요가 없다는 입장이었다. 군민 1인당 예산이 청주시보다 2.5배가 많을 뿐만 아니라 오송과학단지 등 발전 잠재력이 충분하다는 것이다. 청원군이 청주시와 통합을 해봤자 청주시의 혐오시설만 오게 되고 세금의 증가, 농업과 공무원 등에 대한 푸대접 등 이익보다 손해 볼 것이 많다고 생각해 자체 시 승격을 추진하겠다는 목표를 오랫동안 세워놓고 있었다.

그럼에도 불구하고 청원군도 청주시와 통합하지 않으면 안 될 이유를 많이 갖고 있다. 청주시가 중간에 있기 때문에 다른 지역과의 연계가 이루어지지 않는 관계로 인한 비효율성뿐만 아니라 오송읍 자체의 시 추진 가능성, 그리고 주변 도시들인 천안시, 대전시 등의 팽창에 의한 외곽도시화 가능성,[1] 청주시의 인구 팽창으로 인한 베드타운화 등 고질적인 문제들을 청주시와의 통합으로만 해결될 수 있다고 생각하는 공무원과 주민들이 많다는 점이다. 이 점이 결국 청원군으로 하여금 통합의 전선에 나오게 한 점이라고 할 수 있다.[2]

2 과거의 추진 과정

이 두 지역에 대한 통합 논의는 세미나 · 토론 등에서는 자주 있어 왔지만 실체화되지는 못했다. 워낙 뜨거운 감자였기 때문에 누가 쉽게 추진하려 하지 않았다. 그러다가 실체화된 것은 김영삼 정부 때였다. 김영삼 정부는 1995년 7월 1일을 민선 자치 1기 출발점으로 정해 놓고 구역 개편에 들어갔다. 김영삼 정부는 지방자치를 본격적으로 실시하면서 재정이 빈약해 공무원의 인건비도 해결하지 못하는 지방자치단체의 재정적 문제를 스스로 해결하고, 전국적으로 지역 간 균형적인 발전을 도모하고자 도 · 농 통합행정구역 대상 지역을 발표했다. 1994년 3월 17일에 내무부는 이 두 지역을 통합 권유 대상 지역으로 선정해 통합지침을 시달했고, 동년 4월 15일에 두 지역에 주민공청회를 개최해 4월 25일에 주민의견 조사를 했다. 조사 결과 청주시는 찬성 76.5%, 반대 23.5%로 찬성이 압도적인 반면에, 청원군은 찬성 34.3%, 반대 65.7%로 압도적으로 반

1) 중부매일, "대전 · 청주 광역도시계획 통합을", 2005년 3월 17일.
충청투데이, "대전-청주 통합 다핵도시되어야", 2005년 3월 17일, 이 신문들은 대전발전연구원 정책세미나 자료를 통해서 대전과 청주의 통합에 대한 논의 내용을 대대적으로 보도하고 있다.
2) 한빛일보, "찬성여론 확산에 대세론 인정", 2005년 6월 1일.

대함으로써 통합이 무산되었다. 1994년 당시 도·농, 시·군 통합을 실시한 이후 1998년 여수시의 통합까지 42개 시와 39개 군이 통합해 현재까지 총 40개의 도·농통합시가 설치된 상태이며, 청원군과 청주시, 전주시와 완주군만이 통합을 이루지 못했다. 특히, 계란 노른자 형태를 갖춘 시·군이 통합되지 않은 자치단체는 청원군과 청주시뿐이라는 점도 이번 주민투표를 하게 된 주요 원인 중 하나다.[3]

제 2 절 주민투표의 추진 과정

1 행정구역 통합 논의 과정

청주시와 청원군의 재통합을 위한 추진 과정을 보면 청주시가 열렬히 구애하는 입장이라고 한다면 청원군은 거부하거나 머뭇거리는 입장이라고 하는 표현이 맞는 것 같다. 초창기에는 청주시가 통합을 제안하면 청원군은 일치단결해서 즉각 반대 성명을 내는 것이 일반적인 모습이었다. 그러다가 2004년과 2005년에 들어서면서 청원군은 머뭇거리는 입장으로 선회하게 된다. 왜냐하면, 청원군 내의 일부 사회단체들이 통합 추진을 본격화하는 등 이른바 반대 진영 전열 일부가 무너지기 시작했기 때문이다. 이러한 움직임은 청원군 군수가 2005년 2월에 통합 절대 불가 입장을 선포했음에도 불구하고 계속되었고 가속도가 붙어갔다. 이러한 가속도는 결국 청원군수가 2005년 5월 26일에 청주청원 통합에 따른 이행 결의문을 발표하면서 통합 논의는 가속화되었고, 결국 공식적으로 청주시와 청원군이 합동으로 통합을 위한 주민투표를 하기로 했다. 이 과정을 살펴보자.

1) 청주시의 제의 과정

1994년에 통합이 무산되자 청주시는 이를 애석하게 생각하면서도 당분간 통

---

3) 청주시, "주민투표 실시 건의서", 2005. 7.
청원·청주 통합추진위원회, "청원·청주 통합 왜 필요한가", 2005. 7. 참조.

합에 대한 생각은 접어두었다. 그러다가 다시 1997년도 3월 6일에 청주시 의회의 시정 질의에서 통합을 재추진할 것을 거론했다. 같은 달 19일에는 충청북도 도의회에서도 이종국 의원이 통합 관련 질문을 하여 두 지역의 통합에 대한 불씨를 당기기 시작했다. 이후에도 청주시의회는 해마다 통합에 대한 질의와 세미나를 계속하면서 통합의 분위기를 잡아갔다.

그러다가 2001년 1월 8일에 충북도 내 20개 시민단체가 합동으로 마련한 지역사회 개혁 10대 과제 중 하나로 두 지역 통합을 선정하면서 통합 분위기의 저변이 확산되기 시작했다. 이 해에 청주시와 청주시의회는 합동으로 시・군이 통합된 지역인 여수시를 방문해 통합 과정 체험과 통합 후 발전 과정을 시찰하면서 통합 이후의 장점과 단점을 홍보하기 시작했다. 그 간에 각 대학의 연구소와 언론계 등에 용역을 의뢰해 두 지역의 통합에 따른 장점을 홍보하는 데 전력을 다했다.

청주시는 이러한 물밑 작업이 어느 정도 무르익었다고 판단하여 공식화하기로 결정했다. 2004년 1월 31일에는 청주시장이 청주시는 통합하는 순간에 모든 기득권을 포기하겠다고 선언했고, 동년 2월 3일에는 청주・청원 통합 공식 제의 기자회견을 가졌다. 이로부터 청주시는 통합을 위해 모든 행정력을 쏟아붓기 시작했다고 할 수 있다. 이러한 노력의 성과를 보기 위해 동양일보・청주청년회의소・충청대학사회과학연구소가 합동으로 여론조사를 실시했다. 발표한 결과를 보면 다음과 같다.4)

청주 시민 : 찬성 57.6%, 반대 15.8%, 지금 반대 추후 통합 22.9%
청원 군민 : 찬성 36.3%, 반대 28.5%, 지금 반대 추후 통합 29.0%

2005년도 1월 5일에는 청주MBC도 코리아리서치에 의뢰해 조사했다. 그 결과는 청주 시민이 찬성 62.1%, 반대 37.9%, 청원 군민은 찬성 44.3%, 반대 44.4%로서 양쪽 진영이 찬성 쪽으로 가는 분위기임을 느낄 수 있다. 청주시는 지금이 통합을 본격적으로 추진할 때라고 생각해 청주광역권 개발 추진팀을 설치 운영했다.

4) 동양일보, "청주・청원 통합 여론 압도적", 2005년 7월 8일.

2) 청원군의 제의 과정

이미 기술한 바와 같이 청원군은 오랫동안 통합에 반대해 왔다. 특히, 농업인구가 많은 청원군으로서는 농업인들이 반대하게 되면 모든 정책을 그렇게 쉽게 추진할 수가 없다. 특히, 아직도 각 마을마다 원로들이 여론 지도층이기 때문에 원로들이 반대하게 되면 지방 정치인들은 주춤할 수밖에 없었다. 청원군의 통합에 가장 반대하는 층이 이처럼 지역 원로들이기 때문에 통합 추진 과정에서 계속 어려웠다고 추진을 담당했던 공무원들은 이구동성으로 이야기하고 있다.[5]

청원군은 통합에 대해서는 소극적인 자세를 취하다가 상대방인 청주시가 통합에 대한 찬성 반응을 보이면 그 즉시 통합 반대를 주장했다. 청원군은 1997년 3월 6일 청주시의회가 시·군통합 재추진을 거론하자 군의회 의장 명의로 시·군 통합 반대 성명을 발표했다. 그리고 2001년 1월 8일 충북도 내 20개 단체가 시군 통합을 지역사회 개혁 10대 과제로 선정해 발표하자 청원군 내 6개 농민단체가 청주·청원 통합 반대 성명서를 발표했다. 이후에도 청주시가 계속 각 대학과 언론, 사회단체 등을 통해 각종 세미나를 청주·청원 시·군 통합에 맞추어서 개최하자 2004년 1월 19일에는 청원군을 청원시로의 승격을 추진하겠다고 발표하면서 맞불을 지폈다. 오효진 군수는 이 날 '청원 비전 2008년'을 발표하면서 2006년까지 오창·오송이 도시 기능이 확보되면 청원군은 인구가 20만 명이 되기 때문에 청원시로의 승격을 추진하겠다고 발표했다. 오효진 군수로서는 출마할 때 공약으로 통합 반대를 확실하게 했고, 그리고 취임 기자회견시에도 계속 통합 반대를 했기 때문에 계속적으로 반대를 할 수밖에 없는 정치적 입장에 있었다는 점도 이번 통합 과정에서 여러 가지 복잡한 양상이 나타나게 했다.[6]

2005년 3월 1일까지는 군수가 청원군이 통합에 반대하는 논리를 개발하고 이를 주민들에게 홍보하기 위한 노력을 계속하기 위해 청 내에 6급을 팀장으로 한 통합 반대팀을 구성하는 등 반대의 소신을 굽히지 않았다. 그리고 충청북도

5) 현지 공무원들과 면담에서. 2005. 1. 18.
6) 중부매일, "<청원> 오군수, 청주·청원 통합에 부정적, 여론 50% 이상 찬성하면 통합 "말한 적 없다", 2004년 2월 24일.

이원종 도지사가 완곡하게 통합 반대 의사를 기자회견을 통해 발표하기도 하는 등 통합에 반대하는 청원군에 힘을 실어 주었던 것이다. 하지만 이것은 청주시장이 다음 지방선거에 자신과 경쟁해야 하는 입장이기 때문에 사전에 김을 빼기 위한 작전이라고 혹평을 듣기도 했다.[7] 이렇게 완강하게 버티던 청원군수가 통합 추진 쪽으로 가닥을 잡아가기 시작한 것은 5월쯤에 가서다. 이미 통합했을 때 다음 시장 불출마를 선언한 한대수 청주시장과 유기영 청주시의회 의장은 통합하게 되면 청주시는 기득권을 포기하고 청원군이 요구하는 사항을 이행하겠다는 이행문을 발표했다.[8] 이에 청원군수는 5월 31일에 청원군의 입장을 발표하면서 서서히 통합 찬성 방향으로 가닥을 잡기 시작했다. 청원군의 요구 사항은 다음과 같다.

1. 청원군으로부터 받고 있는 우리 군의 농업인과 어르신들을 포함한 군민의 이익이, 현재와 같거나 더 많도록 보장되어야 합니다.
2. 흡수 통합을 막고 통합된 이후에도 청원 군민의 이익을 보장받기 위해서는 청주시와 청원군의회 의원의 정수가 같게 조정되어야 합니다.
3. 청원 군민의 허탈한 마음을 달래고 공동 발전을 달성하기 위해서는, 새로운 시청을 청원군 지역으로 옮기고, 청원군 지역을 관할하는 청원구청을 신설해야 합니다.
4. 청원군의 공무원도 불이익을 받지 않아야 하고 그러기 위한 제도적 장치가 있어야 합니다.
5. 청주시와 청원군이 대등한 통합이 되도록 하기 위해서는, 청주시 측이 기득권을 포기하고 통합의 주도권을 청원군 측에 넘기겠다고 공언한 것처럼, 청원군 측이 통합 문제를 능동적으로 진행하도록 해야 합니다.

2 주민투표 추진 과정

이후의 주민투표 추진 과정을 요약하면 다음과 같다.

7) 충북일보, "통합 추진 속 '정치함수' 표출", 2005년 6월 6일.
8) 동양일보, "청주-청원 통합 때 시의회 의장도 사퇴", 2005년 5월 26일.

- 2005. 7. 28, 주민투표 실시 건의서 제출(청주시·청원군→충청북도)
- 2005. 8. 11, 충북도의회 의견 수렴(통합 반대) 후 행정자치부 건의서 제출
- 2005. 8. 12, 주민투표 실시 요구(행정자치부→청주시·청원군)
- 2005. 8. 12, 주민투표 요구 사실 공표(청주시장·청원군수)
- 2005. 8. 19, 청주시의회 주민투표 찬성 의견 제출
- 2005. 9. 6, 청원군의회 주민투표 반대 의견 제출
- 2005. 9. 6, 주민투표 요지 공표 및 선관위 통지
- 2005. 9. 7, 주민투표 실시 통지(청주시·청원군→행정자치부)
- 2005. 9. 8, 청주시장·청원군수 주민투표 발의
- 2005. 9. 13, 주민투표 소요경비 예비비(15.6억) 국무회의 의결
- 2005. 9. 23, 주민투표 소요경비 예비비 지출(15.6억)
- 2005. 9. 29, 주민투표 실시

3 선거운동

1) 찬성운동

두 지역의 통합에 대한 찬성은 청주시와 시의회, 그리고 사회단체들이 주도하고 있다. 여기에다가 언론도 조심스럽지만 찬성하는 편이라고 할 수 있다. 이에 대한 내용을 보자.

(1) 청주시

청주시는 두 지역의 통합에 가장 적극적이다. 청주시는 시장은 물론이거니와 시의회도 매우 적극적으로 통합을 추진해 왔다. 심지어 합의이행문 등 거의 굴욕에 가까운 자세 등을 보이면서 청주시장은 통합에 적극적인 자세를 보였다. 한대수 청주시장은 2002년 7월 1일 청주시장으로 재선되어 취임했다. 취임하는 순간부터 청주와 청원의 통합을 위해 모든 노력을 아끼지 않겠다고 하면서 심지어 통합이 된다면 즉시 사퇴하여 청원군수로 하여금 통합시장으로 취임하게 할 것이며, 2006년에 통합시장으로 출마하지 않겠다고 선언했다.[9] 청주시장은

9) 충청리뷰, "위대한 시민정신으로 통합을 이루자". 2005년 5월 26일.

지역의 경쟁력을 갖추기 위해서는 통합밖에는 다른 방법이 없다고 주장한다. 인접해 있는 천안시가 통합 전에는 청주시보다 작은 도시였는데 지금은 비약적인 발전을 하고 있는 예를 들면서 통합만이 두 지역의 경쟁력을 살려 줄 것이라고 주장하고 있다. 특히, 청원군과 청주시는 행정구역만 분리되어 있을 뿐 경제・문화 등에서 같은 뿌리이면서 실제로 동일 생활권에 있기 때문에 두 지역의 통합은 경쟁력을 요구하는 세계화, 분권화 시대에 불가피한 일이며 역사적 소명이라고 강조하고 있다.[10)]

청주시는 심지어 청원군에서 개최한 유채꽃 축제를 앞장서서 청주시민에게 홍보하고 단체입장권을 구입해 시민들에게 나누어 주는 등 청원군과의 통합을 위해 진력을 다했다고 할 수 있다.

청주시의회도 청주시장과 마찬가지로 두 지역의 통합에 적극적이었다. 청주시의회는 1994년에 통합에 실패한 후에도 계속 통합의 불씨를 주도적으로 살려 나갔으며 집행부에 두 지역의 통합을 위해 최선의 노력을 다 해 줄 것을 기회가 있을 때마다 요구했다. 그뿐만 아니라 각종의 언론 매체를 통해 통합의 당위성을 주장했으며, 홍보에도 적극적으로 대처했다. 그리고 2006년 6월부터는 의회에 청주・청원 공동발전지원 특별위원회를 구성해 두 지역의 통합을 위해 집행부 독려와 지원, 홍보, 사회단체의 통합 노력 지원, 청원군 지원 대책 발표 등 통합의 한 주역으로서 노력을 다했다고 평가받고 있다. 심지어 시의원들은 인구 규모로 보면 거의 6분의 1밖에 되지 않는 청원군과 시의회 의원도 동수로 할 것이며, 의장직도 사퇴하여 청원군 의원에게 양보할 의사가 있다는 정도까지 적극적이었다.

결론적으로 말하면, 청주시의 집행부와 의결기관은 통합에 대해서 하등의 차이가 없이 일심 단결해 추진했다고 할 수 있다.

(2) 사회단체

두 지역의 통합을 추진하는 과정에서 사회단체의 역할이 매우 컸다고 평가하는 데는 누구도 이의를 달 사람이 없을 것이다. 충북의 사회단체들은 대부분 청주시내에 있다. 따라서 자연히 두 지역의 통합에 대해서는 찬성할 수밖에 없지 않느냐라는 주장도 있지만 사회단체들은 각종 세미나와 토론회 등을 개최

10) 한대수, "청주・청원 통합의 당위성과 전망" 특별 기고, 충북일보, 2005년 3월 2일.

해 두 지역의 통합으로 인한 효과에 대해서 객관적으로 주민들에게 알리려고 노력했다.

충북시민단체가 총집결해 있는 단체가 충북시민사회단체연대회의다. 이 회의에서도 지역의 통합은 2005년도 지역사회 개혁을 위한 10대 과제로 선정되었다. 그리하여 충북시민사회단체들은 통합운동에 적극적으로 나서게 되었다. 2005년 5월 3일에는 도내 29개 사회단체들이 도내 경제계, 종교계, 학계 인사들과 함께 '청주·청원 하나되기 운동본부'를 출발시켜 본격적인 통합 논의에 나섰다. 청주·청원 하나되기 운동본부는 두 지역의 통합 논의가 너무나 관 주도로 추진되고 있다는 데 의견을 같이하고 앞으로 주민 중심의 통합 논의를 할 수 있는 방향으로 운영하겠다고 선언했다. 이 운동본부는 두 지역이 분리된 현재 상태로는 주민 불편뿐만 아니라 경쟁력을 뒤처지게 하여 결국 청주와 청원이 저발전될 수밖에 없기 때문에 통합은 반드시 추진되어야 한다는 것을 전제로 하고 있다.[11]

반면에 2005년 초만 하더라도 청원군에는 시민사회단체가 하나도 없었다. 청원군청이 청주 시내에 있기 때문에 시·군청을 중심으로 운영되고 있는 사회단체들이 청원군에 없는 것은 당연하다. 청주시에 있는 사회단체들이 청원군의 사회단체 역할을 하고 있었던 것이다. 그러나 통합 논의가 본격화되면서 청원군에도 청원참여연대가 발족되었다. 청원참여연대는 최초의 청원군 시민단체이며 이 단체는 첫 사업으로 통합을 주요 사업으로 정했다는 점이 특이하다. 청원참여연대는 발족하자마자 청원군수와 청주시장에게 질의서를 보냈다. 그 주요 내용은 청원군수는 무조건적으로 통합 반대의 여론몰이를 하지 말고 객관적인 자료를 군민에게 보이고 군민들이 선택할 수 있도록 할 것과, 청주시장도 막연하게 청원군에게 당근만을 제시하지 말고 구체적이고 적극적인 안을 제시할 것을 요구했다.[12]

---

11) 충청리뷰, "위대한 시민정신으로 통합 이루자", 2005년 5월 21일.

12) 충청리뷰, "청원참여자치시민연대 통합 입장 발표에", 2005년 4월 23일.
청원참여자치시민연대는 2005년 4월 14일에 청원군수와 청주시장에게 청주·청원 지역 통합에 대한 입장을 밝힐 것을 요구했다. 그리고 특히, 청원군수에게는 통합 반대 여론몰이를 하지 말고 주민의 뜻을 파악할 것을 요구했다. 이에 청원군수는 궁색한 논리를 펴지 않겠다는 말만 할 뿐 의견 제시는 하지 않았다. 반면 청주시장은 청원군에게 양보할 것을 적극 검토해 결의문으로 밝히겠다는 적극적인 입장을 밝혔다.

결론적으로 말하면, 사회단체들은 이번 통합 논의에서는 적극적인 찬성으로 방향을 정해 활동했다고 할 수 있다.

사회단체 중에 찬성 쪽에서 커다란 활약을 한 또 다른 단체는 청주·청원 통합추진 군민위원회다. 이 위원회는 2005년 9월 12일 청주시 상당구 영운동 추진위 사무실에서 발족 기자회견을 갖고 본격적인 홍보 활동을 벌일 계획이라고 밝혔다. 이 단체 홍운식 공동대표(청원군 남일면 효촌 3구 이장)는 "주민들에게 통합 장점을 적극 홍보해 청원·청주 발전뿐 아니라 통합시가 충북의 발전 축을 이루어 대전·천안 못지않은 경쟁력 있는 도시로 성장할 수 있도록 최선의 노력을 다하겠다"며 "반대론자들은 청원군을 오송시, 오창시, 기타 청원군으로 분리, 결과적으로 자족(自足) 능력을 상실하고, 자치단체 수만 늘리는 결과를 초래할 것"이라고 주장했다. 홍 대표는 또 "특히 군의회 등 반대론자들은 일방적으로 부정적 측면만 부각시키고 있다"고 지적하고 "전달 과정에서 잘못된 점들에 대해 읍·면을 순회하며 홍보하겠다"고 밝혔다. 이 단체는 청원군 이장 등 30여명이 참여한 상태로 선관위에 찬성 대표단체로 등록한 바 있다.[13] 이 단체는 반대 분위기가 강한 청원군민으로 이루어졌다는 점에서 찬성하는 쪽에서는 원군으로 생각했다.

(3) 언 론

언론은 두 지역의 통합이 워낙 커다란 사회적 관심사이기 때문에 이에 걸맞게 큰 뉴스로 다룰 수밖에 없었다. 충청북도 내에서 발간되는 신문, 또는 방송마다 두 지역의 통합 문제는 2005년도에 최고 뉴스거리였다고 볼 수 있다. 언론들은 대체로 중립적이려고 노력했다고 볼 수 있다. 그러나 본인이 두 지역의 투표 사례를 연구하면서 2005년도 이 지역의 신문 전체를 살펴본 바로는 내용이나 보도 횟수 등을 종합해 보건대 자세는 중립적이면서도 내용은 우호적이었다는 느낌을 저버릴 수 없었다. 청주시와 청원군에서 방송 내용을 스크랩한 내용을 보더라도 방송도 결코 반대이거나 단순하게 중립만 지켰다고 볼 수 없었으며 신문과 마찬가지로 우호적이었다고 할 수 있다. 이 중에서도 한 언론은 아예 통합 찬성을 선언하고 통합에 대한 의견을 적극 개진했을 뿐만 아니라 행

---

13) 새충청일보, "직무를 유기한 청원군 의회는 해산하라." –주민투표 무산 저지를 위한 긴급 기자회견, 2005년 9월 12일.

동으로도 보여 주었다. 바로 충청리뷰다.

충청리뷰는 2004년 말에 청주·청원 통합을 2005년도 정책 사업으로 정한 뒤 더 이상 양비론 없이 통합 쪽으로 여론을 선도하기 위해 방향을 정했다. 이 신문은 통합으로 여론을 이끌기 위해 통합에 성공적이라고 하는 여수시와 여천시를 수 차례 방문해 성공 사례를 기획 기사로 게재했다. 또한 이 신문은 주민투표법상 어느 기관도 사회단체에 홍보에 소요되는 비용을 지원할 수 없도록 되어 있어 통합 여론 확산에 장애가 되고 있다고 판단해 통합 협찬 광고 캠페인을 벌였다. 이 캠페인은 통합 지지 광고를 실으면 광고 금액의 50%를 사회단체에 지원한다는 것이다. 일종의 편법이지만 어쩔 수 없는 선택이었다고 할 수 있으며, 다른 지역의 주민투표 과정에서는 볼 수 없는 새로운 방법이라고 할 수 있다.

다른 지역은 일일 주점이나 커피 행사 등을 통해서 홍보기금을 모금했지만 지역의 언론을 통해서 한 경우는 없었다. 광고의 문구를 보면, "충주·청원 통합하여 잘살아 봅시다" 성안동 새마을부녀회, "청주·청원 통합 100% 찬성, LG 펌프 대표 김기범" 등 관변단체뿐만 아니라 지역 주민들이 많은 광고를 했다. 이 광고로 인한 수입금으로 3월에는 청원참여연대에 100만 원, 5월에는 청주·청원 하나되기 운동본부에 300만 원 등이 지원되었다.[14] 이러한 노력의 결과 2005년 7월 26일 한국갤럽이 청주와 청원 주민 각각 1,000명씩 총 2,000명을 대상으로 한 여론조사 결과를 보면 청주시민은 찬성 90.4%, 반대 9.4%이고 청원군민들은 찬성 57.4%, 반대 41.6%로 나타났다. 동년 8월 10일에 코리아 리서치가 충청북도 주민 3,500명을 대상으로 한 여론조사에 의하면 통합 찬성이 64.9%, 반대가 16.5%로 나타나 찬성 분위기가 매우 상승되고 있음을 알 수 있다.

2) 반대운동

반대운동은 대체로 청원군에서 나왔다. 청원군의 입장에서 보면 통합하면 손해라는 계산에서였다. 청원군의 반대운동은 누가 무엇 때문에 반대했는지 알아보자.

---

14) 충청리뷰, "위대한 시민정신으로 통합하자", 2005년 5월 21일.

(1) 청원군청

이미 기술한 바와 같이 청원군수를 비롯한 청원군청은 처음에는 통합에 절대 반대였다. 오효진 군수는 공식적으로는 현재 주민 1인당 예산이 청주시의 2.5배가 되며, 재정의 14.9%가 농업 예산인데 통합이 되면 한 자리로 줄어들어 농업이 푸대접을 받을 것이라고 주장하면서 통합을 반대했다. 여기에다가 오효진 군수는 청주의 혐오시설만 이설(移設)되어 청원군은 여러 면에서 손해라고 주장한다. 그래서 오효진 군수가 바라는 것은 궁극적으로는 자체 시 승격인 것이다.

그러나 정치분석가는 오효진 군수가 통합에 반대하는 이유를 정치적 계산 때문이라는 것이다. 두 차례 국회의원선거에 낙선한 경험이 있는 오효진 군수는 2002년에 지방선거에 당선되면서 '비운의 정치인'에서 벗어났을 뿐만 아니라 2006년도 지방선거에서도 재선이 유력시되고 있기 때문에 통합은 오 군수 입장에서는 최악이라고 판단하고 있다고 지역 언론들은 전하고 있었다. 다시 말하면, 오효진 군수는 통합을 해봤자 손해 볼 것만 있고 아무런 이득이 없다고 계산해 통합을 적극적으로 반대했던 것이라고 지적하고 있다.[15)]

그러나 오효진 군수가 이렇게 강력하게 반대를 하다가 5월 들어서 갑자기 찬성으로 돌아서게 된 이유는 상기의 두 가지 손해 가능성이 해결되었다고 판단되기 때문이라고 언론들은 분석하고 있다. 즉, 오효진 군수는 공식적으로는 통합을 해도 청원군이 손해 볼 것이 없도록 합의문에서부터 시작해 의안별로 합의 결과를 청주시로부터 기대 이상 보장을 받았기 때문에 청원군민들로부터 불만을 살 이유가 없다는 계산이 섰던 것이다. 그리고 비공식적으로는 한대수 시장이 거듭 통합시장 불출마 선언으로 통합시장의 당선 가능성이 매우 높다고 판단했기 때문이다. 오효진 군수는 이러한 분위기에서는 통합만이 이득이라고 판단해 통합에 적극적으로 돌아서게 되었다고 할 수 있다.[16)] 그러나 가장

---

15) 충청리뷰, "청원군수 입장은, 통합은 시기상조", 2005년 4월 16일.

16) 한빛일보, "찬성 여론 확산에 대세론 인정", 2005년 6월 1일.
조선일보, "조건 맞으면 청주시와 통합", 2005년 6월 1일.
오효진, "청주-청원 통합, 산고 겪어야 나온다. 특별 기고, 충북일보, 2005년 6월 6일.
오 군수는 이 기고에서 청주와 청원 통합은 물리적 통합이 아닌 대등한 통합이 되어야 하면 이를 위해서 의원 수 동수, 예산 불이익 배제 등을 요구하고 인내심을 가지고 통합 노력을 하자고 하여 실질적으로 통합운동에 동참을 선언한다.

완강하게 반대했던 군수가 찬성으로 돌아서게 됨으로써 오효진 군수는 여러 가지 곤혹을 치르게 된다. 주민투표 과정에서는 반대하는 의회와 주민들로부터 배신자라는 정치인으로서는 가장 듣기 싫은 소리를 들어야 했고, 선거 후에는 패배의 책임을 온통 지고 2006년도 청원군수 선거에 불출마 선언을 하는 아픔을 겪어야 했다. 2006년 2월에는 열린우리당에서 청주시장으로 오효진 군수를 전략 공천하기로 방침을 세워놓고 있었다. 그러나 오효진 군수는 주민투표가 실패로 끝나자마자 내년도 군수 출마를 하지 않겠다고 선언했다. 다시 한 번 비운의 정치인이 된 것이다.

(2) 청원군의회

청원군의회는 두 지역의 통합에서 가장 큰 반대의 버팀목이 되었다고 할 수 있다. 청원군의회는 처음부터 끝까지 대부분의 의원들이 통합에 반대했다. 청주시 또는 청주의회가 찬성에 대한 의견을 제시하면 즉시 반대 의견을 발표하는 등 기동성 있게 대처하기도 했다. 청원군의회는 청원군수가 2005년 5월부터 찬성 쪽으로 방향을 선회하자 동년 5월 31일 의회 내에 청원·청주 통합여부 특별대책위원회을 설치해 운영했다. 이 위원회는 청주시와 청주의회가 청원·청주 통합에 따른 이행문을 일방적으로 발표해 청원군민의 혼란을 가중시키고 있다는 판단에 따라 통합에 대한 청원군민의 의사를 파악하고 의회의 입장을 결정하기 위해 13명의 의원이 참여하는 '청원·청주 통합여부 특별대책위원회'를 구성했다. 이 특위에서 청원군의회 홈페이지, 청원군 신문, 여론조사기관 등을 통한 방법과 기관·단체장 회의, 유관 기관 회의, 청원군 유관 기관·단체 행사, 주민간담회, 학계와 언론계 등 다양한 채널을 통해 청원 군민의 의견을 수렴했다.[17]

이 위원회는 다각적인 활동을 했는데, 회의록의 내용을 통해서 활동 방법을 살펴보자.

- 통합여부 특별대책위원장 조방형: 청원·청주 통합여부 특별대책위원회 위원장 조방형 의원입니다. 특별대책위원회 활동보고서 내용에 대해서 보고드리겠습니다.

---

17) 한빛일보, "청원군의회, 통합특별대책위 구성", 2005년 6월 1일.

통합 여부에 대한 생생한 현장의 목소리를 수렴해 의정 활동에 반영함은 물론 의회의 입장을 결정해 군민의 기대에 부응하기 위해 구성한 청원·청주 통합여부 특별대책위원회 활동은 2005년 5월 31일 청원·청주 통합여부 특별대책위원회를 구성하여 1995년도 이후에 통합된 제천시, 안동시, 충주시, 여수시, 김해시 방문을 비롯해 통합된 40개 시의회 의원들을 대상으로 시군 통합 사례 분석을 위한 설문조사를 실시함은 물론 청원군에서 청주시로 편입된 수의동, 현암동, 장성동, 장암동을 방문하고 통합 전후 주민이 받는 수혜도를 조사하는 등 다각적으로 활발한 활동을 전개했습니다.

특히 특위 활동에 임하는 의원들은 무더운 한여름의 날씨에도 불구하고 이미 통합된 타시군의 통합 관련 사항에 대한 정확한 장·단점 파악을 위해 당시 통합을 찬성했던 군수는 물론 통합을 반대했던 반대 추진위원장과의 간담회를 통해 생생한 현장의 목소리를 수렴했습니다.[18]

여기에서 결론은 통합 반대였다.

충북 청원군의회 '청원·청주 통합여부 특별대책위원회'(위원장 조방형 의원)는 2005년 8월 9일 위원 13명 전원이 참석한 가운데 회의를 열고 "통합에 적극 반대한다"는 내용의 보고서를 채택했다. 특위는 이 날 그동안의 활동 사항을 검토하고 통합 찬반 안건을 표결에 부쳐 찬성 2표, 반대 11표의 압도적인 표차로 반대 의견을 정리했다.

특위는 "기존 통합 지역과 이미 청원에서 청주로 편입된 지역의 주민을 접촉한 결과 대다수가 통합에 부정적인 견해를 보였고, 청주시와 청원군이 통합 조건으로 합의한 51개 항도 실현 가능성이 적다"며 반대 이유를 분명히 밝혔다.[19]

이후 의회는 11명이 단합해 각종의 모임과 토론회에 참석해 반대 의견을 제시했고, 이것이 결국 청원 군민의 반대 의견을 다수로 돌려놓는 데 커다란 역할을 했다는 것이 지역 내외의 분석이다.

(3) 이장단과 청원군 지키기 운동본부 등 사회단체

청주시가 두 지역의 통합이 실패한 원인 분석에서 청원군 이장단의 적극적인 통합 저지운동을 주요 원인으로 손꼽을 정도로, 이장단의 노력은 이번 통합

18) 제134회 청원군의회(임시회) 본회의회의록 제2호 2005년 8월 10일(수).
19) 조선일보, 2005년 8월 10일.

무산에 커다란 영향을 미쳤다. 청주시가 분석한 통합 실패 요인을 보면 다음과 같다.

- 청원군 의원 및 이장단의 조직적이고 적극적인 통합 반대 운동에 비해 통합 찬성단체의 활동은 미온적이었다.
- 또한 청원군 이장들의 통합 반대로 청원군의 통합 찬성 관련 주민홍보물이 주민들에게 적기에 배부되지 않아 정확하고 객관적인 정보 제공이 이루어지지 않았다.[20]

이렇게 활동적인 의장단을 비롯한, 군의회 의원, 농민단체, 직능단체장으로 구성된 '청원군 지키기 운동본부'가 발족되어 통합반대 운동의 중심단체가 되었다. 이들은 지역의 토박이로서 지역에 대한 여론 지도층이었다. 또 농촌 지역이어서 아직도 이장이나 원로들의 의견이 지역의 의사 결정에 커다란 영향을 주고 있기 때문에 이들의 영향은 너무나 컸다고 주민투표를 집행했던 공무원이 말했다.

군의회 의원, 이장단, 농민단체, 직능단체장 등이 참여하고 있는 '청원군 지키기 운동본부'가 14개 읍·면을 순회하면서 주민들에게 배포하고 있는 이 홍보물에는 청원군이 없어진다는 것에 대한 우려감이 짙게 배어 있다. 이들은 주로 다음과 같은 내용을 중심으로 홍보했다.

첫째, 통합 추진은 정치적 야합의 산물이다.

반대 단체 회원들은 당초 통합을 반대하던 오효진 군수가 갑작스레 찬성으로 선회한 배신감과 흡수 통합에 대한 우려가 크다. 특히 통합 추진 자체가 정치적 야합(청주시장·청원군수)이어서 진정성이 의심되고, 의회나 주민들과 사전협의 없이 결정한 것도 민주주의를 저버린 행위라고 비난하고 있다.

둘째, 혐오시설 설치에 대해 우려한다.

이들은 또 시·군이 통합될 경우 혐오시설만 청원 지역에 유치될 가능성이 높다는 것이다. 쓰레기매립장, 제2광역쓰레기매립장 등 혐오시설 설치들이 인구가 적은 청원에 들어설 것이라는 점이다. 농업 분야 지원과 투자가 현저히 줄어들 것 아니냐는 우려도 반대 명분이다.

20) 청주시 기획행정국 자치행정과 내부자료, 청주·청원통합추진결과보고서, 2005. 12. 19.

셋째, 예산은 줄고 빚은 늘어난다.

청원군 총예산 3,084억 원 가운데 농업 예산이 14.9%인 460억 원을 차지, 농민 1인당 111만 4,000원이 지원되는데 통합하면 1인당 10만 원씩 줄어들 것이라는 것이다. 1인당 예산(2004년 기준)도 청원군(257만 원)이 청주시(103만 원)보다 2.5배 많지만 통합될 경우 1인당 129만 3,000원이 줄고, 청주시는 1인당 24만 7,000원이 늘어나는 결과를 초래한다는 점도 들었다. 1인당 부채도 군은 4,000원에 불과하지만 시는 18만 3,000원에 달해 결과적으로 채무까지 전가될 것이라고 지적했다. 충주·제천 등 통합 시·군 대부분 통합 이후 농촌 경제의 피폐화, 재정자립도 하락 등 부작용이 나타났다는 것이다.

넷째, 성장 후 통합이 바람직하다.

이들은 청원이 성장한 후 통합하는 것이 바람직하다는 결론을 내놓았다.

청원군 지키기 운동본부 등 통합 반대단체들은 선거를 이틀 앞둔 9월 27일에는 청원군 오창면 충청북도 농업기술원에서 주민 1천여 명이 참석한 가운데 결의대회를 가졌다. 이들은 이 날 통합할 경우 예상되는 청원군의 불이익 등을 집중 부각시키며 주민들의 통합 반대표를 호소했다. 청원군 지키기 운동본부는 이 날 행사를 계기로 이번 주민투표에서의 승기를 어느 정도 잡았다고 판단하고, 앞으로 남은 이틀간 각 읍·면의 농민단체와 이장단 등을 중심으로 반대세력을 확산, 반드시 통합 반대를 이끌어 낸다는 전략이다.[21]

(4) 충청북도청과 도의회의 반대

충청북도 도지사와 도의회도 통합에 반대했다. 충북도지사인 이원종 지사는 통합에 대해서 찬·부에 대한 정확한 입장을 제시하고 있지는 않으나 그의 발언은 통합에 부정적인 것으로 해석되었다. 그래서 찬성 측으로부터 거센 항의를 받기도 했다.

이원종 지사는 두 지역의 통합이 두 지역뿐만 아니라 충청북도의 최대 이슈 중에 하나인데도 불구하고 침묵으로 일관했다. 그러다가 2005년 5월 17일에 처음으로 이에 대해 언급했다. 이원종 지사는 청주시청을 방문한 자리에서 두 지역의 통합은 호남고속도로 오송분기점 유치와 공공기관 충북 유치 등 현안 문제가 해결된 뒤 논의하는 것이 좋으며, 정치적 논리가 아닌 주민 중심의 논의

21) 한빛일보, 2005년 9월 27일.

가 선행되어야 한다고 언급했다. 이는 결국 현재의 통합 논의를 중지하라고 하는 것과 맥을 같이한다고 할 수 있다. 이러한 이원종 지사의 언급은 자치단체가 하나 줄어듦으로써 공직자 자리가 없어지는 이유로 통합을 싫어하는 도청 공무원에게도 힘을 실어 주어 도청 공무원들로 하여금 반대의 대열에 확실하게 서게 했다. 그러나 이러한 이원종 지사의 언급에도 불구하고 두 지역 간의 통합 논의는 계속 급진전하여 동년 5월 31에 청주시가 청원군수의 요구 사항에 대해 이행문을 발표하자 바로 이원종 지사는 바로 이튿날인 6월 1일에 통합 네 가지 원칙을 제시했다.[22]

첫째, 주민 의사 존중

둘째, 정치성 배제

셋째, 현행법 내 추진

넷째, 행정구역 개편과 조화

언론은 이 내용도 사실상 두 지역 통합을 반대하는 것으로 평가했다. 여론은 이원종 지사의 이러한 발표는 한대수 시장이 자신과 2006년도 도지사 선거전에서 경쟁하게 된 것에 큰 부담을 가지는 것으르 생각해, 한대수 시장과 오효진 군수의 두 지역 통합 추진 노력을 그들의 정치적 계산으로 부각시키려는 노림수라고 평하기도 했다.[23]

두 지역의 통합에 대한 반대는 도지사뿐만 아니라 도의회에서도 이루어졌다. 도의회에서는 도지사의 논리에다가 공정성 결여, 청주시로의 일극 집중 현상 가속화로 지역 간 심한 불균형 발전 등을 들면서 반대했다. 충북도의회는 제242회 본회의에서 두 지역의 통합에 대한 건을 찬성 9, 반대 17로 통합 반대를 의결했다.

이 밖에도 청주시와 청원군 이외의 충북도 내 다른 기초자치단체의 장과 의회가 모두 통합을 반대했다. 그 이유는 두 지역이 통합하면 너무 거대해져 준(準)광역자치단체가 될 것이며, 그렇게 되면 지역 간의 불균형이 더욱 심화될 것이라는 것 때문이다.[24] 이러한 분위기도 청원군의 반대 측에 큰 힘이 되었다.

22) 대전일보, "주민 의사 존중·정치성 배제", 2005년 6월 2일.
23) 충북일보, "통합 추진 속 정치 함수 표출", 2005년 6월 6일.
이정균, "정치적 도지사, 이원종", 한빛일보, 2006년 6월 7일.
24) 정정목, "청주/청원 주민투표 결과와 문제점", 지방행정, 2006년 6월호, 한국지방행정공제회, pp. 47-49.

제 3 절 주민투표에 영향을 미친 쟁점 사항

청주·청원 주민투표에 영향을 미치는 쟁점 사항은 좀 다른 의미가 있다. 다시 말하면, 쟁점 사항은 두 지역 간에 쟁점 사항이 아니라 청원군 내 찬성과 반대 측 간에 쟁점 사항이라고 해도 과언이 아니다. 따라서 두 지역 통합에서 쟁점 사항은 거의가 청원군에서 제시되었다고 볼 수 있다. 주민투표의 과정과 결과에서 보는 바와 같이 청주시는 오랫동안 두 지역의 통합에 대해서 절대적으로 찬성해 왔기 때문에 청주시가 제시하는 쟁점은 처음부터 없었다고 할 수 있다. 다만 있다고 한다면 청원군이 제시하는 과도한 요구에 대해서(예를 들면, 지방의원 정수의 동수) 설득하거나 인내하는 수준이었다. 따라서 쟁점 사항은 두 지역 간에 통합시 나타날 수 있는 사항에 대해서 두 지역이 한 치의 양보가 없기 때문에 나타나는 것이 아니다. 따라서 쟁점 사항은 통합시 불리하다고 생각하는 청원군의 요구 사항일 수밖에 없다. 청원군이 요구하는 사항은 농촌 중심인 청원군이 인구가 많고 도시 중심인 청주시와 통합하는 데서 오는 행정적인 사항이 주를 이루고 있다. 청주시의 인구가 많기 때문에 결국 청주시 중심으로 행정이 이루어진다는 우려에서 나오는 것이 대부분이었다. 이를 정리하면 다음과 같다.

첫째, 예산 배정의 우선순위다.

예산 배정 우선순위를 도시 중심인 청주시 중심이 아니라 농업 중심인 청원군에 대한 배려를 해야 한다는 것이다. 그렇게 하여 현재 청원 군민의 생활 터전인 농업에 대한 지원을 더욱 강화해야 한다는 것이다.

둘째, 혐오시설의 설치 지역에 관한 것이다.

청주시는 현재 인구의 계속되는 증가로 인해 하수처리 및 쓰레기 매립, 화장장 등 혐오시설에 대한 확장이 불가피할 수밖에 없다. 이들의 시설을 현재 청원군 지역에 시설하는 것을 절대 반대한다는 것이다.

셋째, 지방의회 정수에 관한 사항이다.

정책 결정은 지방의회에서 하기 때문에 지방의회의 정수가 균등해야 한다는 것이다. 현재의 4대 의회와 같이 청주시 시의원 28명, 청원군 의회 14명처럼 큰 차이로 의회 좌석이 배치되었을 경우 모든 정책 결정은 청주시 위주로 가기 때문에 의원 정수를 균등하게 해야 한다는 주장이다.

넷째, 공무원의 불이익에 관한 사항이다.

공무원 규모가 차이가 있기 때문에 승진이나 직급, 배치에 청원군 공무원이 불이익을 받지 않도록 해야 한다는 것이다. 특히, 통합을 하게 되면 주도권이 청주시에 있기 때문에 청주시의 현재 공무원 중심으로 인사가 이루어지는 것을 방지해야 한다는 주장이다.

다섯째, 사회단체의 통합에 따른 적정한 임원 수에 관한 사항이다.

사회단체, 특히 자치단체에서 예산을 지원해 주고 있는 관변단체들이 통합했을 때 청주시의 기존 임원 중심으로 운영되지 않도록 한다는 것이다.

여섯째, 복지시설의 운영에 관한 사항이다.

현재 청원군은 군 지역이기 때문에 주민들의 접근이 편리하도록 복지시설이 잘 되어 있는데, 통합이 되었을 때는 시 중심으로 운영되어 청원군 주민들이 불편을 느낄 수 있다는 것이다. 따라서 이러한 불편이 없도록 해야 한다는 것이다. 예를 들면, 시가 됨으로써 현재 운영되고 있는 보건진료소를 폐지해서는 안 된다는 것 등이다.

일곱째, 행정 편의에 관한 사항이다.

군이 없어지면 군청 등 일부 행정시설이 축소되거나 통합되기 때문에 청원군민들의 행정 편의가 대폭 줄어들 수 있다는 것이다. 따라서 이러한 행정 편의가 줄어들지 않도록 하는 방안을 마련해야 한다고 주장하고 있다.

여덟째, 지역 개발에 관한 것이다.

지역 개발이 인구가 많은 청주시 중심으로 이루어질 가능성에 대한 우려이다.

두 자치단체의 실무진들은 이와 같은 쟁점 사항을 중심으로 검토하기 시작했다. 실무 팀에서 검토해 합의안들이 나오고 이를 두 지역 자치단체장들이 직접 점검했다. 이러한 일련의 과정을 거쳐 두 자치단체장들은 합의문을 작성해 발표했다.

이로써 일단 두 자치단체장이 주민투표 요구서를 제출해야 가능한 주민투표를 실시할 수 있게 되었다. 다음 <표 8-2>는 양쪽 자치단체장이 합의한 문서이다.

한대수 청주시장(왼쪽)과 오효진 청원군수가 7월 28일 청원군 상황실에서 청주·청원 통합 합의문을 교환하며 환하게 웃고 있다(자료: 충청투데이).

〈표 8-2〉 청주·청원 통합을 위한 합의문

유구한 역사 속에서 장구한 세월 동일한 생활문화를 형성하며 살아온 청주시·청원군이 지난 60여 년간 별개의 행정구역으로 나뉘어 공존하면서도 때로는 경쟁하고, 다른 한편으로는 서로 도와가며 독립성을 유지해 왔다. 청주·청원은 국토의 중심에 있어 그 어느 지역보다도 무궁무진한 발전 잠재 능력을 가지고 있으나 이렇게 분리행정을 펼쳐온 탓으로 그 능력을 십분 발휘하는 데 어려움이 있었다. 청주시는 영역이 협소해 발전에 한계가 있었고, 청원군은 각종 계획이 청주시에 종속돼 있는데다 최근에는 여러 국가 정책사업 등으로 지역이 몇 개로 분리될 가능성이 있어, 독자 발전의 가능성이 점점 줄어들고 있는 것이 현실이다. 또 통합에 성공해서 비약적인 발전을 거듭하고 있는 천안·아산권에 비해 우리 지역의 경쟁력이 떨어지고 있고, 신행정중심 복합도시로 선정된 연기·공주 지역과 대전광역시에 비해 발전이 더딘 데다 자칫 종속적 지위로 떨어질 수도 있는 점을 감안할 때, 지금이야말로 청주·청원이 공동 발전을 함께 추구하여야 할 때라고 생각한다. 이러한 상황 속에서 청주시와 청원군이 공동 발전하기 위해서는, 무엇보다도 하나가 된 통합시의 출범을 통해 공동 영역을 확대해서 지역의 균형 발전을 꾀하고 행정 기능의 효율성을 극대화시켜 경쟁력을 높여야 할 필요성이 절실히 요구되고 있다. 청주시와 청원군은 두 시·군이 공동 발전하고, 우리 지역 후손들이 함께 잘살 수 있는 행복한 미래를 보장해 주기 위해서, 우리는 두 지역의 통합이 절실하다는 점을 강조하지 않을 수 없다 이에 청주시장과 청원군수는 두 지역이 대등한 통합이 되도록 다음 사항의 이행을 합의한다. 첫째, 청주시와 청원군은 양 지역 주민들이 희망이 넘치고 함께 잘 살 수 있는 도·

농통합시를 만들기 위해 시·군의회의 의견을 수렴해서 통합 찬반 여부를 묻는 주민투표를 9월 중 실시토록 추진한다.

둘째, 청주시와 청원군의 통합으로 두 지역의 공동 발전을 도모하고, 청원군이 종전에 누리던 행정상·재정상의 이익이 상실되거나 새로운 부담이 추가되지 않도록 하기 위해 다음 사항을 이행하기로 한다.

1. 농업인의 삶의 질 향상을 위하여 농업정책을 개발하는 농정국을 신설하며, 산하에 농림축산 관련 5개 과를 두어 청원생명쌀 명품화, 농수산물도매시장 이전 및 현대화 등, 농촌지역 지원을 확대 추진한다.
2. 통합시청 및 청원구청은 통합시민의 충분한 여론을 수렴하여 접근성이 용이한 청원군 지역에 조기에 건립하고 위락단지 및 전원주택단지의 조성, 상수도 통합관리 등 읍·면 지역의 개발에 지속 투자한다.
3. 어르신들의 편안한 노후를 보장할 수 있는 사업을 지속 발굴하고 농촌 현실에 맞게 방문 보건, 순회 진료 등 보건소의 기능을 강화한다.
4. 통합시 전 지역에 시내버스 기본요금제를 실시하고, 산업단지와 읍·면을 연결하는 광역도로망 체계를 구축한다.
5. 각종 혐오시설 등의 설치로 청원군 지역 주민들의 생활환경을 저해하는 일이 없도록 하고 환경 관련 시설은 지역 공모를 통해서 추진한다.
6. 사회단체는 자율 합병을 원칙으로 유도하되, 통합될 경우 단체장 및 임원은 1/2 이상이 청원군 인사가 선임되도록 권고하고, 분리 운영할 경우 통합 전 지원금을 감안해서 계속 지원한다.
7. 공무원의 신분 보장을 위해서 승진후보자명부를 별도 관리하고 시, 구, 읍, 면, 동 등에 균분 배치하여 근무하도록 하며, 중요 보직과 승진 비율은 직급별·직렬별 현 근무 인원에 비례하여 적용한다.
8. 청주·청원 통합을 위한 합의 사항을 조례로 제정하여 명문화하기로 하며 기타 세부 사항은 의안별 합의 결과에 준해서 이행하고, 추진 사항을 점검하며 지속적으로 관리할 수 있는 직제를 신설 운영한다.

셋째, 청주시와 청원군은 통합시의회에 농업·농촌발전상임위원회 설치와 예산결산특별위원회 위원의 동수 구성은 물론 합의 이행을 보장하기 위하여 제시된 의원 정수가 동수가 되도록 최대한 노력을 계속한다.

넷째, 청주시와 청원군은 통합으로 인한 두 시·군의 공동 발전을 도모할 뿐만 아니라 충청북도와 다른 시·군의 번영에도 도움이 되도록 최선을 다한다.

다섯째, 주민투표 실시 후 통합시 준비단 구성과 운영 및 기타 제반 사항은 시장·군수 합의하에 결정한다.

2005년 7월 28일

청주시장 한대수 청원군수 오효진

제 4 절 투표 결과의 분석

1 주민투표의 실시

양 지역의 주민투표가 끝난 후에 보고서에 의하면 다음과 같은 배경과 절차에 의해서 주민투표가 실시되었다.25)

1) 배 경

- 지방자치단체를 폐치·분합할 경우에는 지방자치법 제4조 제2항의 규정에 의거 관계 지방자치단체의 의회 의견을 듣도록 되어 있으나,
- 통합을 추진하고자 하는 청주시, 청주시의회, 청원군은 통합에 찬성하고 있으나 청원군의회 및 직속 상급기관인 충청북도, 충청북도 의회에서 반대를 표명하여 동 규정의 단서 조항에 의거 주민투표법 제8조(국가정책에 관한 주민투표)의 규정에 따라 주민투표를 실시했음.
  - 근거 : 지방자치법 제4조 제2항, 지방자치법시행령 제2조, 주민투표법 제8조

2) 개 요

- 주민투표 실시 건의서 제출(충북도 경유 행정자치부) : 2005. 7. 28.
- 충북도의회 의견 결과 첨부 건의서 행자부 접수 : 2005. 8. 11.
- 주민투표 실시 요구서 접수 및 공표 : 2005. 8. 12.
- 주민투표 요지 공표 : 2005. 9. 6.
- 주민투표 발의 공고 : 2005. 9. 8.
- 청주·청원 통합 주민투표
  - 주민투표 일시 : 2005. 9. 29(목) 06 : 00~20 : 00
  - 주민투표권자 : 445,182명(청원군 92,492명)

25) 청주시 기획행정국, "청주·청원 통합 추진결과보고서", 2005. 12. 19, p. 10.

-주민투표 구역 : 청주시와 청원군 일원

-투 표 구 : 128투표구

2 투표율

청주 · 청원 주민투표는 기술한 바와 같이 우리 나라에서 주민투표제도가 도입된 후 자치구역 통합으로는 처음으로 실시하는 주민투표다. 그리고 제주도 주민투표 실시 이후에 두 번째 실시하는 주민투표다. 또한 이번 주민투표가 양 지역이 오랫동안 숙원사업이라는 점, 두 자치단체장이 선봉에 서서 지휘를 했다는 점, 주민들의 관심도가 그 어느 때보다 높았다는 점을 고려할 때 매우 높은 투표율이 나오리라 예상했다. 그리고 여론조사에서 보더라도 투표하겠다는 사람이 87% 이상으로 나왔기 때문에 많은 주민들이 주민투표에 참여하리라고 생각했다.[26]

그러나 결과는 <표 8-3>에서 보는 바와 같이 36.7%로서 예상외로 저조한 투표율을 기록했다. 청주시는 35.5%에 불과했고 청원군은 42.2%로 청주시보다 약 7% 높았다.

〈표 8-3〉 청주 · 청원 주민투표율

지 역	유권자 (명)	투표인 수 (명)	투표율 (%)
계	537,674	197,122	36.7
청주시	445,182	158,069	35.5
청원군	92,492	39,053	42.2

자료: 청주시.

26) 2005년 7월 26일에 청주시와 청원군은 합동으로 한국갤럽조사연구소에 의뢰하여 여론조사를 했다. 양 지역 모두 1,000명을 표본을 하여 조사한 결과 청주 시민들은 반드시 참여하겠다가 49.9%, 가급적 참여하겠다 39.9%로 참여하겠다는 의향이 89.8%인 반면에 참여하지 않겠다는 반응은 8.6%에 불과했다. 청원 군민들도 반드시 참여하겠다 59.5%, 가급적 참여하겠다 27.9%로 참여하겠다는 주민이 87.4%로 나타났고, 참여하지 않겠다는 주민은 8.4%에 불과했다. 청주시, 주민투표 실시 건의서, 2005. 7, p. 37.

투표율을 세부적으로 보면 청주는 다음 <표 8-4>에서 보는 바와 같이 두 개의 구에서 투표가 이루어졌는데 두 개 구의 투표율은 크게 차이가 나지 않았다. 상당구는 약 37%이며, 홍덕구는 34%를 기록하고 있다. 그런데 특이한 것은 부재자의 투표율이 매우 높다는 점이다. 부재자 투표에 대해서는 방폐장 투표 때 부재자 인수와 투표율이 매우 높게 나타나지만, 여기에서도 부재자 투표율이 어느 정도 높다는 것이 특징이다. 주민투표법에서 투표구 내에 거주해도 부재자 신고를 할 수 있고, 투표도 자기 집(거소)에서 할 수 있도록 했기 때문에 투표율이 높은 것으로 나타났다. 그리고 행정기관이나 찬성 측과 반대 측의 독려도 부재자 투표율을 높이는 데 일조했다고 할 수 있다.

〈표 8-4〉 청주시 투표율

구 분	인구 수	투표인 수 (유권자)	투표자 수	투표율 (%)
계	629,026	445,182	158,069	35.51
상 당 구 (부재자)	256,354	182,288 (3,836)	67,550 (3,319)	37.06 (86.52)
홍 덕 구 (부재자)	372,672	262,894 (5,705)	90,519 (4,442)	34.43 (77.86)

자료: 청주시.

청주시에서는 부재자 투표율이 상당구가 86.52%, 홍덕구가 77.86%로 높게 나타났다.

투표율을 살펴보자. 상당구 지역구별로 투표율을 보면 용담동과 오장근동이 41%로 가장 높게 나타났고, 가장 낮은 지역은 32%인 내덕2동으로 상당구에서 유일하게 1/3 이하의 투표율을 보였다. 홍덕구에서는 40% 이상의 투표율을 보이는 곳은 없었으며, 산미분장, 수곡2동이 각각 38%로 높았고, 복대2동은 29.9%로 최하위였다. 홍덕구는 15개 지역 중 투표율이 1/ 3 이하인 지역은 사직2동, 사창동, 모충동, 운천신봉, 복대1동, 복대2동, 봉명1동, 봉명동, 송정동 등 여덟 곳으로 나타났다.

청원군의 투표 내용은 <표 8-5>와 같다.

〈표 8-5〉 청원군 투표율

청원군	인구 수	투표인 수 (유권자)	투표자 수	투표율 (%)	개표 결과			비 고
					찬성	반대	찬성률	
계	119,966	92,492	39,053	42.22	18,022	20,752	46.15	반대 53.14
내수읍	23,348	15,680	5,058	32.26	3,473	1,572	68.66	
낭성면	2,492	1,912	1,025	53.61	405	615	39.51	
미원면	6,254	5,073	2,575	50.76	716	1,836	27.81	
가덕면	4,823	3,872	1,946	50.26	654	1,278	33.61	
남일면	8,190	5,952	2,491	41.85	1,229	1,247	49.34	
남이면	7,279	5,573	2,304	41.34	1,139	1,153	49.44	
문의면	5,495	4,297	2,121	49.36	681	1,428	32.11	
현도면	4,481	3,396	1,683	49.56	837	833	49.73	
부용면	7,900	5,557	2,248	40.45	988	1,246	43.95	
강내면	10,165	7,451	2,636	35.38	1,365	1,258	51.78	
강외면	10,069	7,336	2,806	38.25	1,042	1,757	37.13	
옥산면	11,552	8,479	3,093	36.48	1,811	1,272	58.55	
오창면	11,409	8,656	3,334	38.52	1,262	2,060	37.85	
북이면	6,509	4,805	2,151	44.75	681	1,453	31.66	
부재자		4,453	3,582	80.44	1,739	1,744	48.55	

자료 : 청주시.

상기 <표 8-5>에서 보는 바와 같이 청원군의 투표율은 42.22%로서 청주시에 비해 약 7% 높게 나타났다. 투표율이 가장 높은 곳은 낭성면으로서 53.6%이며 가장 낮은 곳은 내수읍으로서 32.3%이다. 투표율이 50% 이상 되는 곳은 낭성면, 미원면, 가덕면 등 3곳이다. 반면에 30%대의 투표율을 보이고 있는 곳은 내수읍, 강내면, 강외면, 옥산면, 오창면 등이다. 부재자는 전체 3,582명이 투표했는데 이는 총 투표인 수 39,053명의 9.2%이다. 이는 평소 주민투표시에 나타나는 비율 5% 이내에 비해서는 높은 수준이나 2개월 후에 실시되는 방폐장 주민투표에 비해서는 현저하게 낮은 수준이다.

3 투표 결과

투표 결과는 <표 8-6>과 같다. 투표율은 두 지역 다 낮았지만 찬성과 반대는 지역별로 크게 차이가 나고 있다. 청주시는 예상한 대로 찬성률이 압도적으로 나타났지만 청원군은 근소한 차이로 반대표가 많이 나왔다.

〈표 8-6〉 청주·청원 주민투표 결과

지 역	유권자 (명)	투표인 수 (명)	투표율 (%)	유효투표 수			
				찬 성		반 대	
				투표 수	비율	투표 수	비율
계	537,674	197,122	36.7	161,816	82.5	34,451	17.5
청주시	445,182	158,069	35.5	143,794	91.3	13,699	8.7
청원군	92,492	39,053	42.2	18,022	46.5	20,752	53.5

자료: 청주시.

<표 8-6>에서 보는 바와 같이 청주 시민은 통합에 대해서 91.3%로 압도적으로 지지하고 있다. 반면에 청원군은 반대가 53.5%, 찬성 46.5%로 반대가 7%가 앞선다. 그러나 유효투표 수 전체에서 보면 찬성의 평균은 82.5%로 압도적이다. 그러나 지방자치단체는 독립법인이기 때문에 한 지역의 의사 결정은 다른 지역의 의사 결정에 기속되지 않기 때문에 투표 결과는 통합안의 무산이다. 즉, 청원군이 반대했기 때문에 통합안은 무산된 것이다. 상기 <표 8-6>에서 보는 바와 같이 통합안 부결에 결정적인 역할을 했던 청원군은 반대와 찬성이 약 2,600표 차이에 불과하다. <표 8-5>에서 보는 바와 같이 청원군 내에서 인구가 가장 많고 찬성에 적극적인 내수읍의 투표율이 가장 낮은 원인이 이번 주민투표의 결과를 결정지었다고 해도 과언이 아니다. 내수읍은 유권자 수가 15,680명으로 내수읍 다음으로 유권자 수가 많은 옥산면, 오창면, 강내면보다 두 배가 많다. 그러나 투표 주민은 5,058명으로 투표율이 최하위에 속한다. 이러한 현상은 옥산면, 강내면도 마찬가지다. 결론은 인구가 많고 찬성률이 높은

곳은 투표율이 낮았고, 인구가 적고 반대율이 높은 지역은 투표율이 높은 결과가 청원군이 반대표가 많은 결과를 낳았다.

특히, 반대를 주도했던 청원군의 군민과 단체들이 조직적으로 반대운동을 한 노력이 이번 통합 반대의 결과를 낳는 데 수훈감이었다.

29일 청원군민회관에서 진행된 주민투표 개표 결과를 지켜보던 청원군지키기운동본부 회원들이 만족스런 결과가 나오자 즐거운 표정을 짓고 있다(새충청일보, 2005. 9. 30).

제 5 절 평가와 과제

1 청주·청원 주민투표의 특징

1) 지방자치사적 특징: 자치구역 개편에 대한 최초의 주민투표

자치구역의 폐치·분합은 지방자치에서 영원한 숙제라고 할 정도로 매우 어려운 문제다. 교통·통신의 급격한 발전, 농촌 지역 인구의 급감, 효율적인 행정에 대한 주민들의 요구 증대 등으로 인해 자치구역은 계속 광역화로 가는 것이 최근의 추세이다. 우리 나라는 인구나 면적면에서 세계에서 가장 큰 기초자치단체인데도 불구하고 자치구역의 통·폐합 논의는 계속 진행되고 있다. 특히, 1995년도 도·농통합에 관한 특별법으로 인해 자치구역의 통합은 본격화되었다. 청주·청원도 바로 이러한 자치구역 통합에 관한 주민투표인 것이다. 제주도 주민투표가 계층 통합에 관한 최초의 주민투표라면 청주·청원은 자치구역 통합에 관한 최초의 법률적 주민투표라고 할 수 있다.

2) 이론적 측면에서의 특징: 법률에 의한 자문적 성격

제1장의 분류에 의한 주민투표에 의하면 청주·청원의 주민투표는 다음과 같이 정리할 수 있다.

첫째, 청주·청원 주민투표는 2004년에 제정된 주민투표법에 의해서 실시되었기 때문에 법률에 의거한 주민투표라고 볼 수 있으며, 특히 자치구역이 그 대상이기 때문에 지방자치법(제14조)[27]에 의한 주민투표의 성격도 동시에 지니고 있다.

둘째, 법적 효력면에서 청주·청원 주민투표는 제주도 주민투표와 마찬가지로 비구속적 주민투표이며 실시 조건으로 보면 자문적 주민투표라고 할 수 있다. 자치구역 구조의 변경에 속하는 사항인 지방자치단체의 폐치·분합은 지방자치법[28]과 주민투표법[29]에 규정되어 있다. 이번에 실시된 주민투표는 중앙정부가 청주와 청원 두 자치단체의 폐치·분합에 대해 주민의 의견을 듣고자 실시한 것이기 때문에 자문적 성격의 주민투표라고 할 수 있다.

---

27) 지방자치법 제14조의 규정에 의하여 지방자치단체를 폐치·분합할 때에는 법률로써 정하되, 시·군 및 자치구의 관할 구역 경계 변경은 대통령령으로 정한다. <개정 2007. 5. 17>

28) 지방자치법 제4조 ① 지방자치단체의 명칭과 구역을 변경하거나 지방자치단체를 폐치·분합할 때는 법률로써 정하되 ② 제1항의 규정에 의하여 지방자치단체를 폐치·분합하거나 그 명칭 또는 구역을 변경할 때는 관계 지방자치단체의회(지방의회)의 의견을 들어야 한다. 다만 주민투표법 제8조의 규정에 의하여 주민투표를 실시할 때는 그러하지 아니하다.

29) 주민투표법 제8조: ① 중앙행정기관의 장은 지방자치단체의 폐치·분합 또는 구역 변경, 주요 시설의 설치 등 국가정책의 수립에 관하여 주민의 의견을 듣기 위하여 필요하다고 인정하는 때에는 주민투표의 실시 구역을 정하여 관계 지방자치단체장에게 주민투표를 요구할 수 있다.

3) 주제에서의 특징: 자치구역의 개편

이번 실시된 청주·청원의 주민투표는 자치구역의 개편에 관한 주민투표이다. 대표적인 것으로 3여(여수시, 여천시, 여천군), 2천(천안군, 천안시) 통합 등이 있다. 제주도 주민투표는 자치계층에 관한 투표라는 점에서 구역 개편인 청주·청원 주민투표와는 다르다.

4) 주체에서의 특징: 국가에 의한 주민투표

이번 실시된 청주·청원 주민투표도 제주도, 방폐장 주민투표와 같이 역시 청구권자가 중앙정부라는 것이다. '주민투표법' 제8조 제1항에 의해 행정자치부장관이 청주·청원 주민투표의 청구권자가 된 것이다.

5) 주민투표 운동원 구성에서의 특징: 다원 체제

청주·청원 주민투표에서 볼 수 있는 특징 중에는 주민투표 운동 구성이 매우 복잡하다는 것이다. 제주도인 경우에 찬성 측은 제주도, 제주도의회이며, 반대 측은 기초자치단체의 장과 의회 등으로 일치되었다. 방폐장도 유치 지역의 자치단체장과 의회, 그리고 해당 자치단체의 광역자치단체인 전북와 경북의 자치단체장과 의회가 모두 일치되어 찬성했다. 따라서 해당 자치단체에서는 의결기관과 집행기관이 일치를 이루고 있음을 알 수 있다. 그러나 청주·청원 주민투표에서는 이렇게 일치되지 않았다. 청주시는 청주시장과 청주시의회가 일치되어 찬성했지만 청원군은 다르다. 청원군은 청원군수와 소수이지만 일부 군의원은 찬성인 반면에 청원군의원 대부분은 반대 대열에 서 있었다. 그리고 더욱 특이한 것은 광역자치단체인 충청북도 도지사와 도의회는 반대 대열에 서 있었다. 다른 지역에서는 볼 수 없는 모습이다.

2 주민평가

1) 유용성

지역 주민들은 이번에 실시된 주민투표가 유용했다는 긍정적인 평가를 내리고 있다. <표 8-7>에서 보는 바와 같이 청주·청원 주민들은 유용했다는 평가가 40%로 매우 높게 나타났다. 갈등 조장이나 유용하지 않았다는 부정적인 반응은 23.3%로 유용하다는 평가에 비해 매우 적게 나타났다.

〈표 8-7〉 주민투표 실시 유용성 여부

문항	주민투표 실시가 유용하다고 생각하십니까?					
답항	매우 유용	약간 유용	그저 그렇다	갈등 조장	전혀 유용 안함	합계
도수 (%)	22 (6.7)	109 (33.3)	120 (36.7)	47 (14.4)	29 (8.9)	327 (100.0)

2) 만족감

청주·청원 지역 주민들은 지난 번 실시했던 주민투표의 만족도에 대한 평가는 유보하는 반응이 가장 많았다. <표 8-8>에서 보는 바와 같이 투표 결과에 대한 만족도는 그저 그렇다가 47%로 가장 높게 나타나고 있다. 그 다음으로는 불만족하다는 반응이 28.7%, 만족하다는 반응은 24.4% 순으로 나타나 큰 차이가 없었다.

〈표 8-8〉 투표 결과 만족도에 대한 평가

문항	주민투표 결과에 대해서 만족하십니까?					
답항	아주 불만족	불만족	그저 그렇다	만족	아주 만족	합계
도수 (%)	12 (3.7)	82 (25.0)	154 (47.0)	74 (22.6)	6 (1.8)	328 (100.0)

3) 문제점

청주·청원 지역 주민들은 주민투표 실시 과정에서의 가장 큰 문제점으로 주민들의 무관심을 들고 있다. 기술한 바와 같이 이번 실시된 주민투표의 투표율은 36.7%로 매우 저조한 편이다. 이렇게 저조한 투표율은 바로 주민들이 주민투표에 대한 무관심 때문이라는 것이다. 다음의 문제점으로 주민투표 운동의 제약을 들고 있는 것을 보면, 제주도 주민투표와 마찬가지로 엄격한 주민투표 운동 제한 조항 때문에 주민들에게 주민투표에 대해서 충분하게 설명하지 못했다는 주장이 일리가 있음을 알 수 있다.

〈표 8-9〉 주민투표 실시 과정에서의 첫 번째 문제점

문항	주민투표 실시 과정에서의 가장 큰 문제점은 무엇입니까?								
답항	운동의 제약	단체장만 유리	주민 무관심	부재자 투표관리 문제	홍보 부족	중앙의 불공정	까다로운 투표법	기타	합계
도수 (%)	47 (14.3)	33 (10.0)	198 (60.2)	14 (4.3)	23 (7.0)	4 (1.2)	7 (2.1)	3 (0.9)	329 (100.0)

이와 같은 주민들의 무관심은 홍보 부족이 가장 큰 원인임을 다음 <표 8-10>에서 알 수 있다. 주민들은 주민투표 실시 과정에서 두 번째 큰 문제점으로 홍보 부족을 46.6%로 단연 높게 들고 있다. 홍보 부족이 주민들의 무관심을 불러일으켰으며, 홍보 부족은 주민투표 운동을 할 사람들이 운동을 자유롭게 할 수 없도록 하는 규정이 큰 역할을 했다는 결론을 얻을 수 있다. 따라서 공정성을 해치지 않은 범위 내에서 주민투표 운동의 활성화 방안이 시급하게 제시되어야 할 것이다.

〈표 8-10〉 주민투표 실시 과정에서의 두 번째 문제점

문항	주민투표 실시 과정에서의 두 번째 문제점은 무엇입니까?								
답항	운동의 제약	단체장만 유리	주민 무관심	부재자 투표관리 문제	홍보 부족	중앙의 불공정	까다로운 투표법	기타	합계
도수 (%)	17 (6.5)	13 (5.0)	56 (21.4)	22 (8.4)	122 (46.6)	20 (7.6)	9 (3.4)	3 (1.1)	262 (100.0)

3 과제와 함의

청주·청원 주민투표는 많은 교훈을 주었다. 이를 다음과 같이 나름대로 정리할 수 있다.

1) 주민자치의 소중함을 재확인

청주시는 투표가 끝난 후에 이번 주민투표에서 찬성을 얻지 못한 이유에 대해서 주민투표법의 모순, 청원군 의원 및 이장단에 비해 찬성단체 활동의 미흡, 청원군의 통합 선회에 따른 주민 설득 부족, 찬성 측의 낮은 투표율, 촉박한 추진 일정, 반대단체의 부정확한 정보 제공에 따른 신속한 제재 방안 미흡, 충북도·도의회의 통합 반대, 시 공무원의 안일한 대처, 청원군 공무원의 통합 반대, 기타로서는 종교계의 협조를 얻지 했다는 점과 청원 지역 교육공무원들의 불이익 우려에 대한 불식을 하지 못한 점 등을 나열하고 있다.[30]

그러나 가장 큰 이유는 지역 주민, 즉 청원 군민들의 동의 없이 자치단체장 중심으로 무리하게 추진한 것 때문이라는 것이다.[31] 청주·청원 주민투표는 바

---

30) 청주시 기획행정국, "청주·청원 통합 추진결과보고서", 2005. 12. 19, pp. 14-17.

31) 이것은 선거 익일 지역신문을 보면 잘 알 수 있다. 새충청일보, "단체장 주도 무리한 추진에 '역풍' 군 의회·이장단·주민 동의 없이 진행 '화 자초", 2005년 9월 30일, 이 신문은 선거의 패배를 다음과 같이 적고 있다.

청주·청원 통합 주민투표 결과 청원군 투표자 53.52%가 반대함에 따라 통합 추진은 무산됐다. 한대수 청주시장과 오효진 청원군수 양 자치단체장의 정치적 동기와 접근 방식이 통합 무산이라는 결과를 낳은 것이 아니냐는 분석이 지배적이다. 지난 9년여 동안 통합에 노력을 기울인 충북 참여자치단체를 비롯한 시민사회단체도 통합 당위론 확산과 함께 자치단체장들이 통합에 나서게 한 점, 청주시민들의 공감을 이끌어내는 것까지는 성공했으나 농촌 지역인 청원 군민들의 공감을 얻기에는 역부족이었다. 특히 청주시 투표 결과와 별개로 청원군민 반대로 통합이 무산된 것은 오효진 청원군수와 청원군의회, 이장단·직능단체·농민단체 간의 반목이 결정적 영향을 미쳤다는 분석이 지배적이다. 투표운동 과정에서 청원군 지역 반대단체들과 지도층 인사들 사이에서 찬반 논리 이상 '반(反)오효진 라인'이 자연스레 형성된 것이 오군수에게는 통합 무산이라는 참담한 결과를 안겨준 셈이라 할 수 있다. 당초 통합 찬성 입장을 견지하다 조건부 찬성으로 돌아선데 이어 '통합만이 살 길'이라는 식으로 선회한 오효진 군수에 대해 반대단체들은 '배신', '정치적 야합', '출세욕'이라며 논리적 접근보다 정서에 호소하는 방법으로 주민들의 공감을 얻어내는 데 성공했다고 할 수 있다.

2004년 1월까지만 해도 '청원 비전 2008'을 발표, 2006년까지 오창·오송 도시 기능이 확보되면 청원시로 추진하겠다는 청사진을 제시했던 오 군수였던 만큼 지역민들에게는 돌이킬 수 없는 배신감이 형성됐던 것도 상당한 패인으로 작용했던 것으로 보인다. 전북 부안군의 경우 대다수 주민들의 입장과 달리 군수가 방폐장 유치에 나섰을 때도 이장단만은 지지했지만, 청원군처럼 이장 대다수가 군수에게 전면적으로 등을 돌린 사례를 찾아볼 수 없다는 점에서도 결과는 이미 예견할 수 있었다는 시각도 만만치 않다. 한 시장과 오 군수 의도와 무관하게 내년 지방선거를 앞둔 상황에서 촉박한 일정을 갖고 추진한 것 자체가 순수한 동기로 비쳐지지 않았던 것도 상당한 원인을 제공한 셈이 됐다.

로 주민들의 동의에 의한 지역행정이 곧 지방자치의 본질이라는 점을 다시 한 번 각인시켜 주었다는 점에서 커다란 의의가 있다.

2) 낮은 투표율

주민투표의 운영 취지는 주민들이 지역의 중요 문제를 직접 결정한다는 데에서 출발했다. 따라서 그 전제는 주민들이 이러한 중요 정책 결정 과정인 주민투표에 대대적으로 참여할 것이라는 것이다. 그러나 제주도 주민투표에 이어 청주·청원 주민투표도 여전히 투표율이 낮았다. 심지어 어떤 지역은 주민투표 개함 기준인 1/3에 못 미치는 곳도 있었다. 이번 주민투표에서는 청원군 주민 18,022명이 통합 반대에 투표해 53.5%의 반대율로 통합안이 부결되었다. 이는 전체 유권자 92,492명에 불과 19.5%일 뿐이다. 다시 말하면 청원군민 19.5%의 반대로 청주시와 통합이 무산되었다는 것이 된다. 너무나 적은 숫자임을 알 수 있다.

청주시는 총유권자가 445,182명이다. 이 중 158,069명이 투표하여 91.3%인 143,794명이 통합에 찬성했다. 절대적인 지지이다. 그러나 전체 유권자에 비교하면 청원군에 비해 높지만은 찬성률은 32.3%에 불과하다. 이를 가지고 청주시민들의 전체 의견이라고 하기에는 적은 숫자인 것이다.

이러한 소수 주민들만이 참여하는 주민투표는 지방자치에서 커다란 문제점을 양산할 것이기 때문에 주민자치 의식 함양이 조속하게 요구된다.

3) 시급한 내외 갈등 해소 방안 마련 시급

어느 선거도 주민들 간의 갈등은 상존한다. 그러나 이번 선거는 청주시와 청원군 간뿐만 아니라 청원군 내에서도 찬성 지역과 반대 지역 간의 지역 간 대립에서 지방의회와 지방자치단체장 간, 심지어 이장단 간의 갈등까지 매우 복잡하게 얽혀 있다. 따라서 이번 주민투표의 후유증인 이러한 갈등을 치유하는 일은 그렇게 쉽지 않을 전망이다. 갈등의 깊이를 알 수 있는 두 가지 성명서 내용을 보자.[32]

첫 번째는 통합 지지 단체의 성명이다.

---

32) 새충청일보, 2005년 10월 3일.

청주·청원지역 시민, 사회단체로 구성된 '청주·청원 하나되기 운동본부'는 30일 기자회견을 열고 "청주·청원 통합에 대한 뜨거운 염원을 제대로 받들지 못한 책임을 통감하며 사죄한다"고 밝혔다. 하나되기 운동본부는 "주민투표로 나타난 주민 의사를 존중하고 겸허히 수용할 것"이라며 "청주·청원 균형 발전을 위한 지속적인 활동을 펼치는 한편 청원군과 청원군의회 행정에 대한 정보공개 운동을 통해 투명행정을 위한 노력을 게을리하지 않겠다"고 강조했다. 그러나 하나되기 운동본부는 "투표 과정의 쟁점에 대한 사실 규명을 철저히 진행할 것"이라며 "왜곡과 선동으로 주민의 표심을 좌지우지해 놓고 투표가 끝나면 모든 것을 묻어버리는 낡은 정치문화를 개선하겠다"고 선언했다.

여전히 앙금은 가시지 않았음을 성명서의 행간 내용을 통해서 알 수 있다.

둘째, 반대 측의 성명이다.

청원군 이장단협의회는 10월 4일 오전 청주시 흥덕구 가경동 청원군 지키기 운동본부 사무실에서 협의회를 열어 통합을 추진한 오 군수 퇴진운동 여부 등 입장을 결정하겠다는 방침이다.

이장단 협의회 관계자는 "오 군수가 군수직 불출마를 선언했지만 짚고 넘어가야 할 사안"이라며 "투표운동 과정에서 퇴진운동이 결의됐던 만큼 이장들의 의견을 다시 확인하기 위한 것"이라고 말했다.

지방행정의 일선 조직인 이장단이 자치단체장과의 갈등을 선언하는 장면이다. 청원군의회도 역시 자치단체장이 집행한 축제사업에 대해 감사를 벌이겠다고 선언함으로써 자치단체장과의 갈등을 예고했다. 주민들이 스스로 지역의 문제를 결정해 오순도순 잘살아 보자고 시작한 주민투표가 그 취지와는 반대로 지역 내 커다란 갈등을 양산하는 제도로 바뀐 것이다. 이에 대한 시급한 대응책이 제시되어야 주민투표의 미래가 밝다고 할 수 있다.

4) 중앙정부 주도의 한계

청주·청원 주민투표에서 중앙정부의 역할은 실질적인 청구권자이다. 청구권자는 주민투표의 안건 통과를 위해서 최선을 다하는 것이 상식이다. 참여정부가 지방자치단체 구역 문제를 적극적으로 검토하고 있기 때문에 이 정책의 실현을 위해서라도 청주·청원 주민투표를 성공시키기 위해서 적극적인 노력에 가담했어야 했다. 그럼에도 불구하고 중앙정부는 이번 주민투표에서 중립을 지켰다. 중앙정부가 한 일은 오직 청구 요청이 들어왔기 때문에 청구권자의 역할을 하여 주민투표에 따른 비용만 부담했을 뿐이다.

청주·청원 주민투표의 양상을 보면 광역자치단체는 반대, 해당 자치단체 중 일부는 찬성, 일부는 반대 등 매우 혼란스러웠다. 이 혼란스런 곳에 중앙정부가 한 일은 비용 부담 외에는 없었다. 비용만 부담하고 중앙정부의 목소리를 한번도 내지 못한다면 중앙정부가 개입할 필요성이 있느냐 하는 의문이 제기되지 않을 수 없다.

청주·청원 주민투표는 지역의 문제는 지역 자치단체가 스스로 해결할 수 있도록 하는 것이 바람직하다는 지방자치의 본질을 다시 한 번 확인해 주었다고 할 수 있다.

5) 주민투표법의 모순

청주·청원 주민투표의 결과 보고서에 따르면 청주시는 주민투표 안건의 부결은 주민투표법 모순도 한 몫을 했다고 불만을 터트리고 있다. 국가정책에 관한 사무에 대한 객관성 확보를 위해 주민들의 의사를 묻기 위한 주민투표 실시를 목적으로 지난 2004년 1월 29일에 제정된 주민투표법은 공직선거법과는 달리 공무원들의 투표 참여 독려 홍보활동을 원천적으로 막아 투표율이 저하되는 결과를 초래했다. 반면, 통·이장에게는 주민투표 찬성 및 반대운동을 가능케 함으로써 청원군은 이장 및 농민단체의 조직적인 운동으로 유권자들의 자율판단을 흐리게 했다는 것이다.[33] 그러나 이러한 관점은 공무원들의 입장에서만 본 불만이라고 할 수 있다. 이보다도 부재자 투표를 거소에서 할 수 있도록 함으로써 부정투표의 발생 가능성이 농후하고, 홍보와 예산의 편중에 의한 주민투표 운동의 불균형, 주민투표 운동원의 광범위한 제한에 의한 인적 자원의 부족 등 주민투표제도의 근본적인 문제점들이 노출되었다. 이러한 문제점은 결국 세 번째 주민투표인 방폐장 주민투표에서 고스란히 나타났다.

많은 이야깃거리를 남기고 청주·청원 주민투표는 막을 내렸다. 결과는 통합반대였고, 그 당시에 주민투표를 주도했던 청주시장, 청원군수, 그리고 충북도지사 모두가 지금은 정치 일선에서 퇴장했다. 특히, 청주시장과 청원군수는 주

---

33) 청주시, "청주·청원 통합 추진 결과 보고", 2005. 12. 19, p. 14.

민투표 안건 통과 실패에 대한 책임을 지고 자치단체장 선거에 불출마했다. 그러나 청주와 청원군의 통합에 아직도 열심히 불을 다시 지피는 사람들이 있다.

2006년 7월에 취임한 남상우 청주시장은 '100대 공약사업 발표' 기자회견 자리에서 "청주 · 청원 통합과 관련해 오는 2009년 9월 통합을 위한 주민투표를 추진하겠다"고 밝혔다. 이 날 남시장은 "정기국회에서 청주 · 청원 통합을 위한 법률이 통과되어야 하기 때문에 늦어도 2009년 9월쯤에는 통합을 위한 주민투표를 실시해야 한다"며 "당초 2010년 1월에서 2월 사이에 통합을 위한 주민투표를 실시하려 생각했으나 너무 촉박해 몇 개월 앞당겼다"고 추진 배경을 설명했다. 남 시장은 "지난해 실패했던 청주 · 청원 통합은 당위성의 문제"라며 "동질성을 회복하기 위해 통합은 반드시 필요하다"고 강조했다. 특히 남시장은 "지난해 통합 실패는 준비가 덜된 상태에서 무리하게 추진했기 때문"이라며 "두 번 다시 통합에 실패하지 않기 위해 시간을 갖고 준비를 철저히 하겠다"고 덧붙였다. 또 남 시장은 "김재욱 청원군수도 지방선거 토론회 때 군민의 뜻이 그렇다면 통합을 할 수도 있다고 한 적이 있다"고 말해 청주 · 청원 통합을 낙관적으로 전망하고 있다. 남 시장의 이 같은 발표에 따라 청주시는 10명 내외로 청주 · 청원 통합기획단을 구성해 지난해 통합 무산 원인을 분석하고 중점 추진 과제를 발굴할 계획이다.[34]

청주 · 청원 통합은 아직도 끝나지 않은 전쟁이다.

34) 청주시, "살맛나는 행복한 청주", 2006. 9.
여기서 새로 당선된 남상우 시장은 100대 공약사업을 발표하면서 이 중에 23번째 과제로 청주 · 청원 하나되기운동을 설정해 이를 위해 7개의 세부사업(공약)을 실천하겠다고 발표했다.

제 9 장 방폐장 건설 주민투표 사례 -20년의 국가 고민 해결하다

제 1 절 개 요

1 우리 나라 에너지와 원자력 발전 위상[1)]

우리 나라는 석유 등 에너지원이 절대 부족한 국가로 분류된다. 반면에 1970년대부터 시작한 급속한 경제 성장은 막대한 에너지를 필요로 하고 있다. 따라서 주요 에너지원은 대부분 수입에 의존할 수밖에 없다. 1980년대 해외에너지 의존도가 73.5%에서 2004년 현재는 96.6%로 급증하고 있으며, 에너지 수입액도 1980년대 66.9억 달러에서 2004년도 현재는 496억 달러에 달한다. 이 규모는 우리 나라 총수입액 중 22.1%나 차지할 단큼 큰 비중이다.

이렇게 높은 해외 의존도는 1970년대 오일 쇼크를 기점으로 하여 석유와 석탄 등에 의존하던 에너지 정책에 일대 변화를 가져오기 시작했다. 막대한 에너지 수입과 지나친 해외 의존도를 탈피하기 위해 정부는 강력한 에너지원인 원자력을 주요 에너지원으로 삼기로 했다. 그래서 정부는 원자력에 대한 연구와

1) www.khnp.co.kr/정보센타
군산시청국책사업추진단, "3대 국책사업 바로 알기", 2005. 7.

투자를 집중적으로 하기 시작했다. 이렇게 원자력에 대한 관심과 투자로 1978년 4월 29일 부산광역시 기장군에 있는 고리1호 원자력발전소를 건설하게 되었다. 이후 우리 나라는 환경단체의 계속적인 반대에도 불구하고 원자력 발전에 대한 계속적인 투자를 하여 2004년 현재 19기의 원자력발전소가 가동중이며 전체 전력 생산에 약 40%를 차지하고 있다. 지금 계획대로 진행된다면 2010년에 가서는 7개의 원자력발전소가 추가 가동되며, 우리 나라는 총 26개의 원자력발전소가 운영되어 세계 5위를 차지하게 될 전망이다.

이렇게 원자력발전소는 우리 나라에서는 가장 중요한 인프라 시설인데도 불구하고 관리상의 문제점 때문에 항상 논란의 중심에 서 있다. 방사성 누출이 주는 피해가 상상을 초월하기 때문에 모든 국민들은 언제나 원자력발전소에 대해서 관심과 우려를 동시에 가지고 있다. 그 중에서도 원자력발전소에서 생산하는 방사성 폐기물 처분은 바로 현실의 문제로 우리 앞에 와 있다. 원자력 사용 후 반드시 발생하는 방사성 폐기물은 계속 누적되어 가는데 이를 수용할 시설 건설은 지역 주민들의 반대에 부딪쳐 계속 지연되고 있다. 정부의 자료에 의하면 기존의 중·저준위 방사성 폐기물 저장 시설은 2008년부터 포화 상태에 도달한다는 것이다.[2] 1986년부터 정부가 이를 예견해 부지를 확보하기 위해 진력을 다했다. 하지만 선정시마다 해당 지역 주민들의 거센 반발로 인해 무산되었다가 이번 실시된 방폐장 시설 유치 주민투표에 의해서 방폐장 건설 부지가 경주시로 지정되면서 이 문제가 드디어 해결된 것이다.

2 방사성 폐기물과 처리장

원자력 발전은 원자로 내에서 핵연료의 핵분열 과정에서 발생하는 고온의 열을 이용해 전기를 생산하는 것을 말한다. 원자로는 노심, 핵연료 다발, 중수 또는 경수냉각재, 중성자 감속재, 중성자 반사체, 계측제어장치 등으로 구성되어 있는데 핵연료 다발을 구성하는 것이 핵연료봉이고, 연료봉에 넣어 분열을 일으키는 것이 핵연료이다. 사용 후 핵연료는 핵분열을 중지한 상태이나 열과

2) http://www.khnp.co.kr/자료실 검색.

방사선을 방출한다. 이것은 일정 기간 동안 붕산수조에 넣어 열과 방사선이 줄어들기를 기다리게 된다. 이러한 과정에서 직·간접으로 오염된 폐기물이 나오는데 이를 방사성 폐기물이라고 하며, 이들은 다음과 같이 분류하고 있다.

① 고준위 사용 후 핵연료 : 고준위 사용 후 핵연료는 폐기물이 아니며, 재처리하여 다시 연료로 활용할 수 있는 물질(플루토늄)을 함유하고 있기 때문에 폐기물로 처분하지 않고 저장하게 된다. 따라서 이 시설을 재처리와 폐기물 처리의 중간 단계에 있기 때문에 중간 저장시설이라고 한다.

② 고준위 폐기물 : 고준위 폐기물은 고준위 사용 후 핵연료에서 1% 정도 함유하고 있는 '연료 성분'을 추출한 나머지의 잔재물, 즉 쓰레기를 말하는데 이를 TRU(Tranuranic: 우라늄의 변환물질) 폐기물이라고 한다. 고준위 핵폐기물은 아직까지 우리 나라에서는 재처리하지 않고 있다.

③ 중·저준위 방사성 폐기물 : 중·저준위 방사성 폐기물은 사용 후 연료에서 발생하는 것이 아니라 원자력발전소에서 원자력과 직·간접적으로 접촉하면서 오염된 물질을 의미한다.[3]

우리 나라 과학기술부 고시 제2002-23호(2003년 1월 6일 시행)와 원자력법 시행령 제2조 제1항에서는 방사성 폐기물에 대한 정의를 다음과 같이 내리고 있다. 이 시행령은 "과학기술부 장관이 정한 다음 값 이상을 고준위 방사성 폐기물이라고 하며, 중·저준위 방사성 폐기물은 고준위 방사성 폐기물 이외의 방사성 폐기물을 말하는 것"으로 되어 있다.

방사성 수거물의 처분 개념은 크게 중·저준위 방사성 수거물의 경우와 고준위 방사성 수거물의 경우로 구분된다. 중·저준위 수거물의 처분 방식으로는 천층 처분(지표 처분) 방식과 동굴 처분 방식이 전 세계적으로 이용되고 있다. 천층 처분은 약 10미터 높이의 역사다리꼴 또는 직사각형의 상자 모양 콘크리

〈표 9-1〉 방사능 폐기물의 정의[4]

방사능 농도	열 발생률
반감기 20년 이상의 알파(α)선을 방출하는 핵종으로 4000Bq(베크렐)/g	2kw/㎥

3) 앞의 책, p. 172.
4) 위의 책, p. 140.

트 구조물을 만들어 처분하는 방식이다. 이를 채택하고 있는 나라는 미국, 영국, 프랑스, 스페인, 일본 등이다.

동굴 처분은 지하에 인위적으로 동굴을 만들고 동굴 속에 콘크리트 구조물을 설치해 수거물을 처분하는 방식이다. 스웨덴, 독일, 핀란드 등에서 채택하고 있다.

처분 방식의 선정은 그 나라의 자연 조건과 인문사회적 특성을 고려해 정책적으로 결정한다. 이번 경주시에 건설된 방폐장 처분시설 방식은 동굴 처분 방식으로 결정되었다.

고준위 수거물은 지하 500~1,000미터의 암반에 처분시설을 만들어 수거물을 처분하는 심지층 처분 방식이 기본 개념이다. 현재 미국, 프랑스 등을 중심으로 지하 시험시설을 만들어 기술 개발중에 있다.[5]

제 2 절 주민투표의 추진 과정

1 기존의 방폐장 부지 선정 과정

1986년부터 표류하기 시작한 방폐장 부지 선정은 국가로 보면 매우 시급한 정책 중 하나가 된 지 오래다. 이미 중・저준위 폐기물은 포화 상태를 보이고 있을 정도로 심각한 국가 문제가 되었던 것이다.

방폐장 부지 선정은 1986년 이후 충남 안면도,[6] 인천 굴업도,[7] 전남 영광,

---

5) 다음에서 검색
http://kin.naver.com/open100/db_detail.php?d1id=8&dir_id=813&eid=MmA0bMAQZ4YMBa2loPSWUBomu16z/r1I&qb=vcnB9sP+w7O60LnmvcQ=

6) 조선일보, 1990년 11월 11일, 19면.
경찰은 10일 안면도 폭력시위 사태와 관련해 연행한 74명 중 주동자급으로 분류된 김한중 씨(26・안면읍 승언리) 등 7명을 방화 및 폭력행위 등 처벌에 관한 법률 위반 혐의로 구속키로 했다. 경찰은 훈방한 31명을 제외한 나머지 36명에 대해서는 대전지검 서산지청의 지휘를 받아 조사를 계속하고 있다.

경북 울진 등 전국을 돌며 아홉 차례나 추진되었지만 모두 실패했다. 방폐장에 대한 강한 거부감과 반핵·환경단체들의 조직적인 반발로 매번 '민란'을 방불케 하는 격렬한 반대 시위와 극단적 여론 분열만 남겼다. 시위 과정에서 감옥에 가고, 다치는 사람들이 속출했다. 참여정부 이전에 있었던 안면도, 굴업도의 부지 선정은 국가가 선정을 발표한 후에 이렇게 극심한 주민 저항에 막혀 포기했다.

참여정부 역시 방폐장 부지 선정을 국가 우선사업으로 선정해 이를 위해 내각이 총력을 기울여 나갔다. 참여정부는 이전의 정부가 방폐장 선정에 실패한 것은 정부가 일방적으로 진행했기 때문이라는 인식하에 다음과 같이 부지 선정 공모를 통해서 투명하게 결정한다는 방침을 정했다.

첫째, 정부는 2003년 6월 2일에 공모에 의해서 선정된 지역에는 정부 예산을 가지고 획기적으로 지원한다는 방침을 발표했다. 즉, 산업자원부는 원전수거물 관리시설을 유치하는 지방자치단체에 대해 향후 20년간 총 2조 원 이상의 지역개발 재원을 투자하겠다고 발표했다.

둘째, 2003년 6월 7일, 산업자원부는 원전수거물 부지 선정 최종 방침 발표 공고를 했는데 최종 선정 방법을 기존의 방법에 다음 두 가지 사항을 새롭게 신설하여 발표했다.

그 내용을 보면 다음과 같다.

경찰은 또 일단 사태가 진정된 것으로 보고 사태 진입을 위해 동원됐던 23개 중대 병력 중 11개 중대를 이 날 오전 10시쯤 철수시켰다. 한편 안면도는 이 날 모든 관공서의 기능이 회복되고 대부분의 초-중-고교가 정상 수업을 했으며 상가도 문을 여는 등 소요 사태 이전의 정상을 거의 되찾았다. 안면도 사태는 정부가 안면도를 지정 발표한 11월 3일에서부터 11월 17일 충남도지사가 백지화 선언할 때까지 약 2주 만에 이렇게 많은 구속자가 생겨난 것이다.

7) 조선일보, 1995년 12월 1일.
과학기술처 구본영 차관은 30일 "굴업도 3㎞ 이내 해저에서 최소 2개 열의 활성단층이 최종 확인됐으며, 그 중 1개 열은 굴업도 북쪽 육상부 단층과 연결돼 있다"며 "올 2월 이 지역을 방사성폐기물관리시설지구로 지정 고시했던 것을 해제할 것"이라고 말했다. 구 차관은 또 "굴업도 주변 지역을 지원할 덕적발전복지재단도 적법 절차에 따라 해산하고, 5백억 원의 특별지원금을 회수할 것"이라며 "이주 대상이었던 굴업도 주민들의 경제적 손실은 보상하겠다"고 말했다. 1995년 2월 15일에 정부는 굴업도를 방폐장 시설 후보지로 선정했다.

① 지자체장의 자율 유치 신청(2003. 7. 15일까지)

-기한 내 유치 신청 지역이 있고, 지질 조건이 적합하면 부지로 선정

② 주민 의사에 의한 유치 신청(2003. 7. 16~7월 말)

-2003년 7월 15일까지 자율 유치 신청 지역이 없을 경우, 진정한 주민 의사 확인을 위해 7월 말경 주민투표 실시

이 때부터 방폐장 선정은 주민투표를 반드시 거치게 제도화되기 시작한다.

셋째, 2003년 7월 15일, 산업자원부는 원전수거물 관리시설 유치 신청은 전북 부안군 단독 유치로 최종 마감했음을 발표했다. 그러나 부안군수와 부안군의회 의장에 의해서 신청된 부안군 위도의 방폐장 설치는 지역 주민들이 극렬하게 저지해 난관에 봉착했다. 심지어 부안군수가 2003년 9월 8일 주민 300여 명으로부터 구타를 당했다. 2003년 7월부터 2004년 9월까지 구속 42명, 불구속 97명, 즉심 97명 등 많은 시민이 희생을 당했다. 이는 1990~1993년까지 방폐장 설치 반대를 했던 안면도의 구속 7명, 불구속 8명, 수배 3명에 비하면 매우 큰 규모이다. 이로 인해 정부는 결국 부안군을 포기하게 되었다.

2 주민투표 추진 과정

부안사태 이후 정부는 부안사태가 주민의 선(先) 동의 없이 진행되었기 때문에 발생되었다고 판단해 "선 주민투표, 후 후보지 선정"의 원칙을 세웠다. 주민투표에 의한 주민 동의가 필요 조건이 된 것이다. 정부는 이 원칙에 의해 선정 과정을 진행했으며, 이에 대한 주요 내용은 다음과 같다.

1) 2004년 2월 5일 : 행자부 장관, 과학기술부 장관, 산업자원부 장관, 양성자기반공학기술개발사업단장, 한국수력원자력(주) 사장 합동으로 다음과 같이 원전수거물 관리시설 부지 공모에 관한 공고를 했다.

가. 대상 시설

① 중·저준위 방사성 폐기물 영구 처분시설

② 사용 후 핵연료 중간저장시설(사용 후 핵연료 재처리시설 또는 고준위 방사성 폐기물 영구처분시설은 본 공고에 의해 선정되는 부지에 건설하지 아니함).

③ 유치를 희망하는 지역의 지방자치단체장(시장・군수・구청장, 이하 같음)은 다음과 같은 절차를 거쳐 산업자원부 장관에게 동 시설의 유치를 신청하도록 함.

가. 주민의 유치 청원(2004년 5월 31일까지)

나. 예비 신청 및 주민 의견 수렴(2004년 9월 15일까지)

다. 주민투표

라. 본 신청(2004년 12월 31일까지)

이 밖에도 정부 지원 내역으로서 시설 예정 구역으로 지정・고시되는 지방자치단체에 대해서 '발전소 주변지역 지원에 관한 법률' 상의 지원금(3,000억원 상당), 양성자기반공학기술개발사업, 한국수력원자력(주) 본사 이전을 지원할 것을 공고했다.

2) 2004년 12월 17일 : 산자부 장관이 방사성 폐기물 관리대책 변경 관련 발표

새로운 정책 변화에도 불구하고 유치 신청 지역이 한 곳도 없었다. 정부는 제253차 원자력위원회(위원장 : 국무총리)에서 중・저준위 폐기물 처분장과 사용 후 연료의 중간저장시설을 통합 관리하는 현행 방사성 폐기물(원전수거물) 관리대책을 변경해 이를 분리 추진키로 의결함으로써 지금까지의 정책을 다시 수정했다. 즉, 원자력발전소에서 나오는 작업복, 장갑, 폐필터와 산업체에서 발생하는 폐기물 등 중・저준위 폐기물의 처분장은 분리해 우선 추진하되, 중・저준위 폐기물 처분장 부지에는 향후에도 사용 후 연료 관련 시설은 건설하지 않기로 한 것이다.

3) 2005년 6월 16일 : 부총리 겸 과학기술부 장관, 행정자치부 장관, 산업자원부 장관, 중・저준위방사성폐기물 처분시설 부지선정위원회 위원장, 한국수력원자력(주) 사장 합동으로 중・저준위방사성 폐기물 처분시설 후보 부지 선정 등에 관한 공고를 다시 했다.

-위 공고에서 선정 방식과 추진 일정을 다음과 같이 공포했다.

-추진 일정: 절차 공고(6. 16) → 신청 접수 마감(8. 31) → 부지 적합성 평가 및 주민투표 요구(9. 15) → 주민투표 발의(10. 4 이후) → 주민투표 실시(11. 2)

4) 2005년 6월 16일 : 부총리 겸 과학기술부 장관과 양성자기반공학기술개발사업단장 합동으로 양성자 기반공학 기술개발 사업 유치 공고를 하여 유치 지역에 약 3,000억에 해당하는 양성자 기반공학 기술개발 사업을 건설하겠다고

선포했다.

5) 2005년 6월 16일 : 부지선정위원회 위원장이 중·저준위 방사성 폐기물 처분시설 부지 선정 절차 및 기준 발표와 부지 적합성 소위원회 위원장이 저준위 방사성 폐기물 처분시설 사전 부지조사 잠정평가 결과를 발표했다.

6) 2005년 9월 15일 : 중·저준위 방사성 폐기물 처분시설 부지선정위원회에서 저준위 방사성 폐기물 처분시설 유치 신청 지역 부지 적합성 평가 결과를 발표했다.

결과는 유치 신청 지역인 경주시 양북면 봉길리, 군산시 소룡동 비응도, 영덕군 축산면 상원리, 포항시 죽장면 상옥리에 대한 부지 안전성 평가 결과, 4개 유치 신청 지역 모두 제척 사유가 없는 것으로 확인되었으며, 지질, 지하수·자연환경, 부지환경 등이 양호하여 권고 기준에도 전반적으로 부합하는 것으로 평가되었음을 발표했다.

7) 2005월 9월 15일 : 산업자원부 장관 이희범과 신청 지역 4개 자치단체인 경주시장, 포항시장, 군산시장, 영덕군수가 방폐장 부지 선정을 위한 주민투표 요구 관련 공동 기자회견을 하여 다음과 같이 정부 방침에 적극 동참할 것을 발표했다.

첫째, 산업자원부는 4개 유치 신청 지방자치단체의 주민투표와 관련해 공정하고 중립적인 관리자로서 책임을 다한다.

둘째, 유치 신청 지방자치단체는 주민투표 실시와 관련해 관련 법령을 준수하고 공정한 경쟁을 실시하며, 주민투표 결과에 따른 후보 부지 선정 결과를 수용한다.

셋째, 산업자원부와 유치 신청 지방자치단체는 주민투표 동시 실시를 위해 주민투표 발의는 10월 4일 이후에, 주민투표는 11월 2일에 실시키로 하되, 관할 선거관리위원회와 협의키로 한다. 또한, 주민투표일은 임시공휴일로 추진한다.

8) 2005년 10월 14일 : 주민투표 발의

9) 2005년 11월 2일 : 주민투표

이를 정리하면 다음 <표 9-2>와 같다.

〈표 9-2〉 방폐장 유치 지역 주민투표 사무 일정

일 정	법정 선거사무	기 준 일	군산시 조치 사항
9. 15	주민투표 실시 요구(국가정책)	법 §8조 ① 산업자원부 장관	• 주민투표 업무편람 제작 및 교육
9. 16	주민투표 실시 요구 사항 공표	법 §8조 ② 경주 · 군산 · 포항시장, 영덕군수	
9. 17~ 10. 3	요구 사항의 지방의회 의견 청취 및 투표 요지 공표	법 §8조 ②·③ 경주·군산·포항시장, 영덕군수	
10. 4	투표일과 주민투표안 공고 (주민투표 발의)	법§ 13조 ② 주민투표 청구 요지 공표일로부터 7일 이내	
10. 4~ 10. 8	투표인(부재자신고인)명부 작성, 부재자 신고, 투표인 명부 작성 상황 통보 등	법 §6조, 공선법 §37·38조 투표인명부 및 부재자신고인명부를 작성한 때	• 부재자 신고요령 통보 • 명부 작성, 추진 점검반 운영, 상황보고서 작성
10. 6	주민투표 찬성·반대운동 대표단체 지정·공고·통지 (하급위원회, 해당 단체에게)	규칙 §4조 ③·④·⑤ 주민투표 발의일 후 2일까지	• 찬성·반대 대표단체 파악
	투표인명부 열람 및 공람 장소와 기간 공고	법 §6조 ③, 공선법 §40조 ①·② 열람 개시일 전 3일까지	• 명부 확정 상황 파악
10. 7	주민투표사무대행투표구위원회 등 결정·공고·통지	규칙 §3조 ② 주민투표 발의일 후 3일까지	• 해당투표구위원회, 찬성·반대 대표단체 파악
	주민투표공보 면수 결정·통보(찬성·반대 대표단체에게)	법 §17조, 규칙 §7조 ③ 주민투표 발의일 후 3일까지	
10. 9	시각장애인 통보	규칙 §7조 ⑨ 투표인명부 작성 만료일의 다음날까지	
	부재자신고인명부 확정	법 §6조 ③, 공선법 §44조 부재자신고명부 확정 후 지체없이	• 부재자명부 확정 내용 파악
10. 9~ 10. 11	투표인명부 열람 및 이의 신청(구·시·읍·면장에게)	법 §6조 ③, 공선법 §40조 ①·② 명부 작성 기간 만료일 다음날부터 3일간	• 열람 및 이의신청 상황 파악

일 정	법정 선거사무	기 준 일	군산시 조치 사항
10. 4~ 11. 1	투표운동 기간	발의일부터 주민투표일 전일까지	
10. 10	주민투표공보 게재 원고 제출(관할 위원회에)	법 §17조, 규칙 §7조 ③ 주민투표 발의일 후 6일까지	
10. 12~ 10. 25	투표인명부 누락자 등재 신청 (구·시·군위원회에)	법 §6조 ③, 공선법 §43조① 이의신청 만료일의 다음날부터 투표인명부확정일 전일까지	
10. 23	투표소의 명칭과 소재지 공고 기한	법 §19조, 공선법 §147조⑧ 투표일 전 10일까지	• 해당 자치단체 회의시 공무원 중립 및 투표율 강화 지시
10. 24	부재자투표용지(공보) 발송	규칙 §7조 ⑦ 투표일 전 9일까지	
10. 26	투표인명부 확정	법 §6조, 공선법 §44조 투표일 전 7일에	• 투표인명부 확정 현황 파악
	투표인명부 모형 공고	법 §19조, 공선법 §152조 ① 투표일 전 7일까지	
10. 28	투표안내문 발송 기한 (공보 동봉 발송, 개표소 공고)	법 §17·19조, 공선법 §153·173조 투표인명부 확정일 후 2일까지	• 투·개표 지원 상황실 운영계획 시달
10. 30	투·개표사무원 위촉·공고 기한	법 §19조, 공선법 §147·174조 투표일 전 3일까지	• 투개표상황실 유선 확인
11. 2	투표(06:00~18:00), 개표	법 §19조 선거일(수요일)	• 투표·개표 상황 관리

자료: 군산시청 내부 자료, 2005.

3 방폐장 유치 지역 주민투표 운동

1) 지역 현황

방폐장을 유치하려는 네 군데의 현황은 다음 <표 9-3>과 같다.

〈표 9-3〉 주민투표 실시 지자체 일반 현황 비교(2005년 8월 30일 기준)

지 역	현 황
경주시	• 시장 : 백상승 • 의회 의장 : 이종근 • 인구 : 276,060명(유권자 : 209,099명) • 2004예산 및 재정자립도 : 4,148억 원/33.4% • 예상 부지 : 양북면 봉길리
군산시	• 시장 : 송웅재(권한대행) • 의회 의장 : 문무송 • 인구 : 266,541명(유권자 : 195,519명) • 2004예산 및 재정자립도 : 3,919억 원/27.6% • 예상 부지 : 소룡동 비응도
포항시	• 시장 : 정장식 • 의회 의장 : 공원식 • 인구 : 508,937명(유권자: 375,704명) • 2004예산 및 재정자립도 : 6,383억 원/49.3% • 예상 부지 : 죽장면 상옥리
영덕군	• 군수 : 김병목 • 의회 의장 : 송종인 • 인구 : 45,372명(유권자: 37,410명) • 2004예산 및 재정자립도 : 1,713억 원/11.4% • 예상 부지 : 축산면 상원리

상기 표를 보면 지역으로는 군산시만 전북이고, 포항·경주·영덕은 경북 지역이다. 포항, 경주, 영덕은 동해안에 위치해 있어 현재 가동중인 울진, 고리 원자력발전소가 인근에 있는 지역이다. 신청한 지역 중에 포항이 인구 약 50만 명으로 가장 큰 도시며, 다음은 경주, 군산, 영덕 순이다. 이 중 영덕은 인구가 약 4만 5천 명으로 신청 지역 중에 유일한 군 지역이다.

방폐장 유치와 관련해서 영덕은 과거에 정부가 방폐장을 설치하려 할 때 주민들이 격렬하게 반대해 설치하지 못했던 경험을 가지고 있다. 정부는 1986년부터 1989년까지 동해안 3개 지역에 대해 부지 확보를 위한 기초조사를 실시해 경북 울진, 영덕, 영일 지역을 후보 지역으로 선정한 후, 이 중 한 곳을 지정해 추진하려다 주민들의 격렬한 반대로 중단되었다. 군산시도 방폐장 후보지로 신청한 경험이 있다. 정부가 2003년 5월에 양성자가속기사업과 연계해 부지 공모를 추진했는데 이 때 군산시에서는 비안도, 신시도의 주민들의 청원에 의해 부지 신청을 했다. 그러나 이 두 지역이 부적합지로 선정되어 방폐장 후보지에서 탈락되었던 경험이 있다.[8)]

2) 방폐장 유치 신청 목적

중·저준위 방사성 폐기물 처분장(이하, "방폐장"이라 함) 유치를 신청한 각 자치단체들은 모두 경제적 이유가 제일 컸다.

경주는 그동안 관광산업의 계속적인 침체로 이를 타파하기 위해 시정의 역점사업으로 추진했던 경마장 건설이 문화재 지역 때문에 무산되고, 태권도공원 유치가 경쟁 지역인 전북 무안으로 결정되면서 지역이 깊은 허탈감에 빠지게 되었다. 이로 인해 지역 발전에 대한 시민들의 패배감이 팽만했었는데 이를 타파하기 위해서 방폐장 유치를 신청했다고 밝히고 있다. 경주는 유치에 성공하자 "삼국통일 이후 최대 경사"라고 할 정도로 이번 방폐장 유치에 커다란 의의를 담고 있다.

신청한 지자체 중 유일하게 군 지역인 영덕군은 그동안 대게를 중심으로 한 어업과 복숭아, 송이 등 농업 위주의 산업이 전부인 전형적인 농촌 지역으로 매년 인구가 감소하는 등 낙후성을 감추지 못했다. 영덕군은 방폐장을 유치함으로써 취약한 1차 산업 위주에서 2, 3차 산업으로 전환하려는 목적이 가장 컸다.

포항은 포항제철이 있지만 지역경제가 이에 대한 의존도가 너무나 높은 단점을 가지고 있다. 특히, 포항은 시내를 제외한 외곽 지역의 경기가 매우 좋지 않은 편이었다. 이번에 신청한 북구 죽장면 상옥리도 전형적인 낙후 농촌 지역이다. 포항은 이번 방폐장을 유치해서 이미 원자력발전소가 가동중인 남쪽의 월성, 북쪽의 울진과 원자력 삼각벨트를 형성해 새로운 첨단 과학도시로 반돋움하기 위한 것이 방폐장을 유치한 가장 큰 목적이었다.

군산시는 계속 인구가 줄어들고 지역경제가 빠른 속도로 열악해져 가고 있지만 대안을 발견하기가 어려워서 이번 국책사업인 방폐장 유치를 신청하게 되었다고 한다. 군산시는 이 방폐장을 이용해 원자력공학, 에너지 공학, 양성자공학 등 차세대 산업을 이끌어갈 첨단공학 산업 분야를 군산에 유치함으로써

8) 군산시국책사업추진단, "3대 국책사업 바로 알기", 2005. 7, pp. 25-28, 여기에서는 우리나라 방폐장 후보 선정 일정에 대해서 자세하게 설명해 주고 있다.

자라나는 세대에게 이 지역을 떠나지 않고 이 지역에서 꿈과 희망을 펼쳐보고 도전할 수 있는 기회를 창출하는 것을 추진 이유로 제시하고 있다.9)

4 선거운동

평균 투표율이 60.5%일 정도로 각 지역의 선거운동은 매우 치열했다. 모든 지역의 선거운동은 매우 비슷한 양상을 지니고 있다. 그 특징을 보면 다음과 같다.

1) 찬성운동

(1) 지방자치단체

찬성운동의 중심은 자치단체다. 모든 자치단체들은 해당 자치단체장이 중심이 되어 활동하되 형식은 사회단체가 유치운동단체를 만들어서 투표운동을 하는 것으로 했다. 또한 유치운동단체의 대표는 지역의 지방의원이 맡은 것도 각 지역의 유사한 운동 양상이었다. 이는 주민투표법 때문이라고 할 수 있다. 주민투표법 제21조 제2항은 주민투표 운동을 할 수 없는 사람 중에 공무원을 규정하고 있으면서 지방의원은 제외하고 있기 때문이다. 때문에 지방자치단체장을 비롯한 공무원들은 형식적으로 나설 수 없게 된 반면에 지방의원은 아무런 제약 없이 선거운동을 할 수 있었다. 지방의원의 입장에서 보면 다음 재선을 위해서는 매우 유리한 입장이기 때문에 유치운동을 열심히 할 수밖에 없는 것이다.

그럼에도 불구하고 자치단체장은 이번 유치운동을 하는 데 가장 중요한 역할을 했다. 네 곳의 자치단체장이 거의 삭발과 단식을 하면서 주민들의 동참을 호소했고, 두 곳의 자치단체장은 너무나 무리하게 선거운동을 하다가 실신하여 병원에 입원하기도 했다.

지역의 어느 신문은 경북 경주가 성공한 요인을 이렇게 표현하는 것만 보아도 자치단체장의 역할이 얼마나 컸는가를 알 수 있다.

9) 군산시 국책사업추진단, 앞의 책, p. 1.

> 이의근 경북지사와 백상승 시장, 정종복 국회의원 등의 눈물겨운 득표 노력도 큰 몫을 했다. 이 지사는 수행원만을 대동한 채 경주 지역 구석구석을 누비며 방폐장의 안전성을 홍보했다. 이 과정에서 경주시조차 이 지사의 스케줄을 몰라 기자들과 숨바꼭질을 하는 해프닝이 벌어지기도 했다. 백상승 시장은 중반까지 방폐장 안전성과 지역 발전 홍보에 주력하다 경쟁지인 군산이 지역 감정으로 득표에 나서자 칠순의 나이를 잊은 듯 삭발과 단식이라는 초강수를 꺼내들었다. 백 시장 등의 단식과 뒤이은 감포, 양남 등 취약지 방문은 돌아선 표심을 되돌리는 데 결정적인 역할을 했다는 평가다.
>
> 시의회와 사회단체, 시민들이 한마음으로 똘똘 뭉친 것도 빼놓을 수 없다. 군산시의 경우를 보자. 핵대책시민연대가 맨 처음 특별지원금 3천억 원 등이 지원되는 방폐장을 유치하자며 운을 뗐고, 이종근 시의회 의장 및 이진구 시의원(국책사업추진단 상임대표) 등이 시의회를 설득해 전국 기초의회로는 처음으로 찬성 입장을 정했다.[10]

강현욱 전북도 지사는 군산 방폐장 유치에 '올인'한 상태다.

강지사는 지난 달 14일 주민투표법 논란 가능성에도 불구하고 "주민투표 찬성률에 따라 최대 20억, 최소 5억 원의 특별예산을 30개 전 읍·면·동에 지원하고 군산 초·중·고·대학생을 위한 시민장학기금 100억 원을 조성하겠다"고 밝혔다.[11] 방폐장을 반드시 군산에 유치하겠다는 강력한 의지가 배어 있는 발언이다.

10월 31일의 개최된 결의대회에 참석한 송웅재 군산시장 권한대행과 문무송 군산시의회 의장 등 자치단체 주요 간부들이 삭발을 하면서 시민들의 지지를 이끌어 내기 위해 안간힘을 썼다. 송웅재 군산시장은 삭발식에 앞서 가진 대회사를 통해 "이번 방폐장 유치는 갈등을 부추기며 편파적으로 경북 지역 편들기에 나선 정부와 군산시민들의 싸움"이라며 "군산 발전을 생각하며 정정당당하게 맞서 싸워 꼭 방폐장을 유치하자"고 호소했다. 이어 강현욱 지사도 "경북고속도로를 반대했다고 당시에 외쳤던 사람들은 지금에는 하나도 없다"며 "방폐장을 유치해 군산에서 힘찬 뱃고동 소리를 들어보며 살자"고 강조했다.[12] 주변의 자치단체들도 군산시의 득표율을 올리는 데 일조를 다한다. 함정식 군산시의원·전북시장군수협의회는 14일 방폐장 유치 신청에 대한 입장 발표를 통해

---

10) 경북일보, 2005년 11월 4일 기사.

11) 전라일보, "전북도, 군산에 300억 지원", 2005년 9월 14일 기사.

12) 전라일보, "방폐장 유치, 삭발 염원", 2005년 10월 31일 기사.

군산시 방폐장 유치를 적극 지지한다는 입장을 밝혔다. 최충일 회장(완주군수)은 이 날 지난 2년여의 부안사태, 전국 최하위의 낙후성, 광역시가 없는 전북도의 현실 등을 감안해 방폐장을 군산시에 유치, 지역 발전을 이끌어야 한다고 말했다. 특히 오랜 낙후와 소외에서 벗어날 수 있는 전북도의 마지막 기회인 방폐장이 군산시에 유치될 수 있도록 전북시장군수협의회는 가능한 지원을 아끼지 않겠다고 밝혔다.[13]

(2) **사회단체**

모든 사회단체, 특히 관변단체들이 앞장서고 있다.

지역의 상공회의소, 청년회를 비롯한 각종의 사회단체들도 앞장섰지만 부녀회를 비롯한 해당 자치단체의 관변단체들이 매우 적극적으로 유치운동을 했다는 점이다. 경주에서는 방폐장 유치를 위한 홍보비를 모금하는 운동을 펴기도 했다.

경주 여성단체협의회와 여성봉사회, 6·25참전유공자회, 베트남전참전용사회 등 30여 단체들은 18일부터 방폐장 유치운동에 적극 나서기로 했다.

이들 단체는 주민투표일인 11월 2일 전까지 매일 오전 9~11시, 오후 2~4시 경주역 광장과 재래시장 등지에서 방폐장 유치 홍보 활동을 펼치기로 했다.

이들은 이달 초 경주시의회가 민간단체에 대한 방폐장 홍보활동비 10억 원을 승인했으나 내년 지방선거를 앞두고 사전선거운동에 저촉될 우려가 있어 집행이 중단되자 시민모금운동을 병행키로 했다. 국책사업경주유치추진단은 유치운동 구심 역할을 하며 자원봉사 활동 등 시민들의 구체적인 참여를 이끌어 냈다. 황대원 경주상의 회장과 이성타 불국사 회주, 허용 신부, 이장희 목사 등 종교계 인사, 윤위분 여성단체 회장 등이 공동대표로 참가해 시민사회단체의 광범위한 지지를 받아냈다.

김동식 집행위원장은 경주의사회를 비롯한 전문·직능단체의 지지 성명을 받고 거리홍보전을 진두 지휘하는 등 몸으로 때우는 역할을 성실히 수행했다는 평을 받고 있다.[14]

포항에서는 심지어 호남향우회까지도 나섰다. 이에 대한 기사를 보자.

13) 전라일보, "방폐장 지지 성명 계속", 2005년 9월 14일 기사.
14) 경북일보, "경주시민단체, 방폐장 지지", 2005년 10월 19일 기사.

국책사업 중·저준위 방사성 폐기물 처분장 유치 찬반 투표일(11월 2일)을 보름 남겨 놓고 포항 지역의 '포항뿌리회' 등 총 회원 10만 명이 넘는 10개 자생단체 향우회 회원들이 17일 오전 10시 30분께 포항시청 브리핑 룸에서 방폐장 유치를 지지하고 시민들의 동참을 호소하는 성명서를 발표해 방폐장 찬반 투표에 상당한 영향이 미칠 것으로 전망된다.

특히 이 날 포항 출신들로 조직된 포항뿌리회(회장 이성환)를 포함해 전북도민회(회장 김유선), 호남향우회(회장 박정환), 강원도민회(회장 심영목), 충북도민회(회장 이민구), 울릉향우회(회장 김봉근), 청송향우회(회장 장동탁), 울진향우회(회장 남인수) 등 주거지가 포항이면서 출생지가 다른 10만 명이 넘는 향우회 회장들이 방폐장 포항 유치를 위해 뭉쳤기 때문이다.

범영덕군 방폐장 유치추진위원회는 김병목 영덕군수를 비롯한 도의원, 군의원, 본부요원, 여성위원, 청년위원, 자원봉사자 등 300여명이 참가한 가운데 남정면에서부터 강구면, 축산면, 영해면, 병곡면, 영덕 시가지 순으로 관내 풍물패 1팀, 유세차 2대, 어깨띠, 리본, 피켓, 머리띠, 소형 만장 깃발 홍보물 배부 등으로 막바지 유치 찬성 홍보를 했다.

포항 뿌리회 및 포항시 연합향우회 등 10개 단체는 17일 오전 포항시청 브리핑 룸에서 중·저준위 방폐장 유치 지지 성명을 발표하고 있다(경북일보, 2005. 10. 19).[15]

15) woosoo@kyongbuk.co.kr 경북일보, 2005. 10. 18.

중·저준위 방사성 폐기물 처분장(방폐장) 유치 선정 주민투표를 하루 앞둔 1일 오후 영덕군 영해면 로터리에서 범영덕군 방폐장 유치위원회와 군민 300여 명이 9개 읍·면을 대상으로 막바지 유치 찬성 홍보를 하고 있다(경북일보, 2005. 10. 18).

군산시도 사회 각계각층의 단체들이 동참했다.

군산시 국책사업추진단과 범전북도민국책사업추진협의회, 군산애향운동본부 등 방사성 폐기물 처리시설 등 3대 국책사업 유치 찬성단체는 2005년 10월 31일 2만여 명이 모인 가운데 '군산 방폐장 유치를 위한 시민 결의대회'를 갖고 2일 후인 2005년 11월 2일 주민투표에서 높은 찬성률을 기록해 경북 지역을 누르고 방폐장을 유치하자고 결의했다. 결의대회어 참석한 시민들은 "군산에 방폐장을 기필코 유치해 한 많은 가난을 물리치자"고 목소리를 높였다. 지역신문의 기사를 보자.

> 군산 방폐장 유치를 위한 지지 성명이 각계각층에서 잇따라 발표되고 있다.
> 대한전문건설협회 전북도회와 대한설비건설협회 전북도회, 한국전기공사협회 전북지회, 한국정보통신공사협회 전북도회 등도 이 날 기자회견을 갖고 군산에 방폐장을 유치해 지역 발전의 호기로 삼아야 한다며 지지 성명을 발표했다.
> 전북도 의용소방대연합회장단도 군산시가 추진하고 있는 3대 국책사업 유치 활동이 군산시 발전은 물론 전북도 발전에 기여하게 될 것이라며 방폐장 유치를 지지하고 적극 동참키로 했다고 밝혔다.[16]

16) 전라일보, 2005년 9월 15일 기사.

(3) 교육계와 종교계

이번 주민투표는 여타의 선거와 전혀 다르게 교육계는 물론이거니와 종교계까지 가세해 유치운동을 벌였다.

경주시는 이성타 불국사 회주, 허용 신부, 이장희 목사 등 종교계 인사들이 공동대표로 참가해 시민사회단체의 광범위한 지지를 받아냈다. 동국대학교 경주캠퍼스와 경주대학교, 위덕대학교, 서라벌대 등 경주 지역 4개 대학 총학생회는 2005년 10월 20일 방폐장 유치 관련 성명서를 발표, 유치 찬성을 선언했다. 4개 대학 학생회는 "방폐장 유치가 주민 생활 향상은 물론 지역 대학 발전의 바탕이 되리라 믿으며, 산학 연계 교육 활성화 및 지역 인재 육성의 원동력이 될 것"이라고 발표했다.[17]

포항에서는 동년 10월 24일 오전 포스텍 박찬모 총장과 한동대 김영길 총장, 포항1대학 하민영 학장, 선린대 전일평 학장 등이 방폐장 포항 유치 지지 성명서를 발표했다. 이 날 대학 총장과 학장들은 방폐장 유치 지역에 정부가 특별법으로 명문화해서 엄청난 경제적 지원이 주어져 지역 발전을 획기적으로 앞당길 수 있는 만큼, 포항에 방폐장을 유치해 풍요로운 포항으로 새롭게 도약할 수 있는 발판을 마련해야 한다고 강조했다. 특히 이들 총장과 학장들은 우리나라 원자력 기술은 세계 5위로 1960년대 이후 세계 33개국 70여개의 중·저준위 방폐장이 40년간 운영되고 있지만 인명 사고 없이 관리되고 있다고 주장했다.[18] 방폐장 유치 찬·반 투표를 앞두고 동년 10월 28일 포항선린대학과 포항1대학 총학생회가 방폐장 유치 지지를 표명했다.[19]

한편 군산대학교 등 군산 지역 5개 대학 학생들은 모여 군산 방폐장 유치를 위한 시민 홍보 활동을 펼쳤다. 군산 지역 5개 대학 교수협과 대학생연합회는 투표 전날인 2005년 11월 1일 기자회견을 갖고 "지역 간 대결 구도 속에 특정 지역을 방폐장 후보 지역으로 밀어 주기 위한 일련의 조치들이 잇따라 정부 내 특정 세력의 경북 편들기가 치밀하고도 계획적인 것으로 드러나고 있다"며 "군산시민들의 대 결집으로 방폐장을 반드시 군산에 유치해 내자"고 강조했다. 이들 단체는 "군산시민은 어떠한 방해공작과 음해에도 굴하지 않고 지역 발전과

---

17) 경북일보, "경주 4개 대 총학생회, 방폐장 유치 찬성", 2005년 10월 20일 기사.
18) 경북일보, "방폐장 유치 운동, 활화산", 2005년 10월 25일 기사.
19) 경북일보, "포항 3개 대학 총학, 방폐장 지지", 2005년 10월 28일 기사.

후손의 번영을 위해 현명한 판단으로 기필코 방폐장이 군산에 유치되도록 하자"고 거듭 호소했다.

또 "정부는 방폐장 주민투표 일정이 공고된 이후 경북 월성원전 1, 2호기 증설을 위해 무려 697억 원의 지원 사업비 집행을 전격 승인했고, 선관위는 반대단체가 제시한 기형아 사진을 허위라고 판정하고도 선거공보에서 삭제할 수 없다는 결정을 내려 공정성 시비를 자초했다"고 비난했다.[20]

2) 반대운동

반대운동은 소수였지만 지속적으로 반대운동을 벌였다.

이번 방폐장 유치에는 과거 부안 때처럼 지역단체가 반대하기는 매우 어려웠다. 우선 부안과는 달리 각 자치단체가 의회와 집행부가 한목소리를 내고 많은 단체들이 일시에 뭉쳐서 찬성운동을 폈기 때문에 반대하는 단체들의 입지 여지가 없었다고 할 수 있다. 또한 정부가 과거 부안과는 달리 고준위를 빼고 중·저준위 폐기물만 처리하는 시설로 한정함으로써 위험성에 대한 인식이 현저하게 줄어들었다고 주민 대부분이 인식했기 때문이다. 특히, 반대를 하지 못하는 큰 이유는 정부가 공개하여 모집했고, 무려 네 곳의 경합이 이루어졌기 때문에 지역 간의 경쟁이 워낙 치열해 반대의 목소리가 제대로 전달될 수가 없었다고 본다. 그럼에도 불구하고 크고 작은 많은 단체들이 반대의 목소리를 내었다.

군산 방폐장 유치 반대 측 단체들도 4일 군산시의 주민투표 발의에 맞춰 본격적인 반대운동에 나섰다. 반대 측 대표 단체인 군산핵폐기장반대범시민대책위원회는 2005년 10월 4일 오전 11시 군산시청 현관 입구에서 기자회견을 갖고 군산시가 관권과 금권을 동원해 주민투표를 실시하려 하고 있다며 이 같은 불·탈법행위를 즉각 중단하라고 촉구했다. 이 날 대책위 출정선언식과 함께 가진 기자회견에서 핵폐기장반대위는 "군산에서 50년 한국 민주주의 사회를 파괴하는 대대적인 관권·금권 주민투표 운동이 진행중에 있다"며 "상식 밖의 허술한 주민투표법으로 사상 초유의 불법부정투표운동이 예상되는 만큼 즉각 중단돼야 한다"고 밝혔다.

---

20) 전라일보, "전북 미래, 군산시민 손에", 2005년 11월 1일 기사.

이들은 이와 함께 "관권과 금권이 동원되고 있는 주민투표를 즉각 중단하지 않을 경우 불법투표 운동에 대한 내용을 폭로하고 법적 대응과 시민 저항운동 등 모든 수단을 동원해 강력하게 싸워 나갈 방침"이라고 요구했다.[21]

민주노총 산하인 대우자동차 군산공장은 군산시가 공식 유치 신청을 한 2005년 8월 이전부터 지역의 시민·사회단체와 연대, 반대운동의 선봉에서 여론 확산에 주력했다.

특히 노조원 1천 200여명으로 단일 사업장으로는 이 지역 최대 규모를 자랑하는 대우자동차는 투표일인 2일 이례적으로 전 직원이 휴무, 투표에 참여하는 등 주민투표에 깊이 관여했다. 그러나 이런 과도한 관여는 군산시가 방폐장 유치 실패 후에 큰 봉변을 당하는 계기를 만들게 된다.[22]

경주핵폐기장반대운동본부 등 경주·군산·영덕·포항 네 개 지역 방폐장 반대단체와 환경운동연합 등 시민사회단체 관계자들은 이 날 오후 서울 환경운동연합 사무실에서 긴급회의를 갖고 향후 대책 등을 논의했다.

핵폐기처분장 포항 유치 반대 대책위도 이 날 오전 포항시청 기자실에서 별도의 기자회견을 갖고 "혼란과 갈등의 과정 속에서 금권을 앞세운 투표에 대해서는 끝까지 추적, 선거무효 소송을 제기하겠다"며 다른 지역 시민단체와의 연대 의사를 밝혔다.[23]

'핵폐기장 백지화 및 에너지정책 전환 전북대책위'들도 선거 기간 내내 반대운동을 주도했다.

반대운동에서 특이한 것은 유치 지역의 인접 지역에서도 나왔다는 것이다. 대표적인 단체가 '경주방폐장 철회를 위한 울산주민대책위'이다. 이 단체는 방폐장이 경주에 건설된다면 결국 인접 지역인 울산에 커다란 영향을 미치게 될 것이기 때문에 인접 지역인 울산시민에게도 투표권을 주어야 한다는 것이다.[24]

---

21) 전라일보, 2005년 10월 4일 기사.

22) 연합통신, "대우자동차 '걱정 되네', 2005년 11월 4일 기사.
군산시청에 전시된 대우자동차의 파손을 비롯한 식당에서는 대우자동차 직원에게는 음식도 팔지 않을 정도로 대우자동차 회사는 한동안 군산시민들로부터 냉랭한 대접을 받아야 했다.

23) 경북일보, "방폐장 반대단체, 법적 대응 추진", 2005년 11월 3일 기사.

24) 이에 대한 자세한 내용은 김도희, "방폐장 입지정책에서 나타난 '주민투표제'의 문제점과 개선 방안: 울산시와 경주시의 정책갈등을 중심으로", 지방정부연구, 제10권 제4호(2006 겨울), pp. 91-111 참조. 이 논문에서 보면 경주시가 방폐장 신청지역인 경주시 양남면

이 단체는 투표가 끝난 11월 28일 "방폐장 부지 선정 주민투표가 울산 시민의 평등권과 행복추구권 등에 위배된다"며 위헌 여부에 대한 헌법소원을 제출했다. 군산시에서는 서천군이 군산시에 방폐장 설치를 반대하는 조직을 결성해 반대 의견을 계속 제시했다.25)

선거 과정에서는 내부의 조직 간에 찬·반 또는 다른 갈등만이 있었던 것은 아니다. 자치단체 간, 또는 자치단체와 정부 간의 갈등도 있었다. 특히 지역 간의 갈등은 영·호남의 지역 감정까지 가세해 매우 격렬하게 상호 비방을 했다. 특히, 여론조사에서 오차 범위 내에서 팽팽하게 맞서고 있던 경주시와 군산시 간에 상호 비방전은 도를 넘나들었다. 심지어 도지사와 시장들이 나서서 비방전에 합세할 정도로 치열했다.

정부에 대한 불신도 곳곳에서 드러났다. 유치한 곳 모두가 정부가 어느 지역을 미리 정해 놓고 나머지는 들러리 서는 것 같다고 정부에 강하게 의심을 보내었고, 선거가 끝난 후에도 그 의심은 지속되었다.26)

제 3 절 주민투표에 영향을 미친 쟁점 사항

1 안정성 여부

방폐장에 관한 주민투표에서 가장 큰 쟁점은 방폐장의 안전성 여부다. 지금까지 방폐장을 근 20년 동안 건설하지 못한 것도 예정지 주민들이 방폐장에 대한 안전성 문제로 반대했기 때문이다.27)

봉길리는 10km 이내에 울산광역시 북구 강동동이 위치하고 있으며 가장 가까운 곳은 불과 7km밖에 떨어져 있지 않지만 경주시의 인구 밀집 지역은 신청 치역으로부터 반경 25km 이상 벗어나 있어 실제로 울산광역시가 경주시보다 실제 피해 영향권이기 때문에 단지 행정구역이 다르다는 이유로 아무런 경제적 지원이나 보상이 없다는 것은 제도와 정책에 큰 문제가 있다는 것이다.

25) 군산신문, 2006년 10월 4일.

26) 전라일보, "군산시민들, '들러리' 분노 확산", 2005년 11월 4일 기사.

방폐장 건설을 주도하고 있는 산업자원부와 한국수력원자력(주)은 현재 방폐장 시설은 안전 3대 원칙인 3중 방벽(충전재, 철근 콘크리트, 복토), 정부의 철저한 안전규제, 민간기구의 감시 체제로 운영되기 때문에 전혀 문제가 없다고 강조한다. 이 기관들은 미국을 비롯한 프랑스, 일본과 같은 선진국에서도 방폐장을 안전하게 운영하고 있다는 여러 가지 증거를 제시하고 있다.[28]

그럼에도 불구하고 핵폐기장 시설을 반대하는 환경단체와 일부 주민들은 이에 대해 격렬하게 반대하고 있다. 반대 측의 주장은 과거 제2차 대전을 종전으로 이끌었던 히로시마나 나가사키 시의 원폭 투하로 인한 어마어마한 피해는 차치하고서라도 1978년 미국 드리마일 원전사고, 1986년 체르노빌 원자력발전소 사고 등을 보면 원자력발전소의 원료인 핵방사성 물질에 의한 피해는 막대하기 때문에 이를 반대한다는 것이다. 이 사고로 선천성 기형, 비정상적인 임신, 기타 방사선에 의한 질병의 현저한 증가 등 지역 주민들에게 죽음의 공포를 주고 있다고 이들 단체들은 주장한다.

이러한 논쟁은 이번 주민투표에 큰 쟁점이 되었고, 투표에도 크게 영향을 미쳤다. 예를 들면, 군산시의 경우에는 반대 측이 홍보물로 제시한 기형아 출산 사진은 선거 내내 큰 쟁점이 되었다. 찬성 측은 선관위에 이를 제재해 달라는 고발함과 동시에 심지어 전 세계에서 방폐장 오염으로 인해 기형아가 발생했다는 사실을 수집해 오면 1억 원의 보상금을 주겠다고 할 정도였다.[29]

2 지역 개발

과연 방폐장 시설이 들어오면 지역 개발에 도움을 주느냐에 대한 논쟁도 뜨

27) 김경동 · 홍두승 편, "원자력과 지역 이해"(서울: 한국학술정보, 2002) 참조.
28) http://www.4energy.co.kr/ 선진국 관리 사례 참조.
29) 전북일보, "방폐장 기형아 신고 1억 현상금", 2005년 10월 20일 기사.
"중 · 저준위 방폐장의 방사선으로 인해 사람이 죽거나 백혈병 · 기형아 출산 사례를 제시하면 1억 원을 주겠다." 전북도선거관리위원회가 방폐장 반대대책위 측에서 제출한 선거공보 중 기형 태아의 사진과 부연 설명이 허위라고 결정한 가운데 강한 전북 일등도민운동 군산시협의회(회장 박승한)가 현상금 1억 원을 내걸은 홍보물을 배포해 눈길을 끌고 있다.

거웠다. 각 지역의 방폐장 시설을 유치하려는 가장 큰 목적은 바로 지역 개발을 하자는 것이다. 방폐장 시설이 들어오면 지원금 3,000억 원을 비롯한 관련 시설이 들어오기 때문에 약 2~3조 원의 지역 개발 효과가 있다는 주장이다. 이 주장을 뒷받침하고자 찬성 측은 방폐장 시설 유치로 지역 개발에 성공한 여러 사례를 제시하고 있다. 심지어 방폐장 시설 지역이 관광지로 개발되어 지역이 번창하고 있다는 사례도 제시하고 있다. 일본의 로카쇼촌은 인구가 1만 3천 명인 조그마한 도시지만 방폐장 시설이 들어와서 그 지원금으로 관광 개발을 한 결과 이제는 어엿한 유명 관광지가 되었다는 것이다. 한국수력원자력(주)은 이 밖에도 스웨덴의 포스마트 지역이나 영국의 셀라필드 지역, 프랑스의 셀브르 지역 등도 방폐장이 들어와서 지역 개발이 급속도로 잘 된 곳이라고 사례들을 제시하고 있다.[30)]

반대 측의 논리는 정반대다. 방폐장이 들어서면 방폐장에 대한 나쁜 이미지 때문에 경쟁력이 약화되어 농・수・축산물에 대한 판매가 격감되면서 지역경제에 막대한 영향을 미칠 것이라고 주장한다. 특히, 청정 이미지가 사라짐으로써 관광객이 오히려 줄어들어 결국 지역 개발은 침체되는 결과를 낳을 것이라고 주장한다.

3 지역 간 대결

이번 실시된 방폐장 주민투표는 다른 주민투표와 달리 지역 간 경쟁이었다. 즉, 주민투표 자체가 정부의 인센티브를 전제로 한 방폐장 유치를 위한 지역 간 경쟁이었던 것이다. 신청한 지역 모두가 지역 경제가 정체되거나 후퇴하는 곳이다. 때문에 방폐장 유치를 통한 정부의 대대적인 지원으로 지역경제를 활성화시킨다는 공감대가 지역 주민들에게 형성되었기 때문에 지역 간 경쟁은 치열할 수밖에 없었다. 이러한 공감대는 지금까지 방폐장 시설 유치시에 초기에 나타났던 핵폐기물의 안전성에 대한 논란을 생략하게 만들었다. 이러한 분위기는 방폐장 유치운동에 지역의 종교계와 교육계까지 동참하도록 했다.

---

30) 군사시청국책사업추진단, "3대 국책사업 바로 알기", 2005. 7. pp. 371-373.

지역 간 경쟁은 처음에는 네 개 지역 간 경쟁이었다. 각 시장과 군수, 그리고 시·군의원들을 중심으로 지역 주민들의 단합심을 높이는 데 총력을 기울였다. 네 개 지역의 시장과 군수가 삭발하면서 결연한 의지를 지역 주민들에게 보여주었다. 그러다가 지역 간 경쟁은 지나치게 과열되었고 나중에는 영남과 호남의 대결이라는 지역 감정에까지 호소하게 되었다. 이렇게 지역 감정이 나타나게 된 이유 중 하나는 유치 경쟁이 막바지에 다다랐을 때 실시된 각종 여론조사에서 강력한 후보지로 영남 지역인 경주와 호남 지역인 군산이 경쟁 도시로 부각되면서였다. 각종의 궐기 또는 단합대회에서 "영남에게 질 수 없다", "호남에게 질 수 없다"는 등 격한 말들이 심지어 자치단체장이나 국회의원 입에서까지 나왔다.[31] 이러한 격렬한 지역 감정 대결은 결국 투표율을 최대한 높이는 데 크게 기여하는 엉뚱한 결과가 나왔다.

제 4 절 투표 결과의 분석

1 투표율

방폐장 주민투표는 <표 9-4>에서 보는 바와 같이 이전에 있었던 제주도와 청주·청원 주민투표의 투표율에 비해 배 이상의 투표율을 보이고 있다. 이는 2005년 7월 2일에 '제주도에서 실시된 주민투표는 투표율이 36.73%였고, 동년 9월 29일에 실시된 청주·청원 선거는 투표율이 36.66%에 불과한 것과 비교하면 이번 방폐창 유치 주민투표율은 매우 높은 것이라 할 수 있다.

투표율 순으로 보면 영덕군은 80.2%로서 최고의 투표율을 보였고, 다음은 경주, 군산이며, 최하위는 인구가 가장 많은 포항시가 47.7%로 과반수를 넘지 못하고 있다. 역시 농촌 지역이 투표율이 높고 도시로 갈수록 투표율이 적은 우리 나라 투표율 성향이 그대로 반영되고 있음을 알 수 있다.

31) 새전북신문, "방폐장, '지역감정 망령' 되살리는 지역 언론", 2005년 11월 1일 기사.

〈표 9-4〉 방폐장 주민투표의 투표율

구 분	경주시	군산시	영덕군	포항시	소 계
A. 총 선거인 수	208,607	196,980	37,536	374,697	817,820
a. 부재자 신고 : 명 (부재자 신고율 a/A)	79,599 (38.16%)	77,581 (39.39%)	10,319 (27.49%)	82,637 (22.05%)	250,136 (30.59%)
B. 투표인 수	147,636	138,192	30,107	178,586	494,521
b. 부재자 투표 수 (부재자 신고 대비 투표율 b/a)	70,521 (88.6%)	65,336 (84.2%)	9,523 (92.3%)	63,851 (77.3%)	209,224 (83.6%)
C. 투표율(B/A) (부재자 투표율 b/A)	70.8% (33.81%)	70.2% (33.17%)	80.2% (25.37%)	47.7% (17.04%)	60.5% (25.58%)
D.투표인 수 대비 부재자 비율 (b/B)	47.8%	47.3%	31.6	35.8%	42.3%

자료 : 본인이 각종 자료를 정리했음.

이러한 투표율은 <표 9-5>에서 보는 바와 같이 우리 나라 평균 투표율에 비하면 거의 10% 이상 높은 것으로 나타났다. 전북은 제2회 지방선거에서 57.8%였고, 지역 감정으로 인해 언제나 치열한 대통령 선거인 제16대 대통령 선거를 빼고는 거의 60% 이하였다. 그러나 이번은 70.2%로 보통 선거 때보다 약 10%가 높게 나왔음을 알 수 있다. 경북 지역은 평소에도 전북 지방보다는 투표율이 약간 높은 편이지만 대체로 65% 이하였다. 그러나 이번 선거 때 영덕군은 무려 80.2%로 매우 높게 나타난 것을 알 수 있다.

이번 방폐장 투표율에서 가장 특이한 점 중 하나가 부재자 선거이다. 과거와는 달리 투표 해당 지역에 거주하고 있는데도 불구하고 부재자 투표를 신고하여 거소투표를 할 수 있도록 했기 때문에 부재자 투표율이 매우 높은 것이다. 부재자 신고 수가 전체 유권자의 30.59%로 평소 2~3%와 비교도 되지 않을 정도로 높았다. 이 중 경주시와 군산시는 거의 40%를 부재자 신고를 하는 이해할 수 없는 현상이 일어났다. 이들 부재자 신고인들이 실제로 투표를 한 비율은 평균 83.6%로 매우 높았다는 점도 매우 특이한 현상이다. 결국 이렇게 부재자 투표율이 높은 현상은 실제로 투표한 사람 중에 약 42%나 차지했고, 이 중 경주시와 군산시는 거의 50%에 가까운 기현상을 보이고 있다. 방폐장 주민투표는 '부재자 투표'라고 별칭을 지어도 이의가 없을 정도로 이번 방폐장 주민투표의 허점을 알 수 있다.

〈표 9-5〉 우리 나라 각종 투표율 추이

시도명	제2회 전국 동시지방선거 1998. 6. 4	제16대 국회 의원총선거 2000. 4.13	제3회 전국 동시지방선거 2002. 6.13	제16대 대통령선거 2002.12.19	제17대 국회 의원선거 2004. 4.15
합계	52.7	57.2	48.9	70.8	60.6
서울	46.9	54.3	45.8	71.4	62.2
부산	46.7	55.4	41.8	71.2	61.9
대구	46.8	53.5	41.4	71.1	59.3
인천	43.2	53.4	39.3	67.8	57.4
광주	45.1	54.0	42.3	78.1	60.2
대전	44.5	53.3	42.3	67.6	58.9
울산	57.6	59.1	52.3	70.0	62.0
경기	50.0	54.9	44.6	69.6	59.7
강원	64.3	62.9	59.4	68.4	59.7
충북	61.0	60.8	55.8	68.0	58.2
충남	59.5	60.1	56.2	66.0	56.0
전북	57.8	60.6	55.0	74.6	61.2
전남	68.2	66.8	65.6	76.4	63.4
경북	64.9	64.6	60.4	71.6	61.5
경남	61.1	60.6	56.5	72.4	62.3
제주	73.7	67.2	68.9	68.6	61.1

자료: 중앙선거관리위원회 홈페이지 자료방(2006).

왜 이렇게 기이한 현상이 일어났을까. 이번 방폐장 투표는 지역 간 경쟁이기 때문에 공무원이나 관변단체 간부들은 투표를 할 수 없거나 할 가능성이 적은 사람을 설득해 부재자 투표 신고를 하도록 함으로써 투표율을 일단 높인다. 그 다음에 거소투표의 형식을 빌어서 해당 집에 가서 투표하도록 하거나 대리 투표를 하는 경우가 비일비재했기 때문에 이러한 기이한 현상이 나타났던 것이다.[32]

32) 이러한 이야기는 저자가 현지조사 가는 곳마다 들을 수 있었으며 패한 곳은 결국 부재자투표를 과감하게 활용하지 못한 것에 대해서 못내 아쉬워했다.

〈표 9-6〉 부재자 투표인 수의 비율 추세

시도명	제2회 전국 동시지방선거 (1998. 6. 4)	제16대 국회 의원총선거 (2000. 4.13)	제3회 전국 동시지방선거 (2002. 6.13)	제16대 대통령선거 (2002.12.19)	제17대 국회 의원선거 (2004. 4.15)
총 투표자 수	17,143,081	19,156,515	16,973,662	24,784,963	21,581,550
부재자 투표 합계	754,106	764,428	750,122	814,963	803,537
전북	39,644	37,538	34,142	37,688	37,302
경북	52,880	49,028	46,532	49,880	48,503

자료: 본인이 각종 통계자료를 참조하여 작성했음.

통상 선거에서 부재자 투표율은 매우 낮아 투표 결과에 거의 영향을 미치지 못한다. <표 9-6>에서 보는 바와 같이 제2회 지방선거시에 부재자 투표는 겨우 754,106명으로 총 투표자 수 17,143,081명 대비 4.4%이며, 제16대 총선은 4%, 제3회 지방선거는 4.4%, 제16대 대통령선거는 3.3%, 제17대 국회의원 선거시에는 3.7%에 불과하다. 그러나 부재자 신고자 대비 부재자 투표율은 높은 편이다. 예를 들면 제17대 국회의원 선거시에는 부재자 신고인 수가 885,938명이었는데 실제로 투표한 사람은 803,537로서 90.7%로 높게 나타나고 있다.

부재자 투표인 수는 전북 전체를 합해도 최대였던 때가 제2회 지방선거시

이에 대한 지방 일간지 기사를 보자.

전북일보, "주민투표법 '허점투성이' 곳곳에서 파열음…" 국책사업에 적용은 무리 "일부 지적도", 2005년 10월 19일 기사.

방폐장 주민투표법이 곳곳에서 허점을 드러내고 있다. 전체 유권자의 40%에 육박하는 주민들이 '집'에서 투표할 수도 있게 됐고, 선관위가 앞장서 허위 사실을 유포하는 웃지 못할 일도 벌어지고 있다. 국책사업에 주민투표법을 적용하는 것이 무리가 아니냐는 지적도 나오고 있다.

△부재자 투표 논란=지난 8일 마감된 부재자 신고 결과는 예상을 훨씬 뛰어넘는 것이었다. 경주시는 7만 9,599명(38.1%), 군산시는 7만 7,581명(39.4%), 영덕군은 1만 319명(27.5%), 포항시는 8만 2637명(22.0%)의 유권자가 부재자 투표를 신청했다. 예전의 부재자 신고율 2~3%에 비하면 10배 이상 많아진 것. 투표율 1/3 이상을 넘기고 찬성 측을 더 많이 확보하려는 각 자치단체의 과열 경쟁이 부른 결과로 풀이된다. 반대 측은 관권에 의한 동원이라며 반발하고 있다. 문제는 이번 부재자 투표가 지정된 장소가 아닌 '집"에서 실시된다는 점. 공정성 문제가 제기됨에 따라 선관위는 부랴부랴 각 읍·면·동별로 부재자 투표소를 만들기로 하고 자치단체의 협조를 요청하고 있다.

39,644명으로서 전체 투표자 수 809,505명의 4.9%에 불과했고, 경북 역시도 전체 부재자 투표인 수가 최고였던 때가 제2회 지방선거시 52,880명으로 전체 투표자 수 1,297,446명의 4.1%에 불과했다. 이러한 통계에 비추어 볼 때 이번 방폐장 투표에 부재자 투표라는 별칭을 부여해도 결코 과한 것이라고 볼 수 없을 것이다.

2 투표 결과

투표 결과는 아래 <표 9-7>에서 보는 바와 같이 경주시가 89.5%라는 경이적인 찬성률로 방폐장 유치지역으로 선정되었다. 그 다음에 경주와 끝까지 각축전을 벌였던 군산시가 84.4%, 영덕이 79.3% 순이며 가장 적은 찬성률은 포항시가 67.5%이다.

〈표 9-7〉 주민투표 결과

구 분	경주시	군산시	영덕군	포항시	소 계
A. 총 선거인 수	208,607	196,980	37,536	374,697	817,820
B. 투표인 수	147,636	138,192	30,107	178,586	494,521
C. 투표율(B/A)	70.8%	70.2%	80.2%	47.7%	60.5%
D. 투표자 대비 찬성률	89.5%	84.4%	79.3%	67.5%	
E. 총유권자 대비 찬성률	62.6%	58.5%	62.9%	31.79%	

자료 : 중앙선거관리위원회.

군산시는 도지사를 비롯한 거의 모든 국회의원들이 총력전을 폈지만 약 5% 차이로 경주에 떨어졌다. 군산시가 5% 차이로 떨어진 이유는 부안사태의 영향도 있었지만 대우자동차 노조의 반대와 환경단체들의 과장 홍보가 큰 영향을 미쳤다고 현지 주민들은 말했다.[33] 영덕은 투표율이 가장 높은데도 불구하고 찬성률에서는 3위를 차지했다. 현지 면담 결과 찬성률이 떨어진 것은 과거 영덕군에서 방폐장 건설에 반대했던 조직들이 아직도 살아 있고, 또 다른 지역에 비해 부재자 투표에서 무리하지 않았기 때문이라고 했다.[34]

33) 현지 주민과의 면담에서.

3 후유증

선거운동이 격렬한 만큼 선거 과정과 투표 후에도 그 후유증이 크고, 지속되었다. 그 예를 보자.

전북도는 군산 방폐장 유치 주민투표가 막판에 찬·반 단체 간 과열 양상으로 치닫고 있는 것과 관련, 경찰에 반대 측 신변 보호를 요청했다. 전북도 이형규 행정부지사는 방폐장 유치에 실패할 경우 감정이 격해진 군산시민들 간에 예기치 못한 불상사가 일어날 우려가 높아 군산경찰서에 반대 측 관계자들의 신변을 보호해 줄 것을 지난 달 31일 요청했다고 밝혔다.[35] 군산시청 현관에 전시되어 있는 GM대우차 전시 차량 1대가 3일 누군가에 의해 훼손된 채 방치되었다. 군산시청 관계자는 이와 관련 방폐장 유치 주민투표 개표 과정에서 군산이 경주에 떨어지자 흥분한 누군가 발길질을 해 차량 앞 문짝이 찌그러진 것 같다고 추정했다. 이 차량은 이 날 오전 10시 40분께 GM대우차 관계자에 의해 회수되었다. 이와 함께 이 날 오후 1시 10분께 방폐장 유치 탈락에 범전북도민국책사업추진협의회 회원 등 흥분한 20여명의 시민들이 갑자기 시청 현관으로 몰려와 GM대우차 홍보전시 벽보판을 부수고 "대우차 불매" 등의 붉은 글씨를 써놓았다. 군산 시민들의 일시적인 이메일 항의로 GM대우차의 인터넷 홈페이지가 지난 3일 오후 1시부터 5시간 가량 일시적으로 멈춰 큰 혼란을 겪기도 했다. 군산시는 정부에 대한 불만도 숨기지 않았다.[36] 군산 시내에서는 청와대에서 경주시를 밀어 주기 위해 이미 판을 짜놓고 군산을 들러리로 내세웠다는 소문마저 돌고 있다. 이 같은 분위기가 갈수록 고조되면서 정부에 대한 불신감을 넘어 직접적인 폭발로 이어졌다. 1,500여명의 군산 시민들이 2005년 10월 4일 오후 4시 군산시민문화회관 앞에 모여 정부가 군산 시민을 들러리로 내세웠다며 대(對)정부 규탄 범시민 궐기대회를 가졌다. 군산시국책사업단이 주최한 이 날 집회에서는 특히 산업자원부 장관과 선거관리위원장에 대한 화형식에 이어

34) 담당공무원과의 면담에서(2006. 4. 7).
35) 전라일보, "도, 반대측 신변 보호 요청", 2005. 11. 1.
36) 전라일보, "방폐장 유치 실패 충격 군산시민들 '흥분'", 2005. 11. 4.

반대를 주도했던 일부 인사의 공개적 거론이 사태를 갈수록 악화시킬 수 있다는 우려를 낳게 했다. 정부가 이 같은 상황을 방관할 경우에는 제2의 부안사태가 군산에서 재현될 수 있을 것이라는 우려의 목소리가 높아갔다.[37]

네 개의 유치 지역 중 세 개가 경상북도이다. 경상북도 지역 중 하나인 경주시가 선정되었기 때문에 경북 내 지역들은 그 후유증이 군산시보다 적은 것 같다. 그럼에도 불구하고 크고 작은 후유증들이 역시 나타났다. 그 예를 영덕군에서 보자.

방폐장 투표에서 영덕 유치가 무산되자 3일 영덕군방폐장유치기독교단(유기단) 단장 김용구 목사 등 40명이 경북도청을 '항의 방문'했다. 이들은 김용대 행정부지사와 만나 "투표 결과는 수용하지만 투표 기간 동안 경북도가 경주를 정책적으로 지원해 영덕이 유치에 실패했다"며 34번 국도 조기 건설, 한국전력기술(주) 이전 등을 요구했다. 또 이 같은 요구가 받아들여지지 않을 경우 무기한 단식 농성에 들어가겠다고 강경한 입장을 밝혔다. 그러나 김 부지사가, 도가 경주를 편파 지원하지 않은 것을 설명하고 앞으로 영덕 등 탈락 지역에 대한 대책을 정부에 요구하겠다고 약속하자 수긍하고 돌아갔다.

포항의 방폐장 반대단체들도 주민투표 이튿날인 2005년 11월 3일 "이 투표는 금권, 관권선거로 인정할 수 없다"는 성명서를 냈으나 찬성단체들과의 충돌은 없었다. 경북도의 한 관계자는 "투표 후유증이 우려됐으나 경주시의 찬성률이 다른 지역에 비해 압도적으로 높은데다 투표 결과에 대해 이의를 제기해도 소용이 없다는 인식으로 대부분 결과에 승복하는 것 같다"고 분석했다.

그렇다고 승리한 경주시는 그 후유증이 없었느냐, 결코 그렇지 않다. 지역신문의 기사를 보자.

> 경주시의회가 내년도 당초예산을 편성하면서 주민숙원사업비를 증액한 반면 매년 실시해 온 비중 있는 충담제와 월명제 등의 문화행사 민간위탁 보조금과 민주노총 경주시협의회 및 한노총 사무실 운영비 등을 전액 삭감하자 관련 단체들이 방폐장 유치 반대에 따른 '보복성 예산 삭감'이라고 항의했다.
>
> 시민단체 관계자는 "지역별 주민숙원사업비 예산 증액에 대해서도 내년 시의원 선거를 염두에 둔 선심성 예산이라는 모순을 비껴가기 어렵지만 방폐장 유치에 반대했던 단체들의 예산만을 삭감하는 것은 보복성으로밖에는 볼 수 없다"며

37) 군산신문, "'들러리' 분노", 2005. 11. 5.

"방폐장 선정 이후 갈라진 민심을 추스르고 화합을 주도해야 할 시의회가 오히려 지역을 갈등으로 몰아넣고 있다"고 문제를 제기했다.

경주시는 한수원 본사의 신축 위치를 두고 방폐장이 들어서는 동경주와 다른 지역 간에 또 다른 갈등을 낳는 등 후유증은 끊임없이 나타나고 있다.[38]

제 5 절 평가와 과제

1 방폐장 주민투표의 특징

1) 지방자치사적 특징 : 국책사업(국가 주요 시설)에 대한 최초의 주민투표

방폐장 주민투표는 여러 가지 특징을 지니고 있지만 가장 큰 특징은 국가 주요 시설에 대한 최초의 주민투표라는 점이다. 주민투표법 제정 이후 제주와 청주·청원 두 곳에서 주민투표가 이루어졌지만 이 두 곳의 주민투표는 행정구역에 관한 주민투표였다. 방폐장은 국가가 직접 집행하는 국책사업 중 하나다. 과거에는 국책사업은 당연히 국가가 결정하는 것으로 생각했고, 지방도 당연히 따르는 것으로 생각했다. 그러나 실제로 일어난 상황들은 전혀 다른 양상으로 발생했다. 지역 주민들이 비선호사업이면 그것이 국책사업이든지 아니든지 상관없이 거부하기 때문이다. 이러한 의미에서 이번 방폐장 주민투표는 지금까지 국가가 갖는 인식을 제도적으로 바꾸었다는 점에서 매우 의미가 있는 주민투표라고 할 수 있다.

또한 이번 주민투표 대상이 되었던 국책사업은 이른바 3대 국책사업이 동시에 추진되는 패키지 사업이라는 특징을 가지고 있다. 국가가 현안으로 추진중인 3대 국책사업은 방폐장인 중·저준위 방사성 폐기물 처분시설과 함께 양성자가속기사업, 한국수력원자력 주식회사 본사 이전 사업이다. 정부는 방폐장을 수용하는 지역에 나머지 두 개의 국책사업도 같이 추진한다는 것이다.

38) 경북일보, "시민단체 '경주시의회, 보복성 처사 아니냐' 발끈", 2005. 12. 20.

2) 주민투표의 결과 결정 방법 : 자문형 성격

제1장에서 주민투표는 여러 가지 유형으로 나눌 수 있다는 것을 보았다. 그리고 제7장에서는 제주도 주민투표의 성격을 이 기준에 의해서 살펴보았다. 방폐장 주민투표도 그 성격으로 보면 주민투표법 제8조[39]의 적용을 받는다. 따라서 법적 효력면에서 이번 실시된 주민투표는 제주도 주민투표와 청주·청원 주민투표와 같이 비구속적 주민투표이며 실시 조건으로 보면 자문적 주민투표라고 할 수 있다. 즉, 이번에 실시된 주민투표는 중앙정부가 방폐장 건설 여부에 대해 해당 지역 주민의 의견을 듣기 위해 실시한 것이기 때문에 자문적 성격의 주민투표라고 할 수 있다.

3) 주제에서의 특징 : 비선호시설에 대한 주민투표

제1장에서 주민투표제도 도입과 관계 없이 지금까지 우리 나라에서 이루어진 주민투표의 내용을 요약했다. 첨예한 대립이 없는 주민투표, 선호하는 공공시설(PIMBY)에 대한 주민투표, 비선호 공공시설(NIMBY)에 대한 주민투표, 행정에 관한 사항 등이었다.

방폐장 주민투표는 공공시설에 대한 주민투표 중 비선호시설에 대한 주민투표다. 방폐장 주민투표는 지금까지 이루어졌던 비선호시설에 대한 주민투표와는 성격이 판이하게 다르다. 우선 규모면에서 다른 비선호시설과는 비교도 될 수 없을 만큼 크고 영향의 범위가 막대하다. 그리고 국책사업이기 때문에 정부의 지원 규모도 지금까지와는 비교할 수 없을 정도로 컸으며, 이로 인해 각 지역이 혐오시설 중에 하나인 방폐장을 유치하려고 경쟁하는 색다른 양상을 보였다는 점도 이번 방폐장 주민투표에서의 특징이라고 할 수 있다.

4) 주체에서의 특징 : 국가에 의한 주민투표

이번 실시된 방폐장 주민투표도 이전에 실시했던 제주도 주민투표과 청주·청원 주민투표와 마찬가지로 청구권자가 중앙정부라는 것이다. 주민투표법에 의

---

39) 제8조(국가정책에 관한 주민투표) ① 중앙행정기관의 장은 지방자치단체의 폐치·분합 또는 구역 변경, 주요 시설의 설치 등 국가정책의 수립에 관하여 주민의 의견을 듣기 위하여 필요하다고 인정하는 때에는 주민투표의 실시 구역을 정하여 관계 지방자치단체의 장에게 주민투표의 실시를 요구할 수 있다. 이 경우 중앙행정기관의 장은 미리 행정자치부 장관과 협의하여야 한다.

하면 우리 나라 주민투표의 청구권자는 지방자치단체장, 지방의회, 주민, 그리고 중앙행정기관의 장으로 되어 있다. 중앙행정기관이 청구권자인 사항은 다른 나라에서 볼 수 없는 특이한 모습이라는 것은 이미 기술했다. 그러나 심각한 것은 주민투표법 제정 이후에 실시된 세 차례의 주민투표 모두가 청구권자는 중앙정부라는 점이다. 지역의 문제를 주민 스스로 풀기 위해 실시하는 주민투표가 중앙정책의 해결 방책으로만 활용되고 있다는 점은 주민투표의 본래 취지와는 거리가 있다 하겠다.

5) 투표 지역에 의한 특징 : 다지역 경쟁의 주민투표

방폐장 주민투표 중에 가장 큰 특징은 주민투표가 네 개 지역에서 동시에 이루어졌다는 것이다. 현행 주민투표법에서 지역은 자치단체를 중심으로 하되 지방의회의 동의를 얻어서 지방자치단체 내의 일정 지역으로 한정할 수 있다고 했다. 그러나 이번 방폐장 주민투표는 네 개의 지방자치단체들 간에 경쟁으로 이루어졌다는 점이 특징이다. 지금까지 비선호시설은 유치를 반대하는 측과 사업을 시행하려는 측과의 대립과 갈등이 심한 가운데서 주민투표라는 해결 방안을 제시했는데 이번 방폐장 주민투표는 미리 주민투표를 한다는 전제하에서 각 지역이 방폐장을 유치하려고 애를 쓰고 있는 것이 매우 특징적이라고 할 수 있다.

6) 또 다른 법률에 의한 주민투표의 언급

정부는 계속적인 주민들의 반대 때문에 방폐장 건설이 어렵다고 판단해 공개를 원칙으로 하되 고준위를 제외한 방사성 폐기물 처분시설을 건설하기로 했다. 그렇지만 정부가 여러 차례 방폐장의 안전성에 대해서 상세한 설명을 했지만 주민들은 여전히 정부를 신뢰하지 않았다. 그동안 정부정책에 대한 불신에서 오는 현상이다. 이에 정부는 이에 대한 내용을 명확하게 하기 위해 법률을 제정하기로 했다. 이에 대한 법률이 2005년 3월 31일 법률 제7444호인 '중·저준위 방사성 폐기물 처분시설의 유치지역 지원에 관한 특별법'이다. 이 법률은 주민들이 계속 의혹을 제기하고 있는 폐기물에 대한 정의, 유치 지역 지원과 특례 등에 대한 것을 명확히 하는 것이 주요 내용이다. 특히, 이 법률 제7조에는 유치 지역을 주민투표법 제8조의 규정에 의한 주민투표를 거쳐 유치 지역을 선정해야 한다고 규정해 주민투표가 필수 사항임을 규정했다. 이로써 방폐장 처분시설은 주민투표법 제8조의 국가 중요 시설로 분류되어 선정 과정은 반드시 주민투표에 의해서 이루어지도록 하고 있다.

2 주민 평가

1) 유용성

방폐장 주민투표 실시 지역 주민들은 주민투표 실시의 유용성에 대해서 제주도와 청주·청원 주민들과는 달리 매우 긍정적이다. 주민투표 실시가 유용하다는 평가가 무려 57.4%로 매우 높게 나타났다. 부정적인 반응인 갈등 조장과 전혀 유용성 없다는 평가는 20.4%로 매우 적었다.

〈표 9-8〉 주민투표 실시 유용성 여부

문항	주민투표 실시가 유용하다고 생각하십니까?					
답항	매우 유용	약간 유용	그저 그렇다	갈등 조장	전혀 유용 안함	합계
도수 (%)	121 (23.3)	177 (34.1)	115 (22.2)	84 (16.2)	22 (4.2)	519 (100.0)

2) 만족도

주민들의 주민투표에 대한 만족도도 불만족보다는 많게 나왔다. 이와 같은 평가는 네 지역이 경쟁하여 한 곳만 선택되었다는 점에서 31.3%가 만족하다는 평가는 높은 것이라고 할 수 있다. 그러나 아직도 불만족하다는 평가가 30%에 이르고 있다는 점에서 보면 개선할 점이 많다는 것을 짐작할 수 있다.

〈표 9-9〉 주민투표 결과의 만족 여부

문항	주민투표 결과에 만족하십니까?					
답항	아주 불만족	불만족	그저 그렇다	만족	아주 만족	합계
도수 (%)	33 (6.3)	122 (23.4)	204 (39.1)	150 (28.7)	13 (2.5)	522 (100.0)

3) 문제점

주민투표 과정에서 가장 큰 문제점으로 <표 9-10>에서 보는 바와 같이 주민들의 무관심이 37.8%로 가장 높게 나타났다. 이 비율은 앞의 사례인 제주도 주민투표와 청주·청원의 주민투표에 비해 매우 낮은 수준이긴 하나 여전히 주민들의 무관심이 주민투표 실시 과정에서 가장 커다란 문제점으로 제시되고 있음을 알 수 있다. 그 다음으로 주민투표 운동의 제약이 32.8%로서 이전의 주민투표 때보다 높게 나타나고 있다. 이것은 방폐장이 원자물질과 관련이 있기 때문에 이를 유치하려고 신청한 자치단체장과 공무원들이 이에 대한 설명을 충분하게 해야 하는데, 공무원의 주민투표 운동 금지 조항 때문에 할 수 없었다는 불평이 많았다는 것을 말해 준다.

〈표 9-10〉 주민투표 실시 과정에서의 첫 번째 문제점

문항	주민투표 실시 과정에서의 가장 큰 문제점은 무엇이었습니까?								
답항	운동의 제약	단체장만 유리	주민 무관심	부재자 투표관리 문제	홍보 부족	중앙의 불공정	까다로운 투표법	기타	합계
도수 (%)	171 (32.8)	41 (7.9)	197 (37.8)	49 (9.4)	26 (5.0)	29 (5.6)	6 (1.2)	2 (0.4)	521 (100.0)

주민투표 실시 과정에서 나타난 두 번째 큰 문제점은 역시 주민 무관심이었지만 이와 비슷하게 부재자 투표 관리 문제를 들고 있다. 방폐장 주민투표시에 부재자 투표율이 평균적으로는 30%를 넘고 있었다. 군산시와 경주시는 40%에 가깝다. 이는 보통 선거시에 5% 이하를 고려한다면 매우 높은 비율임을 알 수 있

〈표 9-11〉 주민투표 실시 과정에서의 두 번째 문제점

문항	주민투표 실시 과정에서의 두 번째 큰 문제점은 무엇입니까?								
답항	운동의 제약	단체장만 유리	주민 무관심	부재자 투표관리 문제	홍보 부족	중앙의 불공정	까다로운 투표법	기타	합계
도수 (%)	34 (8.0)	22 (5.2)	93 (21.8)	92 (21.5)	86 (20.1)	50 (11.7)	45 (10.5)	5 (1.2)	427 (100.0)

다. 이렇게 높은 부재자 투표는 대리투표 등 주민투표의 정당성을 훼손할 가능성이 높다. 주민들도 바로 이 점을 평가해 부재자 관리에 문제점이 많다는 것을 두 번째 큰 문제점으로 제시하고 있다.

실제로 주민투표 과정에서의 부재자 관리에 대한 질문을 한 결과 <표 9-12>처럼 큰 문제였다고 평가하고 있다. <표 9-12>에서 보는 바와 같이 문제점이 많다는 평가가 47.2%로 압도적으로 많다. 이에 대한 개선책이 시급하게 마련되어야 주민투표의 정당성을 확보할 수 있다 하겠다.

〈표 9-12〉 부재자 투표 관리에 대한 평가

문항	이번 주민투표에서 부재자 투표 관리는 어떻다고 생각하십니까?					
답항	매우 문제 많음	문제 많음	그저 그렇다	별로 문제 없음	전혀 문제 없음	합계
도수 (%)	76 (14.6)	169 (32.6)	170 (32.8)	85 (16.4)	19 (3.7)	519 (100.0)

3 과제와 함의

이미 기술한 바와 같이 방폐장에 관한 주민투표는 우리 나라에서는 최초의 국가시설 건설에 대한 주민투표임과 동시에 지역 간 경쟁을 하게 한 주민투표였다. 이렇게 의미가 깊은 방폐장 주민투표는 여러 가지 함의를 우리에게 주었다.

첫째, 비선호 국가시설(NIMBY)의 설립에 대한 기존의 관행을 바꾸어 놓았다는 점이다.

지금까지 비선호 국가시설의 설립은 단지 그 권한이 중앙정부 소관이기 때문에 중앙정부가 일방적으로 추진했다. 설치되는 지역 주민에 대한 배려는 전혀 없거나 있어도 형식적이었다. 오히려 이에 대한 거부나 부정적인 태도를 보인 자치단체나 지역 주민들에게는 불이익이라는 무기를 사용하겠다는 으름장을 놓고 강요했던 방식이 기존의 방식이었다. 그러나 민주화와 지방화의 진전으로 이러한 일방적인 방식은 결코 성공할 수 없다는 것을 이번 주민투표에서 보여 주었다. 아무리 중요한 국가시설이라도 중앙정부와 지방정부, 지역 주민들이 공동의 이해와 노력을 통해서만이 가능하다는 것을 이번 주민투표가 보여 준 것이다.

둘째, 지방자치가 얼마나 중요한 것인가를 증명해 보여 주었다는 점이다.

지방자치는 지역 주민과 지방정부가 함께 지역을 통치해 나가는 것이다. 부안군의 사태에서 보면, 부안군수는 중앙정부와 함께 방폐장을 유치하려고 진력을 다했다. 그러나 실패했을 뿐만 아니라 지역에 많은 상처를 주었다. 중앙정부가 지방정부의 의견을 들어서 추진했던 이 일이 왜 실패했을까. 지역 주민이 그 자리에 없었던 것이다. 지역 주민의 동의 없이 추진했던 방폐장 유치가 결국 주민들에 의해서 거부당했고 이를 추진했던 군수는 주민들로부터 돌이킬 수 없는 불신을 받았고 많은 지역 주민들이 구속당하는 씻을 수 없는 부작용을 남겼다. 지방자치는 지방자치단체장과 지방의원이 아닌 지역 주민과 함께 하는 것임을 잘 보여 준 사례라 할 수 있다. 방폐장의 성공도 바로 지역 주민과 지방정부가 혼연일체가 되어 추진했기 때문에 가능했다. 설령 실패한 지역도 이 일로 인해 지역의 단합심을 고양시키는 데 큰 역할을 했다는 데 이의를 달지 않을 정도로, 실패했지만 얻은 것이 훨씬 많은 주민투표였다는 평이다.

셋째, 승복하는 모습을 보았다.

우리 나라에서는 거의 모든 선거에서 보아왔듯이 선거의 결과에 대한 깨끗한 승복의 문화가 없었다. 선거가 끝나면 항상 소송이 있거나 아니면 흑색선전이 지속되거나 했다. 그러나 이번 주민투표는 어느 선거보다도 과열되었음에도 불구하고 모든 지역이 결과에 대해서 승복했다. 지역에 따라서 약간의 후유증이 있었지만 얼마 가지 않아서 잠잠해졌다. 주민들은 오히려 주민투표 과정에서 보였던 단합된 힘이 지역 발전에 큰 도움이 될 것이라고 기대하고 있을 정도이다.

그럼에도 불구하고 이번 방폐장에 대한 주민투표는 우리에게 많은 과제를 주었다.

첫째, 비선호시설이 반드시 인센티브를 주지 않으면 건설할 수 없는 사례를 만들었다는 점이다.

이번에 방폐장을 시설하면서 중앙정부는 유치기관인 지방자치단체에게 2~3조 원의 효과가 날 정도로 많은 지원을 해 주겠다고 약속했다. 과연 다른 시설들도 이렇게 많은 지원이 가능할까 하는 점이다. 방폐장은 관련 법률에 의해서 전기료의 일정 부분을 별도로 적립하기 때문에 이러한 지원이 가능하다. 그러나 모든 시설들이 이렇게 재정적으로 뒷받침할 수 있는 것이 아니다. 따라서 이번 주민투표가 국가시설의 건립에는 언제나 재정 지원이 필수적이어야 한다는 선례가 되지 않도록 해야 한다.

둘째, 지역 감정이 다반사로 이용당하고 있다는 점이다.

방폐장은 지역 감정과 아무런 관계가 없음은 삼척동자도 알고 있다. 그러나 이번 주민투표 과정에서 우리가 가장 버리고 싶은 구악인 지역 감정이 되살아났다. 더욱 문제는 지역 주민들이 지역 감정을 일으킨 것이 아니라 지역 지도자들이 앞장서서 지역 감정을 부추겼다는 점이다. 지역 감정이 중앙정치에서뿐만 아니라 지방정치에까지 침투하지 못하도록 각자의 노력이 필요할 때다.

셋째, 목표를 위해서는 과정은 무시하는 문화가 여전했다.

이번 주민투표는 지역 간의 경쟁이기 때문에 투표율뿐만 아니라 득표율도 어느 선거 때보다 높았다. 그러나 주민투표 과정에서 보여 준 여러 가지 탈법적 요소들은 주민투표의 의의를 훼손시키기에 충분했다. 주민들도 인정하는 부정직한 부재자 투표 관리, 투표 후에 수사 대상에까지 오른 주민투표 예산의 오·남용, 반대자 측의 과장된 홍보, 찬성 측의 관변화 등은 목표를 위해 과정을 무시하는 기존 문화의 답습이라는 점에서 아쉬움이 많았다.

04

주민투표의 관리

제 10 장 주민투표 관리기관 -중앙선거관리위원회

제 1 절 주민투표 관리기관의 변천사

1 서 언

통상적으로 선거관리 과정은 선거 과정을 규율하기 위한 기본 원칙을 규정해야 할 것이고(선거법 제정), 순수한 비례대표제를 채택하는 경우를 제외하고는 대표자를 선출하기 위한 지역적 단위인 선거구를 획정해야 한다(선거구 획정). 그리고나서 선출되고자 하는 자의 범위와 선거권이 있는 자의 범위를 확정하고(후보자 등록 및 유권자 등록), 선거권이 있는 자가 그 선호를 표시해(투표관리), 그 결과를 확인함으로써(개표관리), 당선인을 결정하는(당선인 결정) 과정을 거치게 된다. 이 밖에도 선거 과정에서의 위법행위를 처벌하는 것이나 국민투표의 관리, 유권자 제도 등과 선거에 참여해 정권을 획득함을 목적으로 하는 정당의 등록에 관한 사무 및 선거자금 또는 정치자금에 관한 규제사무도 선거관리의 범주에 포함된다고 할 수 있을 것이다. 역사적으로 볼 때 선거자금 또는 정치자금 분야는 선거관리에 가장 나중에 편입된 것이라고 할 수 있다.[1]

---

1) 중앙선거관리위원회, “각국의 선거관리기관”, 2003, pp. 2-27 참조.

그러나 이 과정은 투표의 성격에 따라서 크게 달라진다. 예를 들면, 주민투표인 경우는 상기 과정 중에서 많은 부분이 생략될 것이며, 반면에 국회의원선거와 같이 중요도가 높고 갈등이 소지가 많은 것은 이 모든 과정을 선거 과정에 포함시킬 것이다.

우리 나라 주민투표제도는 이 과정 중에 많은 것을 생략하고 있다. 생략하는 큰 이유는 두 가지라고 할 수 있다.

첫째, 주민투표는 사람을 선출하는 투표와는 다르기 때문에 많은 부분이 생략될 수밖에 없다는 것이다.

둘째, 우리 나라에는 공직선거법이 있기 때문이다. 공직선거법은 우리 나라 공공선거에 관한 한 기본법적 역할을 하고 있어 상기에서 기술하고 있는 많은 투표 절차가 여기에 포함되어 있다.

현행 주민투표제도의 운영기본법인 주민투표법은 그 성격이 절차법적 성격을 갖고 있기 때문에 상기 과정 중 유권자 등록, 투표관리, 개표관리, 선거 결과 확정 등 협의의 의미에서 투표관리에 대한 규정을 하고 있다.

상기의 투표 업무를 관리하기 위해 관리기관을 둘 수밖에 없다. 훌륭한 투표가 이루어지기 위해서는 훌륭한 투표관리 기관이 있어야 한다는 것은 당연한 이야기다. 그러나 어떠한 요건이 갖추어져야 훌륭한 투표관리 기관이냐에 대한 주장은 천차만별일 정도로 다양하다. 투표의 성격에서부터, 각 나라와 지역의 역사와 전통 및 사회·경제적 발전 단계를 반영해 다양한 형태로 조직되고 있는 것이 현실이다.

그럼에도 불구하고 대부분의 국가들은 국민투표와는 달리 주민투표는 지방의 사무이기 때문에 투표의 관리를 주민 또는 지방자치단체에게 부여하고 있다는 것이다. 주민투표가 주민들이 지방의 의사 결정 과정에 직접 참여하는 가장 지방분권적 업무이기 때문에 주민투표관리권을 지역 주민 또는 지방자치단체에 우선 부여하는 것은 당연하다 하겠다. 그럼에도 불구하고 우리 나라 주민투표 관리기관은 일반 국가선거를 관리하는 중앙선거관리위원회가 담당하고 있다.

이 장에서는 왜 이렇게 중앙선거관리위원회가 주민투표관리기관이 되었는지를 그 과정과 외국의 주민투표기관과 비교하면서 살펴보고자 한다.

2 우리 나라 투표관리기관의 변천

중앙선거관리위원회가 헌법기관으로 승격된 것은 제2공화국 때부터이다. 그 이전에는 중앙선거위원회의 명칭으로 명목만 독립기관일 뿐 실제 운영은 행정기관이 맡고 있었다. 중앙선거위원회는 이렇게 독립적이지 못했기 때문에 각종의 선거 부정을 묵인하거나 때로는 중심부에 있었다. 제2공화국의 선거관리기관은 제1공화국 시대 이승만 자유당 정권의 장기 집권욕에 의한 관권선거 획책 등 부정선거를 자행한 역사적 경험을 바탕으로 공정한 선거관리를 위해 제3차 개정 헌법(1960. 6. 15 공포)에 독립기관으로 중앙선거위원회를 두도록 했다. 그리고 위원의 구성 및 위원장 선출 방법을 명문화하면서 중앙선거위원회가 정부 수립 이후 처음으로 헌법기관화되었다.

새로 제정된 선거위원회법(1960. 6. 17, 법률 제550호)은 최상급 기관인 중앙선거위원회 밑에 서울특별시 · 도선거위원회와 구 · 시 · 군선거위원회 및 투표구선거위원회를 두도록 했으며, 그 위원 구성에 있어서 관계 행정기관의 관여를 배제하는 등 그 신뢰성을 높였다. 또한 선거위원회법은 중앙선거위원회에 사무국을 두고 사무국장과 간사 및 주사 약간명을 두도록 했고, 시 · 도선거위원회에는 간사 1인과 주사 약간명, 구 · 시 · 군위원회에는 간사 1인을 두도록 했다.

이러한 조직은 제3공화국이 들어서면서 다시 변화를 가져온다. 제3공화국에서 각급 선거관리위원회의 설치 근거는 헌법과 선거관리위원회법에 두고 있다. 제5차 개정 헌법(1962 12. 26)은 선거관리의 공정을 기하기 위해 선거관리위원회를 두며, 각급 선거관리위원회의 조직, 직무 범위, 기타 필요한 사항은 법률로 정함에 따라 1963년 1월 16일에 공포된 선거관리위원회법에서 중앙선거관리위원회와 그 밑에 서울특별시 · 부산시 · 도선거관리위원회, 지역선거구위원회, 구 · 시 · 군위원회 및 투표구위원회를 두었다. 지역선거구위원회는 국회의원 지역구마다 두고, 2개 이상의 구 · 시 · 군이 합해 국회의원선거구를 이루었을 때에는 지역선거구위원회가 설치되지 아니한 구 · 시 · 군에 구 · 시 · 군위원회를 두도록 했다.

이에 따라 1963년 1월 21일 중앙선거관리위원회의 창설을 시작으로 2월 1일에는 11개 시·도위원회가 설치되었고, 2월 7일에는 131개의 지역선거구위원회와 65개 구·시·군위원회가, 2월 23일에는 7,400개의 투표구위원회 설치를 끝으로 창설 초기 위원회 조직이 완료되었다(전임 직원 348명).

이후 위원회 조직은 증가(구·시·군위원회는 국회의원 선거구제의 변화에 따라 증감)를 거듭한 끝에 현재는 중앙위원회와 16개 시·도위원회, 248개 구·시·군위원회, 3,572개의 읍·면·동위원회, 그리고 조직원 수 2,335명의 방대한 규모로 발전했다.[2]

제 2 절 우리 나라와 외국의 투표관리기관 비교

1 우리 나라 중앙선거관리위원회의 특징과 기능

1) 특 징

(1) 헌법상의 독립기관

중앙선거관리위원회는 헌법 제114조의 규정에 의해 선거와 국민투표의 공정한 관리 및 정당에 관한 사무를 처리하기 위해 설치된 국가기관으로 국회, 정부, 법원, 헌법재판소와 병립하는 독립된 합의제 헌법기관이다.

이는 1960년 3·15 부정선거에 대한 반성으로, 제3공화국 제5차 헌법 개정(1962. 12. 26)에 따라 중앙선거관리위원회를 1963년 1월 21일에 헌법기관화하여 오늘에 이르고 있다.

직무의 공정성을 위해서 각급 선거관리위원회 위원의 임기 및 신분을 헌법과 법률에 엄격히 규정하고, 직무 수행시에는 어떤 외부의 간섭이나 영향을 받지 않고 오직 헌법과 법률이 정하는 바에 따라 그 직무를 수행할 수 있도록 했다.

2) http://www.nec.go.kr/ 위원회 소개.

(2) 중립성의 보장

선거관리위원회의 의사 결정 기구는 단독 결정 기관이 아닌 합의제의 위원회 형식을 취하고, 위원회 구성에서도 국회 및 법원에서 추천한 인사나 법관, 변호사, 교육자 등 중립적이고 사회적 신망이 두터운 인사로 구성하며, 위원은 특정 정당에 가입하거나 정치 활동 또는 정치에의 관여를 금지함으로써 중립성을 유지하도록 했다.

(3) 중앙집권적 기관

우리 나라 중앙선거관리위원회는 조직과 기능 모든 면에서 중앙집권적이다. 조직으로 보면 중앙선거관리위원회가 지방의 선거관리기관을 총지휘·감독한다. 각 지방의 선거관리기관에 대한 조직·인사·재정에 대한 일체의 권한을 다 가지고 있다.

기능면에서도 집권적이다. 선거관리는 관리와 감독으로 크게 나눌 수 있다. 많은 나라에서는 이 기능을 구분해 각각 다른 기관의 권한으로 배분하고 있는데, 우리 나라 중앙선거관리위원회는 이 기능을 통합 운영하고 있다.

(4) 상설·전문기관

우리 나라 중앙선거관리기관은 상설이다. 선거가 있는 기간과 관계 없이 운영되는 기관을 말한다. 미국에서뿐만 아니라 다른 나라에서 선거관리 업무를 맡은 직원은 선거가 없는 기간에 다른 업무를 수행하지만, 우리 나라 선거관리기관은 오직 선거만 전담하는 전문기관인 것이다.

(5) 선거위탁 관리기관

중앙선거관리위원회는 다른 나라의 선거관리기관과는 달리 다른 기관 또는 다른 조직의 선거까지 위탁관리하고 있다. 위탁관리는 국가나 지방자치단체의 선거뿐만 아니라 국·공·사립대학 총장선거, 농·수·축산협동조합 회장선거, 그리고 민간회사의 주주총회까지도 위탁관리해 주고 있다.[3]

이와같이 선거관리기관을 독립위원회의 헌법기관으로 규정하는 것은 세계적으로 그 예가 드물며, 여기에다가 복합 기능을 수행하고 중앙집권적이며, 상설·전문기관인 우리 나라 중앙선거관리위원회는 다른 나라에서는 찾아보기

3) 중앙선거관리위원회, "위탁관리", 2007 참조.

힘든 거대한 선거관리 조직이다.

2) 기 능[4)]

(1) 선거관리

선거관리위원회의 가장 중요한 기능은 선거관리이다. 현재 중앙선거관리위원회가 관장하는 대상 선거는 다음에서 보는 바와 같이 그 범위가 매우 넓다.

선거관리위원회는 '대한민국 헌법', '공직선거법', '지방교육자치에 관한 법률' 등에 근거해 대통령선거, 국회의원선거, 지방자치단체장선거(시·도지사, 시장·군수·자치구청장), 지방의회의원선거(시·도의원, 시의원·군의원·자치구의원) 및 교육위원·교육감선거에 관해서 후보자 등록 및 투·개표 등 선거절차에 관한 사무 관리, 선거비용 제한액 등 관리, 선거법 위반행위 감시·단속 업무 등을 담당하고 있다.

또한 2004년 상반기부터 정당의 공직선거 후보자 추천을 위한 당내 경선 사무를 선거관리위원회에 위탁관리하고 있으며, 2005년 하반기부터는 농·수·축협 및 산림조합 등 공공단체의 선거도 관리하는 등 위탁선거 관리도 적극 추진하고 있다.

이 모든 선거에 대해서 선거 절차 사무관리, 선거운동 관리, 선거 비용 제한 등의 관리, 선거법 위반 행위 감시 단속 등 선거 전반에 거쳐 광범위한 활동을 하고 있다.

(2) 국민투표관리

중앙선거관리위원회는 국민투표안 및 국민투표일 공고, 국민투표안 제작 게시, 국민투표공보 제작, 발송 운동, 국민투표명부 작성 및 투·개표 관리 등을 맡고 있다.

(3) 공명선거 홍보

깨끗하고 공명한 선거문화를 이루기 위한 공명선거 홍보도 중앙선거관리위원회가 하는 중요한 역할 중 하나다. 이를 위해서 선거시에는 정책 중심의 선거와 범국민적 공명선거가 될 수 있도록 홍보를 강화한다. 선거가 없을 때에도

---

4) http://www.nec.go.kr/ 참조.

학교교육, 강의, 이벤트 등을 위해 선거홍보를 하고 있다.

(4) 제도 연구

선거와 정당・정치자금 사무를 담당하고 있는 기관으로서 단순히 선거・정당・정치자금법에 따라 업무를 집행하는 데 그치지 않고 기존의 제도와 관리상의 문제점을 도출해 각계 각층의 의견을 수렴하고 외국 제도와의 비교 연구 등을 통해 우리의 정치 현실에 가장 적합한 정치제도를 마련하는 것도 중앙선거관리위원회의 역할로 되어 있다. 이외에 전자투표 기술을 도입한 선거관리 업무 개선, 정보화 시대에 걸맞은 환경 개선도 중앙선거관리위원회의 주요 기능 중 하나다.

(5) 정당사무관리

현행 헌법에서는 정당 설립의 자유를 보장하고 설립된 정당은 국가의 보호를 받으나, 정당의 조직과 활동이 민주적이어야 하며 국민의 정치적 의사 형성에 참여하는 데 필요한 조직을 갖출 것을 요구하고 있다. 이에 따라 선거관리위원회는 정당의 조직과 활동에 관해서 세부적 사항을 정한 정당법에 근거해 정당의 설립, 변경, 활동 및 소멸에 관한 감독사무와 지원 업무를 담당하고 있다.

창당준비위원회의 설립 신고 처리, 중앙당, 시・도당의 등록・변경 등록・등록 취소 등 정당의 생성과 변경 및 소멸에 관한 사무처리, 정당 발전 지원 업무가 바로 그것이다. 이를 위해 선거관리위원회는 감독상 필요한 경우 정당에 대해 보고 또는 장부・서류 기타 자료의 제출을 요구할 수 있는 권한을 보유하고 있다. 만일 선거관리위원회의 자료 제출 요구에 불응하거나 허위 자료를 제출한 자는 2년 이하의 징역에 처할 수 있다.

(6) 정치자금 관리

정당의 운영이나 정치인의 의정 활동에는 필수적으로 비용을 수반하기 마련이다. 따라서 정치자금의 원활한 조달과 투명성 확보를 위해 제정된 정치자금에 관한 법률에 따라 선거관리위원회는 정당에 대한 국고보조금 지급, 후원회의 설립 및 운영 상황 감독, 정치자금의 기탁 및 배분, 정당의 자금 운영 상황 감독 등의 업무를 담당하고 있다.

이를 위해 선거관리위원회는 정당・후원회, 후원회를 둔 국회의원, 대통령선거 경선 후보자, 당대표 경선 후보자, 공직선거의 후보자・예비 후보자, 회계책임자, 정치자금을 기부하거나 받은 자 또는 정치자금에서 지출하는 비용을 지급받거나 받을 권리가 있는 자, 그 밖에 관계인에 대해 질문・조사하거나 관계서류 또는 그 밖에 필요한 자료의 제출을 요구할 수 있다.

2 주민투표관리와 중앙선거관리위원회의 지위

1) 법률적 지위

어느 기관이 주민투표 관리를 주도할 것인가에 대한 논란은 주민투표법 제정 과정 중에서 가장 큰 논란거리 중 하나였다. 자율과 공정성에 대한 논란이기도 한 주민투표관리기관에 대한 논쟁은 결국 현재처럼 선거관리 전문기관인 중앙선거관리위원회가 주도하게 할 것인가의 여부에 대한 것이었다. 주민투표법 제정을 최초로 시도했던 1994년부터 참여정부까지 주민투표관리기관에 대한 쟁점이 무엇인가를 살펴보자.

(1) 1994년의 민자당안

주민투표제도를 도입하기 위해 제일 먼저 구체화하기 시작한 것은 민자당이 1994년 민자당안을 마련해 국회에 제출한 주민투표법안이다. 당시 집권여당인 민자당은 1994년 3월 16일 공포・시행된 지방자치법 제13조의 2(주민투표) 제2항의 규정에 위임된 주민투표의 대상・발의자・발의 요건・기타 투표 절차 등에 관한 사항을 정하기 위해 주민투표법안을 입안해 1994년 7월에 국회에 제출한 것이다. 이 법안의 제6조 제1항에 의하면 "주민투표 사무는 당해 지방자치단체의 주민투표관리위원회가 관리한다. 다만, 지방자치단체의 장이 필요하다고 인정할 때에는 특별시・직할시・도(이하 "시・도"라 한다)의 주민투표에 관한 주민투표 사무는 당해 시・도선거관리위원회에, 자치구・시・군의 주민투표에 관한 주민투표 사무는 당해 구・시・군선거관리위원회에 위탁관리할 수 있다"고 하여 주민투표의 관리 주체는 주(主)가 지방자치단체, 종(從)이 선거관리위원회였다. 현행 주민투표법과는 반대였다. 그러나 이 법은 여러 가지 정치적 사정으로 인해 제정되지 못했다.[5]

---

5) 민자당, "주민투표법안", 1994. 7. 황윤기 외 27인 발의.

(2) 1996년 국민회의안

2년 후인 1996년 9월 20일, 당시 야당인 국민회의가 다시 주민투표법안을 국회에 제출했다. 이 법안 제6조 제1항에 따르면 "중앙선거관리위원회는 이 법에 특별한 규정이 있는 경우를 제외하고는 주민투표 사무를 통괄·관리하며, 하급 선거관리위원회의 위법·부당한 처분에 대하여 이를 취소하거나 변경할 수 있다"고 규정하여 중앙선거관리위원회에 주민투표관리의 독점적 지위를 부여했다. 그리고 동조 제2항에서는 "특별시·광역시·도(이하 "시·도"라 한다)선거관리위원회 및 구·시·군선거관리위원회는 각각 당해 주민투표에 관한 하급 선거관리위원회의 위법·부당한 처분에 대하여 이를 취소하거나 변경할 수 있다"고 하여 관리 체제 서열을 명문화했다. 그리고 관리구역에 대한 규정도 신설해 역할 분담을 명확하게 했다.

제6조 제3항: 주민투표 사무를 관리할 선거관리위원회(이하 "관할 선거관리위원회"라 한다)는 다음 각 호와 같다.

1. 특별시·광역시·도의 주민투표 사무는 시·도선거관리위원회가 통괄·관리하되, 구·시·군선거관리위원회가 담당한다.
2. 자치구(지방자치법 제2조의 규정에 의한 자치단체인 구를 말한다. 이하 같다)·시·군의 주민투표 사무는 구·시·군선거관리위원회가 관리한다. 다만, 구(자치구를 포함한다)·시·군 안에 2개 이상의 구·시·군선거관리위원회가 있는 때에는 선거관리위원회법 제2조(설치) 제6항의 규정에 의하여 주민투표 사무를 통괄·관리할 구·시·군선거관리위원회를 지정한다.[6]

(3) 참여정부의 주민투표 관리제도

참여정부에서 도입된 주민투표제도에 의하면 중앙선거관리위원회는 주민투표법상 주민투표의 관리 주체로 그 위상을 차지하고 있다. 주민투표법에서는 "주민투표 사무를 이 법에 특별한 규정이 있는 경우를 제외하고는 특별시·광역시 또는 도에 있어서는 특별시·광역시·도선거관리위원회가, 자치구·시 또는 군에 있어서는 구·시·군선거관리위원회가 관리한다"라고 규정하여 선거관리위원회가 유일한 주민투표의 관리 주체임을 분명하게 하고 있다. 또한

---

6) 국민회의, "주민투표법안", 1996. 9. 20. 김옥두 외 70인 발의.

주민투표법은 "행정기관과 그 밖의 공공기관은 주민투표관리기관으로부터 주민투표 사무에 관하여 필요한 협조를 요구받은 때에는 우선적으로 이에 응하여야 한다"라고 규정하여 주민투표 과정에서는 관련 행정기관들이 선거관리위원회의 지휘 통솔을 받도록 하고 있다.[7)]

다만 구·시·군선거관리위원회(이하 "구·시·군위원회"라 한다)는 다음 각 호의 어느 하나에 해당하는 사무를 그 관할구역 안의 읍·면·동선거관리위원회(이하 "읍·면·동위원회"라 한다)로 하여금 행하게 할 수 있다. <개정 2005. 8. 4>

1. 법 제17조(주민투표공보의 발행)의 규정에 의한 주민투표공보의 발송에 관한 사무
2. 법 제19조(투표·개표 절차 등)의 규정에 의하여 준용되는 '공직선거법' 제153조(투표안내문의 발송)의 규정에 따른 주민투표 안내문의 작성 및 발송에 관한 사무
3. 그 밖에 위 각 호의 어느 하나에 준하는 사무로서 구·시·군위원회가 정하는 사무

② 구·시·군위원회는 법 제13조(주민투표의 발의) 제2항의 규정에 의한 투표일과 주민투표안의 공고일(이하 "주민투표 발의일"이라 한다) 후 3일까지 제1항의 규정에 의한 주민투표 사무를 행하게 할 읍·면·동 위원회가 대행할 직무의 범위·대행 방법·대행 기간, 기타 대행에 필요한 사항을 정하여 이를 지체없이 공고하고, 해당 읍·면·동 위원회와 제4조(찬성·반대운동 대표단체)의 규정에 의한 찬성·반대운동 대표단체에 통지하여야 한다.[8)]

그러나 원래 참여정부안은 중앙선거관리위원회가 주민투표를 독점 관리하는 것은 아니고,[9)] 주민투표관리위원회가 주민투표 관리 주체였다. 그러나 이 안은

---

7) 주민투표법 제3조 참조.

8) 주민투표관리규칙 제3조, 개정 2005. 8. 4.

9) 정부가 처음 국회에 제출한 주민투표법안 제27조(주민투표관리위원회의 설치)의 내용을 보자.

① 다음 각 호의 사항을 처리하기 위하여 특별시·광역시·도와 시·군·자치구에 각각 주민투표관리위원회(이하 "위원회"라 한다)를 둔다.

1. 주민투표 실시 여부의 심사·결정
2. 주민투표공보의 발행
3. 주민투표 설명회 또는 토론회 등의 개최
4. 위반행위에 대한 중지·시정명령 등과 수사 의뢰 또는 고발

국회 심의 과정에서 중앙선거관리위원회가 주민투표 관리 독점기관으로 변경된다.

(4) 각 안의 비교

상기 3개 안에 대한 주요 사항을 비교한 결과 주민투표 관리제도는 다음 <표 10-1>과 같이 정리할 수 있다.

〈표 10-1〉 주민투표 관리제도에 대한 각 안의 비교

구분	민자당안	국민회의안	주민투표법(참여정부)
추진	정 당(여당)	정 당(야당)	정 부
관리	지방자치단체의 주민투표 관리위원회가 관리 원칙, 필요시 지자체장이 당해 선거관리위원회 위탁 가능	선거관리위원회가 독점	선거관리위원회가 독점

2) 주민투표 관리업무 수행기관

우리 나라 주민투표관리는 주민투표법에 의해 우리 나라 선거관리기관인 중앙선거관리위원회에서 수행하고 있다. 그러나 일반선거와 주민투표 업무는 그

5. 투·개표관리, 그 밖에 이 법 및 관련 조례에 의하여 위원회의 권한으로 정한 사항
② 주민투표관리위원회는 투표관리의 효율성 등을 위하여 필요하다고 인정하는 때에는 당해 지방자치단체의 조례가 정하는 바에 따라 투표관리 사무를 다른 위원회 또는 관할 선거관리위원회에 위탁할 수 있다.

제28조(위원회 구성) ① 위원회는 당연직 위원 3인을 포함한 9인의 위원으로 구성하며, 지방자치단체의 장이 임명 또는 위촉한다.

③ 당연직 위원은 지방의회가 추천한 지방의회 의원 1인, 당해 지방자치단체를 관할하는 지방법원장이 추천한 판사 1인, 당해 지방자치단체 소속 공무원 중에서 지방자치단체의 장이 임명한 공무원 1인으로 한다.

④ 위촉직 위원은 지방자치에 관한 학식과 경험이 풍부한 자(국가공무원법 및 지방공무원법의 규정에 의한 공무원 및 지방의원을 제외한다) 중에서 위촉하되, 그 중 3인은 지방의회가 추천한 자를 위촉하여야 한다.

제30조(위원회의 사무기구) 위원회의 사무를 지원하기 위하여 위원회 소속하에 필요한 사무기구를 둘 수 있다. 다만, 위원회는 별도의 사무기구를 두지 아니하고 지방자치단체장의 보조기관으로 하여금 그 기능을 수행하게 하고 있다.

제32조(조례위임) 이 법에 규정된 사항을 제외하고 주민투표에 관하여 필요한 사항은 지방자치단체의 조례로 정한다.

성격부터 다르기 때문에 선거관리 업무와 유사한 점도 있지만 다른 경우도 많다 하겠다. 이 중에서도 가장 다른 것은 중앙선거관리위원회가 주민투표 업무관리를 부분적으로만 하고 있다는 점이다. 다시 말하면, 주민투표는 대통령선거, 국회의원선거, 지방선거와 같이 정기적인 선거가 아니고 임시적·불규칙적 선거임과 동시에 지방정부에 관한 것이기 때문에 선거관리 범위가 다를 수밖에 없다.

이러한 성격적 차이가 있기 때문에 중앙선거관리위원회의 주민투표 관리 업무는 일반선거와 같이 전반적인 것이 아니라 부분적인 것이다. 즉, 주민투표선거 청구와 발의가 끝난 후부터라고 할 수 있다. 따라서 주민투표시의 주민투표관리란 주민투표 대상, 청구, 발의까지 포함한 광의의 의미가 아니라 협의의 의미에서 관리를 말하며, 다음과 같은 업무가 주 업무 범위라고 할 수 있다.

-주민투표공보 발행
-유권자 등록
-주민투표 운동의 관리 및 주민설명회 주최
-투표와 개표의 관리
-주민투표 소송의 제기

3) 위탁관리기관

중앙선거관리위원회 기능 중 최근에 부각되는 것이 선거 또는 투표위탁관리다. 현재 대표적인 위탁관리는 교육위원회와 교육감선거, 국립대학교 총장선거, 농협 등 공공조합장 선출, 민간단체 등에서 이루어지고 있다.

교육위원회와 교육감 선거는 2001년부터 지방교육자치에 관한 법률(제151조)을 개정해 관리기관을 시·도교육위원회에서 중앙선거관리위원회로 위탁되었고, 2006년 말까지 교육위원회 선거 2회, 교육감선거 35회를 위탁관리했다.[10] 국립대학총장선거도 2005년 5월 31일에 교육공무원법 제24조의3 개정해 직선인 경우에 선거관리위원회에 위탁하도록 했다. 2006년까지 12개 대학총장선거가 선관위에 위탁해 치러졌다.[11] 이 밖에 2004년 12월 31일에 농협 등 공공조합의 장 선거에도 직선인 경우 선거관리위원회에 위탁하도록 하여 2006년까지

10) 중앙선거관리위원회, 위탁선거관리, 2007, pp. 30-45.
11) 앞의 책, pp. 306-320.

746회에 거쳐 위탁관리했다.[12]

주지하다시피 주민투표도 역시 선거관리위원회의 위탁 대상이다. 여기서 주목할 것은 위탁관리는 위탁자와 수탁자의 관계가 갑과 을의 관계가 아니라 일방적이고 강제적 관계라는 점이다. 특히, 국립대 총장이나 공공단체의 장의 선거는 직선인 경우에 한정해 선택적 사항을 두고 있으나 주민투표는 선택의 여지가 없이 중앙선거관리위원회를 관리기관으로 지정하고 있다. 따라서 중앙선거관리위원회는 주민투표에 관한 한 강제적 수탁기관이다.

3 외국의 선거관리기관

각 국가마다 다양한 선거관리기관이 있지만 대체로 선거관리기관의 유형은 다섯 가지로 나뉜다.[13]

첫째, 선거를 지휘하고 관리하는 행정부로부터 독립된 선거위원회 또는 선거재판소이다.

둘째, 프랑스 모형이라고 불리는 유형으로서 정부가 직접 선거를 관리하는데, 이 때 판사와 법조계 전문가, 정당 대표들로 구성된 통합적 감독기구가 정부의 선거관리를 감시한다.

셋째, 정부가 단독으로 선거를 관리하는 유형이다. 서유럽 국가 중 반수가 이 모형을 채택하고 있다.

넷째, 첫 번째 유형에서 변형된 것으로 행정부로부터 완전히 독립된 기구들이 선거 지휘와 관리를 책임진다.

다섯째, 선거행정이 상당히 지방분권화되어 있어 국가기관에 의한 조정과 감독이 매우 제한적으로 이루어지는 유형이다.

상기의 선거관리기관은 대체로 국가 또는 국민선거 관리를 중심으로 한 분류다. 따라서 지방에서 이루어지는 주민투표 관리기관과는 조직과 운영 양태가 다를 수밖에 없을 것이다. 지방에서 이루어지는 선거 또는 투표관리를 중심으로 외국의 선거관리기관에 대해서 살펴보자.

---

12) 앞의 책, pp. 690-707.

13) 중앙선거관리위원회, “국가기구로서의 선거관리기관”, 1999, pp. 17-8.

1) 미 국

미국에서 선거관리를 담당하는 기관은 연방선거위원회, 주선거위원회, 그리고 지방정부의 선거관리 기구로 크게 3원화되어 있다. 하지만 지방선거에 대한 관리는 연방선거위원회(FEC)와는 거의 관련이 없으며, 주(州)선거위원회(State Election Board)와 각급 지방정부의 선거 담당 부서가 지방선거에 대한 관리 책임을 지고 있다. 지방정부의 선거 담당 부서는 크게 인구 50만 이상의 카운티 또는 시에 설치되는 선거위원회와 인구 50만 미만의 카운티 또는 시의 사무국장(clerk)으로 대별된다.

지방정부의 선거 담당 부서는 인사·예산·조직상 주선거위원회와는 별도의 행정조직으로서 오직 선거에 관해서만 주선거위원회의 지휘·감독을 받을 따름이며, 이 같은 관계는 각급 지방정부의 선거 담당 부서 상·하 간에도 마찬가지다.[14]

미국의 선거 또는 주민투표관리는 우리 나라와 같이 중앙집권화 조직에 의해서 운영되는 것이 아니라 지방자치단체별로 분권적으로 조직되고 운영된다는 것이다. 때문에 선거관리 책임자도 우리 나라처럼 중앙정부가 임명하는 것이 아니라 주민들의 선거 또는 지방의회나 자치단체장이 임명하는 방식으로 운영하고 있다. 또한 지방의 선거관리 조직도 투표와 선거만을 전담으로 하는 것이 아니라 다른 업무를 같이 병행 처리하고 있다.[15]

2) 일 본

일본의 선거관리기관은 중앙선거관리위원회로서 총무성 산하에 합의제 기관으로 설치되어 있다. 그리고 선거 관련 업무는 총무성 자치행정국 선거부에서 관할한다. 중앙선거관리위원회는 정원 5명으로 구성되며, 중의원·참의원 비례

---

14) 중앙선거관리위원회, "각국의 선거관리기관", 2003, pp. 33-58 참조.

15) 위스콘신 주의 경우, 우리 나라 도와 군의 중간 정도에 해당되는 일종의 광역자치단체인 카운티(County)의 선거담당관으로서 사무국장(clerk)을 두고 있다. 카운티 사무국장은 임기 2년의 선출직으로서, 선거관리 업무 외에 카운티 보드(County Board)의 의사(議事), 어업 및 수렵 허가, 결혼·이혼·출생증명·주류업소 허가 등의 업무를 함께 수행하며, 산하에 선거관리 전담 직원 2~3명을 두고 있다. 선거관리 업무는 주로 투표용지 작성 배부 및 개표 등이다.

대표선거와 최고재판소(대법원) 재판관의 국민심사에 관한 사무를 관리하고 광역자치단체 또는 기초자치단체 선거 운영 관련 사항에 대한 기술적인 조언・권고 등을 실시한다.

지방에는 지방자치단체별로 합의제 기관인 선거관리위원회를 설치하고 위원회 권한 행사의 보조・집행을 위해 사무국을 설치하며, 사무국은 각 지방자치단체별로 독자적으로 구성한다. 따라서 일본의 지방선거는 지방자치단체가 책임지고 하고 있기 때문에 주민투표관리도 당연하게 지방자치단체의 책임하에 치르게 된다고 할 수 있다.

직원도 일반 지방자치단체 직원이기 때문에 따로 뽑지 않고 일반직으로 선발해 선관위에 근무하도록 한다. 선거가 있을 때 선거관리 인력 확보는 자치단체 안의 다른 부서 직원들의 협조를 받아 관리하고 있으며, 투・개표 사무는 자원봉사자(수당을 지급함)를 활용하고 있다.[16]

3) 영 국

영국에는 의회 및 지방선거를 관리하는 상설 독립기관이 없으며 중간(지역) 지방정부가 선거관리관으로서 선거를 관리하고 감독한다. '1983년 국민 대표법(Representation of the People Act 1983)'에 따라 선거 관할 부서로 잉글랜드와 웨일스에서는 '내무부(Home Office)', 스코틀랜드에서는 '스코틀랜드 내무 및 보건국(Scotish Office Home and Health Department)', 그리고 북아일랜드에서는 '북아일랜드 담당부(Northern Ireland Office)'가 책임을 맡고 선거법의 준수 여부를 감독한다.

영국의 '선거관리관(Returning Officer)'은 의회선거구의 경우 선거구와 행정구역이 일치 할 때에는 '각 주의 행정관(Sheriff of the County)' 또는 '런던 자치구의회의 의장(Mayor of London Borough)'이나 '구 의회 의장(Chairman of District Council)'이 맡으나 실제적으로 선거관리 업무는 상기 의장들의 위임을 받은 직원이 대신 담당한다. 선거구가 2개 이상의 행정 구역에 걸쳐 있는 경우 내무부 장관이 유권자가 많은 지방정부의 장을 선거관리관으로 임명한다. 단, 지방선거의 경우 지방의회가 의회관리인 중 한 사람을 선거관리관으로 임

16) 중앙선거관리위원회, 앞의 책, pp. 74-76.

명한다.

스코틀랜드에서는 선거관리관이 지역 또는 도서위원회의 행정 담당 책임자나 '수석집행관(Chief Executive)'으로 임명되며, 북아일랜드에서는 모든 선거구에서 '선거 담당 책임자(Chief Electoral Officer)'가 선거관리 업무를 맡는다.[17]

〈표 10-2〉 프랑스의 지방선거 관리 체제

정치 차원	관련 위원회	조직	임무
중앙정부	선거비용 및 정치자금 감시 위원회	-국사원 3명 -파기원 3명 -회계감사원 3명	-선거비용제한 사항 결정 -선거비용 사용결과에 대한 계정의 적법성 판정
도 행정 단위	선거홍보·관리위원회	-상고심법원 제1부장판사 지명자(의장) -임명도지사의 지명자 -도 회계책임국장의 지명 공무원 -도 정보통신국장의 지명 공무원 -선거홍보사무국의 지명 공무원	-선거용지 등 승인된 인쇄물 목록의 관리, 감독 -선거권자에게 투표용지 송부 -선거권자에게 후보자명부 목록 송부
기초 행정 단위	선거감독 위원회	-사법부 판사가 주재 -도 행정구역의 선거권자 중 선출된 위원	-투표사무소 구성의 적법성 감독 -선거관리 감독 -개표 과정의 적법성과 유효투표 수 계산 확인 및 감독 -선거권자와 후보자 및 후보자 명부의 권리 보호 등
투표소	투표사무소 관리위원회	-해당 기초자치단체의 선거권자 중에서 1인 의장 -4인 관리위원 -1인 사무관	-매 투표사무소에서 투표 진행 상황을 감독 -선거권자의 신분확인, 투표용지 확인, 개표 상황 감독 등
기초 행정 단위	-관리자는 시장 -감독자는 임명도지사	-기초자치단체 집행부에서 관리	-자치단체별 선거인명부 관리는 시장의 의무적 자치사무

17) 앞의 책, pp. 142-156 요약.

4) 프랑스

프랑스는 선거와 투표에 관한한 다양한 조직에 의해서 구성되고 운영된다. 선거홍보와 관리를 담당하는 선거홍보・관리위원회(commission de propagande)가 있으며, 이 위원회는 주민 2,500명 이상의 기초자치단체 관할구역의 임명도지사령에 의해서 구성된다.

또한 선거 과정에서 중요한 조직 중 하나로 선거감독위원회가 있다. 주민 2만 명 이상의 모든 기초자치단체에 선거감독위원회(commission de contrôle des opérations de vote)가 구성된다(선거법 제L85-1조). 선거감독위원회는 의무적으로 사법부 판사가 주재하며 도 행정구역의 선거권자들 중에서 선출된 위임자들도 위원으로 참여한다. 선거감독위원회는 투표사무소 구성에 대한 적법성과 선거 당일에 선거관리에 대한 감독, 개표 과정의 적법성과 유효 투표수 계산, 선거권자와 후보자 및 후보자명부 등이 행사할 수 있는 권리를 보호하는 임무를 수행한다.

일선에서 실제적으로 투표를 관리하는 기관으로서는 투표사무소 관리위원회가 있다. 투표사무소의 관리위원들은 투표 절차의 합법성을 감독하고 투표하고자 하는 선거권자의 신분 확인, 투표용지 확인, 개표 상황 감독 등의 업무를 수행한다. 선거 과정이 끝나면 이에 대한 보고서를 작성하고 서명해 제출한다. 관리위원장은 투표소에서 공식적인 투표 시간 시작을 선언하고, 투표함이 비어 있음을 공시한 후 투표 과정을 지휘한다. 프랑스의 지방선거와 관련한 선거 및 투표의 감독 체제는 앞의 <표 10-2>와 같이 요약된다.

제 3 절 주민투표 관리기관에 대한 쟁점 사항

1 관리 주체

투표관리를 누가 할 것인가에 대한 논쟁은 지금까지는 공정성 확보를 누가 하는 것이 가장 좋은가와 연계되어 있다. 우선 국가가 하느냐, 아니면 지방자치단체가 하는 것이 더 공정성을 확보할 수 있느냐 하는 문제가 오랫동안 논의되어 왔다. 대체로 국가가 하는 것이 더욱 공정성이 있다는 주장이다. 기술한 민자당안과 국민회의안을 비교한 주장을 보자.

주민투표관리를 민자당안과 같이 주민투표관리위원회에 맡길 경우, 공정성을 문제삼아 특정 사안에 대해 관권 개입 시비가 자주 일어날 것이 우려된다. 또 고도의 전문적 기술이 요구되는 투·개표 과정의 효율적 관리도 보장할 수 없다. 따라서 민주당과 국민연합안대로 헌법기관인 중앙선거관리위원회가 담당하는 것이 좀더 효율적이고 공정한 방안이라고 평가할 수 있을 것이라고 주장한다.18)

그러나 주민투표가 지역의 문제라는 점에서 굳이 국가기관인 중앙선거관리위원회가 관리의 주체가 될 필요가 있느냐 하는 주장도 만만치 않다. 주민투표 자체가 주민들이 스스로 지역의 문제를 정하는 것이기 때문에 주민들이 공정성을 확보할 수 있는 장치를 만드는 것 그 자체가 지방자치의 학습이라고 할 수 있다. 특히, 분권의 원리 중에 가장 중요한 것이 보충성의 원칙이다. 즉, 기초자치단체가 할 수 없는 것은 광역자치단체가, 광역자치단체가 할 수 없는 것은 국가가 하는 것을 말한다. 주민투표 업무가 과연 기초자치단체가 할 수 없는 것이냐고 했을 때 충분히 그 사무를 처리할 수 있다고 할 수 있다는 주장이다. 왜냐하면, 지방자치단체가 오랫동안 선거관리 업무를 직접해 왔고, 지금도 보조 역할이지만 선거사무를 수행하고 있기 때문에 경험 부족에서 오는 비효율성은 없을 것이라는 것이다. 차라리, 자체적으로 업무를 처리하게 된다면 업무의 신속성, 유연성은 중앙선거관리위원회에서 처리하는 것보다도 더 확보할 수 있을 것이라는 주장도 타당성이 있다고 평가된다.

2 관리 대상

관리 대상이란 모든 선거를 중앙선거관리위원회에서 해야 하느냐 하는 점이다. 즉, 대통령선거와 국회의원선거처럼 지방선거인 주민투표까지도 중앙선거

---

18) 손혁재, "주민투표법의 바람직한 제정 방향," 법률시평, 1996, p. 262.

관리위원회가 주관리기관이 되어야 하느냐 하는 점도 논쟁거리 중 하나다. 중앙선거관리위원회가 맡아야 한다는 것은 공정성과 전문성 확보 때문이다. 지역분규에 당사자가 아니기 때문에 공정성을 확보할 수 있고, 선거 전담기관이기 때문에 전문성을 확보할 수 있다는 주장이다.

이에 반대하는 주장은 지역의 다양성이라는 측면에서다. 지역의 다양성은 지역 문제가 다양함을 의미하기 때문에 다양한 선거관리, 즉 지역 실정에 맞는 선거관리가 이루어져야 한다는 것이다. 지방자치를 하는 목적이 지역의 다양성을 존중해 주는 것이기 때문에 중앙선거관리위원회가 이를 무시하고 획일적으로 선거관리를 하는 것은 문제가 있다는 주장이다.

관리 대상에서 또 다른 쟁점은 중앙선거관리위원회가 모든 주민투표를 관리할 것인가, 아니면 국가가 청구한 주민투표와 지방자치단체가 청구한 주민투표를 나누어서 관리할 것인가에 대한 점이다. 국가의 기능은 국가가, 지방의 기능은 지방이 담당하는 것이 합리적인 기능 배분임은 재언을 요하지 않는다. 따라서 국가가 청구한 주민투표는 국가사무이기 때문에 국가기관인 중앙선거관리위원회가, 지방자치단체 또는 주민이 청구한 주민투표는 지방자치단체가 관리하는 것이 바람직하다는 것이다. 반면에 그 반대는 주민투표도 일종의 선거이기 때문에 그 원리가 크게 차이가 나지 않으므로 선거전문기관인 중앙선거관리위원회가 전담하는 것이 바람직하다는 주장이다.

3 통합적 기능 수행 여부

통합적 기능이란 관리와 감독을 동시에 수행하는 것을 말한다. 현재 우리 나라 중앙선거관리위원회는 기술한 바와 같이 선거에 관한 한 통합적 관리를 수행하고 있다.

통합적 업무를 동시에 수행하는 것이 바람직하다는 주장은 통합적으로 수행하는 자체가 효율적이라는 점 때문이다. 선거 업무 성격상 관리와 감독 업무를 구분하기가 쉽지 않기 때문에 연계해서 처리하는 것이 바람직하다는 것이다. 반면에 구분해야 한다는 주장은 관리는 일반 행정적 업무지만 감독은 사법적 기능까지 포함하기 때문에 업무 성격이 전혀 같지 않으므로 분리하는 것이 바람직하다는 주장이다. 특히 정당관리와 정치자금 분야까지 통합 관리하는 것은 중앙선거관리위원회가 언제나 분규에 말려들 가능성이 높다는 점이다. 그리고 모든 조직에서 볼 수 있는 바와 같이 지나친 집권화는 오히려 경직성을 초래해 조직 운영의 비효율성을 산출해 내는 것이 보편적 현상이다. 따라서 현재와 같이 집권적 권력을 가진 중앙선거관리위원회는 바람직하지 않다는 주장이다.

4 위탁의 강제성

기술한 바와 같이 위탁의 개념으로 보았을 때 일방적이고 강제적이라는 점이 논쟁거리가 될 수 있다. 즉, 위탁은 위탁자의 의지가 반영되어야 하는데, 위탁자의 의지와 관계 없이 수탁자의 결정은 물론이거니와 수탁의 내용까지 결정하는 것이 바람직하느냐에 대한 논쟁은 충분하게 발생할 수 있다고 본다. 여기에서의 논쟁은 법률적 의미에서나 정치적 의미에서 강제적 위탁관리가 과연 합당하느냐에 대한 것이다.

위탁자의 능력이 충분하기 때문에 위탁자의 의지가 위탁 사유에 반영되어야 한다는 주장을 하는 사람과 주민투표가 공정성이 생명이기 때문에 공정성 확보를 위해서는 당연하게 강제적 위탁이 이루어져야 한다는 주장이 충돌한다. 이러한 논쟁은 해결점을 어느 선에서 찾느냐에 따라서 수탁자와 위탁의 내용이 결정된다고 할 수 있다.

제 4 절 결언: 평가와 제언

1 주민평가

주민들은 주민투표 관리기관을 중앙선거관리위원회가 계속해야 한다는 평가가 <표 10-3>에서 보는 바와 같이 60%로 매우 높은 편이다. 다음은 지역 주민이 관리해야 한다는 의견이 24.2%, 지방자치단체가 관리해야 한다는 반응이 13.2% 순이다.

〈표 10-3〉 주민투표 관리 주체에 대한 평가

문항	주민투표 관리는 누가 하는 것이 바람직합니까?				
답항	현행 유지	지역 주민이 관리	지방자치단체가 관리	기타	합계
도수 (%)	731 (60.0)	295 (24.2)	161 (13.2)	31 (2.5)	1218 (100.0)

이에 대한 의견은 지역별로 통계적 유의미가 있었다. 현행 유지는 방폐장 지역이 67.7%로 가장 많았고, 제주 지역이 52.5%로 가장 적었다. 지역 주민이 관리해야 한다는 순서는 반대로 제주 지역이 가장 높고 방폐장 지역이 가장 적었다. 만약 방폐장 주민투표를 지역 주민들이 관리한다고 하면 다른 지역과의 경쟁 때문에 관리의 공정성과 투명성에서 커다란 문제가 생겨날 것이다. 이렇게 지역적 대결인 경우에 지역 주민들이 관리하는 것은 문제가 있다는 인식이 반영된 것이라고 할 수 있다.

〈표 10-4〉 지역별 주민투표 관리 주체에 대한 평가

문 항	주민투표 관리는 누가 하는 것이 바람직합니까?				
답항 / 지역	현행 유지	지역 주민이 관리	지방자치단체가 관리	기타	전체
제주도	192 (52.5)	101 (27.6)	55 (15.0)	18 (4.9)	366 (100.0)
청주 · 청원	184 (56.1)	90 (27.4)	49 (14.9)	5 (1.5)	328 (100.0)
방폐장	355 (67.7)	104 (19.8)	57 (10.9)	8 (1.5)	524 (100.0)
합계 도수(%)	731 (60.0)	295 (24.2)	161 (13.2)	31 (2.5)	1218 (100.0)

앞으로 주민투표 관리를 누가 맡는 것이 좋은가에 대한 것을 알아보기 위해

<표 10-5>와 같이 질문을 했다. 그 결과는 주민들이 자율적 관리를 하는 것이 바람직하다는 의견이 54.5%로 가장 많았고, 지방자치단체가 관리해야 한다는 주장이 33.5%로 높게 나타났다. 반면에 중앙정부가 관리하는 부분이 많아져야 한다는 반응은 12%에 불과했다. 따라서 앞으로 주민투표는 지역에서 관리하는 부분이 많아져야 한다는 것이 대세를 이루고 있음을 알 수 있다.

〈표 10-5〉 장래 주민투표 관리의 주체에 대한 의견

문항	앞으로 주민투표 관리는 누가 맡는 것이 바람직합니까?			
답항	지방자치단체 관리 부문이 많아져야	주민들의 자율적 관리	중앙정부 관리 부문이 많아져야	합계
도수 (%)	407 (33.5)	662 (54.5)	146 (12.0)	1215 (100.0)

2 정책적 제언

1) 주민투표관리위원회의 운영

필자의 견해는 주민투표의 주 관리자는 주민들이 주도를 하는 주민투표관리위원회가 되어야 한다는 것이다. 이에 대한 근거는 앞에서 주장한 자율성과 유연성 이외에 다음과 같은 이유 때문이다.

첫째, 업무의 성격과 중앙선거관리위원회의 위상 때문이다.

주민투표와 국민투표가 확실하게 다른 이유는 주민투표는 지방사무인 고유사무이고 국민투표는 국가사무라는 점이다. 따라서 국가기관인 중앙선거관리위원회가 지방사무를 감시하고 집행하는 일을 맡는 것은 논리적으로도 맞지 않다. 더군다나 헌법기관인 중앙선거관리위원회가 헌법적 권위를 실천시키는 것과는 전혀 다른 지방사무에 관여하고, 특히 집행적 업무를 맡는다는 것은 기관 구성의 원칙과도 동떨어지므로 주민투표 관리의 업무를 맡지 않는 것이 바람직하다. 실제로 많은 나라에서 선거의 감독 업무와 집행 업무를 한 기관에서 독점하는 경우는 매우 드물며, 하물며 헌법기관인 중앙선거관리위원회가 지방의 사무인 주민투표 사무에 감독과 집행을 하는 경우는 찾아보기 힘든 경우라

할 수 있다. 중앙선거관리위원회가 실제적인 집행 업무를 수행하다 보니 주민 간에 오히려 불신의 대상만 되어 버리는 예도 있는 만큼 실제적이고 집행적인 일은 지방자치단체에서 수행하게 하는 것이 바람직하다고 생각된다.[19]

둘째, 보충성의 원칙이다.

이미 기술한 바와 같이 보충성의 원칙은 기초자치단체가 할 수 있는 일은 기초가, 그렇지 않은 것은 광역자치단체가 하고, 광역에서도 못하는 업무는 국가가 하는 것을 말한다. 보충성의 원칙은 지방 분권에서 제1의 원칙이다. 참여정부도 이 원칙을 처음부터 지방분권특별법에 규정해 운영하고 있다. 따라서 주민투표 업무는 그 성격상 해당 자치단체에서 충분하게 관리할 수 있는 사무이고, 또한 지역 주민이나 지방자치단체가 선거에 관해 많은 경험을 가지고 있기 때문에 자치단체가 처리하는 것이 바람직하다고 사료된다.

셋째, 위탁 개념 차원이다.

---

19) 전라일보, "군산선관위 '동네북(?)'", 2005년 10월 29일 기사.

전북도선거관리위원회와 군산시선거관리위원회가 공직선거 때와는 달리 방폐장 주민투표를 실시하는 과정에서 '동네북' 신세로 전락했다. 다름 아닌 찬·반 측으로부터 자신들의 주장에 따라 판결을 내려 주지 않고 편파적으로 일관하고 있다며 호된 공격을 받고 있기 때문이다. 최근 전북도선관위는 찬성 측이 제기한 반대 측의 공보물 게재 사진에 대한 허위 사실 판정을 놓고 엄한 신고식을 가졌다. 찬성 측은 물론 반대 측 모두에게 승리도 패배도 주지 않는 '솔로몬 식' 판결을 했다는 일부 평가와는 달리 정작 당사자인 찬·반 측 모두로부터 반발을 사고 있다.

군산선관위 사무실도 연일 반대 측의 집회 시위가 이뤄지는 바람에 이들의 점령지로 변해버린 것처럼 보여지고 있다. 선관위가 찬성 측의 불법 관권, 금권선거를 묵인하고 있다는 것이다. 최근에는 또 선관위가 반대 측에서 제기한 부재자 투표 불법선거에 대해 사실 확인에 나서자 찬성 측으로부터 '정부가 타지역을 이롭게 하기 위한 행위'라는 오해까지 사고 있다. 이래저래 선관위는 주민투표 때문에 찬반 측 모두로부터 변명 한 번 제대로 하지 못하고 맞기만 하는 동네북 신세가 돼버렸다.

그러나 선관위는 철저한 공정성을 유지하기 위해 예상했던 당연한 결과라고 말하고 있다. 선관위 한 관계자는 "공정성을 갖고 주민투표를 치르고 있기 때문에 찬·반 모두로부터 반발을 사고 있는 것이 당연하다"며 "공직선거와는 달리 주민투표는 찬·반 측이 각각 주장하고 있는 내용들이 상반된 것이기 때문에 허위 사실 여부를 섣불리 판단하기도 속단하기도 어려운 상황"이라고 말하고 있다.

이 관계자는 "다만 공직선거는 이후에라도 불법 사실이 판명될 경우 당선 무효는 물론 형사 처벌까지 받기 때문에 당사자들이 신중을 기하는 부분도 있지만 주민투표의 경우 이와는 달라 선거 이후 허위 사실 여부가 판가름나더라도 현행법상으로는 선거 자체를 무효화할 수 있을지에 대해서 속단하기는 무리가 있다"고 덧붙였다. 군산=강경창 기자

위탁의 성격상 위탁자인 지방자치단체의 의견을 최우선시해야 한다. 따라서 위탁자인 지방자치단체가 수탁자와 수탁 내용을 결정해야 한다는 차원에서도 지방자치단체에게 위탁의 권한을 돌려 주어야 할 것이다.

지난 2003년에 부안군 방폐장 건설과 관련해 정부와 주민 간의 대립이 극도에 이르렀을 때 부안 주민들은 스스로 주민투표관리위원회를 구성해 주민투표를 무사하게 마칠 수가 있었다. 주민투표도 지방자치에서 주민에게 자치 의식을 교육시키는 중요한 수단이다. 따라서 지역 주민들에게 주민투표의 관리를 책임지게 하는 주민투표관리위원회의 도입이 하루빨리 이루어질 수 있도록 주민투표법을 개정해야 할 것이다.

2) 보완 대책

다만 선거의 성격 등을 고려해 다음 몇 가지 방안들이 보완될 필요가 있다.

첫째, 주민투표 관리기관 선택권을 지방자치단체에게 부여해야 한다.

지방자치단체(주민과 자치단체장, 지방의회)가 청구한 주민투표는 청구한 자치단체에게 선택권을 부여해, 자치단체가 일정한 의사 결정 과정을 거쳐서 주민투표관리를 주민투표관리위원회가 직접 하거나 아니면 중앙선거관리위원회에 위탁관리를 할 수 있도록 하는 것이 바람직하다. 이렇게 하여 중앙선거관리위원회도 주민투표에 관한 한 항상 집행기관이 될 것이 아니라 감독기관으로 남거나 아니면 조언해 주는 기관으로 자리를 잡아가야 할 것이다.

둘째, 국가가 청구한 주민투표는 중앙선거관리위원회에게 선택권을 부여해야 한다.

국가가 청구한 주민투표는 중앙선거관리위원회에 관리기관 선택권을 부여해 결정하는 것이 바람직하다. 이 경우 중앙선거관리위원회가 직접 처리하거나 아니면 주민투표관리위원회에 위탁하면 된다.

그러나 지금까지 실시되었던 제주 지역, 방폐장이나 청주·청원과 같이 지역 간에 경쟁이 심한 주민투표와 국가가 청구한 주민투표는 중앙선거관리위원회가 맡는 것도 하나의 방법이라 하겠다.

제11장 전자주민투표

제1절 전자투표의 의의와 유형

1 서 언

21세기의 정보사회는 더 많은 시민들이 공공정책 결정 과정에 직접 참여하게 되는 새로운 형태의 민주주의가 확산될 것으로 예상되고 있다. 이러한 예측은 인터넷으로 총칭되는 정보통신 기술의 탄생과 확산에 근거한다. 이른바 '컴퓨터 매개 커뮤니케이션(compute-mediated-Communication: CMC)'의 출현과 확산은 온라인 정치 활동이라는 새로운 방식의 정치 참여를 창출하고 있다.[1] 사회주의 국가조차도 이 물결을 거부하지 못하고 있는 것이 현실이다.[2]

전자투표가 바로 이러한 새로운 정보통신 기술에 의한 온라인 정치 참여 형태 중 하나인 것이다. 전자투표는 정보통신 기술의 발달과 함께 선거제도에 도입되는 최근의 흐름 중에 하나다. 이러한 흐름은 후술하겠지만 이제 국가나 지

1) 김용철 · 윤성이, "전자민주주의와 E-Governance: 정책결정 과정에 있어서 온라인 시민 관여의 문제점과 대안", 한국정치학회 춘계학술대회, 2005.
2) 고경민, "비교 사회주의적 시각에서의 인터넷 딜레마와 인터넷 전략 진화 과정", 한국정치학회 춘계학술대회, 2006.

방자치단체에서만 받아들이는 것이 아니다. 정당이나 학교 등 사회 일반에 널리 퍼져 있는 것이 사실이며, 주주총회도 전자투표에 의해서 이루어지고 있다.[3] 여건만 충족되고 보완된다면 멀지 않은 시기에 투표 하면 전자투표를 연상할 수 있을 만큼 보편화될 가능성이 충분이 있다는 데 이의를 제기할 사람이 없을 정도이다. 단지, 문제는 전자투표제도가 현재 수준 이상의 투표 수준을 충분하게 충족시켜 주고, 기술적으로도 완벽하게 구비될 수 있느냐 하는 문제에 대해서는 확실하게 답변할 수 있는 사람이 없을 정도로 매우 어려운 문제들이 남아 있다.

그러나 이렇게 어려운 문제가 아직도 해결되지 않았으며, 지금도 전자투표 과정에서 크고 작은 오류가 발생함에도 불구하고 각국에서 전자투표를 확대 실시하려고 노력하고 있고 당분간 이 흐름은 쉽게 꺾이지 않을 전망이다.

2 전자투표 도입 동기

그러면 우리 나라를 비롯한 각 국가들은 왜 이렇게 전자투표를 도입하려 하는 것일까? 동기는 각 나라마다 다르지만 대체로 다음 세 가지로 분류할 수 있다.

1) 투표 과정의 명확화

미국의 경우다. 미국의 전자투표는 기존에 개별 주에서 파편적으로 실시되기 시작해서 2000년 대통령 선거 중 플로리다 주 개표 과정에서 발생된 오차로 인해 투표관리 후진국이라는 오명에 대한 반성으로 이어지면서 확산되었다고 볼 수 있다. 특히, 플로리다의 대통령 선거 과정에서 발생한 오차의 문제는 유권자들의 투표가 제대로 기록되지 못해 개표 결과의 오차를 불러일으킨 것이었다. 이는 미국 민주주의 정당성에 커다란 훼손을 끼쳤을 뿐만 아니라 낙후한 투표 방식의 비정확성 및 비효율성의 문제를 혁신해야 할 필요성을 제기하는 근거가 되었다. 미국은 이에 대한 대안으로 전자투표를 본격적으로 논의하기 시작

3) 한국상사법학회, 증권예탁원 조사개발부, "우리 나라 주주총회의 IT화를 위한 전자투표 제도 도입에 관한 연구", 2004.

했다.

다시 말하면 미국의 전자투표는 미국의 투표 제도 및 방식이 안고 있는 고질적인 문제(지역적 한계에 근거한 혁신 시스템 개발의 좌절), 그리고 이로 인해서 발생한 민주주의의 오차 문제를 해결하는 대안으로 더욱더 구체적으로 논의되기 시작한 것이라고 볼 수 있다.4)

2) 투표 업무의 효율성 제고

전자투표를 협의의 투표 과정인 선거인명부 작성, 투표, 개표, 집계 과정의 효율성을 제고하기 위해서 도입하는 경우도 있다. 일본의 경우가 바로 투표 과정, 특히 개표 과정의 효율성을 제고하기 위해 전자투표제도를 도입했다. 일본의 선거에서 가장 커다란 문제는 낮은 투표율이었다. 일본 정부는 투표율을 제고하기 위해 투표 시간을 2시간 더 연장해 저녁 8시에 투표가 마감된다. 대부분 선거에서 개표가 9시 이후에 시작됨으로써 개표 작업은 밤새 이루어지게 되었다. 이러한 개표 작업은 육체적 피로는 물론 많은 비용을 초래하게 되었다. 더군다나 선거제도가 복잡해지면서 개표에 소요되는 시간은 더욱더 길어지게 되었다.

일본이 전자투표 방식을 도입한 중요한 동기는 하나 더 있다. 일본 선거는 유권자가 후보자의 이름을 직접 기입하는 자서식(自書式)으로 이루어져 왔기 때문에 개표 과정에서 여러 가지 문제가 발생하게 되었다. 글씨체가 유권자마다 다르기 때문에 판별하기가 곤란하고 기계화가 불가능해 개표 과정에 상당한 인원이 동원되었다. 따라서 국정선거는 물론 지방선거의 경우도 막대한 인원 동원과 예산이 필요했다. 그리고 개표가 확정될 때까지 많은 시간이 소요되어 최종적인 결과가 나오는 데 많은 시간이 소요되었다. 이를 해결하기 위해 일본은 전자투표를 도입한 것이다. 대부분의 나라는 이렇게 투표 과정의 효율화를 제고하기 위해 전자투표를 도입하는 경우라고 할 수 있다.5)

4) 정연정, "미국의 전자투표: 현황과 함의를 중심으로", 전자투표와 전자민주주의 국제세미나 자료집, 중앙선거관리위원회, 서울: 롯데호텔 발표문, 2005, pp. 1-2.

5) 고선규, "일본의 지역 전자투표 추진 현황", 전자투표와 전자민주주의 국제 세미나 자료집, 중앙선거관리위원회, 서울: 롯데호텔 발표문, 2005, pp. 1-2.

3) 투표율의 제고

대부분의 나라와 지방들이 선거 때마다 갖는 어려움은 투표율이다. 갈수록 투표율은 저하되고 있다. 투표율 저하는 규정된 투표율(대체로 50%)을 채우지 못해 투표 자체를 무효화하거나 아니면 투표 결과에 대한 정당성, 대표성을 확보하기 어렵게 만든다. 우리 나라의 주민투표법에서 투표율이 3분의 1 미만인 경우에는 투표함을 개봉하지 않고 사장하는 것으로 규정하고 있는 것도 바로 대표성 문제 때문인 것이다. 몇몇 나라는 투표율을 높이는 방법으로 접근성 향상을 해결 방법으로 설정해 정보통신 기술을 이용해 접근성을 높이기도 한다. 네덜란드, 호주, 그리고 핀란드 등이 이러한 분류에 속하는 대표적인 국가들이다. 네덜란드는 국외 체류 유권자들에게 인터넷과 전화를 통한 원격 투표를 시행하고, 핀란드는 조기 투표소 수를 크게 늘리려 하고 있으며, 호주는 인터넷 투표를 가급적 빨리 도입하고자 준비하고 있다. 이러한 노력은 미국, 영국, 프랑스도 마찬가지다. 심지어 네덜란드는 위임투표(proxy voting)조차 실시하고 있다.[6]

4) 참여민주주의의 확대

정보통신 기술을 이용한 행정 서비스를 제공하는 정부를 우리는 전자정부라고 한다. 전자정부를 전자기술을 통해 정부의 서비스를 생산하고 전달하는 것이라고 정의하는 것은 지나치게 협의의 개념이다. 광의의 개념에서 전자정부의 최종 단계는 이음새 없는(wireless) 수준이다. 이 단계에 들어서면 서비스를 하는 정부와 서비스를 받는 주민들 간에는 언제, 어디서든, 어떠한 IT 기술을 가지고라도 상호간에 교호 작용(interaction)이 있는 단계를 말한다.[7] 따라서 주민투표가 이 단계로 가려면, 지역 주민들은 주어진 시간에는 언제든지, 그리고 국내외에 있든지 관계 없이, 인터넷이나 휴대폰, 전화 등을 가리지 않고 투표를 할 수 있어야 한다. 그리고 이러한 단계에서 주민투표의 범위는 선거인명부 관리에서 집계까지가 아니고 매우 폭넓은 범위에서 논의가 이루어져야 한다. 즉, 선거 주제를 형성하는 단계(agenda building), 투표의 발의, 홍보, 선거운동에

---

6) 윤영민, "전자선거: 민주적 과정의 재설계", 전자투표와 전자민주주의 국제세미나 자료집, 중앙선거관리위원회, 서울: 롯데호텔 발표문, 2005, pp. 1-3.

7) M. Jae Moon, "The Evolution of E-Government among Municipalities : Rhetoric or Reality?, "*Public Administration Review*, 2002, Vol, 62. No. 4, pp. 424-425.

서 선거 후에 그 결과에 대한 집행까지 모든 과정에서 주민과 행정기관 간에 교호 작용이 이루어질 때에야 전자민주주의가 이루어진다고 할 수 있다.8) 이것은 독재국가이거나 엘리트 중심으로 국가를 운영하는 국가를 제외하고는 모든 국가가 도달하고 싶은 단계라 할 수 있다.

그러나 여기까지 단계에는 보안 등 기술적인 문제에서 정치적 문화의 정착까지 해결해야 할 문제점들이 아직은 많다는 것이 대체적인 의견이다. 그럼에도 불구하고 많은 나라들이 이 단계를 들어서기 위해서 노력하고 있고 현재의 대의제 민주주의를 재구조화할 수 있다고 주장하는 학자들이 점점 많이 나타나고 있다.9)

3 전자투표의 개념

투표행위는 시민들의 가장 일반적인 정치 참여 형태이자 민주적 정치 과정의 핵심을 구성한다. 최근에 급속도로 발전하고 있는 정보통신 기술은 전통적인 투표 방식들을 전자적 방식으로 대체시켜 나가고 있다. 전자투표(e-voting)는 바로 이렇게 투표 방식이 전자적으로 이루어지는 것을 말한다. 그러나 전자투표는 그 범위와 장소에 따라서 개념 정의를 나누어 쓰고 있다.

1) 전자투표 범위에 의한 개념 분류

전자투표 범위에 의한 분류란 전자매체를 투표 과정에서 어느 범위까지 활용하느냐 하는 것이다. 앞의 글에서 우리는 전자투표를 하는 목적에 대해서 알

8) Andre Kakabadse, Nada K. Kakabadse, & Alexander Kouznim, “Reinventing the Democratic Governance Project through Information Technology?: A Growing Agenda for Debate?”, *Public Administration Review*, 2003, Vol, 63. No, 1, p. 45.

9) 한나라당, 터치 스크린 투표기 사용자 의견조사, 2006에 따르면 2006년 2월 12일 한나라당 제주도지사 후보 경선에 참여한 투표자 500명을 대상으로 터치 스크린 투표기 사용자에 대한 만족도 조사에 따르면 만족도가 86%로 불만족 7.8%에 비해 월등하게 높았고, 편리성은 은행 현금 자동인출기보다 낫다는 의견이 62%에 달했다. 그리고 투표율 향상에 큰 도움을 줄 것이라는 반응이 88.4%로 나타나 전자투표기기 사용이 앞으로 민주주의 향상에 큰 도움을 줄 것임을 알 수 있다.

아보았다. 여기에서도 밝혔듯이 전자투표의 목적은 투표 과정의 범위에 따라서 투표 과정의 명확화, 투표 과정의 효율성과 투표율의 제고, 직접민주주의의 확대로 나누어 설명했다. 전자투표의 개념 정의도 이렇게 나누어서 설명할 수 있을 것이다.

첫째, 협의의 개념이다.

협의의 개념은 "전자투표란 유권자의 투표하는 행위가 전자매체를 이용해 직접적으로 이루어지는 투표"를 말한다. 이 경우 전자투표를 일명 키오스크 투표라고 정의할 수 있는데 투표하는 그 자체에 키오스크(KIOSK)를 사용하는 것 때문이다. 대표적인 나라가 일본이다.

둘째, 광의의 개념이다.

광의의 개념으로서는 투표 관리 모든 과정에 전자적 매체를 활용하는 것을 전자투표로 정의하는 것이다. 즉 광의의 선거 과정인 선거인명부 작성, 투표, 개표, 집계의 모든 과정 또는 일부 과정에서 전자 매체를 활용해 이루어지는 투표 행태를 말한다고 할 수 있다. 이 때 사용되는 전자매체는 PC상의 인터넷뿐만 아니라 전화, 휴대폰 등 다양하다.

셋째, 최광의의 개념이다.

최광의의 개념은 투표와 관련된 모든 과정에서 전자매체가 사용되는 경우를 말한다. 즉 투표의 주제와 범위 및 방법 등을 정할 때부터 시작해 주민들이 이 과정에 쉽게 참여할 수 있도록 전자적 공간을 제공하는 것을 말한다. 그뿐만 아니라 실제로 주민투표의 행정 과정이 주민이 발의할 때는 일정 수의 주민들의 서명을 받도록 되어 있기 때문에 이를 전자서명으로 대체하게 하는 것도 최광의의 전자투표 개념 요소 중에 하나라고 할 수 있다. 투표 과정은 물론이거니와 투표가 끝나도 이에 대한 평가에서부터 시작해 주민투표의 결과가 얼마나 잘 집행되고 있는지를 감시와 감독할 수 있도록 전자적 공간을 제공하는 것을 최광의의 전자투표 개념이라고 할 수 있다.[10)]

---

10) 한국법제연구원, "전자투표의 도입에 따른 관련 법제 정비 방안", 2002, pp. 13-14. 여기에서는 전자투표를 단계별로 분류해, 기존 투표소 전자투표는 제1단계 전자투표를 말하며, 간이투표소 전자투표는 제2단계의 전자투표, 인터넷 투표는 제3단계 투표에 해당한다고 한다. 여기에서는 스웨덴의 단계적 전자투표 방식도 소개하고 있다. 스웨덴의 전자투표 제1단계는 선거인 등록이 되어 있는 투표소에서의 투표, 제2단계로 투표소의 제한이 없는 투표, 제3단계로 선거공무원의 감독이 없는 장소에서 선거기관에 의해 제

2) 장소에 의한 개념 분류

장소에 의해서 개념을 분류하는 경우도 있다. 전형적인 투표에서 장소는 언제나 고정적이었다. 그래서 항상 규정에 의해 정해진 장소와 시간에 의해서 투표가 행해져 왔다. 그러나 정보화 시대에는 시간과 장소는 죽었다고 할 정도로 그 의미는 그렇게 중요하지 않다. 따라서 전자투표의 개념 정의에서도 장소와 시간을 전통적 관점에서 보느냐 아니면 전자적 관점에서 보느냐에 따라서 개념을 달리할 수 있다.

대체로 전통적인 관점에서 정의하는 것을 협의의 전자투표 개념이라 한다. 협의의 전자투표 개념은 "지정된 장소에서 지정된 시간에 전산망과 연결된 전자투표 단말기에 투표하는 것으로서, 현재의 투표 방식에 정보기술을 접목한 수준"이라고 정의한다.

반면에 전자적 관점에서 정의하는 것을 광의의 전자투표라 한다. 광의의 개념은 "선거인이 투표소가 아닌 장소에서 PC와 디지털 TV, 또는 이동전화 등 인터넷 또는 유선 네트워크와 같은 인프라 구조를 이용하는 투표 방식"을 말한다. 이는 협의의 개념과 구분하기 위해 원격투표 방식(RVEM: Remote voting by electronic means)이라고 정의하기도 한다.[11)]

4 유 형

전자투표란 컴퓨터 혹은 컴퓨터 관련 도구들을 투표에 활용하는 투표 방식으로, 전통적인 투표 방식의 문제점들을 개선하고자 고안되었다. 전자투표 방식은 채택하고 있는 기술 수준에 따라 전자판독 투표 방식(machine-readable ballot system), 전자기록 투표 방식(direct-recording electronic voting machine), 인터넷 투표 방식(Internet voting) 등의 세 가지 유형으로 분류될 수 있다.[12)]

공된 컴퓨터를 이용한 투표, 제4단계로 인터넷이 연결된 컴퓨터를 이용한 투표의 실시를 말하고 있다.

11) 김영대, "전자선거 도입의 주요 쟁점과 과제", 선거관리 제51호, 중앙선거관리위원회, 2005. 12. 19, pp. 2-4.

1) 전자판독 투표 방식

이는 유권자가 후보자의 이름이 인쇄된 투표 카드에 자신이 원하는 후보자의 이름을 선택해, 연필 혹은 펜으로 표시하거나 구멍을 냄으로써 투표 내용을 자동으로 판독할 수 있게 하는 방식이다. 현재 사용되고 있는 전자판독 투표 방식은 펀치 카드 투표 방식과 스캐너 장치를 이용한 투표 방식이 있다.

펀치 카드(punch card) 투표 방식의 경우, 유권자들이 컴퓨터 판독용 투표지에 기록된 후보자들의 이름 가운데 자신이 지지하는 후보자의 이름에 펀치를 함으로써 투표권을 행사한다. 이 방식은 컴퓨터를 이용해 투표지를 판독하기 때문에 집계 과정이 신속하며, 투표용지 방식처럼 재검표가 가능하다는 장점을 지닌다.

그러나 펀치 카드 투표 방식은 펀치를 할 때 발생하는 종이 부스러기로 인한 컴퓨터 판독상의 오류가 발생할 수 있으며, 펀치 카드가 완전하게 천공이 되지 않아 발생하는 이른바 '임신 카드(pregnant chads)' 및 '보조개 카드(dimpled chads)'의 발생 등으로 집계 과정에서 종종 오류를 낳는 경우가 있다.

스캐너 장치(optical scan)를 이용한 투표 방식은 펀치 카드 투표 방식을 개선한 것으로, 유권자는 자신이 지지하는 후보자의 이름 옆에 펜이나 연필로 표시함으로써 투표권을 행사한다. 그리고 표의 집계는 스캐너를 통해 이루어진다. 이 방식은 투표용지에 구멍을 낼 필요가 없기 때문에, 펀치 카드 투표 방식에 종종 발생하는 임신 카드, 보조개 카드, 종이 부스러기로 인한 판독 오류를 피할 수 있다. 그러나 투표지에 표시된 빈 칸에 투표자가 펜이나 연필로 정확하게 표시하지 않았을 경우 스캐너가 이를 판독할 수 없으며, 따라서 무효표가 발생할 여지가 많다.

2) 전자기록 투표 방식

전자기록장치(direct recording electronic)는 유권자가 투표용지 대신에 컴

12) 김용철, "전자투표의 유형과 쟁점, 그리고 실현 전략", 전자투표와 전자민주주의 국제세미나자료집, 중앙선거관리위원회, 서울: 롯데호텔 발표문, 2005.
Parliamentary Office of Science and Technology, 2001, "Online Voting." <http://www.parliament.uk/post/home.htm>.

퓨터 단말기를 이용한다는 점에서 위에서 언급된 방식들과 확연히 구분된다. 예컨대, 유권자는 컴퓨터 화면에 나타난 후보자들 이름을 터치하거나 버튼을 누름으로써 투표권을 행사하게 되며, 컴퓨터는 자동적으로 표를 집계하게 된다.

이 방식은 투표용지를 필요로 하지 않기 때문에, 투표용지로 인한 부정행위 혹은 오류 발생의 여지가 없으며, 표의 집계가 대단히 신속하다는 장점을 지닌다. 그러나 컴퓨터 프로그램상에 오류가 있을 경우 치명적인 결과를 초래할 수 있으며, 투표 장비를 마련하는 데 소요되는 비용이 상대적으로 매우 비싸다는 단점도 지닌다.

현재 한국은 전자개표기가 도입되어 비교적 신속하고 정확한 표의 집계가 가능해졌다. 즉 투표용지 방식과 전자개표기의 조합은 전자기록 투표 방식의 효율성에 버금가는 효과를 내고 있다. 그러나 전자기록 투표 방식의 도입은 컴퓨터에 익숙하지 않은 집단이나 계층에게 당분간 상당한 혼선을 초래할 것으로 보인다.

3) 인터넷 투표 방식

위에서 소개된 전자투표 방식들은 각각 나름의 장·단점을 지니고 있다. 그러나 이들의 공통점은 유권자가 지정된 장소에서 투표를 한다는 점이다. 반면, 이 방식들은 유권자 등록 및 선거인명부 작성시에 유권자에 대한 편의성 제공에 무관심하며, 투표용지 혹은 투표 장비가 필수적으로 요구되기 때문에 예산 낭비가 많다는 점이다.[13]

이에 비해, 인터넷 투표 방식은 상대적으로 유권자 친화적이며, 비용면에서 효율적이다. 그러면서도 인터넷 투표의 기본 절차는 전통적 투표 방식의 그것과 크게 다르지 않을 것으로 추정된다.[14] 따라서 전자투표를 상시화하는 데는 큰 어려움이 없을 것이라 생각된다.

---

13) 김용철, "전자민주주의: 인터넷 투표의 활용 가능성과 문제점", 민주주의와 인권, 제2호 제2권, 2002, pp. 91-116.

14) Arizona Secretary of State, Election Day 2000 Online Voting Demonstration Project, 2000.

제2절 전자투표의 기대 효과

1 긍정적 기대 효과

우리는 서두에서 각국이 전자투표를 도입한 동기를 살펴보았다. 이를 요약하면, 전자투표 도입으로 기대할 수 있는 효과는 다음과 같다.[15)]

첫째, 주민 참여의 증대 효과를 통한 직접 민주주의 범위가 확대된다는 점이다.

국가나 지방정부의 의사 결정에 대한 주민들의 참여 확대는 전자투표에 의해서 그 가능성을 최대화할 수 있다. 주민들의 참여 확대는 공공선택의 입장에서 보면 개인의 정치적 선호 표출이 용이해짐으로써 집단 전체의 효용성을 극대화할 수 있다. 그리고 전자투표는 시간과 장소의 한계를 극복하게 하며, 또한 장애인을 비롯한 소외계층의 참여를 용이하게 하기 때문에 현재 주민들의 참여 저조로 나타나는 민주주의의 대표성의 문제를 해결해 줄 수가 있다고 할 수 있다.

둘째, 선거와 투·개표 과정의 경제성과 효율성을 제고할 수 있다는 점이다.

선거 과정을 전반적으로 관리하기 때문에 경상적 경비를 대폭 절감할 수 있다. 이 과정을 전자적으로 처리하기 때문에 전자투표는 후보 등록, 선거인명부 작성과 공람, 투·개표 인력의 운영, 투표용지 인쇄 등에 따른 막대한 비용을 절감할 수 있다. 여기에다가 개표의 신속성과 정확성이 제고되어 민주주의에 대한 신뢰성을 확보할 수 있을 것으로 기대된다.

이러한 장점들은 선거 과정의 주체별로 보면 다음과 같은 다양한 긍정적인 효과가 기대된다.[16)]

---

15) 이현우, "인터넷투표와 대표성의 문제: 200년 미국 애리조나 민주당 예비선거", 한국정치학보, 제35집, 2001, pp. 382-388.

16) Dong Hoon Lee, "Korean situation in e-Voting Technology and Security," 전자투표 국제컨퍼런스, 2005. 3. 17.

1) 선거관리위원회 측 기대 효과

-대규모의 투표소 설치 및 관리 인력 불필요
-유권자 관리 업무 전산화를 통한 정확한 유권자 파악
-투표비용의 대폭 절감
-개표 작업의 전산화를 통한 투표 종료 직후 개표 가능
-개표 결과 집계의 정확성과 공정성 보장
-부재자 투표 작업의 불필요로 인해 일정 축소와 비용 절감

2) 유권자 측 기대 효과

-선거권 여부에 대한 정확한 파악과 신속한 이의 제기
-선거 당일에 언제 어디에서든 투표가 가능하여 참정권 사장 방지
-인터넷을 통한 투표 절차 간소화로 노약자와 장애자, 환자 등 거동이 불편한 사람들도 손쉽게 투표 가능
-부재자 신고 및 부재자 투표 불필요
-투표 시간 마감 후 선거 결과에 대한 신속한 파악 가능

3) 입후보자 측 기대 효과

-선거 결과에 대한 신속한 집계와 당락 여부 파악 가능
-투표 공정성 시비에 대한 우려 극소화
-선거 유세 및 출마 비용 절감
-인터넷을 통한 효율적인 선거 유세 가능

2 역효과

수많은 전자투표의 긍정적 효과에도 불구하고 많은 국가에서 최광의 의미의 전자투표를 도입하는 데 신중을 기하고 있다. 심지어 미국의 일부 주는 전자투표를 줄이거나 폐지까지 하고 있다. 그 이유는 전자투표의 역효과 때문이다.

선거의 4대 원칙은 보통선거, 평등선거, 직접선거, 비밀선거를 말한다. 이 원칙은 전통적 투표나 전자투표에 관계 없이 지켜야 할 사항이다. 이 원칙이 무

너지면 투표 형식이 아무리 선진적인 전자투표라도 그 의미는 전혀 없다고 해도 과언이 아니다. 전자투표에 대한 회의론도 전자투표가 이 4대 원칙을 과연 지킬 수 있겠느냐에 대한 것이라 할 수 있다.

전자투표의 역기능은 기술적인 측면과 비기술적인 측면으로 구분할 수 있다. 기술적 측면의 역기능은 인터넷 기술상의 결함에서 발생하는 것을 말한다. 전자투표는 가장 우려되는 해킹 등 보완 기술에서 오는 경우와 일시에 접속함으로써 오는 과부화 처리 문제 등 아직도 해결되지 않은 IT 기술적 문제에서 발생하는 심각한 문제점을 가지고 있다. 반면에 비기술적 측면에서의 역효과는 컴퓨터 문화에 익숙하지 않으므로 오는 전자투표 수용의 문제에서부터 정보격차, 소요되는 막대한 비용 등도 기술적 역효과 못지않게 전자투표 진행에 큰 장애물로 남아 있다.[17] 이에 대한 세부적인 내용을 살펴보자.

1) 기술적인 측면에서 오는 역효과

보안의 문제는 전자투표 전반에 걸쳐서 발생할 수 있다. 선거인명부를 조작해 가상의 인물을 추가하거나 상대측이라고 추측되는 선거인을 제거할 수도 있다. 투표시에는 다음 기사에서 볼 수 있는 것과 마찬가지로 상대방에게 투표한 것을 자신이 지지하는 후보자로 바뀌어 표시하게도 할 수 있다. 투표의 예상이 불리하다고 생각했을 때는 프로그램에 바이러스를 투입해 투표와 개표를 아예 하지 못하도록 할 수도 있다. 개표시에도 보안이 확보되지 않았을 때 예상되는 문제는 개표 결과의 조작 등을 통해서 당락이 바뀌게도 할 수 있는 개연성이 충분히 있다고 많은 연구보고서는 경고하고 있다.

페로(Charles Perrow)는 정보 시스템이 복잡해질수록 필연적으로 위험도는 증가하며, 따라서 실패하지 않는 복잡 시스템은 없다고 주장한다.[18] 어떤 사람들은 만전을 기한다면 사고를 예방할 수 있다고 주장한다. 그러나 세계적인 정보보호 전문가인 슈나이어(Bruce Schneier)[19]의 지적처럼 아무리 예방에 최선

17) 한국법제연구원, "전자투표의 도입에 따른 관련법제 정비 방안", 2002, pp. 101-109.

18) Charles Perrow, *Normal Accedents: Living with High-Risk Technologies* (Princeton, NJ: Princeton University Press, 1999).

19) Bruce Schneier, *Beyond Fear: Thinking Sensibly about Security in An Uncetain World*(NY: Copernicus Books, 2003).

을 다해도 시스템 실패는 발생하기 마련이다. 동일한 입장에서 모이니헌(Donald P. Moynihan, 2004)[20]은 전자투표 시스템이 복잡가기 때문에 사고는 피할 수 없다고 지적한다.[21] 전자투표의 기술성에 대한 문제점에 대한 실례를 어느 신문 기사를 통해서 살펴보자.

> 전자투・개표기는 해킹에 무방비 상태라는 사실이 테스트를 통해 증명되었다고 워싱턴 포스트 신문이 최근 보도했다. 미국 플로리다 주 리안 카운티 선거관리위원회는 미국에서 가장 많이 사용되고 있는 디볼드(Diebold) 전자투・개표기를 가지고 작년에 모두 네 차례에 걸쳐 컴퓨터 전문가들에게 리안 카운티의 전자투・개표 시스템에 침투해 보도록 요청, 전문가들은 네 번 모두 해킹에 성공했다고 밝혔다.
>
> 가장 최근의 해킹 실험은 2005년 12월에 실시되었는데, "이 전자투・개표기는 해킹될 수 있을까?"라는 질문에 리안 카운티 선관위원 8명이 비밀투표를 실시, 6명이 'No'에 투표하고 나머지 2명은 'Yes'에 투표했다. 그러나 선관위가 핀란드로부터 초청해 온 컴퓨터 보안 전문가 하리 훌스티는 몇 블록 떨어진 장소에 있는 전자투표기 메모리 카드에 원격조정으로 침투하는 데 성공, 'Yes' 7명, 'No' 1명으로 투표 결과를 조작, 역전시키는 데 성공했다. 리안 카운티 선관위의 이안 샌초 위원장은 하리 훌스티 컴퓨터 보안전문가는 전자투・개표기를 해킹하는 데 성공했을 뿐만 아니라 해킹 사실을 선관위원들도 모르게 할 수 있었다고 말했다. 훌스티는 작년 2월과 5월에 각각 실시한 해킹 실험에서도 성공했다.
>
> 공정한 투표를 위한 한 시민단체를 이끌고 있는 베브 해리스는 미국에서 가장 많이 쓰고 있는 전자투・개표기를 제작하는 디볼드 회사의 웹사이트에서 그 회사가 제작한 전자투・개표기가 해킹당할 수 있다는 사실을 보여 주는 문건들을 볼 수 있었다고 주장하고, 이 회사를 상대로 소송을 제기한 바도 있다.
>
> 2000년 대통령 선거 당시 투표와 개표에 문제가 많았던 플로리다 주 마이애미-데이드 카운티 선관위는 투표용지에 구멍을 뚫는 식의 투표기 대신 터치 스크린 식(式) 투표기를 새로 채택했으나 일단 투・개표가 끝난 뒤에는 검표가 불가능하다는 단점 때문에 터치 스크린 식 투표기를 앞으로는 사용하지 않을 방침인 것으로 알려졌다. 종이 투표지가 없는 순수한 전자식 투표기는 문제가 발생했을 때 검표를 할 수 없다는 결점 때문에 각 주의 선관위들이 채택을 꺼리고 있다. 현재 미국 50개 주 가운데 약 절반인 26개 주에서는 종이 투표용지만을 사용하고 있으며, 나머지 24개 주에서는 종이 투표용지와 전자투표기를 지역에

---

20) Donald P. Moynihan, "Building Secure Election: E-Voting, Security, and Systems Theory," *Public Administration Review*, Vol. 62. No. 1, 2002.

21) 윤영민, "전자선거: 민주적 과정의 재설계", 전자투표와 전자민주주의 국제 세미나 자료집, 중앙선거관리위원회, 서울: 롯데호텔 발표문, 2005.

따라 같이 쓰고 있다. 미국에서는 금년 11월 초 국회 하원의원 435명 전원과 100명의 상원의원 중 3분의 1, 그리고 일부 주의 주지사들을 포함한 지방정부 공무원들을 뽑는 중간선거(mid-term elections: 대통령 임기 중간에 있는 선거)가 있으며, 전자투·개표기에 대한 신뢰도 결여가 큰 문제점으로 부각되고 있다.[22)]

이처럼 전자투표는 선거의 4대 원칙을 지켜 주지 못하고 오히려 해킹 등 기술적인 결함을 이용해서 비밀투표 대신 공개투표, 직접투표 대신 대신투표, 평등선거 대신에 차등선거를 할 가능성이 농후하다는 것이다.

보안 문제는 다음 두 가지로 나누어서 생각해 볼 수 있다.[23)]

첫째, 해킹 등 외부에서 투표 시스템에 관여하는 경우이다.

많은 전문가들은 전자투표에서 제일 처음으로 고려해야 하는 것이 해킹과 같은 보안 문제라고 할 정도로 전자투표 과정에서 투표 시스템에 외부 방해 세력의 침투는 매우 심각한 문제를 낳을 수 있다. 이러한 경우는 협의의 전자투표에서 최광의의 전자투표로 가는 과정에서 기하급수적으로 그 위험성이 증가한다고 할 수 있다. 즉, 전자투표의 형식 중 투표소 내 터치 스크린을 이용하는 경우나, 내부 연결만으로 운영하는 인트라넷(INTRANET)인 경우에는 앞에서 제시하는 위험성에 노출될 가능성은 그리 높지 않을 뿐만 아니라 설령 노출되어도 그 심각성이 적으며, 치유 가능성도 높다고 할 수 있다. 중앙선거관리위원회가 2008년도에 실시하려는 스마트 카드를 이용한 일정 지역 내에서의 전자투표도 바로 이러한 경우라고 할 수 있다.

그러나 문제는 중앙선거관리위원회가 2012년 19대 총선부터 실시하려는 개인 컴퓨터와 PDA, 휴대전화 등을 이용한 인터넷 전자투표 시스템을 도입했을 때이다. 이러한 원거리 투표는 유선과 무선으로 연결되기 때문에 시스템이 외부에 노출될 수밖에 없다. 이 경우에는 해킹, 병목 현상, 본인 확인 과정에서 나타나는 사생활 노출 문제 등 컴퓨터의 특성으로 인한 문제, 타인에 의한 투표 행위의 가능성 등이 나타날 수 있다. 또한 이렇게 시스템이 외부로 노출되었을 경우에는 인터넷의 일상화에 따라 그 심각성이 더욱 커지는 것과 마찬가지로 컴퓨터의 바이러스 전파와 폐해의 심각성도 커질 수밖에 없다. 원거리 투표 방

---

22) 조화유(http://blog.chosun.com/wyjoh), 조선일보, 2006년 2월 9일.
23) 이현우, “정보화와 전자투표: 기술적 논의를 넘어서”, 2005년 한국정치학회 특별학술회의 자료집, pp. 139-141.

식을 택한다면 외부로부터 투표 시스템에 침입하는 문제가 야기될 개연성은 얼마든지 있다. 특히, 컴퓨터 바이러스의 사례에서 보는 것처럼 바이러스가 컴퓨터에 감염되기 전까지는 알 수 없으며, 또한 상당 기간 동안 감염 사실을 알지 못하는 경우가 많아 그 피해는 더욱 심각해진다는 것이다.

둘째, 아직은 전자투표 시스템에 안정성을 담보할 수 있도록 기술 수준이 이루어지지 못하고 있다는 것이다. 그동안의 사례를 보면 기계적 결함이 나타나는 경우가 허다하다. 2004년 미국 대선에서도 전자투표의 문제는 곳곳에서 발생했다. 예를 들어 뉴올리언스에서는 전자투표 기계의 고장으로 유권자들을 불편하게 했으며, 오하이오 주에서는 기계의 결함으로 4,000명의 표가 부시에게 부당하게 추가되었다. 비록 유권자의 의도대로 표에 계산되지 않은 것이 선거결과에 영향을 주지는 않았지만 선거에서 한 표가 갖는 의미가 나머지 표를 모두 합친 것과 같은 절대적인 의미를 갖는다고 볼 때, 전자투표 기계의 결함으로 인해 문제가 발생했다는 것은 안전성에 여전히 문제가 있다는 것을 보여 주는 것이다. 그뿐만 아니라 프로그램의 불안정성 및 조작의 가능성에 대한 문제도 제기될 수 있다. 캘리포니아 주 17개 카운티에서 전자투표 공급업체인 디볼드(Diebold)가 업그레이드를 이유로 주정부로부터 검증받지 않은 프로그램을 사용하려다 적발되어 사용 금지를 당한 사례는 프로그램의 불완전성을 역설적으로 보여 주는 것이다. 이에 대한 최근의 신문 기사를 보자.24)

> 11・7일 중간선거가 일주일도 채 남지 않은 미국에서 전자투표기를 통한 '투표 조작' 논란이 뜨겁다. 전자투표기는 유권자가 투표용지에 기표하는 절차 없이 터치 스크린을 손가락으로 누르기만 하면 결과가 메모리 카드에 저장되는 방식이어서 전문가들도 조작 가능성이 매우 높다고 인정하고 있다. 이에 따라 특히 격전지에서 투표 결과를 놓고 조작 논란이 일 경우 후유증이 만만치 않을 것으로 예상된다.
>
> 2일 밤 미국 유료 케이블 채널인 HBO는 「민주주의 해킹하기」라는 도발적 제목의 다큐멘터리를 방송했다. 이 프로그램에는 전자투표기 사용을 반대하는 웹사이트인 '블랙박스보팅(blackboxvoting.org)'을 운영하는 비브 해리스 등이 출연, 전자투표기의 투표 조작 위험성을 제기했다. 해리스 씨는 캘리포니아와 플로리다, 일리노이, 뉴저지 주 등에서 사용하는 세쿼이아 전자투표기를 실험한

24) 한국일보, "못 믿을 전자투표기… 조작 무방비 논란 -일반인도 해킹 가능… 일부 주(州) 사용 계획, 취소", 2006년 11월 3일.

결과 해킹 기술이 없는 일반인까지도 투표 조작을 할 수 있었다고 주장했다. 기계 뒤쪽의 노란색 버튼을 3초 동안 눌러 자동 방식을 수동 방식으로 바꾸면 한 사람이 몇 번이고 투표를 할 수 있다는 것이다.

최근 프린스턴대 연구진이 인터넷에 올린 동영상도 네티즌 유권자들에게 충격을 던졌다. 연구자들은 자신들이 개발한 선거 조작 프로그램을 디볼드 사(社)의 전자투표기의 메모리카드에 심어 결과를 간단히 조작하는 과정을 동영상으로 제작했다. 디볼드의 투표기는 이번 선거에서 357개 카운티에서 전체 유권자의 10%가 사용할 전망이다. 이 동영상에는 투표 전에 기술자들이 프로그램에 오류는 없는지 점검하는 과정도 보여 주는데, 해킹 프로그램이 사용됐는데도 오류가 없는 것으로 나타났다. 특히 온라인으로 연결된 투표기는 한 기계에만 해킹 프로그램을 심어도 바이러스처럼 여러 기계에 전염될 수 있다.

미국에서 터치 스크린 방식의 전자투표기가 도입된 것은 2000년 대선에서 수십 년 전 기술인 천공카드 방식의 투표가 문제를 일으켜 재검표 사태까지 발생한 후다. 2004년 대선 때도 일부 사용됐던 전자투표 방식은 이번 중간선거에는 전체 유권자의 40% 가량이 사용하게 된다. 그러나 신속한 결과 집계와 무효표 감소, 선거 분쟁 감소 등을 목적으로 도입된 이 방식이 역설적으로 해킹에 의한 선거 조작 논란을 부르고 있다.

게다가 올해 예비선거에서 전자투표기를 시범 도입한 몇몇 주에서도 예상치 못한 부작용이 속출했다. 메릴랜드 주에서는 컴퓨터가 정당 기표를 잘못 판독하거나 투표기의 메모리 카드가 전송이 안 되는 상황이 빚어졌고, 몽고메리 카운티에서는 직원의 조작 미숙으로 1만 1천 명의 유권자가 예비로 마련된 종이 투표지에 기표해야 했다. 펜실베이니아 주에서는 유권자들에게 종이투표 선택권을 부여하는 법안이 제출됐고, 뉴멕시코와 코네티컷 주에서는 아예 전자투표기 사용 계획을 백지화했다.

미국 중간선거에서는 전자투표로 인해 우려했던 문제들이 실제로 나타났다. 이에 대한 기사 내용을 보면 어떤 유형의 문제들이 나타났는지를 알 수 있다.[25]

이번 중간선거에서 전국 유권자 가운데 80%가 새 전자투표기를 사용하는데 기기의 고장이 잇따라 발생해 종일 혼란이 빚어졌다.

콜로라도 주도 덴버의 일부 투표소는 전자투표기와 투표용지를 판독하는 스캐너가 계속 문제를 일으키면서 투표하는 데 1시간 30분을 기다려야 했다.

오하이오에서도 스캐너의 이상으로 투표용지를 읽지 못하는 사태가 빈발했

25) 조선일보, "새 전자투표기 고장 잇따라 하루 종일 '말썽'", 워싱턴=로이터 외신 종합뉴스, 2006년 11월 8일.

다.

펜실베이니아와 테네시 주 일부 지역의 경우 기계의 고장으로 종전처럼 수작업에 의한 투·개표 작업을 하면서 투표 시간을 연장하는 소동이 일어났다.

인디애나 주 일부 개표소에서는 직원이 기기 조작 방법을 몰라 수작업으로 개표하기로 결정했고, 일리노이 주에서도 투표소의 직원이 기계 사용 방법을 모른다는 불만이 빗발쳤다.

각 주의 선거관리위에 따르면 플로리다, 미주리, 뉴저지, 테네시, 텍사스 등지에서도 같은 문제가 생겼다. 2000년 대선 당시 수작업에 의한 집계 방식이 혼란을 일으켜 재집계하는 사태가 재현되지 않도록 올해에는 전자투표기와 광학식 스캐너를 대거 도입했다.

하지만 중간선거 투표에 참가한 유권자 중 3분의 1이 이들 기기를 처음 사용하기 때문에 불편함이 가중됐다.

셋째, 병목 현상도 우려되는 점이다.

이는 너무 많은 사용자의 접속이 쌓여 중앙컴퓨터가 처리 능력 부족으로 문제를 일으키는 경우를 지칭하는 것이 아니라, 특정인이 소프트웨어를 이용해 의도적으로 중앙컴퓨터에 과부하를 야기시키는 상황을 말한다. 즉 서비스 거부 공격(DOS: denial of service attack)을 통해 중앙컴퓨터에 과도한 부하를 걸어서 유권자와 중앙컴퓨터 간의 의사소통이 불가능하게 만들 수 있다는 것이다. 현재 이러한 공격에 대해 다른 접속까지도 끊지 않고서 해결할 수 있는 방안은 없으며, 더욱이 이러한 공격을 발견하는 데도 상당한 시간이 걸린다는 것이다.[26]

2) 문화적 측면에서 오는 역기능

문화적 측면에서 예견되는 역기능은 두 가지다.

첫째, 수용 능력의 한계에서 오는 문제다.

2002년 12월 19일 제16대 대통령 선거에서 민주당 노무현 후보가 당선되었다. 19일 실시된 16대 대통령 선거에서 민주당 노무현 후보는 1천 201만 4천여 표(48.9%)를 득표, 1천 144만 3천여 표(46.6%)를 얻은 한나라당 이회창 후보를 57만 980표 차(2.3%)로 제치고 당선되었다. 이에 대해서 일부 한나라당 당원들

26) 이현우, "인터넷 투표와 대표성의 문제: 2000년 미국 애리조나 민주당 예비선거", 한국정치학회보, 제35집 제3호, 2001, p. 394.

이 전자개표기로 인한 개표가 조작되었다고 강력하게 항의했다. 이에 대해서 한나라당은 재검표를 요구했고 대법원은 이를 받아들여 2003년 1월 27일에 전국 89개 선거구에서 1천 104만 표에 대한 재검표를 했다. 그 결과 이회창 후보는 88표가 늘어났고, 노무현 후보는 816표가 줄어들었다. 그리고 무효 204표, 판정 보류 529표로 나타나 총 1,637표가 문제가 있는 것으로 나타났다. 1천 104만 표 중에서 1,637표가 오류가 나타나 오류율은 고작 0.01%였다.[27] 이는 역으로 전자개표기가 얼마나 정확한가를 보여 주는 증거이기도 하다. 그럼에도 불구하고 우리 나라에서는 전자개표에 대해 아직도 일부 국민들이 불신하고 있다. 미국도 최근까지 전자투표 반대운동을 펴는 단체들이 많다. 2004년 미국 대통령 선거에서도 반대가 심했지만[28] 이번 중간선거에서도 여전히 전자투표에 대한 수용을 거부하는 국민들이 많다는 점이 전자투표의 진행을 어렵게 하고 있다.[29]

둘째, 정보 격차(digital divide) 때문이다.

정보 격차의 문제는 정보화 과정에서 가장 풀기 어려운 난제 중에 하나라는 점에 대해서는 이의를 제기하는 사람이 없을 것이다. 산업화 과정에서 나타난 난제가 빈부의 격차라고 한다면 정보화의 진전에 따른 난제는 정보 격차인 것이다. 더욱 문제인 것은 산업화로 인한 빈부의 격차가 정보의 격차로 연계됨으

27) 오마이뉴스, "한나라 재검표 검허히 수용, 신정부 출범에 협조하겠다 밝혀", 2003년 1월 27일.

28) http://www.inews24.com/php/news_view.php?g_serial=119559&g_menu=020600
'컴퓨터가 내 표를 없애 버린다!(Computer Ate My Vote)' 미국 대통령 선거가 4개월 앞으로 다가온 가운데 전자투표 반대 운동이 확산되고 있어 귀추가 주목된다. AFP통신이 13일(현지 시간) 미국 24개 도시에서 전자투표 반대 서명운동에 동참한 사람이 35만 명을 넘었다고 전했다. 이처럼 전자투표 반대 운동이 확산되고 있는 것은 터치 스크린 방식 전자투표의 결함이 잇달아 폭로되고 있는 것과 무관하지 않다. 전자투표 반대 서명자 명단은 각 주의 선거관리위원들에 보내질 예정이다.

29) http://blog.chosun.com/myblog.favorite.screen?blogId=52629
미래포럼 2006년 7월 7일 성명. 터치 스크린 전자 부정투표를 수용하는 한나라당은 자살하려는가?
이들은 성명을 통해 "TOUCH SCREEN 전자투표는 이미 국내외 언론보도로 밝혀진 바와 같이 해킹과 소프트웨어 조작 등 전자보안 문제와 정전사고, 단선사고, 고의적 고장 발생 등 물리적 취약성과 위험에 100% 노출돼 있다"며 "대리투표. 중복투표. 사전투표 등에 무방비 상태인 '부정선거 조작기'라는 지목을 받고 있는 위험한 기계"라고 주장했다.

전자투표 허용 반대 시위 장면
(사진 제공: 인터넷 독립신문, 2006. 7. 7)

로써 문제 해결은 더욱 어렵다는 점이다.30) 미국의 통계를 보면 흑인과 백인의 가정에서 컴퓨터 보유율은 2배 이상 차이가 나며, 중산층과 저소득 가정 간에는 무려 5배 이상 차이가 난다는 것이다.31)

이러한 차이는 전자투표기의 접근에서 차이를 가져올 것이 분명하다. 또한 소득과 인종뿐만 아니라 교육의 수준도 정보의 격차를 확대하는 데 크게 일조한다. 당연히 교육 수준이 높으면 컴퓨터에 대한 인식과 사용능력이 높고, 소득 수준이 낮으면 그 반대일 것이다. 정보의 격차는 이외에 연령, 도시와 농촌 등에 따라서 큰 차이를 보이고 있다. 2006년 한국전산원의 통계에 따르면 2005년말 현재 우리 나라 국민의 72.8%가 인터넷을 사용하고 있어 세계 최대 IT 강국이라고 한다. 그러나 약 30% 국민이 인터넷을 사용하고 있지 않고 있으며, 이들 대부분은 취약계층이라고 지적하고 있다. 2005년도 말 현재 정보접근 격차를 나타내는 컴퓨터 보유율에서 우리 나라 전체 가구 대비 장애인 거주 가구는 12.7%, 저소득층 가구는 25.5%, 농어민 가구는 35.3%의 격차를 보이고 있

30) Alfred Tat-Kei Ho, "Reinventing Local Government and the E-Government Initiative," *Public Administration Review*, 2002, Vol, 62, No. 4. pp. 435-436.
31) 이현우, 앞의 책, p. 385.

다는 것이다. 또한 정보 이용 능력의 격차를 나타내는 전체 국민 대비 취약 계층 인터넷 이용률의 격차도 심각하다. 전체 국민 대비 장애인, 저소득층, 청·장년층, 농어민 등 취약 계층의 인터넷 이용률은 전체 국민의 43.4% 수준에 불과한 것으로 나타났다.[32]

이러한 정보 격차는 전자투표가 진행되면 될수록 확대될 수밖에 없다. 정보 격차로 인해 소외된 주민들은 투표에 기권을 하거나 다른 사람이 대신해 주는 대리투표의 가능성을 높여서 결국 투표 결과의 왜곡 현상을 만들어낼 수가 있음을 유념해야 할 것이다.

3) 경제적 측면의 역기능

전자투표 과정에서 경제적인 측면에서의 문제점은 비용이 과다할 것이라는 점이다.

전자투표 로드맵에 의하면 기본안은 2008년 국회의원 총선거에서 전자투표기 63,000대와 선거인명부 조회 단말기 40,000대를 공급하는 것을 골자로 하고 있다. 이에 대한 대체안은 읍·면·동, 주요 거점 2천 곳에 전자투표기 22,400대를 설치해 선거일 전 5일간 전자투표를 시행하며, 선거 당일에는 기존 투표소에 종이투표와 전자투표기를 병행해서 실시한다는 것이 핵심적 내용이다. 소요비용은 기본안은 약 2,371억 원, 대체안은 약 700억 원의 예산이 소요될 것으로 추정된다.[33] 그러나 현재 대체안은 전자투표를 선호하는 층에게만 투표 기간을 많이 주는 것이 평등선거에 위배된다는 비판 등 운영상의 어려움이 있어 기본안으로 갈 가능성이 크다. 따라서 전자투표로 인한 막대한 재정이 소요될 예정이다. 일본의 연구에 의하면 전자투표기는 활용이 30회 이상 되어야 비용이 비로소 보상된다는 것이다. 그리고 미국은 전자투표를 하게 되면 유권자 1인당 18달러에서 25달러가 소요된다고 하고 있다. 이것으로 추론해 볼 때 투자비용에 비해 얼마나 이득이 나올 것인가에 대해서는 이의를 제기하는 학자들이 많다.[34]

---

32) 한국전산원, “국가정보화백서”, 2006, pp. 161-162.
33) 대통령자문 정부혁신지방분권위원회, “참여정부의 전자정부백서”, 2005, pp. 228-229.
34) 이현우, “정보화와 전자투표: 기술적 논의를 넘어서”, 한국정치학회 춘계학술대회 발표집, 2005, pp. 144-152.

제 3 절 우리 나라 전자투표 추진 과정과 추진조직

1 우리 나라 전자투표 발자취

제1장에서도 언급했지만 우리 나라에서 전자투표의 효시는 국회라고 할 수 있다. 제9대 국회는 1975년 8월에 전자투표 장치를 도입·설치했고, 1977년 12월 17일 국회법을 개정해 이를 추가했다. 그러나 의원들의 사용 미숙으로 인한 표결 장애 등으로 1990년에 철거되었다. 1994년 6월 국회법 개정으로 전자투표가 새로이 도입되었고, 1997년 5월 본회의장에 전자투표 장치가 설치되었다. 국회는 1999년 3월, 약사법 개정법률안을 처음 전자투표로 처리한 이래 제15대 국회에서 아홉 차례 등 매우 저조하게 이루어졌으나 지금은 거의가 전자투표로 이루어질 정도로 활성화되어 있다.

또한 선관위가 투표제도에 관한 연구를 계속하면서 전자투표에 대한 관심을 집중시켜 왔다. 선관위는 1995년도부터 선거관리 전산시스템을 개발해 선거 후보자, 선거인 수, 투표소 등 단순한 수준이지만 전산화 작업을 시작해 나갔다. 그러다가 2000년 제16대 총선에서는 선관위 홈페이지에 모든 후보자의 재산 상황, 재산세 납부 현황, 소득세 납부 현황, 병역 사항, 전과 기록 등을 공개했다. 당시 상황에서는 매우 획기적인 일이었으며 이 자료의 공개로 당락에 많은 영향을 미쳤다고 평가하고 있다. 그리고 2002년 6월 13일 지방선거에서 선거 반세기 만에 처음으로 기계에 의한 개표가 시행되었다. 선거관리위원회에서 '개표기'를 개발, 지방선거의 단체장선거 개표에 사용한 것이다. 개표기는 개표기에 부착된 스캐너가 투표지의 이미지를 그대로 스캔하여 이를 제어용 PC에 전송하고 개표기에 설치된 인식 프로그램을 이용해 어느 후보자에게 기표한 것인지를 인식해 분류하는 시스템이다. 이 기술은 이미 금융권에서 수표 등 장표류를 분류하는 데 응용되고 있기 때문에 기술적 안정성은 입증된 것이라고 할 수 있다.

개표기 도입을 통해 달성하고자 하는 목표는 개표의 신속·정확성 확보, 개표사무원 수 축소, 개표 결과의 실시간 공개를 통한 대국민 서비스 확대 등이었다. 이 중 개표의 신속성을 제외한 기타의 목표는 충분히 달성된 것으로 평가된다. 일부 기초단체장선거에서 제기된 선거 소청에서 개표기로 분류한 투표지의 검증 결과 혼표(混票) 등이 전혀 발생하지 않아 개표기의 정확성은 검증된 셈이다.

개표사무원의 축소 효과 또한 적지 않다. 2002년 민선 3기 지방선거에서는 비례대표선거에 1인 2표제가 도입되어 개표 물량은 순수하게 1/4 증가되었다. 그러나 개표사무원 총수는 61,608명으로 제2회 지방선거의 73,545명에 비해 오히려 11,937명이 줄었다. 당연히 늘어나야 할 부분을 고려한다면 적어도 2만 명 이상의 개표사무원을 줄일 수 있었고 예산도 15억 원 이상 절감되었다. 2002년 12월에 있었던 대통령선거에서는 종전에는 3만 명 정도의 개표사무원이 필요했으나 2만 명 이하로 줄었다.

또한 개표기가 한 투표구의 투표지를 분류하자마자 지체없이 ADSL망을 통해 중앙 서버로 전송하고 이를 인터넷 홈페이지를 통해 공개함과 동시에 방송사에도 제공해 개표 방송에 사용하도록 했다. 종전에는 각 방송사가 개표 집계를 위해 개표소마다 PDA를 휴대한 요원들을 배치했는데 앞으로는 이것도 필요없게 된 것이다.

최근 들어 인터넷 전자투표는 정당 대표의 선출에서 당연한 사항처럼 이용되고 있다. 또한 이제 우리 나라에서 전자투표는 공적인 부문 외에도 학교의 반장, 학생회장의 선거에 활용되는 경우가 빈번하게 나타난다. 대표적인 예로 고려대학교 대학원 총학생회의 경우는 대학원 총학생회장 선출에 1999년부터 지역투표와 함께 인터넷 전자투표를 병행해서 활용하고 있다. 학교에서의 전자투표 확산은 매우 빠른 속도로 전개되고 있는 양상을 발견할 수 있다. 한국교장총연합회와 (주)피아비코리아가 공동으로 2002년 3월에서 7월 사이에 캠페인 형태로 전개된 중·고교에서의 전자투표 시스템을 통한 학생회장 선출은 37개교에서 실시한 바 있다.[35]

2005년도에는 공직선거법에 인터넷 선거운동을 합법화하기도 하여 2006년도 5월 31일 지방자치선거에서 적용했다. 이를 종합해 보면, 현재 우리 나라는

---

35) http://www.pibkorea.co.kr.

최광의 개념의 전자투표가 부분적으로 이루어지고 있다고 볼 수 있다. 즉 선거인명부 열람, 개표, 집계 등의 투표 일부 과정과 투표 전 과정에서 후보자에 대한 신상명세서 공개에서부터, 선거운동에서의 인터넷 인정 등 여러 부분에서 전자투표가 이루어지고 있다고 할 수 있다. 다시 요약하면 우리 나라는 최협의의 전자투표 개념인 투표행위를 빼고는 많은 부분에서 전자투표가 실시되고 있거나 준비중이라고 할 수 있다. 선관위는 투표행위에 대한 전자투표 실시에 대해서 로드맵을 만들어 후술하는 바와 같이 현재 추진중에 있다.

2 우리 나라 전자투표의 추진계획

1) 공직선거 법률의 정비

중앙선거관리위원회는 현재까지 추진되어 왔던 종이에 의한 전통적 투표 방식에서 전자투표 방식으로 전환하기 위해 법 개정을 하기 시작했다. 2000년도에 현 공직선거법을 개정하면서 중앙선거관리위원회는 투표와 개표의 전산화를 추진하도록 하고 있다.[36] 그리고 이 조항은 투표사무 관리의 전산화 원칙을 규정하고 있다. 투표・개표의 전산화는 다음과 같은 원칙에 따라서 이루어져야 한다고 규정하고 있다.[37]

첫째, 투표 비밀의 보장

둘째, 선거인의 투표 용이

셋째, 정당 또는 후보자의 참관 보장

넷째, 기표 착오의 시정, 무효표의 방지, 기타 투표의 정확을 기할 수 있도록 해야 한다.

이 규정은 개표사무 관리의 전산화에 대해서도 투표 전산화 원칙과 마찬가지로 정당 또는 후보자별 득표 수의 계산이 정확하고, 투표 결과를 검증할 수 있어야 하며, 정당 또는 후보자의 참관이 보장되어야 함을 원칙으로 정하고 있다.

---

36) 공직선거법 제278조(전산조직에 의한 투표・개표) ① 중앙선거관리위원회는 투표 및 개표 기타 선거사무의 정확하고 신속한 관리를 위하여 사무전산화를 추진하여야 한다.

37) 동 조항 제2항.

그러나 상기 내용에서 보는 바와 같이 이 규정의 대상은 사무전산화, 즉 단순히 투표와 개표의 신속화를 위한 수단으로서의 전산화였을 뿐이다. 굳이 규정하자면 협의의 의미에서 전자투표 수준인 것이다. 지금 논의되고 있는 최광의의 전자투표 개념을 실현시키기 위한 규정은 2005년 이 규정을 개정하면서 비로소 이루어지기 시작했다고 볼 수 있다. 이 규정에서 투표 및 개표, 기타 선거사무 관리의 전산화에서 투표 및 개표 절차와 방법, 전산 전문가의 투표 및 개표사무원 위촉과 전산조직 운영 프로그램의 작성・검증 및 보관, 전자선거추진협의회의 설치・운영 등 전자투표의 기본 인프라가 마련되면서 본격적인 전자투표 시대를 열 수 있게 되었다.[38]

2) 공직선거규칙의 정비

전자투표의 구체적 사항은 공직선거규칙 제13장 2 전자투표 및 개표에 관한 특례에서 규정하고 있다. 이 규칙은 2000년도에 제정했고, 2005년 8월에 대대적으로 개정했다. 이에 대한 주요한 내용을 간추리면 다음과 같다.

(1) 전자투표와 개표의 정의

이 규칙에서 "전자투표 및 개표"라 함은 전산조직에 의해 투표(거소투표를 제외함)・개표를 실시하는 것을 말하고 있다. 전자투표 및 개표에 관해 이 장에 규정된 경우를 제외하고는 이 법의 투표와 개표에 관한 규정을 준용하도록 하고 있다. 그리고 구・시・군위원회가 전자투표 및 개표를 하고자 하는 때에는 그 취지를 당해 선거의 선거인명부 작성 기준일 전일까지 이를 공고하도록 하여 주민들이 투표에 대한 혼란함이 없도록 하고 있다.

---

38) 공직선거법 제278조 ④ 중앙선거관리위원회는 투표 및 개표 사무관리를 전산화하여 실시하고자 하는 때에는 이를 선거인이 알 수 있도록 안내문 배부・언론매체를 이용한 광고, 기타의 방법으로 홍보하여야 하며, 그 실시 여부에 대하여는 국회에 교섭단체를 구성한 정당과 협의하여 결정하여야 한다. <개정 2002. 3. 7, 2005. 8. 4>
⑤ 중앙선거관리위원회는 제4항의 협의를 위하여 국회에 교섭단체를 구성한 정당이 참여하는 전자선거추진협의회를 설치・운영할 수 있다. <신설 2005. 8. 4>
⑥ 투표 및 개표, 기타 선거사무관리의 전산화에 있어서 투표 및 개표 절차와 방법, 전산 전문가의 투표 및 개표사무원 위촉과 전산조직 운영 프로그램의 작성・검증 및 보관, 전자선거추진협의회의 구성・기능 및 운영 그 밖에 필요한 사항은 중앙선거관리위원회 규칙으로 정한다. <개정 2005. 8. 4>

(2) 투표소의 설치와 운영

구·시·군위원회는 전자투표를 위해 화상에 의한 투표용지·기표 방법·집계 방법, 기타 투표 및 개표의 전산처리 방법이 장치된 전산조직(이하 "전자투표기"라 한다)을 읍·면·동 위원회에 송부하도록 하고 있다. 이 경우 투표용지와 투표함은 별도로 작성할 수 없도록 하여 전자투표의 통일성을 기하도록 하고 있다. 그리고 구·시·군위원회는 전자투표기의 송부시에 법 제151조(투표용지와 투표함의 작성) 제5항 및 이 규칙 제73조(정당추천위원의 참여·입회)의 규정에 따른 정당추천위원이 참여하게 하여 부정 투표의 소지를 사전에 방지하고 있다. 그리고 투표소마다 전자투표기를 2개 이상 설치할 수 있도록 하고 있다. 투표용지 모형의 공고는 구·시·군위원회가 선거일 전 7일까지 당해 구·시·군위원회 게시판에 공고하는 것으로 하며, 구·시·군위원회는 전자투표기에 의한 투표 절차 안내도를 투표구마다 5매씩 첨부하도록 하고 있다.

(3) 투 표

전자투표기의 수령·보관 및 관리는 공직선거법에 의하며 투표관리관은 본인임이 확인되어 선거인명부에 서명 또는 날인한 선거인에게 선거인명부 등재번호표를 교부해 투표하게 할 수 있다. 선거인이 기표하는 때에는 법 제159조(기표 방법) 본문의 규정에 불구하고 전자투표기에 장치된 기표 방법에 의해야 한다. 전자투표기 및 개표기의 봉쇄·봉인시에는 전자투표기 안에 있는 투표 집계 저장 디스켓과 기록지 보관함 및 전자투표기로 하도록 한다. 일반투표와 마찬가지로 투표관리관은 투표가 끝난 후 지체없이 전자투표기와 투표 집계 저장 디스켓 및 기록지 보관함을 관할 구·시·군위원회에 송부하도록 하고 있다.

(4) 개 표

전산조직에 의한 개표에서 기록지 보관함을 개함하고, 일반투표소 투표 집계 저장 디스켓을 개봉할 때에는 구·시·군위원회 위원장은 그 뜻을 선포하고, 출석한 위원 전원과 함께 전자투표기 및 투표 집계 저장 디스켓과 기록지 보관함의 봉쇄와 봉인을 검사한 후 이를 열어야 한다. 구·시·군위원회 위원장은 전산조직에 의해 투표구별 투표 집계 저장 디스켓에 저장된 투표 수를 전산 출력해 투표록에 기재된 투표용지 교부 수와 대조하도록 하여 전자투표에 의한 오류 방지를 위해 노력하도록 하고 있다.

전산조직에 의한 개표시에 투표 집계 저장 디스켓의 불량으로 판독이 불가능할 경우에는 전자투표기에 저장된 자료에 의하고, 전자투표기의 불량으로 판독이 불가능할 경우에는 기록지 보관함에 보관된 투표 기록지에 의해 개표하도록 하여 전자투표기의 기술적 결함에서 오는 오류에 대해 대비하도록 하고 있다. 전산조직에 의한 개표에서 개표가 끝난 때에는 투표구별 투표 집계 저장 디스켓은 별도 포장해 구·시·군위원회 위원장과 출석한 위원 전원이 봉인하도록 함으로써 전자투표의 투명성을 담보하도록 하고 있다.

선거구위원회는 전자투표 및 개표에 관해 후보자 등록 마감 후 후보자 및 선거인에게 안내·홍보해야 한다.

3 추진조직

1) 설립 근거와 기능

전자선거추진협의회는 2005년 8월에 개정된 공직선거법 제278조에 근거를 두고 있다. 이 규정에 의하면 중앙선거관리위원회는 국회에 교섭단체를 구성한 정당이 참여하는 전자선거추진협의회를 설치·운영할 수 있다고 하여 설치 근거를 만들었다.[39] 그리고 전자선거추진협의회의 구성과 기능 및 운영, 그 밖에 필요한 사항은 중앙선거관리위원회 규칙으로 정하도록 하고 있다.

선거는 정당으로서는 존립에 관한 문제이기 때문에 가장 예민한 사항 중에 하나이다. 따라서 전자선거추진협의회 구성과 운영은 각 정당이 참여해 운영하도록 함으로써 선거 과정의 갈등을 예방하려 하고 있다. 전자선거추진협의회의

39) 공직선거법 제278조.

⑤ 중앙선거관리위원회는 제4항의 협의를 위하여 국회에 교섭단체를 구성한 정당이 참여하는 전자선거추진협의회를 설치·운영할 수 있다. <신설 2005. 8. 4>

⑥ 투표 및 개표 기타 선거사무관리의 전산화에 있어서 투표 및 개표 절차와 방법, 전산전문가의 투표 및 개표사무원 위촉과 전산조직 운영 프로그램의 작성·검증 및 보관, 전자선거추진협의회의 구성·기능 및 운영 그 밖에 필요한 사항은 중앙선거관리위원회규칙으로 정한다. <개정 2005. 8. 4>

기능은 다음과 같다.

-사업의 추진 방향과 추진전략에 관한 사항

-사업 시행을 위한 정치적·사회적 기반 조성에 관한 사항

-사업 추진 부서 간 역할 설정 및 업무 분담·시행에 관한 사항

-기타 사업의 효과적 추진을 위해 협의가 필요한 사항

2) 조직 구성과 운영

전자선거협의회 조직은 다음과 같이 구성되어 있다.

[그림 11-1] 전자선거추진협의회 조직도

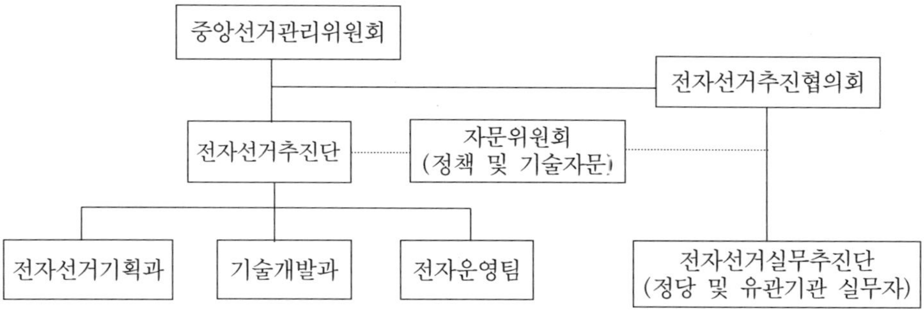

협의회는 중앙선거관리위원회 산하에 설치되어 있으며, 중앙선거관리위원회가 운영하고 있는 전자선거추진단 운영에 관한 제반 사항을 협의하고 있다. 협의회는 형식적으로는 협의이지만 실제로는 의결이라고 할 정도로 국회의원 등 책임 있는 인사로 구성 및 운영되고 있다.[40]

협의회 구성은 국회에 교섭단체를 구성한 정당이 추천하는 소속 국회의원 1인을 포함해 15인 이내의 유관 정부부처, 연구기관, 학계, 시민단체의 인사로 구성하도록 하고 있다. 현재 구성 인원을 보면 정당으로서는 국회 교섭단체인 열린우리당과 한나라당뿐만 아니라 교섭단체가 아닌 민주당, 민주노동당, 국민

40) 자세한 것은 협의회 홈페이지 www.e-voting.go.kr를 참조할 것.

중심당 국회의원 각 1인과 유관 부처인 정보통신부 차관, 행정자치부 차관, 한국전산원 원장, 중앙선관위 사무차장과 학계에서는 한국정치학회장, 한국행정학회장, 컴퓨터과학과 교수, 정보보호대학원장 등 13인으로 구성되었다. 임기는 2년이며 위원장은 호선으로 선출하도록 하고 있는데 현재는 한국정치학회장(김영호 교수)이 맡고 있다.

협의회를 지원하기 위해 산하에 전자선거실무추진단이 구성되어 있는데, 구성은 각 정당에서 추천한 정당 관계자 7인, 유관 기관인 행정자치부, 정보통신부, 한국전산원 담당자와 중앙선거관리위원회의 전자선거추진단장 등 11인으로 구성되어 운영되고 있다.

4 추진계획

현재 우리 나라에서의 전자투표는 중앙선거관리위원회(이하 '선관위')가 추진중이다. 선관위는 공직선거법에 의해 전자투표를 위한 제반 사항을 집행할 의무를 부여받고 있다.[41] 만약 이 계획대로 운영된다면 우리 나라 전자투표는 전 세계에서는 처음으로 전국 단위로 실시하게 된다는 평을 받을 것이다. 중앙선거관리위원회에서 발표한 주요 내용은 다음과 같다.[42]

1) 전국망으로 공유된 선거인명부 활용

- 선거인명부는 전국망으로 공유해 선거인이 전국 어디에서든 편리하게 투표할 수 있도록 함.
  -도시 지역의 경우 기존의 투표소 외에 선거인의 왕래가 잦은 곳(백화점, 시

41) 第278조(전산조직에 의한 투표·개표) ① 중앙선거관리위원회는 투표 및 개표, 기타 선거사무의 정확하고 신속한 관리를 위하여 사무전산화를 추진하여야 한다.
② 투표사무관리의 전산화에 있어서는 투표의 비밀이 보장되고 선거인의 투표가 용이하여야 하며, 정당 또는 후보자의 참관이 보장되어야 하고, 기표 착오의 시정, 무효표의 방지, 기타 투표의 정확을 기할 수 있도록 하여야 한다.
③ 개표사무관리의 전산화에 있어서는 정당 또는 후보자별 득표 수의 계산이 정확하고, 투표 결과를 검증할 수 있어야 하며, 정당 또는 후보자의 참관이 보장되어야 한다.

42) 중앙선거관리위원회, "2005년 전자투표 사업 추진 현황 및 계획", 2005. 2.

장, 공단 입구, 전철역 입구, 유원지 입구, 고속도로 휴게소 등)에 투표소 설치
-산간 오지 등 기존의 투표소가 먼 농어촌 지역의 경우 차량 등에 이동식 투표소를 설치해 각 마을을 순회

- 선거인명부 시스템에서 선거인의 본인 여부 확인 절차를 거치면, 스마트 카드(smart card)에 선거인이 속한 해당 선거구의 투표용지를 화면상에 띄우는 기능과 1회 투표를 할 수 있는 기능이 동시에 부여되고, 선거인은 그 스마트 카드를 받아 전자투표기에 입력하여 투표를 진행
- 전자투표기에는 전국의 선거구 투표용지를 스마트 카드의 지시대로 스크린에 띄우는 기능과 투표 결과를 선거구별 · 후보별로 기억하는 장치가 설비됨.

2) 선거인이 편리한 방식을 투표소에서 선택하여 투표

- 기존의 종이투표 방식과 터치 스크린에 의한 전자투표 방식을 병행해서 선거인이 편리한 방식을 투표소에서 선택해 투표할 수 있도록 함.

3) 온라인으로 연결되지 않은 상호 독립적 전자투표 시스템 운영

- 선거인명부 확인 시스템과 터치 스크린 방식의 전자투표기는 상호 독립적으로 운영(온라인으로 연결하지 않음.)
- 전자투표기 상호간 또는 중앙집계 시스템과는 독립적으로 운영(온라인에 의한 연결 없음.)

4) 신속하고 편리한 개표 · 검표 시스템 운영

- 투표 마감 후에는 저장된 데이터를 개표장으로 이송해 중앙집계 시스템에 연결해 집계
- 전자투표기에는 투표 결과를 전자투표 장치에 저장하는 것 외에 종이에도 기억되도록 하고 선거인은 볼록렌즈 창을 통해 종이에 기록된 내용을 확인할 수 있도록 함.
- 투표 결과 기록지는 앞면과 뒷면의 색깔을 달리해 사후 검표시 용이하게 함.
- 투표 결과 기록지에는 투표 결과를 글자로 표시하는 외에 바코드로 인쇄

될 수 있도록 함.

- 검표기는 투표 결과 기록지의 바코드를 읽어 후보별로 투표 결과를 집계하는 기능 외에 모니터에 바코드의 내용을 띄우는 기능과 육안으로 후보별로 표가 합산되는 내용을 볼 수 있는 기능을 함께 갖추도록 함.
- 투표기별 투표 결과의 전자 기록과 종이 기록지의 일치 여부를 후보자 측에서 원할 경우 검표기를 활용해 개표장에서 쉽게 볼 수 있게 검증

5) 거소투표자 및 해외 부재자투표는 온라인 전자투표로 운영

- 투표소에서는 종이투표와 전자투표기에 의한 투표를 병행하고 거소투표자(일반 부재자 투표의 개념은 없음) 및 해외 부재자투표는 온라인 전자투표로 운영, 이 경우 기존의 우편투표 방식도 함께 병행

〈표 11-1〉 전자투표 로드맵

구분	2006년 전국동시지방선거	2007년 대통령선거	2008년 국회의원총선거		2012년 국회의원총선거
기술개발	3월 시범시스템 개발 2005. 9 시제품 개발 완료	12월까지 시스템 구축 완료	3월까지 시스템 시험 운용 완료		
공직선거 및 위탁선거	터치 스크린 투표 시범 실시	터치 스크린 투표 단계적 확대	터치 스크린 투표 전국적 실시		인터넷 기반 전자투표
	• 정당 경선, 위탁선거에 우선적용 • 지방선거 일부 지역 모의투표 추진 • 재·보궐선거 시범 실시 • 종이투표 병행	• 재·보궐선거 확대 적용 • 종이투표 병행	• 전국 모든 투표소에서 전자투표 실시 • 종이투표 병행 • 정치권 협의 전제	➡	• 모든 공직선거, 위탁선거 및 민간선거에 적용 • 종이투표 병행
민간선거 지원	투표 방식	터치 스크린 방식 또는 인터넷 투표			
	지원 선거	학생회장선거, 경영인단체 임원선거, 국공립대학 총장선거, 노동조합 임원선거 등			

전자선거 로드맵에 따르면, 중앙선거관리위원회는 2006년에는 지정된 투표소에서 종이투표와 터치 스크린 방식(touch screen system)을 병행해 시범선거를 실시했다. 그리고 2008년에는 국회의원선거까지는 이전과 마찬가지로 종이투표와 터치 스크린 방식을 병행하여 시범선거를 실시하되, 통합선거인명부 데이터베이스를 구축해 전국 어디에서나 유권자가 자유롭게 투표소를 선택하여 투표하게 하고 해외 부재자를 위한 인터넷 선거를 실시할 예정이다. 또한 2012년까지는 인터넷 시스템을 구축하고 개인 PC, 노트북, PDA, 휴대전화, ARS 등 각종 전자단말기를 이용해 유권자가 어디에서나 투표할 수 있는 전자선거 방식을 도입할 예정이다. 이처럼 중앙선거관리위원회는 전자투표의 도입을 터치 스크린 투표 방식과 인터넷 투표 방식으로 구분하고 이를 단계별로 추진할 예정이다. 그뿐만 아니라 전자투표는 공직선거 이외에 주민투표와 같은 공공기관 선거 및 민간인 선거에도 적용할 예정이라고 발표했다.

실제로 2006년 11월부터 전자선거추진협의회 홈페이지와 각 시・도 및 시・군・구 선거관리위원회에서 체험 전자투표를 실시해 많은 사람들이 체험하고 있다.[43] 특히 민간 부문에서는 선거관리위원회의 지원을 받아서 전자투표를 시행하는 곳이 많아질 정도로 이제 전자투표 시대의 막이 오르고 있다고 해도 과언이 아니다.[44] 이에 대한 로드맵은 앞의 <표 11-1>과 같다.[45]

제 4 절 각국의 전자투표 현황

1 전자투표의 시작

엄밀하게 말해서, 전자투표의 역사는 인터넷과 함께 시작되었다기보다는 전

43) http://elec.dauri.co.kr 전자선거 가상투표 시스템.

44) http://www.e-voting.go.kr/htm/download/s_down.html 여기에서는 최근 선관위가 지원한 전자투표 사례를 나열하고 있다.

45) http://www.e-voting.go.kr/htm/download/s_down.html.

화와 함께 시작되었다고 해도 과언이 아니다. 전자투표와 같은 새로운 방식이 논의된 근본적인 이유는 1970년대에 들어서면서부터 급격하게 하락하는 투표율을 어떻게 하면 높일 수 있는가에 있었다.

그 중 첫 번째 사례는 1970년대 후반에 하와이 원격투표 프로젝트가 있었다. 이 프로젝트는 직접적인 선거만을 의미하는 것은 아니었다. 이것은 기존의 여론조사 기법에 토론과 대표성, 그리고 결정권이라는 세 가지 형식을 혼합해 진행한 것이었다. 따라서 1인 1표의 프로젝트라기보다는 전화를 통한 원격투표에 참여하는 사람들이 주변의 견해를 물어 의사를 대표하는 방식이었다. 이 프로젝트는 시민 참여를 촉발하고 이것이 정책 결정의 중요한 역할을 수행할 수 있을 것이라는 기대에서 시작한 것이었다.46)

이러한 형식은 1980년대에 들어와 ATM 교환 시스템의 발전과 더불어 캐나다의 정당대표 선출에서 활용되었는데, 모든 당원이 전화를 통해 직접 투표를 하여 대표를 선출하는 방식이었다. 이것은 최초 2~3일 내에 모든 투표가 완결될 것으로 기대했으나, 전화의 폭주 등으로 시스템이 정지하는 등의 어려움을 겪으면서 일주일 이상의 투표 기간을 설정하게 되었고, 각종 기술적인 문제를 드러내면서 총체적인 실패로 귀결되었다. 그럼에도 많은 사람들은 이러한 투표방식을 통한 민주적 참여의 형태를 가리켜 누름단추식 민주주의(push-button democracy) 혹은 온라인 민주주의(on-line democracy)라 규정하면서 그 발전을 예견하기도 했다.

IT의 발전은 역시 투표 방식의 전환을 위한 기술적 기반을 제공했다. 키오스크(KIOSK) 방식의 투표는 1996년대에 들어서 남미 브라질의 대통령 선거에 활용되기도 했다.47) 이것은 체육관과 같은 장소에 유권자가 모여 투표용 단말기를 이용해서 투표하는 방식이다. 한국에서는 2000년에 들어서면서 이러한 키오스크 방식의 전자투표가 각 정당에 도입되어 대부분의 정당에서 실시하는 대표, 최고위원 선출 혹은 대통령 후보 선출에 활용되었다. 이 키오스크 방식의 전자투표는 기존의 전통적인 투표에 비해서 평균 투표 시간은 늘어났지만, 개

---

46) Ted Salton & Christa Daryl Becker, *The Future of Teledemocracy*(London: Praeger, 2000), pp. 82-83.

47) 한국전산원, "정보화시대의 행정서비스와 행정체제 개선 방안 연구: 전자정부의 전략적 구축을 위한 핵심 과제와 방향", 1997.

표 시간이 실시간으로 이루어진다는 점에서, 그리고 새로운 투표 기술 중에서는 비교적 안정성을 가지고 있다는 점에서 채택되었지만, 여전히 투표자가 투표소에 나와야만 투표에 참여할 수 있다는 공간적 한계는 극복하지 못했다. 다시 말해서, 키오스크 방식의 투표를 도입한다고 해서 현대 대의제 민주주의의 참여율 저하라는 근본적인 한계를 극복할 수는 없는 선거관리형 전자투표 기술이었다.

반면 키오스크 방식의 전자투표가 확산되는 것과 같은 시기에 인터넷의 발전을 기반으로 한 인터넷 전자투표 시스템의 도입을 위한 각종 시도들이 전개되었다. 2000년에는 미국 민주당 대통령 후보 선출을 위한 애리조나 주의 예비선거에 인터넷 투표가 도입되었다. 이 선거에서는 과거보다 투표율이 3배 가량 늘어나는 결과를 보여 줌으로써 전자민주주의를 연구하는 많은 연구자들에게 중요한 사례를 제공해 주기도 했다. 물론 한 번의 결과를 가지고 인터넷 전자투표를 실시할 경우 투표율을 높일 수 있다는 결론을 도출하는 것은 무리이지만, 단기적으로라도 투표율이 향상되었다는 점, 그리고 그 지점에 인터넷이라는 기술을 도입했다는 점, 나아가 인터넷 사용자층과 전통적 방식의 투표 불참자 층이 중복되어 나타난다는 점은 이 결과를 주목해야 하는 이유로 설명할 수 있다. 한국에서는 2002년 민주당의 대통령 후보 선출에서 인터넷을 통한 투표를 도입했다. 그러나 인터넷 투표가 진행되기 이전에 이미 대통령 후보가 결정되면서 관심도가 낮아지는 바람에 높게 나타나리라는 예상과는 달리 5만 명에 못 미치는 투표자를 기록하기도 했다.

2 각국의 전자투표 운영 사례

각 국가에서 이루어지는 전자투표는 그 나라의 여건에 따라서 크게 달라진다. 즉, 그 나라가 지니고 있는 정치 체제, 정치문화, 주민의 의식 수준, 경제 및 정보기술 수준의 발전 정도 등에 따라서 전자투표 운영 실태는 천차 만별이라고 할 수 있다.

첫째, 정치 체제에 따라 달라질 것이다.

민주주의 정치 체제를 채택하는 나라는 집권적 정치 체제인 사회주의 또는 공산주의 국가보다도 전자투표가 더욱 확산될 것이다. 민주주의는 궁극적으로 주민에게 결정권이 있기 때문에 주민에게 정보가 확산되고 주민들의 참여가 확대되는 것을 지향한다. 따라서 이와 성격을 같이하는 전자투표는 활발하게 이루어질 수밖에 없다. 반면에 사회주의와 공산주의는 소수 정치 엘리트에 의한 독점 또는 과점적 의사 결정 체제를 지니고 있기 때문에 정치지도자들은 정보와 참여의 확산에 대해 선호하지 않게 된다. 따라서 사회주의 또는 공산주의 국가에서는 전자투표가 활발하기를 기대할 수 없다.[48]

둘째, 정치문화 측면이다.

정치문화가 상호 신뢰적이냐 아니냐에 따라서 달라질 것이다. 스위스는 전자투표를 이동통신 기기를 이용한 문자 메시지로도 가능하도록 하고 있으며, 네덜란드는 위임투표도 가능하다. 상호간에 신뢰가 형성되지 않는다면 이러한 형태의 전자투표는 활성화될 수가 없을 것이다. 전자투표 과정에서 신뢰가 전제되지 않으면 투표의 결과에 대해서 주민들은 신뢰를 하지 않기 때문에 전자투표가 오히려 사회 혼란을 가져올 수 있다.

셋째, 경제 및 정보통신 기술 수준이다.

전자투표는 정보통신 기기가 필요하다. 정보통신 기기는 경제적 여건과 밀접한 관련이 있다. 경제적 여건이 좋을수록 정보통신 기기의 접근성이 높기 때문이다. 최근 아시아 28국을 대상으로 인터넷 보급률에 영향을 미치는 요인들을 분석한 결과에 의하면, 1인당 GDP, 인터넷 인프라, 도시화, 정치적 안정성과 관련이 있는 것으로 나타났다.[49] 선진국들이 전자투표를 활발하게 할 수 있는 것도 경제적 여건이 좋기 때문이다. 정보통신 기술 수준도 전자투표와 밀접하게 관련이 있다. 정보통신 기술 수준이 전자투표를 할 수 있을 정도가 되었느냐와 관계가 깊다고 할 수 있다.

이 밖에 전자투표를 하기 위해서는 교육 수준, 데이터베이스의 충실 여부 등이 관련이 깊다고 하겠다.

이러한 조건에서 보면 미국이 전자투표를 가장 활발하게 할 수 있는 나라 중

48) 고경민, "비교 사회주의적 시각에서의 인터넷 딜레마와 인터넷 전략 진화 과정", 한국정치학회 춘계학술회의, 2006 참조, 여기에서는 중국, 베트남, 쿠바에서의 통제 중심의 인터넷 활용에 대해 기술하고 있다.

49) Xiaoming Hao & Chow Seet Kay, "Factors Affecting Internet Development: An Asian Survery," *First Monday*, Vol. 9. No.2. 2004, February, 고경민, 앞의 책에서 재인용.

〈표 11-3〉 미국 선거별 투표 방식의 활용 추이

(단위: %)

투표 방식 \ 선거 연도	1980	2000	2002	2004
종이투표	40.4	12.5	9.76	9.60
펀치 카드	19.1	14.7	13.97	9.86
레버 조작	36.4	19.2	9.25	8.67
광 스캐너	0.8	40.2	43.67	45.54
DRE	0.2	8.9	17.57	21.48
기 타	3.0	4.40	5.01	4.85
합 계	100.0	100.0	100.0	100.0

자료: 정연정, 앞의 논문에서 재인용.

하나라고 할 수 있다. 미국은 1996년 텍사스 주에 PC통신을 이용한 미르호 우주인 존 블레어에게 암호화로 비밀선거를 유지하면서 투표를 허용했고, 또한 1996년 총선에서는 팩스를 통한 부재자 투표를 실시하되 선거인의 비밀 보장 각서를 제출하도록 하면서 여타 국가들보다 훨씬 먼저 전자투표를 실시하기 시작한 것이다. 미국의 전자투표 방식을 어떻게 진행해 왔는가에 대해서는 이 책 여러 곳에서 언급했다. 다음 <표 11-3>은 미국 선거별 전자투표 방식 활용 추이를 보여 준다.

<표 11-3>에서 보는 바와 같이 1980년대에는 종이투표 방식이 가장 많았으나 2000년대 들어오면서 전자투표 방식인 광 스캐너와 DRE 방식이 주를 이루고 있다. 이미 기술한 바와 같이 최근인 2006년 11월 7일에 실시된 총선에서는 키오스크 방식이 주를 이루었다.

일본도 우수한 정보통신 기술과 경제력에 힘입어 투표의 효율성을 기하고자 전자투표를 활발하게 활용하고 있는 편이다. 일본은 2001년에 전자투표법을 공직선거특례법으로 제정해 2002년부터 본격적인 전자투표를 실시하고 있다.[50]

여타 국가들에 대한 전자투표 사례는 다음 <표 11-4>와 같다.[51]

50) 고선규, "일본의 지역 전자투표 추진 현황", 전자투표와 전자민주주의 국제세미나 자료집, 중앙선거관리위원회, 서울: 롯데호텔 발표문, 2005.

51) http://www.e-voting.go.kr/htm/info/foreign.html에서 정리.

〈표 11-4〉 각국의 전자투표 실시 현황

국가명	추진 내용	
Argentina (아르헨티나)	정치제도	공화제
	추진기관	선거관리위원회(Election Board)
	도입 시기	2003년 9월
	투표 방식	투표소 전자투표 방식
	특 징	• 2003년 9월 부에노스아이레스 지방선거에서 시범 도입 • 비용 절감, 선거행정의 개방성 강화를 위해 도입 • 숫자 키보드, 모니터, 하드디스크, 종이확인증 인쇄 등으로 시스템 구성 • 도입 후 40~50% 경비 절감 효과
Australia (오스트레일리아)	정치제도	입헌군주제
	추진기관	선거관리위원회(Electoral Commission)
	도입 시기	2001년, 2004년
	투표 방식	투표소 전자투표 방식
	특 징	• 강제투표제, 선호투표제 • 2001년, 2004년 ACT의 각 3개 지방 지역의회선거에서 두 차례 도입 • 기존 방식의 복잡성 완화, 소요 시간 단축, 투표 편의성 증진을 위해 도입 • CD롬, 모니터, 키패드, 바코드 리더로 시스템 구성 • 12개 언어 제공 • 시각장애인과 문맹자를 위한 오디오 장치 설비 • 2차례 6개 지역의 지역선거에서 총 4만 5천 명 참여
Austria (오스트리아)	정치제도	연방제
	추진기관	선거관리위원회(Election Commission)
	도입 시기	2004년 4월
	투표 방식	인터넷 투표 방식
	특 징	• 2002년 해외 부재자를 위한 인터넷 투표 실시 • 2004년 4월 대선에서 시험 투표를 실시해 2만 여명 참여
Belgium (벨기에)	정치제도	입헌군주제, 내각책임제, 비례대표제
	도입 시기	1991년부터 4년마다 행해지는 지방선거에서 실시
	투표 방식	투표소 전자투표 방식

Belgium (벨기에)	특 징	• 터치 패널 방식과 마그네틱 카드 및 광학펜 방식을 지역마다 따로 적용 • 1999년에는 옵티컬 방식으로 통일 • 2003년에 종이확인증 발급제도 도입 • 1999년, 2004년에는 인구의 44%가 전자투표
Canada (캐나다)	정치제도	입헌군주제, 내각책임제
	추진기관	선거관리위원회(Elections Canada)
	도입 시기	2003년과 2004년 5개 주어 적용
	투표 방식	전화투표, 인터넷 투표, 투표소 전자투표 방식의 병행
	특 징	• 투표 편의성 증진을 위해 도입 • 2003년의 온타리오 주 마크햄(Markham) 지역의 경우 1만 2천 명 참여 • 투표참여율 20% 증가
Costa Rica (코스타리카)	정치제도	공화제
	추진기관	최고선거위원회(The Costa Rican Supreme Electoral Tribunal)
	도입 시기	1998년 세계 최초로 인터넷 투표 도입(종이투표 방식과 병행)
	투표 방식	투표소 전자투표, 인터넷 투표 방식
	특 징	• 투표율을 높이기 위해 도입 • 도입 후 선거 부정 감소 효과, 투표율 제고, 선거행정의 효율성 향상
Estonia (에스토니아)	정치제도	공화제
	추진기관	선거관리위원회(National Election Committee)
	도입 시기	2001년부터 인터넷 투표 방식 추진 2005년 1월과 10월 지방선거에서 두 차례 인터넷 투표 실시
	투표 방식	인터넷 투표 방식
	특 징	• ID 카드를 활용해 사전 투표 기간 동안 인터넷 투표 • 선거인 100만 명/1차에 8백 명, 2차에 1만 명이 인터넷 투표에 참여 • 국제적으로 인터넷 투표를 공직선거에 적용한 모범적인 사례로 평가됨. • 정보화 수준이 매우 높고 인터넷 투표를 적극적으로 추진
European Union (유럽연합)	추진기관	유럽의회
	도입 시기	2002년 12월 프랑스의 유럽의회에서 처음 도입
	투표 방식	인터넷 투표 방식

<table>
<tr><td></td><td>특 징</td><td>• 선진적이고 안전하며 편리한 투표환경 조성을 위해 도입
• 2002년 프랑스, 2003년 1월 독일, 2003년 1월 스웨덴 등에서 실시</td></tr>
<tr><td rowspan="4">Bosnia and Herzecobina
(보스니아-헤르체고비나)</td><td>정치제도</td><td>연방제</td></tr>
<tr><td>추진기관</td><td>선거관리위원회(Election Commission)</td></tr>
<tr><td>투표 방식</td><td>인터넷 투표 방식</td></tr>
<tr><td>특 징</td><td>• 안전한 투표환경 확보를 위해 도입</td></tr>
<tr><td rowspan="5">Brazil
(브라질)</td><td>정치제도</td><td>공화제, 의무투표제</td></tr>
<tr><td>추진기관</td><td>최고선거법원(Tribunal Superior Electoral)</td></tr>
<tr><td>도입 시기</td><td>1996년 총선에서 부분적으로 도입 후 2002년 대선에서 전국적 도입</td></tr>
<tr><td>투표 방식</td><td>투표소 전자투표 방식</td></tr>
<tr><td>특 징</td><td>• 의무투표제
• 선거관리의 효율성 향상, 선거부정 방지를 위해 도입
• 1996년 3천 3백만 명, 2002년 1억 1천만 명이 참여
• 개표 시간 단축(기존 개표 시간 30일 ⇒ 6시간으로 단축)
• 종이확인증 채택
• 라틴아메리카 전자투표를 선도적으로 이끌고 있는 사례</td></tr>
<tr><td rowspan="4">Finland
(핀란드)</td><td>정치제도</td><td>공화제</td></tr>
<tr><td>추진기관</td><td>법무부(The Ministry of Justice)</td></tr>
<tr><td>투표 방식</td><td>인터넷 투표 방식</td></tr>
<tr><td>특 징</td><td>• 투표율 제고, 선거비용 절감 등을 위해 도입
• 2006년 대선에서 시범 투표 실시</td></tr>
<tr><td rowspan="4">France
(프랑스)</td><td>정치제도</td><td>공화제</td></tr>
<tr><td>도입 시기</td><td>2002년 3월 대선, 6월 총선에서 실시</td></tr>
<tr><td>투표 방식</td><td>투표소 전자투표 방식, 인터넷 투표 방식</td></tr>
<tr><td>특 징</td><td>• 투표율을 높이기 위해 도입
• 도입 후 투표율 증대 및 신속한 개표, 선거 비용 감소
• 점진적으로 도입해 2007년 총선에서 사용될 전망</td></tr>
<tr><td rowspan="5">Japan
(일본)</td><td>정치제도</td><td>입헌군주제, 내각책임제.</td></tr>
<tr><td>추진기관</td><td>총무성, 전자투표기 보급 협업조합</td></tr>
<tr><td>도입 시기</td><td>2002년 6월부터 지역별로 12회 정도 전자투표 실시</td></tr>
<tr><td>투표 방식</td><td>투표소 전자투표 방식</td></tr>
<tr><td>특 징</td><td>• 선거관리 업무효율화, 개표 시간 단축, 선거비용 절감, 투표율 제고를 위해 도입
• 도입 후 무효표 감소, 모의투표의 적극적 실시</td></tr>
</table>

국가	구분	내용
Netherlands (네덜란드)	정치제도	입헌군주제, 내각책임제
	추진기관	Ministry of the Interior and Kingdom Relations
	도입 시기	2004년 유럽의회 선거에서 시범 투표
	투표 방식	투표소 전자투표 방식, 인터넷 투표 방식(재외국민)
	특 징	• 정당명부식 비례대표제, 위임투표제 • 선진적인 투표환경 조성을 위해 도입 • 2006년부터 본격적인 도입 전망
Portugal (포르투갈)	정치제도	공화제
	추진기관	선거관리위원회(National Election Commission of Portugal)
	도입 시기	2004년 6월 9개 지역에서 EU 관련 선거의 시범투표 실시 2005년 2월 총선에서 2개 지역에서 전자투표 시스템과 원격 투표 시스템 동시 사용.
	투표 방식	투표소 전자투표 방식
	특 징	• 터치 스크린 방식, 광학펜 방식, 전자카드 방식 • 전체 투표인 5만 명 중 1만 명이 시범 전자투표에 참여 • 도입 후 국가 전체적으로 매우 긍정적으로 평가됨.
Slovakia (슬로바키아)	정치제도	공화제
	추진기관	슬로바키아 입법부(Slovakia legislation)
	도입 시기	2005년 6월 대선에서 시험투표
	투표 방식	인터넷 투표 방식
	특 징	• 1개 도시 정도에서 시험투표
Germany (독일)	정치제도	내각책임제
	추진기관	선거관리위원회(Bundeswahlleiter)
	도입 시기	2001년 9월 공직선거에서 마르부르크 지역에서 처음 사용
	투표 방식	인터넷 투표 방식
	특 징	• 투표환경을 선진적으로 개선하기 위해 도입 • 선거를 위한 공공인터넷 단말기 개발, 투표소의 온라인 연결 및 전자선거인명부 구축
Spain (스페인)	정치제도	입헌군주제
	추진기관	바스크 주정부(Basque Government)
	도입 시기	1995년 카탈로니아 정부의 공직선거에서 시범투표 실시 2003년 카탈로니아 의회선거에서 사용
	투표 방식	투표소 전자투표 방식과 인터넷 투표 방식 병행 적용
	특 징	• 투표환경 개선을 위해 도입

Sweden (스웨덴)	정치제도	입헌군주제, 내각책임제
	추진기관	National Tax Board(and Election Authority)
	도입 시기	2000~2001년에 인터넷 투표 방식으로 지역의 주민 의견조사와 학교선거에서 최초의 시범투표 실시
	투표 방식	인터넷 투표 방식
	특 징	• 투표 편의성 증진을 위해 도입 • 시범투표에는 지역 내에서 50% 내외의 주민이 참여
Swiss (스위스)	정치제도	연방공화제
	추진기관	연방수상청(Federal Chancellery)
	도입 시기	2003년 제네바, 취리히, 뉴샤텔 등 3개 주에서 시범 인터넷 투표 실시 2004년 9월 국민투표에서 세계 최초로 전국 단위 인터넷 투표 실시 2005년 10월 휴대전화를 활용한 문자 메시지 투표 실시
	투표 방식	인터넷 투표 방식
	특 징	• 투표율 제고, 특히 젊은 층의 참여를 유도하기 위해 도입 • 2004년 제네바에서 2만 2천 명이 참여
United Kingdom (영국)	정치제도	입헌군주제, 내각제
	추진기관	선거관리위원회(Electoral Commission)
	도입 시기	2000년 런던 시장 선거 및 지방선거, 2001년 주민투표 2002년과 2003년의 지방선거에서 대규모 시범 전자투표 시행
	투표 방식	여러 방식 혼용
	특 징	• 투표율 제고를 위해 도입 • 17개 지방선거구에서 약 16만 명의 선거인이 전자투표에 참여 • 투표율은 5% 정도의 상승 효과 기록 • 전자등록명부의 사용에 따라 투표 절차 지연
India (인도)	정치제도	공화제
	추진기관	선거관리위원회(Election Commission of India)
	도입 시기	2003년
	투표 방식	투표소 전자투표 방식
	특 징	• 선거부정 해결, 선거비용 절약을 위해 도입 • 2004년 선거의 경우 3억 8천만 명이 전자투표에 참여 • 도입 후 경제적이고 손쉬운 투표환경 조성, 선거부정 해결, 개표 시간 단축, 선거비용 절약 효과

United States (미국)	정치제도	공화제
	추진기관	연방선거관리위원회(Federal Election Commission), 주선거관리위원회(Local Election Office), 선거지원위원회(Election Assistance Commission)
	도입 시기	2000년 3월 애리조나 주 민주당 대선후보경선에서 세계 최초 인터넷 투표 시행 2000년 1월 알래스카 주 공화당 예비선거 / 11월 캘리포니아 주 2002년 9월 플로리다 주 2004년 2월 미시간 주
	투표 방식	투표소 전자투표 방식과 인터넷 투표 방식 등을 각 주가 다양하게 사용
	특 징	• 기존 방식의 오류 개선 및 무효표 감소를 통한 투표율 제고를 위해 도입 • 정당 예비선거의 경우 투표율 제고 효과
Venezuela (베네수엘라)	정치제도	공화제
	추진기관	선거관리위원회(Consejo Nacional Electoral)
	도입 시기	2004년 8월 우고 차베스 대통령 소환 선거에 사용
	투표 방식	투표소 전자투표 방식(종이확인증 사용)

자료 :http://www.e-voting.go.kr/htm/info/foreign.html에서 정리했음.

제 5 절 전자투표의 주민투표에 적용

전자투표가 현재 기술적인 측면에서 여러 가지 문제점을 안고 있음은 이미 기술했다. 따라서 대통령이나 국회의원 등 공직선거와 같은 정치적 파문이 클 수 있는 곳에서는 이러한 문제점이 해결되기 전에는 시행이 불가능하다고 할 수 있다. 또한 국가의 중요한 문제, 이를테면 개헌 등 국민투표 대상이 되는 사항도 파급 효과를 고려할 때 국민투표를 주관하는 정부나 그리고 정치권들이 아직 미완성된 전자투표를 수용하기가 매우 어려울 것이다. 설령, 투표가 성공적으로 끝났다 하더라도 이에 대한 정치권이나 국민들이 이의를 제기했을 때 이를 해결하는 과정은 복잡다난하고 그로 인한 재정적·정치적 손실은 매우 크다고 할 수 있다.

그러나 국민투표나 공직선거와는 달리 주민투표는 주민투표 대상, 운영 방법 등에서 다음과 같이 차이가 많이 나기 때문에 주민투표에서 전자투표를 적용할 여지가 많다.

1 주민투표 대상의 비정치적 · 자문적 성격

주민투표 대상을 보면 다음과 같은 성격을 지니고 있기 때문에 전자투표를 적용할 여지가 충분히 있다고 본다.

1) 비정치성

정치성이 있는 주제는 일단 치열한 갈등에서 출발한다. 이 갈등은 정파 간의 이득 여부에 의해서 결정되기 때문에 합리적 결정을 하기가 쉽지 않다. 그 때문에 정치적 갈등도 주민 간의 갈등과는 달리 해결 과정이 매우 복잡하며 그 파장도 매우 크다. 이러한 정치적 갈등은 결정 방법은 아무리 비용이 많이 들어도 이중, 삼중의 안전 장치가 절대 필요하다 하겠다.

이에 반해 주민투표 대상은 정치적 갈등이라기보다는 주민 간 또는 주민과 자치단체 간, 자치단체 간의 갈등에서 출발하는 것이 대부분이다. 현재 주민투표법 제7조에 의하면 "(주민투표의 대상) ① 주민에게 과도한 부담을 주거나 중대한 영향을 미치는 지방자치단체의 주요 결정 사항으로서 그 지방자치단체의 조례로 정하는 사항은 주민투표에 부칠 수 있다"고 규정하고 있다. 이를 보면 주민투표 대상은 주민과의 문제인 비정치적 문제, 즉 우리 내부의 문제이기 때문에 해결 당사자에 정당 등 정치권이 개입할 여지가 매우 적을 수밖에 없다.

2) 자문적 성격

주민투표법은 국가정책에 관한 주민투표 규정이 있다. 주민투표법 제8조는 "(국가정책에 관한 주민투표) ① 중앙행정기관의 장은 지방자치단체의 폐치 · 분합 또는 구역 변경, 주요 시설의 설치 등 국가정책의 수립에 관하여 주민의 의견을 듣기 위하여 필요하다고 인정하는 때에는 주민투표의 실시 구역을 정하여 관계 지방자치단체의 장에게 주민투표의 실시를 요구할 수 있다. 이 경우 중앙행정기관의 장은 미리 행정자치부 장관과 협의하여야 한다.

② 지방자치단체의 장은 제1항의 규정에 의하여 주민투표의 실시를 요구받은 때에는 지체없이 이를 공표하여야 하며, 공표일부터 30일 이내에 그 지방의회의 의견을 들어야 한다"라고 규정하고 있다. 이를 보면 국가는 해당 지역에 실시하려는 국가정책에 대해서 지역 주민들의 의견을 듣고자 주민투표를 해당 자치단체장에게 요청할 수 있고, 요청받은 해당 자치단체장은 반드시 주민투표를 실시해야 하는 것으로 해석된다. 그러나 이 조항은 국가정책에 대해서 국가가 요청이 있을 때에는 주민투표가 반드시 해야 하는 필수적 사항이지만, 반면에 조항에서 보는 바와 같이 "국가정책의 수립에 대하여 주민의 의견을 듣기 위하여"라고 하여 그 효과는 자문적 성격이다. 다시 말하면 주민투표의 결과는 국가에 대해서 구속적이 아니라는 점이다. 주민투표가 발효된 지 근 3년이 지나고 있지만 실제로 실시된 주민투표는 제주도 행정 체제, 청주・청원의 구역통합, 방폐장 등 3건에 불과하다. 더욱 특이한 것은 이 모두 국가정책에 관한 것이기 때문에 모두 주민투표법 8조에 해당하는 사항이다. 따라서 자문적 주민투표는 여론조사성 투표이기 때문에 그렇게 많은 재정을 투입하면서 주민투표를 할 필요가 있는가에 대한 회의론이 자주 등장한다. 따라서 자문적 주민투표이기 때문에 어느 정도 신뢰도와 타당성만 확보된다면 전자투표의 대상으로 삼아도 커다란 문제가 없을 것이다. 특히, 현재의 전자투표제도가 온라인・오프라인으로 이중적 장치가 되어 있기 때문에 주민투표에 전자투표를 도입하더라도 무리가 없을 것이라 생각된다.

2 운영 과정에서의 효율성・편리성 제고

1) 저비용의 실현

전자투표의 장점 중 하나는 저비용이다. 지금까지 선거는 거의 수작업에 의존했다. 우리 나라 선거가 아직도 1950년대의 선거 모습에서 크게 벗어나지 못한 것도 수작업에서 탈피하지 못했기 때문이다. 선관위에 의해서 많은 부분이 전산화되었지만 투표 과정은 여전히 수작업으로 진행중이며, 개표나 집계도 부분적으로 수작업이 이루어지고 있다. 이러한 형태는 주민투표에서도 그대로 나타나고 있다. 따라서 주민투표는 고비용 속에서 진행되고 있는 것이다.

다음 <표 11-5>는 청주시가 청주·청원 지역 통합을 위한 주민투표의 예산액이다. 예산액이 16억 정도이다. 청원군과 합치면 약 25억 이상이 집행되었다고 볼 수 있다.

〈표 11-5〉 청주시 주민투표 집행 현황

(단위: 원)

예산 과목	예 산 액	집 행 액	잔 액
일반행정비	1,623,693,000	987,042,890	636,650,110
입법 및 선거 관계	1,326,253,000	774,409,080	551,843,920
선거관리	1,326,253,000	774,409,080	551,843,920
인건비	8,640,000	7,483,970	1,156,030
인건비	8,640,000	7,483,970	1,156,030
일시사역인 부임	8,640,000	7,483,970	1,156,030
경상적 경비	446,454,000	256,074,390	190,379,610
일반운영비	428,954,000	240,764,390	188,189,610
일반수용비	360,942,000	186,404,560	164,537,440
공공요금 및 제세	11,000,000	10,610,330	389,670
운영수당	340,000	200,000	140,000
급량비	33,600,000	33,549,500	50,500
차량·선박비	23,072,000	0	23,072,000
여비	17,500,000	15,310,000	2,190,000
국내여비	17,500,000	15,310,000	2,190,000
자체사업	871,159,000	510,850,720	360,308,280
자치단체 등 이전	871,159,000	510,850,720	360,308,280
기타 부담금	871,159,000	510,850,720	360,308,280
일반행정비	297,440,000	212,633,810	84,806,190
시정홍보	215,440,000	206,507,310	8,932,690
경상적 경비	215,440,000	206,507,310	8,932,690
일반운영비	215,440,000	206,507,310	8,932,690

자료 : 청주시청 자치행정과 내부자료.

이 예산 대부분이 국가에서 교부한 금액이다. 다라서 지금까지 실시된 주민투표는 국가에서 재정적 지원을 해 주었으니까 가능했다는 결론을 얻을 수 있다. 이는 거꾸로 자치단체에서는 주민투표를 하고 싶어도 재정적 부담 때문에 주민투표를 할 수 없는 경우가 허다할 가능성이 매우 높을 것이라고 할 수 있다. 이렇게 되면 결국 주민투표는 주민투표법 제7조의 주민에게 과도한 부담이나 큰 영향을 미치는 것은 돈이 없어서 못하고, 실제로는 국가의 자문적 성격인 제8조만 주민투표 대상이 될 가능성이 높다고 할 수 있다. 이는 본말이 전도되는 것이라 할 수 있다.

주민투표는 주민들의 힘으로 주민들의 중요한 문제를 결정하는 것이 본질이고 국가가 의뢰하는 주민투표는 부수적인 것이다. 따라서 주민투표는 투표 과정에서 전산화를 통한 전자투표를 실시해 그 비용을 대폭 줄여야 할 것이다. 그래서 비용 때문에 주민투표를 하지 못하는 사례가 없도록 할 때 참다운 민주주의, 참다운 지방자치가 이루어질 것이다.

2) 투표율의 제고

제주 지역 주민투표시에 투표율은 36.5%였다. 그리고 청주·청원군은 36.7%로 거의 같다. 물론 방폐장은 60.5%의 투표율을 보였지만 이는 각 지역간의 치열한 경쟁과 불합리한 부재자 관리 때문에 나타난 특이한 경우이다. 이렇게 낮은 투표율은 획기적인 전환점이 없는 한 계속 나타날 것이며, 심지어 주민투표법 제24조 제2항에 의거 투표율의 3분의 1인 33.3%를 넘지 못해 투표함을 개봉하지 못하는 사례가 발생할 수도 있다.

전자투표는 투표 방법을 개선해 장애인을 비롯한 직장인 등 불가피하게 투표소에 접근하기 어려운 주민들을 투표소에 쉽게 접근할 수 있도록 할 수 있으며, 부재자 신고의 비율을 최대한 높일 수 있는 장점이 있다. 또한 전자투표는 PC, 휴대폰 등 다양한 전자매체를 이용해 투표할 수 있기 때문에 투표율을 제고하는 데 매우 효율적인 수단이 될 가능성이 높다.

[부 록]

주민투표법

[제정 2004. 1. 29 법률 제7124호]
[일부개정 2007. 5. 11 법률 제8423호]

제1장 총 칙

제1조(목적) 이 법은 지방자치단체의 주요 결정 사항에 관한 주민의 직접 참여를 보장하기 위하여 지방자치법 제13조의 2의 규정에 의한 주민투표의 대상·발의자·발의 요건·투표 절차 등에 관한 사항을 규정함으로써 지방자치행정의 민주성과 책임성을 제고하고 주민 복리를 증진함을 목적으로 한다.

제2조(주민투표권 행사의 보장) ① 국가 및 지방자치단체는 주민투표권자가 주민투표권을 행사할 수 있도록 필요한 조치를 취하여야 한다.

② 공무원·학생 또는 다른 사람에게 고용된 자가 투표인명부를 열람하거나 투표를 하기 위하여 필요한 시간은 보장되어야 하며, 이를 휴무 또는 휴업으로 보지 아니한다.

제3조(주민투표사무의 관리) ① 주민투표사무는 이 법에 특별한 규정이 있는 경우를 제외하고는 특별시·광역시 또는 도에 있어서는 특별시·광역시·도 선거관리위원회가, 자치구·시 또는 군에 있어서는 구·시·군 선거관리위원회가 관리한다.

② 행정기관 그 밖의 공공기관은 주민투표 관리기관으로부터 주민투표사무에 관하여 필요한 협조를 요구받은 때에는 우선적으로 이에 응하여야 한다.

제4조(정보의 제공 등) ① 지방자치단체의 장은 주민투표와 관련하여 주민이 정확하고 객관적인 판단과 합리적인 결정을 할 수 있도록 지방자치단체의 공보, 일간신문, 인터넷 등 다양한 수단을 통하여 주민투표에 관한 각종 정보와 자료를 제공하여야 한다.

② 제3조 제1항의 규정에 의한 선거관리위원회(이하 "관할 선거관리위원회"라 한다)는 주민투표에 관한 정보를 제공하기 위하여 설명회·토론회 등을 개최하여야 한다.

③ 관할 선거관리위원회는 제2항의 규정에 의한 설명회·토론회 등을 개최하는 때에는 주민투표에 부쳐진 사항에 관하여 의견을 달리하는 자가 균등하게 참여할 수 있도록 하여야 한다.

제5조(주민투표권) ① 20세 이상의 주민으로서 제6조 제1항의 규정에 의한 투표인명부 작성기준일 현재 그 지방자치단체의 관할구역에 주민등록이 되어 있는 자(공직선거 및 선거부정방지법 제18조의 규정에 의하여 선거권이 없는 자를 제외한다)는 주민투표권이 있다.

② 20세 이상의 외국인으로서 출입국관리 관계 법령의 규정에 의하여 대한민국에 계속 거주할 수 있는 자격(체류자격 변경 허가 또는 체류 기간 연장 허가를 통하여 계속 거주할 수 있는 경우를 포함한다)을 갖춘 자로서 지방자치단체의 조례가 정하는 자는 주민투표권이 있다.
③ 주민투표권자의 연령은 투표일 현재를 기준으로 산정한다.

제6조(투표인명부의 작성 및 확정) ① 주민투표를 실시하는 때에는 투표인명부 작성기준일(제13조 제2항의 규정에 의한 주민투표 발의일을 말한다)부터 5일 이내에 투표인명부를 작성하여야 한다.
② 투표인명부에 등재되어 있는 국내 거주자 중 투표일에 자신이 투표소에 가서 투표할 수 없는 자는 투표인명부 작성 기간 중에 부재자 신고를 할 수 있다.
③ 제1항의 규정에 의한 투표인명부의 작성·확정과 제2항의 규정에 의한 부재자 신고의 절차, 부재자 신고인명부의 작성 등에 관하여는 공직선거 및 선거부정방지법 제37조 내지 제46조의 규정을 준용한다.

제 2 장 주민투표의 대상 및 절차

제7조(주민투표의 대상) ① 주민에게 과도한 부담을 주거나 중대한 영향을 미치는 지방자치단체의 주요 결정 사항으로서 그 지방자치단체의 조례로 정하는 사항은 주민투표에 부칠 수 있다.
② 제1항의 규정에 불구하고 다음 각호의 사항은 이를 주민투표에 부칠 수 없다.
1. 법령에 위반되거나 재판중인 사항
2. 국가 또는 다른 지방자치단체의 권한 또는 사무에 속하는 사항
3. 지방자치단체의 예산·회계·계약 및 재산관리에 관한 사항과 지방세·사용료·수수료·분담금 등 각종 공과금의 부과 또는 감면에 관한 사항
4. 행정기구의 설치·변경에 관한 사항과 공무원의 인사·정원 등 신분과 보수에 관한 사항
5. 다른 법률에 의하여 주민대표가 직접 의사결정 주체로서 참여할 수 있는 공공시설의 설치에 관한 사항. 다만, 제9조 제5항의 규정에 의하여 지방의회가 주민투표의 실시를 청구하는 경우에는 그러하지 아니하다.
6. 동일한 사항(그 사항과 취지가 동일한 경우를 포함한다)에 대하여 주민투표가 실시된 후 2년이 경과되지 아니한 사항

제8조(국가정책에 관한 주민투표) ① 중앙행정기관의 장은 지방자치단체의 폐치(廢置)·분합(分合) 또는 구역 변경, 주요 시설의 설치 등 국가정책의 수립에 관하여 주민의 의견을 듣기 위하여 필요하다고 인정하는 때에는 주민투표의 실시구역을 정하여 관계 지방자치단체의 장에게 주민투표의 실시를 요구할 수 있다. 이 경우 중앙행정기관의 장은 미리 행정자치부 장관과 협의하여야 한다.
② 지방자치단체의 장은 제1항의 규정에 의하여 주민투표의 실시를 요구받은 때에는 지체없이 이를 공표하여야 하며, 공표일부터 30일 이내에 그 지방의회의 의견을 들어야 한다.
③ 제2항의 규정에 의하여 지방의회의 의견을 들은 지방자치단체의 장은 그 결과를 관계 중앙행정기관의 장에게 통지하여야 한다.

④ 제1항의 규정에 의한 주민투표에 관하여는 제7조, 제16조, 제24조 제1항・제5항・제6항, 제25조 및 제26조의 규정을 적용하지 아니한다.

제9조(주민투표의 실시 요건) ① 지방자치단체의 장은 주민 또는 지방의회의 청구에 의하거나 직권에 의하여 주민투표를 실시할 수 있다.

② 다음 각호의 1에 해당하는 자(이하 "주민투표청구권자"라 한다.)는 주민투표청구권자 총수의 20분의 1 이상 5분의 1 이하의 범위 안에서 지방자치단체의 조례로 정하는 수 이상의 서명으로 그 지방자치단체의 장에게 주민투표의 실시를 청구할 수 있다.

1. 그 지방자치단체의 관할구역 안에 주민등록이 되어 있는 20세 이상의 주민(공직선거 및 선거부정방지법 제18조의 규정에 의하여 선거권이 없는 자를 제외한다.)
2. 제5조 제2항의 규정에 의하여 그 지방자치단체의 조례가 정하는 외국인

③ 주민투표청구권자 총수는 전년도 12월 31일 현재의 주민등록표 및 외국인등록표에 의하여 산정한다.

④ 지방자치단체의 장은 매년 1월 10일까지 제3항의 규정에 의하여 산정한 주민투표청구권자 총수를 공표하여야 한다.

⑤ 지방의회는 재적 의원 과반수의 출석과 출석 의원 3분의 2 이상의 찬성으로 그 지방자치단체의 장에게 주민투표의 실시를 청구할 수 있다.

⑥ 지방자치단체의 장은 직권에 의하여 주민투표를 실시하고자 하는 때에는 그 지방의회 재적 의원 과반수의 출석과 출석 의원 과반수의 동의를 얻어야 한다.

제10조(청구인대표자의 선정과 서명의 요청 등) ① 주민이 제9조 제2항의 규정에 의하여 주민투표 청구를 하고자 하는 때에는 주민투표청구인대표자(이하 "청구인대표자"라 한다)를 선정하여야 하며, 선정된 청구인대표자는 인적 사항과 주민투표 청구의 취지 및 이유 등을 기재하여 그 지방자치단체의 장에게 청구인대표자증명서의 교부를 신청하여야 한다.

② 제1항의 규정에 의한 청구인대표자증명서의 교부 신청을 받은 지방자치단체의 장은 청구인대표자가 주민투표청구권자인지 여부를 확인한 후 청구인대표자증명서를 교부하고 그 사실을 공표하여야 한다.

③ 청구인대표자와 서면에 의하여 청구인대표자로부터 서명요청권을 위임받은 자는 그 지방자치단체의 조례가 정하는 서명 요청 기간 동안 주민에게 청구인서명부에 서명할 것을 요청할 수 있다. 이 경우 제11조 제1항의 규정에 의하여 서명이 제한되는 기간은 서명 요청 기간에 산입하지 아니한다.

④ 청구인서명부에 서명을 한 자가 그 서명을 철회하고자 하는 때에는 그 청구인서명부가 지방자치단체의 장에게 제출되기 전에 이를 철회하여야 한다. 이 경우 청구인대표자는 즉시 청구인서명부에서 그 서명을 삭제하여야 한다.

제11조(서명요청 활동의 제한) ① 지방자치단체의 관할구역의 전부 또는 일부에 대하여 공직선거 및 선거부정방지법의 규정에 의한 선거가 실시되는 때에는 그 선거의 선거일 전 60일부터 선거일까지 그 선거구에서는 서명을 요청할 수 없다.

② 공무원(그 지방의회의 의원을 제외한다)은 청구인대표자가 될 수 없으며, 서명요청 활동을 하거나 서명요청 활동을 기획・주도하는 등 서명요청 활동에 관여할 수 없다.

③ 청구인대표자 및 그로부터 서명요청권을 위임받은 자가 아닌 자는 서명을 요청할 수 없다.

제12조(청구인서명부의 심사·확인 등) ① 청구인대표자는 제10조 제3항의 규정에 의한 서명요청 기간이 만료되는 날부터 특별시·광역시 또는 도의 경우에는 10일 이내에, 자치구·시 또는 군의 경우에는 5일 이내에 주민투표청구서와 청구인서명부를 지방자치단체의 장에게 제출하여야 한다.

② 다음 각호의 1에 해당하는 서명은 이를 무효로 한다.

1. 주민투표청구권자가 아닌 자의 서명
2. 누구의 서명인지 확인하기 어려운 서명
3. 서명요청권이 없는 자의 요청에 의하여 행하여진 서명
4. 동일인이 동일한 사안에 대하여 2 이상의 유효한 서명을 한 경우에는 그 중 하나의 서명을 제외한 나머지 서명
5. 제10조 제3항의 규정에 의한 서명요청 기간 외의 기간에 행하여졌거나 제11조 제1항의 규정에 의하여 서명요청이 제한되는 기간에 행하여진 서명
6. 강요·속임수 그 밖의 부정한 방법에 의하여 행하여진 서명
7. 이 법의 위임에 의하여 그 지방자치단체의 조례가 정하는 방식과 절차에 위배되는 서명

③ 지방자치단체의 장은 제1항의 규정에 의하여 주민투표청구서와 청구인서명부가 제출된 때에는 지체없이 주민투표 청구 사실을 공표하고, 청구인서명부 또는 그 사본을 7일간 공개된 장소에 비치하여 주민이 열람할 수 있도록 하여야 한다.

④ 청구인서명부의 서명에 대하여 이의가 있는 자는 제3항의 규정에 의한 공람 기간 내에 그 지방자치단체의 장에게 서면으로 이의를 신청할 수 있다.

⑤ 지방자치단체의 장은 제4항의 규정에 의한 이의 신청이 있은 때에는 제3항의 규정에 의한 공람 기간이 종료된 날부터 14일 이내에 이를 심사하고 그 결과를 지체없이 이의신청인과 청구인대표자에게 통지하여야 한다.

⑥ 지방자치단체의 장은 제5항의 규정에 의한 이의 신청과 관련하여 필요하다고 인정하는 때에는 관계인의 의견 진술 또는 증언을 요구할 수 있다.

⑦ 지방자치단체의 장은 제1항의 규정에 의하여 제출된 청구인서명부의 서명이 무효인 서명으로 판정되어 제9조 제2항의 규정에 의한 요건에 미달하게 된 때에는 청구인대표자로 하여금 그 지방자치단체의 조례가 정하는 기간 이내에 이를 보정하게 할 수 있다.

⑧ 지방자치단체의 장은 제1항의 규정에 의한 주민투표청구가 다음 각 호의 1에 해당하는 경우에는 이를 각하하여야 한다. 이 경우 지방자치단체의 장은 청구인대표자에게 그 사유를 통지하고 이를 공표하여야 한다.

1. 유효한 서명의 총수(제7항의 규정에 의하여 보정을 요구한 때에는 그 보정된 서명을 포함한다)가 제9조 제2항의 규정에 의한 요건에 미달되는 경우
2. 주민투표청구서와 청구인서명부가 제1항의 규정에 의한 기간을 경과하여 제출된 경우
3. 제7항의 규정에 의한 보정 기간 이내에 보정하지 아니한 경우

⑨ 이 법에 규정된 사항 외에 청구인대표자증명서의 교부, 서명요청, 청구인서명부의 작성·제출 방법, 서명에 대한 심사·확인 등 주민에 의한 주민투표 청구에 관하여 필요한 사항은 해당

지방자치단체의 조례로 정한다.

제13조(주민투표의 발의) ① 지방자치단체의 장은 다음 각호의 1에 해당하는 경우에는 지체없이 그 요지를 공표하고 관할 선거관리위원회에 통지하여야 한다.

1. 제8조 제3항의 규정에 의하여 관계 중앙행정기관의 장에게 주민투표를 발의하겠다고 통지한 경우
2. 제9조 제2항 또는 제5항의 규정에 의한 주민투표청구가 적법하다고 인정되는 경우
3. 제9조 제6항의 규정에 의한 동의를 얻은 경우

② 지방자치단체의 장은 주민투표를 발의하고자 하는 때에는 제1항의 규정에 의한 공표일부터 7일 이내(제3항의 규정에 의하여 주민투표의 발의가 금지되는 기간은 이를 산입하지 아니한다)에 투표일과 주민투표안을 공고하여야 한다. 다만, 지방자치단체의 장 또는 지방의회가 주민투표 청구의 목적을 수용하는 결정을 한 때에는 주민투표를 발의하지 아니한다.

③ 지방자치단체의 관할구역의 전부 또는 일부에 대하여 공직선거 및 선거부정방지법의 규정에 의한 선거가 실시되는 때에는 그 선거의 선거일 전 60일부터 선거일까지의 기간 동안에는 주민투표를 발의할 수 없다.

제14조(주민투표의 투표일) ① 주민투표의 투표일은 제13조 제2항의 규정에 의한 주민투표 발의일부터 20일 이상 30일 이하(제2항의 규정에 의하여 투표일을 정할 수 없는 기간은 이를 산입하지 아니한다)의 범위 안에서 지방자치단체의 장이 관할 선거관리위원회와 협의하여 정한다.

② 지방자치단체의 관할구역의 전부 또는 일부에 대하여 공직선거 및 선거부정방지법의 규정에 의한 선거가 실시되는 때에는 그 선거의 선거일 전 60일부터 선거일까지의 기간은 투표일로 정할 수 없다.

③ 동일한 사항에 대하여 2 이상의 지방자치단체에서 주민투표를 실시하여야 하는 때에는 관계 지방자치단체의 장이 협의하여 동시에 주민투표를 실시하여야 한다. 다만, 협의가 이루어지지 아니하는 때에는 특별시·광역시 또는 도에 있어서는 행정자치부 장관이, 자치구·시 또는 군에 있어서는 특별시장·광역시장 또는 도지사가 정하는 바에 의한다.

제15조(주민투표의 형식) 주민투표는 특정한 사항에 대하여 찬성 또는 반대의 의사 표시를 하거나 두 가지 사항 중 하나를 선택하는 형식으로 실시하여야 한다.

제16조(주민투표 실시구역) 주민투표는 그 지방자치단체의 관할구역 전체를 대상으로 실시한다. 다만, 특정한 지역 또는 주민에게만 이해 관계가 있는 사항인 경우 지방자치단체의 장이 지방의회의 동의를 얻은 때에는 관계 시·군·구 또는 읍·면·동을 대상으로 주민투표를 실시할 수 있다.

제17조(주민투표공보의 발행) ① 관할 선거관리위원회는 주민투표안의 내용, 주민투표에 부쳐진 사항에 관한 의견 및 그 이유, 투표 절차 그 밖의 필요한 사항을 게재한 주민투표공보를 1회 이상 발행하여야 한다.

② 제1항의 규정에 의한 주민투표공보의 규격·작성 방법·배부 시기 그 밖의 필요한 사항은 중앙선거관리위원회규칙으로 정한다.

제18조(투표 방법 등) ① 투표는 공직선거 및 선거부정방지법 제159조의 규정에 의한 기표 방법에 의한 투표로 한다.

② 투표는 직접 또는 우편으로 하되, 1인 1표로 한다.

③ 투표 및 개표사무의 관리는 전산화하여 실시할 수 있다. 이 경우 전산화에 의한 투표・개표의 절차・방법 등에 관하여 필요한 사항은 중앙선거관리위원회규칙으로 정한다.

④ 투표를 하는 때에는 투표인의 성명 등 투표인을 추정할 수 있는 표시를 하여서는 아니 된다.

제19조(투표・개표 절차 등) 투표 시간, 투표용지, 투표구・개표구의 설치, 투표・개표의 절차 및 참관 등 투표・개표의 관리에 관하여는 공직선거 및 선거부정방지법 제10장(투표) 및 제11장(개표)의 규정을 준용한다.

제3장 주민투표에 관한 운동

제20조(투표운동의 원칙) ① 이 법에서 "투표운동"이라 함은 주민투표에 부쳐진 사항에 관하여 찬성 또는 반대하게 하거나 주민투표에 부쳐진 두 가지 사항 중 하나를 지지하게 하는 행위를 말한다. 다만, 주민투표에 부쳐진 사항에 관한 단순한 의견 개진 및 의사 표시는 투표운동으로 보지 아니한다.

② 이 법 또는 다른 법률의 규정에 의하여 금지 또는 제한되는 경우를 제외하고는 누구든지 자유롭게 투표운동을 할 수 있다.

제21조(투표운동 기간 및 투표운동을 할 수 없는 자) ① 투표운동은 주민투표 발의일부터 주민투표일의 전일까지에 한하여 이를 할 수 있다.

② 다음 각 호의 1에 해당하는 자는 투표운동을 할 수 없다.

1. 주민투표권이 없는 자
2. 공무원(그 지방의회의 의원을 제외한다.)
3. 각급 선거관리위원회의 위원
4. 방송법에 의한 방송사업(방송채널 사용사업은 보도에 관한 전문 편성을 행하는 방송채널 사용사업에 한한다.)을 경영하거나 이에 상시 고용되어 편집・제작・취재・집필 또는 보도의 업무에 종사하는 자
5. 정기간행물의 등록 등에 관한 법률 제7조의 규정에 의하여 등록하여야 하는 정기간행물(분기별 1회 이하 발행되거나 학보 그 밖에 전문 분야에 관한 순수한 학술 및 정보지 등 정치에 관한 보도・논평 그 밖에 여론 형성의 목적 없이 발행되는 정기간행물을 제외한다)을 발행 또는 경영하거나 이에 상시 고용되어 편집・취재・집필 또는 보도의 업무에 종사하는 자

제22조(투표운동의 제한) ① 누구든지 다음 각호의 1에 해당하는 방법으로 투표운동을 하여서는 아니 된다.

1. 야간 호별 방문 및 야간 옥외집회
2. 투표운동을 목적으로 서명 또는 날인을 받는 행위
3. 공직선거 및 선거부정방지법 제80조의 규정에 의한 연설 금지 장소에서의 연설행위
4. 공직선거 및 선거부정방지법 제91조에서 정하는 확성장치 및 자동차의 사용 제한에 관한 규정을 위반하는 행위

② 제1항 제1호의 규정에 의하여 야간 호별 방문 및 야간 옥외집회가 금지되는 시간은 그 지방

자치단체의 조례로 정한다.

제23조(위법한 투표운동에 대한 중지·경고 등) 관할 선거관리위원회의 위원 및 직원은 이 법 및 이 법의 위임에 의한 중앙선거관리위원회규칙에 위반되는 행위를 발견한 때에는 중지·경고 또는 시정명령을 하여야 하며, 그 위반행위가 투표의 공정을 현저히 해치는 것이거나 중지·경고 또는 시정명령을 불이행하는 때에는 관할 수사기관에 수사를 의뢰하거나 고발하여야 한다.

제4장 주민투표의 효력 등

제24조(주민투표 결과의 확정) ① 주민투표에 부쳐진 사항은 주민투표권자 총수의 3분의 1 이상의 투표와 유효투표수 과반수의 득표로 확정된다. 다만, 다음 각 호의 1에 해당하는 경우에는 찬성과 반대 양자를 모두 수용하지 아니하거나, 양자택일의 대상이 되는 사항 모두를 선택하지 아니하기로 확정된 것으로 본다.

1. 전체 투표수가 주민투표권자 총수의 3분의 1에 미달되는 경우
2. 주민투표에 부쳐진 사항에 관한 유효득표수가 동수인 경우

② 전체 투표수가 주민투표권자 총수의 3분의 1에 미달되는 때에는 개표를 하지 아니한다.

③ 관할 선거관리위원회는 개표가 끝난 때에는 지체없이 그 결과를 공표한 후 지방자치단체의 장에게 통지하여야 한다. 제2항의 규정에 의하여 개표를 하지 아니한 때에도 또한 같다.

④ 지방자치단체의 장은 제3항의 규정에 의하여 주민투표 결과를 통지받은 때에는 지체없이 이를 지방의회에 보고하여야 하며, 제8조의 규정에 의한 국가정책에 관한 주민투표인 때에는 관계 중앙행정기관의 장에게 주민투표 결과를 통지하여야 한다.

⑤ 지방자치단체의 장 및 지방의회는 주민투표 결과 확정된 내용대로 행정·재정상의 필요한 조치를 하여야 한다.

⑥ 지방자치단체의 장 및 지방의회는 주민투표 결과 확정된 사항에 대하여 2년 이내에는 이를 변경하거나 새로운 결정을 할 수 없다. 다만, 제1항 단서의 규정에 의하여 찬성과 반대 양자를 모두 수용하지 아니하거나 양자택일의 대상이 되는 사항 모두를 선택하지 아니하기로 확정된 때에는 그러하지 아니하다.

제25조(주민투표소송 등) ① 주민투표의 효력에 관하여 이의가 있는 주민투표권자는 주민투표권자 총수의 100분의 1 이상의 서명으로 제24조 제3항의 규정에 의하여 주민투표 결과가 공표된 날부터 14일 이내에 관할 선거관리위원회 위원장을 피소청인으로 하여 시·군 및 자치구에 있어서는 특별시·광역시·도 선거관리위원회에, 특별시·광역시 및 도에 있어서는 중앙선거관리위원회에 소청할 수 있다.

② 제1항의 소청에 대한 결정에 관하여 불복이 있는 소청인은 관할 선거관리위원회 위원장을 피고로 하여 그 결정서를 받은 날(결정서를 받지 못한 때에는 결정 기간이 종료된 날을 말한다)부터 10일 이내에 특별시·광역시 및 도에 있어서는 대법원에, 시·군 및 자치구에 있어서는 관할 고등법원에 소를 제기할 수 있다.

③ 주민투표에 관한 소청 및 소송의 절차에 관하여는 이 법에 규정된 사항을 제외하고는 공직선거 및 선거부정방지법 제219조 내지 제229조의 규정 중 지방자치단체의 장 및 의원에 관한 규정

을 준용한다.

제26조(재투표 및 투표 연기) ① 지방자치단체의 장은 주민투표의 전부 또는 일부 무효의 판결이 확정된 때에는 그 날부터 20일 이내에 무효로 된 투표구의 재투표를 실시하여야 한다. 이 경우 투표일은 늦어도 투표일 전 7일까지 공고하여야 한다.

② 제1항의 규정에 의하여 재투표를 실시하는 때에는 그 판결에 특별한 명시가 없는 한 제6조의 규정에 불구하고 당초 투표에 사용된 투표인명부를 사용한다.

③ 천재·지변으로 인하여 투표를 실시할 수 없거나 실시하지 못한 때에는 지방자치단체의 장은 관할 선거관리위원회와 협의하여 투표를 연기하거나 다시 투표일을 지정하여야 한다.

제27조(주민투표 경비) ① 주민투표사무에 필요한 다음 각 호의 경비는 주민투표를 발의한 지방자치단체의 장이 속하는 지방자치단체(제8조의 규정에 의한 국가정책에 관한 주민투표인 경우에는 국가를 말한다. 다만, 구역 변경에 관한 주민투표인 경우는 지방자치단체를 말한다. 이하 이 조에서 같다)가 부담한다.

1. 주민투표의 준비·관리 및 실시에 필요한 경비
2. 주민투표공보의 발행, 설명회 등의 개최 및 불법투표운동의 단속에 필요한 경비
3. 주민투표에 관한 소청 및 소송과 관련한 경비
4. 주민투표 결과에 대한 자료의 정리 그 밖에 주민투표사구의 관리를 위한 관할 선거관리위원회의 운영 및 사무처리에 필요한 경비

② 지방자치단체는 제1항의 규정에 의한 경비를 주민투표 발의일부터 3일 이내에 관할 선거관리위원회에 납부하여야 한다.

③ 제1항의 규정에 의한 주민투표 경비의 산출 기준·납부 절차·납부 방법·집행·회계검사 및 반환 그 밖에 필요한 사항은 중앙선거관리위원회규칙으로 정한다.

제5장 벌 칙

제28조(벌칙) 다음 각 호의 1에 해당하는 자는 5년 이하의 징역 또는 3천만 원 이하의 벌금에 처한다.

1. 주민투표의 결과에 영향을 미치게 할 목적으로 투표인(투표인명부 작성 전에는 그 투표인명부에 오를 자격이 있는 자를 포함한다. 이하 이 조에서 같다)에게 금전·물품·향응 그 밖의 재산상의 이익이나 공사(公私)의 직을 제공하거나 그 제공의 의사를 표시 또는 그 제공을 약속하거나 이러한 행위에 관하여 지시·권유·요구 또는 알선한 자
2. 투표인에 대하여 폭행·협박 또는 불법으로 체포·감금하거나 부정한 방법으로 투표의 자유를 방해한 자
3. 법령에 의하지 아니하고 투표함을 열거나 투표함(빈 투표함을 포함한다) 또는 투표함 안의 투표지를 제거·파괴·훼손·은닉 또는 탈취한 자
4. 주민투표의 결과에 영향을 미칠 목적으로 허위 사실을 유포한 자
5. 직업·종교·교육 그 밖의 특수 관계 또는 지위를 이용하여 주민투표에 부당한 영향을 미친 자

제29조(벌칙) 다음 각호의 1에 해당하는 자는 3년 이하의 징역 또는 1천만 원 이하의 벌금에 처한다.

1. 제28조 제1항 제1호에 규정된 이익이나 공사의 직을 제공받거나 그 제공의 의사 표시를 승낙한 자
2. 성명의 사칭, 신분증명서의 위·변조 그 밖의 부정한 방법으로 투표하거나 투표를 하려고 한 자
3. 주민투표에 관한 서명요청 및 투표운동의 기회를 이용하여 특정 정당이나 공직선거 및 선거부정방지법의 규정에 의한 공직선거에 후보자가 되고자 하는 자를 지지·추천 또는 반대하거나 그 밖에 선거운동에 이르는 행위를 한 자

제30조(벌칙) 다음 각 호의 1에 해당되는 자는 1년 이하의 징역 또는 500만 원 이하의 벌금에 처한다.

1. 제11조의 규정을 위반하여 서명요청을 한 자
2. 제21조의 규정을 위반하여 투표운동을 한 자
3. 제22조의 규정에 의한 투표운동의 제한을 위반하여 투표운동을 한 자

부칙 <제7124호, 2004. 1. 29>

① (시행일) 이 법은 공포 후 6월이 경과한 날부터 시행한다.
② (다른 법률의 개정) 지방자치법 중 다음과 같이 개정한다.
제4조 제2항 단서 중 “제13조의 2”를 “주민투표법 제8조”로 한다.
제13조의 2 제1항 중 “地方自治團體의 廢置·分合 또는 住民에게 과도한 부담을 주거나”를 “주민에게 과도한 부담을 주거나”로 한다.

부칙 <제8423호, 2007. 5. 11>

제1조(시행일) 이 법은 공포한 날부터 시행한다. [단서 생략]
제2조 내지 제11조 생략
제12조(다른 법률의 개정) ① 내지 ⑬ 생략
⑭ 주민투표법 일부를 다음과 같이 개정한다.
제1조 중 “지방자치법 제13조의 2”를 “지방자치법 제14조”로 한다.
⑮ 내지 <27> 생략
제3조 생략

참고 문헌

국내 문헌

강명규(1994), 지방자치와 주민투표제: 비교정치적 함의를 중심으로, 「한국행정학보」, 28(3).

고경민(2006), 「비교 사회주의적 시각에서의 인터넷 딜레마와 인터넷 전략 진화 과정」, 한국정치학회 춘계학술대회.

고선규(2005), 일본의 지역 전자투표 추진 현황, 「전자투표와 전자민주주의 국제세미나자료집」, 중앙선거관리위원회, 서울: 롯데호텔 발표문.

공진성(2002), 민주주의와 외국인의 지방선거권, 「법학연구」, 9(640).

국회행정자치위원회(2002), 주민투표법의 입법 방향, 「2002 정책연구보고서」 8.

군산시청국책사업추진단(2005), 「3대 국책사업 바로 알기」.

김도희(2006), "방폐장 입지정책에서 나타난 '즈민투표제'의 문제점과 개선 방안", 한국지방정부학회, 「지방정부연구」, 10(4).

김동훈, 「지방정부론」, 충남대학교출판부.

김영대, 「전자선거 도입의 주요 쟁점과 과제」: 2-4.

김용철(2002), 전자민주주의: 인터넷투표의 활용 가능성과 문제점, 「민주주의와 인권」, 2(2): 91-116.

———(2005), 전자투표의 유형과 쟁점, 그리고 실현 전략, 「전자투표와 전자민주주의 국제세미나 자료집」, 중앙선거관리위원회, 서울: 롯데호텔 발표문.

———· 윤성이(2005), 「전자민주주의와 E-Governance: 정책결정 과정에 있어서 온라인 시민관여의 문제점과 대안」, 한국정치학회 춘계학술대회.

김정곤(2005), 「주민투표법의 개선 방안: 제주주민투표사례를 중심으로」, 주민투표제도발전 워크숍, 행정자치부 내부 자료.

김중권(2003), 주민투표법안의 법적 문제점, 「한국공법학회 제112회 학술 발표자료집」: 85, 102-123..
———, "주민투표법안의 문제점에 관한 소고", 90-3.
———, (2004), 「이제는 지방이다. 2003」.
———, (2005), 「참여정부의 전자정부 백서」: 228-229.
———, (2006), 참여정부의 지방분권, 「정부혁신지방분권위원회 백서 4」.
대통령자문 정부혁신지방분권위원회 · 한국지방행정연구원(2003 · 2004), 「이제는 지방분권시대(1), (2)」.
류호상(2001), 지방행정에 있어 주민참여 활성화를 위한 주민투표제도의 도입방안 연구, 「2001년 하계학술대회 발표논문집」, 한국행정학회.
박성용(2005), 계층분석법(AHP)에 의한 시 · 군 통합정책 성과평가지표의 우선순위 분석, 「정책분석평가학회보」 15(2): 4-25.
박영도(1996), 주민투표법의 입법 방향, 「법과사회」, 1996년도 상반기.
———(1996), 주민투표법의 입법 방향, 「현안분석자료 96-2」, 한국법제연구원.
박종관(2001), 시 · 군통합정책의 성과평가, 「서울행정학회발표논문집」: 53-101.
반성훈(2005), 「주민투표제도에 관한 연구」, 부산대학교 대학원 박사학위논문.
부형근(1998), 「도농통합의 효과에 관한 연구」, 건국대학교 대학원 박사학위논문.
서보건(2002), 일본에서의 외국인의 참정권에 대한 논의, 「공법연구」, 30(5): 171.
손혁재(1996), 주민투표법의 바람직한 제정 방향, 「법률시평」: 262-3.
손호중 · 채원호(2005), 정부신뢰의 영향 요인에 관한 연구: 부안군원전수거물처리장 입지 사례를 중심으로, 「한국행정학회보」, 39(3): 108-109.
신봉기(2000), 한국과 일본의 지방자치법상의 주민투표제도에 관한 연구, 「공법연구」, 28(4).
———(2001), 주민투표제의 실효성 확보를 위한 논의: 주민투표법(안)의 제출과 함께, 「토지공법연구」, 11: 205.
안성호(2005), 「분권과 참여-스위스의 교훈」, 도서출판 다운샘.
———(2005), 주민투표의 직접 민주적 개방성: 스위스의 교훈, 「한국지방자치학회보」, 17(3).
양석진(2002), 정보사회와 직접민주주의, 「법학연구」, 10, 한국법학회.
양영철(2004), 제주특별자치도의 좌표 및 사무, 「분권정책의 과제와 대안 모색」, 서울행정학회 2004년 하계세미나.
———(2005), 제주도 주민투표 사례에 관한 연구, 「한국사회와 행정연구」, 16(3): 315.
오재일(2005), 참여정부의 지방분권화 정책과 지역사회의 대응, 「한국지방자치학회보」 17(2): 13-14.
윤영민(2005), 전자선거: 민주적 과정의 재설계, 「전자투표와 전자민주주의 국제세미나자료집」, 중앙선거관리위원회, 서울: 롯데호텔 발표문.
이강선(2001), 비교론적 고찰을 통한 주민투표제도 도입 방안, 「한국비교정부학보」, 5(1): 43-46.
이경옥(1999), 일본의 각종 민원에 대한 주민투표제도의 법적 문제, 「지방행정」, 48(544), 대한지방행정공제회.
이기우(1996), 「지방자치론」, 학현사.
이상팔(1998), 「주민투표제도의 필요성과 문제점 분석」, 한국행정학회 춘계학술대회, 한국행정학회.
이용우(2003), 분권시대에 부합하는 주민소환제 도입 방안, 「지방자치」, 177, 현대사회연구소.
이현우(2001), 인터넷투표와 대표성의 문제: 2000년 미국 애리조나 민주당 예비선거, 「한국정치학보」, 35: 382-388.
———(2005), 정보화와 전자투표: 기술적 논의를 넘어서, 「2005년 한국정치학회 특별학술회의 자료집.
장원석(2004), 전자민주주의의 이론과 실제, 「한국지역정보화학회지」, 7(2): 85-90.
장인태(2004), 「행정구역 통합의 성과 추이와 영향분석」, 성균관대학교 대학원 박사학위 논문.
정연정(2005), 미국의 전자투표: 현황과 함의를 중심으로, 「전자투표와 전자민주주의 국제세미나자료집」, 중앙선거관리위원회, 서울: 롯데호텔 발표문.
정일섭(2006), "주민투표제도에 대한 평가", 「한국지방자치학회보」, 18(4).
정정목(2006), 청주/청원 주민투표 결과와 문제점, 「지방행정」, 6월호, 한국지방행정공제회.
제주도(1985), 「특정지역제주도종합개발계획」.
———(1994), 「제주도종합개발계획」.
제주발전연구원(2004), 「제주특별자치도 기본 방향 및 실천전략연구보고서」.
조석주(2000), 「도·농보합 형태의 시 제도분석과 발전 방향」, 한국지방행정연구원.
중앙선거관리위원회(1999), 「국가기구로서의 선거관리기관」.
———(2003), 「각국의 선거관리기관」.
———(2005), 「2005년 전자투표 사업 추진 현황 및 계획」.
———(2007), 「위탁관리」.
청주시(2005), 「청주·청원통합 추진 결과보고」.
청주시 기획행정국(2005), 「청주·청원통합추진 결과보고서」.
최봉기(2006), 중앙정부에 의한 지역 간 경쟁적 주민투표제도의 개선과제, 「한국지방자치학회보」, 18(2).
최승범(2001), 지방행정의 책임성 제고 방안, 「경기논단」.

최영출(2004), 제주도 계층구조 변화의 영향분석, 「분권정책의 과제와 대안 모색」, 2004년 하계 세미나 자료집, 서울행정학회.

최종만(1998), 「일본의 지자체 개혁」, 나남출판.

하승수(2004), 부안 방폐장 유치 찬·반 주민투표 사례를 통해 본 주민투표제도, 「자치행정」, 4: 26-28.

한국법제연구원(2002), 「전자투표의 도입에 따른 관련 법제 정비 방안.

한국상사법학회, 증권예탁원 조사개발부(2004), 「우리 나라 주주총회의 IT화를 위한 전자투표제도 도입에 관한 연구」.

한국전산원(2006), 「국가정보화백서」.

한국지방행정연구원(1997), 「외국 지방자치단체의 주민투표제도(연구 자료집 '97)」.

———(1997), 「외국의 주민투표제도」.

———(2003), 「제2차 지방분권 공청회－주민투표법(안)」, 한국지방재정공제회관.

한국행정연구원(1997), 「시·군 통합에 의한 지방행정구역 개편의 영향 평가」.

현성욱(2003), 「주민투표법의 입법 방향에 관한 연구」, 제주대학교 대학원 석사학위논문.

홍준현(1997), 시·군 통합에 의한 행정구역개편의 효과분석, 「한국사회와 행정연구」 8(2), 관악행정학회.

J. F. Zimmerman, 김영기 역(2002), 「미국의 주민소환제도」, 대영문화사.

Jones Lang LaSalle(2000), 「제주도 국제자유도시 개발타당성 조사 및 기본계획」.

국외 문헌

Arizona Secretary of State(2000), Election Day 2000 Online Voting Demonstration Project.

Barber, Benjamin R.(2003), *Strong Democracy*, Berkeley: University of California Press.

Barry, Brian(1965), *Political Argument,* NY: Routledge and Kegan Paul.

Buchanan, James & Gordon Tullock(1962), *The Calculus of Consent: the Logical Foundations of Constitutional Democracy,* Ann Arbor: University of Michigan Press.

Cain, Bruce E. & Kenneth P. Miller(2001), The Populist Legacy: Initiatives and the Undermining of Representative Government, Larry J. Sabato eds. *Dangerous Democracy?,* N.Y.: Rowman and Littlefield Publishers, Inc.

Committee for Economic Development(1970), *Reshaping Government in Metropolitan Areas*, New York: Auther Press.

Cronin, Thomas E.(1989), *Direct Democracy: The Politics of Initiative and Referendum, and Recall,* Cambridge, Mass: Harvard University Press.

Dalton, Russel J.(2006), *Citizen Politics*(4th ed.), Washington, DC: CQ Press, A Division of Congressional Quarterly Inc.

Davis, Richard(1999), *The Web of Politics: the Internet's Impact on the American Political System,* NY: Oxford University Press.

Friesem, Paul H.(1966), The Metropolis and the Maze of Local Government, *Urban Affairs Quarterly* 2(December).

Ho, Alfred Tat-Kei(2002), Reinventing Local Government and the E-Government Initiative, *Public Administration Review*, 62(4).

Initiative and Referendum Institute(2006), *Initiative Use*, 5, Law School of USC.

Kakabadse, Andre Nada, K. Kakabadse, & Alexander Kouznim(2003), Reinventing the Democratic Governance Project through Information Technology?: A Growing Agenda for Debate?, *Public Administration Review*, 63(1).

Kobach, Kris W.(1993), *The Referendum: Direct Democracy in Switzerland,* Aldershot: Dartmouth.

Lagerspetz, Erik(1996), Paradoxes and Representation, *Electoral Studies,* 15(1).

Mead, Timothy D.(2000), Governing Charltte-Mecklenburg, *State and Local Government Review*, 32(3).

Mendelsohn, Matthew & Andrew Parkin(2000), *Referendum Democracy*, N.Y.: Palgrave.

Moon, M. Jae(2002), The Evolution of E-Government among Municipalities: Rhetoric or Reality?, *Public Administration Review*, 62(4).

Moynihan, Donald P.(2002), Building Secure Election: E-Voting, Security, and Systems Theory, *Public Administration Review*, 62(1).

Parks, Roger B. & Ronald J. Oakerson(2000), Regionalism, Localism, and Metropolitan, Governance: Suggestions from the Research Program on Local Public Economies, *State and Local Government Review*, 32(3)(Summer).

Parliamentary Office of Science and Technology(2001), *Online Voting*.

Putnam, Robert(2002), *Democracies in Flux : The Evolution of Social Capital in Contemporary Society*, Oxford: Oxford University.

Rae, Douglas & Hans Daudt(1976), The Ostrogorski Paradox:a Peculiarity of Compound Majority Decision, *European Journal of Political Research*, 4(4).

Rosentraub, Mark S.(2000), City-County Consolidation and the Rebuilding of Image, *State and Local Government Review*, 32(3)(Summer).

Rusk, David((1994), *Cities Without Suburbs*, 2d ed., Woodrow Wilson Center Press.

Saffell, David C. & Harry Basehart(2004), *State and Local Government*, 8th eds. Higher Education.

Savitch, H. V. & Ronald K. Vogel(2000), Metropolitan Consolidation versus Metropolitan Governance in Louisville, *State and Local Government Review*, 32(3): 183-190.

———.(2000), Paths to New Regionalism, *State and Local Government Review*, 32(3): 162.

Setälä, Maija(1999), *Referendums and Democratic Government: Normative Theory and the Analysis of Institutions*, Finland: Palgrave Macmillan.

Streib, Gregory & Ignacio Navarro(2006), Citizen Demand for Interactive E-Government, *The American Review of Public Administration*, 36(3).

Wolf, Linder(1994), *Swiss Democracy: Possible Solutions to Conflict in Multicultural Societies*. London: Macmillan.

Xiaoming, Hao & Chow Seet Kay, *Factors Affecting Internet Development: An Asian Survery*, First Monday, February, 9(2).

Zimmerman, Joseph F.(1970), Metropolitan Reform in the U.S., *Public Administration.*

찾아보기

ㄱ

ㄴ

ㄷ

ㄹ

ㅁ

ㅂ

ㅍ

ㅎ

저자 소개

양영철

■ 학 력

- 제주대학교 행정학과 졸업(행정학사)
- 서울대학교 행정대학원 졸업(행정학 석사)
- 건국대학교 대학원 졸업(행정학 박사)

■ 경 력

- 한국지방정부학회 부회장
- 한국행정학회 부회장
- 서울행정학회 회장
- 중앙인사위원회 자체평가위원
- 대통령자문 정부혁신지방분권위원회 본위원 및 자치경찰특별위원회 위원장(현)
- 제주대학교 행정학과 교수(현)
- 제주특별자치도 자문위원회 위원(현)

■ 저서 및 논문

- 계량행정학
- 제주도의 회사(공저)
- 새행정학(공저)
- 지방정부개혁(공저)
- 논문 "내생적 개발에 관한 연구" 등 다수

연락: yongchul@cheju.ac.kr
064-757-2937(연구실)

주민투표제도론

펴낸날 / 제1판 제1쇄 2007년 9월 3일
지은이 / 양영철
펴낸이 / 임춘환
펴낸곳 / 도서출판 대영문화사
주소 / 서울 용산구 청파동 1가 178-2 ㉾ 140-869
등록 / 1975년 12월 26일 제3-16호
전화 / (02)716-3883, (02)714-3062
팩시밀리 / (02)703-3839
우체국 온라인 / 011353-02-009106

ISBN 978-89-7644-238-3

〔값 20,000원〕